ŒUVRES COMPLÈTES

DE VOLTAIRE

TOME TRENTE ET UNIÈME

PARIS

LIBRAIRIE HACHETTE ET Cⁱᵉ

79, BOULEVARD SAINT-GERMAIN, 79

ŒUVRES
DES PRINCIPAUX ÉCRIVAINS FRANÇAIS

VOLUMES IN-18 JÉSUS

On peut se procurer chaque volume de cette série relié en percaline gaufrée, sans être rogné, moyennant 50 cent.; en demi-reliure, dos en chagrin, tranches jaspées, moyennant 1 fr. 50 cent.; et avec tranches dorées, moyennant 2 fr. en sus du prix marqué.

1re Série à 1 franc 25 c. le volume.

Barthélemy : *Voyage du jeune Anacharsis en Grèce dans le milieu du IVe siècle avant l'ère chrétienne.* 3 volumes.

Atlas pour le Voyage du jeune Anacharsis, dressé par J.-D. Barbié du Bocage, revu par A.-D. Barbié du Bocage. In-8, 1 fr. 50 c.

Boileau : *Œuvres complètes.* 2 vol.

Bossuet : *Œuvres choisies.* 5 vol.

Corneille : *Œuvres complètes.* 7 vol.

Fénelon : *Œuvres choisies.* 4 vol.

La Fontaine : *Œuvres complètes.* 3 volumes.

Marivaux : *Œuvres choisies.* 2 vol.

Molière : *Œuvres complètes.* 3 vol.

Montaigne : *Essais*, précédés d'une lettre à M. Villemain sur l'éloge de Montaigne, par P. Christian. 2 vol.

Montesquieu : *Œuvres complètes.* 3 volumes.

Pascal : *Œuvres complètes.* 3 vol.

Racine : *Œuvres complètes.* 3 vol.

Rousseau (J.-J.) : *Œuvres complètes.* 13 volumes.

Saint-Simon (le duc de) : *Mémoires complets et authentiques* sur le siècle de Louis XIV et la Régence, collationnés sur le manuscrit original par M. Chéruel, et précédés d'une notice de M. Sainte-Beuve, de l'Académie française. 13 vol.

Sedaine : *Œuvres choisies.* 1 vol.

Voltaire : *Œuvres complètes.* 46 vol.

2e Série à 3 francs 50 cent. le volume.

Chateaubriand : *Le Génie du Christianisme.* 1 vol.

— *Les Martyrs ;* — *le Dernier des Abencerrages.* 1 vol.

— *Atala ;* — *René ;* — *les Natchez.* 1 vol.

Fléchier : *Mémoires sur les Grands-Jours d'Auvergne en 1665*, annotés par M. Chéruel et précédés d'une notice par M. Sainte-Beuve. 1 vol.

Malherbe : *Œuvres poétiques*, réimprimées pour le texte sur la nouvelle édition des *Œuvres complètes de Malherbe*, publiées par M. Lud. Lalanne dans la Collection des GRANDS ÉCRIVAINS DE LA FRANCE. 1 vol.

Sévigné (Mme de) : *Lettres de Mme de Sévigné, de sa famille et de ses amis*, réimprimées pour le texte sur la nouvelle édition publiée par M. Monmerqué dans la Collection des GRANDS ÉCRIVAINS DE LA FRANCE. 8 vol.

COULOMMIERS. — TYPOGRAPHIE PAUL BRODARD.

ŒUVRES COMPLÈTES

DE VOLTAIRE

COULOMMIERS

Imprimerie PAUL BRODARD

ŒUVRES COMPLÈTES

DE VOLTAIRE

TOME TRENTE ET UNIÈME

PARIS

LIBRAIRIE HACHETTE ET Cie

79, BOULEVARD SAINT-GERMAIN, 79

—

1893

MÉLANGES.

(SUITE.)

LA BIBLE ENFIN EXPLIQUÉE

PAR PLUSIEURS AUMONIERS DE S. M. L. R. D. P[1].

ANCIEN TESTAMENT.

GENÈSE.

Du commencement les dieux fit [2] le ciel et la terre : or, la terre était *tohu bohu*[3], et le vent de Dieu courait sur les eaux. Et Dieu dit : « Que la lumière se fasse, et la lumière fut faite [4]. » Il vit que la lumière était bonne. Et il divisa la lumière des ténèbres. Il fit un soir et un matin, qui fit un jour.

1. *Avertissement de l'éditeur* (Voltaire). L'explication des quatre lettres L. R. D. P. (le roi de Pologne) a embarrassé plusieurs savants. Quelques-uns ont cru qu'elles désignaient le vainqueur de Molwitz et de Lissa, quoique ce prince n'ait guère d'aumôniers, et qu'il fasse sa prière tout seul comme il gouverne ses États et commande ses armées. Mais l'avertissement suivant, placé à la tête de la troisième édition, lève tous les doutes.

« Quatre savants théologiens du palatinat de Sandomir (dans la petite Pologne) ayant composé ces Commentaires sur la *Bible*, ils furent d'abord imprimés en latin, à Francfort-sur-l'Oder, en 1773; on n'en tira que très-peu d'exemplaires; ensuite un académicien de Berlin les traduisit en langue française; et on en fit plusieurs éditions, qui toutes pèchent par beaucoup de fautes de typographie. L'édition que nous présentons en est exempte; et si on la compare avec le latin, on la trouvera plus ample et plus fidèle. C'est ce qu'il sera aisé de vérifier en jetant seulement les yeux sur la dernière page, qui, dans cette édition, diffère de toutes les autres, et en conférant les commencements de chaque livre : nous n'avons rien épargné pour rendre cette édition correcte et utile. »

2. Le texte hébreu, c'est-à-dire phénicien, syriaque, porte expressément, les dieux fit, et non pas, Dieu créa, *Deus creavit*, comme le porte la *Vulgate*. C'est une phrase commune aux langues orientales, et souvent les Grecs ont employé ce trope, cette figure de mots.

3. *Tohu bohu* signifie à la lettre sens dessus dessous. C'est proprement le *Chaut-ereb* de Sanchoniathon le Phénicien, dont les Grecs prirent leur Chaos et leur Érèbe. Sanchoniathon écrivit incontestablement avant le temps où l'on place Moïse. On ne voit pas de chaos expressément marqué chez les Persans: les Égyptiens semblent ne l'avoir pas connu : les Indiens encore moins. Il n'y a rien dans les écrits chinois venus jusqu'à nous qui ait le moindre rapport à ce chaos, à son débrouillement, à la formation du monde. De tous les peuples policés, les Chinois paraissent les seuls qui aient reçu le monde tel qu'il est, sans vouloir deviner comment il fut fait; n'ayant point de révélation comme nous, ils se turent sur la création : ce furent les Phéniciens qui parlèrent les premiers du chaos. Voyez Sanchoniathon, cité par Eusèbe, évêque de Césarée, comme un auteur authentique.

4. L'auteur sacré place ici la formation de la lumière quatre jours avant la formation du soleil; mais toute l'antiquité a cru que le soleil ne produit pas la lumière, qu'il ne sert qu'à la pousser, et qu'elle est répandue dans l'espace. Descartes même fut longtemps dans cette erreur. C'est Roemer le Danois qui le premier a démontré que la lumière émane du soleil, et en combien de minutes. Les critiques osent dire que si Dieu avait d'abord répandu la lumière dans les

Dieu dit encore : « Que le ferme, le firmament, soit au milieu des eaux, et qu'il sépare les eaux des eaux [1].... » Et Dieu fit deux grands luminaires, le plus grand pour présider au jour, et le petit pour présider à la nuit, et diviser la lumière des ténèbres et du jour.

Et du soir au matin se fit le quatrième jour.

Dieu dit aussi : « Que les eaux produisent des reptiles d'une âme vivante et des volatiles sur la terre sous le ferme du ciel. »

Et Dieu fit les bêtes de la terre selon leurs espèces, et Dieu vit que cela était bon. Et il dit : « Faisons l'homme à notre image et ressemblance [2]. Et qu'il préside aux poissons de la mer, et aux volatiles du ciel, et aux bêtes, et à la terre universelle, et aux reptiles qui se meuvent sur la terre. »

airs pour être poussée par le soleil, et pour éclairer le monde, elle ne pouvait être poussée, ni éclairer, ni être séparée des ténèbres, ni faire un jour du soir au matin, avant que le soleil existât : cette théorie est contraire, disent-ils, à toute physique, et à toute raison : mais ils doivent songer que l'auteur sacré n'a pas prétendu faire un traité de philosophie et un cours de physique expérimentale. Il se conforma aux opinions de son temps, et se proportionna en tout aux esprits grossiers des Juifs, pour lesquels il écrivait : sans quoi il n'aurait été entendu de personne. Il est vrai que la *Genèse* est encore difficile à entendre : aussi les Juifs en défendirent la lecture avant l'âge de vingt-cinq ans ; et cette défense fut aisément exécutée dans un pays où les livres furent toujours extrêmement rares.

Ce dogme, que Dieu commença par la création de la lumière, est entièrement conforme à l'opinion de l'ancien Zoroastre et des premiers Persans : ils divisèrent la lumière des ténèbres ; jusque-là les Hébreux et les Persans furent d'accord, mais Zoroastre alla bien plus loin. La lumière et les ténèbres furent ennemies, et Arimane, dieu de la nuit, fut toujours révolté contre Oromaze, le dieu du jour ; c'était une allégorie sensible, et d'une philosophie profonde. Voyez Hyde, chap. IX.

Il a paru en 1774 un ouvrage sur les six jours de notre création, par le docteur Chrisander, professeur en théologie. Il assure que Dieu créa, le second jour, la matière électrique, et ensuite la lumière ; « qu'alors la vénérable Trinité, qui n'avait point reçu de dehors l'idée exemplaire de la lumière, vit que la lumière était bonne, et avait sa perfection. » Tout le commentaire de M. Chrisander est dans ce goût ; il en faut féliciter notre siècle.

1. *Racach* signifie le solide, le ferme, le firmament. Tous les anciens croyaien que les cieux étaient solides, et on les imagina de cristal, puisque la lumièr passait à travers. Chaque astre était attaché à son ciel épais et transparent mais comment un vaste amas d'eau pouvait-il se trouver sur ces firmaments Ces océans célestes auraient absorbé toute la lumière qui vient du soleil et de étoiles, et qui est réfléchie des planètes. La chose était impossible : n'importe on était assez ignorant pour penser que la pluie venait de ces cieux supérieurs de cette plaque, de ce firmament. C'est le sentiment d'Origène, de saint Augustin, de saint Cyrille, de saint Ambroise, et d'un nombre considérable de docteurs.

Pour avoir de la pluie il fallait que l'eau tombât du firmament. On imagina des fenêtres, des cataractes qui s'ouvraient et se fermaient : c'est ainsi que, dans l'Amérique septentrionale, les pluies étaient formées par les querelles d'un petit garçon céleste et d'une petite fille céleste qui se disputaient une cruche remplie d'eau ; le petit garçon cassait la cruche, et il pleuvait.

2. C'était encore une idée universellement répandue dans notre Occident que l'homme était formé à l'image des dieux.

« Finxit in effigiem moderantum cuncta deorum. »
            Ovid., *Met.*, I, 83.

L'antiquité profane était anthropomorphite. Ce n'était pas l'homme qu'elle imaginait semblable aux dieux. elle se figurait des dieux semblables aux hommes.

GENÈSE.

3

Et il fit l'homme à son image, et il le fit mâle et femelle; et du soir au matin se fit le sixième jour [1].

Et il acheva entièrement l'ouvrage le septième jour, et il se reposa le septième jour, ayant achevé tous ses ouvrages.

Et il bénit le septième jour, parce qu'il avait cessé tout ouvrage ce jour-là, et l'avait créé pour le faire [2].

Ce sont là les générations du ciel et de la terre; et le Seigneur n'avait point fait encore pleuvoir sur la terre, et il n'y avait point d'hommes pour cultiver la terre.

Mais une fontaine sortait de la terre, et arrosait la surface universelle de la terre [3].

Et le Seigneur Dieu forma donc un homme du limon de la terre.

Et il lui souffla sur la face (en hébreu, dans les narines) un souffle de vie [4].

Or, le Seigneur Dieu avait planté du commencement un jardin dans Éden [5].

Le Seigneur Dieu avait aussi produit du limon tout arbre beau à voir et bon à manger.

C'est pourquoi tant de philosophes disaient que si les chats s'étaient forgés des dieux, ils les auraient fait courir après les souris. La *Genèse*, en ce point comme en plusieurs autres, se conforme toujours à l'opinion vulgaire, pour être à la portée des simples.

1. Voilà l'homme et la femme créés; et cependant quand tout l'ouvrage de la création est complet, le Seigneur fait encore l'homme, et il lui prend une côte pour en faire une femme. Ce n'est point sans doute une contradiction: ce n'est qu'une manière plus étendue d'expliquer ce qu'il avait d'abord annoncé.

2. *Il l'avait créé pour le faire*: c'est une expression hébraïque qu'il est difficile de rendre littéralement. Elle ressemble à ces phrases fort communes: *en s'en allant, ils s'en allèrent; en pleurant, ils pleurèrent.*

Une remarque plus importante est que le premier Zoroastre fit créer l'univers en six temps qu'on appela les six gahambârs; ces six temps, qui n'étaient pas égaux, composèrent une année de trois cent soixante et cinq jours. Il y manquait six heures ou environ, mais c'était beaucoup que dans des temps si reculés Zoroastre ne se fût trompé que de six heures; nous ne croyons pas que le premier Zoroastre eût neuf mille ans d'antiquité, comme on l'a dit: mais il est incontestable que la religion des Persans existait depuis très-longtemps.

3. Ce ne peut être sur tout le globe que cette fontaine versait ses eaux. Il faut apparemment entendre par *toute la terre* l'endroit où était le Seigneur. Il n'y avait point encore de pluie, mais il y avait des eaux inférieures; et il faut que ces eaux inférieures eussent produit cette fontaine.

4. *Dieu lui souffla un souffle*, prouve qu'on croyait que la vie consiste dans la respiration. Elle en fait effectivement une partie essentielle. Ce passage fait voir, ainsi que tous les autres, que Dieu agissait comme nous, mais dans une plénitude infinie de puissance: il parlait, il donnait ses ordres, il arrangeait, il soufflait, il plantait, il pétrissait, il se promenait, il faisait tout de ses mains.

5. Ce jardin, ce verger d'Éden était nécessaire pour nourrir l'homme et la femme. D'ailleurs, dans les pays chauds où l'auteur écrivait, le plus grand bonheur était un jardin avec des ombrages. Longtemps avant l'irruption des Bédouins juifs en Palestine, les jardins de la Saana auprès d'Aden ou Éden, dans l'Arabie, étaient très-fameux; les jardins des Hespérides en Afrique l'étaient encore davantage. La province de Bengale, à cause de ses beaux arbres et de sa fertilité, s'appelle toujours le jardin par excellence; et aujourd'hui même encore le Grand-Mogol, dans ses édits, nomme toujours le Bengale le *Paradis terrestre.*

On trouve aussi un jardin, un paradis terrestre dans l'ancienne religion des Persans; ce paradis terrestre s'appelait *Shang-disoucho*: il est appelé *Iranvigi*

Et l'arbre de vie au milieu du jardin, et l'arbre de la science du bon et du mauvais [1].

De ce lieu d'Éden un fleuve sortait pour arroser le jardin.

Et de là se divisait en quatre fleuves; l'un a nom Phison. C'est celui qui tourne dans tout le pays d'Évilath, qui produit l'or [2]; et l'or de cette terre est excellent, et on y trouve le bdellium et l'onyx.

Le second fleuve est le Géhon, qui coule tout autour de l'Éthiopie [3].

Le troisième est le Tigre, qui va contre les Assyriens.

Le quatrième est l'Euphrate.

Le Seigneur Dieu prit donc l'homme, et le mit dans le jardin pour travailler et le garder.

Et il lui ordonna, disant : « Mange de tout bois du paradis; mais ne mange point du bois de la science du bon et du mauvais [4].

dans le *Sadder*, qu'on peut regarder comme un abrégé de la doctrine de cette ancienne partie du monde.

Les brachmanes avaient un pareil jardin de temps immémorial. Le R. P. dom Calmet, bénédictin de la congrégation de Saint-Vanne et de Saint-Idulphe, dit en propres mots : « Nous ne doutons point que le lieu où fut planté le paradis terrestre ne subsiste encore. »

1. Cet arbre de vie, et cet arbre de la science, ont toujours embarrassé les commentateurs. L'arbre de vie a-t-il quelque rapport avec le breuvage de l'immortalité, qui de temps immémorial eut tant de vogue dans tout l'Orient? Il est aisé d'imaginer un fruit qui fortifie, et qui donne de la santé : c'est ce qu'on a dit des cocos, des dattes, de l'ananas, du ginseng, des oranges; mais un arbre qui donne la science du bien et du mal est une chose extraordinaire. On a dit du vin qu'il donnait de l'esprit :

> « Fecundi calices quem non fecere disertum? »
>   Hor., lib. I, ep. v.

mais jamais le vin n'a fait un savant : il est difficile de se faire une idée nette de cet arbre de la science : on est forcé de le regarder comme une allégorie. Le champ de l'allégorie est si vaste, que chacun y bâtit à son gré : il faut donc s'en tenir au texte sacré, sans chercher à l'approfondir.

2. Les commentateurs conviennent assez que le Phison est le Phase : c'est un fleuve de la Mingrélie qui a sa source dans une des branches les plus inaccessibles du Caucase. Il y avait sûrement beaucoup d'or dans ce pays, puisque l'auteur sacré le dit. C'est aujourd'hui un canton sauvage, habité par des barbares qui ne vivent que de ce qu'ils volent. A l'égard du *bdellium*, les uns disent que c'est du baume, les autres, que ce sont des perles.

3. Pour le Géhon, s'il coule en Éthiopie, ce ne peut être que le Nil : et il y a environ dix-huit cents lieues des sources du Nil à celles du Phase. Adam et Ève auraient eu bien de la peine à cultiver un si grand jardin. Les sources du Tigre et de l'Euphrate ne sont qu'à soixante lieues l'une de l'autre, mais dans les parties du globe les plus escarpées et les plus impraticables : tant les choses sont changées !

Ce Tigre, qui va chez les Assyriens, prouve que l'auteur vivait du temps du royaume d'Assyrie; mais l'établissement de ce royaume est un autre chaos. Remarquons seulement ici que le fameux rabbin Benjamin de Tudèle, qui voyagea dans le douzième siècle en Afrique et en Asie, donne le nom de Phison au grand fleuve d'Éthiopie; nous parlerons de ce Benjamin quand nous en serons à la dispersion des dix tribus.

4. L'empereur Julien, notre ennemi, dans son trop éloquent discours réfuté par saint Cyrille, dit que le Seigneur Dieu devait au contraire ordonner à l'homme, sa créature, de manger beaucoup de cet arbre de la science du bien et du mal ; que non-seulement Dieu lui avait donné une tête pensante qu'il fallait nécessairement instruire, mais qu'il était encore plus indispensable de lui faire connaître le bien et le mal, pour qu'il remplît ses devoirs; que la défense était tyrannique et absurde, que c'était cent fois pis que si on lui avait

« Car le même jour que tu en auras mangé, tu mourras de mort très-certainement [1]. »

Et le Seigneur Dieu dit : « Il n'est pas bon que l'homme soit seul. Faisons-lui une aide qui soit semblable à lui. »

Donc le Seigneur Dieu ayant formé de terre tous les animaux et tous les volatiles du ciel, il les amena à Adam, pour voir comment il les nommerait.

Car le nom qu'Adam donna à chaque animal est son vrai nom [2].

Mais il ne trouva point parmi eux d'aide qui fût semblable à lui.

Le Seigneur Dieu envoya donc un profond sommeil à Adam ; et lorsqu'il fut endormi, le Seigneur Dieu lui arracha une de ses côtes, e mit de la chair à la place [3].

Et le Seigneur Dieu construisit en femme la côte qu'il avait ôtée Adam, et il la présenta à Adam.

Or, Adam et sa femme étaient tout nus. et n'en rougissaient pas .

---

fait un estomac pour l'empêcher de manger. Cet empereur abuse des apparences, qui sont ici en sa faveur, pour accabler notre religion de mépris et d'horreur ; mais notre sainte religion n'étant pas la juive, elle s'est soutenue par les miracles contre les raisons de la philosophie : d'ailleurs la mythologie était aussi absurde que la *Genèse* le parut à l'empereur Julien, et sa religion n'avait pas comme la nôtre une suite continue de miracles et de prophéties qui ont soutenu mutuellement ce divin édifice.

1. Ce n'était sans doute qu'une peine comminatoire, puisque Adam et Ève mangèrent de ce fruit, et vécurent encore neuf cent trente années. Saint Augustin, dans son premier livre *des Mérites des pécheurs*, dit qu'Adam serait mort dès ce jour-là, s'il n'avait pas fait pénitence.

Le premier Zoroastre avait aussi placé un homme et sa femme dans le paradis terrestre. Le premier homme était Micha, et la première femme Mishana. Chez Sanchoniathon ce sont d'autres noms. Chez les brachmanes, c'est Adimo et Procriti. Chez les Grecs, c'est Prométhée et Pandore ; mais des sectes entières de philosophes ne reconnurent pas plus un premier homme qu'un premier arbre. Chaque nation fit son système, et toutes avaient besoin de la révélation de Dieu même pour connaître ces choses sur lesquelles on dispute encore, et qu'il n'est pas donné à l'homme de connaître.

2. Cela suppose qu'il y avait déjà un langage très-abondant, et qu'Adam, connaissant tout d'un coup les propriétés de chaque animal, exprima toutes les propriétés de chaque espèce par un seul mot ; de sorte que chaque nom était une définition. Ainsi le mot qui répond à cheval devait annoncer un quadrupède avec ses crins, sa queue, son encolure, sa vitesse, sa force. Le mot qui répond à éléphant exprimait sa taille, sa trompe, son intelligence, etc. Il est triste qu'une si belle langue soit entièrement perdue. Plusieurs savants s'occupent à la retrouver. Ils y auront de la peine.

On a demandé si Adam nomma aussi les poissons. Plusieurs Pères croient qu'il ne nomma que ceux des quatre fleuves du jardin ; mais tous les poissons du monde pouvaient venir par ces quatre fleuves ; les baleines pouvaient arriver de l'Océan par l'embouchure de l'Euphrate.

3. Saint Augustin (*de Genesi*) croit que Dieu ne rendit point à Adam sa côte, et qu'ainsi Adam eut toujours une côte de moins : c'était apparemment une des fausses côtes : car le manque d'une des côtes principales eût été trop dangereux : il serait difficile de comprendre comment on arracha une côte à Adam sans qu'il le sentît, si cela ne nous était pas révélé. Il est aisé de voir que cette femme formée de la côte d'un homme est un symbole de l'union qui doit régner dans le mariage : cela n'empêche pas que Dieu ne formât Ève de la côte d'Adam réellement et à la lettre ; . . fait allégorique n'en est pas moins un fait.

4. Plusieurs peuplades ont encore sans aucun vêtement. Il est très-probable que le froid fit inventer les habits. Les femmes surtout se firent des ceintures pour recevoir le sang de leurs règles. Quand tout le monde est nu, personne n'a

Or, le serpent était le plus rusé de tous les animaux de la terre que le Seigneur Dieu avait faits [1].

Et il dit à la femme : « Pourquoi Dieu vous a-t-il défendu de manger du bois du jardin ? »

La femme lui répondit : « Nous mangeons de tout fruit, de tout arbre du jardin; mais de l'arbre qui est au milieu du jardin, Dieu nous a défendu d'en manger, de peur qu'en le touchant nous ne mourions. »

Le serpent dit à la femme : « Vous ne mourrez point; car dès que vous aurez mangé de cet arbre, vos yeux s'ouvriront, et vous serez comme les dieux [2], sachant le bon et le mauvais. »

La femme donc vit que le fruit de ce bois était bon à manger, et beau aux yeux, d'un aspect délectable, prit de ce fruit, en mangea, et en donna à son mari, qui en mangea.

Et les yeux de tous deux s'ouvrirent; et connaissant qu'ils étaient nus, ils cousirent des feuilles de figuier, et s'en firent des ceintures.

Le Seigneur Dieu se promenait dans le jardin [3] au vent qui souffle après midi; et Adam et sa femme se cachèrent de la face du Seigneur Dieu, au milieu des bois du jardin.

Et le Seigneur Dieu appela Adam, et lui dit : « Adam, où es-tu [4] ? »

honte de l'être. On ne rougit que par vanité : on craint de montrer une difformité que les autres n'ont pas.

1. Le serpent passait en effet, du temps de l'auteur sacré, pour un animal très-intelligent et très-fin. Il était le symbole de l'immortalité chez les Égyptiens. Plusieurs peuplades l'adoraient en Afrique. L'empereur Julien demande quelle langue il parlait. Les chevaux d'Achille parlaient grec; et le serpent d'Ève devait parler la langue primitive. La conversation de la femme et du serpent n'est point racontée comme une chose surnaturelle et incroyable, comme un miracle, ou comme une allégorie. Nous verrons bientôt une ânesse qui parle; et nous ne devons point être surpris que les serpents, qui avaient plus d'esprit que les ânes, parlassent encore mieux. On voit les animaux parler dans plusieurs histoires orientales. Le poisson Oannès sortait deux fois par jour de l'Euphrate pour prêcher le peuple. On a recherché si le serpent d'Ève était une couleuvre, ou une vipère, ou un aspic, ou une autre espèce; mais on n'a aucune lumière sur cette question.

2. Il est difficile de savoir ce que le serpent entendait par des dieux; de savants commentateurs ont dit que c'étaient les anges : on leur a répondu qu'un serpent ne pouvait connaître les anges, mais par la même raison il ne pouvait connaître les dieux. Quelques-uns ont cru que la malignité du serpent voulait par là introduire déjà la pluralité des dieux dans le monde; mais il vaut mieux s'en tenir à la simplicité du texte que de se perdre dans des systèmes.

3. Le Seigneur se promène, le Seigneur parle, le Seigneur souffle; le Seigneur agit toujours comme s'il était corporel. L'antiquité n'eut point d'autre idée de la Divinité. Platon passe pour le premier qui ait fait Dieu d'une substance déliée, qui n'était pas tout à fait corps. Les critiques demandent sous quelle forme Dieu se montrait à Adam, à Ève, à Caïn, à tous les patriarches, à tous les prophètes, à tous ceux auxquels il parla de sa propre bouche. Les Pères répondent qu'il avait une forme humaine, et qu'il ne pouvait se faire connaître autrement, ayant fait l'homme à son image; c'était l'opinion des anciens Grecs, adoptée par les anciens Romains.

4. Il est palpable que tout ce récit est dans le style d'une histoire véritable, et non dans le goût d'une invention allégorique. On croit voir un maître puissant à qui son serviteur a désobéi : il appelle le serviteur qui se cache, et qui ensuite s'excuse. Rien n'est plus simple et plus circonstancié; tout est historique. Quand l'Esprit saint daigne se servir d'un apologue, il a soin de nous en avertir. Joathan, dans le livre des *Juges*, assemble le peuple sur la montagne de

Il répondit : « J'ai entendu ta voix dans le paradis, et j'ai craint, parceque j'étais nu, et je me suis caché. »

Et Dieu lui dit : « Qui t'a appris que tu étais nu? Il faut que tu aies mangé ce que je t'avais ordonné de ne pas manger. »

Et Adam dit : « La femme que tu m'as donnée m'a donné du fruit du bois, et j'en ai mangé. »

Et Dieu dit à la femme : « Pourquoi as-tu fait cela? » Elle répondit : « Le serpent m'a trompée, et j'ai mangé. »

Et le Seigneur Dieu dit au serpent : « Parce que tu as fait cela, tu seras maudit entre tous les animaux et bêtes de la terre ; tu marcheras sur ton ventre [1] dorénavant, et tu te nourriras de terre toute ta vie.

« Et je mettrai des inimitiés entre tes enfants et les enfants de la femme : tu chercheras à les mordre au talon, et ils chercheront à t'écraser la tête. »

Il dit aussi à la femme : « Je multiplierai tes misères et tes enfantements. Tu feras des enfants en douleur, et tu seras sous la domination de ton mari [2]. »

Et il dit à Adam : « Parce que tu as écouté la voix de ta femme et que tu as mangé du bois que je t'avais défendu de manger, la terre sera maudite en ton travail, et tu mangeras en tes travaux tous les jours de ta vie, et la terre portera épines et chardons, et tu mangeras l'herbe de la terre, et tu mangeras ton pain à la sueur de ton visage [3],

Garizim, et lui conte la fable des Arbres qui veulent se choisir un roi, comme Ménénius raconta au peuple romain la fable de l'Estomac et des Membres. Mais dans la *Genèse* il n'y a pas un mot qui fasse sentir que l'auteur débite un apologue. C'est une histoire suivie, détaillée, circonstanciée d'un bout à l'autre.

On trouve dans le *Zenda-Vesta* l'histoire d'une couleuvre tombée du ciel en terre pour y faire du mal. Dans la mythologie, le serpent Ophionée fit la guerre aux dieux. Un autre serpent régna avant Saturne. Jupiter se fit serpent pour jouir de Proserpine sa propre fille : toutes allégories difficiles à entendre, supposé qu'elles soient allégories.

1. Une preuve indubitable que la *Genèse* est donnée pour une histoire réelle, c'est que l'auteur rend ici raison pourquoi le serpent rampe. Cela suppose qu'il avait auparavant des jambes et des pieds avec lesquels il marchait. On rend aussi raison de l'aversion qu'ont presque tous les hommes pour les serpents. Il est vrai que les serpents ne mangent point de terre ; mais on le croyait, et cela suffit.

2. L'auteur rend aussi raison des douleurs de l'enfantement, et de l'empire de l'homme sur la femme. Il est vrai que ces punitions ne sont pas générales, et qu'il y a beaucoup de femmes qui accouchent sans douleur, et beaucoup qui ont un pouvoir absolu sur leurs maris : mais c'est assez que l'énoncé de l'auteur sacré se trouve communément véritable.

3. L'auteur écrivait en Palestine, où l'on mangeait du pain, et en effet les laboureurs ne le mangent qu'à la sueur de leur visage ; mais tous les riches le mangent plus à leur aise. L'auteur se serait exprimé autrement, s'il avait vécu dans les vastes pays où le pain était inconnu, comme dans les Indes, dans l'Amérique, dans l'Afrique méridionale, et dans les autres pays où l'on vivait de châtaignes et d'autres fruits. Le pain est encore inconnu dans plus de quinze cents lieues de côtes de la mer Glaciale : mais l'auteur, écrivant pour des Juifs, ne pouvait parler que de leurs usages.

On fait une autre objection : c'est qu'il n'y avait point de pain du temps d'Adam ; que par conséquent si Dieu lui parla, s'il l'habilla lui et sa femme, s'il les chassa du jardin d'Éden, il ne put les condamner à manger à la sueur de leur front un pain qu'ils ne mangèrent pas. Mais on verra que l'auteur sacré parle presque toujours par anticipation.

jusqu'à ce que tu retournes en terre, d'où tu as été pris; et parce que tu es poudre, tu retourneras en poudre. »

Alors Adam nomma sa femme Héva, parce qu'elle était mère de tous les vivants.

Et le Seigneur Dieu fit, pour Adam et pour sa femme, des chemisettes de peau [1], il les en habilla, et il dit : « Eh bien ! voilà donc comme Adam est devenu l'un de nous, sachant le bon et le mauvais! » Maintenant, pour qu'ils ne mettent plus la main sur l'arbre de vie, et qu'ils n'en mangent, et qu'ils ne vivent éternellement, il le chassa du jardin d'Éden, pour aller labourer la terre dont il avait été pétri.

Et après qu'il l'eut mis dehors, il mit un chérub, un bœuf [2], au-devant du jardin, et une épée flamboyante pour garder l'arbre de vie.

Et Adam connut sa femme Ève, qui conçut et enfanta Caïn, et ensuite elle enfanta son frère Abel.

Or, Abel fut pasteur de brebis et Caïn fut agriculteur.

Un jour il arriva que Caïn offrit à Dieu des fruits de la terre. Abel offrit aussi des premiers-nés de son troupeau, et de leur graisse; et Dieu fut content d'Abel et de ses présents; mais il ne fut point content de Caïn et de ses présents [3].

1. Nous avons vu que tout est historique dans la *Genèse*. Il est positif que Dieu daigna faire de ses mains un petit habillement pour Adam et Ève, comme il est positif qu'il leur parla, qu'il se promena dans le jardin. L'ironie amère dont il se sert en leur parlant cette fois est de la même vérité. Il eût été trop hardi à l'écrivain sacré de mettre dans la bouche de Dieu ces paroles insultantes, si Dieu ne les avait pas effectivement prononcées. Ce serait une profanation. Aussi nos commentateurs déclarent que tout se passa mot à mot comme il est dit dans la sainte Écriture. Ce changement, arrive dans la race humaine, a été regardé depuis par les fondateurs de la théologie chrétienne comme un effet de la malice du diable, quoique le diable soit entièrement inconnu dans la *Genèse*. Les savants commencent à croire que la vraie origine du diable est dans un ancien livre des brachmanes qui a près de cinq mille ans d'antiquité, nommé le *Shasta*. Il n'a été découvert que depuis peu par M. Dow, colonel au service de la compagnie anglaise des Indes, et par M. Holwell, sous-gouverneur de Calcutta. M. Holwell a traduit plusieurs passages importants de ce livre, qui contient l'ancienne religion des brachmanes, et l'origine de toutes les autres : c'est là que l'Éternel crée tous les demi-dieux, non par la parole, par le *logos*, comme l'a dit Platon dans la suite des temps, mais par un seul acte de sa volonté, comme il paraît plus digne de l'essence divine. Parmi ces demi-dieux il se trouva un rebelle nommé Moisazor, qui fut condamné à un enfer très-long, et qui pervertit ensuite la terre après avoir perverti le ciel. C'est l'Arimane des Perses, c'est le Typhon des Égyptiens, c'est l'Encelade des Grecs : ce fut enfin le diable des pharisiens ; ils l'admirent dans le temps de l'établissement du sanhédrin par le grand Pompée. Ce diable fut regardé alors comme un ange rebelle chassé du ciel, et venant tenter les hommes. On sait assez qu'il courut, en ce temps-là, un livre sur la chute des anges, qui fut attribué à Énoch : il est cité dans une Épitre de saint Pierre. Nous n'avons que des fragments de ce livre ; il en sera parlé ailleurs.

2. *Chérub* signifie un bœuf, *charab*, labourer. Les Juifs, ayant imité plusieurs usages des Égyptiens, sculptèrent grossièrement des bœufs dont ils firent des espèces de sphinx, des animaux composés, tels qu'ils en mirent dans le saint des saints. Ces figures avaient deux faces, une d'homme, une de bœuf, et des ailes, des jambes d'homme, et des pieds de bœuf. Aujourd'hui les peintres nous représentent les chérubins avec des têtes d'enfant sans corps, et ces têtes ornées de deux petites ailes ; c'est ainsi qu'on les voit dans plusieurs de nos églises.

3. Tous les anciens prêtres prétendirent que les dieux préféraient des offran-

Et Caïn se mit fort en colère, et son visage fut abattu, et le Seigneur lui dit : « Pourquoi es-tu en colère, et que ton visage est abattu ? » Et Caïn dit à son frère Abel : « Sortons dehors; » et Caïn attaqua son rère Abel et le tua [1]. Et Dieu dit à Caïn : « Où est ton frère Abel ? » Et Caïn lui répondit : « Je n'en sais rien : est-ce que je suis le gardien de mon frère ?... »

Et Dieu dit à Caïn : « Quiconque tuera Caïn sera puni sept fois; » et le Seigneur mit un signe à Caïn, pour que ceux qui le trouveraient ne le tuassent pas [2].

Et Caïn coucha avec sa femme, et il bâtit une ville [3], et il appela sa ville du nom de son fils Énoch.

Énoch engendra Irad, et Irad engendra Maviael, et Maviael engendra Mathusael, et Mathusael engendra Lamech.

Lamech prit deux femmes, Ada et Sella. Ada enfanta Jabel, qui fut père des pasteurs qui demeurent dans des tentes. Le nom de son frère fut Jubal, père de ceux qui jouent de la harpe et de l'orgue...

Or, Lamech dit à ses deux femmes Ada et Sella : « Femmes de Lamech, écoutez ma voix : j'ai tué un homme par ma blessure, et un jeune homme par ma meurtrissure. On tirera vengeance sept fois pour Caïn, et pour moi Lamech, soixante et dix fois sept fois [4]... »

des de viandes à des offrandes de fruits. On commença par des fruits; mais bientôt on en vint aux moutons, aux bœufs, et, ce qui est exécrable, à la chair humaine. L'auteur sacré n'entre point ici dans ce détail, il ne dit pas même que Dieu mangeait les agneaux présentés par Abel; mais vous verrez bientôt, dans l'histoire d'Abraham, que les dieux mangèrent chez lui.

1. Il n'y a rien d'allégorique, encore une fois, dans tout ce récit. Dieu rejette positivement ce que l'aîné Caïn lui donne, et agrée les viandes du cadet; l'aîné s'en fâche, et tue son frère à quelques pas de Dieu même. Dieu emploie la même ironie dont il s'était servi avec Adam et Ève; et Caïn répond insolemment, comme un méchant valet qui n'a nulle crainte de son maître.

2. Il est étonnant, disent les critiques, que Dieu pardonne sur-le-champ à Caïn l'assassinat de son frère, et qu'il le prenne sous sa protection.

Il est étonnant qu'il lui donne une sauvegarde contre tous ceux qui pourraient le tuer, lorsqu'il n'y avait que trois personnes sur la terre, lui, son père et sa mère.

Il est étonnant qu'il protège un assassin, un fratricide, lorsqu'il vient de punir à jamais et de condamner aux tourments de l'enfer tout le genre humain, parce que Adam et Ève ont mangé du bois de la science du bien et du mal.

Mais il faut considérer qu'il n'est jamais question dans le *Pentateuque* de cette damnation du genre humain, ni de l'enfer, ni de l'immortalité de l'âme, ni d'aucun de ces dogmes sublimes qui ne furent développés que si longtemps après. On tira ces notions en interprétant les Écritures, et en les allégorisant. L'écrivain sacré ne donne d'autre punition à Adam que de manger son pain à la sueur de son corps, quoiqu'il n'y eût pas encore de pain. Le châtiment d'Ève est d'accoucher avec douleur; et tous les deux doivent mourir au bout de plusieurs siècles, ce qui suppose qu'ils étaient nés pour être immortels.

3. Caïn bâtit une ville aussitôt après avoir tué son frère. On demande quels ouvriers il avait pour bâtir sa ville, quels citoyens pour la peupler, quels arts et quels instruments pour construire des maisons.

Il est clair que l'écrivain suppose beaucoup d'événements intermédiaires, et n'écrit point selon notre méthode, qui n'a été employée que très-tard.

4. On n'a jamais su ce que Lamech entendait par ces paroles. L'auteur ne dit ni quel homme il avait tué, ni par qui il fut blessé, ni pourquoi on vengera sa mort soixante et dix fois sept fois. Il semble que les copistes aient passé plusieurs articles qui liaient ces premiers événements de l'histoire du genre humain. Mais le peu qui nous reste des théogonies phéniciennes, par

Or, voici la génération d'Adam. Du jour que Dieu fit l'homme à sa ressemblance, il les créa mâle et femelle. Il les unit et les appela du nom d'Adam, au jour qu'ils furent faits. Or, Adam vécut cent trente ans, et il engendra un fils à son image [1] et ressemblance, et il le nomma Seth; et après la naissance de Seth, Adam vécut encore huit cents ans, et il engendra encore des fils et des filles; et tout le temps que vécut Adam fut de neuf cent trente ans [2], et il mourut.

Et Jared (*le septième descendant d'Adam dans la ligne masculine*), à l'âge de soixante et cinq ans, devint père de Mathusalem : il marcha avec Dieu; il vécut trois cents ans après la naissance de Mathusalem; et les jours d'Énoch [3] furent de trois cent soixante et cinq ans. Il se promena avec Dieu, et il ne parut plus depuis, parce que Dieu l'enleva [4].

Et les hommes ayant commencé à multiplier sur la terre, et ayant eu des filles, les fils de Dieu voyant que les filles des hommes étaient belles, prirent pour eux toutes celles qui leur avaient plu [5]; et Dieu dit :

sanes, syriennes, indiennes, égyptiennes, n'est pas mieux lié. Le Saint-Esprit, comme nous l'avons dit, se conformait aux usages du temps. On ne sait pas précisément en quel temps le *Pentateuque* fut écrit. Il y a sur cette époque plus de quatre-vingts opinions différentes.

1. L'auteur sacré revient à ce qu'il a déjà dit. Peut-être les copistes ont fait quelque transposition, comme plusieurs Pères l'ont soupçonné; mais le point le plus important, c'est que Dieu ayant fait Adam à son image et ressemblance, Adam engendre Seth à son image et ressemblance aussi. C'est la preuve la plus forte que les Juifs croyaient Dieu corporel, ainsi que les peuples voisins dont ils apprirent à lire et à écrire. Il serait difficile de donner un autre sens à ces paroles. Adam ressemble à Dieu, Seth ressemble à Adam, donc Seth ressemble à Dieu.

2. On a cru qu'Adam fut enterré à Hébron, parce qu'il est dit dans l'histoire de Josué qu'Adam, *le plus grand des géants, y est enterré*. La plupart des premiers descendants d'Adam vécurent comme lui plus de neuf siècles. C'était l'opinion des peuples de l'Orient et des Égyptiens, que la vie des premiers hommes avait été vingt fois, trente fois plus longue que la nôtre, parce que la nature étant plus jeune avait alors plus de force; mais il n'y a que la révélation qui puisse nous l'apprendre. Au reste, aucune autre nation que la juive ne connut Adam, et les Arabes ne connurent ensuite Adam que par les Juifs.

3. Voilà deux Énoch : le premier, fils de Caïn; et le second, fils d'Adam par Seth et Jared.

4. Les Pères et les commentateurs affirment qu'en effet Énoch, fils de Jared, est encore en vie. Ils disent qu'Énoch et Élie, qui sont transportés hors du monde, reviendront avant le jugement dernier pour prêcher contre l'antechrist pendant douze cent soixante jours; mais qu'Élie ne prêchera qu'aux Juifs, et qu'Énoch prêchera à tous les autres hommes.

Plusieurs savants ont prétendu qu'Énoch était l'Anach des Phrygiens, lequel vécut trois cents ans. D'autres ont dit qu'Énoch était le soleil; d'autres, que c'était Saturne, et qu'Adam signifiait, en Asie, le premier jour de la semaine, et Énoch le septième jour.

Les Juifs, dans la suite, débitèrent qu'Énoch avait écrit un livre de la chute des anges; et saint Jude en parle dans son épître. On sait assez que ce livre est supposé, que la chute des anges est une ancienne fable des Indiens, et qu'elle ne fut connue des Juifs que du temps d'Auguste et de Tibère; qu'ils supposèrent alors le livre d'Énoch, septième homme après Adam.

5. C'était l'opinion de toute l'antiquité, que les planètes étaient habitées par ces êtres puissants appelés dieux, et que ces dieux venaient faire souvent des enfants aux filles des hommes. Toute la terre fut remplie de ces imaginations. Les fables de Bacchus, de Persée, de Phaéthon, d'Hercule, d'Esculape, de Minos

« Mon esprit ne demeurera plus avec l'homme, parce qu'il est chair, et sa vie ne sera plus que de six-vingts ans [1]. »

Or, en ce temps, il y avait des géants sur la terre [2]; car les fils de Dieu ayant eu commerce avec les filles des hommes, elles enfantèrent ces géants fameux dans le siècle....

Dieu se repentit d'avoir fait l'homme sur la terre; et, pénétré de douleur dans son cœur, il dit : « J'exterminerai de la face de la terre l'homme que j'ai formé, depuis l'homme jusqu'aux animaux, depuis les reptiles jusqu'aux oiseaux, car je me repens de les avoir faits [3]. »

Mais Noé trouva grâce devant le Seigneur.... Il dit à Noé : « La fin de toute chair est venue devant moi; la terre est remplie des iniquités de leur face, et je les perdrai avec la terre. Fais-toi une arche.... et voici comme tu la feras : elle aura trois cents coudées de long, cinquante de large et trente de haut, etc. [4]....

« Et je ferai venir sur la terre les eaux du déluge, et je tuerai toute chair qui a souffle de vie sous le ciel : je ferai alliance avec toi, et tu entreras dans l'arche, toi, ta femme et les enfants de tes fils... »

d'Amphitryon, l'attestent assez. Origène, saint Justin, Athénagore, Tertullien, saint Cyprien, saint Ambroise, assurent que les anges, amoureux de nos filles, enfantèrent non des géants, mais des démons.

1. Cependant il est dit que Noé vécut neuf cents ans; mais il faut l'excepter de la sentence portée contre le genre humain, parce qu'il était un homme juste. Il faut encore avouer que plusieurs autres vécurent longtemps après jusqu'à quatre et cinq cents ans; et que depuis le temps de la tour de Babel jusqu'à celui d'Abraham, la vie commune était de quatre à cinq cents années. Il n'est pas aisé de concilier toutes ces choses, mais il faut lire l'Écriture avec un esprit de soumission.

2. Les filles eurent donc ces géants de leur commerce avec les anges. On nous rapporte que Sertorius trouva le corps du géant Anthée, qui était long de quatre-vingt-dix pieds. Le R. P. dom Calmet nous instruit qu'on trouva de son temps le corps du géant Teutobocus; mais sa taille n'approchait pas de celle du géant Anthée : celle du géant Og était aussi très-médiocre en comparaison; son lit n'était que de treize pieds et demi.

3. Les critiques ont trouvé mauvais que Dieu se repentît; mais le texte appuie si énergiquement sur ce repentir de Dieu, et sur la douleur dont son cœur fut saisi, qu'il paraît trop hardi de ne pas prendre ces expressions à la lettre. Dieu dit expressément qu'il exterminera de la face de la terre les hommes, les animaux, les reptiles, les oiseaux. Cependant il n'est point dit que les animaux eussent péché.

4. Bérose le Chaldéen rapporte que l'arche bâtie par le roi Xissutre avait trois mille six cent vingt-cinq pieds de long, et quatorze cent cinquante de largeur; et qu'il bâtit cette arche par l'ordre des dieux, qui l'avertirent d'une inondation prochaine du Pont-Euxin. Cette arche se reposa sur le mont Ararat comme celle de Noé; et plusieurs particularités de la conduite de ce roi sont semblables à celles dont la sainte Écriture nous parle. Le roi Xissutre avait plus de monde dans son arche que Noé, lequel n'avait avec lui que sa femme, ses trois fils et ses trois belles-filles. M. Le Pelletier, marchand de Rouen, a supputé, dans un petit livre imprimé avec les *Pensées de Pascal*, que l'arche pouvait contenir tous les animaux de la terre; mais il ne les a pas comptés, et il a oublié de dire de quoi on nourrissait la prodigieuse quantité d'animaux carnassiers, et de nous apprendre comment huit personnes purent suffire pendant un an à donner à manger et à boire à tous ces animaux, et à vider leurs excréments.

Au reste, il y a eu plusieurs inondations sur le globe : celle du temps de Xissutre; celle du temps de Noé, qui ne fut connue que des Juifs; celle d'Ogygès et de Deucalion, célèbre chez les Grecs; celle de l'île Atlantide, dont les Égyptiens firent mention dans leurs annales.

Les fontaines du grand abîme furent rompues; les cataractes des cieux s'ouvrirent, et la pluie tomba sur la terre pendant quarante jours et quarante nuits [1].... et les eaux prévalurent si fort sur la terre, que toutes les hautes montagnes de l'univers sous le ciel en furent couvertes, et l'eau fut plus haute que les montagnes, de quinze coudées.... Tous les hommes moururent, et tout ce qui a soufflé de vie sur la terre mourut [2]....

Et les eaux couvrirent la terre pendant cent cinquante jours, et alors les fontaines de l'abîme et les cataractes du ciel furent fermées, et les pluies du ciel furent arrêtées.... Les quarante jours étant passés, Noé, ouvrant la fenêtre qu'il avait faite à l'arche, renvoya le corbeau, qui sortait et ne revenait point, jusqu'à ce que les eaux se séchassent. Il envoya aussi la colombe, etc. [3]....

Et Dieu dit à Noé et à ses enfants : « Croissez, multipliez et remplissez la terre. Que tous les animaux de la terre tremblent devant vous, aussi bien que tous les oiseaux du ciel, et tout ce qui a mouvement sur la terre. Je vous ai donné tous les poissons; et tout ce qui a mouvement et vie sera votre nourriture, aussi bien que les légumes verts; je vous les ai donnés tous, excepté que vous ne mangerez point leur chair avec leur sang et leur âme; car je redemanderai le sang de vos âmes à la main des bêtes qui vous auront mangés [4], et je redemanderai l'âme de l'homme de la main de l'homme et de son frère. Quiconque

1. Les critiques incrédules, qui nient tout, nient aussi ce déluge, sous prétexte qu'il n'y a point en effet de fontaines du grand abîme et de cataractes des cieux, etc., etc. Mais on le croyait alors, et les Juifs avaient emprunté ces idées grossières des Syriens, des Chaldéens, et des Égyptiens. Des accessoires peuvent être faux, quoique le fond soit véritable. Ce n'est pas avec les yeux de la raison qu'il faut lire ce livre, mais avec ceux de la foi.

2. L'eau ne pouvait à la fois s'élever de quinze coudées au-dessus des plus hautes montagnes, qu'en cas qu'il se fût formé plus de douze océans l'un sur l'autre, et que le dernier eût été vingt-quatre fois plus grand que celui qui entoure aujourd'hui les deux hémisphères. Aussi tous les sages commentateurs regardent ce miracle comme le plus grand qui ait jamais été fait, puisqu'il fallut créer du néant tous ces océans nouveaux, et les anéantir ensuite. Cette création de tant d'océans n'était pas nécessaire pour le déluge du Pont-Euxin du temps du roi Xissutre, ni pour celui de Deucalion, ni pour la submersion de l'île Atlandide. Ainsi le miracle du déluge de Noé est bien plus grand que celui des autres déluges.

3. La même chose est racontée dans le Chaldéen Bérose, de l'arche du roi Xissutre. Les incrédules prétendent que cette histoire est prise de ce Bérose, qui pourtant n'écrivit que du temps d'Alexandre; mais ils disent que les livres juifs étaient alors inconnus de toutes les nations. Ils disent qu'un aussi petit peuple que les Juifs, et aussi ignorant, qui n'avait jamais fréquenté la mer, devait imiter ses voisins, plutôt qu'être imité par eux; que ses livres furent écrits très-tard; que probablement Bérose avait trouvé l'histoire de l'inondation du Pont-Euxin dans les anciens livres chaldéens, et que les Juifs avaient puisé à la même source. Tout cela n'est qu'une supposition, une conjecture qui doit disparaître devant l'authenticité des livres saints.

4. L'expression qui donne ici une main aux bêtes carnassières, au lieu de griffe, est remarquable; et l'opinion générale que les bêtes avaient de la raison comme nous n'est pas contestée. Dieu fait ici un pacte avec les bêtes comme avec les hommes. Les tigres, les lions, les ours, et la maison de Jacob, n'ont guère observé ce pacte. Un auteur allemand a écrit que c'était un pacte de famille. C'est pourquoi, dans le *Lévitique*, on punit également les bêtes et les hommes qui ont commis ensemble le péché de la chair. Aucune bête ne pouvait

répandra le sang humain, on répandra le sien ; car l'homme est fait à l'image de Dieu.... Je ferai mon pacte avec vous et avec votre postérité, après vous avec toute âme vivante, tant oiseaux que bêtes de somme, bestiaux et tout ce qui est sorti de l'arche, et toutes les bêtes de l'univers. Mon pacte avec vous sera de telle sorte que je ne tuerai plus de chair, et qu'il n'y aura plus jamais de déluge.... Je mettrai mon arc dans les nuées, et ce sera le signe de mon pacte entre moi et la terre ¹ et mon arc sera dans les nuées ; et quand je le verrai, je me souviendrai de mon pacte entre moi, Dieu, et toute âme de chair vivante qui est sur la terre.... »

Et comme Noé était laboureur, il planta une vigne ; et ayant bu du vin, il s'enivra et s'étendit tout nu dans sa tente ²....

Cham, père de Canaan, ayant vu les parties viriles de son père Noé, en alla avertir ses frères hors de la tente. Sem et Japhet apportèrent un manteau ; et, en marchant à rebours, couvrirent les parties viriles de leur père. Noé s'étant éveillé, maudit Canaan, fils de Cham ; il dit : « Que Canaan soit maudit, qu'il soit l'esclave des esclaves de ses frères !... »

Voici le dénombrement des fils de Noé, qui sont Sem, Cham et Japhet ³.

---

travailler le jour du sabbat. L'*Ecclésiaste* dit « que les hommes sont semblables aux bêtes, qu'ils n'ont rien de plus que les bêtes. » Jonas dans Ninive fait jeûner les hommes et les bêtes, etc. On voit même que les bêtes parlaient souvent comme les hommes dans toute l'antiquité.

1. Le texte sacré ne dit pas : « Mon arc qui est dans les nuées sera désormais le signe de mon pacte ; » mais : « Je mettrai mon arc dans les nuées ; » ce qui suppose qu'auparavant il n'y avait point eu d'arc-en-ciel. C'est ce qui a fait supposer qu'avant le déluge universel il n'y avait point eu encore de pluie, puisque l'arc-en-ciel n'est formé que par les réfractions et les réflexions des rayons du soleil dans les gouttes de pluie. Encore une fois, il est clair que la *Bible* ne nous a pas été donnée pour nous enseigner la géographie et la physique.

2. Noé ne passa pour être l'inventeur de la vigne que chez les Juifs ; car c'était chez toutes les autres nations Bak ou Bacchus qui avait le premier enseigné l'art de faire du vin. Il est surprenant que Noé, le restaurateur du genre humain, ait été ignoré de toute la terre ; mais il est encore plus étrange qu'Adam, le père de tous les hommes, ait été aussi ignoré de tous les hommes que Noé.

Des commentateurs prétendent que Cham n'avait que dix ans lorsqu'il trouva son père ivre, et qu'il vit ses parties viriles. Mais le texte dit positivement qu'il avait un fils marié, lequel fils est Canaan. Il semble que l'auteur veuille justifier par là les malédictions portées contre le peuple de Canaan, et l'irruption des Arabes juifs qui mirent depuis le Canaan à feu et à sang, et qui exterminèrent dans plus d'un lieu les hommes et les bêtes. L'auteur juif insiste souvent sur cette malédiction portée contre les Cananéens, pour s'en faire un droit sur ce pays, à ce que prétend Spinosa. Mais Spinosa est trop suspect : les Juifs d'Amsterdam l'avaient excommunié et assassiné ; il lui est pardonnable de ne les avoir point aimés.

Un autre Juif, bien plus ancien et non moins savant, ne reconnaît point Noé pour l'inventeur du vin. C'est Philon. Voici comme il parle dans le récit de sa députation à l'empereur Caïus Caligula : « Bacchus le premier planta la vigne, et en tira une liqueur si utile et si agréable au corps et à l'esprit, qu'elle leur fait oublier leurs peines, les réjouit, et les fortifie. »

Comment se peut-il faire que Philon, si attaché à sa secte, ne reconnût pas Noé pour l'inventeur du vin ?

3. Sem, Cham et Japhet sont représentés comme ayant régné sur l'Europe, l'Asie et l'Afrique ; car Eusèbe dit que Noé, par son testament, donna toute la terre à ses trois fils : l'Asie à Sem, l'Afrique à Cham, et l'Europe à Japhet. Or ce n'était pas certainement maudire Cham que de lui donner la troisième partie

Ils partagèrent entre eux les îles des nations chacun selon sa langue et selon son peuple [1]....

Les fils de Cham sont Chus, Mesraïm, Pluth et Canaan.... Or, Chus fut père de Nembrod, qui fut un géant sur la terre; et c'était un puissant chasseur devant Dieu. Il commença de régner en Babylone, en Arach, en Achad et en Chalanne.... Assur sortit de ce pays-là, et i bâtit Ninive et les places de la ville, et Chalé....

Canaan engendra Sidon et les Éthéens, et les Jébuséens, et les Amorrhéens, et les Hévéens, et les Aracéens et les Samariens, et les Amathéens.... Ce sont là les fils de Cham selon leur parenté, leurs langues, leurs générations, leurs terres, et leurs peuples [2]....

Sem, frère aîné de Japhet, fut père de tous les enfants d'Héber.... Or, Arphaxad engendra Salé qui fut père d'Héber. Héber eut deux fils, dont l'un eut nom Phaleg, parce que la terre fut divisée de son temps, et son frère eut nom Jectan.

Or, la terre n'avait qu'une lèvre, et tout langage était semblable [3]. Les hommes, en partant de l'Orient, trouvèrent les campagnes de Sennaar, et y habitèrent [4]; et ils se dirent chacun à son voisin : « Venez, faisons des briques, cuisons-les par le feu; » et ils prirent des briques au lieu de pierres, et du bitume au lieu de ciment; et ils dirent : « Venez, faisons-nous une cité et une tour dont le comble touche au ciel, et célébrons notre nom avant que nous soyons divisés dans toutes les terres. »

Or, le Seigneur descendit pour voir la ville [5] et la tour que les enfants d'Adam bâtissaient; et il dit : « Voilà un peuple qui est tout d'une

du monde. Il paraît impossible de concilier la malédiction avec une si prodigieuse bénédiction. Il est encore difficile de comprendre comment les trois enfants de Noé quittèrent leur père, qui s'enivra probablement en Arménie, pour aller régner dans des parties du monde où il n'y avait personne. Avant qu'on règne sur un peuple, il faut que ce peuple existe : c'est une anticipation. Nous passons ici tous les petits-fils de Noé inconnus longtemps au reste du monde, ainsi que leur père. Toutes ces vérités seront développées dans la suite.

1. *Chacun selon sa langue*, semble montrer que les descendants de Noé parlaient déjà chacun une langue différente; et cela semble contredire l'histoire qui va suivre des nouvelles langues formées tout d'un coup à Babylone. Ce sont toujours des obscurités à chaque page. Ces nuages ne peuvent être dissipés que par une soumission parfaite à la *Bible* et à l'Église.

2. Toutes ces nations dont on fait le dénombrement ne composent qu'un petit peuple dans la Palestine. C'est en partie ce pays dont les Juifs s'emparèrent. Il st vrai qu'on ne voit pas comment les descendants de Cham allèrent s'entasser dans cette petite région, au lieu d'occuper les rivages fertiles de l'Afrique, et surtout de l'Égypte; mais il ne faut point demander compte des œuvres de Dieu.

3. Comment la terre pouvait-elle n'avoir qu'une lèvre? comment tous les hommes parlaient-ils une même langue, après que l'auteur a dit que chaque peuple avait sa langue différente? et comment tant de peuples purent-ils exister après le déluge, du vivant même de Noé? L'esprit humain ne peut trouver de solution à ces difficultés. Le seul parti qui reste aux savants est de supposer qu'il y a eu des fautes de copistes; et la seule ressource des simples est de se soumettre avec vénération.

4. On demande encore comment l'auteur peut dire que tous les hommes partirent de l'Orient, après avoir dit qu'ils peuplèrent l'Occident, le Midi et le Nord.

5. Le texte fait effectivement descendre Dieu pour voir cet ouvrage. Les dieux, dans tous les systèmes, descendaient sur la terre pour s'informer de

lèvre; ils ont commencé cet ouvrage, et ils ne cesseront point jusqu'à ce qu'ils l'aient exécuté. Venez donc, descendons, et confondons leur langage, afin que personne n'entende ce que lui dira son voisin; » et Dieu les sépara ainsi dans toutes les terres, et ils cessèrent de bâtir la cité[1].

Or, Tharé, descendant de Sem, à l'âge de soixante et dix ans engendra Abram et Nachor, et Aran; et Tharé, ayant vécu deux cent cinq ans, mourut à Haran; et Dieu dit à Abram : « Sors de ta terre, de ta parenté, de la maison de ton père, et viens dans la terre que je te montrerai, et je te ferai une grande nation, et je magnifierai ton nom et tu seras béni, et je bénirai ceux qui te béniront, et je maudirai ceux qui te maudiront, et toutes les familles de la terre universelle seront bénies en toi. » Ainsi Abram s'en alla comme Dieu le lui commandait, et il s'en alla avec Loth. Il avait soixante et quinze ans quand il sortit d'Haran[2].

Et il prit Saraï sa femme, et Loth son neveu, et toute la substance qu'il possédait, et les âmes qu'il avait faites en Haran, et ils sortirent pour aller dans la terre de Canaan[3].... Abram s'avança jusqu'à Sichem et à la vallée illustre. Or, le Cananéen était alors dans cette terre[4]....

tout ce qui s'y passait, comme des seigneurs qui visitent leur domaine. Ce n'était point une manière de parler, c'était à la lettre; et cette idée était si commune, qu'il n'est pas surprenant que l'auteur sacré s'y soit conformé toujours.

1. Saint Jérôme, dans son commentaire sur Isaïe, dit que la tour de Babel avait déjà quatre mille pas de hauteur; ce qui ferait vingt mille pieds, si c'étaient des pas géométriques. Elle était donc dix fois plus élevée que les pyramides d'Égypte. Plusieurs auteurs juifs lui donnent encore une plus grande élévation. La Genèse place cette prodigieuse entreprise cent dix-sept ans après le déluge. Si la population du genre humain avait suivi l'ordre qu'elle suit aujourd'hui, il n'y aurait eu ni assez d'hommes, ni assez de temps pour inventer tous les arts nécessaires dont un ouvrage si immense exigeait l'usage. Il faut donc regarder cette aventure comme un prodige, ainsi que celle du déluge universel.

Un prodige non moins grand est la formation subite de tant de langues. Les commentateurs ont recherché quelles langues-mères naquirent tout d'un coup de cette dispersion des peuples; mais ils n'ont jamais fait attention à aucune des langues anciennes qu'on parle depuis l'Indus jusqu'au Japon. Il serait curieux de compter le nombre des différents langages qui se parlent aujourd'hui dans tout l'univers. Il y en a plus de trois cents dans ce que nous connaissons de l'Amérique, et plus de trois mille dans ce que nous connaissons de notre continent. Chaque province chinoise a son idiome; le peuple de Pékin entend très-difficilement le peuple de Kanton, et l'Indien des côtes du Malabar n'entend point l'Indien de Bénarès. Au reste, toute la terre ignora le prodige de la tour de Babel; il ne fut connu que des écrivains hébreux.

2. Il semble d'abord évident, par le texte, que Tharé ayant engendré Abraham à soixante et dix ans, et étant mort à deux cent cinq, Abraham avait cent trente-cinq ans et non pas soixante et quinze, quand il quitta la Mésopotamie. Saint Étienne suit ce calcul dans son discours aux Juifs. Cette difficulté a paru inexplicable à saint Jérôme et à saint Augustin. Nous nous garderons bien de croire entendre ce que ces grands saints n'ont point entendu.

3. Il y a d'Haran à Canaan deux cents lieues environ : il fallait un ordre exprès de Dieu pour quitter le pays le plus fertile et le plus beau de la terre, et pour entreprendre un si long voyage vers un pays moins bon, habité par quelques barbares dont Abraham ne pouvait entendre la langue.

4. Ces mots : Or, le Cananéen était alors dans cette terre, ont été le sujet d'une grande dispute entre les savants. Il semble en effet que les Cananéens avaient été chassés de cette terre lorsque l'auteur sacré écrivait. Cependant ils

et le Seigneur apparut à Abram, et lui dit : « Je donnerai à ta postérité cette terre. » Abram dressa un autel au Seigneur, qui lui était apparu.... Or, la famine étant dans le pays, Abram descendit en Égypte; car la famine prévalait sur la terre[1]; et comme il était près de l'Égypte, il dit à Saraï sa femme : « Je sais que tu es belle femme, et quand les Égyptiens te verront, ils me tueront, et ils te garderont : dis donc que tu es ma sœur, afin qu'il m'arrive du bien à cause de toi, et que mon âme vive à cause de ta grâce.... » Abram étant ainsi entré en Égypte, les Égyptiens virent que cette femme était trop belle, et les princes l'annoncèrent au pharaon, et la vantèrent à lui, et elle fut enlevée dans le palais du pharaon[2], et on fit du bien à Abram à cause d'elle, et il en eut des brebis, des bœufs, et des ânes, et des serviteurs, et des servantes, et des ânesses, et des chameaux[3]; mais le Seigneur affligea le pharaon de plaies très-grandes, et sa maison, à cause de Saraï femme d'Abram, et Pharaon appela Abram, et lui dit : « Pourquoi m'as-tu fait cela? pourquoi ne m'as-tu pas dit que c'était ta femme? et puisque c'est ta femme, prends-la et va-t'en; » et le pharaon ordonna à ses gens, et ils l'emmenèrent lui et sa femme, et tout ce qu'il avait.

Abram monta donc de l'Égypte, et sa femme et tout ce qu'il avait, et Loth avec lui, vers la contrée du midi[4]. Il était très-riche en or et en argent[5], et il revint par le chemin qu'il était venu du midi à Béthel.... Abram demeura dans le pays de Canaan, et Loth dans les villes qui étaient auprès du Jourdain, et habita dans Sodome.... En ce temps, Amraphel, roi de Sennaar, et Arioch, roi de Pont, et Chodorlahomor,

y étaient du temps de Moïse; et Josué ne saccagea qu'une trentaine de bourgs des Cananéens : les Juifs furent depuis, tantôt esclaves, tantôt maîtres d'une partie du pays, jusqu'à David. C'est ce qui a fait conjecturer que la *Genèse* n'a pu être écrite du temps de Moïse, mais après David. Nous dirons, en leur lieu, les autres raisons de cette opinion : mais nous avertissons qu'il faut s'en rapporter à l'Église, dont les décisions (comme on sait) sont infaillibles, tandis que les opinions des doctes ne sont que probables.

1. La Palestine, en effet, est un pays montagneux qui n'a jamais porté beaucoup de blé. Elle ressemble à la Corse, qui a des olives, des pâturages, et peu de froment.

2. Puisqu'il y avait un roi d'Égypte, ce pays était donc déjà très-peuplé. Pharaon était le nom générique du roi. *On* signifiait en égyptien le soleil; et *Phara*, le maître ou l'élève. Presque tous les rois orientaux se sont intitulés frères ou cousins du soleil et de la lune. Bochart dit que Pharaon signifiait un crocodile, mais il y a loin d'un crocodile au soleil.

3. Cette conduite d'Abraham a été sévèrement censurée; mais saint Augustin l'a défendue dans son livre contre le mensonge. Plusieurs critiques se sont étonnés que Sara, femme du fils d'un potier, âgée de soixante et cinq ans, ayant fait le voyage d'Égypte à pied, ou tout au plus sur son âne, ait paru si belle à toute la cour du roi d'Égypte, et ait été mise dans le sérail de ce monarque.

Ces choses n'arriveraient pas aujourd'hui; mais elles étaient fréquentes alors, puisque nous verrons Sara enlevée par un autre roi longtemps après pour sa beauté, à l'âge de quatre-vingt-dix ans.

4. Puisqu'il revenait d'Égypte dans le Canaan, il est clair qu'il remontait juste vers le nord, et non pas vers le midi. Ces petites méprises qui sont probablement des copistes, ne dérobent rien à la véracité de l'auteur sacré.

5. C'était donc l'or et l'argent que lui avait donnés le pharaon d'Égypte; car il n'y avait pas d'apparence que le fils d'un potier eût apporté beaucoup d'or en Canaan.

roi des Élamites, et Thadal, roi des nations[1], firent la guerre contre Bara, roi de Sodome, et contre Bersa, roi de Gomorrhe, contre Sennaab, roi d'Adama, et contre Séméber, roi de Séboïm, et contre le roi de Bala, autrement Ségor…. et ils prirent toute la substance des Sodomites et de Gomorrhe, et tout ce qu'il y avait à manger, et s'en allèrent. Ils prirent aussi toute la substance de Loth, fils du frère d'Abram, qui habitait à Sodome…. Abram, ayant entendu que son frère Loth était pris, dénombra trois cent dix-huit de ses valets[2], et poursuivit les rois vainqueurs jusqu'à Dan, et les ramena jusqu'à Hoba, qui est à la gauche de Damas; et il ramena toute la substance, et Loth son frère, et les femmes, et tout le peuple….

Or, Saraï, femme d'Abram, n'avait point engendré d'enfants; mais ayant sa servante égyptienne, nommée Agar, elle dit à son mari : « Dieu m'a fermée, afin que je n'enfantasse pas; couche avec ma servante, peut-être que j'en aurai des enfants; » et Abram acquiesça à cette prière[3]; mais Agar, voyant qu'elle avait conçu, méprisa sa maîtresse. Saraï dit à Abram : « Tu agis iniquement contre moi : j'ai mis ma ser-

1. Puisqu'il y avait un grand roi d'Égypte, il pouvait y avoir aussi de grands rois de Sennaar, de Pont, de Perse, et des autres rois des nations. Il paraît étrange que de si puissants monarques se soient ligués de si loin contre des chefs de cinq petites bourgades, qui habitaient un pays aride, sauvage et désert.

L'auteur sacré dit ici que ces grands rois se donnèrent rendez-vous dans la vallée des bois, qui est aujourd'hui le lac Asphaltite, ou la mer Salée. Vous verrez qu'ensuite il ne dit point que cette vallée des bois ait été changée en mer salée, et qu'il insinue même le contraire.

2. On fait ici plusieurs difficultés. On demande comment Abraham, qui n'avait pas un pouce de terre dans ce pays, avait pourtant un assez grand nombre de domestiques pour en choisir trois cent dix-huit? et comment, avec cette poignée de valets, il défit les armées de cinq rois si puissants, et les poursuivit jusqu'à Dan, qui n'était pas encore bâti? Quelques interprètes ont substitué Damas à Dan; mais il y a un chemin de cent milles du pays de Sodome à Damas; et le texte dit ensuite qu'il les poursuivit jusqu'auprès de Damas.

Cette guerre d'Abraham contre tant de rois semble avoir quelque rapport avec les anciennes traditions persanes, dont on trouve des vestiges dans le savant Hyde. Les Persans prétendaient qu'Abraham avait été leur prophète et leur roi, et qu'il avait eu une guerre contre Nembrod. Il est constant, comme nous l'observons ailleurs, qu'ils appelèrent leur religion milat Abraham ou Ibrahim; kish Abraham ou Ibrahim. On a prétendu qu'il était le Brama des Indiens; qu'ensuite les Persans l'adoptèrent, et qu'enfin les Juifs, qui vinrent et qui écrivirent très-longtemps après, s'appropièrent Abraham. Il résulte que ce nom avait été fameux dans l'Orient de temps immémorial.

Nous nous en tenons ici à l'histoire hébraïque. Peut-être un jour ceux qui voyagent dans l'Inde, et qui apprennent la langue sacrée des anciens brachmanes, nous en apprendront-ils davantage.

3. Cette adoption était fort commune en Orient. Un père ou une mère mettait l'enfant d'un autre sur ses genoux; et cela suffisait pour le légitimer. La polygamie d'ailleurs était en usage dans la sainte Écriture. Lamech avait eu deux femmes. Mais on dispute pour savoir si Agar était une seconde femme, ou simplement une concubine. L'opinion la plus commune est qu'Agar ne fut que concubine; car si elle avait été la seconde femme d'Abraham, son enfant n'aurait pu appartenir à Sara; il serait demeuré à la véritable mère. De plus, Abraham n'aurait pas chassé Agar son épouse, et son fils aîné Ismaël, en leur donnant pour tout viatique un pain et un pot d'eau. Il est cruel sans doute de renvoyer ainsi sa servante et l'enfant qu'on lui a fait; mais il eût été plus abominable de chasser ainsi sa femme, dont l'Écriture ne dit point qu'il eût à se plaindre.

vante dans ton sein, et voyant qu'elle a conçu, elle me méprise. Que Dieu juge entre moi et toi. » A quoi Abram répondit : « La servante est en tes mains ; fais-en ce que tu voudras. » Saraï la battit, et Agar s'enfuit. L'ange du Seigneur l'ayant trouvée dans le désert près de la fontaine d'eau qui est dans la solitude, dans le chemin de Sur au désert, lui dit : « Agar, servante de Saraï, d'où viens-tu, où vas-tu ? » Laquelle répondit : « Je m'enfuis de la face de Saraï ma maîtresse. » L'ange du Seigneur lui dit : « Retourne à ta maîtresse, humilie-toi sous sa main. Je multiplierai ta race en la multipliant, et on ne pourra la compter à cause de sa multitude. Tu as conçu et tu enfanteras un fils, tu l'appelleras Ismaël, parce que Dieu a écouté ton affliction ; il sera comme un âne sauvage ; ses mains seront contre tous, et les mains de tous contre lui [1]. » Or, Agar appela le Dieu qui lui parlait, *Dieu qui m'a vue* ; « car certainement, dit-elle, j'ai vu le derrière de celui qui m'a vue [2]. »

Abram ayant commencé sa quatre-vingt-dix-neuvième année, Dieu lui apparut et lui dit : « Je suis le dieu Sadaï [3] ; marche devant moi, et sois sans taches : je ferai un pacte avec toi, et je te multiplierai prodigieusement. Tu ne t'appelleras plus Abram, mais Abraham [4].... Voici mon pacte, qui sera observé entre moi et tes descendants. On coupera la chair de ton prépuce, afin que ce soit un signe de mon pacte. L'enfant de huit jours sera circoncis parmi vous, tant le valet né dans la maison, que celui qui est acheté, et tout ce qui n'est point de votre race, et mon pacte sera dans votre chair à tout jamais. Tout mâle dont la chair ne sera point circoncise sera exterminé, parce qu'il aura violé mon pacte [5].... »

---

1. On a remarqué que cet ange du Seigneur qui amène Agar à Abraham étant grosse d'Ismaël, ne la ramène plus quand elle est chassée avec son fils.

2. C'était une opinion fort ancienne qu'on ne pouvait voir le visage d'un dieu sans mourir. Vous verrez même dans l'*Exode* que Dieu ne se laissa voir que par derrière à Moïse par la fente d'un rocher, quoiqu'il soit dit que Moïse voyait Dieu face à face.

3. Sadaï était le nom que quelques peuples de Syrie donnaient à Dieu. Ils l'appelaient tantôt Sadaï, tantôt Adonaï, tantôt Jehovah, ou El, ou Éloa, ou Melch, ou Bel, selon les différents dialectes. On prétend que Sadaï signifiait l'exterminateur : d'autres disent que c'était le dieu des champs, et d'autres le dieu des mamelles. Il faut consulter Calmet, car il sait tout cela.

4. On connaît peu la différence d'Abram à Abraham. On a prétendu qu'Abram signifiait père illustre, et Abraham père de plusieurs. Les Persans crurent toujours qu'il y avait eu un Abram surnommé Zerdust, qui leur avait enseigné la religion ; et les Grecs l'appelèrent Zoroastre. Des savants ont cru qu'Abram n'était autre que le Brama des Indiens ; et que la religion des Indiens, qui subsiste encore, était la plus ancienne de toutes. Mais il est difficile de pénétrer dans ces ténèbres ; et le meilleur parti est d'en croire le texte et l'Église.

5. Cela contredit tous les écrivains de l'antiquité, qui s'accordent à dire que les Égyptiens et les Éthiopiens inventèrent la circoncision ; mais il n'y eut en Égypte que les prêtres et les initiés qui se firent couper le prépuce, comme un signe d'association qui les distinguait du genre humain. Les Arabes prirent cette coutume. On prétend qu'en Éthiopie on circoncisait aussi les filles. Dieu ordonne ici de faire mourir quiconque n'aura pas eu le prépuce coupé. Cependant la circoncision ne fut point observée par les Juifs en Égypte pendant deux cent cinq ans ; et les six cent trente mille combattants que le texte dit avoir suivi Moïse ne furent pas circoncis dans le désert.

Dieu dit aussi à Abraham : « Tu n'appelleras plus ta femme Saraï, mais Sara[1]. Je la bénirai ; elle te donnera un fils que je bénirai : il sera sur les nations, et les rois des peuples sortiront de lui. » Abraham tomba sur sa face, et se mit à rire, disant dans son cœur : « Pense-t-il qu'un homme de cent ans fera un fils, et qu'une femme de quatre-vingt-dix ans accouchera[2] ? » Et il dit à Dieu : « Plût à Dieu qu'Ismaël vécût devant toi ! » Et Dieu répondit à Abraham : « Ta femme t'engendrera un fils que tu appelleras Isaac. Je ferai un pacte avec lui et avec sa race à jamais ; et à l'égard d'Ismaël, je t'ai exaucé ; je le bénirai, je le multiplierai beaucoup : il engendrera douze chefs, et j'en ferai une grande nation ... » Alors Abraham prit son fils et tous ses esclaves qu'il avait achetés, et généralement tous les mâles de sa maison, et il leur coupa la chair du prépuce, comme le dieu Sadaï l'avait ordonné. Abraham se coupa la chair de son prépuce lui-même, à l'âge de quatre-vingt-dix-neuf ans. Ismaël avait treize ans accomplis quand il fut circoncis[3]. Abraham et Ismaël furent circoncis le même jour, et tous les hommes de sa maison, tant les natifs que les achetés, tout fut circoncis.

Or, Dieu vint trouver Abraham dans la vallée de Mambré, assis devant sa tente dans la chaleur du jour ; et Abraham ayant levé les yeux, vit trois hommes à côté de lui, et les ayant vus, il courut au plus vite et les salua jusqu'à terre ; et il leur dit : « Messeigneurs, si j'ai trouvé grâce devant tes yeux[4], ne passe pas au delà de l'habitation de ton serviteur ; mais j'apporterai un peu d'eau pour laver vos pieds ; reposez-vous sous l'arbre. Je vous donnerai une bouchée de pain ; confortez-vous ; après cela vous passerez, car c'est pour manger que vous êtes venus vers votre serviteur ; » et ils lui répondirent : « Fais comme tu l'as dit. » Abraham entra vite dans la tente de Sara, et lui dit : « Dépêche-toi, pétris quatre-vingt-sept pintes de farine[5], et fais des pains cuits sous la cendre. » Pour lui, il courut au troupeau, où il prit un veau très-tendre et très-bon, et il le donna à un valet pour le faire cuire. Il prit aussi du kaimak et du lait : et le veau cuit, il se tint debout sous l'arbre vis-à-vis d'eux. Après qu'ils eurent mangé, ils lui dirent : « Où est

1. On ne sait pas précisément quelle différence essentielle est entre Saraï et Sara. Les commentateurs ont dit que Saraï signifiait madame, et Sara la dame.

2. Si Tharé, en effet, avait engendré Abraham à soixante et dix ans, et si Abraham fût parti d'Haran à l'âge de cent trente-cinq, et si on y ajoutait les huit ans qui s'écoulèrent de son arrivée en Canaan jusqu'à cette entrevue de Dieu et de lui, il avait alors cent quarante-trois ans ; et c'est une raison de plus pour rire. Cependant vous le verrez se marier dans trente ans, après la mort de Sara sa femme.

3. Les mahométans, qui se croient descendus d'Ismaël, ou qui représentent la race d'Ismaël, coupent encore le prépuce à leurs enfants, quand ils ont treize ans ; mais les Juifs le coupent au bout de huit jours.

4. Voici un nouvel exemple du singulier joint avec le pluriel. Il y a ici trois hommes, et ces trois hommes sont trois dieux, et Abraham ne parle qu'à un seul, et ensuite il parle à tous trois. Quelques-uns ont cru que cela signifiait la sainte Trinité. Cette explication a été combattue, parce que le mot de trinité ne se trouve dans aucun endroit de l'Écriture. Il ne nous appartient pas d'approfondir cette question.

5. Trois *sata* de farine font un *epha* : et si l'épha contient vingt-neuf pintes, trois ephats de farine font quatre-vingt-sept pintes. C'était prodigieusement de pain. L'usage était chez les Orientaux de servir d'un seul plat en grande quan-

Sara ta femme ? » Et il répondit : « Elle est dans sa tente. » L'un d'eux lui dit : « Je reviendrai dans un an en revenant, si je suis en vie [1], et ta femme Sara aura un fils. » Sara, ayant entendu cela derrière la porte de la tente, se mit à rire, car ils étaient tous deux bien vieux; et Sara n'avait plus ses règles. Elle rit donc en se cachant, et dit : « Après que je suis devenue vieille, et que mon seigneur est si vieux, j'aurai encore du plaisir ! » Mais Dieu dit à Abraham : « Pourquoi Sara s'est-elle mise à rire en disant : » Puis-je enfanter étant si vieille ? » est-ce qu'il y a quelque chose de difficile à Dieu? Je reviendrai à toi dans un an, comme je te l'ai dit, si je suis en vie [2], et Sara aura un fils. » Sara, toute tremblante, dit : « Je n'ai point ri. » Dieu lui dit : « Si fait, tu as ri [3]. »

Les trois voyageurs, s'étant levés de là, dirigèrent leurs yeux vers Sodome, et Abraham marchait en les menant; et le Seigneur dit : « Pourrai-je cacher à Abraham ce que je vais faire, puisqu'il sera père d'une nation grande et robuste, et que toutes les nations de la terre seront bénies en lui [4]? Car je sais qu'il ordonnera à lui et à toute sa famille de marcher dans la voie du Seigneur, et de faire jugement et justice. » Dieu dit donc : « La clameur des Sodomites et de Gomorrhe

tité. Le *kema* ou *kaimak* qu'Abraham fit lui-même était une espèce de fromage à la crème dont la mode a été chez les mahométans : ils ont un conte intitulé le *Kaimak et le Serpent*, dont ils font grand cas, et qui a été traduit par Senecé, valet de chambre d'Anne d'Autriche, mère de Louis XIV. Il est dit dans l'histoire des Arabes qu'on servit du kaimak au repas de noces de Mahomet avec Cadishé.

1. *Si je suis en vie*, est une façon de parler ordinaire. Ni un ange ni un dieu ne pouvait douter qu'il ne dût être en vie dans un an. Et comme ces voyageurs ne se donnaient point pour des dieux, ils pouvaient emprunter le langage des hommes; mais puisqu'ils prédirent l'avenir, ils se donnaient au moins pour prophètes.

2. C'est Dieu même ici qui parle, et qui dit : *Je reviendrai si je suis en vie.* C'est qu'il ne se donne encore à Abraham que pour un homme.

Dom Calmet trouve une ressemblance visible entre l'aventure d'Abraham et celle du bonhomme Irius à qui Jupiter, Neptune et Mercure accordèrent un enfant en jetant leur semence sur un cuir de bœuf dont l'enfant naquit. « Il est bien clair, dit Calmet, que le nom d'Irius est le même que celui d'Abraham. »

3. Cette conversation de Dieu et d'Abraham, et tous ces détails, sont de la plus grande naïveté. L'auteur rend compte de tout ce qui s'est fait, et de tout ce qui s'est dit, comme s'il y avait été présent. Il a donc été inspiré sur tous les points par Dieu même; sans quoi il ne serait qu'un conteur de fables. Ceux qui ont dit que toute cette histoire n'était qu'allégorique ont été bien hardis. Ils ont prétendu que Dieu et les deux anges qui vinrent chez Abraham ne mangèrent point, mais firent semblant de manger. Or si cela était, on pourrait en dire autant de toute la sainte Écriture : rien ne serait arrivé de ce qu'on raconte; tout n'aurait été qu'en apparence : l'Écriture serait un rêve perpétuel, ce qu'il n'est pas permis d'avancer.

4. Il n'est pas vrai à la lettre que toutes les nations de la terre descendent d'Abraham, puisqu'il y avait déjà, dès longtemps, de grands peuples établis, et que lui-même avait battu cinq grands rois avec trois cent dix-huit valets. On ne peut pas entendre non plus par toutes les nations les gens de Canaan, puisqu'on suppose qu'ils furent tous massacrés. Il est difficile d'entendre par toutes les nations les mahométans et les chrétiens, qui sont les ennemis mortels des Juifs. On peut dire que le christianisme a été prêché dans la plupart des nations, que le christianisme vient du judaïsme, et que le judaïsme vient d'Abraham. Mais tous les peuples qui n'ont point reçu le christianisme, les Japonais, les Chinois, les Tartares, les Indiens, les Turcs, ne peuvent être regardés comme bénis. Ce sont de petites difficultés qui se rencontrent souvent, et par-dessus

s'est multipliée, et le péché s'est appesanti. Je descendrai donc pour voir, et je verrai si la clameur, qui est venue à moi, est égalée par leurs œuvres, pour savoir si cela est, ou si cela n'est pas. » Et ils partirent de là, et ils s'en allèrent à Sodome ; mais Abraham resta encore avec Dieu, et, s'approchant de lui, il lui dit : « Est-ce que tu perdras le juste avec l'impie ? S'il y avait cinquante justes dans la cité, périront-ils aussi ? et ne pardonneras-tu pas à la ville à cause de ces cinquante justes ?... » Dieu lui dit : « Si je trouve dans Sodome cinquante justes, je pardonnerai pour l'amour d'eux.... » Et Abraham répliqua : « S'il manque cinq de cinquante justes, détruiras-tu la ville pour ces cinq-là ? « Et Dieu répondit : « Je ne la détruirai point, si j'en trouve quarante-cinq ; » et Abraham continua : « Peut-être ne s'en trouvera-t-il que quarante.... » Dieu répondit : « Je ne la détruirai point, pour l'amour de ces quarante.... » Abraham dit : « Et trente ? » Dieu répondit : « Je ne la détruirai point, si j'en trouve trente.... — Et vingt ?.. — Et dix.... — Je ne la détruirai point s'il y en a dix.... » Et Dieu se retira après cet entretien, et Abraham se retira chez lui.

Sur le soir les deux anges vinrent à Sodome ; et Loth, assis aux portes de la ville, les ayant vus, se leva, les salua, prosterné en terre, et leur dit : « Messieurs, passez dans la maison de votre serviteur, demeurez-y, lavez vos pieds, et demain vous passerez votre chemin ; » et ils lui dirent : « Non, mais nous resterons dans la rue. » Loth les pressa instamment, et les obligea de venir chez lui. Il leur fit à souper, cuisit des azymes, et ils mangèrent.

Mais, avant qu'ils allassent coucher, les gens de la ville, les hommes de Sodome, environnèrent la maison, depuis le plus jeune jusqu'au plus vieux, depuis un bout jusqu'à l'autre, et ils appelèrent Loth, et lui dirent : « Où sont ces gens qui sont entrés chez toi cette nuit ? amène-les nous, afin que nous en usions. » Loth étant sorti vers eux, et fermant la porte derrière lui, leur dit : « Je vous prie, mes frères, ne faites point ce mal ; j'ai deux filles qui n'ont point connu d'homme, je vous les amènerai ; abusez d'elles tout comme il vous plaira ; mais ne faites point de mal à ces deux hommes ; car ils sont

lesquelles il faut passer pour aller à l'essentiel. Cet essentiel est la piété, la foi la soumission entière au chef de l'Église et aux conciles œcuméniques. Sans cette soumission, qui pourrait comprendre par son seul entendement comment Dieu s'entretenait si familièrement avec Abraham, sur le point d'abîmer et de brûler cinq villes entières ? quelle langue Dieu parlait ? comment il fit rire Sara ? comment il mangea ? Chaque mot peut faire naître un doute dans l'âme la plus fidèle. Ne lisons donc point l'Écriture dans la vaine espérance de l'entendre parfaitement, mais dans la ferme résolution de la vénérer, en n'y entendant pas plus que les commentateurs.

1. Nous avouons que le texte confond ici plus qu'ailleurs l'esprit humain. Si ces deux anges, ces deux dieux, étaient incorporels, ils avaient donc pris un corps d'une grande beauté, pour inspirer des désirs abominables à tout un peuple. Quoi ! les vieillards et les enfants, tous les habitants, sans exception, viennent en foule pour commettre le péché infâme avec ces deux anges ! Il n'est pas dans la nature humaine de commettre tous ensemble publiquement une telle abomination, pour laquelle on cherche toujours la retraite et le silence. Les Sodomites demandent ces deux anges comme on demande du pain en tumulte

venus à l'ombre de mon toit. » Mais ils lui dirent : « Retire-toi de là :
cet étranger est-il venu chez nous pour nous juger ? Va, nous t'en ferons encore plus qu'à eux; » et ils firent violence à Loth, et se préparèrent à rompre les portes. Les deux voyageurs firent rentrer Loth chez
lui, et fermèrent la porte. Ils frappèrent d'aveuglement tous les Sodomites, depuis le plus petit jusqu'au plus grand, de sorte qu'ils ne
pouvaient plus trouver la porte....

Les anges dirent à Loth : « As-tu ici quelqu'un de tes gens, soit gendre, soit fils ou fille ? Fais sortir de la ville tout ce qui t'appartient;
car nous allons détruire ce lieu, parce que leur cri s'est élevé devant
le Seigneur, qui nous a envoyés pour les détruire. » Loth étant donc
sorti, parla à ses gendres qui devaient épouser ses filles; il leur dit :
« Levez-vous et sortez de ce lieu, parce que le Seigneur va détruire cette
ville; » et ils crurent qu'il se moquait d'eux [1].

Dès le point du jour, les deux anges pressèrent Loth de sortir, en
lui disant : « Prends ta femme et tes filles, de peur que tu ne périsses
pour le crime de la ville. » Comme Loth tardait, ils le prirent par la
main, et ils prirent la main de sa femme et de ses filles, parce que le
Seigneur les épargnait.... et l'ayant tiré de sa maison, ils le mirent
hors la ville, et lui dirent : « Sauve ta vie; ne regarde point derrière
toi; sauve-toi sur la montagne, de peur que tu ne périsses. »

dans un temps de famine. Il n'y a rien dans la mythologie qui approche de cette
horreur inconcevable. Ceux qui ont dit que les trois dieux dont deux étaient
allés à Sodome, et un était resté avec Abraham, étaient Dieu le Père, le Fils, et
le Saint-Esprit, rendent encore le crime des Sodomites plus exécrable, et cette
histoire plus incompréhensible.

La proposition de Loth aux Sodomites de coucher tous avec ses deux filles
pucelles, au lieu de coucher avec ces deux anges, ou ces deux dieux, n'est pas
moins révoltante. Tout cela renferme la plus détestable impureté dont il soit
fait mention dans aucun livre.

Les interprètes trouvent quelques rapports entre cette aventure et celle de
Philémon et de Baucis; mais celle-ci est bien moins indécente, et beaucoup
plus instructive. C'est un bourg que les dieux punissent d'avoir méprisé l'hospitalité; c'est un avertissement d'être charitable; il n'y a nulle impureté. Quelques-uns disent que l'auteur sacré a voulu renchérir sur l'histoire de Philémon
et de Baucis, pour inspirer plus d'horreur d'un crime fort commun dans les
pays chauds. Cependant les Arabes voleurs, qui sont encore dans ce désert sauvage de Sodome, stipulent toujours que les caravanes qui passent par ce désert
leur donneront des filles nubiles, et ne demandent jamais de garçons.

Cette histoire de ces deux anges n'est point traitée ici en allégorie, en apologue, tout est au pied de la lettre; et on ne voit pas quelle allégorie on en
pourrait tirer pour l'explication du *Nouveau Testament*, dont l'ancien est une
figure, selon tous les Pères de l'Église.

1. L'auteur ne dit point que devinrent les deux gendres de Loth, qui ne
demeuraient point dans sa maison avec ses filles, et qui ne les avaient pas
encore épousées. Il faut qu'ils aient été enveloppés dans la destruction générale.
Cependant l'auteur ne dit point que ces deux gendres de Loth fussent coupables
du même excès d'impureté abominable pour laquelle les Sodomites furent brûlés avec la ville. Il ne paraît point, par le texte, qu'ils fussent de la troupe qui
voulut violer les deux anges. Mais pourquoi ne suivirent-ils pas les deux filles
et leur beau-père? pourquoi ne viennent-ils pas faire des enfants à leurs deux
épouses? et pourquoi laissent-ils ce soin à leur propre père, qui les engrosse
étant ivre?

La proposition du père Loth, d'abandonner ses deux filles à la lubricité des
Sodomites, semble presque aussi insoutenable que la furieuse passion de tout
ce peuple pour ces deux anges.

Le Seigneur donc fit tomber sur Sodome et sur Gomorrhe une pluie de soufre et de feu qui tombait du ciel, et il détruisit ces villes et tout le pays d'alentour, et tous les habitants et toutes les plantes.... La femme de Loth, ayant regardé derrière elle, fut changée en statue de sel [1]....

Abraham, s'étant levé de grand matin, vint au lieu où il avait été auparavant avec le Seigneur; et, jetant les yeux sur Sodome, sur Gomorrhe et sur tout le pays d'alentour, il ne vit plus rien que des étincelles et de la fumée qui s'élevait de terre, comme la fumée d'un four [2]....

Loth monta de Ségor, et demeura sur la montagne dans une caverne avec ses deux filles [3]. L'aînée dit à la cadette : « Notre père est

1. Cette métamorphose d'Édith, femme de Loth, en statue de sel, a été encore une grande pierre d'achoppement. L'historien Josèphe assure, dans ses *Antiquités*, qu'il a vu cette statue, et qu'on la montrait encore de son temps. L'auteur du livre de la *Sagesse* dit qu'elle subsiste comme un monument d'incrédulité. Benjamin de Tudèle, dans son fameux Voyage, dit qu'on la voit à deux *parasanges* de Sodome. Saint Irénée dit qu'elle a ses règles tous les mois. Aujourd'hui les voyageurs ne trouvent rien de tout cela. Quand les Romains prirent Jérusalem, ils ne furent point curieux de voir la statue de sel. Ni Pompée, ni Titus, ni Adrien, n'avaient jamais entendu parler de Loth, de sa femme Édith et de ses deux filles, ni d'Abraham, ni d'aucun homme de cette famille. Le temps n'était pas encore venu où elle devait être connue des nations.

Les commentateurs disent que la fable d'Eurydice est prise de l'histoire d'Édith, femme de Loth. D'autres croient que la fable de Niobé changée en statue fut pillée de ce morceau de la *Genèse*. Les savants assurent qu'il est impossible que les Grecs aient jamais rien pris des Hébreux, dont ils ignoraient la langue, les livres, et jusqu'à l'existence ; et que les Grecs ne purent savoir qu'il y avait une Judée que du temps d'Alexandre. L'historien Flavius Josèphe l'avoue dans sa réponse à Apion. Les Grecs, les Romains, les rois de Syrie, et les Ptolémée d'Égypte, surent que les Juifs étaient des barbares et des usuriers, avant de savoir qu'ils eussent des livres.

2. Le texte ne dit point que la ville de Sodome et les autres furent changées en un lac : au contraire il dit : « qu'Abraham ne vit que des étincelles, de la cendre, et de la fumée comme celle d'un four, dans toute cette terre. » Il faut donc que Sodome, Gomorrhe, et les trois autres villes qui formaient la *Pentapole*, fussent bâties au bout du lac. Ce lac, en effet, devait exister, et former le dégorgement du Jourdain. La plus grande difficulté est de concevoir comment il y avait cinq villes si riches et si débauchées dans ce désert affreux qui manque absolument d'eau potable, et où l'on ne trouve jamais que quelques hordes vagabondes d'Arabes voleurs qui viennent dans le temps des caravanes. On est toujours surpris qu'Abraham et sa famille aient quitté le beau pays de la Chaldée pour venir dans ces déserts de sable et de bitume, où il est impossible aux hommes et aux animaux de vivre. Nous ne prétendons point éclaircir toutes ces obscurités; nous nous en tenons respectueusement au texte.

3. Ségor était une ville du voisinage. Quelques commentateurs la placent à quarante-cinq milles de Sodome ; et Loth quitta Ségor pour aller dans une caverne avec ses deux filles. Le texte ne dit point, d'ailleurs, ce qu'il fit lorsqu'il vit sa femme changée en statue de sel ; il ne dit point non plus le nom de ses filles. L'idée d'enivrer leur père pour coucher avec lui dans la caverne est singulière. Le texte ne dit point où elles trouvèrent du vin; mais il dit que Loth jouit de ses filles sans s'apercevoir de rien, soit quand elles couchèrent avec lui, soit quand elles s'en allèrent. Il est très-difficile de jouir d'une femme sans le sentir, surtout si elle est pucelle. C'est un fait que nous ne hasardons pas d'expliquer.

Il est vrai que cette histoire a quelque rapport avec celle de Myrrha et de Cyniras. Les deux filles de Loth eurent de leur père les Moabites et les Ammonites. Myrrha avait eu, dans l'Arabie, Adonis de son père Cyniras. Au reste, on ne voit pas pourquoi les filles de Loth craignaient que le monde ne finît ; puisque Abraham avait déjà engendré Ismaël de sa servante, que toutes les nations étaient dispersées, et que la ville de Ségor dont ces filles sortaient, et la ville

vieux, et il n'est resté aucun homme sur la terre qui puisse entrer à nous, selon la coutume de toute la terre; venez, enivrons notre père avec du vin, couchons avec lui, afin de pouvoir susciter de la semence de notre père; » et cette aînée alla coucher avec son père, qui ne sentit rien, ni quand il se coucha, ni quand il se releva; et le jour suivant, cette aînée dit à la cadette : « Voilà que j'ai couché hier avec mon père; donnons-lui à boire cette nuit, et tu coucheras avec lui, afin que nous gardions de la semence de notre père. » Elles lui donnèrent donc encore du vin à boire, et la petite fille coucha avec lui, qui n'en sentit rien, ni quand elle concourut avec lui, ni quand elle se leva. Ainsi, les deux filles de Loth furent grosses de leur père. L'aînée enfanta Moab, qui fut père des Moabites jusqu'à aujourd'hui, et la cadette fut mère d'Ammon, qui veut dire *fils de mon peuple*. C'est le père des Ammonites jusqu'à aujourd'hui.

De là Abraham alla dans les terres australes, et il habita entre Cadès et Sur, et il voyagea en Gérare, et il dit que sa femme Sara était sa sœur; c'est pourquoi Abimélech, roi de Gérare, enleva Sara; mais le Seigneur vint par un songe, pendant la nuit, vers Abimélech, et lui dit : » Tu mourras à cause de cette femme; car elle a un mari[1]; » mais Abimélech ne l'avait point touchée, et il dit : « Seigneur, ferais-tu mourir des gens innocents et ignorants? Ne m'a-t-il pas dit lui-même : *Elle est ma sœur?* Ne m'a-t-elle pas dit : *Il est mon frère?* J'ai fait cela dans la simplicité de mon cœur et dans la pureté de mes mains..., » Dieu lui répondit : « Je sais que tu l'as fait avec un cœur simple, c'est pourquoi je t'ai empêché de la toucher. Rends donc la femme à son mari, parce que c'est un prophète, et qui priera pour toi, et tu vivras; mais si tu ne veux pas la rendre, sache que tu mourras, toi et tout ce qui est à toi. » Aussitôt Abimélech se lève au milieu de la nuit; il appela tous ses gens, qui furent saisis de crainte. Il appela aussi Abraham, et lui dit : « Qu'as-tu fait? quel mal t'avions-nous fait pour attirer sur moi

---

de Tsohar, étaient tout auprès. Il y a là tant d'obscurités, que le seul parti est toujours de se soumettre, sans oser rien approfondir.

1. Voici qui est aussi extraordinaire que tout le reste, quoique d'un autre genre. Premièrement, on voit un roi dans Gérare, désert horrible où depuis ce temps il n'y a eu aucune habitation. Secondement, Sara est encore enlevée pour sa beauté, ainsi qu'en Égypte, quoique l'Écriture lui donne alors quatre-vingt-dix ans. Troisièmement, elle était grosse dans ce temps-là même de son fils Isaac. Quatrièmement, Abraham se sert de la même adresse qu'en Égypte, et il dit que sa femme est sa sœur. Cinquièmement, il dit qu'en effet il avait épousé sa sœur, fille de son père, et non de sa mère. Sixièmement, les commentateurs disent qu'elle était sa nièce. Septièmement, Dieu avertit en songe le roi de Gérare que Sara est la femme d'Abraham. Huitièmement, ce roi ou ce chef d'Arabes Bédouins donne à Abraham, ainsi que le roi d'Égypte, des brebis, des bœufs, des serviteurs, et des servantes, et mille pièces d'argent. Neuvièmement, le Dieu des Hébreux apparaît à Abimélech, roi ou chef des Arabes de Gérare, aussi bien qu'à Abraham et à Loth. Cependant Abimélech, roi de Gérare, n'était point de la religion d'Abraham : Dieu n'avait fait un pacte qu'avec Abraham et sa semence. Dixièmement, Loth, que Dieu sauva miraculeusement de l'incendie miraculeux de Sodome, n'était pas non plus de la semence d'Abraham. Il est, par son double inceste, père de deux nations idolâtres. Ce sont autant de nouvelles difficultés pour les doctes, et autant d'objets de docilité et de soumission pour nous.

et sur mon royaume le châtiment d'un si grand crime? Tu n'as pas dû faire ainsi envers nous. » Abraham répondit : « J'ai pensé en moi-même qu'il n'y avait peut-être point de crainte de Dieu dans ce pays-ci, et qu'on me tuerait pour avoir ma femme. D'ailleurs ma femme est aussi ma sœur, fille de mon père; mais non pas fille de ma mère.... Mais depuis que les dieux me font voyager loin de la maison de mon père, j'ai toujours dit à ma femme : « Fais-moi le plaisir de dire partout où « nous irons que je suis ton frère.... »

Abimélech donna donc des brebis et des bœufs, et des garçons et des servantes, à Abraham, et lui dit : « Va-t'en, et habite où tu voudras; » et il dit à Sara : « Voici mille pièces d'argent pour ton frère, pour t'acheter un voile; et partout où tu iras, souviens-toi que tu y as été prise [1]. »

Or, Dieu avait fermé toutes les vulves [2] à cause de Sara, femme d'A-braham; et, à la prière d'Abraham, Dieu guérit Abimélech, et sa femme, et ses servantes, et elles enfantèrent.

Or, Dieu visita Sara comme il l'avait promis, et elle enfanta un fils dans sa vieillesse, dans le temps que Dieu avait prédit, et Abraham nomma ce fils Isaac.... et il le circoncit le huitième jour comme Dieu l'avait ordonné, et il avait alors cent ans [3].

L'enfant prit sa croissance, et il fut sevré; mais Sara voyant le fils d'Agar l'Égyptienne jouer avec son fils Isaac, elle dit à Abraham : « Chassez-moi cette servante avec son fils; car le fils de cette servante n'héritera point avec mon fils Isaac; » et Abraham, ayant consulté Dieu, se leva du matin, et prenant du pain et une outre d'eau, les mit sur l'épaule d'Agar, et la renvoya ainsi elle et son fils [4], et Agar s'en alla errante dans le désert de Bersabée; et l'eau ayant manqué dans son

1. Si la conduite d'Abraham paraît extraordinaire, si sa crainte d'être tué à cause de la beauté d'une femme nonagénaire paraît la chose du monde la plus chimérique, la conduite du chef des Arabes de Gérare paraît bien généreuse, et son discours très-sage. Mais pourquoi Abraham dit-il les dieux, et non pas Dieu; Éloïm, et non pas Éloï? Les commentateurs disent que c'est parce que trois Éloïm lui étaient apparus, et non pas un seul Éloï ou Éloa.

2. Il faut que ce roi du désert ait retenu Sara longtemps, pour que ces femmes se soient aperçues qu'elles avaient toutes la matrice fermée, et qu'elles ne pou-vaient enfanter. La maladie dont elles furent affligées n'est pas spécifiée. On ne sait si Dieu se contenta de les rendre stériles, ce dont on ne peut être assuré qu'au bout de quelques années; ou si Dieu les rendit inhabiles à recevoir les embrassements d'Abimélech. Cette expression fermer la vulve peut signifier l'un et l'autre. Mais, dans les deux cas, il paraît qu'Abimélech voulut leur rendre ou leur rendit le devoir conjugal, et qu'il n'était point tenté de donner la préfé-rence à une femme de quatre-vingt-dix ans. Tout cela est, encore une fois, un grand sujet de surprise, et un grand objet de la soumission de notre entende-ment.

3. Nous avons déjà dit qu'en supputant le temps où Abraham naquit, il de-vait avoir cent soixante ans au moins, au rapport de saint Étienne, et selon la lettre du texte. Mais selon le cours de la nature humaine, il est aussi rare de faire des enfants à cent ans qu'à cent soixante. Aussi la naissance d'Isaac est un miracle évident, puisque Sara n'avait plus ses règles lorsqu'elle devint grosse.

4. Si Abraham était un seigneur si puissant, s'il avait été vainqueur de cinq rois avec trois cent dix-huit hommes de l'élite de ses domestiques, si sa femme lui avait valu tant d'argent de la part du roi d'Égypte et du roi de Gérare, il pa-

outre, elle laissa son fils couché sous un arbre : elle s'éloigna de lui d'un trait d'arc, et s'assit en le regardant et en pleurant, et en disant : « Je ne verrai point mourir mon enfant.... » Dieu écouta la voix de l'enfant. L'ange de Dieu appela Agar du haut du ciel, et lui dit : « Agar, que fais-tu là? Ne crains rien; car Dieu a entendu la voix de l'enfant : lève-toi, prends le petit par la main; car j'en ferai une grande nation; » et Dieu ouvrit les yeux d'Agar, laquelle ayant vu un puits d'eau, remplit sa cruche, et donna à boire à l'enfant, et Dieu fut avec lui : il devint grand, demeura dans le désert; il fut un grand archer, et il habita le désert de Pharan, et sa mère lui donna une femme d'Égypte.

Après cela, Dieu tenta Abraham, et lui dit : « Abraham! Abraham! » Et il répondit : « Me voilà; » et Dieu lui dit : « Prends ton fils unique Isaac que tu aimes, mène-le dans la *terre de la vision*, et tu m'offriras ton fils en sacrifice sur une montagne que je te montrerai!.... » Abraham donc se levant la nuit, sangla son âne, et emmena avec lui deux jeunes gens, et Isaac son fils; et ayant coupé du bois pour le sacrifice, il alla au lieu où Dieu lui avait commandé d'aller; et le troisième jour, il vit de loin le lieu, et il dit aux jeunes gens : « Attendez ici avec l'âne. Nous ne ferons qu'aller jusque-là, mon fils et moi; et après avoir adoré, nous reviendrons.... » Il prit le bois du sacrifice, il le mit sur le dos de son fils; et pour lui, il portait en ses mains du feu et un sabre.

rait bien dur et bien inhumain de renvoyer sa concubine et son premier-né dans le désert, avec u morceau de pain et une cruche d'eau, sous prétexte que ce premier-né jouait avec le fils de Sara. Il exposa l'un et l'autre à mourir dans le désert. Il fallut que Dieu lui-même montrât un puits à Agar pour l'empêcher de mourir. Mais comment tirer de l'eau de ce puits? Lorsque les Arabes vagabonds trouvaient quelque source saumâtre sous terre dans cette solitude sablonneuse, ils avaient grand soin de la couvrir et de la marquer avec un bâton. Quel emploi pour le Créateur du monde, dit M. Boulanger, de descendre du haut de son trône éternel pour aller montrer un puits à une pauvre servante à qui on a fait un enfant dans un pays barbare que les Juifs nomment Canaan!

Nous pourrions dire à ces détracteurs que Dieu voulut par là nous enseigner le devoir de la charité. Mais la réponse la plus courte est qu'il ne nous appartient ni de critiquer ni d'expliquer la sainte Écriture, et qu'il faut tout croire sans rien examiner.

1. On ne sait point ce que c'est que la terre *de la vision*. L'hébreu dit *dans la terre de Moria*. Or Moria est la montagne sur laquelle on bâtit depuis le temple de Jérusalem. C'est ce qui a fait croire depuis à quelques savants téméraires que la *Genèse* ne put être écrite dans le désert par Moïse, qui, n'étant point entré dans le Canaan, ne pouvait connaître la montagne Moria. On a recherché si dans le temps où l'on place Abraham les hommes étaient déjà dans l'usage de sacrifier des enfants à leurs dieux. Sanchoniathon nous apprend qu'Iléus avait déjà immolé son fils Jéhud longtemps auparavant. Mais depuis, l'histoire est remplie du récit de ces horribles sacrifices. On remarque qu'Abraham avait intercédé pour les habitants de Sodome qui lui étaient étrangers, et qu'il n'intercéda pas pour son propre fils. On accuse aussi Abraham d'un nouveau mensonge, quand il dit à ses deux valets : « Nous ne ferons qu'aller mon fils et moi, et nous reviendrons. » Puisqu'il allait sur la montagne pour égorger son fils, il ne pouvait, dit-on, avoir l'intention de revenir avec lui. Et on a osé avancer que ce mensonge était d'un barbare, si les autres avaient été d'un avare et d'un lâche qui prostituait sa femme pour de l'argent. Mais nous devons regarder ces accusations contre Abraham comme des blasphèmes.

D'autres critiques audacieux ont témoigné leur surprise qu'Abraham, âgé de cent soixante ans, ou au moins de cent, ait coupé lui-même le bois au bas de la montagne Moria pour brûler son fils après l'avoir égorgé. Il faut, pour brûler

Comme ils marchaient ensemble, Isaac dit à son père : « Mon père! »
Abraham lui répondit : « Que veux-tu, mon fils? — Voilà, dit Isaac,
le feu et le bois; où est la victime du sacrifice? » Abraham dit : « Dieu
pourvoira la victime du sacrifice, mon fils. » Ils s'avancèrent donc ensemble, et ils arrivèrent à l'endroit que Dieu avait montré à Abraham.
il y éleva un autel, arrangea le bois par-dessus, lia Isaac son fils, et
le mit sur le bois; il étendit sa main et prit son glaive; et voilà que
l'ange de Dieu cria du haut du ciel, disant : « Abraham! Abraham! »
qui répondit : « Me voici. » L'ange lui dit : « N'étends pas ta main sur
l'enfant, et ne lui fais rien. Maintenant j'ai connu que tu crains Dieu,
et tu n'as pas pardonné à ton fils unique à cause de moi. » Abraham
leva les yeux, et il aperçut derrière lui un bélier embarrassé par ses
cornes dans un buisson, et le prenant, il l'offrit en sacrifice pour son
fils. Or, l'ange du Seigneur appela Abraham du ciel pour la seconde
fois : « J'ai juré par moi-même, dit le Seigneur, que parce que tu as
fait cette chose, et que tu n'as point épargné ton propre fils à cause
de moi, je te bénirai, je multiplierai ta semence comme les étoiles du
ciel, et comme le sable qui est sur le bord de la mer; ta semence possédera les portes de tes ennemis, et toutes les nations de la terre seront bénies dans ta semence, parce que tu as obéi à ma voix[1]. »

Or Sara, ayant vécu cent vingt-sept ans, mourut dans la ville d'Ar-
bée, qui est Hébron dans la terre de Canaan[2]; et Abraham vint pour

un corps, une grande charrette pour le moins de bois sec; un peu de bois vert
ne pourrait suffire. Il est dit qu'il mit lui-même le bois sur le dos de son fils
Isaac. Cet enfant n'avait pas encore treize ans. Il a paru à ces critiques aussi
difficile que cet enfant portât tout ce bois nécessaire, qu'il aurait été difficile
à Abraham de le couper. Le réchaud que portait Abraham pour allumer le feu
ne pouvait contenir que quelques charbons qui devaient être éteints avant d'arriver au lieu du sacrifice. Enfin on a poussé la critique jusqu'à dire que la montagne Moria n'est qu'un rocher pelé, sur lequel il n'y a jamais eu un seul arbre; que toute la campagne des environs de Jérusalem a toujours été remplie
de cailloux, et qu'il fallut dans tous les temps y faire venir du bois de très-loin.
Toutes ces objections n'empêchent pas que Dieu n'ait éprouvé la foi d'Abraham, et que ce patriarche n'ait mérité la bénédiction de Dieu par son obéissance.

Voyez ci-dessous le sacrifice de la fille de Jephté, et voyez ensuite les reproches qu'Isaïe fait aux Juifs d'immoler leurs enfants à leurs dieux, et de leur
écraser saintement la tête sur des pierres dans des torrents. (Isaïe ou Ésaïa,
chap. LVII.) Alors on sera convaincu que les Juifs furent de tout temps de sacrés parricides. Pourquoi? C'est qu'ils abandonnaient souvent Dieu, et que Dieu
les abandonnait à leur sens réprouvé.

1. C'est encore ici une nouvelle promesse de bénir toutes les nations de la
terre comme descendantes d'Abraham, quoiqu'elles n'en descendissent point.
On peut entendre par toutes les nations de la terre la postérité de Jacob, qui fut
assez nombreuse. Tous les incrédules regardent ces histoires sacrées comme
des contes arabes, inventés d'abord pour bercer les petits enfants, et n'ayant
aucun rapport à l'essentiel de la loi juive. Ils disent que ces contes, ayant été
peu à peu insérés dans le catalogue des livres juifs, devinrent sacrés pour
ce peuple, et ensuite pour les chrétiens qui lui succédèrent.

2. Si Sara mourut à cent vingt-sept ans, et si elle mourut immédiatement
après qu'Abraham avait voulu égorger son fils unique Isaac, ce fils avait donc
trente-sept ans, et non pas treize, quand son père voulut l'immoler au Seigneur :
car sa mère avait accouché de lui à quatre-vingt-dix ans. Or la foi et l'obéissance d'Isaac avaient été encore plus grandes que celles d'Abraham, puisqu'il
s'était laissé lier et étendre sur le bûcher par un vieillard de cent ans pour le

erier, et pour la pleurer; et s'étant levé, après avoir fait le devoir des funérailles, il dit aux enfants de Heth : « Je suis chez vous étranger, donnez-moi droit de sépulture chez vous, afin que j'enterre ma morte; » et les fils de Heth lui répondirent en disant : « Tu es prince de Dieu chez nous, enterre ta morte dans nos plus beaux sépulcres; personne ne t'en empêchera. » Abraham s'étant levé, et ayant adoré le peuple, il leur dit : « S'il plaît à vos âmes que j'enterre ma morte, parlez pour moi à Éphron, fils de Séor; qu'il me donne sa caverne double à l'extrémité de son champ, qu'il me la cède devant vous, et que je sois en possession du sépulcre.... » Et Éphron dit : « La terre que tu demandes vaut quatre cents sicles d'argent; c'est le prix entre toi et moi; ensevelis ta morte [1]. »

Abraham ayant entendu cela pesa l'argent qu'Éphron lui demandait, et lui paya quatre cents sicles de monnaie courante publique.... Or, Abraham était vieux de beaucoup de jours. Il dit au plus vieux serviteur de sa maison, qui présidait sur les autres serviteurs : « Mets ta main sous ma cuisse, afin que je t'adjure, au nom du ciel et de la terre, que tu ne prendras aucune fille des Cananéens pour faire épouser à mon fils; mais que tu iras dans la terre de ma famille, et que tu y prendras une fille pour mon fils Isaac [2].... » Ce serviteur mit donc la main sous la cuisse d'Abraham son maître, et jura sur son discours. Il prit dix chameaux des troupeaux de son maître; il partit chargé des biens de son maître, et alla en Mésopotamie, à la ville de Nachor....

moins. Toutes ces choses sont au-dessus de la nature humaine telle qu'elle est aujourd'hui. Saint Paul, dans l'Épître aux Galates, dit que Sara est la figure de l'Église. Le R. P. dom Calmet assure qu'Isaac est la figure de Jésus-Christ, et qu'on ne peut pas s'y méprendre.

1. On voit à la vérité qu'Abraham, tout grand prince qu'il était, ne possédait pas un pouce de terre en propre, et on ne conçoit pas comment, avec tant de troupeaux et tant de richesses, il n'avait pu acquérir le moindre terrain. Il faut qu'il achète une caverne pour enterrer sa femme : on lui vend un champ et une caverne pour quatre cents sicles. Le sicle a été évalué à trois livres quatre sous de notre monnaie. Ainsi quatre cents sicles vaudraient douze cent quatre-vingts livres. Cela paraît énormément cher dans un pays aussi stérile et aussi pauvre que celui d'Hébron, qui fait partie du désert dont le lac Asphaltite est entouré, et où il ne paraît pas qu'il y eût le moindre commerce. Il est dit qu'il paya ces quatre cents sicles en bonne monnaie courante. Mais non-seulement il n'y avait point alors de monnaie dans Canaan, mais jamais les Juifs n'ont frappé de monnaie à leur coin. Il faut donc entendre que ces quatre cents sicles avaient la valeur de la monnaie qui courait du temps que l'auteur sacré écrivait. Mais c'est encore une difficulté, puisqu'on ne connaissait point la monnaie au temps de Moïse.

2. Ce serviteur, nommé Éliézer, mit donc la main sous la cuisse d'Abraham. Plusieurs savants prétendent que ce n'était pas sous la cuisse, mais sous les parties viriles, très-révérées par les Orientaux, surtout dans les anciens temps, non-seulement à cause de la circoncision qui avait consacré ces parties à Dieu, mais parce qu'elles sont la source de la propagation du genre humain, et le gage de la bénédiction du Seigneur. Par *cuisse* il faut toujours entendre ces parties. Un chef sorti de la cuisse de Juda signifie évidemment un chef sorti de la semence ou de la partie virile de Juda. Abraham fit donc jurer son serviteur qu'il ne prendrait point une Cananéenne pour femme à Isaac son fils. L'auteur sacré manque peu l'occasion d'insinuer que les habitants du pays sont maudits, et de préparer à l'invasion que les Juifs firent de cette terre sous Josué et sous David.

Étant arrivé le soir, au temps où les filles vont chercher de l'eau[1], il vit Rébecca, fille de Bathuel, fils de Melcha, et de Nachor, frère d'Abraham, qui vint avec une cruche d'eau sur l'épaule. C'était une fille très-agréable, une vierge très-belle qui n'avait point connu d'homme, et elle s'en retournait à la maison avec sa cruche. Le serviteur d'Abraham alla à elle, et lui dit : « Donne-moi à boire de l'eau de ta cruche; » et elle lui dit : « Bois, mon bon seigneur; » elle mit sa cruche sur son bras; et après qu'il eut bu, elle ajouta : « Je m'en vais tirer aussi de l'eau du puits pour tes chameaux, afin qu'ils boivent tous.... » Et après que les chameaux eurent bu, le serviteur tira deux pendants d'or pour le nez, qui pesaient deux sicles, et autant de bracelets, qui pesaient dix sicles.... Le serviteur d'Abraham dit au maître de la maison : « Je bénis le Dieu d'Abraham mon maître, qui m'a conduit par le droit chemin, afin que je prisse la fille du frère à mon maître, pour femme à son fils.... »

Puis Éliézer, serviteur d'Abraham, dit : « Renvoyez-moi, et que j'aille à mon maître.... » Les frères et la mère de Rébecca répondirent : « Que cette fille demeure au moins dix jours avec nous, et elle partira.... » Et ils dirent : « Appelons la fille, et interrogeons sa bouche[2]. » Étant appelée, elle vint; ils lui demandèrent : « Veux-tu partir avec cet homme? » Elle répondit : « Je partirai. » Ils l'envoyèrent donc avec sa nourrice et le serviteur d'Abraham et ses compagnons, lui souhaitant prospérité, et

[1] Il nous paraît toujours étrange que les anciens fassent travailler les filles des princes comme des servantes; que, dans Homère, les filles du roi de Corfou aillent en charrette faire la lessive. Mais il faut considérer que ces prétendus rois chantés par Homère n'étaient que des possesseurs de quelques villages; et qu'un homme qui n'aurait pour tout bien que l'île d'Ithaque ferait une mince figure à Paris et à Londres. Rébecca vient avec une cruche sur son épaule, et donne à boire aux chameaux. Éliézer lui présente deux pendants de nez ou deux pendants d'oreilles d'or de deux sicles. Ce n'était qu'un présent de six livres huit sous; et les présents qu'on fait aujourd'hui à nos villageoises sont beaucoup plus considérables. Les bracelets valaient trente-deux livres, ce qui paraît plus honnête. Il est inutile de remarquer si les pendants étaient pour les oreilles ou pour le nez. Il est certain que dans les pays chauds, où l'on ne se mouche presque jamais, les femmes avaient des pendants de nez. Elles se faisaient percer le nez comme nos femmes se font percer les oreilles. Cette coutume est encore établie en Afrique, et dans l'Inde.

Aben Hezra avoue qu'il y a très-loin du Canaan en Mésopotamie, et il s'étonne qu'Abraham ayant fait une si prodigieuse fortune en Canaan, étant devenu si puissant, ayant vaincu cinq grands rois avec ses seuls valets, n'ait pas fait venir dans ses États ses parents et amis de Mésopotamie, et ne leur ait pas donné de grandes charges dans sa maison.

M. Fréret est encore plus étonné que ce grand prince Abraham ait été si pauvre qu'il ne fut jamais possesseur d'une toise de terrain en Canaan, jusqu'à ce qu'il eut acheté un petit coin pour enterrer sa femme. S'il était riche en troupeaux, dit M. Fréret, que n'allait-il s'établir lui et son fils dans la Mésopotamie, où les pâturages sont si bons? S'il fuyait les Chaldéens comme idolâtres, les Cananéens étaient idolâtres aussi, et Rébecca était idolâtre.

M. Fréret ne songe pas que Dieu avait promis le Canaan et la Mésopotamie aux Juifs, et qu'il fallait s'établir vers le lac de Sodome, avant de conquérir les bords de l'Euphrate.

[2] On a observé que Rébecca voulut partir sur-le-champ sans demander la bénédiction de ses père et mère, sans faire le moindre compliment à sa famille. On a cru qu'elle avait une grande impatience d'être mariée; mais l'auteur sacré n'était pas obligé d'entrer dans tous ces détails.

lui disant : « Tu es notre sœur; puisses-tu croître en mille et mille, et que ta semence possède les portes de tes ennemis[1]! »

Ainsi donc Rébecca et ses compagnes, montées sur des chameaux, suivirent cet homme, qui s'en retourna en grande diligence vers son maître... Isaac fit entrer Rébecca dans la tente de Sara sa mère[2]; il la prit en femme, et il l'aima tant, que la douleur de la mort de sa mère en fut tempérée.

Or, Abraham prit une autre femme, nommée Cetura, qui lui enfanta Zamram, Jecsan, Madan, Madian, et Jesboc, et Suhé[3]. Or, les jours d'Abraham furent de cent soixante et quinze années, et il mourut de faiblesse dans une bonne vieillesse, plein de jours, et il fut réuni à son peuple.... Isaac et Ismaël ses fils l'ensevelirent dans la caverne double qui est dans le champ d'Éphron, fils de Séor l'Éthéen, vis-à-vis Mambré.... Isaac, âgé de quarante ans, ayant donc épousé Rébecca, fille de Bathuel le Syrien de Mésopotamie, et sœur de Laban, Isaac pria le Seigneur pour sa femme, parce qu'elle était stérile, et le Seigneur l'exauça en faisant concevoir Rébecca; mais les deux enfants dont elle était grosse se battaient dans son ventre l'un contre l'autre[4]; et elle dit : « Si cela est ainsi, pourquoi ai-je conçu? » et elle alla consulter le Seigneur, qui lui dit : « Deux nations sont dans ton ventre, et deux peuples sortiront de ta matrice; ils se diviseront; un peuple surmontera l'autre, et le plus grand sera assujetti au plus petit.... » Le temps d'enfanter étant venu, voilà qu'on trouva deux jumeaux dans sa matrice. Le premier qui sortit était roux, et hérissé de poil[5] comme un manteau; son nom est Ésaü : l'autre, sortant aussitôt, tenait son frère par le pied avec la main, et on l'appela Jacob. Isaac avait

1. Nouvelle insinuation que les Cananéens deviendraient les ennemis des Juifs, après avoir reçu leur père avec tant d'hospitalité.

2. Il veut dire la tente qui avait appartenu à Sara : car il y avait trois ans que Sara était morte. Calmet dit qu'Abraham envoya chercher une fille pour son fils chez les idolâtres, parce que Jésus-Christ n'a point prêché lui-même aux gentils, mais qu'il y a envoyé ses apôtres.

3. On croit que Cetura était Cananéenne. Cela serait étrange, après avoir dit tant de fois qu'il ne fallait point se marier à des Cananéennes. Il est encore plus étrange qu'il se soit remarié à deux cents ans, ou au moins à cent quarante ans, d'autant plus que Sara elle-même l'avait trouvé trop vieux à cent ans pour engendrer. Cependant il fait encore six enfants à Cetura. Ces six enfants régnèrent, dit-on, dans l'Arabie déserte. Ce n'aurait pas été un fort beau royaume; mais il se trouverait par là que les enfants de Cetura auraient été pourvus dans le temps que les enfants de Sara, auxquels Dieu avait promis toute la terre, ne possédaient rien du tout. Ils ne se rendirent maîtres de la terre de Jéricho que quatre cent soixante et dix ans après, selon la computation hébraïque.

4. Il est difficile que deux enfants se battent dans une matrice, et surtout dans le commencement de la grossesse. Une femme peut sentir des douleurs, mais elle ne peut sentir que ses deux fils se battent. On ne dit point comment et où Rébecca alla consulter le Seigneur sur ce prodige, ni comment Dieu lui répondit : « Deux peuples sont dans ton ventre, et l'un vaincra l'autre. » Il n'y avait point encore d'endroit privilégié où l'on consultât le Seigneur : il apparaissait quand il voulait; et c'est probablement dans une de ces apparitions fréquentes que Rébecca le consulta.

5. Il est rare qu'un enfant naisse tout velu, Ésaü en est le seul exemple. Il n'est pas moins rare qu'un enfant, en naissant, en tienne un autre par le pied. Ce sont des choses qui n'arrivent plus aujourd'hui, mais qui pouvaient arriver alors.

soixante ans quand ces deux petits naquirent. Lorsqu'ils furent adultes, Ésaü fut homme habile à la chasse et laboureur ; Jacob, homme simple, habitait dans les tentes.

Isaac aimait Ésaü, parce qu'il mangeait du gibier de sa chasse ; mais Rébecca aimait Jacob.... Un jour Jacob fit cuire une fricassée, et Ésaü étant arrivé fatigué des champs, lui dit : « Donne-moi, je t'en prie, de cette fricassée rousse, parce que je suis très-fatigué. » C'est pour cela qu'on l'appela depuis Ésaü le Roux. Jacob lui dit : « Vends-moi donc ton droit d'aînesse[1]. » Ésaü répondit : « Je me meurs de faim ; de quoi mon droit d'aînesse me servira-t-il[2] ? — Jure-le-moi donc, » dit Jacob. Ésaü le jura, et lui vendit sa primogéniture ; et ayant pris la fricassée de pain et de lentilles, il mangea et but, et s'en alla, se souciant peu d'avoir vendu sa primogéniture.

Or, une grande famine étant arrivée sur la terre, après la famine arrivée du temps d'Abraham, Isaac s'en alla vers Abimélech, roi des Philistins, dans la ville de Gérare[3] ; et Dieu lui apparut et lui dit : « Ne descends point en Égypte ; mais repose-toi dans la terre que je te dirai, et voyage dans cette terre ; je serai avec toi, je te bénirai ; car je donnerai à toi et à ta semence tous ces pays ; j'accomplirai le serment que j'ai fait à Abraham ton père[4]. Je multiplierai ta semence comme les étoiles du ciel ; je donnerai à ta postérité toutes les terres, et toutes les nations de la terre seront bénies en ta semence ; et cela, parce que Abraham a obéi à ma voix, et qu'il a observé mes préceptes, mes ordonnances, mes cérémonies, et mes lois[5].... » Isaac demeura donc à Gérare. Les habitants de ce lieu l'interrogeant sur sa femme, il leur répondit : « C'est ma sœur[6] ; » car il craignait d'avouer qu'elle était sa

---

1. Il n'y avait pas encore de droit d'aînesse, puisqu'il n'y avait point de loi positive. Ce n'est que très-longtemps après, dans le *Deutéronome*, qu'on trouve que l'aîné doit avoir une double portion, c'est-à-dire le double de ce qu'il aurait dû prendre, si on avait partagé également. On s'est encore servi de ce passage pour tâcher de prouver que la *Genèse* n'avait pu être écrite que lorsque les Juifs eurent un code de lois. Mais en quelque temps qu'elle ait été écrite, elle est toujours infiniment respectable.

2. La plupart des Pères ont condamné Ésaü, et ont justifié Jacob ; quoiqu'il paraisse, par le texte, qu'Ésaü périssait de faim, et que Jacob abusait de l'état où il le voyait. Le nom de Jacob signifiait supplantateur. Il semble, en effet, qu'il méritait ce nom, puisqu'il supplanta toujours son frère. Il ne se contente pas de lui vendre ses lentilles si chèrement, il le force de jurer qu'il renonce à ses droits prétendus ; il le ruine pour un dîner de lupins, et ce n'est pas le seul tort qu'il lui fera. Il n'y a point de tribunal sur la terre où Jacob n'eût été condamné.

3. On a cru que la ville de Gérare ne signifie que le passage de Gérare, le désert de Gérare ; et qu'il n'y a jamais eu de ville dans cette solitude, excepté Pétra, qui est beaucoup plus loin. Observez qu'il y a toujours famine dans ce malheureux pays. Dieu ne donne point de pain à Isaac, mais il lui donne des visions.

4. Remarquez que l'auteur sacré ne perd pas une seule occasion de promettre à la horde hébraïque errante dans ces déserts, l'empire du monde entier.

5. Nous ne voyons point que Dieu ait donné de loi particulière à Abraham, aucun précepte général, excepté celui de la circoncision.

6. Voilà le même mensonge qu'on reproche à Abraham, et c'est pour la troisième fois. C'est dans le même pays, c'est le même Abimélech, à ce qu'il paraît ; car il a le même capitaine de ses armées que du temps d'Abraham. Il enlève Rébecca, comme il avait enlevé Sara sa belle-mère. Mais si cela est, il y aura eu

femme, pensant qu'ils le tueraient à cause de la beauté de sa femme; et comme ils avaient demeuré plusieurs jours en ce lieu, Abimélech, roi des Philistins, ayant vu par la fenêtre Isaac qui caressait sa femme, il le fit venir, et lui dit : « Il est clair qu'elle est ta femme : pourquoi as-tu menti en disant qu'elle est ta sœur? » Isaac répondit : « J'ai eu peur qu'on ne me tuât à cause d'elle. » Abimélech lui dit : « Pourquoi nous as-tu trompés? il s'en est peu fallu que quelqu'un n'ait couché avec ta femme [1], et tu nous aurais attiré un grand péché; » et il fit une ordonnance à tout le peuple, disant : « Quiconque touchera la femme de cet homme mourra de mort. »

Or, Isaac sema dans cette terre; et dans la même année, il recueillit le centuple [2]; et le Seigneur le bénit, et il s'enrichit, profitant de plus en plus, et devint très-grand; et il eut beaucoup de brebis, et de grands troupeaux, et de serviteurs, et de servantes. Les Philistins lui portant beaucoup d'envie, ils bouchèrent avec de la terre tous les puits que son père Abraham avait creusés. Abimélech lui-même dit à Isaac : « Retire-toi de nous; car tu es devenu plus puissant que nous; » et Isaac s'en allant, vint au torrent de Gérare, et y habita, et y fit de nouveau creuser les puits que les gens de son père y avaient creusés; et ayant creusé dans le torrent, ils y trouvèrent de l'eau vive [3]; mais il y eut encore une querelle entre les pasteurs de Gérare et les pasteurs d'Isaac, disant : « Cette eau est à nous [4]; » c'est pourquoi Isaac appela ce puits *le puits de la calomnie*.... et les serviteurs d'Isaac vinrent lui dire qu'ils avaient trouvé un puits; c'est pourquoi Isaac nomma ce puits *l'abondance*.

Et Esaü, âgé de quarante ans, épousa Judith, fille de Beer, Éthéen [5],

quatre-vingts ans, selon le comput hébraïque, que cet Abimélech avait enlevé Sara, quoique ce comput soit encore très-fautif. Supposons qu'il eût alors trente ans; il y avait quatre-vingts ans entre le mensonge d'Abraham et le mensonge d'Isaac; donc Abimélech avait cent dix ans au temps du voyage d'Isaac.

1. Il semble toujours, par le texte, que les gens de Gérare reconnaissaient le même Dieu qu'Isaac et Abraham. Nous marchons à chaque ligne sur des difficultés insurmontables à notre faible entendement.

2. On ne voit pas comment Isaac put semer dans une terre qui n'était pas à lui. On voit encore moins comment il put semer dans un désert de sable, tel que celui de Gérare. On ne comprend pas davantage comment il put avoir une récolte de cent pour un. Les plus fertiles terres de l'Égypte, de la Mésopotamie, de la Sicile, de la Chine, ont rarement produit vingt-cinq pour un : et quiconque aurait de telles récoltes posséderait des richesses immenses. Les contes qu'on nous fait du terrain de Babylone, qui produisait trois cents pour un, sont absurdes. Il arrive souvent que dans un jardin un grain de blé, tombé par hasard, en produise une centaine, et davantage; mais jamais cela n'est arrivé dans un champ entier.

3. Il n'y a point de torrent dans ce pays, si ce n'est quelques filets d'eau saumâtre qui s'échappent quelquefois des puits qu'on a creusés lorsque le lac Asphaltite étant enflé, et se filtrant dans la terre, en fait sortir ses eaux, dont à peine les hommes et les animaux peuvent boire. Les caravanes qui passent par ce désert sont obligées de porter de l'eau dans des outres. Quand ils ont trouvé par hasard un puits, ils le cachent très-soigneusement : et il y a eu plusieurs voyageurs que la soif a fait périr dans ce pays inhabitable.

4. Ces disputes continuelles, pour un puits, confirment ce que nous venons de dire sur la disette d'eau et sur la stérilité du pays.

5. Malgré les défenses positives du Seigneur d'épouser des filles cananéennes,

et Basemath, fille d'Élon du même lieu, qui, toutes deux, offensèrent Isaac et Rébecca.

Isaac devenu vieux, ses yeux s'obscurcirent; il ne pouvait plus voir. Il appela donc Ésaü son fils aîné, et il lui dit : « Mon fils. » Ésaü répondit : « Me voilà. » Son père lui dit : « Tu vois que je suis vieux, et que j'ignore le jour de ma mort. Prends ton carquois et ton arc; va-t'en aux champs; apporte-moi ce que tu auras pris; fais-m'en un ragoût comme tu sais que je les aime; apporte-le-moi, afin que j'en mange, et que mon âme te bénisse avant que je meure. » Rébecca ayant entendu cela, et qu'Ésaü était aux champs selon l'ordre de son père, dit à Jacob son fils : « J'ai entendu Isaac ton père qui disait à ton « frère Ésaü : « Apporte-moi de ta chasse, fais-en un ragoût, afin que « j'en mange, et que je te bénisse devant le Seigneur avant de mourir. » Suis donc mes conseils, va-t'en au troupeau; apporte-moi deux des meilleurs chevreaux, afin que j'en fasse à ton père un plat que je sais qu'il aime; et quand tu les auras apportés et qu'il en aura mangé, qu'il te bénisse avant qu'il meure. « Jacob lui répondit : « Tu sais que mon frère est tout velu[1], et que j'ai la peau douce. Si mon père vient à me tâter, je crains qu'il ne pense que j'ai voulu le tromper, et que je n'attire sur moi sa malédiction au lieu de sa bénédiction. » Rébecca lui dit : « Que cette malédiction soit sur moi, mon fils! entends seulement ma voix, et apporte ce que j'ai dit. » Il y alla; il l'apporta à sa mère, qui prépara le ragoût que son père aimait[2]. Elle habilla Jacob des bons habits d'Ésaü, qu'elle avait à la maison; elle lui couvrit les mains et le cou avec les peaux des chevreaux, puis lui donna la fricassée et les pains qu'elle avait cuits. Jacob les ayant apportés à Isaac, lui dit : « Mon père. » Isaac répondit : « Qui es-tu, mon fils? » Jacob répondit : « Je suis Ésaü; j'ai fait ce que tu m'as commandé : lève-toi, assieds-toi, mange de ma chasse, afin que ton âme me bénisse. » Isaac dit à son fils : « Comment as-tu pu sitôt trouver du gibier? « Jacob répondit : « La volonté de Dieu a été que je trouvasse sur-le-champ du gibier. » Isaac dit : « Approche-toi que je te touche, et que je m'assure si tu es mon fils ou non. » Jacob s'approcha de son père; et Isaac l'ayant tâté, dit : « La voix est la voix de Jacob, mais

---

voilà pourtant Ésaü qui en épouse deux à la fois, et Dieu ne lui en fait nulle réprimande.

1. Cette supercherie de Rébecca et de Jacob est regardée comme très-criminelle; mais le succès n'en est pas concevable. Il paraît impossible qu'Isaac ayant reconnu la voix de Jacob, ait été trompé par la peau de chevreau dont Rébecca avait couvert les mains de ce fils puîné. Quelque poilu que fût Ésaü, sa peau ne pouvait ressembler à celle d'un chevreau. L'odeur de la peau d'un animal fraîchement tué devait se faire sentir. Isaac devait trouver que les mains de son fils n'avaient point d'ongles. La voix de Jacob devait l'instruire assez de la tromperie; il devait tâter le reste du corps. Il n'y a personne qui puisse se laisser prendre à un artifice si grossier.

2. Rébecca paraît encore plus méchante que Jacob : c'est elle qui prépare toute la fraude; mais elle accomplissait les décrets de la Providence sans le savoir. On punirait dans nos tribunaux Jacob et Rébecca comme ayant commis un crime de faux : mais la sainte Écriture n'est pas faite comme nos lois humaines. Jacob exécutait les arrêts divins, même par ses fautes.

les mains sont les mains d'Ésaü; » et il ne le connut point, parce que ses mains étant velues parurent semblables à celles de son fils aîné. Il le bénit donc, et lui dit : « Es-tu mon fils Ésaü? » Jacob répondit : « Je le suis. » Isaac dit : « Apporte-moi donc de ta chasse, mon fils, afin que mon âme te bénisse. » Jacob lui présenta donc à manger; il lui présenta aussi du vin qu'il but, et lui dit : « Approche-toi de moi et baise-moi, mon fils; » et il s'approcha et baisa Isaac, qui, ayant senti l'odeur de ses habits, lui dit en le bénissant : « Voilà l'odeur de mon fils comme l'odeur d'un champ tout plein béni du Seigneur.

Et il dit[1] : « Que Dieu te donne de la rosée du ciel et de la graisse de la terre, abondance de blé et de vin! que les peuples te servent! que les tribus t'adorent! Sois le seigneur de tes frères. Que les enfants de ta mère soient courbés devant toi.... » A peine Isaac avait fini son discours, que Jacob étant sorti, Ésaü arriva, apportant à son père la fricassée de sa chasse, en lui disant : « Lève-toi, mon père, afin que tu manges de la chasse de ton fils, et que ton âme me bénisse. » Isaac lui dit : « Qui es-tu? » Ésaü répondit : « Je suis ton premier-né Ésaü. » Isaac fut tout épouvanté et tout stupéfié; et admirant la chose plus qu'on ne peut croire, il dit : « Qui est donc celui qui m'a apporté de la chasse? j'ai mangé de tout avant que tu vinsses; je l'ai béni, et il sera béni. » Ésaü, ayant entendu ce discours, se mit à braire d'une grande clameur; et consterné, il dit : « Bénis-moi aussi, mon père. » Isaac dit : « Ton frère est venu frauduleusement, et a attrapé ta bénédiction. » Ésaü repartit : « C'est justement qu'on l'appelle Jacob; car il m'a supplanté deux fois; il m'a pris mon droit d'aînesse, et à présent il me dérobe ta bénédiction. N'y a-t-il point aussi de bénédiction pour moi[2]? » Isaac répondit : « Je l'ai établi ton maître, et je lui ai soumis tous ses frères; il aura du blé et du vin : que puis-je après cela faire pour toi? » Ésaü dit : « Père, n'as-tu qu'une bénédiction? bénis-moi, je t'en prie. » Et il pleurait en jetant de grands cris.

1. On demande encore comment Dieu put attacher ses bénédictions à celles d'Isaac, extorquées par une fraude si punissable, et si aisée à découvrir. C'est rendre Dieu esclave d'une vaine cérémonie, qui n'a par elle-même aucune force. La bénédiction d'un père n'est autre chose qu'un souhait pour le bonheur de son fils. Tout cela, encore une fois, étonne l'esprit humain, qui n'a, comme nous l'avons dit souvent, d'autre parti à prendre que de soumettre sa raison à la foi. Car puisque la sainte Église, en abhorrant les Juifs et le judaïsme, adopte pourtant toute leur histoire, il faut croire aveuglément toute cette histoire.

2. Ésaü a toujours raison; cependant son père lui dit qu'il servira Jacob. Ésaü ne fut point assujetti à Jacob. Une partie de ceux qu'on croit les descendants d'Ésaü furent vaincus à la vérité par la race des Asmonéens; mais ils prirent toujours leur revanche. Ils aidèrent Nabuchodonosor à ruiner Jérusalem. Ils se joignirent aux Romains. Hérode, Iduméen, fut créé par les Romains roi des Juifs, et longtemps après ils s'associèrent aux Arabes de Mahomet. Ils aidèrent Omar, et ensuite Saladin, à prendre Jérusalem; ils en sont encore les maîtres en partie, et ils ont bâti une belle mosquée sur les mêmes fondements qu'Hérode avait établis pour élever son superbe temple. Ils partagent avec les Turcs toute la seigneurie de ce pays, depuis Joppé jusqu'à Damas. Ainsi, presque dans tous les temps, c'est la race d'Ésaü qui a été véritablement bénie; et celle de Jacob a été tellement infortunée, que les deux tribus et demie qui lui restèrent sont aujourd'hui aussi errantes, aussi dispersées, et beaucoup plus méprisées que les anciens Parsis, et que ne l'ont été les restes des prêtres isiaques.

Isaac ému lui dit : « Eh bien ! dans la graisse de la terre et dans la rosée du ciel sera ta bénédiction. Tu vivras de ton épée; et tu serviras ton frère, et le temps viendra que tu secoueras le joug de ton cou.... »

AVIS DE L'ÉDITEUR. — « Ici le commentateur s'est arrêté, et celui qui lui a succédé, voyant que cet ouvrage serait trop volumineux si on continuait à traduire et à commenter ainsi presque tout l'*Ancien* et le *Nouveau Testament*, s'est restreint à ne donner que les principaux endroits qui semblent exiger des notes, en liant seulement par des transitions le précis de la *Bible*, et en conservant le texte, sans jamais l'altérer. »

Jacob étant arrivé en un certain endroit, et voulant s'y reposer après le soleil couché, prit une pierre, la mit sous sa tête, et il dormit en ce lieu. Il vit en songe une échelle appuyée d'un bout sur la terre, et l'autre bout touchait au ciel. Les anges de Dieu montaient et descendaient par cette échelle, et Dieu était appuyé sur le haut de l'échelle, lui disant : « Je suis le Seigneur de ton père Abraham, et Dieu d'Isaac : je te donnerai la terre où tu dors, à toi et à ta semence, et ta semence sera comme la poussière de la terre [1] : je te donnerai l'Occident et l'Orient, le Nord et le Midi ; toutes les nations seront bénies en toi et en ta semence : je serai ton conducteur partout où tu iras. »

Jacob s'étant éveillé, dit : « Vraiment le Seigneur est en ce lieu, et je n'en savais rien ; » et tout épouvanté, il dit : « Que ce lieu est terrible ! C'est la maison de Dieu et la porte du ciel. » Jacob se levant donc le matin, prit la pierre qu'il avait mise sous sa tête ; il l'érigea en monument, répandant de l'huile sur elle; il appela Béthel la ville qui se nommait auparavant Luza [2], et il fit un vœu au Seigneur, disant :

1. Les savants critiques en histoires anciennes remarquent que toutes les nations avaient des oracles, des prophéties, et même des talismans, qui leur assuraient l'empire de la terre entière. Chacune appelait l'univers le peu qu'elle connaissait autour d'elle. Et depuis l'Euphrate jusqu'à la mer Méditerranée, et même dans la Grèce, tout peuple qui avait bâti une ville l'appelait la ville de Dieu, la ville sainte, qui devait subjuguer toutes les autres. Cette superstition s'étendit ensuite jusque chez les Romains. Rome eut son bouclier sacré qui tomba du ciel, comme Troie eut son palladium. Les Hébreux n'ayant alors ni ville, ni même aucune possession en propre, et étant des Arabes vagabonds qui paissaient quelques troupeaux dans des déserts, virent Dieu au haut d'une échelle ; et ces visions de Dieu, qui leur parlait au plus haut de cette échelle, leur tinrent lieu des oracles et des monuments dont les autres peuples se vantèrent. Dieu daigna toujours se proportionner, comme nous l'avons déjà dit, à la simplicité grossière et barbare de la horde juive, qui cherchait à imiter comme elle pouvait les nations voisines.

2. Il n'y avait alors ni ville de Luza ni ville de Béthel dans ce désert. Béthel signifie en chaldéen *habitation de Dieu*, comme Babel, Balbec, et tant d'autres villes de Syrie. C'est ce qui a fait croire à plusieurs critiques que la *Genèse* fut écrite longtemps après l'établissement des Arabes Hébreux dans la Palestine. Beth étant un mot qui signifie une habitation, il y a un nombre prodigieux de villes dont le nom commence par *Beth*.

A l'égard de la pierre servant de monument, c'est encore un usage de la plus haute antiquité. On appelait ces monuments grossiers *béthilles*, soit pour marquer des bornes, soit pour indiquer des routes. Elles étaient réputées consacrées, les unes au soleil, les autres à la lune ou aux planètes. Les statues ne furent

« Dieu demeure avec moi; s'il me conduit dans mes voyages, s'il me
donne du pain pour manger et des habits pour me couvrir, et si je re-
viens sain et sauf chez mon père, le Seigneur alors sera mon Dieu[1];
et cette pierre que j'ai érigée en monument s'appellera la maison de
Dieu, et je te donnerai la dîme de ce que tu m'auras donné[2]. »

Jacob étant donc parti de ce lieu, il vit un puits dans un champ,
près duquel étaient couchés trois troupeaux de brebis. Rachel arriva
avec les troupeaux de son père; car elle gardait ses moutons. Il
abreuva son troupeau et baisa Rachel, et lui dit qu'il était le frère de
son père et le fils de Rébecca. Or, Laban avait deux filles : l'aînée
était Lia, et la cadette était Rachel; mais Lia avait les yeux chassieux,
et Rachel était belle et bien faite. Jacob l'aima, et dit à Laban : « Je te
servirai sept ans pour Rachel, la plus jeune de tes filles. » Laban lui
dit : « Il vaut mieux que je te la donne qu'à un autre; demeure avec
moi. » Jacob servit donc Laban sept ans pour Rachel, et il dit à Laban :
« Donne-moi ma femme, mon temps est accompli; je veux entrer à ma
femme[3]. »

Laban invita grand nombre de ses amis au festin, et fit les noces;
mais le soir il lui amena Lia au lieu de Rachel[4]; et Jacob ne s'en
aperçut que le lendemain matin. Il dit à son beau-père : « Pourquoi
as-tu fait cela? ne t'ai-je pas servi pour Rachel? pourquoi m'as-tu
trompé? » Laban répondit : « Ce n'est pas notre coutume dans ce lieu
de marier les jeunes filles avant les aînées. Achève ta première semaine
le mariage avec Lia, et je te donnerai Rachel pour un nouveau travail
de sept ans. »

Jacob accepta la proposition, et au bout de la semaine il épousa Rachel; et Jacob ayant fait les noces avec Rachel qu'il aimait, servit encore Laban pendant sept autres années[5].

substituées à ces pierres que longtemps après. Sanchoniathon parle des *bethilles*,
qui étaient déjà sacrées de son temps.

1. Ce vœu de Jacob a paru fort singulier aux critiques. « Je t'adorerai si tu
me donnes du pain et un habit, etc., » semble dire: « Je ne t'adorerai pas si tu
ne me donnes rien. » Les profanes ont comparé ce discours de Jacob aux usages
de ces peuples qui jetaient leurs idoles dans la rivière, lorsqu'elles ne leur
avaient pas accordé de la pluie. Les mêmes critiques ont dit que ces paroles de
Jacob étaient tout à fait dans son caractère, et qu'il faisait toujours bien ses
marches.

2. Les mêmes critiques ont observé qu'il est parlé déjà deux fois de dîmes
offertes au Seigneur : la première, quand Abraham donne la dîme à Melchisé-
dech, prêtre, roi de Salem; et la seconde, quand Jacob promet la dîme de tout
ce qu'il gagnera : ce qui a fait conjecturer mal à propos que cette histoire avait
été composée par quelqu'un qui recevait la dîme.

3. Ce marché fait par Jacob avec Laban fait voir évidemment que Jacob n'a-
vait rien, et que Laban avait très-peu de chose. L'un se fait valet pendant sept
ans pour avoir une fille; et l'autre ne donne à sa fille aucune dot. Un pareil mariage ne semble pas présager l'empire de la terre entière, que Dieu avait promis
tant de fois à Abraham, à Isaac, et à Jacob.

4. Jacob, qui avait trompé son père, trouve aussi un beau-père qui le trompe
à son tour. Mais on ne conçoit pas plus comment Jacob ne s'aperçut pas de la
friponnerie de Laban en couchant avec Lia, qu'on ne conçoit comment Isaac ne
s'était pas aperçu de la friponnerie de Jacob. On n'attraperait plus personne
aujourd'hui avec de pareilles fraudes; mais ces temps-là n'étaient pas les nôtres.

5. Voilà donc Jacob, le père de la nation juive, qui se fait valet pendant qua-

Mais Dieu, voyant que Jacob méprisait Lia, ouvrit sa matrice, tandis que Rachel demeurait stérile. Lia fit quatre enfants de suite, Ruben, Siméon, Lévi et Juda.

Rachel dit à son mari : « Fais-moi des enfants, ou je mourrai. » Jacob en colère répondit : « Me prends-tu donc pour un dieu? Est-ce moi qui t'ôte le fruit de ton ventre? » Rachel lui dit : « J'ai Bala ma servante; entre dans elle¹; qu'elle enfante sur mes genoux, et que j'aie des fils d'elle; » et Jacob ayant pris Bala, elle accoucha de Dan. Bala fit encore un autre enfant, et Rachel dit : « Le Seigneur m'a fait combattre contre ma sœur, c'est pourquoi le nom de cet enfant sera Nephthali. »

Lia, voyant qu'elle ne faisait plus d'enfants, donna Zelpha sa servante à son mari; et Zelpha ayant accouché, Lia dit : « Cela est heureux, » et appela l'enfant Gad. Zelpha accoucha encore, et Lia dit : « Ceci est encore plus heureux, c'est pourquoi on appellera l'enfant Azer. »

Or, Ruben étant allé dans les champs pendant la moisson du froment, il trouva des mandragores². Rachel eut envie d'en manger, et dit à Lia : « Donne-moi de tes mandragores. » Lia répondit : « N'est-ce pas assez que tu m'aies pris mon mari, sans vouloir encore manger mes mandragores que mon fils m'a apportées? » Rachel lui dit : « Eh bien! je te cède mon mari; qu'il dorme avec toi cette nuit, et donne-moi de tes mandragores³. »

torze ans pour avoir une femme. Les origines de toutes les nations sont petites et barbares, mais il n'en est aucune qui ressemble à celle-ci.

1. Non-seulement Jacob épouse à la fois deux sœurs dans un temps où l'on suppose que la terre était très-peuplée; mais il joint à cet inceste l'incontinence de coucher avec la servante de Rachel, et ensuite avec la servante de Lia. On a prétendu que tout cela était permis par les coutumes des Juifs; mais il n'y a point de loi positive qui le dise; nous n'en avons que des exemples. On épousait les deux sœurs, on épousait sa propre sœur, on couchait avec ses servantes; telles étaient les mœurs juives; nos lois sont différentes.

2. Dans des temps très-postérieurs, les racines de mandragores ont passé pour être prolifiques. C'est une erreur de l'ancienne médecine; c'est ainsi qu'on a cru que le satyrion et les mouches cantharides excitaient à la copulation : mais de pareilles rêveries ne furent débitées que dans les grandes villes où la débauche payait le charlatanisme. C'est encore une des raisons qui ont fait penser aux critiques que les événements de la *Genèse* n'avaient pu arriver, et qu'ils n'avaient pu être écrits dans le temps où l'on fait vivre Moïse; mais cette critique nous paraît la plus faible de toutes. Nous pensons que des gardeurs de moutons et de chèvres, tels qu'on nous peint les patriarches, pouvaient avoir imaginé la prétendue propriété des mandragores tout aussi bien que les charlatans des grandes villes. Ces plantes chevelues pouvaient être aisément taillées en figures d'hommes et de femmes avec les parties de la copulation; et peut-être est-ce là la première origine des priapes.

3. Tous ces marchés sont assez singuliers. Esaü cède son droit d'aînesse pour un plat de lentilles, et Rachel cède son mari à sa sœur pour une racine qui ressemble imparfaitement au membre viril. Quelques personnes ont été scandalisées de toutes ces histoires; elles les ont prises pour des fables grossières inventées par des Arabes grossiers aux dépens de la raison, de la bienséance, et de la vraisemblance. Elles n'ont pas songé combien ces temps-là étaient différents des nôtres; elles ont voulu juger des mœurs de l'Arabie par les mœurs de Londres et de Paris : ce qui n'est ni honnête ni vraisemblable de notre temps a pu être l'un et l'autre dans des temps qu'on nomme héroïques. Nous voyons des choses non moins extraordinaires dans toute la mythologie grecque et dans les fables arabes. Nous l'avons déjà dit, et nous devons le répéter : ce qui fut bon alors, ne l'est plus.

Lia alla donc au-devant de Jacob qui revenait des champs, et lui dit : « Tu entreras dans moi cette nuit, parce que je t'ai acheté pour prix de mes mandragores ; » et Jacob coucha avec elle cette nuit-là. Dieu écouta la prière de Lia ; elle fit un cinquième fils, et elle dit : « Dieu m'a donné ma récompense, parce que j'ai donné ma servante à mon mari [1]. »

Jacob, après cela, dit à son beau-père : « Tu sais comme je t'ai servi ; tu étais pauvre avant que je vinsse à toi ; maintenant tu es devenu riche ; il est juste que je pense aussi à mes affaires. Je serai encore ton valet, paissant tes troupeaux. Mettons à part toutes les brebis tachetées et marquées de diverses couleurs, et désormais toutes les brebis et les chèvres qui naîtront bigarrées seront à moi, et celles qui naîtraient d'une seule couleur me convaincraient de t'avoir friponné. » Laban dit : « J'y consens. » Or, Jacob prit des branches de peuplier, d'amandier et de plane, toutes vertes, les dépouilla d'une partie de leur écorce, en sorte qu'elles étaient vertes et blanches. Lors donc que les brebis et les chèvres étaient couvertes au printemps par les mâles, Jacob mettait ces branches bigarrées sur les abreuvoirs, afin que les femelles conçussent des petits bigarrés. Par ce moyen Jacob devint très-riche : il eut beaucoup de troupeaux, de valets et de servantes, de chameaux et d'ânes [2].

Or, Jacob ayant entendu les enfants de Laban qui disaient : « Jacob a volé tout ce qui était à notre père ; » et le Seigneur ayant dit surtout à Jacob : « Sauve-toi dans le pays de tes pères et vers ta parenté, et je serai avec toi, » il appela Rachel et Lia, les fit monter sur des chameaux, et partit ; et prenant tous ses meubles avec ses troupeaux, il alla vers Isaac son père au pays de Canaan. Ayant passé l'Euphrate, Laban le poursuivit pendant sept jours, et l'atteignit enfin vers la montagne de Galaad ; mais Dieu apparut en songe à Laban, et lui dit : « Garde-toi bien de rien dire contre Jacob [3]. »

1. On croirait en effet que les mandragores opérèrent dans Lia, puisqu'elle conçut un fils après en avoir mangé, et qu'elle en remercia le Seigneur. Cette propriété des mandragores a été supposée chez toutes les nations et dans tous les temps. On sait que Machiavel a fait une comédie établie sur ce préjugé vulgaire.

2. « Quoi qu'en dise le texte, cette nouvelle fraude de Jacob ne devait pas l'enrichir. Il y a eu des hommes assez simples pour essayer cette méthode ; ils n'y ont pas plus réussi que ceux qui ont voulu faire naître des abeilles du cuir d'un taureau, et une verminière du sang de bœuf. Toutes ces recettes sont aussi ridicules que la multiplication du blé qu'on trouve dans la *Maison rustique* et dans le *Petit Albert*. S'il suffisait de mettre des couleurs devant les yeux des femelles pour avoir des petits de même couleur, toutes les vaches produiraient des veaux verts, et tous les agneaux, dont les mères paissent l'herbe verte, seraient verts aussi. Toutes les femmes qui auraient vu des rosiers auraient des familles couleur de rose. Cette particularité de l'histoire de Jacob prouve seulement que ce préjugé impertinent est très-ancien. Rien n'est si ancien que l'erreur en tout genre. Calmet croit rendre cette recette recevable, en alléguant l'exemple de quelques merles blancs. Nous lui donnerons un merle blanc, quand il nous fera voir des moutons verts. »

Cette remarque est de M. Fréret. Nous la donnons telle que nous l'avons trouvée. Elle est bonne en physique, et mauvaise en théologie.

3. Il y a bien des choses dignes d'observation. D'abord Dieu défend à Abra-

Or, Laban étant allé tondre ses brebis, Rachel, avant de fuir, avait pris ce temps pour voler les Théraphim, les idoles de son père; et Laban ayant enfin atteint Jacob, il lui dit : « Je pourrais te punir; mais le dieu de ton père m'a dit hier : « Prends garde de molester Jacob. » Eh bien! veux-tu t'en aller voir ton père Isaac? soit; mais pourquoi m'as-tu volé mes dieux? » Jacob lui répondit : « Je craignais que tu ne m'enlevasses tes filles par violence; mais pour tes dieux, je consens qu'on fasse mourir celui qui les aura volés [1] »

Laban entra donc dans les tentes de Jacob, de Lia et des servantes, et ne trouva rien; et étant entré dans les tentes de Rachel, elle cacha promptement les idoles sous le bât d'un chameau, s'assit dessus, et dit à son père : « Ne te fâche pas, mon père, si je ne puis me lever, car j'ai mes ordinaires. » Alors Jacob et Laban se querellèrent et se raccommodèrent, puis firent un pacte ensemble. Ils élevèrent un monceau de pierres pour servir de témoignage, et l'appelèrent le monceau du témoin, chacun dans sa langue.

Comme il était seul en chemin pendant la nuit, voici qu'un fantôme lutta contre lui du soir jusqu'au matin; et ce fantôme ne pouvant le terrasser, lui frappa le nerf de la cuisse, qui se sécha aussitôt; et le fantôme l'ayant ainsi frappé, lui dit : « Laisse-moi aller, car l'aurore monte. — Je ne te lâcherai point, répondit Jacob, que tu ne m'aies béni. » Le spectre dit : « Quel est ton nom? » Il lui répondit : « On m'appelle Jacob. » Le spectre dit alors : « On ne t'appellera plus Jacob;

ham, à Isaac, et à Jacob, d'épouser des filles idolâtres; et tous trois, par l'ordre de Dieu même, épousent des filles idolâtres, car ils épousent leurs parentes idolâtres, petites-filles de Tharé, potier de terre, faiseur d'idoles. Laban est idolâtre; Rachel et Lia sont idolâtres. Ensuite Laban et Jacob son gendre ne sont occupés, pendant vingt ans, qu'à se tromper l'un et l'autre. Jacob s'enfuit avec ses femmes et ses concubines, comme un voleur; et il traîne de l'Euphrate avec lui douze enfants, qui sont les douze patriarches qu'il a eus des deux sœurs et de leurs deux servantes. Dieu prend son parti, et avertit Laban l'idolâtre de ne point molester Jacob. C'est, dit-on, une figure de l'Église chrétienne. Nous respectons cette figure, et nous ne sommes ni assez savants pour la comprendre, ni assez téméraires pour entrer dans les jugements de Dieu.

[1]. On ne voit, dans toute cette histoire, que des larcins. L'idolâtre Rachel, quoiqu'elle soit la figure de l'Église, vole les Théraphim, les idoles de son père. Était-ce pour les adorer? Pour avoir une sauvegarde contre les recherches, elle feint d'avoir ses ordinaires pour ne se point lever devant Laban; comme si une femme qui passait sa vie à garder les troupeaux ne pouvait se lever dans le temps de ses règles.

On demande ce que c'était que ces Théraphim? C'étaient, sans doute, de ces petites idoles, telles qu'en faisait Tharé le potier; c'étaient des pénates. Les hommes de tous les temps et de tous les pays ont été assez fous pour avoir chez eux de petites figures, des anneaux, des amulettes, des images, des caractères, auxquels ils attachaient une vertu secrète. Le pieux Énée, en fuyant de Troie au milieu des flammes, ne manque pas d'emporter avec lui ses Théraphim, ses pénates, ses petits dieux. Quand Genseric, Totila, et le connétable de Bourbon prirent Rome, les vieilles femmes emportaient ou cachaient les images en qui elles avaient le plus de dévotion.

Il reste à savoir comment l'auteur sacré qui, plusieurs siècles après, écrivit cette histoire, a pu savoir toutes ces particularités, tous ces discours, et l'anecdote des ordinaires de Rachel. C'est sur quoi le professeur de médecine Astruc a écrit un livre intitulé : *Conjectures sur l'Ancien Testament* : mais ce livre n'a pas tenu ce qu'il promettait.

car si tu as pu combattre contre Dieu, combien seras-tu plus fort contre les hommes [1]. »

Jacob étant donc revenu de Mésopotamie, vint à Salem, et acheta des enfants d'Hémor, père du jeune prince Sichem, une partie d'un champ pour cent agneaux, ou pour cent dragmonim.

Alors Dina, fille de Lia, sortit pour voir les femmes du pays de Sichem ; et le prince Sichem, fils d'Hémor, roi du pays, l'aima, l'enleva et coucha avec elle, et lui fit de grandes caresses et son âme demeura jointe avec elle. Et courant chez son père Hémor, il lui dit : « Mon père, je t'en conjure, donne-moi cette fille pour femme [2]. »

Hémor alla en parler à Jacob, et il en parla aussi aux enfants de Jacob. Il leur dit : « Allions-nous ensemble par des mariages ; donnez-nous vos filles, et prenez les nôtres ; demeurez avec nous. Cette terre est à vous : cultivez-la, possédez-la, faites-y commerce. » Sichem parla de même ; il dit : « Demandez la dot que vous voudrez, les présents que vous voudrez ; vous aurez tout, pourvu que j'aie Dina. »

Les fils de Jacob répondirent frauduleusement à Sichem et à son père : « Il est illicite et abominable parmi nous de donner notre sœur aux incirconcis ; rendez-vous semblables à nous, coupez vos prépuces, et alors nous vous donnerons nos filles, et nous prendrons les vôtres, et nous ne ferons qu'un peuple. » La proposition fut agréable à Sichem,

---

1. Ici vous voyez la paix faite entre le beau-père et le gendre, qui s'accusaient mutuellement de vol. Ensuite Jacob lutte toute une nuit contre un spectre, un fantôme, un homme ; et cet homme, ce spectre, c'est Dieu même. Dieu, en se battant contre lui, le frappe au nerf de la cuisse. Mais il y a six sortes de nerfs qui se perdent dans le nerf crural antérieur et dans le postérieur. Il y a, outre ces nerfs, le grand nerf sciatique qui se partage en deux. C'est ce nerf qui cause la goutte sciatique, et qui peut rendre boiteux. L'auteur ne pouvait entrer dans ces détails ; l'anatomie n'était pas connue. C'est un usage immémorial chez les Juifs d'ôter un nerf de la cuisse des gros animaux dont ils mangent, quoique la loi ne l'ordonne pas.

Une autre observation, c'est que la croyance que tous les spectres s'enfuient au point du jour est immémoriale. L'origine de cette idée vient uniquement des rêves qu'on fait quelquefois pendant la nuit, et qui cessent quand on s'éveille le matin.

Quant au nom de Jacob changé en celui d'Israël, il est à remarquer que ce nom est celui d'un ange chaldéen. Philon, Juif très-savant, nous dit que ce nom chaldéen signifie *Voyant Dieu*, et non pas *Fort contre Dieu*. Ce nom de *Fort contre Dieu* semblerait ne convenir qu'à un mauvais ange.

Il est surprenant que Jacob, frappé à la cuisse, et cette cuisse étant desséchée, ait encore assez de force pour lutter contre Dieu, et pour lui dire : « Je ne te lâcherai point que tu ne m'aies béni. » Tout cela est inexplicable par nos faibles connaissances.

2. Maimonide fut le premier qui remarqua les contradictions résultantes de cette aventure de Dina. Il crut que cette fille avait été mariée au même Job, à cet Arabe iduméen dont nous avons le livre, qui est le plus ancien monument de nos antiquités. Depuis ce temps, Aben Hezra, et ensuite Alfonse, évêque d'Avila, dans son *Commentaire sur la Genèse*, le cardinal Cajetan, presque tous les nouveaux commentateurs, et surtout Astruc, ont prouvé, par la manière dont les livres saints sont disposés, qu'en suivant l'ordre chronologique, Dina ne pouvait tout au plus être âgée que de six ans quand le prince Sichem fut si éperdument amoureux d'elle ; que Siméon ne pouvait avoir qu'onze ans, et son frère Lévi dix, quand ils tuèrent eux seuls tous les Sichémites ; que par conséquent cette histoire est impossible, si on laisse la *Genèse* dans l'ordre où elle est. Une réforme paraîtrait donc nécessaire pour laver le peuple de Dieu de l'oppro-

à Hémor et au peuple. Tous les mâles se firent couper le prépuce; et u troisième jour de l'opération, Siméon et Lévi, frères de Dina, entrèrent dans la ville, massacrèrent tous les mâles, tuèrent surtout le roi Hémor et le prince Sichem; après quoi tous les autres fils de Jacob vinrent dépouiller les morts, saccagèrent la ville, prirent les moutons, les bœufs et les ânes, ruinèrent la campagne, et emmenèrent les femmes et les enfants captifs.

Sur ces entrefaites Dieu dit à Jacob[1] : « Lève-toi, va à Béthel, habites-y, dresse un autel au Dieu qui t'apparut quand tu fuyais ton frère Ésaü. » Jacob ayant rassemblé tous ses gens, leur dit : « Jetez loin de vous tous les dieux étrangers qui sont parmi vous; purifiez-vous, et changez d'habits. » Ils lui donnèrent donc tous les dieux qu'ils avaient, et les ornements qui étaient aux oreilles de ces dieux; et Jacob les enfouit au pied d'un térébinthe, derrière la ville de Sichem. Quand ils furent partis, Dieu jeta la terreur dans toutes les villes des environs, et personne n'osa les poursuivre dans leur retraite.

Dieu apparut une seconde fois à Jacob depuis son retour de Mésopotamie, et Dieu lui dit : « Ton nom ne sera plus Jacob, mais ton nom sera Israël; » et il lui dit : « Je suis le Dieu très-puissant, je te ferai croître et multiplier; tu seras père de plusieurs nations, et des rois sortiront de tes reins. »

bre éternel dont cette horrible action l'a souillé. Il n'y a personne qui ne souhaite que deux patriarches n'aient pas assassiné tout un peuple, et que les autres patriarches n'aient pas fait un désert d'une ville qui les avait reçus avec tant de bonté. Le crime est si exécrable, que Jacob même le condamne expressément. Les savants nient absolument toute cette aventure de Dina et de Sichem. Mais aussi comment nier ce que le Saint-Esprit a dicté? Pourra-t-on adopter une partie de l'*Ancien Testament*, et rejeter l'autre? Si l'atrocité horrible des Hébreux révolte le lecteur dans l'histoire de Dina, nous lui verrons commettre d'autres horreurs, qui rendent celle-ci vraisemblable. Dieu, qui conduisit ce peuple, ne le rendit pas impeccable. On sait assez combien il était grossier et barbare. Quel que fût l'âge de Dina et des patriarches enfants de Jacob, le Saint-Esprit déclare qu'ils mirent à feu et à sang toute une ville où ils avaient été reçus comme frères; qu'ils massacrèrent tout, qu'ils pillèrent tout, qu'ils emportèrent tout, et que jamais assassins ne furent ni plus perfides, ni plus voleurs, ni plus sanguinaires, ni plus sacriléges. Il faut absolument ou croire cette histoire, ou refuser de croire le reste de la *Bible*.

1. Plusieurs critiques ont remarqué, avec étonnement et avec douleur, que e Dieu de Jacob ne marque ici aucun ressentiment du massacre des Sichémites, lui qui menaça de punir sept fois celui qui tuerait Caïn, et septante fois ept fois ceux qui tueraient Lamech.

On ne dit point quels étaient ces dieux étrangers que ses domestiques avaient amenés de Mésopotamie; on croit qu'ils étaient les mêmes que les Théraphim de Rachel.

Dieu bénit encore Jacob, et lui promet que des rois sortiront de ses reins. Des critiques ont supposé que Dieu seul étant roi des Hébreux, Moïse, qui était le lieutenant de Dieu, ne pouvait regarder comme une bénédiction la promesse de faire sortir des rois des reins de Jacob, attendu que lorsque, dans la suite, les Juifs eurent des rois, le prophète Samuel regarda ce changement comme une malédiction, et dit expressément au peuple que c'était trahir Dieu, et renoncer à lui, que de reconnaître un roi. De là ces censeurs concluent témérairement qu'il est impossible que Moïse ait écrit le *Pentateuque*. Nous ne nous arrêterons point à de telles critiques : seulement nous remarquerons encore que les Iduméens, fils d'Ésaü, furent toujours plus puissants, plus nombreux, plus riches, que les descendants de Jacob, qui furent si souvent esclaves.

Jacob partit ensuite de Béthel, et vint au printemps au pays qui mène à Éphrata, Rachel étant prête d'accoucher. Ses couches furent si douloureuses, qu'elles la mirent à mort. Son âme étant prête de sortir, elle donna à son fils le nom de Benoni, le fils de ma douleur. Mais Jacob l'appela Benjamin, le fils de ma droite. Rachel mourut, et fut enterrée sur le chemin qui mène à Éphrata, c'est-à-dire à Bethléem. Jacob mit une pierre sur le lieu de la sépulture, qu'on voit encore aujourd'hui.

Or, étant parti de ce lieu, il transporta ses tentes dans un endroit appelé la tour des troupeaux, et ce fut là que Ruben, fils aîné de Jacob, coucha avec Bala[1], femme ou concubine de son père.

Or Jacob avait douze fils. Les fils de Lia sont Ruben, Siméon, Lévi, Juda, Issachar et Zabulon. Les fils de Rachel sont Dan et Nephthali[2]. Les fils de la servante Zelpha sont Gad et Azer. Voilà les fils qui sont nés à Jacob en Mésopotamie.

Or voici les générations d'Ésaü, qui sont nées d'Ésaü, qui est le même qu'Édom. Ésaü épousa des filles cananéennes, Ada, Oolibama, Basémath, et il en eut plusieurs fils qui furent princes, et qui firent paître des ânes.

(Ici l'auteur sacré, après avoir nommé tous ces princes arabes, ajoute:) Ce sont là les rois qui régnèrent dans le pays d'Édom, avant que les enfants d'Israël eussent un roi[3].

1. Ce que dit le texte de la ville d'Éphrata et du bourg de Bethléem donne encore occasion aux critiques de dire que Moïse n'a pu écrire le *Pentateuque*. Leur raison est que la ville d'Éphrata ne reçut ce nom que de Caleb, du temps de Josué, et que ni Bethléem ni Jérusalem n'existaient encore. Bethléem reçut ce nom de la femme de Caleb, qui se nommait Éphrata. Cette nouvelle critique est forte; nous y répondons ce que nous avons déjà répondu aux autres.

Nous avouons qu'il est étrange que Ruben, le premier des patriarches, prenne précisément le temps de la mort de Rachel pour coucher avec la concubine ou la femme de son père, sans que la sainte Écriture marque son horreur pour ce nouveau crime. Les voies du Seigneur ne sont pas les nôtres. La servante Bala, souillée de cet inceste, est la première des prostituées dont il soit parlé dans Écriture; elle est femme de ce même Jacob dont Jésus-Christ lui-même a daigné naître, pour montrer, sans doute, qu'il lavait tous les péchés. Jacob ne témoigne ici aucune colère de cette abomination. Il attendit l'article de sa mort pour reprocher à Ruben sa turpitude, et le massacre des Sichémites à Siméon et à Lévi. On lui fait dire à Ruben en mourant : « Mon fils premier-né, tu étais ma force, mais la cause de ma douleur : tu t'es répandu comme l'eau : tu ne croîtras point, parce que tu as monté sur le lit de ton père, et que tu as maculé sa couche. » Et il ajouta : « Les deux frères Siméon et Lévi ont été des vases belliqueux d'iniquités; que leur fureur soit maudite, etc. »

2. Il y a ici erreur évidente de la part du copiste de Voltaire. Dan et Nephtali sont fils de Jacob et de Bala, servante de Rachel. Les enfants de Jacob et de Rachel sont Joseph et Benjamin. J'ai respecté le texte qui est dans toutes les éditions que j'ai vues jusqu'à ce jour. Je ne pouvais rien y ajouter; mais j'ai dû indiquer la faute. (*Note de M. Beuchot.*)

3. Ce passage de l'auteur sacré a enhardi plus qu'aucun autre les critiques à soutenir que Moïse ne pouvait être l'auteur de ce livre : ils ont dit qu'il était de la plus grande évidence que ces mots « avant que les enfants d'Israël eussent un roi » n'ont pu être écrits que sous les rois d'Israël. C'est le sentiment du savant Leclerc, de plusieurs théologiens de Hollande, d'Angleterre, et même du grand Newton. Nous ne pouvons nous empêcher d'avouer que si la *Bible* était un livre ordinaire, écrit par les hommes avec cette scrupuleuse exactitude qu'on exige aujourd'hui, ce passage aurait été tourné autrement. Il est

Or, Jacob habita dans la terre de Canaan, où son père avait voyagé ; et voici les affaires de la famille de Jacob. Joseph, âgé de seize ans, menait paître le troupeau avec ses frères, et il accusa ses frères auprès de son père d'un très-grand crime. Or, Israël aimait son fils Joseph plus que tous ses enfants, parce qu'il l'avait engendré étant vieux ; et même il lui avait donné une tunique bigarrée ; c'est pourquoi ses frères le haïssaient.

Il arriva aussi qu'il leur raconta un songe qui le fit haïr encore davantage. Il leur dit : « Écoutez mon songe. J'ai songé que nous étions occupés ensemble à lier des gerbes, que ma gerbe s'élevait, et que vos gerbes adoraient ma gerbe. J'ai songé encore un autre songe : c'est que le soleil et la lune et onze étoiles m'adoraient.... » Et ses frères se disaient : « Tuons notre songeur, et nous dirons qu'une bête l'a mangé, et nous verrons de quoi lui auront servi ses songes.... » Et, s'étant assis ensuite pour manger leur pain, ils virent des Ismaélites qui venaient de Galaad avec des chameaux chargés d'aromates ; ils vendirent à ces marchands leur frère Joseph qu'ils avaient jeté tout nu dans un puits sec, après l'avoir dépouillé de sa belle robe bigarrée, et ils le vendirent vingt pièces d'argent [1]. Alors ils prirent la tunique de Joseph, et l'ayant arrosée du sang d'un chevreau, ils l'envoyèrent à leur père, et lui firent dire : « Nous avons trouvé cela ; vois si c'est la robe de ton fils ou non ; » et Jacob ayant déchiré ses vêtements, il se revêtit d'un cilice, pleurant longtemps son fils ; et il dit : « Je descendrai avec mon fils dans l'enfer ; » et il continua de pleurer.

certain que si un auteur moderne avait écrit : « Voici les rois qui ont régné en Espagne avant que l'Allemagne eût sept électeurs, » tout le monde conviendrait que l'auteur écrivait du temps des électeurs. Le Saint-Esprit ne se règle pas sur de pareilles critiques ; il s'élève au-dessus des temps et des lois de l'histoire ; il parle par anticipation : il mêle le présent et le passé avec le futur. En un mot, ce livre ne ressemble à aucun autre livre ; et les faits qui y sont contenus ne ressemblent à aucun des autres événements qui se sont passés sur la terre.

1. Le peuple de Dieu n'était alors composé que de quatorze hommes, Isaac, Jacob et ses douze enfants, dans le temps qu'on voyait partout de grandes nations. Les Pères ont remarqué que c'est la figure du petit nombre des élus ; mais parmi ces élus, Jacob trompe son père et son frère, et il vole son beau-père. Il couche avec ses servantes. Ruben couche avec sa belle-mère. Deux enfants de Jacob égorgent tous les mâles de Sichem. Les autres enfants pillent la ville. Ces mêmes enfants veulent assassiner leur frère Joseph, et ils le vendent pour esclave à des marchands. Cette famille semble bien abominable aux critiques. Mais le R. P. dom Calmet prouve que Joseph, vendu par ses frères pour vingt pièces d'argent, annonce évidemment Jésus-Christ vendu trente pièces par Judas Iscariote. Encore une fois, les voies de Dieu ne sont pas nos voies.

À l'égard des songes qui attirèrent à Joseph la haine de ses frères, ils ont toujours été regardés comme envoyés du ciel ; et dans toutes les nations il se trouva des charlatans qui les expliquaient. Cette explication des songes est expressément défendue dans le *Lévitique*, chap. XIX ; et il est dit dans le chap. XIII du *Deutéronome*, que le songeur de songes doit être mis à mort dans certains cas. Mais pour Joseph, on verra qu'il ne réussit en Égypte, et qu'il ne fût le soutien de sa famille, qu'à cause de ses songes.

Quant aux marchands ismaélites, on voit qu'ils faisaient déjà un grand commerce d'aromates et d'esclaves, ce qui marque une extrême population. Les douze enfants d'Ismaël avaient déjà produit un peuple immense, et les douze enfants de son neveu Jacob paraissaient être encore dans la misère, réduits à garder les moutons, malgré les richesses que le sac de la ville de Sichem devait leur avoir procurées

Les Ismaélites ou Madianites vendirent Joseph en Égypte à Putiphar, eunuque de Pharaon, et maître de la milice[1].

En ce temps-là Juda alla en Canaan, et ayant vu la fille d'un Cananéen nommée Sue, il la prit pour sa femme et entra dans elle, et en eut un fils nommé Her, et un autre fils nommé Onan, et un troisième appelé Séla[2].

Or, Juda donna pour femme à son fils Her une fille nommée Thamar.

Or, son premier-né Her étant méchant devant le Seigneur, Dieu le tua. Juda dit donc à Onan son second fils : « Prends pour femme la veuve de ton frère; entre dans elle, et suscite la semence de ton frère. » Mais Onan, sachant que les enfants qu'il ferait ne seraient point à lui, mais seraient réputés être les enfants de feu son frère, en entrant dans sa femme, répandait sa semence par terre; c'est pourquoi le Seigneur le tua aussi.

C'est pourquoi Juda dit à Thamar sa bru : « Va-t'en; reste veuve dans la maison de ton père, jusqu'à ce que mon troisième fils Séla soit en âge. » Elle s'en alla donc, et habita chez son père.

Or, Juda étant allé voir tondre ses brebis, Thamar prit un voile, et

1. Les enfants de Jacob mettent le comble à leur crime, en désolant leur père par la vue de cette tunique ensanglantée. Jacob s'écrie dans sa douleur : « J'en mourrai, je descendrai en enfer avec mon fils. » Le mot *shéol*, qui signifie la fosse, le souterrain, la sépulture, a été traduit, dans la *Vulgate*, par le mot d'enfer, *infernum*, qui veut dire proprement le tombeau, et non pas le lieu appelé par les Égyptiens et par les Grecs Tartare, Ténare, *Adès*, séjour du Styx et de l'Achéron, lieu où vont les âmes après leur mort, royaume de Pluton et de Proserpine, caverne des damnés, Champs Élysées, etc. Il est indubitable que les Juifs n'avaient aucune idée d'un pareil enfer, et qu'il n'y a pas un seul mot dans tout le *Pentateuque* qui ait le moindre rapport ou avec l'enfer des anciens, ou avec le nôtre, ou avec l'immortalité de l'âme, ou avec les peines et les récompenses après la mort. Ceux qui ont voulu tirer de ce mot *shéol*, traduit par le mot *infernum*, une induction que notre enfer était connu de l'auteur du *Pentateuque*, ont eu une intention très-louable, et que nous révérons; mais c'est au fond une ignorance très-grossière; et nous ne devons chercher que la vérité.

Le cilice dont se revêt Jacob, après avoir déchiré ses vêtements, a fourni de nouvelles armes aux critiques, qui veulent que le *Pentateuque* n'ait été écrit que dans des siècles très-postérieurs. Le cilice était une étoffe de Cilicie; et la Cilicie n'était pas connue des Hébreux avant Esdras. Il y avait deux sortes d'étoffes nommées cilices, l'une très-fine et très-belle, tissue de poil d'antilope ou de chèvre sauvage, appelée *mo* dans l'Asie Mineure, d'où nous vient la véritable moire, à laquelle nous avons substitué une étoffe de soie calandrée. L'autre cilice était une étoffe plus grossière, faite avec du poil de chèvre commune, et qui servit aux paysans et aux moines. Les critiques disent qu'aucune de ces étoffes n'étant connue des premiers Juifs, c'est une nouvelle preuve évidente que le *Pentateuque* n'est ni de Moïse ni d'aucun auteur de ces temps-là. Nous répondons toujours que l'auteur sacré parle par anticipation, et qu'aucune critique, quelque vraisemblable qu'elle puisse être, ne doit ébranler notre foi.

Il leur paraît encore improbable que les rois d'Égypte eussent déjà des eunuques. Ce raffinement affreux de volupté et de jalousie est, à la vérité, fort ancien; mais il suppose de grands royaumes très-peuplés et très-riches. Il est difficile de concilier cette grande population de l'Égypte du temps de Jacob avec le petit nombre du peuple de Dieu, qui ne consistait qu'en quatorze mâles. On a déjà répondu à cette question par le petit nombre des élus.

2. Le Seigneur a beau défendre à ses patriarches de prendre des filles cananéennes, ils en prennent souvent. Juda, après la mort de son fils aîné Her, donne la veuve à son second fils Onan, afin qu'Onan lui fasse des enfants qui

s'assit sur un chemin fourchu, et Juda l'ayant aperçue, crut que c'était une fille de joie, car elle avait caché son visage; et s'approchant d'elle, il lui dit : « Il faut que je couche avec toi (car il ne savait pas que c'était sa bru); » et elle lui dit : « Que me donneras-tu pour coucher avec moi? — Je t'enverrai, dit-il, un chevreau de mon troupeau. Elle répliqua : « Je ferai ce que tu voudras; mais donne-moi des gages. — Que demandes-tu pour gages? » dit Juda. Thamar répliqua : « Donne-moi ton anneau, ton bracelet et ton bâton. » Il n'y eut que ce coït entre Juda et Thamar; elle fut engrossée sur-le-champ; et ayant quitté son habit, elle reprit son habit de veuve.

Juda envoya par son valet le chevreau promis pour reprendre ses gages. Le valet, ne trouvant point la femme, demanda aux habitants du lieu : « Où est cette fille de joie qui était assise sur le chemin fourchu? » Ils répondirent tous : « Il n'y a point eu de fille de joie en ce lieu. » Juda dit : « Eh bien! qu'elle garde mes gages, elle ne pourra pas au moins m'accuser de n'avoir pas voulu la payer. »

Or, trois mois après on vint dire à Juda : « Ta bru a forniqué; car son ventre commence à s'enfler. » Juda dit : « Qu'on l'aille chercher au

hériteront du mort. Cette coutume n'était point encore établie dans la race d'Abraham et d'Isaac; et l'auteur sacré parle par anticipation, comme nous l'avons déjà remarqué plusieurs fois.

Les commentateurs prétendent que cette Thamar fut bien maltraitée par ses deux maris; que Her, le premier, la traitait en sodomite, et que le second ne voulait jamais consommer l'acte du mariage dans le vase convenable, mais répandait sa semence à terre. Le texte ne dit pas positivement que Her traitait sa femme à la manière des sodomites; mais il se sert de la même expression qui est employée pour désigner le crime de Sodome. A l'égard du péché d'Onan, il est expressément énoncé.

C'est une chose bien singulière que Thamar, ayant été si fort maltraitée par les deux enfants de Juda, veuille ensuite coucher avec le père, sous prétexte qu'il ne lui a point donné son troisième fils Séla, qui n'était pas encore en âge. Elle prend un voile pour se déguiser en fille de joie. Mais, au contraire, le voile était et fut toujours le vêtement des honnêtes femmes. Il est vrai que, dans les grandes villes, où la débauche est fort connue, les filles de joie vont attendre les passants dans de petites rues, comme à Londres, à Paris, à Rome, à Venise. Mais il n'est pas vraisemblable que le rendez-vous des filles de joie, dans le misérable pays de Canaan, fût à la campagne, dans un chemin fourchu.

Il est bien étrange qu'un patriarche couche en plein jour avec une fille de joie sur le grand chemin, et s'expose à être pris sur le fait par tous les passants.

Le comble de l'impossibilité est que Juda, étranger dans Canaan, et n'ayant pas la moindre possession, ordonne qu'on brûle sa belle-fille dès qu'il sait qu'elle est grosse; et que sur-le-champ on prépare un bûcher pour la brûler, comme s'il était le juge et le maître du pays.

Cette histoire a quelque rapport à celle de Thyeste, qui, rencontrant sa fille Pélopée, coucha avec elle sans la connaître. Les critiques disent que les Juifs écrivirent fort tard, et qu'ils copièrent beaucoup d'histoires grecques qui avaient cours dans toute l'Asie Mineure. Josèphe et Philon avouent que les livres juifs n'étaient connus de personne, et que les livres grecs étaient connus de tout le monde.

Quoi qu'il en soit, ce qu'il y a de plus singulier dans l'aventure de Thamar, c'est que Notre Seigneur Jésus-Christ naquit, dans la suite des temps, de son inceste avec le patriarche Juda. « Ce n'est pas sans de bonnes raisons, dit le R. P. dom Calmet, que le Saint-Esprit a permis que l'histoire de Thamar, de Rahab, de Ruth, et de Bethzabée se trouve mêlée dans la généalogie de Jésus-Christ. »

plus vite, et qu'on la brûle. » Comme on la conduisait au supplice, elle renvoya à Juda son anneau, son bracelet et son bâton, en disant : « Celui à qui cela appartient m'a engrossée. » Juda, ayant reconnu ses gages, dit : « Elle est plus juste que moi. »

Cependant Joseph fut conduit en Égypte, et Putiphar l'Égyptien, eunuque de Pharaon et prince de l'armée, l'acheta des Ismaélites ; et après plusieurs jours, la femme de Putiphar ayant regardé Joseph, lui dit : « Couche avec moi. » Lequel ne consentant point à cette action mauvaise, lui dit : « Voilà que mon maître m'a confié tout son bien, en sorte qu'il ne sait pas ce qu'il a dans sa maison ; il m'a rendu le maître de tout, excepté de toi qui es sa femme. » Cette femme sollicitait tous les jours ce jeune homme, et il refusait de commettre l'adultère. Il arriva un certain jour que Joseph étant dans la maison, et faisant quelque chose sans témoin, elle le prit par son manteau, et lui dit : « Couche avec moi. » Joseph, lui laissant son manteau, s'enfuit dehors. La femme voyant ce manteau dans ses mains, et qu'elle était méprisée, montra ce manteau à son mari, comme une preuve de sa fidélité, et lui dit : « Cet esclave hébreu que tu as amené est entré à moi pour se moquer de moi, et m'ayant entendue crier, il m'a laissé son manteau que je tenais, et s'en est enfui[1]. »

Après cela, il arriva que deux autres eunuques du roi d'Égypte, son échanson et son panetier[2], furent mis dans la prison du prince de l'armée, dans laquelle prison Joseph était enchaîné ; et ils eurent chacun un songe dans la même nuit ; ils dirent à Joseph : « Nous avons eu chacun un songe, et il n'y a personne pour l'expliquer ; » et Joseph leur dit[3] : « N'est-ce pas Dieu qui interprète les songes ? Raconte-moi ce que tu as vu. » Le grand échanson du roi lui répondit : « J'ai vu une vigne : il y avait trois branches qui ont produit des boutons, des fleurs et des raisins mûrs ; je tenais dans ma main la coupe du roi ; j'ai pressé dans sa coupe le jus des raisins, et j'en ai donné à boire au roi. » Joseph lui dit : « Voici l'interprétation de ce songe : Les trois branches sont trois

1. Cette histoire a beaucoup de rapport à celle de Bellérophon et de Prœtus, à celle de Thésée et d'Hippolyte, et à beaucoup d'autres histoires grecques et asiatiques. Mais ce qui ne ressemble à aucune fable des mythologies profanes, c'est que Putiphar était eunuque et marié. Il est vrai que dans l'Orient il y a quelques eunuques, et même des eunuques noirs, entièrement coupés, qui ont des concubines dans leur harem ; parce que ces malheureux, à qui on a coupé toutes les parties viriles, ont encore des yeux et des mains. Ils achètent des filles, comme on achète des animaux agréables pour mettre dans une ménagerie. Mais il fallait que la magnificence des rois d'Égypte fût parvenue à un excès bien rare, pour que les eunuques eussent des sérails. ainsi qu'ils en ont aujourd'hui à Constantinople et à Agra.

2. Il se peut que dans des temps très-postérieurs le mot eunuque fût devenu un titre d'honneur, et que les peuples accoutumés à voir ces hommes dépouillés des marques de l'homme, parvenus aux plus grandes places pour avoir gardé des femmes, se soient accoutumés enfin à donner le nom d'eunuques aux principaux officiers des rois orientaux : on aura dit l'eunuque du roi, au lieu de dire le grand écuyer, le grand échanson du roi ; mais cela ne peut être arrivé dans des temps voisins du déluge. Il faut donc croire que Putiphar et ses deux officiers qualifiés eunuques, l'étaient véritablement.

3. L'explication des songes doit être encore plus ancienne que l'usage de châtrer les hommes que les rois admettaient dans l'intérieur de leurs palais. C'est

jours, après lesquels Pharaon te rendra ton emploi, et tu lui serviras
à boire comme à l'ordinaire. Je te prie seulement de te souvenir de
moi, afin que le Pharaon me fasse sortir de cette prison, car j'ai été
enlevé par fraude de la terre des Hébreux, et j'ai été mis dans une
citerne. »

Le grand panetier dit à Joseph : « J'ai eu aussi un songe. J'avais trois
paniers de farine sur ma tête, et les oiseaux sont venus la manger. »
Joseph lui répondit : « Les trois corbeilles signifient trois jours, après
quoi Pharaon te fera pendre, et les oiseaux te mangeront. »

Trois jours après, arriva le jour de la naissance de Pharaon : il fit un
grand festin à ses officiers, et se ressouvint à table de son grand
échanson et de son grand panetier. Il rétablit l'un pour lui donner à
boire, et fit pendre l'autre, afin de vérifier l'explication de Joseph ;
mais le grand échanson étant rétabli oublia l'interprète de son rêve.

Deux ans après, Pharaon eut un songe. Il crut être sur le bord d'un
fleuve d'où sortaient sept vaches belles et grasses, et ensuite sept maigres et vilaines; et ces vilaines dévorèrent les belles. Il se rendormit,
et vit sept épis très-beaux à une même tige, et sept autres épis desséchés qui mangèrent les autres épis. Saisi de terreur, il envoya dès le
matin chercher tous les sages et tous les devins; nul ne put lui expliquer son rêve. Alors le grand échanson se souvint de Joseph; il fut
tiré de prison par ordre du roi, et présenté à lui, après qu'on l'eut rasé
et habillé.

Joseph répondit : « Les deux songes du roi signifient la même chose.
Les sept belles vaches et les sept beaux épis signifient sept ans d'abondance; les sept vaches maigres et les sept épis desséchés signifient
sept années de stérilité. Il faut donc que le roi choisisse un homme
sage et habile qui gouverne toute la terre d'Égypte, et qui établisse
des préposés qui gardent chaque année la cinquième partie des fruits. »
Le conseil plut à Pharaon et à ses ministres. Le roi leur dit : « Où pouvons-nous trouver un homme aussi rempli que lui de l'esprit de Dieu? »
Et il dit à Joseph : « Puisque Dieu t'a montré tout ce que tu m'as dit,
où pourrai-je trouver un homme plus sage que toi, et semblable à toi[1]? »

une faiblesse naturelle d'être inquiet d'un songe pénible; et quiconque manifeste sa faiblesse trouve bientôt un charlatan qui en abuse. Un songe ne signifie
rien; et si par hasard il signifiait quelque chose, il n'y aurait que Dieu qui le
sût et qui pût le révéler. Il est défendu dans le *Lévitique* d'expliquer les songes; mais le *Lévitique* n'était pas fait du temps de Joseph. On doit croire que
Dieu même l'instruisit, puisqu'il dit que Dieu est l'interprète des songes.

Ce qui peut embarrasser, c'est qu'il semble ici que le pharaon, et ses officiers, et Joseph, reconnaissent le même Dieu. Car, lorsque Joseph leur dit que
Dieu envoie les songes et les explique, ils ne répliquent rien; ils en conviennent. Cependant l'Égypte et les enfants de Jacob n'avaient pas la même religion; mais on peut reconnaître le même Dieu, et différer dans les dogmes. Les
catholiques romains et les catholiques grecs, les luthériens et les calvinistes,
les Turcs et les Persans, ont le même Dieu, et ne sont point d'accord ensemble.

1. Le pharaon déclare ici deux fois que l'esclave hébreu est inspiré de Dieu :
il ne dit pas, de son dieu particulier; il dit, de Dieu, en général. Il semble
donc ici que, malgré toutes les superstitions qui dominaient, malgré la magie
et les sorcelleries auxquelles on croyait, le Dieu universel était reconnu à Mem-

Il lui donna son anneau, le vêtit d'une robe de fin lin, il lui mit au cou un collier d'or, le fit monter sur un char; un héraut criait : « Que tout le monde fléchisse le genou devant le gouverneur de l'Égypte! » Il changea aussi son nom; il l'appela Zaphnat-Paeneah, et lui fit épouser Aseneth, fille de Putiphar, qui était prêtre d'Héliopolis.

Avant que la famine commençât, Joseph eut deux fils de sa femme Aseneth, fille de Putiphar; et il nomma l'aîné Manassé, et l'autre Éphraïm [1].

Or Jacob, ayant appris qu'on vendait du blé en Égypte, dit à ses enfants : « Allez acheter en Égypte du blé.... » Ils vinrent donc se présenter devant Joseph. Joseph les ayant reconnus, ses frères ne le reconnurent pas, quoiqu'il les eût bien reconnus; et il leur dit : « Vous êtes des espions. » Ils répliquèrent : « Nous sommes douze frères et vos serviteurs, tous enfants d'un même père, et l'autre n'est plus au monde. —Allez, allez, leur dit Joseph, vous êtes des espions. Envoyez quelqu'un de vous chercher votre petit frère, et vous resterez en prison jusqu'à ce que je sache si vous avez dit vrai ou faux. » Il les fit donc mettre en prison pour trois jours, et le troisième jour il les fit sortir, et leur dit : « Qu'un seul de vos frères demeure dans les liens en prison; vous autres, allez-vous-en, et emportez le froment que vous avez acheté; mais amenez-moi le plus jeune de vos frères, afin que je voie si vous m'avez trompé, et que vous ne mouriez point. » Et ayant fait prendre Siméon, il le fit lier en leur présence. Il ordonna à ses gens d'emplir leurs sacs de blé, et de remettre dans leurs sacs leur argent, et de leur donner encore des vivres pour leur voyage. Les frères de Joseph partirent donc avec leurs ânes chargés de froment. Et étant arrivés à l'hôtellerie [2], l'un d'eux ouvrit son sac pour donner à manger à son âne; et il dit à

phis comme dans la famille d'Abraham, du moins au temps de Joseph. Mais comment savoir ce que croyaient des Égyptiens? ils ne le savaient pas eux-mêmes.

On fait une autre question moins importante. On demande comment sept épis de blé en purent manger sept autres? Nous n'entreprendrons point d'expliquer ce repas.

1. Ceci est singulier. Joseph, petit-fils d'Abraham, épouse Aseneth, fille de la femme d'un eunuque qui l'avait mis dans les fers. Quel était le père d'Aseneth? Ce n'était pas l'eunuque Putiphar. L'*Alcoran*, au Sura Joseph, conte, d'après d'anciens auteurs juifs, que cette Aseneth était un enfant au berceau lorsque la femme de Putiphar accusa Joseph de l'avoir voulu violer. Un domestique de la maison dit qu'il fallait s'en rapporter à cet enfant, qui ne pouvait encore parler : l'enfant parla. « Écoutez, dit-elle à Putiphar : si ma mère a déchiré le manteau de Joseph par devant, c'est une preuve que Joseph voulait la prendre de force; mais si ma mère a pris et déchiré le manteau par derrière, c'est une preuve qu'elle courait après lui. »

2. Les critiques assurent qu'il n'y avait point encore d'hôtelleries dans ce temps-là. Ils ajoutent cette objection à tant d'autres, pour faire voir que Moïse n'a pu être l'auteur de la *Genèse*. Il est vrai que nous ne connaissons point d'hôtelleries chez les Grecs, et qu'il n'y en eut point chez les premiers Romains. On conjecture que l'usage des hôtelleries était aussi inconnu chez les Égyptiens que dans la Palestine : mais on n'en a pas de preuves certaines. Il n'est pas impossible que des marchands arabes eussent établi quelques hangars, quelques cabanes, comme depuis on a établi des caravansérails. Il est même vraisemblable que des rois d'Égypte, qui avaient bâti des pyramides, n'avaient pas négligé de construire quelques édifices en faveur du négoce

ses frères : « On m'a rendu mon argent, le voici dans mon sac; » et ils furent tous saisis d'étonnement[1]. Étant arrivés chez leur père en la terre de Canaan, ils lui contèrent tout ce qui leur était arrivé. Jacob leur dit : « S'il est nécessaire que j'envoie mon fils Benjamin, faites ce que vous voudrez. Prenez les meilleurs fruits de ce pays-ci dans vos vases, un peu de résine, de miel, de storax, du térébinthe et de la menthe; portez aussi avec vous le double de l'argent que vous avez porté à votre voyage, de peur qu'il n'y ait eu de la méprise.... »

Ils retournèrent donc en Égypte avec l'argent. Ils se présentèrent devant Joseph, qui, les ayant vus et Benjamin avec eux, dit à son maître d'hôtel : « Faites-les entrer, tuez des victimes, préparez un dîner; car ils dîneront avec moi à midi[2]. » Joseph ayant levé les yeux et ayant remarqué son frère utérin, il leur demanda : « Est-ce là votre petit frère dont vous m'avez parlé ? » Et il lui dit : « Dieu te favorise, mon fils! » Et il sortit promptement, parce que ses entrailles étaient émues sur son frère, et que ses larmes coulaient.

On servit à part Joseph, et les Égyptiens qui mangeaient avec lui, et les frères de Joseph aussi à part : car il est défendu aux Égyptiens de manger avec des Hébreux; ces repas seraient regardés comme profanes. Les fils de Jacob s'assirent donc en présence de Joseph, selon l'ordre de leur naissance, et ils furent fort surpris qu'on donnât une part à Benjamin cinq fois plus grande que celle des autres...

Or Joseph donna ordre à son maître d'hôtel d'emplir les sacs des Hébreux de blé, et de mettre leur argent dans leurs sacs, et de placer à l'entrée du sac de Benjamin non-seulement son argent, mais encore la coupe même du premier ministre. On les laissa partir le lendemain matin avec leurs ânes; puis on courut après eux; on fit ouvrir leurs sacs, et on trouva la coupe et l'argent au haut du sac de Benjamin. Le

[1] On dit que si les patriarches chargèrent leurs ânes, il est à croire qu'ils marchèrent à pied depuis le Canaan jusqu'à Memphis, ce qui fait un chemin d'environ cent lieues. On infère de là qu'ils étaient fort pauvres, ne possédant aucun domaine considérable, et ne vivant que comme des Arabes du désert, voyageant sans cesse, et plantant leurs tentes où ils pouvaient. Cependant le pillage de Sichem devait les avoir enrichis. La seule difficulté est de savoir comment Jacob et ses onze enfants avaient pu être soufferts dans un pays où ils avaient commis une action si horrible, et où toutes les hordes cananéennes devaient se réunir pour les exterminer. Au reste, si la famine forçait les enfants d'Israël d'aller à Memphis, tous les Cananéens, qui manquaient de blé, devaient y aller aussi.

[2] Les Égyptiens avaient en horreur tous les étrangers, et se croyaient souillés s'ils mangeaient avec eux. Les Juifs prirent d'eux cette coutume inhospitalière et barbare. L'Église grecque a imité en cela les Juifs, au point qu'ayant Pierre le Grand il n'y avait pas un Russe parmi le peuple qui eût voulu manger avec un luthérien, ou avec un homme de la communion romaine. Aussi nous voyons que Joseph en qualité d'Égyptien, fit manger ses frères à une autre table que la sienne; il leur parlait même par interprète. La différence du culte, en ne reconnaissant qu'un même Dieu, paraît ici évidemment. On immole des victimes dans la maison même du premier ministre, et on les sert sur table. Cependant il n'est jamais question ni d'Isis, ni d'Osiris, ni d'aucun animal consacré. Il est bien étrange que l'auteur hébreu de l'histoire hébraïque, ayant été élevé dans les sciences des Égyptiens, semble ignorer entièrement leur culte. C'est encore une des raisons qui ont fait croire à plusieurs savants que Mosé, ou Moïse, ne peut être l'auteur du *Pentateuque*.

maître d'hôtel leur dit : « Ah ! quel mal avez-vous rendu pour le bien qu'on vous a fait ? Vous avez volé la tasse dans laquelle monseigneur boit, sa tasse divinatoire dans laquelle il prend ses augures[1]. »

Joseph ne pouvait plus se retenir devant le monde; ainsi il ordonna que tous les assistants sortissent dehors, afin que personne ne fût témoin de la reconnaissance qui allait se faire. Et élevant la voix avec des gémissements que les Égyptiens et toute la maison de Pharaon entendirent, il dit à ses frères : « Je suis Joseph. Mon père vit-il encore ? » Ses frères ne pouvaient répondre, tant ils furent saisis de frayeur. Mais il leur dit avec douceur : « Approchez-vous de moi ; » et lors ils s'approchèrent. « Oui, dit-il, je suis votre frère Joseph que vous avez vendu en Égypte. Ne craignez rien; ne vous troublez point pour m'avoir vendu dans ces contrées. C'est pour votre salut que Dieu m'a fait venir avant vous en Égypte. Ce n'est point par vos desseins que j'ai été conduit ici, mais par la volonté de Dieu, qui m'a rendu le père, le sauveur du pharaon, et qui m'a fait prince de toute la terre d'Égypte. Hâtez-vous d'aller trouver mon père; dites-lui ces paroles : « Dieu m'a « rendu le maître de toute l'Égypte; venez, et ne tardez point[2]. »

« Vous demeurerez dans la terre de Gessen, ou Gossen; car il reste encore cinq années de famine. Je vous nourrirai, de peur que vous ne

---

1. Quoi qu'en dise Grotius, il est clair que le texte donne ici Joseph pour un magicien; il devinait l'avenir en regardant dans sa tasse. C'est une très-ancienne superstition, très-commune chez les Chaldéens et chez les Égyptiens; elle s'est même conservée jusqu'à nos jours. Nous avons vu plusieurs charlatans et plusieurs femmes employer ce ridicule sortilège. Boyer Bandol, dans la régence du duc d'Orléans, mit cette sottise à la mode; cela s'appelait lire dans le verre. On prenait un petit garçon ou une petite fille, qui, pour quelque argent, voyait dans ce verre plein d'eau tout ce qu'on voulait voir. Il n'y a pas là grande finesse. Les tours les plus grossiers suffisent pour tromper les hommes, qui aiment toujours à être trompés. Les tours et les impostures des convulsionnaires n'ont pas été plus adroits; et cependant on sait quelle prodigieuse vogue ils ont eue longtemps. Il faut que la charlatanerie soit bien naturelle, puisqu'on a trouvé en Amérique et jusque chez les nègres de l'Afrique ces mêmes extravagances, dont notre ancien continent a toujours été rempli.

Il est très-vraisemblable que, si Joseph fut vendu par ses frères en Égypte étant encore enfant, il prit toutes les coutumes et toutes les superstitions de l'Égypte, ainsi qu'il en apprit la langue.

2. Ce morceau d'histoire a toujours passé pour un des plus beaux de l'antiquité. Nous n'avons rien dans Homère de si touchant. C'est la première de toutes les reconnaissances dans quelque langue que ce puisse être. Il n'y a guère de théâtre en Europe où cette histoire n'ait été représentée. La moins mauvaise de toutes les tragédies qu'on ait faites sur ce sujet intéressant est, dit-on, celle de l'abbé Genest, jouée sur le théâtre de Paris en 1711. Il y en a eu une autre depuis par un jésuite nommé Arthus, imprimée en 1749; elle est intitulée : *La Reconnaissance de Joseph, ou Benjamin, tragédie chrétienne en trois actes, en vers, qui peut se représenter dans tous les colléges, communautés, et maisons bourgeoises.* Il est singulier que l'auteur ait appelé tragédie *chrétienne* une pièce dont le sujet est d'un siècle si antérieur à Jésus-Christ.

Presque tous les romans que nous avons eus, soit anciens, soit modernes, et une infinité d'ouvrages dramatiques, ont été fondés sur des reconnaissances. Rien n'est plus naïf que celle de Joseph et de ses frères. Les critiques y reprennent quelques répétitions : ils trouvent mauvais que les onze patriarches étant venus deux fois de suite de la part de Jacob, Joseph leur demande si son père vit encore. Cette censure peut paraître outrée, comme le sont presque toutes les censures. La piété filiale peut faire dire à Joseph plus d'une fois : « Mon père est-il encore en vie? ne reverrai-je pas mon père? »

mouriez de faim, vous et toute votre famille. Vos yeux et les yeux de mon frère Benjamin sont témoins que ma bouche vous parle votre langue. » Et il baisa Benjamin et tous ses frères, qui pleurèrent, et qui enfin osèrent lui parler. Le bruit s'en répandit partout dans la cour du roi. Les frères de Joseph y vinrent. Le pharaon s'en réjouit; il dit à Joseph d'ordonner qu'ils chargeassent leurs ânes, et qu'ils amenassent leur père et tous leurs parents. « Je leur donnerai, dit-il, tous les biens de l'Égypte [1], et ils mangeront la moelle de la terre. Dites qu'ils prennent des voitures d'Égypte pour amener leurs femmes et les petits enfants; car toutes les richesses de l'Égypte seront à eux. »

Israël, étant parti avec tout ce qui était à lui, vint au puits du jurement. Et ayant immolé les victimes au Dieu de son père Isaac, il entendit Dieu dans une vision pendant la nuit, lequel lui dit : « Jacob! Jacob! » Et il répondit : « Me voilà. » Dieu ajouta : « Je suis le très-fort, le Dieu de ton père; ne crains point, descends en Égypte; car je te ferai père d'un grand peuple : j'y descendrai avec toi, et je t'en ramènerai [2]. »

Tous ceux qui vinrent en Égypte avec Jacob, et qui sortirent de sa cuisse, étaient au nombre de soixante et six, sans compter les femmes de ses enfants.

Jacob étant arrivé, Joseph monta sur son chariot, vint au-devant de son père, et pleura en l'embrassant. Et il dit à ses frères et à toute la famille de son père : « Lorsque le pharaon vous fera venir et qu'il vous demandera quel est votre métier, vous lui répondrez : « Nous sommes « des pasteurs, vos serviteurs sont nourris dans cette profession dès leur « enfance, nos pères y ont été nourris; » et vous direz tout cela afin que vous puissiez habiter dans la terre de Gessen, car les Égyptiens ont en horreur tous les pasteurs de brebis [3]. »

1. Il est étonnant que le pharaon dise : « Je donnerai à ces étrangers tous les biens de l'Égypte. » M. Boulanger soupçonne que toute cette histoire de Joseph ne fut insérée dans le canon juif que du temps de Ptolémée Évergète. En effet, ce fut sous ce roi Ptolémée qu'il y eut un Joseph fermier général. Boulanger imagine que le roi de Syrie Antiochus le Grand ayant fait brûler tous les livres en Judée, et les Samaritains ayant abjuré la secte juive, on ne traduisit un exemplaire de l'*Ancien Testament* en grec que longtemps après, et non pas sous Ptolémée Philadelphe; qu'on inséra l'histoire du patriarche Joseph dans l'exemplaire hébreu et dans la traduction; qu'alors les Samaritains, redevenus demi-juifs, l'insérèrent dans leur *Pentateuque*. Cette conjecture téméraire paraît destituée de tout fondement.

2. Les mêmes critiques, dont nous avons tant parlé, prétendent qu'il y a ici une contradiction, et que Dieu n'a pu dire à Jacob : « Je te ramènerai, » puisque Jacob et tous ses enfants moururent en Égypte. On répond à cela que Dieu le ramena après sa mort. C'était une tradition chez les Juifs que Moïse, en partant de l'Égypte, avait trouvé le tombeau de Joseph, et l'avait porté sur ses épaules. Cette tradition se trouve encore dans le livre hébreu intitulé : *De la vie et de la mort de Moïse*, traduit en latin par le savant Gaulmin.

3. Les critiques ne cessent de dire qu'il n'y a pas de raison à conseiller à des étrangers de s'avouer pour pasteurs, parce que dans le pays on déteste les pasteurs; et qu'il fallait au contraire leur dire : « Gardez-vous bien de laisser soupçonner que vous soyez d'un métier qu'on a ici en exécration. » Si une colonie de Juifs venait se présenter pour s'établir en Espagne, on lui dirait sans doute : « Gardez-vous bien d'avouer que vous êtes Juifs, et surtout que vous avez de l'argent; car l'inquisition vous ferait brûler pour avoir votre argent. » On demande ensuite pourquoi les Égyptiens détestaient une classe aussi utile que celle des pasteurs. C'est qu'en effet on prétend que les Arabes Bédouins,

Le roi dit donc à Joseph : « Votre père et vos frères sont venus à toi ; toute la terre d'Égypte est devant tes yeux. Fais-les habiter dans le meilleur endroit, et donne-leur la terre de Gessen ; et si tu connais des hommes entendus, donne-leur l'intendance de mes troupeaux[1]. » Après cela Joseph introduisit son père devant le roi, qui lui demanda : « Quel âge as-tu ? » Et il lui répondit : « Ma vie a été de cent trente ans, et je n'ai pas eu un jour de bon[2]. »

Joseph donna donc à son père et à ses frères la possession du meilleur endroit appelé Ramessès, et il leur fournit à tous des vivres ; car le pain manquait dans tout le monde, et la faim désolait principalement l'Égypte et le Canaan.

Joseph ayant tiré tout l'argent du pays pour du blé, mit cet argent dans le trésor du roi ; et les acheteurs n'ayant plus d'argent, tous les Égyptiens vinrent à Joseph : « Donnez-nous du pain ; faut-il que nous mourions de faim, parce que nous n'avons point d'argent ? » Et il leur répondit : « Amenez-moi tout votre bétail, et je vous donnerai du blé en échange. » Les Égyptiens amenèrent donc leur bétail[3], et il leur donna de quoi manger pour leurs chevaux, leurs brebis, leurs bœufs et leurs ânes.

dont les Juifs étaient évidemment une colonie, et qui viennent encore tous les ans faire paître leurs moutons en Égypte, avaient autrefois conquis une partie de ce pays. Ce sont eux qu'on nomme *les rois pasteurs*, et que Manéthon dit avoir régné cinq cents ans dans le Delta. On a cru même que cette irruption des voleurs de l'Arabie Pétrée et de l'Arabie Déserte, dont les Juifs étaient descendus, avait été faite plus de cent ans avant la naissance d'Abraham. Cette chronologie ne cadrerait pas avec celle de la Bible, et ce serait une nouvelle difficulté à éclaircir. Il faudrait que ces pasteurs eussent régné en Égypte avant le temps où nous plaçons le déluge universel. La *Genèse* compte la naissance d'Abraham de l'année deux mille du monde, selon la *Vulgate*. Jacob arrive en Égypte l'an deux mille deux cent quatre-vingts, ou environ. Si les Arabes s'emparèrent de l'Égypte cent ans avant la naissance d'Abraham, ils avaient donc régné environ trois cent quatre-vingts ans. Or ils furent les maîtres de l'Égypte cinq cents ans ; donc ils régnèrent encore cent vingt ans depuis l'arrivée de Jacob. Donc, loin de détester les pasteurs, les maîtres de l'Égypte devaient au contraire les chérir, puisqu'ils étaient pasteurs eux-mêmes. Il n'est guère possible de débrouiller ce chaos de l'ancienne chronologie.

1. Ce roi, qui offre l'intendance de ses troupeaux, semble marquer qu'il était de la race des rois pasteurs : c'est ce qui augmente encore les difficultés que nous avons à résoudre ; car si ce roi a des troupeaux, et si tout son peuple en a aussi, comme il est dit après, il n'est pas possible qu'on détestât ceux qui en avaient soin.

2. Cette réponse qu'on met dans la bouche de Jacob est d'une triste vérité ; elle est commune à tous les hommes. La *Vulgate* dit : « Mes années ont été courtes et mauvaises. » Presque tout le monde en peut dire autant, et il n'y a peut-être point de passage, dans aucun auteur, plus capable de nous faire rentrer en nous-mêmes avec amertume. Si on veut bien y faire réflexion, on verra que tous les pharaons du monde, et tous les Jacobs, et tous les Josephs, et tous ceux qui ont des blés et des troupeaux, et surtout ceux qui n'en ont pas, ont des années très-malheureuses, dans lesquelles on goûte à peine quelques moments de consolation et de vrais plaisirs.

3. Ceci fait bien voir la vérité de ce que nous venons de dire, que les hommes mènent une vie dure et malheureuse dans les plus beaux pays de la terre. Mais aussi les Égyptiens paraissent peu avisés de se défaire de leurs troupeaux pour avoir du blé. Ils pouvaient se nourrir de leurs troupeaux et des légumes qu'ils auraient semés ; et en vendant leurs troupeaux ils n'avaient plus de quoi jamais labourer la terre. Joseph semble un très-mauvais minis-

« Les Égyptiens étant venus l'année suivante, ils dirent : « Nous ne cacherons point à monseigneur que n'ayant plus ni argent ni bétail, il ne nous reste que nos corps et la terre : faudra-t-il que nous mourions à tes yeux ? Prends nos personnes et nos terres, fais-nous esclaves du roi, et donne-nous des semailles ; car le cultivateur étant mort, la terre se réduit en solitude. » Joseph acheta donc toutes les terres et tous les habitants de l'Égypte d'une extrémité du royaume à l'autre, excepté les seules terres des prêtres, qui leur avaient été données par le roi. Ils étaient en outre nourris des greniers publics ; c'est pourquoi ils ne furent pas obligés de vendre leurs terres. Alors Joseph dit aux peuples : « Vous voyez que le pharaon est le maître de toutes vos terres et de toutes vos personnes. Maintenant voici des semailles : ensemencez les champs, afin que vous puissiez avoir du blé et des légumes. La cinquième partie appartiendra au roi ; *je vous permets* les quatre autres pour semer et pour manger, à vous et à vos enfants ; » et ils lui répondirent : « Notre salut est en tes mains ; que le roi nous regarde seulement avec bonté, et nous le servirons gaîment [1]. »

Joseph, après la mort de Jacob, ordonna aux médecins ses valets de

tre, à ce que disent les critiques, ou plutôt un tyran ridicule et extravagant, de mettre toute l'Égypte dans l'impossibilité de semer du blé. Ce qui est plus surprenant, c'est que l'auteur ne dit pas un mot de l'inondation périodique du Nil, et il ne donne aucune raison pour laquelle Joseph ait empêché qu'on ne semât et qu'on ne labourât la terre.

C'est ce qui a porté les lords Herbert et Bolingbroke, les savants Fréret et Boulanger, à supposer témérairement que toute l'histoire de Joseph ne peut être qu'un roman : « Il n'est pas possible, disent-ils, que le Nil ne se soit pas débordé pendant sept années de suite. Tout ce pays aurait changé de face pour jamais ; il aurait fallu que les cataractes du Nil eussent été bouchées, et alors toute l'Éthiopie n'aurait été qu'un vaste marais. Ou, si les pluies qui tombent régulièrement chaque année dans la zone torride avaient cessé pendant sept années, l'intérieur de l'Afrique serait devenu inhabitable. » Nous répondons que les pluies cessèrent tout aussi aisément qu'Élie ordonna depuis qu'il n'y aurait pendant sept ans ni pluie ni rosée, et que l'un n'est pas plus difficile que l'autre.

1. C'est ici que les critiques s'élèvent avec plus de hardiesse. « Quoi ! disent-ils, ce bon ministre Joseph rend toute une nation esclave ! Il vend au roi toutes les personnes et toutes les terres du royaume ! C'est une action aussi infâme et aussi punissable que celle de ses frères, qui égorgèrent tous les Sichémites. Il n'y a point d'exemple dans l'histoire du monde d'une pareille conduite d'un ministre d'État. Un ministre qui proposerait une telle loi en Angleterre porterait bientôt sa tête sur un échafaud. Heureusement une histoire si atroce n'est qu'une fiction. Il y a trop d'absurdité à s'emparer de tous les bestiaux, lorsque la terre ne produisait point d'herbe pour les nourrir. Et si elle avait produit de l'herbe, elle aurait pu produire aussi du blé. Car, de deux choses l'une : le terrain de l'Égypte étant de sable, les inondations régulières du Nil peuvent seules faire produire de l'herbe ; ou bien ces inondations manquant pendant sept années, tous les bestiaux doivent avoir péri. De plus, on n'était alors qu'à la quatrième année de la stérilité prétendue. A quoi aurait servi de donner au peuple des semailles pour ne rien produire pendant trois autres années ? Ces sept années de stérilité, ajoutent-ils, sont donc la fable la plus incroyable que l'imagination orientale ait jamais inventée. Il semble que l'auteur ait tiré ce conte de quelques prêtres d'Égypte. Ils sont les seuls que Joseph ménage : leurs terres sont libres quand la nation est esclave, et ils sont encore nourris aux dépens de cette malheureuse nation. Il faut que les commentateurs d'une telle fable soient aussi absurdes et aussi lâches que son auteur. »

C'est ainsi que s'explique mot à mot un de ces téméraires. Un seul mot peut les confondre. L'auteur était inspiré, et l'Église entière, après un mûr examen, a reçu ce livre comme sacré.

l'embaumer avec leurs aromates, et ils employèrent quarante jours à
cet ouvrage : et toute l'Égypte pleura Jacob pendant soixante et dix
jours; et Joseph alla enterrer son père dans le Canaan, avec tous les
chefs de la maison du pharaon, toute sa maison et tous ses frères,
accompagnés de chariots et de cavaliers en grand nombre; et ils
portèrent Jacob dans la terre de Canaan, et ils l'ensevelirent dans la
caverne qu'Abraham avait achetée d'Éphron l'Éthéen, vis-à-vis de
Mambré[1].

Joseph revenu dans l'Égypte avec toute la maison de son père, il
vit Éphraïm, et les enfants d'Éphraïm, et ceux de Manassé son autr
fils, jusqu'à la troisième génération, et il mourut âgé de cent dix ans
et on l'embauma, et on mit son corps dans un coffre en Égypte[2].

[1]. On voit par là que les embaumements, si fameux dans l'Égypte, étaient
en usage depuis très-longtemps. La plupart des drogues qui servaient à embaumer les morts ne croissent point en Égypte : il fallait les acheter des
Arabes, qui les allaient chercher aux Indes à dos de chameau, et qui revenaient par l'isthme de Suez les vendre en Égypte pour du blé. Hérodote
et Diodore rapportent qu'il y avait trois sortes d'embaumements, et que la
plus chère coûtait un talent d'Égypte, évalué, il y a plus de cent ans, à
2688 livres de France, et qui par conséquent en vaudrait aujourd'hui à peu
près le double. On ne rendait pas cet honneur au pauvre peuple. Avec quoi
l'aurait-il payé, surtout dans ce temps de famine? Les rois et les grands voulaient triompher de la mort même : ils voulaient que leurs corps durassent
éternellement. Il est vraisemblable que les pyramides furent inventées dès
que la manière d'embaumer fut connue. Les rois, les grands, les principaux
prêtres, firent d'abord de petites pyramides pour tenir les corps sèchement
dans un pays couvert d'eau et de boue pendant quatre mois de l'année. La
superstition y eut autant de part que l'orgueil. Les Égyptiens croyaient qu'ils
avaient une âme, et que cette âme reviendrait animer leur corps au bout de
trois mille ans, comme nous l'avons déjà dit. Il fallait donc précieusement
conserver les corps des grands seigneurs, afin que leurs âmes les retrou-
vassent : car pour les âmes du peuple, on ne s'en embarrasse jamais: on le
fit seulement travailler aux sépulcres de ses maîtres. C'est donc pour perpétuer les corps des grands qu'on bâtit ces hautes pyramides qui subsistent
encore, et dans lesquelles on a trouvé, de nos jours, plusieurs momies.
Il est de la plus grande vraisemblance que plusieurs pyramides existaient
lorsqu'on embauma Jacob: et il est étonnant que l'auteur n'en parle pas, et
qu'il n'en soit jamais fait la moindre mention dans l'Écriture. Le seul Flavius
Josèphe, historien juif, dit que Pharaon faisait travailler les Hébreux à bâtir
des pyramides.

[2]. Non-seulement on déposait les corps dans les pyramides, mais on les
gardait longtemps dans les maisons, enfermés dans des coffres ou cercueils
de bois de cèdre; ensuite on les portait dans une pyramide, soit petite, soit
grande. Les petites ont été détruites par le temps; les grandes ont résisté.
L'auteur *De mirabilibus sacræ Scripturæ* dit qu'on dressa une figure de veau
sur le coffre où l'on mit Joseph, et qu'on rendit des honneurs divins à cette
figure. Des commentateurs ont voulu qu'il fût Sérapis: et ils se sont fondés
sur ce que Sérapis passait pour avoir délivré l'Égypte de la famine. On a été
chercher dans Plutarque le nom d'Osiris, qui s'appelait Arsaphe : on a cru
trouver dans le mot Arsaphe l'étymologie du mot Joseph; cependant ce Joseph
ne s'appelle point Joseph chez les Orientaux, mais Joussouph. Un auteur
moderne a prétendu que Joseph est la même chose que Salomon, ou, selon
les Orientaux, Soleiman; et que Joseph est encore le même que Loqman ou
qu'Ésope. Ce n'est pas la peine d'examiner sérieusement des imaginations si
bizarres : nous nous en tenons au texte divin.

AVERTISSEMENT.

Il est triste pour les curieux que l'auteur des livres juifs ne nous ait pas dit un seul mot des anciens monuments de l'Égypte, des mœurs, des lois, de la religion, des usages d'un peuple si antique et autrefois si renommé : tout postérieur qu'il est au vaste empire des Indes et à celui de la Chine, il fut si anciennement policé avant tous les autres peuples de notre Occident, qu'il attirera toujours nos regards, fût-il dans un abaissement encore plus avilissant que celui où il croupit sous la domination turque.

On doit d'abord l'admirer de ce qu'il existait. Quels travaux ne fallut-il pas pour forcer le Nil à lui servir de défenseur et de nourricier, après avoir été désolé par ce fleuve pendant tant de siècles ! Il fallut ensuite transporter sur des canaux des masses énormes de marbre de toutes espèces, pour bâtir ces superbes villes qui firent l'étonnement de toutes les nations. Leur religion était sublime avant qu'elle dégénérât en ridicule. Ils n'adoraient qu'un Dieu maître de toute la nature.

Le savant Prideaux avoue qu'ils ne faisaient aucun sacrifice sanglant : ils ressemblaient en cela aux brachmanes, regardés dans l'antiquité comme les plus sages et les plus heureux des hommes.

Les anciennes lois de l'Égypte ont mérité d'être célébrées par l'éloquent Bossuet, et nous leur rendons un continuel hommage par notre impuissance d'atteindre à leur sagesse. Les siècles où l'auteur sacré nous annonce que quelques Juifs arrivèrent en Égypte, et où une foule innombrable de ces émigrants s'enfuit au travers de la mer, étaient les temps où les arts furent le plus cultivés dans ce beau climat, et où les prodiges de l'architecture, de la sculpture, et de la peinture, quoique grossières, auraient dû fixer l'attention de tout écrivain profane ; mais l'auteur, uniquement occupé du peuple israélite, néglige tout le reste. Il n'a devant les yeux que les déserts consacrés dans lesquels il va conduire ces émigrants, et où ils vont mourir. Nous restons dans une ignorance entière de toutes les choses dont il aurait pu nous instruire. Nous sommes avec lui en Égypte, et nous ne la connaissons pas. Contentons-nous de bien connaître les Juifs ; mais déplorons la perte de sept cent mille volumes amassés dans les siècles suivants par les rois d'Égypte : ils auraient instruit l'univers. Il ne nous reste que l'incertitude et les regrets.

EXODE.

Tous ceux qui étaient sortis de Jacob étaient au nombre de soixante et dix personnes, quand Joseph demeurait en Égypte [1]. Après sa mort et celle de ses frères, et celle de toute cette race, les enfants d'Israël

[1] Il n'est pas aisé de nombrer ces soixante et dix personnes sorties de Jacob. Cependant saint Étienne, dans son discours, en compte soixante et quinze.

s'accrurent, se multiplièrent comme des plantes, se fortifièrent, et remplirent cette terre.

Or, il s'éleva un nouveau roi dans l'Égypte qui ignorait Joseph[1], et il dit à son peuple : « Voilà le peuple des enfants d'Israël qui est plus fort que nous; venez, opprimons-les sagement, de peur qu'ils ne se multiplient, et si nous avons une guerre, qu'ils ne se joignent à nos ennemis, et qu'après nous avoir vaincus, ils ne sortent de l'Égypte[2]. »

Il établit donc sur eux des intendants de leurs travaux, et il leur fit bâtir les villes de Phithom et de Ramessès[3]. Le roi parla aussi aux accoucheuses des Hébreux, dont l'une était appelée Séphora, et l'autre Phua, et il leur commanda ainsi : « Quand vous accoucherez les femmes des Hébreux, tuez l'enfant si c'est un mâle; si c'est une fille, qu'on la conserve. » Ces sages-femmes craignirent Dieu et n'obéirent point au roi; mais elles conservèrent les mâles. Le roi les ayant appelées, leur dit : « Qu'avez-vous fait? vous avez conservé les garçons. » Elles répondirent : « Les Israélites ne sont pas comme les Égyptiennes; elles ont la science d'accoucher, et elles enfantent avant que nous soyons venues[4]. » Alors le pharaon commanda à son peuple, disant : « Que tout ce qui naîtra masculin soit jeté dans le fleuve[5]; conservez le féminin. »

Après cela un homme de la famille de Lévi se maria, sa femme conçut et enfanta un fils; et voyant que cet enfant était beau, elle le tint caché pendant trois mois; mais voyant qu'elle ne pouvait pas le cacher plus longtemps, elle prit une corbeille de joncs, l'enduisit de bitume et de poix-résine, et l'exposa au milieu des roseaux sur le bord du fleuve; et elle dit à la sœur de cet enfant de se tenir loin, et de voir ce qui arriverait. La fille du roi étant venue pour se baigner dans le fleuve, ses suivantes marchant sur la rive, elle aperçut la corbeille, et elle aperçut l'enfant qui poussait des vagissements. Elle en eut pitié;

1. Il y a une grande dispute entre les savants pour savoir quel était ce nouveau roi. Manéthon dit qu'il vint de l'Orient des hommes inconnus qui détrônèrent la race des Pharaons, du temps d'un nommé Timaüs; que ce roi s'appelait Salathis; qu'il s'établit à Memphis, c'est-à-dire à Moph, nommé Memphis par les Grecs, et que les rois de la race de Salathis régnèrent deux cent cinquante ans; mais ensuite il dit qu'ils possédèrent l'Égypte cinq cent onze ans, après quoi ils furent chassés. L'historien Flavius Josèphe dit tout le contraire, et prétend que cette nation, venue d'Orient, était celle des Israélites. Lorsque les événements sont obscurs dans une histoire, que faire? il faut les regarder comme obscurs.

2. Ce roi-là tient un singulier discours. Il semble qu'au lieu de craindre que les Israélites vainqueurs ne s'en allassent, il devait craindre qu'ils ne restassent, et qu'ils ne régnassent à sa place. On ne s'enfuit guère d'un beau pays dont on s'est rendu le maître.

3. Apparemment que la ville de Ramessès tira son nom de l'endroit où il est dit que Joseph avait établi ses frères.

4. On peut remarquer que les femmes israélites furent exceptées en Égypte de la malédiction prononcée dans la Genèse contre toutes les femmes condamnées à enfanter avec douleur. On a dit que deux accoucheuses ne suffisaient pas pour aider toutes les femmes en mal d'enfant, et pour tuer tous les mâles. On suppose que ces deux sages-femmes en avaient d'autres sous elles.

5. Si la terre de Gessen était dans le Nome arabique, entre le mont Casius et le désert d'Éthan, comme on l'a prétendu, il ne laisse pas d'y avoir loin de là au Nil : il fallait faire plusieurs lieues pour aller noyer les enfants.

elle dit : « C'est sans doute un des enfants des Hébreux. » Sa sœur, qui était là, dit à la princesse : « Voulez-vous que j'aille chercher une femme des Hébreux pour le nourrir ? » Elle répondit : « Allez-y ; » et la fille fit venir sa mère, qui nourrit son fils, et qui le rendit à la princesse quand il fut en âge [1].

Mosé, étant devenu grand, alla voir les Hébreux ses frères, et, ayant rencontré un Égyptien qui outrageait un Hébreu, il tua l'Égyptien et l'enterra dans le sable. Le lendemain, craignant d'être découvert, et que le roi ne le fît mourir, il s'en fut dans le pays de Madian, et s'assit auprès d'un puits [2].

1. Les critiques ont dit que la fille d'un roi ne pouvait se baigner dans le Nil, non-seulement par bienséance, mais par la crainte des crocodiles. De plus, il est dit que la cour était à Memphis, au delà du Nil. Et de Memphis à la terre de Gessen, il y a plus de cinquante lieues de deux mille cinq cents pas. Mais il se peut que la princesse fût venue dans ces quartiers avec son père.

L'auteur de l'ancienne Vie de Mosé, en trente-six parties, laquelle paraît écrite du temps des rois, dit que, soixante ans après la mort de Joseph, le pharaon vit en songe un vieillard tenant en main une balance. Tous les habitants de l'Égypte étaient dans la balance, et dans l'autre il n'y avait qu'un enfant dont le poids égalait celui de tous les habitants de l'Égypte. Le roi appela tous ses mages. L'un d'eux lui dit que, sans doute, cet enfant était un Hébreu qui serait fatal à son royaume. Il y avait alors en Égypte un lévite nommé Amran, qui avait épousé sa sœur utérine, appelée Jocabed. Il en eut d'abord une fille nommée Marie ; ensuite Jocabed lui donna Aaron, ainsi appelé parce que le roi avait ordonné de noyer tous les enfants hébreux. Trois ans après il eut un fils très-beau, qu'il cacha dans sa maison pendant trois mois.

L'auteur raconte ensuite l'aventure de la princesse, qui adopta l'enfant et qui l'appela Mosé, sauvé des eaux ; mais son père l'appela Chabar, sa mère l'appela Jéchotiel, sa tante Jared ; Aaron le nomma Abisanah, et ensuite les Israélites lui donnèrent le nom de Nathanael. Mosé n'avait que trois ans lorsque le roi se maria et qu'il donna un grand festin ; sa femme était à sa droite, et sa fille avec le petit Mosé à sa gauche ; cet enfant, en se jouant, prit la couronne du roi, et se la mit sur la tête. Le mage Balaam, eunuque du roi, lui dit : « Seigneur, souviens-toi de ton rêve ; certainement l'esprit de Dieu est dans cet enfant. Si tu ne veux que l'Égypte soit détruite, il faut le faire mourir. » Cet avis plut beaucoup au roi.

On était prêt de tuer le petit Mosé, lorsque Dieu envoya l'ange Gabriel, qui prit la figure d'un des princes de la cour de Pharaon, et dit au roi : « Je ne crois pas qu'on doive faire mourir un enfant qui n'a pas encore de jugement, mais il faut l'éprouver : présentons-lui à choisir d'une perle ou d'un charbon ardent ; s'il choisit le charbon, ce sera une preuve qu'il est sans raison, et qu'il n'a pas eu mauvaise intention en prenant la couronne royale ; mais s'il prend la perle, ce sera une preuve qu'il a du jugement, et alors on pourra le tuer. » Aussitôt on met devant Mosé un charbon ardent et une perle ; Mosé allait prendre la perle, mais l'ange lui arrêta la main subitement et lui fit prendre le charbon, qu'il porta lui-même à sa langue. L'enfant se brûla la langue et la main, et c'est ce qui le rendit bègue pour le reste de sa vie.

L'historien Flavius Josèphe avait lu, sans doute, l'auteur juif que nous citons ; car il dit dans son livre II, chap. v, qu'un des mages égyptiens, un des grands prophètes du pharaon, lui dit qu'il y avait un enfant parmi les Hébreux dont la vertu serait un prodige, qu'il relèverait sa nation, et qu'il humilierait l'Égypte entière. Ensuite Flavius Josèphe raconte comment le petit Mosé, à l'âge de trois ans, prit le diadème du roi et marcha dessus, et comment un prophète du pharaon conseilla au roi de le faire mourir.

Toutes ces différentes leçons ont fait dire aux savants qu'il en a été de l'histoire sacrée de Mosé comme de l'histoire profane d'Hercule, à quelques égards ; et que chaque auteur qui en a parlé y a mis beaucoup du sien, en ajoutant à la sainte Écriture des aventures dont elle ne parle pas.

2. L'auteur hébreu cité ci-dessus dit au contraire que Mosé alla en Éthiopie,

Or, il y avait à Madian un prêtre qui avait sept filles, qui vinrent au puits pour prendre de l'eau et abreuver les troupeaux de leur père. Il survint des pasteurs qui chassèrent ces filles. Mosé prit leur défense, et abreuva leurs brebis [1].... Leur père donna du pain et une de ses filles, nommée Séphora, en mariage à Mosé. Séphora enfanta Gersam, et ensuite enfanta Éliézer....

Longtemps après, le roi d'Égypte mourut. Or, Mosé paissait les brebis de Jéthro son beau-père près de Madian; et ayant conduit son troupeau dans le désert, il vint jusqu'à la montagne de Dieu, nommée Horeb [2]. Dieu lui apparut en forme de flamme au milieu d'un buisson; et Mosé voyant que le buisson était enflammé et ne brûlait pas.... Dieu l'appelle du milieu du buisson, et lui dit : « Mosé! Mosé! » Et il répondit : « Me voilà. — N'approche pas, dit Dieu, ôte tes souliers [3]; car cette terre est sainte.

étant alors âgé de treize ans, mais grand, bien fait, et vigoureux; qu'il combattit pour le roi d'Éthiopie contre les Arabes, et qu'après la mort du roi d'Éthiopie, Nécano, la veuve de ce monarque épousa Mosé, qui fut élu roi. Ce jeune homme, dit l'auteur, honteux de coucher avec la reine, dont il avait été le domestique et le soldat, n'osa jamais prendre la liberté de lui rendre le devoir conjugal, sachant, d'ailleurs, que Dieu avait défendu aux Israélites d'épouser des étrangères. Il eut toujours la précaution de mettre une grande épée dans le lit entre lui et la reine, afin de n'en point approcher. Ce manége dura quarante ans. Et enfin la reine, ennuyée d'un mari qui mettait toujours une épée entre lui et elle, résolut de renvoyer Mosé, et de faire couronner le fils qu'elle avait eu du roi Nécano. Les grands du royaume assemblés renvoyèrent Mosé avec quelques présents, et il se retira alors chez Jéthro dans le pays de Madian. Flavius Josèphe raconte cette histoire tout autrement; mais il assure que Mosé fit la guerre en Éthiopie, et qu'il épousa la fille du roi.

Remarquons seulement ici que l'auteur juif cité ci-dessus rapporte beaucoup de miracles faits en Éthiopie par Mosé et par les deux fils du mage Balaam, nommés Jannès et Membrès, dont il est parlé dans l'Écriture. Remarquons encore que ce Jannès et ce Membrès étaient les enfants d'un eunuque; ce qui était le plus grand des miracles. Nous en verrons bientôt d'aussi incompréhensibles et de plus respectables. N'oublions pas d'observer que Flavius Josèphe fait arriver Mosé dans le Madian, sur le rivage de la mer Rouge. Mais il est difficile de prouver qu'il y ait eu un pays nommé Madian sur cette mer. La sainte Écriture ne parle que du Madian situé à l'orient du lac Asphaltite, ou lac de Sodome, qui est en effet l'un des déserts de l'Arabie Pétrée. Ce fut là que Mosé, roi d'Éthiopie, arriva seul à pied, après une marche de trois cents lieues, s'il était parti d'Éthiopie.

1. Tous les héros de l'antiquité marchent à pied quand ils n'ont pas de chevaux ailés, et prennent toujours la défense des filles, qu'on leur donne souvent en mariage. On croirait que les auteurs de ces romans auraient copié les vérités hébraïques, s'ils avaient pu les connaître. Nous avons déjà remarqué une grande conformité entre l'histoire sacrée du peuple de Dieu et les fables profanes.

2. On sait qu'Horeb n'est pas le mont Sinaï, mais qu'il en est fort proche; qu'il n'y a point d'eau au mont Sinaï, mais qu'au mont Horeb il y a trois fontaines : nous nous en rapportons aux voyageurs qui ont été dans ces pays affreux. Il est triste qu'ils se contredisent presque tous. Flavius Josèphe ne parle point de cette apparition de Dieu dans le buisson ardent. Il supprime ou il exténue souvent les miracles que les livres saints rapportent, et nous croyons aux livres saints plus qu'à lui.

3. On n'entrait point dans les temples avec des souliers en Asie et en Égypte; c'est une coutume qui s'est conservée dans tout l'Orient. Quelques critiques infèrent encore de là que ce livre fut écrit après que les Juifs eurent bâti un temple; car, disent-ils, qu'importait à Dieu que Mosé marchât chaussé ou nu-pieds dans l'horrible désert d'Horeb? Ils ne considèrent pas que c'est

« Je suis descendu pour délivrer les Israélites de la main des Égyptiens, et je les amènerai dans une terre bonne et spacieuse où coulent le lait et le miel, dans le pays des Cananéens, des Éthéens, des Amorrhéens, des Phéréséens, des Hévéens, et des Jébuséens [1].

« Viens donc, et je t'enverrai à Pharaon.... » Mosé répondit : « J'irai vers les enfants d'Israël, et je leur dirai : « Le Dieu de vos pères m'en-« voie vers vous. » Mais s'ils me demandent quel est son nom, que leur dirai-je ? » Dieu dit à Mosé : « Je m'appelle Eheieh. Tu diras aux enfants d'Israël : « Eheieh m'envoie à vous [2]. » Dieu dit encore à Mosé : « Tu diras aux enfants d'Israël : « Le Dieu d'Abraham, d'Isaac, et de « Jacob, m'a envoyé à vous. » Ce sera là mon nom à jamais de génération en génération. Ils écouteront ta voix, et tu iras avec les anciens d'Israël devant le roi d'Égypte, et tu lui diras : « Le Dieu des Hébreux « nous a appelés, et il faut que nous allions trois journées dans le dé-

de là peut-être qu'est venu l'usage dans les pays chauds d'entrer dans les temples sans souliers.

1. Nous ne demandons pas ici, comme les impies, pourquoi Dieu ne donne pas la superbe et fertile Égypte à son peuple chéri, mais ce petit pays assez mauvais, où il est dit qu'il coule des fleuves de lait et de miel, et qui, tout petit qu'il est, n'a jamais été possédé ni entièrement, ni paisiblement par les Juifs, où même ils furent esclaves à plusieurs reprises l'espace de cent quatre ans, selon leurs propres livres. Nous n'avons pas la criminelle insolence d'interroger Dieu sur ses desseins. Nous produirons seulement ici la lettre de saint Jérôme à Dardanus, écrite l'an 414 de notre ère ; c'est la lettre 85. Voici la traduction fidèle faite par les bénédictins de Saint-Maur :

« Je prie ceux qui prétendent que le peuple juif, après sa sortie de l'Égypte, prit possession de ce pays, de nous faire voir ce que ce peuple en a possédé. Tout son domaine ne s'étendait que depuis Dan jusqu'à Bersabée (cinquante-trois lieues de long). J'ai honte de dire quelle est la largeur de la terre promise. On ne compte que quinze lieues depuis Joppé jusqu'à Bethléem, après quoi on ne trouve plus qu'un affreux désert habité par des nations barbares.... Vous me direz peut-être, ô Juifs, que par la terre promise on doit entendre celle dont Moïse fait la description dans le livre des *Nombres*, mais vous ne l'avez jamais possédée.... et on me promet à moi dans l'Évangile la possession du royaume du ciel, dont il n'est fait aucune mention dans votre *Ancien Testament*.... Vous êtes devenus esclaves de tous les peuples que vous avez eus pour voisins. »

Nous pouvons ajouter à la lettre de saint Jérôme, que nous avons vu plus de vingt voyageurs qui ont été à Jérusalem, et qui nous ont tous assuré que ce pays est encore plus mauvais qu'il ne l'était du temps de saint Jérôme, parce qu'il n'y a plus personne qui le cultive, et qui porte de la terre sur les montagnes arides dont il est hérissé, pour y planter de la vigne comme autrefois.

Nous avons peine à concevoir comment un docteur anglican nommé Shaw, qui n'a fait que passer à Jérusalem, peut être d'un avis contraire à saint Jérôme, qui demeura vingt ans à Bethléem, et qui était d'ailleurs le plus savant des Pères de l'Église. Il ose opposer les fictions de Pietro della Valle au témoignage irréfragable de saint Jérôme. Si ce Shaw avait bien vu, il ne chercherait pas à s'appuyer des mensonges d'un voyageur tel que Pietro della Valle.

Tout ce que nous pouvons dire sur la Judée, c'est que les Juifs, à force de soins et des plus pénibles travaux, parvinrent à recueillir du vin, de l'orge, du seigle, des olives, et des herbes odoriférantes, qui se plaisent dans les pays chauds et arides. Mais dès que cette terre a été rendue à elle-même, elle a repris sa première stérilité ; il s'en faut beaucoup qu'elle vaille aujourd'hui la Corse, à laquelle elle ressemble parfaitement.

2. Les critiques reprennent Mosé d'avoir demandé à Dieu son nom. Ils disent que puisqu'il le reconnaissait pour le Dieu du ciel et de la terre, il ne devait

« sert pour sacrifier au Seigneur notre Dieu[1] ; » mais je sais que le roi d'Égypte ne permettra pas qu'on y aille, si on ne le contraint par une main forte.... Chaque femme demandera à sa voisine ou à son hôtesse des vases d'argent et d'or, et de beaux habits, dont elles revêtiront leurs fils et leurs filles ; et ainsi elles dépouilleront l'Égypte[2]. » Mosé répondit à Dieu : « Ils ne me croiront pas ; ils me diront que tu ne m'es point apparu. » Et Dieu lui dit : « Que tiens-tu là à la main ? » Il répondit : « C'est ma verge. » Dieu dit : « Jette ta verge en terre. » Il

---

pas supposer qu'il eût un nom appellatif comme on en a donné aux hommes et aux villes ; que Dieu ne s'appelle ni Jean ni Jacques, et que les Israélites ne l'auraient pas plus reconnu à ce nom de Eheieh qu'à tout autre nom. Ce mot de Eheieh est ensuite changé en celui de Jéhova, qui signifie, dit-on, destructeur, et que quelques-uns croient signifier créateur. Les Égyptiens le prononçaient Jaou ; et quand ils entraient dans le temple du soleil, ils portaient un phylactère sur lequel *Jaou* était écrit. Origène, dans son premier livre contre Celse, dit qu'on se servait de ce mot pour exorciser les esprits malins. Saint Clément d'Alexandrie, dans son cinquième livre des *Stromates*, assure qu'il n'y avait qu'à prononcer ce mot à l'oreille d'un homme pour le faire trouver mal, et que Moïse l'ayant prononcé à l'oreille de Nechèire, roi d'Égypte, ce monarque tomba en léthargie.

Ce mot *Jaou* signifiait Dieu chez les anciens Arabes ; et c'est encore le mot sacré dans les prières des mahométans. Sanchoniathon, le plus ancien des auteurs dans cette partie du monde, écrit Jévo. Origène et Jérôme veulent qu'on prononce Jao. Les Samaritains, qui s'éloignaient en tout des autres Juifs, prononçaient Javé. C'est de là que vient le nom de Jovis, Joviepiter, Jupiter, chez les anciens Toscans et chez les Latins. Les Grecs firent de Jéhova leur Zeus, qui était le premier des dieux, le grand dieu. C'est ainsi qu'ils prononcèrent *Theos*, les Latins *Deus*, et nous *Dieu* : c'est ainsi que les Allemands prononcent *Gott*, les peuples de la Scandinavie *Gud*, les Anglais *God*. Origène est fermement persuadé qu'on ne peut faire aucune opération magique qu'avec le nom de Jéhova. Il affirme que si on se sert de tout autre nom, il sera impossible de produire aucun enchantement.

1. Plusieurs commentateurs disputent ici sur la prescience, sur la liberté, et sur le futur contingent. Dieu sait positivement que Pharaon n'écoutera point Mosé, et cependant le pharaon sera libre de l'écouter. On a fait un très-grand nombre de volumes sur cette question, qu'on a toujours creusée, et dont on n'a pas encore aperçu le fond. Il suffit de savoir que Dieu est tout-puissant, et que l'homme est libre pour mériter ou démériter. Qu'on soit libre ou qu'on ne le soit pas, les hommes agiront toujours comme s'ils l'étaient.

2. Les critiques disent qu'il y a dans cette conduite un vol manifeste. Le curé Meslier, et Woolston après lui, reprochent aux Juifs que tous leurs ancêtres sont des voleurs ; qu'Abraham vola le roi d'Égypte et le roi de Gérare, en leur faisant accroire que Sara n'était que sa sœur, et en extorquant d'eux des présents ; qu'Isaac vola le même roi de Gérare par la même fraude ; que Jacob vola à son frère Esaü son droit d'aînesse ; que Laban vola Jacob son gendre, lequel vola son beau-père ; que Rachel vola à Laban, son père, jusqu'à ses dieux ; que tous ses enfants volèrent les Sichémites après les avoir égorgés ; que leurs descendants volèrent les Égyptiens, et qu'ensuite ils allèrent voler les Cananéens. On ferme la bouche à ces détracteurs par ces seuls mots : Dieu est le maître de nos biens et de nos vies. C'est en vain qu'ils répondent que tous les voleurs de la terre en pourraient dire autant : Dieu n'a pas inspiré les voleurs, mais il a inspiré les Juifs.

On connaît d'ailleurs assez l'histoire apocryphe du procès que les Égyptiens firent aux Juifs par-devant Alexandre lorsqu'il passa par Gaza. Les Juifs redemandaient le payement des corvées qu'ils avaient faites pour bâtir les pyramides, et qu'on ne leur avait point payées. Leurs adversaires redemandaient aux Juifs tout ce qu'ils avaient volé en s'enfuyant d'Égypte. Alexandre jugea que l'un irait pour l'autre, et les renvoya hors de cour et de procès, dépens compensés.

jeta sa verge, et elle fut changée sur-le-champ en couleuvre [1]. Mosé s'enfuit de peur. Dieu dit encore à Mosé : « Mets ta main dans ton sein; » il la mit dans son sein, et il l'en retira toute couverte d'une lèpre blanche comme la neige. Et Dieu lui dit : « Si les Égyptiens ne croient pas à ces deux signes, et s'ils n'écoutent pas ta voix, prends de l'eau du Nil, et elle se convertira en sang.

— Mais, dit Mosé à Dieu, j'ai un empêchement de langue, tu sais que je suis bègue : et tout ce que tu me dis me rend plus bègue encore. Envoie, je te prie, un autre que moi. » Dieu se mit alors en colère, et lui dit : « Eh bien, j'enverrai Aaron ton frère, qui n'a point d'empêchement à la langue; je serai dans sa bouche et dans la tienne : il parlera pour toi au peuple, il sera ta bouche, et tu l'instruiras de tout ce qui regarde Dieu. Reprends ta verge. »

Mosé s'en alla donc chez son beau-père Jéthro. Il lui dit : « Je m'en vais en Égypte. » Jéthro lui dit : « Allez en paix. » Dieu parla encore à Mosé, et lui dit : « Va-t'en donc en Égypte, car tous ceux qui voulaient te faire mourir sont morts [2]. »

Mosé ayant donc pris sa femme et ses enfants, les met sur son âne, marche en Égypte avec sa verge. Dieu lui dit en chemin : « Ne manque pas de faire devant le pharaon tous les prodiges que je t'ai ordonné de faire : car j'endurcirai son cœur, et il ne laissera point aller mon peuple. » Or, Mosé étant en chemin, Dieu le rencontra dans un cabaret, et voulut le tuer : mais Séphora lui sauva la vie en coupant le prépuce de son fils avec une pierre aiguë [3].

Mosé et Aaron allèrent se présenter au pharaon, et dirent : « Voici

1. Tous les magiciens, ou ceux qui passèrent pour tels, eurent une verge. Les magiciens de Pharaon avaient la leur. Tous les joueurs de gobelets ont leur verge. C'est partout le signe caractéristique des sorciers. On voit que le mensonge imite toujours la vérité.

2. Il y a ici quelques petites difficultés. Mosé, au lieu d'obéir à Dieu et d'aller en Égypte, s'en va dans le Madian, chez son beau-père. Et Dieu, qui lui avait commandé de faire trembler le roi d'Égypte en son nom, va lui dire en Madian que ce roi est mort, et qu'il peut aller en Égypte en sûreté. C'était donc à un nouveau roi que Mosé devait porter les ordres de Dieu. Mais le texte ne nous apprend ni le nom du roi dernier mort, ni celui de son successeur. Quelques commentateurs ont dit que ce successeur était Aménophis; mais ils n'en donnent aucune preuve, et c'est ce qui leur arrive assez souvent.

Il est vrai que Mosé aurait risqué sa vie en allant en Égypte; il était coupable du meurtre d'un Égyptien, c'était un crime capital pour un Israélite. Il aurait pu être exécuté, si Dieu ne l'avait pas pris sous sa protection, dont il semblait pourtant se défier, malgré les miracles de la verge changée en couleuvre, et de la main lépreuse. C'est encore un beau miracle que Dieu veuille tuer Mosé dans un cabaret.

3. Nos critiques ne cessent de s'étonner que l'ambassadeur de Dieu, qui va faire le destin d'un grand empire, marche à pied sans valet, et mette toute sa famille sur une bourrique. Ils sont révoltés que Dieu dise : « J'endurcirai le cœur de Pharaon. » Cela leur paraît d'un génie malfaisant plutôt que d'un Dieu. Le lord Bolingbroke s'en explique aigrement dans ses œuvres posthumes. Dieu, qui rencontre Mosé dans un cabaret, et qui veut le tuer parce qu'il n'a pas circoncis son fils, excite toute la mauvaise humeur de Bolingbroke, d'autant plus que nul Juif ne fut circoncis en Égypte, et qu'il n'est dit nulle part que Mosé eut le prépuce coupé. Ce lord avait un grand génie; on lui reproche d'avoir usé à l'excès de la liberté de son pays, et d'avoir été plus souvent au cabaret que l'auteur sacré n'y fait aller Dieu.

ce que dit le Seigneur Dieu d'Israël : « Laisse aller mon peuple,
« qu'il me sacrifie dans le désert. » Le pharaon répondit : « Qui est donc
ce Seigneur, pour que j'entende sa voix [1] ? Je ne laisserai point partir
Israël.... » Or, Mosé avait quatre-vingts ans, et Aaron quatre-vingt-
trois, lorsqu'ils parlèrent au pharaon.... Mosé et Aaron allèrent donc
trouver le pharaon, et ils firent comme Dieu avait ordonné. Aaron
jeta sa verge, et elle fut changée en serpent. Pharaon ayant fait venir
les sages et les magiciens, ils firent la même chose par leurs enchan-
tements.

Et le Seigneur dit à Mosé : « Je ne frapperai plus le pharaon et
l'Égypte que d'une plaie. Dis donc à tout le peuple que les hommes et
les femmes demandent à leurs voisins et à leurs voisines tous leurs
vases d'or et d'argent.... et je mettrai à mort dans le pays tous les premiers-nés, depuis le fils aîné de Pharaon jusqu'à celui de l'esclave;
mais parmi les enfants d'Israël on n'entendra pas même un chien
aboyer, afin qu'on voie par quel miracle Dieu sépare Israël de l'Égypte [2]. »

Dieu dit aussi à Mosé et à Aaron : « Parle à tout le peuple d'Israël;
que chacun prépare le dix du mois un agneau par famille ou un chevreau. On les gardera jusqu'au quatorze, et on les mangera le soir avec

---

1. Il est évident ici que l'Égypte ne reconnaissait plus le Dieu des Hébreux.
On croit qu'en ce cas Pharaon n'est point coupable de dire : « Qui est donc ce
Dieu ? » Il ne devient criminel que lorsque les miracles de Mosé et d'Aaron,
supérieurs aux miracles de ses mages, ne purent le toucher. Cependant,
quand on songe que ces mages d'Égypte changent leurs verges en serpents, et
toutes les eaux en sang, tout aussi bien que les ambassadeurs du vrai Dieu,
quand ils font naître des grenouilles ainsi qu'eux, on est tenté de pardonner
à l'embarras où se trouva le roi. Ce ne fut que quand les deux Hébreux firent
naître des poux, que les mages commencèrent à ne pouvoir plus les imiter.
On pourrait donc dire que le roi crut, avec quelque apparence, que tout cela
n'était qu'un combat entre des magiciens, et que les enchanteurs hébreux en
savaient plus que ceux de l'Égypte. Dieu pouvait, nous dit-on, ou donner l'É-
gypte à son peuple, ou le conduire dans le désert sans tant de peine et sans
tant de miracles. On est surpris que le Dieu de la nature entière s'abaisse à
disputer de prodiges avec des sorciers. De sages théologiens ont répondu que
c'est précisément parce que Dieu est le maître de la nature, qu'il accordait
aux magiciens égyptiens le pouvoir de disposer de la nature, et qu'il bornait
ce pouvoir à trois ou quatre miracles. Cette réponse ne satisfait pas les incrédules, parce que rien de ce qui est dans ce livre sacré ne les contente. Ils
trouvent surtout que Pharaon n'était point coupable, puisque Dieu prenait le
soin lui-même d'endurcir son cœur. Enfin ils nient toute cette histoire d'un
bout à l'autre. *Contra negantem principia non est disputandum.* Nous prions
Dieu de ne point endurcir leur cœur.

2. Les critiques sont encore plus hardis sur cette partie de l'histoire sacrée
que sur toutes les autres. Ils ne peuvent souffrir d'abord que Dieu recommande si souvent et si expressément de commencer par voler tous les vases
d'or et d'argent du pays; et ensuite que Dieu, selon la lettre du texte, égorge,
de sa propre main, tous les premiers-nés des hommes et des animaux, depuis
le fils aîné du roi jusqu'au premier-né du plus vil des animaux. A quoi bon,
disent-ils, tuer aussi les bêtes? et pourquoi surtout les enfants à la mamelle,
qui étaient les premiers-nés des jeunes femmes? pourquoi cette exécrable
boucherie exécutée par la main du Dieu du ciel et de la terre? Le seul fruit
qu'il en retire est d'aller conduire et faire mourir son peuple dans un désert.

Nous avouons que la faible raison humaine pourrait s'effrayer de cette histoire, s'il fallait s'en tenir à la lettre; mais tous les Pères conviennent que
c'est une figure de l'Église de Jésus-Christ; et la pâque, dont nous allons parler, en est une preuve merveilleuse.

lu pain sans levain et des laitues sauvages.... Je passerai par l'Egypte, et je frapperai de mort tous les premiers-nés des hommes et des bêtes, et je ferai justice de tous les dieux de l'Egypte; car je suis le Seigneur.

« Vous mangerez pendant sept jours du pain azyme. Quiconque mangera du pain levé pendant ces sept jours périra de mort. Vous tremperez une poignée d'hysope dans le sang de l'agneau, et vous mettrez de ce sang sur les poteaux et le linteau de votre porte; car le Seigneur passera en frappant les Égyptiens; et lorsqu'il verra ce sang sur les deux poteaux de vos portes, il passera outre, et ne permettra pas à l'exterminateur d'entrer dans vos maisons [1]. »

Et sur le milieu de la nuit, le Seigneur égorgea tous les premiers-nés de l'Egypte, depuis le prince fils aîné du pharaon assis sur son trône, jusqu'au premier-né de l'esclave, et jusqu'au premier-né des animaux.... Pharaon s'étant donc levé la nuit, il y eut une clameur de désolation dans l'Egypte; car il n'y avait pas maison où il n'y eût quelqu'un d'égorgé.

Pharaon envoya vite chercher Mosé et Aaron pendant la nuit, et leur dit : « Partez au plus tôt, vous et les enfants d'Israël [2]. » Alors les enfants d'Israël firent comme Mosé leur avait enseigné. Ils empruntèrent des Égyptiens des vases d'or et d'argent, et des habits; et étant partis de Ramessès, ils vinrent au nombre de six cent mille hommes de pied; une troupe innombrable se joignit encore à eux, et ils avaient prodigieusement de brebis et de bêtes à cornes.

Le temps de la demeure des enfants d'Israël dans l'Egypte fut de quatre cent trente ans.

Or, Pharaon ayant ainsi laissé aller les Israélites, Dieu ne voulut pas les conduire dans le Canaan par la terre des Palestins, qui est toute voisine [3], mais il leur fit faire un long circuit dans le désert qui est sur

1. Il est défendu de manger du pain levé pendant la semaine de Pâques, sous peine de mort. Cette loi semble abrogée chez nous. L'Église même ne commande plus qu'on mange l'agneau pascal, de même qu'elle n'ordonne plus qu'on mette du sang à sa porte. Ce sang était une marque pour avertir Dieu de ne point entrer dans la maison, et de n'y tuer personne.

Il est difficile de calculer le nombre des enfants que Dieu massacra cette nuit. Les Hébreux qui s'enfuirent du pays de Gessen étaient au nombre de six cent mille combattants, ce qui suppose six cent mille familles. Le pays de Gessen est la quarantième partie de l'Egypte, depuis Méroé jusqu'à Péluse. On peut donc supposer que le reste de l'Egypte contenait vingt-quatre millions de familles, par la règle de trois : ainsi Dieu tua de sa main ce nombre épouvantable de premiers-nés, et beaucoup plus d'animaux. Cela peut n'être regardé que comme une figure.

2. Alors donc le pharaon se laisse fléchir, et permet aux Israélites d'aller sacrifier à leur Dieu dans le désert. Remarquons que les Égyptiens alors n'avaient pas le même Dieu que les Israélites, puisqu'il est dit que Dieu fit justice de tous les dieux de l'Egypte. On dispute sur la nature de ces dieux : étaient-ils des animaux, ou de mauvais génies, ou de simples statues? La plus commune opinion est que les Égyptiens consacraient déjà des bêtes dans leurs temples, et même des légumes. Sanchoniathon, qui vivait longtemps avant Moïse (comme Cumberland le prouve), le dit expressément, et leur en fait un grand reproche.

3. Il paraît fort extraordinaire que Dieu, ayant promis si souvent la terre de Canaan aux Israélites, ne les y mène pas tout droit, mais les conduise par un chemin opposé dans un désert où il n'y a ni eau ni vivres. Calmet dit que

la mer Rouge: et ils sortirent ainsi en armes de l'Égypte.... Or, le Seigneur marchait devant eux, et leur montrait le chemin pendant le jour
par une colonne de nuée, et la nuit par une colonne de feu[1].

Or, Dieu parla à Mosé, disant : « Dites aux enfants d'Israël qu'ils aillent camper vis-à-vis de Baal-Séphon, sur le rivage de la mer; car
Pharaon va dire : « Ils sont enfermés dans le désert , » et j'endurcirai
son cœur[2].... »

Pharaon fit donc atteler son char, et prit avec lui tout son peuple
avec six cents chars de guerre choisis[3], et tous les chefs de l'armée;
car le Seigneur avait endurci le cœur du pharaon, roi d'Égypte.... et
le Seigneur dit à Mosé : « Pourquoi cries-tu à moi? Dis aux enfants
d'Israël qu'ils marchent[4]; » et Mosé ayant étendu sa main sur la mer,
le Seigneur enleva la mer par un vent brûlant toute la nuit, et la mer
fut à sec, et l'eau fut divisée, et les Israélites entrèrent au milieu de

c'est de peur que les Cananéens ne les battissent. Cette raison de Calmet est
fort mauvaise ; car il était aussi facile à Dieu d'égorger tous les premiers-nés
cananéens que les premiers-nés égyptiens. Il vaut bien mieux dire que les desseins de Dieu sont impénétrables.

1. Les incrédules ont dit que cette colonne de nuée était inutile pendant le
jour, et ne pouvait servir qu'à empêcher les Juifs de voir leur chemin. C'est
une objection très-frivole. Dieu même était leur guide, et ils ne savaient pas
où ils allaient.

2. Tous les géographes ont placé Baal-Séphon, ou Béel-Séphon, au-dessus de
Memphis sur le bord occidental de la mer Rouge, plus de cinquante lieues
au-dessus de Gessen, d'où les Juifs étaient partis. Dieu les ramenait donc tout
au milieu de l'Égypte, au lieu de les conduire à ce Canaan tant promis; mais
c'était pour faire un plus grand miracle ; car il dit expressément : « Je veux
manifester ma gloire en perdant Pharaon et toute son armée ; car je suis le
Seigneur. »

3. S'il y avait environ vingt-quatre millions de familles en Égypte, l'armée
de Pharaon dut être de vingt-quatre millions de combattants, en comptant un
soldat par famille : mais Dieu avait déjà tué le premier-né de chaque famille :
il faut donc supposer que tous les puînés étaient en âge de porter les armes,
pour former tout le peuple en corps d'armée.

A l'égard des chevaux, il est dit que toutes les bêtes de somme avaient péri
par la sixième plaie, et que tous les premiers-nés étaient morts par la dernière ; mais il pouvait rester quelques chevaux encore.

4. Les incrédules, et même plusieurs commentateurs, ont voulu expliquer ce
miracle.

L'historien Flavius Josèphe le réduit à rien, en disant qu'il en arriva presque
autant au grand Alexandre quand il côtoya la mer de Pamphylie, et dans la
crainte que les Romains ne prissent le miracle du passage de la mer Rouge
pour un mensonge, et ne s'en moquassent, il dit qu'il laisse à chacun la liberté
d'en croire ce qu'il voudra. Il faut bien qu'un historien laisse à son lecteur la
liberté de le croire et de ne pas le croire, de l'approuver ou d'en rire : on la
prendrait bien sans lui. L'auteur sacré est bien loin d'employer les ménagements et les subterfuges du Juif Flavius Josèphe, d'ailleurs très-respectable.
Il vous donne le passage des six cent mille Juifs à travers les eaux de la mer
suspendues, et tant de millions d'Égyptiens engloutis, comme un des plus signalés prodiges que Dieu ait faits en faveur de son peuple.

On a dit qu'un autre prodige est qu'aucun auteur égyptien n'ait jamais
parlé de ce miracle épouvantable, ni des autres plaies d'Égypte; qu'aucune
nation du monde n'ait jamais entendu parler ni de cet événement, ni de tout
ce qui l'a précédé ; que personne ne connut jamais ni Aaron, ni Séphora, ni
Joseph fils de Jacob, ni Abraham, ni Seth, ni Adam. Ils affirment que tout
cela ne commença à être un peu connu que longtemps après la traduction
attribuée aux Septante, comme nous l'avons déjà remarqué. Les desseins de
Dieu n'ont pu être accomplis que dans les temps marqués par sa providence.

la mer séchée, car l'eau était comme un mur à droite et à gauche....
En ce jour, les Israélites virent les corps morts des Égyptiens, et l'exé
cution grande que la main du Seigneur avait faite. Alors Mosé et les
enfants d'Israël chantèrent un cantique au Seigneur.... Marie la prophétesse, sœur d'Aaron, prit un tambour à la main ; toutes les autres
femmes dansèrent avec elle.[1]

Mosé étant parti de la mer Rouge, les Israélites allèrent dans le désert de Sur ; et, ayant marché dans cette solitude, ils ne trouvèrent
point d'eau, et ils arrivèrent à Mara, où l'eau était extrêmement
amère. Mosé cria au Seigneur, qui lui montra un bois, lequel ayant
été jeté dans l'eau, elle devint douce.

Le quinzième jour du second mois depuis la sortie d'Egypte, le
peuple vint au désert de Sin, entre Élim et Sinaï, et ils murmurèrent
dans ce désert contre Mosé et Aaron. Ils dirent : « Plût à Dieu que nous
fussions morts dans l'Égypte par la main du Seigneur ! Nous étions assis sur des marmites de viandes, et nous mangions du pain tant que
nous voulions[2]. »

Alors Dieu dit à Mosé : « Je vais leur faire pleuvoir des pains du ciel.... »
Et Mosé dit à Aaron : « Dites à l'assemblée des enfants d'Israël qu'ils se

1. Les critiques font des difficultés sur ce cantique ; ils disent qu'il n'est
guère probable qu'environ trois millions de personnes, en comptant les vieillards, les femmes et les enfants, à peine échappés d'un si grand péril, aient
pu aussitôt chanter un cantique, et que Mosé l'ait composé dans l'instant
même. Ils demandent en quelle langue était ce cantique. Ils disent qu'il ne
pouvait être qu'en égyptien. C'est une objection bien frivole. Il y avait une
remarque plus singulière à faire : c'est que l'ancien livre apocryphe de la Vie
de Mosé dit que le pharaon échappa, et alla régner à Ninive. On a raison de
traiter cette imagination de ridicule.

Si vous en croyez dom Calmet, Manéthon dit que le pharaon échappa de ce
péril ; mais Manéthon, dont on ne connaît un petit nombre de passages que
par la réponse de Flavius Josèphe, ne dit point du tout que l'armée du pharaon fut submergée dans la mer entr'ouverte ; il dit qu'un roi d'Egypte,
nommé Aménophis (qui n'a jamais existé), alla au-devant d'une armée de brigands arabes établis en Palestine, qu'il n'osa en venir aux mains, et qu'il se
retira en Éthiopie.

2. Les incrédules ne cessent de nous reprocher insolemment que nous leur
contons des fables absurdes. Ils ne peuvent pas comprendre que Dieu n'ait
pas donné à son peuple cet excellent pays de l'Egypte, où il n'y avait plus
que des femmes et des enfants. « Comment, disent-ils, Mosé, à l'âge de plus
de quatre-vingts ans, peut-il conduire dans le plus affreux des déserts trois
millions d'hommes, au lieu de les mener du moins dans le pays de Canaan en
passant par l'Idumée ? Les déserts de Sur, de Mara, d'Élim, de Sin, de Raphi
dim, d'Horeb, de Sinaï, de Pharan, de Cadès-Barné, d'Oboth, de Cadenoth
dans lesquels ils errèrent quarante années, ne pourraient pas nourrir trent
voyageurs pendant quatre jours, s'ils ne portaient de l'eau et des provisions
Il y a quelques fontaines, à la vérité, au mont Horeb : mais tout le reste est
sec et impraticable ; plusieurs Arabes y tombent, quelquefois morts de soif et
de faim. Le premier devoir d'un législateur, tel qu'on nous représente Mosé,
est de pourvoir à la subsistance de son peuple. »

Nous avouons à ces incrédules que, selon les règles de la prudence humaine, un général d'armée aurait tort de conduire sa troupe par des déserts ;
mais il ne s'agit point ici de raison, de prudence, de vraisemblance, de possibilité physique. Tout est au-dessus de nous dans ce livre, tout est divin,
tout est miracle ; et puisque les Juifs étaient le peuple de Dieu, il ne devait
rien leur arriver de ce qui est commun aux autres hommes. Ce qui paraîtrait
absurde dans une histoire ordinaire est admirable dans celle-ci.

présentent devant le Seigneur; » et ils virent la gloire du Seigneur qui parut dans une nuée; et Dieu dit à Mosé : « Dis-leur que ce soir ils mangeront de la chair, et demain matin ils seront rassasiés, et vous saurez tous que je suis le Seigneur votre Dieu; » et le soir donc tout le camp fut couvert de cailles, et le matin tous les environs furent chargés d'une rosée qui ressemblait à la bruine qui tombe sur la terre; et les enfants d'Israël ayant vu cela, se disaient l'un à l'autre *Manhu*; et Mosé leur dit : « C'est le pain que Dieu vous a donné à manger[1]. »

Cependant Amalec vint attaquer Israël au camp de Rhaphidim; et Mosé dit à Josué : « Choisissez des combattants, et sortez du camp pour combattre Amalec; demain je me tiendrai sur le haut de la montagne, avec la verge de Dieu dans la main. » Josué fit comme Mosé l'avait dit, et il combattit contre Amalec. Or, Mosé, Aaron et Ur s'en allèrent au haut de la colline, et quand Mosé levait ses mains en haut, Israël était vainqueur : mais quand il laissait tomber un peu ses mains, Amalec l'emportait.... Or, Aaron et Ur lui soutinrent les mains des deux côtés; Josué donc mit en fuite Amalec, et tua toute son armée; et Dieu dit à Mosé : « Écrivez cela dans un livre, et dites la chose aux oreilles de Josué; car j'abolirai la mémoire d'Amalec sous le ciel[2].

1. Diodore de Sicile, liv. I, chap. LX, raconte qu'un roi d'Égypte, nommé Actisanès, fit autrefois couper le nez à une troupe de voleurs, qui avaient infesté de leurs brigandages toute l'Égypte dans le temps des guerres civiles, qu'il les relégua vers Rhinocolure, à l'entrée de tous ces déserts. Rhinocolure en grec signifie *nez coupé*, et apparemment ce mot fut depuis la traduction du mot égyptien. Diodore dit qu'ils habitèrent le désert de Sin, et qu'ils firent des filets pour prendre des cailles dans le temps qu'elles passent vers ces climats.

Les incrédules, abusant également du texte de Diodore et de celui de l'Écriture sainte, croient apercevoir dans ce récit la véritable histoire des Juifs. Ils disent que les Juifs sont des voleurs de leur propre aveu; qu'il est très-naturel qu'un roi d'Égypte, soit Actisanès, soit un autre, les ayant relégués dans un désert après leur avoir fait couper le nez, leur race ait conçu une haine implacable contre les Égyptiens, et qu'elle ait continué le métier de brigands qu'elle tenait de ses pères.

Pour la manne ils n'y trouvent rien d'extraordinaire, si ce n'est qu'elle est un purgatif : ils disent que ce purgatif peut être moins fort que la manne de la Calabre, et qu'on peut s'y accoutumer à la longue; qu'on trouve encore de la manne dans ces déserts, mais que c'est une nourriture qui ne peut sustenter personne; et enfin ils nient le miracle de la manne comme tous les autres. Ils prétendent qu'il était aussi aisé à Dieu de les bien nourrir que de les mal nourrir; que si les hommes. les femmes et les enfants marchèrent trois jours entiers dans les sables brûlants du désert de Sin sans boire, les femmes et les enfants durent expirer par la soif; que non-seulement Dieu se serait contredit lui-même en les conduisant ainsi lorsqu'il se déclarait leur protecteur et leur père, mais qu'il était leur cruel homicide; qu'il est impossible d'admettre dans Dieu tant de déraison et de cruauté. Quelques raisons qu'on leur dise, ils persistent dans leurs blasphèmes, et nous ne pouvons que les plaindre.

2. Amalec était petit-fils d'Ésaü, et il occupa une partie de l'Idumée. Ses descendants devinrent la principale horde de l'Arabie Déserte, et l'on prétend que ce fut la horde dont descendait Hérode, qu'Antoine fit roi de Judée. Ces Amalécites furent très-longtemps sans avoir de villes; mais leur vie errante endurcissait leurs corps et les rendait redoutables. Les critiques disent que ce n'était pas la peine de faire mourir dans des déserts le peuple juif, de peur qu'ils ne fussent attaqués par les Cananéens, puisqu'ils furent attaqués par des Arabes; et que cette bataille contre Amalec fut très-inutile, puisque aucun des Israélites qui combattirent n'entra dans la terre promise, excepté deux

Au troisième mois depuis la sortie d'Egypte, les enfants d'Israël vinrent dans le désert de Sinaï; et Mosé monta vers Dieu, et Dieu l'appela du haut de la montagne, et Dieu lui dit : « Va-t'en dire aux enfants d'Israël: Si vous écoutez ma voix, et si vous observez mon « pacte, vous serez mon peuple particulier par-dessus les autres peu- « ples.... » Je viendrai donc à toi dans une nuée épaisse, afin que ce peuple m'entende parlant à toi, et qu'il te croie à jamais. Va donc vers ce peuple, et qu'aujourd'hui et demain il lave ses vêtements; et lorsqu'ils seront prêts pour le troisième jour, Dieu descendra en pré- sence de tout le peuple sur le mont de Sinaï, et tu diras au peuple : « Gardez-vous de monter sur la montagne, et de toucher même au pied « de la montagne; quiconque touchera la montagne mourra de mort.... » Le troisième jour étant arrivé, voilà qu'on entendit des tonnerres, que les éclairs brillèrent, et que la trompette fit un bruit épouvantable, et le peuple fut épouvanté, et Mosé parlait à Dieu, et Dieu lui répondait; et Mosé étant descendu vers le peuple, lui raconta tout, et Dieu parla de cette manière :

personnes : ils trouvent d'ailleurs que Mosé, Aaron et Ur, se conduisirent en lâches, en se cachant sur une montagne pendant que le peuple exposait sa vie. Ils ne songent pas que Mosé était un vieillard de quatre-vingts ans, et qu'Aa- ron en avait quatre-vingt-trois; que d'ailleurs Mosé tenait sa verge à la main et qu'en levant les mains au Seigneur, il rendait plus de services que tous les combattants ensemble.

Le chevalier Folard, qui a fait graver toutes les batailles dont le dictionnaire de Calmet est orné, a dessiné la bataille d'Amalec, et a placé Mosé, Aaron et Ur, sur le sommet du mont Horeb. On voit dans la campagne des troupes dis- posées à peu près comme elles le sont aujourd'hui, des étendards semblables aux nôtres, et des chariots dont les roues sont armées de faux : ce qui n'est guère praticable dans ce désert.

Le texte nous apprend que Dieu ordonna à Mosé d'écrire cette bataille dans un livre. Il n'en faut point chercher d'autre que l'*Exode* même. C'est toujours beaucoup qu'il nous soit resté deux livres aussi anciens que la *Genèse* et l'*Exode*. En quelque temps qu'ils aient été écrits, ce sont des monuments très- précieux; les critiques ne peuvent empêcher qu'on n'y retrouve une peinture des mœurs antiques et barbares. Il est à croire que si nous avions quelques monuments des anciens Toscans, des Latins, des Gaulois, des Germains, nous les lirions avec la curiosité la plus avide.

1. Nos critiques remarquent d'abord que la bataille d'Amalec ne fut d'au- cune utilité aux Juifs, et qu'il semble même que cette bataille, dont ils doutent, ne soit rapportée dans l'*Exode* que pour inspirer de la haine contre les Amalécites, qui furent leurs ennemis du temps des rois. Ils fondent leurs sentiments sur ce que Dieu même, en parlant à Mosé, ne lui dit pas un mot de ce prétendu com- bat, et qu'il ne lui parle que de ce qu'il a fait aux Égyptiens. On lui fait propo- ser, disent-ils, les conditions de son pacte avec les Hébreux, de la même ma- nière que les hommes font entre eux des alliances. On fait descendre Dieu au son des trompettes, comme si Dieu avait des trompettes. On fait parler Dieu comme on ferait parler un crieur d'arrêts. Et il faut supposer que Dieu parlait égyptien, puisque les Hébreux ne parlaient pas d'autre langue, et qu'il est dit dans le psaume LXXX que les Juifs furent étonnés de ne point entendre la lan- gue qu'on parlait au delà de la mer Rouge. Toland assure qu'il est visible que tous ces livres ne furent écrits que longtemps après par quelque prêtre oisif, comme il y en a tant eu, dit-il, parmi nous aux douzième, treizième, et qua- torzième siècles; et qu'il ne faut pas ajouter plus de foi au *Pentateuque* qu'aux livres des sibylles, qui furent regardés comme sacrés pendant des siècles.

Tous ces blasphèmes font horreur à toute âme persuadée et timorée. Il n'est pas plus surprenant que Dieu ait parlé sur le mont Sinaï au son des trom- pettes, qu'il ne l'est d'ouvrir la mer Rouge pour faire enfuir son peuple, et

« Tu ne feras aucun ouvrage de sculpture, ni aucune image de tout ce qui est dans le ciel en haut, ni dans la terre en bas, ni dans les cieux sous la terre....

« Je suis ton Dieu fort, je suis le Dieu jaloux, punissant les iniquités des pères jusqu'à la troisième et quatrième génération de tous ceux qui me haïssent; faisant miséricorde en mille générations à ceux qui m'aiment....

« Tu ne monteras point à mon autel par des degrés, afin de ne point découvrir ta nudité....

« Si quelqu'un frappe son esclave ou sa servante, et s'ils meurent entre ses mains, il sera coupable d'un crime; mais si son esclave survit un jour ou deux, il ne sera sujet à aucune peine, parce que l'esclave est le prix de son argent....

« Œil pour œil, dent pour dent, main pour main, pied pour pied....

« Si un taureau frappe de ses cornes un homme ou une femme, on lapidera le taureau, et on ne mangera point sa chair....

« Vous punirez de mort les magiciens, celui qui aura fait le coït avec une bête, celui qui sacrifie aux dieux....

« Tu ne diras point de mal des dieux, et tu ne maudiras point les princes de ton peuple....

« Tu ne différeras point à payer les dîmes[1]....

pour submerger toute l'armée égyptienne. Si on nie un prodige, on est forcé de les nier tous. Or, il n'est pas possible, selon les commentateurs les plus accrédités, que tous ces livres ne soient qu'un tissu de mensonges grossiers. Il est vrai que les premières histoires théologiques des brachmanes, des prêtres de Zoroastre, de ceux d'Isis, de ceux de Vesta, ne sont que des recueils de fables absurdes; mais il ne faut pas juger des livres hébreux comme des autres. On a beau dire que si le *Pentateuque* fut écrit dans le désert, il ne pouvait l'être qu'en égyptien; et que les Hébreux n'étant point encore entrés dans le pays des Cananéens, ils ne purent savoir la langue de ces peuples, qui fut depuis la langue hébraïque : en quelque langue que Mosé ou Moïse ait écrit dans le désert, il est aisé de supposer que le *Pentateuque* fut traduit après dans la langue de la Palestine, qui était un idiome du syriaque, puis qu'il fut traduit ensuite en chaldéen, en grec, en latin, et longtemps après en ancien gothique. Les objections des incrédules sont récentes; et ce livre aurait 2290 ans d'antiquité, quand même il n'aurait été compilé que du temps d'Esdras, comme les critiques le prétendent. Il serait presque aussi ancien que la république romaine établie après les Tarquins. Les incrédules répondent qu'un livre, pour être ancien, n'en est pas plus vrai; qu'au contraire, presque tous les livres étant écrits par des prêtres, et étant extrêmement rares, chaque auteur se livrait à son imagination, et que la saine critique était entièrement inconnue. Cette manière de penser renverserait tous les fondements de l'ancienne histoire dans tous les pays du monde; on ne saurait plus sur quoi compter. Il faudrait douter de l'histoire de Cyrus, de Crésus, de Pisistrate, de Romulus, et de tout ce qui s'est passé dans la Grèce avant les Olympiades; et ce scepticisme universel ne ferait qu'un chaos indébrouillable de toute l'antiquité.

1. Nous n'avons spécifié ici, de toutes les premières lois juives, que celles contre lesquelles nos adversaires s'élèvent avec le plus de témérité. Si on les en croit, la défense de faire aucune image n'a jamais été observée. Mosé lui-même fit sculpter des chérubs, des bœufs ou des veaux, qu'il plaça sur l'arche ambulatoire. Il fit faire un serpent d'airain. Salomon mit des veaux de bronze dans le temple qu'il fit bâtir.

Les incrédules ne peuvent souffrir que Dieu s'annonce comme puissant et jaloux. Ils disent que rien n'abaisse l'Être tout-puissant, comme de lui faire

« J'enverrai la terreur de mon nom au-devant de vous; j'exterminerai tous les peuples chez lesquels vous irez. J'enverrai d'abord des frelons et des guêpes, qui mettront en fuite le Hévéen, le Cananéen, l'Éthéen[1]. Les limites de votre terre seront depuis la mer Rouge jusqu'à la mer de la Palestine, et jusqu'au fleuve de l'Euphrate : je livrerai entre vos mains tous les habitants de la terre, et je les chasserai de devant votre face... Quand tu feras le dénombrement des enfants d'Israël, ils donneront tout le prix de leur âme au Seigneur, et il n'y aura point de plaie parmi eux quand ils auront été dénombrés, et tous

dire toujours qu'il est puissant; et que c'est bien pis de lui faire dire qu'il est jaloux; que ce livre ne parle jamais de Dieu que comme d'une divinité locale qui veut l'emporter sur les autres divinités, et qu'on nous le représente comme les dieux des Grecs, jaloux les uns des autres.

La punition dont on menace la troisième et quatrième génération innocente d'un aïeul coupable, leur semble une injustice atroce; et ils prétendent que cette vengeance exercée sur les enfants est une des preuves que les Juifs n'ont jamais connu l'immortalité de l'âme et les peines après la mort que vers le temps des pharisiens. C'est l'opinion du docteur Warburton, et de plusieurs théologiens qui ont abusé de leur science. Arnauld dit positivement la même chose, quoiqu'il n'en tire pas les mêmes conséquences que l'absurde Warburton.

La peine de mort contre les magiciens prouve que les Juifs croyaient à la magie; et comment n'y auraient-ils pas cru, s'ils avaient vu les miracles des magiciens de Pharaon, et si Joseph avait fait des opérations magiques avec sa tasse?

On tire de la punition du coït avec les bêtes une preuve que les Juifs étaient fort enclins à cette abomination.

On croit trouver de la contradiction entre l'ordre de mettre à mort ceux qui auront sacrifié aux dieux, et la défense de parler mal des dieux.

On prétend que l'ordre de payer exactement les décimes, avant qu'il y eût des lévites et des décimes, est une preuve que cela fut écrit dans les temps postérieurs par quelques prêtres intéressés à la dîme.

La vengeance exercée sur la quatrième génération semblerait abolie dans le *Deutéronome* : « Les pères ne mourront point pour leurs enfants, ni les enfants pour leurs pères. » La première loi est une menace de Dieu; et la seconde est une loi positive qui suppose qu'on ne doit point faire pendre le fils pour le père; mais cette loi n'empêche pas que Dieu ne soit supposé punir jusqu'à la quatrième génération.

La défense de dire du mal des dieux peut s'entendre des juges et des prêtres, qui sont souvent appelés dieux dans l'Écriture.

1. Dieu ne cesse de promettre aux Juifs qu'il combattra pour eux, et que tout fuira devant eux. Il ajoute qu'il enverra des frelons et des guêpes pour leur préparer la victoire. Ce n'est point une figure dont se sert l'auteur sacré; car Josué, avant de mourir, dit expressément que Dieu a envoyé devant eux des frelons et des guêpes. Le livre de la *Sagesse* le dit aussi longtemps après. L'histoire ancienne parle en effet de plusieurs peuples de l'Asie qui furent obligés de quitter leur pays, où ces animaux s'étaient excessivement multipliés. On a dit même que les peuples de la Chalcide avaient été chassés par des mouches. On en a dit autant des peuples de la Mysie. Il y a eu deux provinces de Chalcide en Syrie : on ne sait dans laquelle le fléau des mouches put chasser les habitants. Il y a eu aussi plusieurs Mysies dans l'Asie Mineure et dans le Péloponèse. Il n'est pas croyable que les peuples d'aucune de ces provinces se soient laissé chasser par des mouches : mais ce qui est fable dans la mythologie peut devenir une vérité historique dans les livres saints, parce que Dieu faisait pour son peuple ce qu'il ne faisait pas pour des peuples profanes, qui lui étaient étrangers.

Dieu promet ici aux Juifs qu'il les rendra maîtres de tout le pays depuis la mer Méditerranée jusqu'à l'Euphrate : or, il y a vingt degrés en longitude, dans la latitude du trentième degré, depuis la Méditerranée par la terre de Ca-

ceux qui auront été dénombrés donneront la moitié d'un sicle, selon la valeur du sicle du temple[1]. Le sicle vaut vingt oboles, et la moitié du sicle sera offerte au Seigneur.

« Prenez des aromates, pour le poids de cinq cents sicles de myrrhe, deux cent cinquante sicles de cinnamome, pour deux cent cinquante sicles de canne, cinq cents sicles de casse; vous en ferez une huile sainte selon l'art du parfumeur; quiconque y touchera sera sanctifié, et quiconque en fera de pareille, et en donnera à un étranger, sera exterminé. »

Dieu dit aussi à Mosé : « Prends tous ces aromates, ajoutes-y du stacté, de l'onyx, du galbanum, de l'encens.... Tout homme qui en fera de semblables, pour en sentir l'odeur, sera exterminé[2].... »

naan jusqu'à l'Euphrate. Et quand on ne compterait que vingt lieues par degré, cela devait composer un empire de quatre cents lieues de long. Il est démontré, disent les critiques, que les Juifs ont été bien loin de posséder un si vaste pays. Cela est vrai : mais aussi Dieu tantôt promet et tantôt menace; et il se relâche de ses menaces, et il retranche de ses promesses, selon sa miséricorde ou sa justice. Ainsi, il ne faut pas toujours prendre à la lettre tout ce qui est annoncé dans l'Écriture, mais considérer que les prédictions sont conditionnelles. Les critiques ne seront pas contents de cette explication, qui est pourtant la seule qu'on puisse donner.

1. On demande comment le sicle dans le désert peut être évalué par le sicle du temple, qui ne fut bâti que cinq cents ans après, selon la supputation hébraïque. On croit qu'il y a ici un prodigieux anachronisme, et que c'est une nouvelle preuve que tous ces livres ne furent écrits qu'après que le temple fut bâti. On répond que par le mot du temple il faut entendre le tabernacle de l'arche de l'alliance : et si les critiques répliquent que l'arche d'alliance n'avait pas encore été construite, il est aisé de dire qu'on parle ici par anticipation; et alors on ne trouvera aucune contradiction dans le texte.

2. On fait des difficultés sur cette prodigieuse quantité de parfums, et sur leur nature. Le cinnamome n'est pas connu. On prétend que c'est de la cannelle : mais plusieurs auteurs disent que la cannelle est la canne, d'autres disent que c'est la casse, *casia*, qui est la cannelle véritable. La plupart de ces drogues viennent des Indes. On est en peine de savoir comment les Juifs, dans leurs déserts, purent avoir tant de marchandises précieuses. La réponse est qu'ils les avaient emportées d'Égypte. La peine de mort pour quiconque ferait une composition de ces parfums, seulement pour avoir le plaisir innocent de les sentir, semble une loi injuste et barbare; mais c'est sans doute parce que ces drogues, étant destinées pour le tabernacle qu'on devait faire, ne devaient point être profanées.

Les deux tables de pierre, écrites ou gravées par le doigt de Dieu même, ont donné lieu à d'étranges blasphèmes. « Dieu, a-t-on dit, est toujours représenté dans ce livre comme un homme qui parle aux hommes, qui va, qui vient, qui se venge, qui est jaloux, qui donne des lois, et enfin qui les écrit; rien ne paraît plus grossier et plus fabuleux : ces deux tables de pierre sont une imitation des deux marbres sur lesquels l'ancien Bacchus avait écrit ses lois, comme le passage de la mer Rouge est une imitation visible de la fable de Bacchus qui passa la mer Rouge à pied sec pour aller aux Indes avec toute son armée. Les fables arabes sont prodigieusement antérieures à celles de Mosé. Bacchus avait été élevé dans ces déserts avant que Mosé les parcourût. Il fit tous les miracles que les Juifs s'attribuent, et deux rayons lui sortaient de la tête comme à Mosé, en témoignage de son commerce continuel avec les dieux; ils portèrent tous deux ce nom de Mosé, qui signifie *échappé de l'eau*. Les Juifs, qui n'ont jamais rien inventé, ont tout copié très-tard. » C'est ce que les critiques objectent.

Il est vrai qu'on retrouve dans la fable de Bacchus beaucoup de traits qui sont dans l'histoire juive depuis Noé jusqu'à Josué; mais il vaut mieux croire que les Arabes et les Grecs ont été les copistes, que de penser que les Hébreux ne furent que des plagiaires. La fable de Bacchus ne fut pas d'abord

Et le Seigneur, ayant achevé tous ces discours sur le mont Sinaï, donna à Mosé deux tables de pierre contenant son témoignage, écrit avec le doigt de Dieu.

Or, le peuple, voyant que Mosé tardait à descendre de la montagne, s'assembla autour d'Aaron, et dit : « Lève-toi, fais-nous des dieux qui marchent devant nous ; car nous ignorons ce qui est arrivé à cet homme qui nous a fait sortir de l'Égypte ; » et Aaron leur dit : « Prenez vos boucles d'oreilles, et celles de vos fils et de vos filles ; » et le peuple ayant apporté ses boucles d'oreilles, il en fit un veau d'or en fonte, et ils dirent : « Voilà tes dieux, ô Israël !... » et Aaron dressa un autel devant le veau ; et dès le matin on lui offrit des holocaustes. Alors le Seigneur parla à Mosé, et lui dit : « Va, et descends [1]. » Et lorsque Mosé fut arrivé près du camp, il vit le veau et les danses ; et de colère il jeta les tables et les brisa ; et prenant le veau qu'ils avaient fait, il le mit au feu et le réduisit en poudre, et répandit cette poudre dans l'eau, et en donna à boire aux fils d'Israël ; puis Mosé se mit à la porte du camp, et dit : « Si quelqu'un est au Seigneur, qu'il se joigne à moi : » et les enfants de Lévi s'assemblèrent autour de lui, et il leur dit : « Voici ce que dit le Seigneur : « Allez, et revenez d'une porte à l'autre par le « milieu du camp, et que chacun tue son frère, son ami et son prochain [2]. »

donnée pour une histoire sacrée ; elle ne fut le fondement des lois ni en Arabie ni en Grèce ; au lieu que la loi de l'*Exode* est encore celle des Juifs. Nous avouons que Bacchus fut adoré et eut des prêtres ; mais nous préférons un ministre du Dieu de vérité à ceux qui sont devenus les dieux du mensonge.

1. Le texte hébreu porte : « Il fit un veau au burin, et il le jeta en fonte ; » mais c'est une transposition : on jette d'abord en fonte, et ensuite on répare au burin, ou, pour parler plus proprement, au ciseau. Il est très-vrai qu'il est impossible de jeter un veau d'or en fonte, et de le réparer, en une nuit : il faut au moins trois mois d'un travail assidu pour achever un tel ouvrage, et il n'y a pas d'apparence que les Juifs, dans un désert, eussent des fondeurs d'or, qui ne se trouvent que dans les grandes villes : il n'est pas concevable que trois millions de Juifs, qui venaient de voir et d'entendre Dieu lui-même au milieu des trompettes et des tonnerres, voulussent sitôt, et en sa présence même, quitter son service pour celui d'un veau. Nous ne dirons pas, comme les incrédules, que c'est une fable absurde, imaginée après plusieurs siècles par quelque lévite pour donner du relief à ses confrères, qui punirent si violemment le crime des autres Israélites. A Dieu ne plaise que nous adoptions jamais de tels blasphèmes ! Quelque difficulté que nous trouvions à expliquer un événement si hors de la nature, nous ne pouvons soupçonner un lévite d'avoir ajouté quelque chose au texte sacré. Nous regardons seulement cette histoire prodigieuse comme les autres choses encore plus prodigieuses que Dieu fit pour exercer sa justice et sa miséricorde sur son peuple juif, le seul peuple avec lequel il habitait continuellement, délaissant pour lui tous les autres peuples.

2. Cet article n'est pas le moins difficile de la sainte Écriture. Il faut convenir d'abord que l'on ne peut réduire l'or en poudre en le jetant au feu ; c'est une opération impossible à tout l'art humain : tous les systèmes, toutes les suppositions de plusieurs ignorants qui ont parlé au hasard des choses dont ils n'ont pas la moindre connaissance, sont bien loin de résoudre ce problème. L'or potable dont ils parlent, c'est de l'or qu'on a dissous dans de l'eau régale ; et c'est le plus violent des poisons ; à moins qu'on n'en ait affaibli la force, encore ne dissout-on l'or que très-imparfaitement, et la liqueur dans laquelle il est mêlé est toujours très-corrosive : on pourrait aussi dissoudre de l'or avec du soufre ; mais cela ferait une liqueur détestable qu'il serait impossible d'avaler. Si donc on demande par quel art Mosé fit cette opération, on doit répondre que c'est par un nouveau miracle que Dieu daigna faire, comme

Le Seigneur frappa donc le peuple pour le crime du veau qu'avait fait Aaron[1]; et le Seigneur parla donc à Mosé, et lui dit : « Va, pars de ce lieu, et entre dans le pays que j'ai juré de donner à Abraham, à Isaac et à Jacob; et j'enverrai un ange pour chasser les Cananéens, les Amorrhéens, les Éthéens, les Hévéens, les Phéréséens et les Jébuséens.... » Or, le Seigneur parlait à Mosé face à face, comme un

___

Il en fit tant d'autres. Tout ce que dit là-dessus dom Calmet est d'un homme qui ne sait aucun principe de chimie.

Mosé fait ici une autre action, qui n'est pas absolument impossible : il se met à la tête de la tribu de Lévi, et tue vingt-trois mille hommes de sa nation, qui tous sont supposés être bien armés, puisqu'ils venaient de combattre les Amalécites. Jamais un peuple entier ne s'est laissé égorger ainsi sans se défendre : il n'est point dit que les lévites fussent exempts de la faute de tout le peuple; il n'est point dit qu'ils eussent un ordre exprès de Dieu de massacrer leurs frères; un ordre exprès de Dieu semble nécessaire pour justifier cette boucherie incroyable. Le texte porte que les lévites passèrent d'une porte du camp à l'autre : il n'est guère possible que trois millions de personnes aient été dans un camp, et que ce camp eût des portes, dans un désert où il n'y eut jamais d'arbres; mais c'est une faible remarque en comparaison de la barbarie avec laquelle Mosé dit aux lévites : « Vous avez consacré aujourd'hui vos mains au Seigneur, chacun de vous a tué son fils ou son frère, afin que Dieu vous bénisse. » Il eût été plus beau sans doute à Mosé de se dévouer pour son peuple, comme on le dit des Codrus et des Curtius. Adorons humblement les voies du Seigneur; mais gardons-nous de louer la fureur abominable de ces lévites, qui ne doit jamais être imitée, pour quelque cause que ce puisse être.

1. Le texte dit expressément que Dieu frappa tout le peuple pour le péché d'Aaron; et non-seulement Aaron est épargné, mais il est fait ensuite grand prêtre; ce n'est point là l'idée que nous avons de la justice ordinaire. Ce sont des profondeurs que nous devons adorer. Plusieurs théologiens ont observé que les deux premiers pontifes de l'ancienne loi et de la nouvelle ont tous deux commencé par une apostasie. Leur repentir leur a tenu lieu d'innocence; mais il n'est point dit expressément qu'Aaron eût demandé pardon à Dieu de son crime; au lieu qu'il est dit que saint Pierre expia le sien par ses larmes, quoiqu'il fût infiniment moins coupable qu'Aaron.

Quelques-uns ont remarqué, non sans malignité, que Dieu dit d'abord qu'il enverra un ange pour chasser les Cananéens, et qu'ensuite il dit qu'il ira lui-même; mais il n'y a point là de contradiction : au contraire, c'est peut-être un redoublement de bienfaits pour consoler le peuple de la perte de vingt-trois mille hommes qu'on vient d'égorger.

Il n'est pas si aisé d'expliquer ce que l'auteur entend quand Mosé demande à Dieu de lui faire voir sa gloire. Il semble qu'il l'a vue assez pleinement et d'assez près, quand il a conversé avec Dieu pendant quarante jours sur la montagne, qu'il a vu Dieu face à face, et que Dieu lui a parlé comme un ami à un ami. Dieu lui répond : « Vous ne pouvez voir ma face, car nul homme ne me verra sans mourir. » C'était en effet l'opinion de toute l'antiquité, comme nous l'avons vu, qu'on mourait quand on avait vu les dieux. S'il est permis de joindre ici le profane au sacré, on peut remarquer que Sémélé mourut pour avoir voulu voir Zeus, que nous nommons Jupiter, dans toute sa gloire. Il faut supposer que quand Mosé parla à Dieu face à face, comme un ami à un ami, il y avait entre eux une nuée pareille à celle qui conduisait les Hébreux dans le désert; autrement ce serait une contradiction inexplicable; car ici Dieu ne lui permet point de voir sa face sans voile, il lui permet seulement de voir son derrière. Ces choses sont si éloignées des opinions, des usages, des mœurs qui règnent aujourd'hui sur la terre, qu'il faut, en lisant cet ouvrage divin, se regarder comme dans un autre monde. Nous sommes bien loin d'oser comparer les poëmes d'Homère à l'Écriture sainte, quoique Eustathe l'ait fait avec succès; mais nous osons dire que dans Homère il n'y a pas deux actions qui aient la moindre ressemblance avec ce que nous voyons de nos jours; et c'est cela même qui rend les poëmes d'Homère très-précieux. L'Ancien Testament l'est plus encore.

homme parle à son ami.... Puis le Seigneur lui dit : « Je marcherai devant toi ; et je te procurerai du repos.... » Mosé repartit : « Fais-moi voir ta gloire. » Dieu répondit : « Je te montrerai tous les biens, et en passant devant toi je te ferai voir ma gloire : je crierai moi-même en prononçant mon nom ; je ferai miséricorde à qui je voudrai ; » et il dit de plus : « Tu ne pourras voir ma face, car nul homme ne me verra sans mourir ; mais il y a une façon de me voir : tu te mettras sur le rocher, et quand ma gloire passera, je te mettrai dans une fente du rocher, et je te cacherai de ma main ; tu verras mon derrière ; mais tu ne pourras pas voir mon visage. »

Lorsque Mosé sortait du tabernacle, les Israélites voyaient que sa face était cornue[1] ; mais il couvrait son visage quand il avait à leur parler.... Tout l'or que l'on employa pour les ouvrages du sanctuaire, et tout ce qui fut offert par le peuple, fut de vingt-neuf talents sept cent trente sicles, selon l'évaluation du sanctuaire ; et il fut offert par tous ceux qui étaient au-dessus de vingt ans, la somme de cent talents d'argent.... On fit aussi les vêtements dont Aaron devait se revêtir, d'hyacinthe, de pourpre, d'écarlate, et de lin, et on lui fit un éphod d'or, d'hyacinthe, de pourpre, d'écarlate, et de lin ; et on coupa des feuilles d'or, qu'on réduisit en fil d'or mince, et on tailla deux pierres d'onyx enchâssées dans de l'or, sur lesquelles on grava les noms des enfants d'Israël. Le rational fut orné de quatre rangs de pierres pré-

1. Les interprètes entendent par cornue, des rayons. C'est ici que plusieurs commentateurs, et surtout Vossius, Bochart et Huet, comparent ce qu'on dit de Bacchus avec ce qui est vrai de Mosé. Nous avons déjà observé qu'il sortait des rayons du front de Bacchus : ils trouvent entre ces deux héros de l'antiquité une ressemblance entière. Calmet pousse le parallèle encore plus loin qu'eux. Il dit que Mosé, Bacchus et Chosé, divinité arabe, ne sont qu'une même personne. Il est constant que Bacchus était une divinité arabe : il descendait, dit-on, de Chus, et on l'appelait Bacchus ou Jacchus, ce qui signifiait le dieu Chus.

Pour construire l'arche d'alliance, qui était de bois de setim, de trois pieds et demi de long, de deux pieds de large, et de deux pieds et demi de haut, le texte dit qu'on donna vingt-neuf talents et sept cent trente sicles d'or, et cent talents d'argent. Or, le talent d'or est évalué aujourd'hui à cent quarante mille livres, et le talent d'argent six mille livres de France. Cela composait la somme exorbitante de quatre millions six cent soixante et huit mille sept cent soixante livres, sans compter les pierres précieuses ; mais il faut considérer qu'il est dit qu'on entoura cette arche d'ornements d'or, que le chandelier était d'or, que tous les vases étaient d'or, qu'il y avait un autel des parfums couvert d'or, et que les bâtons qui portaient cet autel et cette arche étaient couverts d'or, et que l'ouvrage surpassait encore la matière. Les lecteurs sont surpris de voir dans un désert, où l'on manquait de pain et d'habits, une magnificence que l'on ne trouverait pas chez les plus grands rois : c'est encore un prétexte aux incrédules de supposer que la description de ce superbe tabernacle fut prise en partie du temple de Salomon, et qu'encore même le sanctuaire de ce temple ne fut jamais si superbe, et que les Juifs ont toujours tout exagéré. Cependant, si l'on accorde que les Juifs avaient volé tous les vases d'or et d'argent de la Basse-Égypte, et qu'ils avaient chez eux d'excellents ouvriers formés à l'école des maîtres égyptiens, alors l'impossibilité physique disparaîtra. Et d'ailleurs tout est miraculeux, comme nous l'avons dit, chez le peuple de Dieu. C'est là le grand point ; et si les Philistins, dans la suite, ne prirent pas toutes ces richesses quand ils battirent le peuple de Dieu et qu'ils prirent leur coffre sacré, c'est encore un grand miracle ; car les Philistins étaient aussi brigands que les Juifs ; et de plus, le coffre sacré juif appartenait à leurs vainqueurs.

cieuses enchâssées dans de l'or : sardoine, topaze, éméraude, escarboucle, saphir, jaspe, ligure, agate, améthyste, chrysolithe, onyx et béryl.

LÉVITIQUE.

Le Seigneur parla encore à Mosé, et lui dit : « Prends Aaron avec ses enfants, et assemble tout le peuple; » et Mosé posa la tiare sur la tête d'Aaron, et lui mit sur le front la lame d'or sacrée.... et Mosé, ayant égorgé un bélier, en mit le sang sur le bout de l'oreille d'Aaron et de ses fils, et des autres prêtres, et sur les pouces de leur main droite, et sur les pouces de leur pied droit, et répandit le reste du sang autour de l'autel[1].

Dieu parla encore à Mosé, et dit : « Va déclarer aux enfants d'Israël que voici de tous les animaux de la terre ceux qu'ils pourront manger.... Le lièvre est impur, quoiqu'il rumine, parce qu'il n'a pas le pied fendu. Le cochon est aussi impur, parce qu'ayant le pied fendu, il ne rumine pas. Vous ne mangerez ni aigle, ni griffon, ni vautour, ni chathuant, ni milan, ni cormoran, ni onocrotale; ce qui vole et marche sur quatre pieds vous sera en abomination.... vous ne mangerez point de sauterelles[2]. »

Dieu parla encore à Mosé et à Aaron, disant : « Tout homme dont la peau et la chair aura changé de couleur, avec des pustules comme

---

1. Il ne faut pas s'étonner que Mosé ou Moïse installe son frère et le consacre, et qu'il sanctifie toutes ces cérémonies communes à toutes les nations; car il n'y avait guère alors que l'Inde, et la Chine inconnue, qui ne sacrifiassent pas des animaux à la Divinité. Toutes les cérémonies des autres peuples se ressemblaient pour le fond : les prêtres se couvraient de sang; ils faisaient l'office de bouchers; et ils prenaient pour eux la meilleure partie des bêtes immolées. Calmet dit, sur cet article, que la consécration du grand prêtre des Romains se faisait avec des cérémonies encore plus extraordinaires. Ce pontife, « couvert d'un habit tout de soie, était conduit dans un souterrain, où il recevait tout le sang d'un taureau par des trous faits à des planches, etc., » et il cite sur cela des vers de Prudence. Calmet prend ici la cérémonie du taurobole pour la consécration du *pontifex maximus*. Jamais aucun prêtre chez les Romains ne porta un habit de soie : la soie ne commença à être un peu connue que sur la fin de l'empire d'Auguste.

2. Les Égyptiens furent, dit-on, les premiers qui firent cette distinction des animaux purs et des impurs, soit par principe de santé, soit par économie, soit par superstition. Le cochon était impur chez eux, non pas parcequ'il ne rumine point, mais parce qu'il est souvent attaqué d'une espèce de lèpre, et que l'on crut qu'il était la première cause de la peste à laquelle l'Égypte est si sujette.

Le lièvre fut regardé comme impur chez les Juifs : ils se trompèrent en croyant qu'il rumine, et en prenant le mouvement de ses lèvres pour l'action de ruminer.

La loi déclare abominable ce qui marche sur quatre pattes et qui vole : il faut entendre que s'il y avait de tels animaux, ils seraient déclarés impurs; car nous ne connaissons point de telles bêtes. Il n'y en a jamais eu que dans l'invention des peintres et des sculpteurs qui ont représenté des hiéroglyphes.

On ne sait pas pourquoi la sauterelle est déclarée impure, puisque saint Jean-Baptiste s'en nourrissait dans le désert.

Le texte parle encore de beaucoup d'animaux qu'on ne connaît point, comme du griffon, de l'ixion, qui sont des animaux fabuleux.

luisantes, sera amené devant Aaron le prêtre, ou à quelqu'un de ses enfants, lequel, quand il aura vu la lèpre sur la peau, et les poils devenus blancs, et les marques de la lèpre plus enfoncées que le reste de la chair, il jugera que c'est la lèpre ! ».

Dieu parla encore à Mosé et à Aaron, disant : « Quand vous serez en Canaan, s'il se trouve un bâtiment infecté de lèpre, le maître de la maison en avertira le prêtre. ... Si la lèpre persévère et si la maison est impure, elle sera détruite aussitôt, et on en jettera les pierres, les bois, et toute la poussière, hors de la ville dans un endroit immonde².

« Si quelqu'un des enfants d'Israël veut prendre à la chasse quelque

---

1. Il y a plus de trente maladies de la peau, et le nom de lèpre est un nom général : depuis la simple gratelle jusqu'au cancer, toutes ces maladies prennent des noms différents. Les critiques ont trouvé étrange qu'on envoyât les lépreux aux prêtres, au lieu de les envoyer aux médecins : ce qui fait voir, disent-ils, qu'il n'y avait point de médecins dans un pays aride, et dans un climat malsain qui produit tant de maladies. Les Juifs surtout devaient être infectés de diverses sortes de lèpres dans des déserts de sable où l'on ne trouvait que quelques puits, d'une eau bitumineuse et nitreuse, qui augmentait encore ces maladies dégoûtantes. Dom Calmet, dans sa dissertation sur la lèpre, prétend que ces maladies sont causées par « de petits vers qui se glissent entre cuir et chair. » Calmet n'était pas médecin ; les œufs des vers dont la terre est pleine se mettent quelquefois dans les ulcères de la chair, mais ils n'en sont pas la cause.... Nous avons eu plusieurs charlatans qui ont fait accroire que toutes les maladies étaient causées par des vers, et que chaque espèce d'animaux étant dévorée par une autre espèce, on pouvait faire manger les vers de l'apoplexie et de l'épilepsie par des vers antiapoplectiques et antiépileptiques. Que de charlatans de toute espèce ! et que n'a-t-on pas inventé pour tromper les hommes, et pour se rendre maître de leurs corps et de leurs âmes !

2. Il faut pardonner à un peuple aussi grossier et aussi ignorant que le peuple juif cette imagination de la lèpre des maisons. Il n'y a point de muraille qui ne change de couleur, et dans laquelle il ne se loge quelques petits insectes. On voit même dans nos villes plusieurs de ces murs noircis, et remplis de ces animaux presque imperceptibles, comme le sont presque tous nos fromages au bout d'un certain temps : car les œufs de tous ces petits animaux innombrables sont portés par le vent, éclosent ensuite dans toutes les viandes, dans les fruits, dans l'écorce des arbres, dans les feuilles, dans les sables, dans les pierres, dans les cailloux. Rien ne serait plus ridicule que de couper ces arbres et d'abattre ces maisons, parce que ces petits animaux microscopiques, qui vivent très-peu de temps, s'y sont cachés. Ce n'est point d'ailleurs dans les pays chauds que les murailles se couvrent quelquefois d'une moisissure à laquelle des insectes innombrables s'attachent ; c'est dans nos pays humides qu'une mousse imperceptible croît sur les vieilles murailles, et sert de logement et d'aliment à des insectes, lesquels d'ailleurs ne sont nullement dangereux.

L'idée de dom Calmet que l'espèce de lèpre la plus maligne était la vérole, et que Job en était attaqué, est encore plus insoutenable : la vérole était incontestablement une maladie particulière aux îles de l'Amérique, si longtemps inconnues. Le professeur Astruc l'a démontré.

C'est une chose plaisante de voir Calmet donner la torture à quelques anciens auteurs, pour leur faire dire ce qu'ils n'ont point dit ; il va jusqu'à vouloir trouver la *vérole* dans ces vers de Juvénal :

> *Sed podice levi*
> *Cæduntur tumidæ, medico ridente, mariscæ.*
> Sat. II, v. 12.

Il ne voit pas que ces vers ne signifient autre chose qu'une opération faite par un médecin à un infâme débauché, dont l'anus avait contracté des ecchy

oiseau dont il est permis de manger, qu'il en répande tout le sang,
car l'âme de toute chair est dans le sang : c'est pourquoi vous ne mangerez le sang d'aucun animal, parce que l'âme de toute chair est dans
le sang, et quiconque en mangera sera puni de mort [1].

« Les enfants d'Israël ne sacrifieront plus d'hosties aux velus avec lesquels ils ont forniqué [2].

« Si vous ne m'écoutez point, si vous n'exécutez pas mes ordres...
voici ce que je vous ferai (chap. XXVI, v. 14 et suiv.) : je vous afflige-

moses par les efforts d'un autre libertin, qui avait blessé ce misérable en com-
mettant le péché contre nature; ce qui n'a pas plus de rapport avec la vérole
qu'un cor au pied. Il tord un passage de la trente-septième ode d'Horace :

> Contaminato cum grege turpium
> Morbo virorum.
>
> Lib. I, od. 37.

Horace peint ici Cléopatre accompagnée de ses eunuques, et ne prétend point
du tout que cette reine et ses eunuques eussent la vérole. César et Antoine,
aussi débauchés qu'elle, n'en furent jamais soupçonnés.

1. Les critiques disent qu'il est impossible d'obéir à cette loi. En effet,
quelque soin que l'on prenne de saigner un animal, il reste nécessairement
une grande partie de son sang dans les petits vaisseaux, laquelle n'a plus la
force de passer par les valvules, et qui, ne circulant plus, reste dans toutes les
petites veines.

Une remarque plus importante est que l'âme est toujours prise dans le *Pentateuque* pour la vie; tout animal qui perd tout ce qu'il peut perdre de son
sang est mort. D'ailleurs l'âme de tous les animaux, et même celle de l'homme,
étant toujours mise à la place de la vie, cela semble justifier le système audacieux de l'évêque Warburton, que l'immortalité de l'âme était absolument inconnue aux premiers Juifs. Si ce système était vrai, ce serait une nouvelle
preuve de la grossièreté de ce peuple; car toutes les nations puissantes dont
il était entouré, Égyptiens, Syriens, Chaldéens, Persans, Grecs, poussaient la
créance à l'immortalité de l'âme jusqu'à la superstition. Ils admettaient tous
des récompenses et des peines après la mort, comme nous l'avons dit. C'est le
plus beau et le plus utile dogme de tous les législateurs. Il est difficile de
rendre raison pourquoi les lois portées dans l'*Exode*, dans le *Lévitique*, dans
le *Deutéronome*, ne parlent jamais de ce dogme terrible, qui seul peut mettre
un frein aux crimes secrets. C'est surtout cette ignorance de l'immortalité de
l'âme qui a fait croire à quelques critiques que les Juifs n'avaient jamais rien
su de la théologie égyptienne, et qu'ils n'en avaient vu que quelques cérémonies dans la Basse-Égypte orientale, vers le mont Casius et vers le lac Sirbon;
que ces Juifs n'étaient originairement que des voleurs arabes, qui, ayant été
chassés, allèrent s'emparer, avec le temps, d'une partie de la Palestine, et
composèrent ensuite leur histoire comme toute histoire ancienne a été composée, c'est-à-dire très-tard, et avec des fictions tantôt ridicules, tantôt atroces.
Nous insistons sur cette idée, parce qu'elle est malheureusement très-répandue, et que de très-savants hommes, abusant de leur science et de leur esprit,
ont rendu cette idée trop vraisemblable à ceux qui ne sont pas éclairés par la
grâce. Cette opinion de tant de savants sur le malheureux peuple juif est trop
dangereuse à la religion chrétienne pour que nous ne la réfutions pas. Ils disent que le christianisme et le mahométisme étant fondés sur le judaïsme, sont
des enfants superstitieux d'un père plus superstitieux encore; que Dieu, le
créateur et le père de tous les hommes, n'a pu se communiquer familièrement
à une horde d'Arabes voleurs, et abandonner si longtemps le reste du genre
humain; ils croient que c'est offenser Dieu de penser qu'il parla continuellement à des Juifs, et qu'il fit un pacte avec eux. Nous renvoyons ces incrédules
aux preuves convaincantes que nous ont données tous les Pères; et parmi les
modernes, aux écrits des Sherlock, des Abbadie, des Jaquelot, des Houteville.

2. C'est ici un des passages de la sainte Écriture les plus délicats à commenter. On entend par les velus les boucs auxquels on sacrifiait dans le nome
de Mendès en Égypte. On ne doute pas que plusieurs Égyptiennes n'aient

rai de pauvreté, je vous donnerai des fluxions cuisantes sur les yeux.... Si après cela vous ne m'obéissez pas, je vous châtierai sept fois davantage; je briserai votre dureté superbe; la terre ne vous produira plus de grain, vos arbres de fruits; le ciel d'en haut sera de fer, et la terre d'airain (v. 19). Si vous marchez encore contre moi, et si vous ne voulez pas m'écouter, je multiplierai vos plaies sept fois davantage; j'enverrai contre vous des bêtes qui vous mangeront, vous et vos troupeaux. Si après cela vous ne recevez point ma discipline, et si vous marchez encore contre moi, je marcherai aussi contre vous, et je vous frapperai sept fois davantage; je ferai venir sur vous l'épée qui vengera mon pacte.... Je vous enverrai la peste.... dix femmes cuiront du pain dans le même four,... et si après cela vous ne m'écoutez point encore, et si vous marchez contre moi, je marcherai encore contre vous, et je vous châtierai par sept plaies, de sorte que vous mangerez vos fils et vos filles[1].

n'aient adoré le bouc de Mendès, et n'aient poussé leur infamie superstitieuse jusqu'à soumettre leurs corps à des boucs, tandis que les hommes commettaient le péché d'impureté avec les chèvres. Cette dépravation a été fort commune dans les pays chauds, où les troupeaux de chèvres sont gardés par de jeunes gens, ou par de jeunes filles. Toute l'antiquité a cru que ces conjonctions abominables produisirent les satyres, les égipans, les faunes. Saint Jérôme n'en doute pas, et on ne tarit point sur des histoires de satyres. Il n'est pas impossible qu'un homme avec une chèvre, et une femme avec un bouc, aient produit des monstres qui n'auront point eu de postérité. On peut révoquer en doute l'histoire du Minotaure de Pasiphaé, et toutes les fables semblables; mais on ne peut douter de la copulation de quelques femmes juives avec des bêtes. Le *Lévitique* en parle plus d'une fois, et défend ce crime sous peine de mort.

On a cru que l'antique adoration du bouc de Mendès fut la première origine de ce que nous appelons encore chez nous le sabbat des sorciers. Les malheureux infatués de cette horreur se mettaient à genoux vis-à-vis d'un bouc dans leurs assemblées, et le baisaient au derrière; et la nouvelle initiée, qui se donnait au diable, se soumettait à la lascivité de ce puant animal, qui rarement daignait condescendre aux désirs de la femme. Ces infamies n'ont jamais été commises que par les personnes les plus grossières de la lie du peuple; et dans tous les procès de sortilége on ne voit que bien rarement le nom d'un homme un peu qualifié.

Le *Lévitique* dit expressément que la bestialité était fort commune dans le pays de Canaan.

Il n'y a guère de tribunaux en Europe qui n'aient condamné au feu des misérables convaincus ou accusés de cette turpitude; elle existe, mais elle est très-rare en Europe. On a beaucoup agité la question, si la peine du feu n'est pas aujourd'hui trop barbare pour de jeunes paysans, qui seuls sont coupables de cette infamie, et qui ne diffèrent guère des animaux avec lesquels ils s'accouplent.

1. Des menaces à peu près semblables se trouvent dans le *Deutéronome*, au chap. XXVIII. Sur quoi les critiques remarquent toujours que jamais on ne parle aux Juifs de peines et de récompenses dans une autre vie. Ils mangeront dans celle-ci leurs enfants. Cette menace est terrible; et c'est la plus grande que des législateurs, ignorant le dogme de l'immortalité de l'âme, et n'ayant aucune idée saine de l'âme, purent imaginer alors.

Ce ne fut que vers le temps où Jésus-Christ vint au monde que ce grand dogme des âmes immortelles fût connu des Juifs. Encore l'école entière des saducéens le niait absolument. Les critiques osent ajouter à cette réflexion, qu'ils ne reconnaissent pas la majesté divine dans les discours qu'on lui fait tenir. Mais qui de nous peut savoir quel est le langage de Dieu? C'est à nous de révérer ce que les livres saints mettent dans sa bouche : ce langage, quel qu'il soit, ne peut avoir rien de proportionné au nôtre; et toute la suite nous convaincra de cette vérité.

« Tout ce qui aura été offert par consécration de l'homme au Seigneur ne se rachètera point, mais mourra de mort[1]. »

NOMBRES.

Le Seigneur parla à Mosé, disant : « Ordonne aux enfants d'Israël de jeter hors du camp tout lépreux, et ceux qui ont la gonorrhée, et quiconque aura assisté à l'enterrement d'un mort, soit homme, soit femme, afin qu'il ne souille point le lieu où il demeure avec vous.... »

Le Seigneur parla encore à Mosé, disant : « Lorsqu'une femme méprisant son mari aura couché avec un autre, et que son mari n'aura pu la surprendre, et que des témoins ne pourront la convaincre d'adultère, on la mènera devant le prêtre.... et il prendra de l'eau sainte dans une cruche de terre, et de là terre du pavé du tabernacle, et il adjurera la femme, en lui disant : « Si tu n'as pas couché avec un « étranger, et si tu n'es pas polluée, cette eau amère ne te nuira pas; « mais si tu as couché avec un autre que ton mari, et si tu es polluée, « sois un exemple au peuple; que Dieu te maudisse, qu'il fasse pourrir « ta cuisse, que ton ventre enfle et qu'il crève[2]. »

1. C'est ici le fameux passage sur lequel tant de savants se sont exercés. C'est de là qu'ils ont conclu que les Juifs immolaient des hommes à leur Dieu, comme ont fait tant d'autres nations dans leurs dangers et dans leurs calamités. Ils se fondent sur ces paroles, et sur le texte de Jephté, comme nous le verrons en son lieu. Les Juifs appelaient cette consécration le dévouement, l'anathème. Ainsi nous verrons qu'Acan fut dévoué avec toute sa famille et son bétail. Les pères pouvaient dévouer leurs enfants. Tout cela s'expliquera dans la suite.

On a passé dans le Lévitique tout ce qui ne regarde que les cérémonies ; et on s'est attaché principalement à l'historique : c'est ainsi qu'on en usera dans tout le reste de cet ouvrage, excepté quand ce qui est rite, précepte, cérémonie, tient à l'histoire et à la connaissance des mœurs.

2. Il semble d'abord qu'on ne devrait pas être chassé du camp pour avoir aidé à ensevelir un mort, ce qui était une très-bonne action.

La gonorrhée n'est point une maladie contagieuse qui puisse se gagner; c'est un écoulement involontaire de semence causé par le relâchement des muscles de la verge et par quelques âcretés dans les prostates; c'est à peu près ce qu'on nomme fleurs blanches dans les femmes ; cette maladie se guérit par un bon médecin. L'auteur de ces remarques en a guéri plusieurs sans les séquestrer de la société civile. De l'oseille, de la scolopendre, et de l'ortie blanche, suffisent quelquefois contre cette maladie dans les hommes et dans les femmes. Il y a une autre sorte de gonorrhée virulente, qui se nomme la chaudep.... et que l'on guérit sûrement par des injections, par la saignée, par un opiat de savon et de mercure doux : cette maladie n'était point connue dans notre continent avant la fin de notre quinzième siècle : on sait assez qu'elle est contagieuse par l'accouplement, et que, si elle est négligée, elle est suivie immanquablement de la v......

L'eau amère de jalousie, qu'on faisait boire aux femmes accusées d'adultère, est probablement le premier exemple qui nous reste de ces épreuves pratiquées par toute la terre : elles ont été variées en bien des manières, et fort usitées dans les temps d'ignorance. Philon et l'historien Josèphe nous assurent que l'épreuve des eaux amères était en usage dans leur temps. Les livres saints ne nomment personne à qui on ait fait boire de ces eaux ; mais le protévangile de saint Jacques, qui est lu dans quelques églises d'Orient, tout apocryphe qu'il est, dit, au chapitre XVI, que le grand prêtre fit boire des eaux de jalousie à saint Joseph et à la vierge Marie : ils en burent l'un et l'autre, et furent déclarés également innocents.

Le Seigneur parla à Moïse, disant : Parle aux enfants d'Israël, disant : « Lorsqu'un homme ou une femme auront fait vœu de se sancti-« fier, et de se consacrer au Seigneur particulièrement, ils ne boiront « ni vin ni vinaigre, et ne mangeront point de raisin; le rasoir ne pas-« sera point sur leur tête pendant tout le temps de leur vœu, et ils se-« ront saints pendant que leur chevelure croîtra; ils auront soin de ne « se point rendre impurs, et de ne se point souiller en assistant à des « funérailles, fussent celles de leur père, ou mère, ou frère, ou sœur.... »

Le Seigneur parla encore à Moïse, disant : « Faites deux trompettes d'argent ductile, afin que vous puissiez convoquer la multitude quand il faudra décamper.... » Les premiers qui décampèrent furent les enfants de Juda, distingués par troupes.... Alors Mosé dit à Obad, frère de Séphora sa femme : « Viens avec nous, nous te ferons du bien.... ne nous abandonne pas; car tu connais tous les endroits de ce désert; tu nous diras où nous devons camper, et tu nous serviras de guide, et lorsque tu seras arrivé avec nous, nous te donnerons la meilleure part de ce que Dieu nous aura attribué [1]. »

Or, une grande populace, qui était venue avec les Hébreux, demanda avec eux à manger de la viande.... et un vent s'étant élevé par le Seigneur, apporta des cailles de la mer Rouge dans le camp.... Mais la chair de ces cailles (chap. II) étant encore entre leurs dents, la fureur du Seigneur s'alluma contre le peuple, et il le frappa d'une très-grande plaie, et on appela ce lieu le sépulcre des murmures, ou de concupiscence [2].

En ce temps, Marie et Aaron parlèrent contre Mosé.... Aussitôt le Seigneur descendit dans la colonne de nuée; il se mit à la porte du tabernacle, et il dit à Aaron et à Marie : « S'il y a entre vous un prophète, je lui apparaîtrai en vision, ou je lui parlerai en songe; mais il n'en est pas ainsi de Mosé mon serviteur, car je lui parle de bouche à bouche [3]; il me voit clairement, sans énigme et sans figure : pour-

1. Les nazaréens semblent la première origine des vœux, du moins parmi nous : ils font vœu de mener une vie particulière, de ne boire ni vin ni vinaigre. Le peu de vinaigre qu'on jetait dans l'eau était la boisson du petit peuple et du soldat dans l'antiquité; il faut observer que les mères vouaient leurs enfants au nazaréat, et qu'au lieu que nos moines se tondent, ceux-là étalaient leur chevelure : on faisait aussi quelquefois d'autres vœux, comme de ne point boire de vin, et de ne rien manger à l'huile pendant quelque temps. Les savants disent que le mot syriaque *secar* signifie du vin, et Calmet dit qu'il signifie du sucre. Il est fort douteux que les Juifs, dans le désert, eussent du sucre, qui vient des Indes.

Quelques troupes distinguées dans les maisons des rois ont des trompettes d'argent; et puisqu'il est dit que le tabernacle, qu'on portait sur un char dans le désert, avait pour plus de deux millions d'ornements, il ne faut pas s'étonner que les trompettes fussent d'argent. Les interprètes disent que c'était de l'argent battu; il est plus croyable qu'on les jetait au moule; et il est plus difficile qu'on ne pense de faire de bonnes trompettes.

2. Les critiques nous disent qu'il n'est pas étrange que des malheureux n'ayant pour nourriture que la rosée nommée manne, aient demandé à manger; et qu'il paraîtrait cruel de les faire mourir pour cette faute, et pour avoir mangé des cailles que Dieu même leur envoya. Apparemment qu'ils en mangèrent trop, ce qui arrive presque toujours après un long jeûne.

3. Dieu déclare ici qu'il parle toujours bouche à bouche à Mosé : cela semble

quoi donc avez-vous mal parlé de mon serviteur Mosé ? » Ayant dit cela, il s'en alla en colère. La nuée, qui était sur le tabernacle, se retira (chap. xii, v. 10), et Marie fut couverte de lèpre [1].

Et Aaron la voyant lépreuse, dit à Mosé son frère : « Je te prie, ne nous punis pas du péché que nous avons commis follement, et que Marie ne meure pas; car la lèpre lui a déjà mangé la moitié du corps.... » Marie fut donc jetée hors du camp (chap. xii, v. 15) pendant sept jours [2].

Et Mosé envoya du désert de Pharan douze hommes pour considérer la terre de Canaan.... et ces hommes montèrent du côté du midi, et vinrent à Hébron, qui a été bâti sept ans avant Tanis, ville d'Égypte [3].

Et s'étant avancés, ils coupèrent une branche avec son raisin, que deux hommes portèrent sur une voiture, avec des grenades et des figues [4]; d'autres, qui avaient été dans ce pays, dirent : « La terre que nous avons parcourue dévore ses habitants, et ils sont d'une grandeur démesurée; ce sont des monstres de la race des géants, devant qui nous ne paraissons que comme des sauterelles; » et ils se dirent l'un à l'autre : « Établissons-nous un autre chef, et retournons en Égypte [5]. »

Et Dieu dit à Mosé : « Aucun des Israélites ne verra la terre que j'ai

contraire à ce qui est dit ailleurs, que Dieu ne lui permit de le voir que par derrière. Marie dit aussi que Dieu lui a parlé tout comme à son frère : on concilie ces contradictions apparentes aisément.

1. Le texte dit que la femme de Mosé était éthiopienne; l'histoire ancienne de Mosé, dont nous avons déjà parlé, dit qu'il avait épousé la reine d'Éthiopie; mais que, loin que cette reine le suivît dans cet horrible désert où il erra quarante ans, elle le chassa de ses États. L'Écriture dit que Mosé avait épousé Séphora la Madianite, fille de Jéthro. Il se peut qu'il ait eu plusieurs femmes, comme tous les autres patriarches; et il est naturel que Marie se soit brouillée avec cette Éthiopienne.

Le Seigneur venge Mosé des injures de Marie et d'Aaron; mais Marie est seule punie, et Aaron ne l'est jamais.

2. Cette espèce de lèpre était donc un cancer; car la lèpre, qui n'est qu'une forte gale, ne détruit pas les chairs en si peu de temps.

3. On ne peut guère excuser la méprise des copistes, qui, sans doute, ont pris ici le nord pour le midi. On va droit au nord du désert de Sin à celui de Pharan, de Pharan à Cadès-Barné, à Azéroth, de ces déserts à celui de Bersabée au pays de Canaan.

4. Plusieurs interprètes disent que ces espions n'apportèrent qu'un seul raisin; mais on peut entendre que cette branche portée par deux hommes était chargée de plusieurs grappes. Dom Calmet cite des moines qui ont vu dans la Palestine des raisins si prodigieux, que deux hommes n'en auraient pu porter un seul; ainsi un raisin aurait donné un quartaut de vin, comme dans la Jérusalem céleste; mais les raisins de ce pays-là ne sont pas si gros aujourd'hui.

5. Ces deux rapports des espions juifs sont entièrement contradictoires. On demande, d'ailleurs, comment ces géants si redoutables laissèrent prendre et emporter leurs raisins, leurs grenades et leurs figues par des étrangers qui ne leur venaient pas à la ceinture. Ceux qui virent ces géants ne virent pas apparemment les gros raisins; et, s'ils voulurent choisir un autre chef que Mosé, ils ne firent que ce que font encore aujourd'hui tous les Arabes et les Maures de Tunis, d'Alger et de Tripoli, qui déposent leurs chefs, et qui souvent les tuent quand ils en sont mécontents. Mais on est surpris que des gens qui voyaient tous les jours Dieu même parler à Mosé, et qui ne marchaient qu'au milieu des miracles, pussent imaginer de déposer ce même Mosé déclaré si souvent le ministre de Dieu, et qui était armé de toute sa puissance. On peut bien conspirer contre un chef à qui on espère de succéder; mais personne ne

promis par serment ae donner à leurs pères; mais pour Caleb, mon
serviteur, je le ferai entrer dans ce pays dont il a fait le tour, et sa semence le possédera; mais parce que les Amalécites et les Cananéens
habitent dans les vallées, ne montez pas par les montagnes, et re-
tournez-vous-en tous dans les déserts vers la mer Rouge.... Vous n'entrerez point dans le pays dans lequel j'ai juré de vous faire entrer, excepté Caleb, fils de Séphoné, et Josué, fils de Nun.... » Et les Cananéens
et les Amalécites, qui habitaient sur les montagnes, descendirent contre
eux, les battirent, et les poursuivirent jusqu'à Horma [1].

Or, un homme ayant ramassé du bois un jour de sabbat.... Dieu dit
à Mosé : « Que cet homme meure et soit lapidé (ch. xv, v. 35). » On le
mena hors du camp, il fut lapidé, et il mourut comme l'avait ordonné
le Seigneur.... Le Seigneur parla aussi à Mosé, et lui dit : « Parle aux
enfants d'Israël (ch. xv, v. 38); dis-leur de faire des franges au coin de
leurs manteaux, et d'y mettre des rubans couleur d'hyacinthe [2]. »

En ce temps-là (ch. xvi, v. 1), Coré, fils d'Isaar, Dathan et Abiron,
fils d'Éliab, et Hon, fils de Phéleth, s'élevèrent contre Mosé et Aaron
avec deux cent cinquante des principaux de la synagogue, et s'étant
présentés devant Mosé, ils lui dirent : « Qu'il vous suffise que ce peuple
est un peuple de saints, et que le Seigneur est dans eux : pourquoi

pouvait se flatter d'obtenir de Dieu les mêmes faveurs qu'il avait faites à Mosé,
son représentant. Les mœurs de ce temps-là sont bien différentes des mœurs
modernes : on le voit à chaque ligne.

1. Nous voyons qu'il était ordinaire chez les anciens que les dieux fissent
serment comme les hommes. Il y en a des exemples dans tous les poëtes héroïques. Les critiques ne peuvent concilier ce que Dieu dit ici, que les Cananéens et les Amalécites habitent les vallées, avec ce qui est dit le moment d'a-
près, qu'ils descendirent des montagnes. La chose cependant est très-possible.
Mais ils trouvent Mosé aussi mauvais général que mauvais législateur : car, disent-ils, en supposant que Mosé fût à la tête de six cent mille combattants, il
devait s'emparer de tout le pays en se montrant ; il avait assez de monde pour
se saisir de tous les défilés : et il se laisse battre en rase campagne par une
poignée d'Amalécites ; il ne fait plus ensuite qu'errer pendant quarante ans,
aller de désert en désert, et revenir sur ses pas, sans aucun projet de campagne. Ils ne reçoivent point pour excuse les décrets de Dieu ; ils disent qu'il est
trop aisé de supposer qu'on n'a été battu que pour avoir offensé Dieu ; ils ajoutent
que quand on est errant pendant quarante ans sans avoir pu prendre une seule
ville, ce ne peut être que par sa faute : et, après avoir regardé Mosé comme
un homme très-mal entendu dans son métier, ils persistent à dire que toute
cette histoire ne peut être qu'une fable encore plus mal inventée. Nous nous
sommes fait une loi de rapporter toutes leurs objections, auxquelles nous
avons déjà répondu. Il se peut que Mosé, à l'âge de cent ans, ait été un très-
mauvais capitaine et un législateur ignorant ; mais s'il obéissait à Dieu, nous
devons le respecter.

2. S'il était permis de juger les lois du Seigneur par les lois de nos peuples
policés, on trouverait peut-être un peu de dureté à faire périr un homme pour
avoir ramassé un peu de bois dont il avait probablement besoin pour faire
bouillir le lait de ses enfants, ou pour préparer le dîner de sa famille ; il n'est
pas dit que cet homme ramassa un fagot en dérision de la loi. Ce n'est pas à
nous à interroger Dieu, et à lui demander pourquoi il fait Aaron grand pontife immédiatement après qu'il a jeté le veau d'or en fonte, et qu'il l'a fait
adorer ; et pourquoi il condamne à mort un homme qui n'a commis d'autre
crime que de ramasser un petit fagot pour son usage. Dieu fait miséricorde à
qui il lui plaît.

Plusieurs incrédules soupçonnent que ce livre fut écrit par Samuel ; et on
sait que Samuel fut un homme dur : c'est le sentiment du grand Newton.

vous élevez-vous sur le peuple de Dieu?» Ce que Mosé ayant enten.r :.
il tomba par terre; puis il dit à Coré et à toute sa troupe : « Demain,
Dieu fera connaître ceux qui sont à lui.... que chacun prenne son encensoir, toi Coré et tous tes adhérents, et demain mettez du feu sur
vos encensoirs devant le Seigneur; et celui qu'il aura choisi sera saint :
vous êtes trop insolents, enfants de Lévi. »

Mosé étant donc extrêmement en colère.... dit à Coré : « Présente-toi
demain avec toute ta troupe d'un côté, et Aaron se présentera de
l'autre ».

« Prenez chacun vos encensoirs, mettez-y de l'encens, présentez à
Dieu vos encensoirs, et qu'Aaron tienne aussi son encensoir. » Ce que
Coré et sa troupe ayant fait en présence de Mosé et d'Aaron, la gloire
du Seigneur apparut à tous. Et le Seigneur parla à Mosé et à Aaron, et
leur dit : « Séparez-vous de leur assemblée, afin que je les détruise

Mais quelque respect que nous ayons pour Newton, nous respectons encore
plus l'Église.

Les critiques sont révoltés de voir un article de franges et de rubans joint
immédiatement à une condamnation à mort. Cela leur paraît incohérent; ils
ne croient pas qu'un peuple qui manquait de tout, et dont Dieu fut obligé de
conserver les habits par miracle, ait mis des franges et des rubans à ses robes
dans un désert. Mais si Dieu conserva leurs habits par miracle pendant quarante ans, il put aussi leur donner des franges par miracle, et surtout empêcher que six cent mille combattants de son peuple ne fussent battus par une
troupe d'Amalécites.

Si on en croit les savants hardis dont nous avons déjà tant parlé, cette
histoire de Coré, Dathan, et Abiron, fut écrite après le retour des Juifs de la
captivité de Babylone, lorsqu'on se disputait dans Jérusalem la place de grand
prêtre avec plus de fureur que n'en ont jamais déployé les antipapes. Les
frères alors tuaient leurs frères pour parvenir au souverain pontificat; et il
n'y eut jamais plus de troubles chez les Juifs que quand ils furent gouvernés
par leurs pontifes avant et après les conquêtes d'Alexandre.

On suppose donc qu'alors quelque Juif, pour rendre le sacerdoce plus vénérable, écrivit cette histoire, qui ne tient point au reste du *Pentateuque*, et
l'inséra dans le Canon. Nous croyons que c'est une conjecture hasardée. D'autres la rejettent absolument, comme incompatible avec l'éloge qu'on donne à
Mosé dans le *Pentateuque* d'avoir été le plus doux des hommes.

Il n'est pas surprenant, disent-ils, que Coré, arrière-petit fils du patriarche
Lévi, Dathan, Abiron, et Hon, descendants de Ruben, fussent mécontents de
la supériorité que Mosé affectait sur eux, puisque Aaron son frère et Marie sa
sœur avaient montré les mêmes sentiments.

Les deux cent cinquante Juifs qui étaient de leur parti étaient les premiers
de la nation; c'était un schisme dans toutes les formes. Ces savants prétendent que le terme de synagogue, dont l'auteur sacré se sert ici, prouve que ce
livre fut fait dans le temps de la synagogue, et non pas dans le désert, où il
n'y avait point de synagogue. Ils disent que ce mot a échappé au faussaire
qui a mis cet ouvrage sous le nom de Mosé lui-même, et qui s'est trahi par
cette inadvertance.

Ils croient voir tant de cruautés et tant de prodiges dans cette aventure,
qu'ils la regardent comme une fiction; ils ne parlent qu'avec horreur de quatorze mille sept cents hommes mourant par le feu du ciel, et de deux cent
cinquante chefs du peuple engloutis dans la terre.

Toland et Woolston ont la hardiesse de traiter ce châtiment divin de roman
diabolique.

Quelques commentateurs ont cru, en lisant le mot *infernum* qui est dans la
Vulgate pour la fosse, qu'il signifiait l'enfer tel que nous l'admettons; enfer
que les Juifs ne connaissaient pas. Ces mots, *descenderunt vivi in infernum*
(chap. XVI, v. 33), signifient qu'ils descendirent vivants dans le souterrain,
c'est ce que nous avons déjà remarqué. Cette équivoque, qui n'est que dans

tout à coup. » Mosé s'étant levé s'avança vers Dathan et Abiron, suivi des anciens d'Israël. Il dit au peuple : « Retirez-vous des tentes de ces impies... vous allez reconnaître que c'est Dieu qui m'a envoyé pour faire tout ce que vous voyez : si ces hommes meurent d'une mort ordinaire, et de quelque plaie dont les autres hommes sont frappés, Dieu ne m'a pas envoyé; mais si le Seigneur fait une chose nouvelle, si la terre s'entr'ouvrant les engloutit et tout ce qui leur appartient, et qu'ils descendent dans la fosse tout vivants, vous saurez qu'ils ont blasphémé le Seigneur. » Et dès qu'il eut cessé de parler, la terre s'entr'ouvrit sous leurs pieds, et ouvrant la gueule, elle les dévora avec toute leur substance.

Et ils descendirent tout vivants dans la fosse couverte de terre, et ils périrent du milieu du peuple; et tout Israël, qui était là en cercle, s'enfuit aux cris des mourants, de peur que la terre ne les engloutît aussi. En même temps un feu sortit du Seigneur, et tua les deux cent

la *Vulgate*, a occasionné bien des méprises. Les commentateurs ont pris souvent *infernum*, la fosse, la sépulture, pour l'enfer; et *lucifer*, l'étoile du matin, pour le diable.

Cette histoire a révolté plusieurs Juifs, au point qu'un d'eux écrivit l'origine de la querelle entre Mosé et ses adversaires pour la rendre odieuse et ridicule. C'est le seul ouvrage de plaisanterie qui nous soit venu des anciens Juifs. On ne sait pas dans quel temps il fut écrit. Il est intitulé *Livre des choses omises par Mosé*. On l'imprima à Venise en hébreu sous le titre *Maynshioth*, sur la fin du quinzième siècle. Le savant Gilbert Gaulmin le traduisit en latin; et Albert Fabricius l'inséra dans sa Collection en 1714. En voici la traduction en notre langue : « Le commencement de la querelle vint par une veuve; elle n'avait qu'une brebis qu'elle voulut tondre. Aaron vint et emporta la laine, en disant qu'elle lui appartenait par la loi, dans laquelle il est écrit : « Tu donneras à Dieu les prémices de la laine de ton troupeau. » La veuve alla implorer Coré avec des larmes et des gémissements. Coré alla vers Aaron, mais il ne put le fléchir; alors prenant pitié de la veuve, il lui donna quatre pièces d'argent, et s'en retourna fort en colère. Quelque temps après, la même brebis mit bas son premier agneau; dès qu'Aaron le sut, il courut chez la femme, prit l'agneau et l'emporta. La pauvre veuve alla encore pleurer chez Coré : celui-ci conjura Aaron une seconde fois de rendre à la veuve son seul bien. « Je ne le « puis, répondit le prêtre Aaron, car il est écrit : Tout mâle premier-né du « troupeau sera offert au Seigneur. » Il retint l'agneau pour lui, et Coré le quitta furieux. La femme désespérée tua la brebis; Aaron vint sur-le-champ, et prit pour lui l'épaule, le cou, et le ventre. Coré retourna vers Aaron, et lui fit de nouveaux reproches : « Il est écrit, répondit le pontife; Tu donneras l'épaule, le « cou, et le ventre au prêtre. » La veuve, poussée à bout, jura, et dit : « Que ma « brebis soit anathème ! » Aaron l'ayant su prit la brebis entière pour lui, en disant : Il est écrit : « Tout anathème dans Israël t'appartiendra. » L'auteur dit ensuite que Coré, Dathan, et Abiron, formèrent un parti considérable contre Aaron, mais qu'ils ne furent pas les plus forts, et que quatorze mille des leurs périrent dans une bataille.

On a conjecturé que cette satire juive, la seule qui nous soit parvenue, fut écrite lorsque le grand prêtre Jean, disputant la tiare à son frère Jésu, le tua dans le temple même, du temps du roi Artaxerxès. Nous n'entrons point dan cette vaine dispute; nous devons rejeter tout ce qui n'est pas contenu dans les livres saints, dont nous commentons avec respect les principaux endroits, sans oser en approfondir le sens. Nous dirons seulement que de tout temps il y eut des esprits hardis qui se piquèrent d'être au-dessus des préjugés du vulgaire; il y en a beaucoup aujourd'hui à Rome, à Constantinople, à Londres, dans Amsterdam, dans Paris, dans Pékin, mais ils ne forment point de factions, et par là ils ne sont pas dangereux. Or, le parti de Dathan, Coré, et Abiron, paraît avoir été une faction considérable réprimée par ceux qui avaient le pouvoir en main.

cinquante hommes qui offraient de l'encens. Et Dieu parla à Mosé, disant : « Commande au prêtre Éléazar, fils d'Aaron, de prendre tous ces encensoirs, et de jeter le feu de côté et d'autre, car ils sont sanctifiés par la mort des pécheurs ; qu'il les réduise en lames, et qu'il les attache à l'autel, car ils sont sanctifiés. »

Le lendemain toute la multitude d'Israël murmura contre Mosé et Aaron, disant : « C'est vous qui avez tué les gens du peuple de Dieu. » Et la sédition augmentant, Mosé et Aaron s'enfuirent au tabernacle du pacte. Quand ils y furent entrés, la nuée le couvrit, et la gloire du Seigneur parut. Dieu dit à Mosé : « Retire-toi du milieu de cette multitude, je m'en vais les exterminer dans le moment. » Ils se jetèrent tous par terre. Mosé dit à Aaron : « Prends ton encensoir, mets-y du feu de l'autel, et va vite au peuple ; prie pour eux ; car la colère est sortie du Seigneur, et la plaie a commencé. » Ce qu'ayant fait Aaron, et ayant couru à la multitude que le feu embrasait, il offrit de l'encens, et se tenant entre les morts et les vivants, il pria pour le peuple, et la plaie cessa. Le nombre de ceux qui furent frappés de cette plaie fut de quatorze mille sept cents hommes, sans ceux qui étaient morts avec Coré dans la sédition.

Le Seigneur (ch. XIX, v. 1) parla encore à Mosé et à Aaron, disant : « Voici la religion de la victime. Commande que les enfants d'Israël amènent une vache rousse, d'un âge parfait, sans tache, et qui n'ait jamais porté le joug. On la donnera au prêtre Éléazar, qui la mènera hors du camp et l'immolera devant le peuple. Il trempera le doigt dans son sang, et il en aspergera les portes du tabernacle. Il la brûlera devant tout le monde, tant la peau et les chairs que le sang et la bouse.... Il jettera dans le feu du bois de cèdre, de l'hysope et de la pourpre deux fois teinte. Il reviendra au camp, et sera impur jusqu'au soir. Un homme qui sera pur amassera les cendres de la vache, et les mettra hors du camp dans un lieu très-pur, pour en faire une eau d'aspersion [1]. »

Le roi d'Arad, prince cananéen qui habitait vers le midi (ch. XXI, v. 1), ayant appris qu'Israël était venu pour reconnaître son pays, vint le combattre, en fut vainqueur, et en emporta les dépouilles. Mais Israël s'obligea par un vœu au Seigneur : « Si tu me livres ce peuple, je détruirai ses villes. » Et Dieu exauça le vœu d'Israël et lui livra

---

1. Ce sacrifice et cette eau de la vache rousse furent longtemps un usage chez les Juifs. Le chevalier Marsham fait voir dans son *Canon égyptiaque*, aussi bien que Spencer, que cette cérémonie est entièrement prise des Egyptiens, ainsi que le bouc émissaire et presque tous les rites hébreux.

Kircher dit qu'on croirait que les Hébreux ont tout imité des Égyptiens, ou que les Égyptiens ont hébraïsé ; plusieurs pensent qu'il est vraisemblable que le petit peuple se soit modelé sur la grande nation sa voisine, quoiqu'il fût son ennemi. Les uns croient que les Égyptiens immolaient une vache à Isis ; les autres croient que c'était un taureau. Ce n'était point une contradiction d'avoir un taureau consacré dans un temple, et d'immoler les autres. Au contraire, dit-on, la même religion qui ordonnait la consécration du taureau, symbole de l'agriculture, ordonnait qu'on immolât des taureaux et des vaches à Isheth, que les Grecs nommèrent Isis, inventrice de l'agriculture.

Calmet dit que la vache rousse marque assez Jésus-Christ dans son agonie.

.e roi cananéen, qu'ils firent mourir; et ils nommèrent ce lieu Horma, c'est-à-dire anathème.

Ensuite ils partirent de la montagne de Hor par le chemin qui mène à la mer Rouge[1].

Et le peuple commença à s'ennuyer du chemin et de la fatigue; et il parla contre Dieu et Mosé. Il dit : « Pourquoi nous as-tu tirés d'Égypte pour nous faire mourir dans ce désert, où nous n'avons ni pain ni eau? La manne, cette vile nourriture, nous fait souvent soulever le cœur. »

C'est pourquoi le Seigneur envoya des serpents ardents; plusieurs en furent blessés et en moururent. Le peuple vint à Mosé; ils dirent : « Nous avons péché, prie Dieu qu'il nous délivre de ces serpents. » Mosé pria pour le peuple. Le Seigneur dit à Mosé : « Fais un serpent d'airain pour servir de signe; et ceux qui auront été mordus le regarderont, et ils vivront[2]. »

1. Les copistes ont fait encore ici une très-grande faute; car on ne peut en soupçonner l'auteur sacré : c'est de prendre toujours le nord pour le midi. Arad est précisément à l'extrémité orientale où les Hébreux parvinrent, selon le texte, en partant du désert de Sin. Ils sont battus vers Adar, ou Arada, qui est dans le désert de Bersabée; ils battent ensuite ce petit chef qu'on appelle roi d'un peuple cananéen. Voilà le pays que Dieu leur a promis; mais, loin d'en jouir, ils détruisent ces villes, et s'en retournent au midi vers la mer Rouge. Cela est incompréhensible. Le peuple de Dieu devait être plus nombreux au bout de trente-huit ans que lorsqu'il partit d'Égypte; la bénédiction du Seigneur était dans le grand nombre des enfants; et si chaque femme a eu seulement deux mâles, il devait y avoir douze cent mille combattants, sans compter les vieillards qui pouvaient être encore en vie. Il est vrai que le Seigneur en avait fait tuer vingt-trois mille pour le veau d'or, comme depuis vingt-quatre mille pour une Madianite, et quatorze mille pour la querelle de Coré, de Dathan, et d'Abiron, avec Mosé; mais certainement il en restait assez pour conquérir le petit pays de Canaan, et surtout pour l'affamer. Il n'est pas naturel qu'il s'enfuie alors vers la mer Rouge : nous ne pouvons expliquer cette étrange marche; nous nous en rapportons au texte, sans pouvoir en aplanir les difficultés; nous ne répondrons rien aux guerriers qui disent hardiment que cette marche de Mosé est d'un imbécile; nous répondrons encore moins aux incrédules, qui ne regardent ce livre que comme un amas de contes sans raison, sans ordre, sans vraisemblance; il faudrait des volumes pour résoudre toutes leurs objections; quelques-uns l'ont tenté, personne n'a pu y réussir. Le Saint-Esprit, qui a seul dicté ce livre, peut seul le défendre.

2. Les Égyptiens avaient dans leur temple de Memphis un serpent d'argent qui se mordait la queue, et qui était, selon les prêtres d'Égypte, un symbole de l'éternité. On voit encore des figures de ce serpent sur quelques monuments qui nous restent. C'est une nouvelle preuve, si l'on en croit les savants, que les Hébreux furent en beaucoup de choses les copistes des Égyptiens.

On ne sait pas trop ce que c'est que ces serpents ardents; mais la grande difficulté est d'expliquer comment cette figure peut s'accorder avec la loi, qui défendait si expressément de faire aucune figure. Il est aisé de détruire cette objection en montrant que le législateur peut se dispenser de la loi. Grotius dit que l'airain est contraire à ceux qui ont été mordus des serpents, et que le danger du malade redouble si on lui montre seulement l'image de l'animal qui l'a mordu. Grotius n'était pas grand physicien. Il se peut que l'imagination de tout malade se trouble à la vue de toute figure qui lui représentera l'animal qui cause son mal, de quelque espèce que cet animal puisse être. Si Grotius avait raison, Mosé serait allé contre son but, et en élevant un serpent d'airain il aurait augmenté le mal, au lieu de le guérir.

Les incrédules trouvent mauvais que Dieu envoie des serpents à son peuple, au lieu du pain qu'il lui demande, et ils disent que le serpent d'airain ne res-

Israël demeura dans le pays des Amorrhéens; et il envoya des bat-
teurs d'estrade pour considérer le pays de Jazer, dont ils prirent les
villages et les habitants, et ils se détournèrent pour aller vers le chemin
le Basan. Et Og, roi de Basan, vint avec tout son peuple pour combattre dans Édraï; et Dieu dit à Israël : « Ne le crains point, car je l'ai
livré entre tes mains avec tout son peuple et son pays. » Ils le frappèrent
donc lui et tout son peuple; tout fut tué, et ils se mirent en possession
de sa terre. Et étant partis de ce lieu, ils campèrent dans les plaines
de Moab (ch. xxii, v. 1), où est situé Jéricho, au delà du Jourdain.
Or Balac, fils de Séphor, ayant vu tout ce qu'Israël avait fait aux Amorrhéens, et considérant que les Moabites le craignaient et ne pouvaient lui
résister, Balac, roi de Moab, envoya des députés à Balaam, fils de Béor :
c'était un devin qui demeurait sur le fleuve du pays des Ammonites [1].

Il lui fit dire : « Voilà un peuple sorti de l'Égypte, qui couvre toute
la surface de la terre, et qui s'est campé vis-à-vis de moi; viens donc
pour maudire ce peuple, parce qu'il est plus fort que moi; car je sais
que ce que tu béniras sera béni, et que celui que tu maudiras sera
maudit. »

Les anciens de Moab et ceux de Madian s'en allèrent donc, portant
dans leurs mains de quoi payer le prophète.... Dieu dit à Balaam :
« Garde-toi bien d'aller avec eux et de maudire ce peuple, car il est

suscita pas ceux que les serpents avaient tués. Ce qui pourrait confondre les incrédules, c'est que le serpent d'airain érigé par le grand Mosé est soigneusement
conservé à Milan; et cela est d'autant plus admirable, que, selon la sainte Écriture, le roi juif Ézéchias avait fait fondre ce serpent, comme un monument
d'idolâtrie et de magie qui souillait le temple juif.

1. Tout ce pays des Moabites, et d'Og, roi de Basan, est le désert qui conduit à Damas, et par lequel les Arabes passent encore pour aller en Syrie. Ce
désert est à la gauche du Jourdain, près des montagnes de la Célésyrie. La
terre promise, qui contient Jéricho, Sichem, Samarie, Jérusalem, est à la droite
de ce petit fleuve.

Il n'y a point d'autre fleuve dans le pays, il n'y a que des torrents; aussi le
texte hébreu ne dit point que Balaam demeura sur le fleuve des Ammonites;
il dit que Balac envoya des députés à Balaam, à Petura (Pethor), situé sur le
fleuve de la patrie de Balaam, et les commentateurs conviennent que le texte
hébreu est corrompu dans la *Vulgate*. Le *Deutéronome*, au chap. xxiii, dit
formellement que Balaam, fils de Béor, était de Mésopotamie de Syrie. Ce
fleuve, dont il est parlé dans les *Nombres*, ne peut donc être que l'Euphrate;
et les doctes conviennent que, suivant le texte chaldéen, Balaam demeurait
vers l'Euphrate. Mais nous avons déjà remarqué qu'il y a plus de trois cents
milles de l'Euphrate à l'endroit où étaient alors les Hébreux; cela forme une
nouvelle difficulté. Comment le petit roitelet Balac, le petit chef d'une horde
d'Arabes, poursuivi par douze cent mille hommes, pouvait-il, pour tout secours, envoyer chercher un prophète en Chaldée à cent cinquante lieues de
chez lui?

Les critiques demandent encore de quel droit et par quelle fureur douze
cent mille étrangers venaient ravager et mettre à feu et à sang un petit pays
qu'ils ne connaissaient pas. Si on répond que ces douze cent mille hommes
étaient les enfants de Jacob et d'Abraham, les critiques répliquent qu'Abraham
n'avait jamais possédé qu'un champ, et que ce champ était en Hébron de l'autre côté du Jourdain, et que les Moabites et les Ammonites, descendants, selon l'Écriture, de Loth, neveu d'Abraham, n'avaient rien à démêler avec les
Juifs. Ou ils les connaissaient, ou ils ne les connaissaient pas : si les Juifs les
connaissaient, ils venaient détruire leurs parents; s'ils ne les connaissaient pas,
quelle raison avaient-ils de les attaquer?

béni. » Balaam leur répondit donc : « Quand Balac me donnerait sa maison pleine d'or et d'argent, je ne pourrais dire ni plus ni moins que ce que le Seigneur m'a ordonné.... » Dieu étant venu encore à Balaam, lui dit : « Si ces hommes sont venus encore à toi, marche et va avec eux, à condition que tu m'obéiras. »

Balaam, s'étant levé au matin, sella son ânesse, et se mit en chemin avec eux [1]. Mais Dieu entra en colère contre lui, et l'ange du Seigneur se mit dans le chemin vis-à-vis Balaam, qui était sur son ânesse.

L'ânesse, voyant l'ange qui avait un glaive à la main, se détourna du chemin ; et comme Balaam la frappait et la voulait faire retourner, l'ange se mit dans un chemin étroit entre deux murailles qui entouraient des vignes ; et l'ânesse, voyant l'ange, se serra contre le mur,

1. Les interprètes ne sont pas d'accord entre eux sur ce prophète Balaam : les uns veulent que ce fût un idolâtre de la Chaldée ; les autres prétendent qu'il était de la religion des Hébreux. Le texte favorise puissamment cette dernière opinion, puisque Balaam, en parlant du Dieu des Juifs, dit toujours « le Seigneur mon Dieu, » et qu'il ne prophétise rien que Dieu n'ait mis dans sa bouche. Il est étonnant, à la vérité, qu'il y eût un prophète de Dieu chez les Chaldéens. Abraham, né de parents idolâtres en Chaldée, fut le plus grand serviteur de Dieu. Il est dit que Dieu lui-même vint parler à Balaam pendant la nuit, et lui ordonna d'aller avec les députés du roi Balac. Cependant Dieu se met en colère contre lui sur le chemin ; et l'ange du Seigneur tire son épée contre l'ânesse qui portait le prophète. Le texte ne dit pas pourquoi Dieu était en colère, et pourquoi l'ange vint à l'ânesse l'épée nue ; ce n'est pas un des endroits de l'Écriture sainte les plus faciles à expliquer. Balaam semble ne frapper son ânesse que parce qu'elle se détourne du chemin qu'il prenait pour obéir au Seigneur.

Ce qui passe pour le plus merveilleux, c'est le colloque du prophète et de l'ânesse : mais il est certain que, dans ces temps-là, c'était une opinion généralement reçue, que les bêtes avaient de l'intelligence, et qu'elles parlaient. Le serpent avait déjà parlé dans le jardin d'Éden ; et Dieu même avait parlé au serpent. Dom Calmet dit, sur cet article, ces propres mots : « Si le démon a pu autrefois faire parler des animaux, des arbres, des fleuves, pourquoi le Seigneur ne pouvait-il pas faire la même chose ? Cela est-il plus difficile que de voir l'âne de Bacchus qui lui parle ? Le bélier de Phryxus, le cheval d'Achille, un agneau en Égypte sous le règne de Bocchoris, l'éléphant du roi Porus, des bœufs en Sicile et en Italie, n'ont-ils pas autrefois parlé, si on en croit les historiens ? Les arbres même ont proféré des paroles, comme le chêne de Dodone, qui rendait, dit-on, des oracles, et l'orme qui salua Apollonius de Tyane. On dit même que le fleuve Caucase salua Pythagore. Nous ne voudrions pas garantir tous ces événements ; mais qui oserait les rejeter tous, lorsqu'ils sont rapportés dans un très-grand nombre d'historiens très-graves et très-judicieux ? »

La remarque de dom Calmet est très-singulière. Mais on ne sait ce que c'est que ce fleuve Caucase qui salua Pythagore. On ne connaît que le mont Caucase, et point de rivière de ce nom. Stanley, qui a recueilli tout ce que les historiens et les philosophes ont dit de Pythagore, ne parle point d'une rivière appelée Caucase ; et nul géographe n'a cité cette rivière. Mais Diogène de Laërce, Jamblique, et Élien, disent que ce fut la rivière Causan qui salua Pythagore à haute et intelligible voix. Porphyre et Jamblique disent que Pythagore ayant vu auprès de Tarente un bœuf qui mangeait des fèves, il l'exhorta à s'abstenir de cette nourriture. Le bœuf répondit qu'il ne pouvait manger d'herbe. Mais enfin Pythagore le persuada, et il retrouva son bœuf, plusieurs années après, dans le temple de Junon, qui mangeait tout ce qu'on lui présentait, excepté des fèves. Il eut aussi un entretien avec un aigle qui volait sur sa tête aux jeux olympiques ; mais on ne nous a pas rendu compte de cette conversation.

Au reste, il est visible que Dieu préféra l'ânesse à Balaam, puisqu'il dit qu'il aurait tué le prophète, et laissé l'ânesse en vie.

et froissa le pied de son cavalier, qui continuait à la battre. L'ange se mit dans ce lieu étroit, où l'ânesse ne pouvait tourner ni à droite ni à gauche. L'ânesse s'abattit sous Balaam, et Balaam en colère la frappa encore plus fort avec un bâton. Le Seigneur ouvrit la bouche de l'ânesse, et elle dit à Balaam : « Que t'ai-je fait? pourquoi m'as-tu frappée trois fois? » Balaam lui répondit : « C'est parce que tu l'as mérité, et que tu t'es moquée de moi; que n'ai-je une épée pour t'en frapper! »

L'ânesse lui dit : « Ne suis-je pas ta bête, que tu as coutume de monter jusqu'à aujourd'hui? Dis-moi si je t'ai jamais rien fait. — Jamais, » dit Balaam.

Aussitôt Dieu ouvrit les yeux à Balaam, et il vit l'ange qui avait tiré son sabre, et l'adora, se prosternant en terre. L'ange lui dit : « Pourquoi as-tu battu trois fois ton ânesse? Je suis venu à toi, parce que ta voie est perverse et contraire à moi; et si ton ânesse ne s'était pas détournée de la voie, je t'aurais tué, et j'aurais laissé la vie à ton ânesse... »

Or, Balac alla au-devant de Balaam dans une ville des Moabites, sur les confins de l'Arnon. Ils allèrent donc ensemble jusqu'à l'extrémité de sa terre; et Balac, ayant fait tuer des bœufs et des brebis, envoya des présents à Balaam et aux princes qui étaient avec lui.

Et Balaam (ch. XXIII, v. 1) dit à Balac : « Fais-moi dresser sept autels, et prépare sept veaux et sept moutons; » et Balac et Balaam mirent ensemble sur l'autel un veau et un bélier; et Balaam s'en allant promptement, Dieu alla au-devant de lui; et Balaam lui dit : « J'ai dressé sept autels, et j'ai mis un veau et un bélier sur chacun. » Alors le Seigneur lui dit : « Retourne à Balac, et dis-lui ces choses. » Balaam étant retourné, trouva Balac debout près de son holocauste[1], et tous les princes des Moabites; et s'échauffant dans sa parabole, il dit : « Balac, roi des Moabites, m'a appelé des montagnes d'Orient : « Viens au « plus vite, m'a-t-il dit; maudis Jacob et déteste Israël. » Comment maudirais-je celui que Dieu n'a point maudit? comment détesterais-je celui que Dieu ne déteste pas?... Qui pourra nombrer la poussière de Jacob, et le nombre de la quatrième partie d'Israël?... Il n'y a point d'iniquité dans Jacob, ni de travail dans Israël. Sa force est semblable à celle du rhinocéros... » (ch. XXIV, v. 10). Balac, en colère contre Balaam et frappant des mains, lui dit : « Je t'ai fait venir pour maudire

[1] Remarquez que Dieu ne prend soin d'instruire et de conduire aucun prophète dans l'*Ancien Testament* avec plus d'empressement qu'il n'en montre envers Balaam. On croirait que toutes les nations avaient alors la même religion, si le contraire n'était pas dit dans plusieurs autres passages.

Il faut encore observer que les bénédictions et les malédictions étaient regardées partout comme des oracles, comme des arrêts de la destinée auxquels on ne pouvait échapper. Le sort de tout un peuple était attaché à des paroles; et quand ces paroles étaient dites, on ne pouvait plus se rétracter. Vous avez vu que quand Jacob surprit la bénédiction d'Isaac son père, quoique par une fraude aussi criminelle que grossière, Isaac ne put la rétracter : il est dit que cette bénédiction eut son effet, au moins pour quelque temps.

Ici Dieu même prend soin de diriger toutes les bénédictions, toutes les prophéties de Balaam, comme si un mot de mauvais augure devait empêcher l'effet de la conjuration, et en détruire le charme. Ces idées prévalurent longtemps chez les Orientaux.

mes ennemis, et tu les as bénis; retourne à ton pays; j'avais résolu de te donner un honoraire magnifique, et le Seigneur t'en a privé[1]. »

Balaam répondit à Balac (ch. xxiv, v. 12) : « N'ai-je pas dit à tes députés : « Quand Balac me donnerait sa maison pleine d'or, je ne pourrais pas passer les ordres du Seigneur mon Dieu ? »

« Voici donc ce que dit l'homme dont l'œil est ouvert; celui qui entend les discours de Dieu a dit : Celui qui connaît la doctrine du très-haut et la vision du puissant, et qui, en tombant, a les yeux ouverts, je le verrai, mais pas sitôt; je le regarderai, mais non pas de près. Une étoile sortira de Jacob, et une verge s'élèvera d'Israël, et elle frappera les chefs de Moab, et elle ruinera tous les enfants de Seth[2]. »

Et Balaam ayant jeté les yeux sur le pays d'Amalec, il reprit son discours parabolique, et dit : « Amalec a été l'origine des nations; mais ses extrémités seront détruites; et fussiez-vous l'élu de la race de Cin, Assur vous prendra, et ils viendront du pays de Kithim dans des vaisseaux; ils vaincront les Assyriens, ruineront les Hébreux, et à la fin ils périront eux-mêmes. »

Or, Israël (ch. xxv, v. 1) était alors à Settim, et il forniqua avec les filles de Moab; elles appelèrent les Hébreux à leurs sacrifices : ils adorèrent les mêmes dieux, Israël embrassa le culte de Belphégor. Le Seigneur fut en colère; il dit à Mosé : « Prends tous les princes du peuple, et pends-les à des potences contre le soleil, afin que ma fureur se détourne d'Israël. » Mosé dit donc aux juges : « Que chacun tue ses proches, qui sont initiés à Belphégor[3]. »

1. Non-seulement tous ces passages indiquent que le prophète Balaam était le prophète du Dieu des Hébreux, et inspiré par lui seul; mais le roi ou chef Balac déclare positivement que c'est ce même Dieu qui prive Balaam de la récompense.

Dieu inspire tellement Balaam, que lui, qui ne pouvait connaître ni le nom de Jacob ni celui d'Israël sans révélation, lui qui demeurait au delà de l'Euphrate, à cent cinquante ou deux cents lieues, prononce ces noms avec enthousiasme, et dit que Jacob est fort comme un rhinocéros. Calmet, dans ses remarques, prouve par plusieurs passages qu'il y a des rhinocéros; la chose n'a jamais été douteuse, et le rhinocéros qu'on nous a montré depuis peu, en Hollande et en France, en est une preuve assez convaincante.

2. Cette étoile de Jacob, jointe avec cette verge, fait voir que Balaam était supposé né dans la Chaldée, où l'on crut, et où l'on croit encore, que chaque nation est sous la protection d'une étoile : ainsi l'étoile de Jacob devait l'emporter sur l'étoile de Moab; et la verge d'Israël devait vaincre les autres verges, comme la verge de Mosé vainquit la verge de Jannès et de Mambrès, magiciens du pharaon d'Égypte. On n'entend point le sens de ces paroles : « Elle ruinera tous les enfants de Seth. » Ces enfants étaient les Juifs eux-mêmes. Tout cela fait soupçonner à plusieurs savants que l'histoire de Balaam, insérée dans le *Pentateuque*, n'a été écrite que très-tard, et après les conquêtes d'Alexandre. Ce qui semble favoriser un peu cette opinion hasardée, c'est que l'auteur parle de Kithim, qu'on prétend être la Grèce; et qu'Alexandre avait une flotte dans sa guerre contre le roi Darah, que nous appelons Darius.

3. Les critiques se sont élevés principalement contre cette partie de l'histoire des anciens Juifs. « On voit, disent-ils, une armée innombrable d'Hébreux, prête à tomber sur les Ammonites et les Madianites : un prophète est arrivé de cent cinquante lieues pour prédire une victoire complète à l'étoile de Jacob sur l'étoile de Moab et de Madian; et voilà qu'au lieu de se battre, le peuple juif se mêle familièrement au peuple madianite et moabite; ils couchent tout

Et voici qu'un des Israélites était entré dans un b..... des Madianites, à la vue de Mosé et de tous les enfants d'Israël, qui pleuraient à la porte du tabernacle[1].

Ce que Phinées, fils d'Éléazar, fils d'Aaron, ayant vu, il prit un poignard, entra dans le b......, et transperça l'homme et la femme par les génitoires, et la plaie d'Israël cessa aussitôt, et il y eut vingt-quatre mille hommes de tués; et le Seigneur dit à Mosé : « Phinées, fils d'Éléazar, détourne ma colère...; c'est pourquoi le sacerdoce lui sera donné par un pacte éternel[2]. »

Après que le sang des criminels eut été répandu (chap. xxvi, v. 1), le Seigneur dit à Mosé et à Éléazar, fils d'Aaron *qui était mort* : « Nombrez tous les enfants d'Israël depuis vingt ans et au-dessus, par familles, tous ceux qui peuvent aller à la guerre...; et le dénombrement étant achevé, il s'en trouva six cent et un mille sept cent trente[3]. »

d'un coup avec leurs filles, et ils adorent leur dieu Belphégor; et cela sans que la paix soit faite, sans trêve, sans le moindre préliminaire : rien ne paraît plus incroyable. »

1. Le Seigneur en colère commence par ordonner à Mosé de faire pendre tous les princes sans forme de procès, c'est-à-dire de les attacher à des potences après les avoir tués, car les Juifs n'avaient pas l'usage de pendre en croix les hommes vivants; il n'y en a pas un seul exemple. Mosé va plus loin; il ordonne que chacun tue tous ses parents qui ont sacrifié à Belphégor. *Bel* est le nom de Dieu dans toute la Syrie. Balac, ce chef des Arabes moabites, a reconnu le Dieu des Juifs pour Dieu en parlant tout à l'heure à Balaam : il est donc probable que les Hébreux et ces peuples avaient le même Dieu. Mais il est très-probable aussi qu'ils n'entendaient point par Belphégor l'Adonaï des Hébreux.

Les critiques ajoutent qu'il n'est pas possible qu'il y eût un lieu public de prostitution dans ce désert sablonneux, où il n'y a jamais eu que quelques Arabes errants et pauvres; que ces lieux de débauche n'ont jamais été connus que dans les grandes villes, où ils sont tolérés pour prevenir un plus grand mal.

2. Ces mêmes critiques continuent, et disent que cette nouvelle boucherie est aussi difficile à exécuter qu'à croire; que ce Phinées aurait été le plus fanatique, le plus fou, et le plus barbare des hommes. Selon Flavius Josèphe, le Juif et la femme madianite étaient mariés. Les parties génitales des gens mariés étaient sacrées; et le crime de l'assassin Phinées était exécrable. Si les Juifs, au lieu de combattre contre Madian, épousèrent sur-le-champ des filles de Madian, cela peut être absurde; mais cela ne mérite pas qu'on empale deux époux par les parties sacrées, et qu'on massacre vingt-quatre mille innocents. De quel front Mosé, à l'âge de près de six-vingts ans, pouvait-il faire tuer vingt-quatre mille de ses compatriotes pour s'être unis à des filles madianites, lui qui en avait épousé une, lui dont les enfants avaient un Madianite pour grand-père? Quoi! encore une fois, Aaron apostat est fait sur-le-champ grand prêtre, et vingt-quatre mille citoyens sont égorgés pour la chose la moins criminelle! et le sacerdoce est donné éternellement à la race d'Aaron pour sa récompense! Encore cette race d'Aaron n'eut-elle le sacerdoce que du temps de Salomon, et jusqu'aux Machabées. Une foule d'incrédules pensent que tout cela ne peut avoir été écrit que par quelque lévite très-ignorant, qui compila au hasard ces absurdités en faveur de sa tribu, comme nos moines mendiants ont écrit les histoires de leurs fondateurs : nous regardons ces discours comme des blasphèmes; mais nous sommes obligés de les rapporter.

Dom Calmet dit que Phinées crut que tout homme sage devait en user ainsi : c'est-à-dire que tout homme sage doit percer par les génitoires les hommes et les femmes qu'il trouvera couchés ensemble, et ensuite égorger tout ce qu'il rencontrera dans son chemin jusqu'au nombre de vingt-quatre mille.

3. Nous avions compté que les Israélites étant sortis d'Égypte au nombre de plus de six cent mille combattants, le nombre des femmes étant à peu près égal

Le Seigneur parla ensuite à Mosé, disant (chap. XXXI, v. 1) : « Venge premièrement les enfants d'Israël des Madianites, et après cela tu mourras et tu seras réuni à ton peuple aussitôt. » Mosé dit au peuple : « Faites prendre les armes, afin qu'on venge le Seigneur des Madianites; prenez mille hommes de chaque tribu. » Ils choisirent donc mille hommes de chaque tribu, douze mille hommes prêts à combattre. Ils combattirent donc contre les Madianites, et tuèrent tous les mâles et leur roi Évi, Récem, Sur, Hur, et Rébé, et Balaam, fils de Béor, et ils prirent leurs femmes, leurs petits enfants, leurs troupeaux, tous leurs meubles, et ils pillèrent tout, et ils brûlèrent villes, villages, châteaux....

Et Mosé se mit en colère contre les tribuns et les centurions, et leur dit : « Pourquoi avez-vous épargné les femmes? ne sont-ce pas elles qui ont séduit les enfants d'Israël, selon le conseil de Balaam...? Tuez tous les enfants, égorgez toutes les femmes qui ont connu le coït; mais réservez-vous toutes les filles et toutes les vierges.... »

Et on trouva que le butin que l'armée avait pris était de six cent soixante et quinze mille brebis, de soixante et douze mille bœufs, de soixante et un mille ânes, de trente-deux mille pucelles[1], dont trente-deux furent réservées pour la part du Seigneur.

à celui des hommes, et tous les Juifs se mariant, tous étant nourris par un miracle, l'armée pouvait être, au bout de quarante ans, de douze cent mille hommes. On n'en trouve cependant ici qu'environ six cent mille. Il faut considérer qu'il en était mort beaucoup dans la marche pénible et continuelle au milieu des déserts : le Seigneur en avait fait tuer vingt-trois mille pour le veau d'or; quatorze mille deux cent cinquante pour Coré et Dathan; vingt-quatre mille pour les filles madianites : somme totale, soixante et un mille deux cent cinquante, sans compter les princes d'Israël que le Seigneur fit mourir pour le péché commis avec les Madianites, et ceux qui moururent de maladie : outre cela, le Seigneur voulut que toute la race qui avait murmuré dans le désert fût entièrement détruite, et n'entrât point dans la terre promise. Ainsi trois millions d'hommes sortis d'Égypte moururent dans ces déserts, et six cent mille qui étaient nés dans ces mêmes déserts restèrent pour conquérir le petit pays de Canaan.

1. Les critiques jettent les hauts cris sur cette colère de Mosé, qui n'est pas content qu'on ait tué tous les mâles descendants de la famille d'Abraham comme lui, et chez lesquels il avait pris femme; il veut encore qu'on tue toutes les mères, toutes les femmes qui auront couché avec leur mari, et tous les enfants mâles à la mamelle, s'il en reste quelque.

Ils ne peuvent comprendre que dans le camp des Madianites le butin ait été de six cent soixante et quinze mille brebis, de soixante et un mille ânes, de soixante et douze mille bœufs; ils disent qu'on n'aurait pas pu trouver tant d'animaux dans toute l'Égypte. Si on donna trente-deux mille filles aux vainqueurs, ils demandent ce qu'on fit des trente-deux filles réservées pour la part du Seigneur : il n'y eut jamais de religieuses chez les Juifs; la virginité était regardée chez eux comme un opprobre. Comment donc trente-deux pucelles furent-elles la part du Seigneur? En fit-on un sacrifice? ces critiques osent l'assurer. Il faut leur pardonner d'être saisis d'horreur à la vue de tant de massacres de femmes et d'enfants. On conçoit difficilement comment il se trouva tant de femmes et d'enfants dans une bataille; mais rien ne nous apprend que les trente-deux filles offertes au Seigneur aient été immolées. Que devinrent-elles? Le texte ne le dit pas, et nous ne devons pas ajouter une horreur de plus à ces rigueurs qui soulèvent le cœur des incrédules, et qui font détester le peuple juif à ceux mêmes qui lisent l'Écriture avec le plus de respect et de foi.

Le texte dit encore qu'on trouva une immense quantité d'or en bagues, en anneaux, en bracelets, en colliers, et en jarretières. On n'en trouverait certai-

(Chap. xxxv, v. 1.) Le Seigneur dit encore à Mosé dans les plaines de Moab, le long du Jourdain, vis-à-vis de Jéricho : « Ordonne aux enfants d'Israël que des villes qu'ils possèdent, *eæ possessionibus suis*, ils en donnent aux lévites..., et que de ces villes il y en ait six de refuge, où les homicides puissent se retirer, et quarante-deux en outre our les lévites, c'est-à-dire qu'ils aient en tout quarante-huit villes [1].

DEUTÉRONOME.

Voici les paroles que Mosé parla à tout Israël (chap. i, v. 1) au delà du Jourdain, dans le désert, près de la mer Rouge, entre Pharan et l'hophel, et entre Laban et Hazeroth, où il y a beaucoup d'or. En la quarantième année, le onzième mois, le premier jour du mois, Mosé dit aux fils d'Israël tout ce que le Seigneur lui avait ordonné de leur dire. Après que le Seigneur eut frappé Séhon, roi des Amorrhéens, qui habitait en Hesebon, et Og, roi de Basan, qui demeurait à Asta-

---

nement pas tant aujourd'hui dans ce désert effroyable ; nous avons déjà dit que ces temps-là ne ressemblaient en rien aux nôtres.

1. M. Fréret et le lord Bolingbrocke croient démontrer que ce fut un lévite ignorant et avide qui composa, disent-ils, ce livre dans des temps d'anarchie. « Les lévites, disent ces philosophes, n'avaient d'autres possessions que la dîme. Jamais le peuple juif, dans ses plus grandes prospérités, n'eut quarante-huit villes murées. On ne croit pas même qu'Hérode, leur seul roi véritablement puissant, les possédât. Jérusalem, du temps de David, était l'unique habitation des Juifs qui méritât le nom de ville ; mais c'était alors une bicoque qui n'aurait pas pu soutenir un siége de quatre jours. Elle ne fut bien fortifiée que par Hérode. Ces auteurs, et quelques autres, s'efforcent de faire voir que les Juifs n'eurent aucune ville, ni sous Josué, ni sous les juges. Comment ce petit peuple, errant et vagabond jusqu'à Saül, aurait-il pu donner quarante-huit villes à des lévites, lui qui fut sept fois réduit en esclavage, de son propre aveu ? Peut-on ne se pas indigner contre le lévite faussaire qui ose dire qu'il faut donner quarante-huit villes à ses compagnons par ordre de Dieu ? Apparemment on devait leur donner ces quarante-huit villes quand les Juifs seraient maîtres du monde entier, et que les rois d'Occident, d'Orient, du Sud, et du Nord, viendraient adorer à Jérusalem, comme il est prédit tant de fois. Ce faussaire prétend encore qu'il devait y avoir six villes de refuge pour les homicides. Voilà assurément une belle police : voilà un bel encouragement aux plus grands crimes. On ne sait ce qui doit révolter davantage, ou de l'absurdité qui fait donner quarante-huit villes dans un désert, ou de six villes de refuge dans ce même désert pour y attirer tous les scélérats. »

Nos critiques ajoutent encore à ces reproches les contradictions évidentes qui se trouvent dans les mesures de ces villes, rapportées au livre des *Nombres*.

Nous finissons à regret notre commentaire sur ce livre par cette puissante objection, à laquelle nous croyons pouvoir répondre assez solidement, en disant que ces quarante-huit villes sont annoncées par l'écrivain sacré comme une prédiction de ce qui devait se faire un jour, quand le peuple de Dieu aurait assez de villes pour en céder quarante-huit aux lévites. Nous devons supposer que chaque tribu devait en posséder autant. Ainsi le pays de la Judée aurait eu cinq cent soixante et seize villes considérables. Mais comme les péchés du peuple empêchèrent toujours l'effet des prédictions, celle-ci ne fut pas plus accomplie que les autres ; et loin que les Juifs jouissent de cinq cent soixante et seize villes avec les faubourgs, ce peuple, réduit à deux misérables tribus et demie tout au plus, perdit le peu qu'il avait, et fut, ainsi que les Parsis et les Banians, et la moitié des Arméniens, réduit à faire le commerce partout, sans avoir d'habitation fixe nulle part.

roth et à Édraï qui est au delà du Jourdain dans la terre de Moab; et Mosé commença à expliquer la loi et à dire :

Le Seigneur notre Dieu nous parla en Horeb, disant : « Il vous suffit « d'avoir demeuré sur cette montagne, retournez à la montagne des « Amorrhéens, et à tous les lieux voisins dans les campagnes [1] et les mon- « tagnes vers le midi, et le long des côtes de la mer, terre des Cana- « néens et du Liban, jusqu'au grand fleuve de l'Euphrate [2]...; » et je vous ordonnai alors tout ce que vous deviez faire; et étant partis d'Horeb, nous passâmes par ce grand et effroyable désert.

« (Chap. VIII, v. 4.) Voici la quarantième année que vous êtes en chemin, et cependant les vêtements dont vous étiez couverts ne sont point usés de vétusté, et vos pieds n'ont point été déchaussés [3]....

1. Le savant Lacroze s'explique ainsi sur ce commencement du *Deutéronome*, dans son manuscrit qui est à Berlin : « Autant de paroles, autant de faussetés puériles, et autant de preuves sautant aux yeux qu'il est impossible que Moïse ait pu composer aucun des livres que l'ignorance lui attribue.

« Il est faux que Moïse ait parlé au delà du Jourdain, puisqu'il ne le passa jamais, et qu'il mourut sur le mont Nébo, loin et à l'orient du Jourdain, à ce que dit l'Écriture elle-même.

« Il est faux et impossible qu'il pût être alors dans l'autre désert de Pharan, puisque l'auteur vient de dire qu'il gagna une bataille dans ce temps-là même dans le désert de Moab, à plus de cent cinquante lieues de Pharan.

« Il est faux et impossible qu'il ait été dans ce désert de Pharan, proche de la mer Rouge, puisqu'il y a encore plus de cinquante lieues de la mer Rouge à ce Pharan.

« Il est faux qu'il y ait beaucoup d'or à Hazeroth près de ce Pharan. Ce misérable pays, loin de porter de l'or, n'a jamais porté que des cailloux.

« Dom Calmet répète en vain les explications de quelques commentateurs, assez impudents pour dire qu'au delà du Jourdain signifiait au deçà du Jourdain. Il vaut autant dire que dessus signifie dessous, que dedans signifie dehors, et que les pieds signifient la tête.

« L'auteur, quel qu'il soit, fait parler Moïse sur le bord de la mer Rouge dans la quarantième année et onze mois après la sortie d'Égypte, pour donner plus de poids à son récit par le soin de marquer les dates; mais ce soin même le trahit, et constate tous ses mensonges. Moïse sortit d'Égypte à l'âge de quatre-vingts ans; et l'Écriture dit qu'il mourut à cent vingt. Il était donc déjà mort lorsque le *Deutéronome* le fait parler; et il le fait parler dans un endroit où il n'était pas, et où il ne pouvait être. »

Ces critiques hardies, imputées au savant Lacroze, peuvent n'être point de lui. On n'y reconnaît point son caractère; il a toujours parlé avec respect de la sainte Écriture.

2. Nous avouons au célèbre Lacroze, ou à celui qui a pris son nom, qu'il y a de grandes difficultés dans ce commencement du *Deutéronome*. Calmet en convient. « Nos meilleurs critiques, dit-il, reconnaissent qu'il y a dans ces livres des additions qu'on y a mises pour expliquer quelques endroits obscurs, ou pour suppléer ce qu'on croit y manquer pour une parfaite intelligence. »

Ce discours du commentateur Calmet ne rend pas l'intelligence plus parfaite. Si on a, selon lui, ajouté aux livres saints, le Saint-Esprit n'a donc pas tout dicté; et si tout n'est pas du Saint-Esprit, comment distinguera-t-on son ou-vrage de celui des hommes? Peut-on supposer que Dieu ait dicté un livre pour l'instruction du genre humain, et que ce livre ait besoin d'additions et de cor-rections? On ne peut se tirer de ce labyrinthe qu'en recourant à l'Église, qui peut seule dissiper tous nos doutes par ses décisions infaillibles.

3. La *Bible* grecque, attribuée aux Septante, traduit : « Vos pieds n'ont point eu de calus; » mais le *Deutéronome*, en un autre endroit, répète encore que les souliers des Hébreux ne se sont point usés dans le désert pendant quarante ans. Ce miracle est aussi miracle que tous les autres. Collins suppute que le peuple de Dieu étant parti du beau pays de l'Égypte au nombre d'envi-

(Chap. ix, v. 1.) Écoute, Israël : Tu passeras aujourd'hui le Jourdain pour te rendre maître des grandes nations plus fortes que toi, qui ont de grandes villes et des murailles jusqu'au ciel, et un peuple grand et sublime, des géants que tu as vus et que tu as entendus, et à qui nul ne peut résister [1].

« (Chap. xii, v. 19.) .... Prenez bien garde d'avoir soin du lévite dans tout le temps que vous demeurerez sur la terre....

« (Chap. xiv, v. 24.) Lorsque vous aurez un chemin trop long à faire, vous apporterez toutes les dîmes au Seigneur.... Vous les vendrez toutes et vous achèterez de cet argent tout ce que vous voudrez, bœuf, brebis, vin, bière; et vous en mangerez avec le lévite qui est dans l'enceinte de vos murs et qui n'a point d'autre possession sur la terre.... Gardez-vous d'abandonner le lévite [2]....

« (Chap. xiii, v. 1.) S'il s'élève parmi vous un prophète qui dise avoir eu des visions et des songes, et s'il prédit des signes et des mi-

ron trois millions de personnes pour aller mourir dans les déserts dans l'espace de quarante années, ce fut trois millions de vestes et de robes, et trois millions de paires de souliers à vendre; et que les Juifs, qui ont toujours été fripiers, pouvaient gagner beaucoup à revendre ces effets à Babylone, à Damas, ou à Tyr. Mais puisqu'il restait six cent un mille sept cent trente combattants par le dénombrement que Mosé ordonna, si on suppose que chaque combattant avait une femme, et que chaque mari et femme eussent un père et une mère, et que chaque ménage eût deux enfants, cela ferait quatre millions huit cent treize mille huit cent quarante personnes à chausser et à vêtir; en ce cas, le miracle aurait été beaucoup plus grand, et il aurait fallu que le Seigneur eût donné à son peuple un million huit cent treize mille huit cent quarante paires de souliers de plus.

Pour répondre plus sérieusement à Collins, nous le renverrons à saint Justin, qui, dans son Dialogue avec Tryphon, soutient que non-seulement les habits des Hébreux ne s'usèrent point dans leur marche de quarante années au soleil et à la pluie, et en couchant sur la dure, mais que ceux des enfants croissaient avec eux, et s'élargissaient merveilleusement à mesure qu'ils avançaient en âge. Nous le renverrons encore à saint Jérôme, qui ajoute dans une épître, laquelle est la trente-huitième de la nouvelle édition, ces propres mots : « En vain les barbiers apprirent leur art dans le désert pendant quarante années; ils savaient que les cheveux et les ongles des Israélites ne croissaient pas. »

1. Aujourd'hui ne signifie pas ce jour-là même, puisque le peuple de Dieu ne passa le Jourdain qu'un mois après.

Pour ce qui concerne les géants, les critiques y trouvent une contradiction, parce qu'il est dit, dans le même *Deutéronome*, que Og était resté le seul de la race des géants. Mais Og demeurait à l'orient du Jourdain; et il pouvait y avoir d'autres géants à l'occident. Mais dans cet endroit où il est dit que Og était resté seul de la race des géants, l'auteur ajoute : « On montre encore son lit de fer dans Rabath, qui est une ville des enfants d'Ammon, et il a neuf coudées de long, et quatre de large. » C'est encore une des raisons pour lesquelles on a prétendu que Mosé ne pouvait avoir écrit les livres qui sont sous son nom, parce que ces mots : « On montre encore son lit, » prouvent que l'auteur n'était pas contemporain; et Mosé, dit-on, ne pouvait l'avoir vu dans Rabath, qui ne fut prise que longtemps après par David.

2. Les critiques prétendent que ce passage prouve trois choses : la première, que c'est évidemment un lévite qui écrivit ce livre quand les Juifs eurent des villes; la seconde, que les lévites n'eurent jamais quarante-huit villes à eux appartenantes; la troisième, que les Israélites ne furent pas nourris simplement de manne dans le désert, puisqu'ils doivent manger du bœuf et du mouton, et boire du vin et de la bière avec le lévite. Cette critique nous paraît bien rigoureuse. L'auteur sacré veut dire, problablement, que les Juifs doivent manger du bœuf et du mouton, et boire de la bière et du vin avec le lévite, quand ils en auront.

racles, et si les choses qu'il aura prédites arrivent et qu'il vous dise : « Allons, suivons des dieux étrangers que vous ne connaissez pas et « servons-les; » vous n'écouterez pas ce prophète, ce songeur de songes; car c'est le Seigneur votre Dieu qui vous tente, afin qu'il voie si vous l'aimez ou non de toute votre âme.... Ce prophète, ou ce songeur de songes, sera mis à mort. Si votre frère, fils de votre mère, ou votre fils, ou votre fille, ou votre femme qui est entre vos bras, vous dit en secret : « Allons, servons des dieux étrangers; » tuez aussitôt votre frère, ou votre fils, ou votre femme; qu'ils reçoivent le premier coup de votre main et que tout le peuple frappe après vous [1].

« (Chap. XIII, v. 12.) Si vous apprenez que dans une de vos villes des gens méchants ont dit : « Allons, servons des dieux à vous inconnus; » vous passerez aussitôt au fil de l'épée tous les habitants de cette ville, et vous la détruirez avec tout ce qu'elle possède, jusqu'aux bêtes [2].

« (Chap. XVII, v. 14.) Quand vous serez entrés dans la terre que le

---

[1]. Le premier président de Harlai, sachant qu'on avait abusé de ce passage de l'Écriture, et de quelques autres passages pareils, pour faire assassiner Henri III par le jacobin Jacques Clément, écrivit, dans un petit Mémoire qui nous a été montré par un magistrat de sa maison, ces propres mots : « Il serait expédient de ne laisser lire aux jeunes prêtres aucun des livres de l'*Ancien Testament*, dans lesquels pourraient se rencontrer semblables instigations qui ont induit maints esprits faibles et méchants au parricide et régicide. Il vaut mieux ne point lire, que de tourner en poison ce qui doit être nourriture de vie. »

On peut appliquer à ce passage du *Deutéronome* la réflexion du président de Harlai. Il est aisé à un fanatique de se persuader que sa femme et son fils veulent le faire apostasier; et s'il les tue sur ce prétexte, il se croira un saint. Ravaillac avoue, dans son interrogatoire, qu'il n'a assassiné Henri IV que parce qu'il ne croyait pas que ce grand et adorable monarque fût bon catholique.

On a cru voir encore un autre danger dans ces versets du *Deutéronome*, et le voici. Si un prophète prédit des choses miraculeuses, et si ces choses miraculeuses arrivent, c'est donc la Divinité elle-même qui l'a inspiré; et s'il vous dit ensuite : « Je suis autorisé par mes miracles à vous prêcher le culte d'un nouveau dieu, » ce nouveau dieu est donc le véritable. Cet argument, sans doute, n'est pas aisé à réfuter, à moins que vous ne disiez qu'un fripon scélérat peut faire de véritables miracles. Mais alors vous faites un dieu de ce fripon scélérat : et s'il est votre père ou votre frère, comme vous le supposez, si vous le tuez, vous commettez non-seulement un parricide, mais un déicide. Vous n'avez plus d'autre réponse à faire que d'avoir recours à la magie, et de dire qu'il est au pouvoir des prétendus magiciens de faire de vrais miracles. Ainsi, quelque chose que vous répondiez, vous êtes absurde et barbare.

Cette objection est spécieuse. On la résout en disant que Dieu ne permet jamais qu'un faux prophète fasse autant de miracles qu'un vrai prophète.

2. Le lord Bolingbrocke parle sur cet article avec plus de force encore que le président de Harlai. « C'est le comble, dit-il, de la barbarie en démence, de massacrer tous les habitants d'une ville qui vous appartient et d'y détruire tout, jusqu'aux bêtes, parce que quelques citoyens de cette ville ont eu un culte différent du vôtre. Ce serait un peuple coupable de cette exécrable cruauté qu'il faudrait détruire, comme nous avons détruit les loups en Angleterre. »

Pour tâcher d'apaiser ceux qui pensent comme le président de Harlai et comme le lord Bolingbrocke, nous dirons que ces passages du *Deutéronome* ne sont probablement que comminatoires; et nous dirons à ceux qui sont persuadés qu'Esdras ou quelque autre lévite composa ce livre, qu'il ne voulut qu'inspirer une forte horreur pour le culte des Babyloniens, et pour celui des Persans. Mais nous conviendrons qu'il ne faut jamais lire l'Écriture qu'avec un esprit de paix et de charité universelle.

Nous avouons, d'ailleurs, que cela n'a pu être écrit que dans un temps où les Hébreux eurent des villes, et où chaque ville voulut avoir son dieu et son culte, pour être plus indépendante de ses voisines. La haine fut extrême entre

Seigneur vous donnera, et que vous la posséderez, et que vous direz : « Nous voulons choisir un roi comme en ont les autres nations qui « nous environnent; » vous ne pourrez prendre pour roi qu'un homme de votre nation, un de vos frères; et quand il sera établi roi, il n'aura pas un grand nombre de chevaux, il ne ramènera point le peuple en Égypte, il n'aura point cette multitude de femmes qui enchantent son esprit, ni de grands monceaux d'or et d'argent[1].... Après qu'il sera assis sur son trône, il écrira pour lui ce *Deutéronome* sur un exemplaire des prêtres de la tribu de Lévi.

« Lorsque vous combattrez vos ennemis, si Dieu les livre entre vos mains, et si vous voyez parmi vos captifs une belle femme pour laquelle vous aurez de l'amour, et si vous voulez l'épouser, vous l'amènerez en votre maison; elle se rasera les cheveux et se coupera les ongles; elle quittera la robe avec laquelle elle a été prise, et pleurera dans votre maison son père et sa mère pendant un mois; ensuite vous entrerez dans elle; vous dormirez avec elle, et elle sera votre femme[2].

« Lorsque vous marcherez contre vos ennemis, si un homme a été pollu en songe, il sortira hors du camp (chap. xxiii, v. 10), et n'y rentrera que le soir après s'être lavé d'eau[3].... Il y aura un lieu hors

tous les habitants de cette partie de la Syrie. La superstition et l'esprit de rapine envenimèrent cette haine; et tant qu'il y eut des Juifs, leur histoire fut l'histoire des cannibales : mais c'est que Dieu voulait les éprouver. D'ailleurs, la loi juive ne nous importe point; nous sommes chrétiens, et non pas juifs.

1. Ceux qui croient qu'un lévite du temps des rois est l'auteur du *Deutéronome* sont confirmés dans leur opinion par cet article. Il y a, selon la *Vulgate*, trois cent cinquante-six ans de la mort de Mosé à l'élection du roi Saül, et bien davantage selon d'autres calculs. Comment se pourrait-il que Mosé parlât des rois, lorsque Dieu était le seul roi des Juifs? On a soupçonné que le *Pentateuque* entier fut écrit par quelques lévites huit cent vingt-sept ans après Mosé, selon la *Vulgate*, du temps du roi Josias. Ce livre, alors ignoré, fut trouvé au fond d'un coffre par le grand-prêtre Helcias lorsqu'il comptait de l'argent. Ce fut vers ce temps-là que quelques Juifs se réfugièrent en Égypte, sous le roi Néchao; ainsi le lévite, auteur du *Pentateuque*, avertit ici les rois de ne point laisser passer leurs sujets chez les Égyptiens. Tout semblerait concourir à rendre cette opinion vraisemblable, si d'ailleurs on n'était pas convaincu que Mosé seul est l'auteur du *Pentateuque*.

La défense d'avoir un grand nombre de femmes et de chevaux semble regarder principalement Salomon, qu'on accuse d'avoir eu sept cents femmes et trois cents concubines, et quarante mille écuries; car pour Saül, il ne fut choisi pour roi que dans le temps qu'il cherchait ses ânesses.

2. Plusieurs personnes se sont scandalisées de cet article. Les Juifs dans le désert, ou dans le Canaan, ne pouvaient avoir de guerre que contre les étrangers. Il leur était défendu, sous peine de mort, de s'unir à des femmes étrangères : et voilà que le *Deutéronome* leur permet d'épouser ces femmes; et la seule cérémonie des épousailles est de coucher avec elles. On a remarqué que ce n'est point ainsi qu'Alexandre et Scipion en usèrent. C'est encore une raison en faveur de ceux qui croient que le *Pentateuque* fut écrit du temps des rois, parce que, dans les guerres civiles des rois de Juda contre les rois d'Israël, il était permis d'épouser les filles des vaincus, les deux partis descendant également d'Abraham. Tout semble donc concourir à prouver qu'aucun livre juif ne fut écrit que du temps de David, ou longtemps après lui : mais l'opinion de tous les Pères et de toute l'Église doit prévaloir contre les raisons des savants, quelque plausibles qu'elles puissent être.

3. Plusieurs gens de guerre ont dit que les pollutions pendant la nuit arrivaient principalement aux jeunes gens vigoureux, et que l'ordre de les éloigner de l'armée du matin au soir était très-dangereux, parce que c'est d'ordinaire

du camp pour faire vos nécessités (chap. XXIII, v. 12). Vous porterez une petite bêche à votre ceinture; vous ferez un trou rond autour de vous, et quand vous aurez fait, vous couvrirez de terre vos excréments [1]....

(Chap. XXVIII.) Si vous ne voulez point écouter la voix du Seigneur, le Seigneur vous réduira à la pauvreté, et vous aurez la fièvre.... Vous vous marierez, et un autre couchera avec votre femme.... On vous prendra votre âne, et on ne vous le rendra point.... Le Seigneur vous frappera d'un ulcère malin dans les genoux et dans le gras des jambes. .... Le Seigneur vous emmènera, vous et votre roi, dans un pays que vous ignoriez, et vous y servirez des dieux étrangers.... L'étranger vous prêtera à usure, et vous ne lui prêterez point à usure.... Le Seigneur fera venir d'un pays reculé, et des extrémités de la terre, un peuple dont vous n'entendrez point le langage, afin qu'il mange les petits de vos bestiaux, et qu'il ne vous laisse ni blé, ni vin, ni huile.... Vous mangerez vos propres enfants, et l'homme le plus luxurieux refusera à son frère et à sa femme la chair de ses propres fils, qu'il mangera pendant le siége de votre ville, parce qu'il n'aura rien autre chose à manger, etc. [2]. »

JOSUÉ.

Et après la mort de Mosé (chap. I, v. 1), serviteur de Dieu, il arriva que Dieu parla à Josué, fils de Nun, et lui dit : « Mon serviteur Mosé est mort; lève-toi, passe le Jourdain, toi et tout le peuple avec toi.... Tous les lieux où tu mettras les pieds, je te les donnerai, comme

du matin au soir que se donnent les batailles; que cet ordre n'était propre qu'à favoriser la poltronnerie; qu'il était plus aisé de se laver dans sa tente, où l'on est supposé avoir au moins une cruche d'eau, que d'aller se laver hors du camp, où l'on pouvait fort bien n'en pas trouver. Nous ne regardons pas cette remarque comme bien importante.

1. L'ordre que le Seigneur lui-même donne sur la manière de faire ses nécessités a paru indigne de la majesté divine au célèbre Collins; et il s'est emporté jusqu'à dire que Dieu avait plus de soin du derrière des Israélites que de leurs âmes; que ces mots *immortalité de l'âme* ne se trouvaient dans aucun endroit de l'*Ancien Testament*, et qu'il est bien bas de s'attacher à la manière dont on doit aller à la garde-robe. C'est s'exprimer avec bien peu de respect. Tout ce que nous pouvons dire, c'est que le peuple juif était si grossier, et que de nos jours même la populace de cette nation est si malpropre et si puante, que ses législateurs furent obligés de descendre dans les plus petits et les plus vils détails : la police ne néglige pas les latrines dans les grandes villes.

2. Les critiques continuent à trouver dans les malédictions du Seigneur de nouvelles preuves que jamais les Juifs ne connurent que des peines temporelles. La plus forte est celle d'être réduits à manger leurs enfants; et c'est ce que leur histoire assure leur être arrivé pendant le siége de Samarie. Or, le grand prêtre Helcias ne trouva le *Pentateuque* qu'environ quatre-vingts ans après ce siége. C'est ce qui achève de persuader ces critiques qu'un lévite composa surtout le *Deutéronome*, et qu'il lui fut aisé de prédire les horreurs du siége de Samarie après l'événement.

Nous croyons fermement que Mosé, appelé chez nous Moïse, est le seul auteur du *Pentateuque*, comme l'Église le croit, et qu'il n'y a que le récit de sa mort qui ne soit pas écrit par lui. Nous avons seulement exposé avec candeur l'opinion de nos adversaires.

je l'ai promis à Mosé, depuis le désert et le Liban jusqu'au grand fleuve de l'Euphrate; nul ne pourra te résister tant que tu vivras [1]. »

Josué, fils de Nun, envoya donc secrètement de Setim deux espions .... Ils partirent, et entrèrent dans la ville de Jéricho, dans la maison d'une prostituée nommée Rahab, et y passèrent la nuit. Le roi de Jéricho en fut averti; il envoya chez Rahab la prostituée, disant : « Amène-nous les espions qui sont dans ta maison; » mais cette femme les cacha, et dit : « Ils sont sortis pendant qu'on fermait les portes, et je ne sais où ils sont allés [2].... »

(Chap. III, v. 14.) Le peuple sortit donc de ses tentes pour passer le Jourdain, et les prêtres, qui portaient l'arche du pacte, marchaient devant lui; et quand ils furent entrés dans le Jourdain, et que leurs

---

1. Le Seigneur promet plusieurs fois avec serment de donner le fleuve de l'Euphrate au peuple juif; cependant il n'eut jamais que le fleuve du Jourdain. S'il avait possédé toutes les terres depuis la Méditerranée jusqu'à l'Euphrate, il aurait été le maître d'un empire plus grand que celui d'Assyrie. C'est ce que n'a pas compris Warburton, quand il dit que les Juifs ne devaient haïr que les peuples du Canaan. Il est certain qu'ils devaient haïr tous les peuples idolâtres du Nil et de l'Euphrate.

Si on demande pourquoi Josué, fils de Nun, ne ravagea pas et ne conquit pas toute l'Égypte, toute la Syrie, et le reste du monde, pour y faire régner la vraie religion, et pourquoi il ne porta le fer et la flamme que dans cinq ou six lieues de pays tout au plus, et encore dans un très-mauvais pays, en comparaison des campagnes immenses arrosées du Nil et de l'Euphrate, ce n'est pas à nous à sonder les décrets de Dieu. Il nous suffit de savoir que, depuis Mosé et Josué, les Juifs n'approchèrent jamais du Nil et de l'Euphrate que pour y être vendus comme esclaves, tant les jugements de Dieu sont impénétrables. Dieu ne cesse jamais de parler à Mosé et à Josué; Dieu conduit tout, Dieu fait tout; il dit plusieurs fois à Josué : « Sois robuste, ne crains rien, car ton Dieu est avec toi. » Josué ne fait rien que par l'ordre exprès de Dieu. C'est ce que nous allons voir dans la suite de cette histoire.

2. Les critiques demandent pourquoi Dieu ayant juré à Josué, fils de Nun, qu'il serait toujours avec lui, Josué prend cependant la précaution d'envoyer des espions chez une *meretrix*. Quel besoin avait-il de cette misérable, quand Dieu lui avait promis son secours de sa propre bouche; quand il était sûr que Dieu combattait pour lui, et qu'il était à la tête d'une armée de six cent mille hommes, dont il détacha, selon le texte, quarante mille pour aller prendre le village de Jéricho, qui ne fut jamais fortifié, les peuples de ce pays-là ne connaissant pas encore les places de guerre, et Jéricho étant dans une vallée où il est impossible de faire une place tenable?

M. Fréret traite Calmet d'imbécile, et se moque de lui de ce qu'il perd son temps à examiner si le mot *zonah* signifie toujours une femme débauchée, une prostituée, une gueuse, et si Rahab ne pourrait pas être regardée seulement comme une cabaretière.

Dom Calmet examine aussi avec beaucoup d'attention si cette cabaretière ne fut pas coupable d'un petit mensonge en disant que les espions juifs étaient partis, lorsqu'ils étaient chez elle; il prétend qu'elle fit une très-bonne action. « Étant informée, dit-il, du dessein de Dieu, qui voulait détruire les Cananéens et livrer leur pays aux Hébreux, elle n'y pouvait résister sans tomber dans le même crime de rébellion à l'égard de Dieu, qu'elle aurait voulu éviter envers sa patrie; de plus elle était persuadée des justes prétentions de Dieu, et de l'injustice des Cananéens : ainsi elle ne pouvait prendre un parti ni plus équitable, ni plus conforme aux lois de la sagesse. »

M. Fréret répond que si cela est, Rahab était donc inspirée de Dieu même, aussi bien que Josué; et que le crime abominable de trahir sa patrie pour des espions d'un peuple barbare dont elle ne pouvait entendre la langue, ne peut être excusé que par un ordre exprès de Dieu, maître de la vie et de la mort. « Rahab, dit-il, était une infâme qui méritait le dernier supplice. » Nous savons

pieds furent mouillés d'eau au temps de la moisson, le Jourdain étant à pleins bords[1], les eaux descendantes s'arrêtèrent à un même lieu, s'élevant comme une montagne; et les eaux d'en bas s'écoulèrent dans la mer du désert qui s'appelle aujourd'hui la mer Morte; et le peuple s'avançait toujours contre Jéricho, et tout le peuple passait par le lit du fleuve à sec.

(Chap. v, v. 1.) Tous les rois des Amorrhéens qui habitaient la rive occidentale du Jourdain, et tous les rois cananéens qui possédaient les rivages de la grande mer (Méditerranée), ayant appris que le Seigneur avait séché le Jourdain, eurent le cœur dissous, tant ils craignaient l'invasion des fils d'Israël....

Or, le Seigneur dit à Josué (chap. v, v. 2) : « Fais-toi des couteaux de pierre, et circoncis encore les enfants d'Israël[2]. » Josué fit comme

que le *Nouveau Testament* compte cette Rahab au nombre des aïeules de Jésus-Christ; mais il descend aussi de Betzabée et de Thamar, qui n'étaient pas moins criminelles. Il a voulu nous faire connaître que sa naissance effaçait tous les crimes. Mais l'action de la prostituée Rahab n'en est pas moins punissable selon le monde.

Collins soutient que Josué sembla se défier de Dieu en envoyant des espions chez cette femme, et que puisqu'il avait avec lui Dieu et quarante mille hommes pour se saisir d'un petit bourg dans une vallée, et que la palissade qui enfermait ce petit bourg tomba au son des trompettes, on n'avait pas besoin d'envoyer chez une gueuse deux espions qui risquaient d'être pendus.

Nous citons à regret ces discours des incrédules; mais il faut faire voir jusqu'où va la témérité de l'esprit humain.

1. Les incrédules disent qu'il ne faut pas multiplier les miracles sans nécessité; que le prodige du passage du Jourdain est superflu après le passage de la mer Rouge. Ils remarquent que l'auteur fait passer le Jourdain dans notre mois d'avril au temps de la moisson, mais que la moisson ne se fait dans ce pays-là qu'au mois de juin. Ils assurent que jamais au mois d'avril le Jourdain n'est à pleins bords; que ce petit fleuve ne s'enfle que dans les grandes chaleurs, par la fonte des neiges du mont Liban; qu'il n'a dans aucun endroit plus de quarante-cinq pieds de large, excepté à son embouchure dans la mer Morte; et qu'on peut le passer à gué dans plusieurs endroits. Ils prouvent qu'il y a plusieurs gués par l'aventure funeste de la tribu d'Ephraïm, qui combattit depuis contre Jephté, capitaine des Galaadites. Ceux de Galaad se saisirent, dit le texte sacré, des gués du Jourdain par lesquels les Éphraïmites devaient repasser; et quand quelque Éphraïmite échappé de la bataille venait aux gués, et disait à ceux de Galaad : « Je vous conjure de me laisser passer, » ceux de Galaad disaient à l'Éphraïmite : « N'es-tu pas d'Éphraïm? — Non, disait l'Éphraïmite. — Eh bien, disaient les Galaadites, prononce *schiboleth*; » et l'Éphraïmite, qui grasseyait, prononçait *siboleth*; et aussitôt on le tuait; et on tua ainsi ce jour-là quarante-deux mille Éphraïmites.

Ce passage, disent les critiques, fait voir qu'il y avait plusieurs gués pour traverser aisément ce petit fleuve.

Ils s'étonnent ensuite que le roi prétendu de Jéricho, et tous les autres Cananéens que l'auteur sacré a dépeints comme une race de géants terribles, et auprès de qui les Juifs ne paraissaient que des sauterelles, ne vinrent pas exterminer ces sauterelles qui venaient ravager leur pays. « Il est vrai, disent-ils, que l'auteur sacré nous assure que le roi Og était le dernier des géants; mais il nous assure aussi qu'il en restait beaucoup au delà du Jourdain dans le pays de Canaan; et géants ou non, ils devaient disputer le passage de la rivière. »

On répond à cela que l'arche passait la première; que la gloire du Seigneur était visiblement sur l'arche; que Dieu marchait avec Josué et quarante mille hommes choisis; et que les habitants durent être consternés d'un miracle dont ils n'avaient point d'idée.

2. Puisque Dieu fit circoncire tout son peuple après avoir passé le Jourdain, il y eut donc six cent un mille combattants circoncis ces jours-là; et si chacun

le Seigneur lui commanda, et circoncit tous les enfants d'Israël sur la colline des Prépuces....; car le peuple né dans le désert, pendant quarante années de marche dans ces vastes solitudes, n'avait point été circoncis.... et ils furent circoncis par Josué, parce qu'ils avaient encore leur prépuce, et ils demeurèrent au même lieu jusqu'à ce qu'ils fussent guéris.... Alors le Seigneur dit à Josué : « Aujourd'hui j'ai ôté l'opprobre de l'Égypte de sur vous [1]. »

Et ils firent la pâque le quatorzième jour du mois, dans la plaine de Jéricho..., et après qu'ils eurent mangé des fruits de la terre, la manne cessa [2].

Or, Josué, étant dans un champ de Jéricho, vit un homme debout devant lui tenant à la main une épée nue. Il lui dit : « Es-tu des nôtres ou un ennemi? » Lequel répondit : « Non; mais je suis le prince de l'armée du Seigneur, et j'arrive; » et Josué tomba prosterné en terre, et l'adorant il dit : « Que veut mon Seigneur de son serviteur? — Ôte tes souliers de tes pieds, dit-il, parce que le lieu où tu es est saint; » et Josué ôta ses souliers [3].

(Chap. VI, v. 2.) Et le Seigneur dit à Josué : « Je t'ai donné Jéricho et son roi, et tous les hommes forts. Que toute l'armée hébraïque fasse le tour de la ville pendant six jours. Qu'au septième jour les prêtres

eut deux enfants, cela fit dix-huit cent trois mille prépuces coupés, qui furent mis en un tas dans la colline appelée des Prépuces. Mais comment tous les géants de Canaan, et tous les peuples de Biblos, de Béryte, de Sidon, de Tyr, ne profitèrent-ils pas de ce moment favorable pour égorger tous ces agresseurs affaiblis par cette plaie, comme les patriarches Siméon et Lévi avaient seuls égorgé tous les Sichémites, après les avoir engagés à se circoncire? Comment Josué fut-il assez imprudent pour exposer son armée, incapable d'agir, à la vengeance de tous ces géants et de tous ces rois? C'est une réflexion du comte de Boulainvilliers. C'était, dit-il, une très-grande imprudence; il fallait attendre qu'on eût pris Jéricho. Que dirait-on aujourd'hui d'un général d'armée qui ferait prendre médecine à tous ses soldats devant l'ennemi?

Nous lui disons que Josué ne faisait pas la guerre selon les règles de la prudence humaine, mais selon les ordres de Dieu. Et d'ailleurs tous les géants et tous les rois pouvaient très-bien ignorer ce qu'on faisait dans le camp des Israélites.

1. Quelque peine que les commentateurs aient prise pour expliquer comment les prépuces entiers des Hébreux en Palestine étaient *l'opprobre de l'Égypte*, nous avouons qu'ils n'ont pas réussi. Les Égyptiens n'étaient pas tous circoncis; il n'y avait que les prêtres et les initiés aux mystères qui eussent cette marque sacrée, pour les distinguer des autres hommes : mais Dieu voulut que tout son peuple eût cette même marque, parce que tout son peuple était saint, et que le moindre Juif était plus sacré que le grand prêtre de l'Égypte.

2. Quelques commentateurs recherchent comment le petit pays de Jéricho, qui ne produit que quelques plantes odoriférantes, et qui alors n'avait qu'un petit nombre de palmiers et d'oliviers, put suffire à nourrir une multitude affamée qui n'avait mangé que de la manne pendant si longtemps. On fait monter cette multitude à plus de quatre millions de personnes, si l'on compte vieillards, enfants, et femmes. Mais il n'était pas plus difficile à Dieu de nourrir son peuple avec quelques dattes qu'avec de la manne.

3. Les critiques demandent pourquoi ce prince de la milice céleste? à quoi bon cette apparition, lorsque Dieu était continuellement avec Josué comme avec Mosé? Cette apparition leur paraît inutile. Mais apparemment ce prince de la milice céleste était Dieu même, qui voulait donner des marques évidentes de sa protection sous une autre forme. L'ordre d'ôter ses souliers est conforme à l'ordre de Dieu quand il apparut à Mosé dans le buisson ardent. Ce fut toujours une grande irrévérence de paraître devant Dieu avec des souliers.

prennent sept cornets; qu'ils marchent devant l'arche du pacte sept fois autour de la ville et que les prêtres sonnent du cornet; et lorsque les cornets sonneront le son le plus long et le plus court, que tout le peuple jette un grand cri, et alors les murs de la ville tomberont jusqu'aux fondements[1]. »

.... Et, pendant que les prêtres sonnaient du cornet, au septième jour, Josué dit à tout Israël : « Criez, car le Seigneur vous a donné la ville; que cette ville soit dévouée en anathème. Ne sauvez que la prostituée Rahab avec tous ceux qui seront dans sa maison; que tout ce qui sera d'or, d'argent, d'airain et de fer, soit consacré au Seigneur et mis dans ses trésors.... » Ils prirent ainsi la ville et ils tuèrent tout ce qui était en Jéricho, hommes, femmes, enfants, vieillards, bœufs, brebis et ânes; ils les frappèrent par la bouche du glaive...; après cela ils brûlèrent la ville et tout ce qui était dedans. Or, Josué sauva Rahab la prostituée et la maison de son père avec tout ce qu'il avait, et ils ont habité au milieu d'Israël *jusqu'à aujourd'hui*[2].

1. Plus d'un savant persiste à croire qu'il n'y avait aucune ville fermée de murailles dans ces quartiers. Ils se fondent sur ce que Jérusalem elle-même, qui devint dans la suite la capitale des Juifs, n'était pas une ville. Ils prétendent que les villes étaient vers la mer, comme Tyr, Sidon, Béryte, Biblos, villes très-anciennes. Calmet compte pour des villes les deux méchants villages de Bethhoron, parce que saint Jérôme en parle. Calmet ne songe pas qu'un village pouvait être devenu une ville au bout de deux mille ans. Il n'y avait pas une seule ville murée du temps de Charlemagne au delà du Rhin. Jéricho pouvait n'être qu'un bourg entouré de palissades; et cela suffit pour le miracle.

Il est raconté dans une chronique samaritaine que Josué étant attaqué par quarante-cinq rois d'Orient, et se trouvant enfermé entre sept murailles de fer par une magicienne, mère d'un de ces rois, il fut délivré par Phinées, fille d'Aaron, qui sonna sept fois de son cornet. On a fort agité la question si le récit de Josué était antérieur au récit samaritain. L'un et l'autre sont merveilleux; mais il faut donner la préférence au livre de Josué.

2. C'est avec douleur que nous rapportons, sur cet événement, les réflexions du lord Bolingbrocke, lesquelles M. Mallet fit imprimer après la mort de ce lord :

« Est-il possible que Dieu, le père de tous les hommes, ait conduit lui-même un barbare à qui le cannibale le plus féroce ne voudrait pas ressembler? Grand Dieu! venir d'un désert inconnu pour massacrer toute une ville inconnue! égorger les femmes et les enfants, contre toutes les lois de la nature! égorger tous les animaux! brûler les maisons et les meubles, contre toutes les lois du bon sens, dans le temps qu'on n'a ni maisons ni meubles! ne pardonner qu'à une vile putain digne du dernier supplice! Si ce conte n'était pas le plus absurde de tous, il serait le plus abominable. Il n'y a qu'un voleur ivre qui puisse l'avoir écrit, et un imbécile ivre qui puisse le croire. C'est offenser Dieu et les hommes, que de réfuter sérieusement ce misérable tissu de fables dans lesquelles il n'y a pas un mot qui ne soit ou le comble du ridicule, ou celui de l'horreur. »

Milord était bien échauffé quand il écrivit ce morceau violent. On doit plus de respect à un livre sacré. Il ajoute que ces mots, *jusqu'à aujourd'hui*, montrent que ce livre n'est pas de Josué. Mais quel que soit son auteur, il est dans le Canon des Juifs, il est adopté par toutes les Églises chrétiennes. Nous savons bien que les rigueurs de Josué révoltent la faiblesse humaine; qu'il serait affreux de les imiter, soit que les habitations qu'il détruisit, et qui nageaient dans le sang, fussent des villes ou des villages. Nous ne nions pas que, si un peuple étranger venait nous traiter ainsi, cela ne parût exécrable à toute l'Europe. Mais n'est-ce pas précisément la manière dont on en usa envers les Américains au commencement de notre seizième siècle? Josué fut-il plus cruel que les dévastateurs du Mexique et du Pérou? Et si l'histoire des barbaries européennes est vraie, pourquoi celle des cruautés de Josué ne le serait-elle pas? Tout ce qu'on

Alors Josué dit : « Maudit soit devant le Seigneur celui qui relèvera et rebâtira Jéricho [1].... »

(Chap. vii, v. 1.) Or, les enfants d'Israël prévariquèrent contre l'anathème et ils prirent du réservé par l'anathème; car Achan, fils de Charmi, déroba quelque chose de l'anathème, et Dieu fut en colère contre les enfants d'Israël, et comme Josué envoya de Jéricho contre Haï, près de Béthel, il dit : « Il suffit qu'on envoie deux ou trois mille hommes contre Haï. » Trois mille guerriers allèrent donc; mais ils s'enfuirent et ils furent poursuivis par les hommes de Haï, qui les tuèrent comme ils fuyaient; et les Juifs furent saisis de crainte et leur cœur se fondit comme de l'eau; et Dieu dit à Josué : « Israël a péché, il a prévariqué contre mon pacte, ils ont dérobé de l'anathème, ils ont volé et ils ont menti; vous ne pouvez tenir contre vos ennemis jusqu'à ce que celui qui s'est souillé de ce crime soit exterminé. »

Josué se levant donc (chap. vii, v. 16) de grand matin, fit venir toutes les tribus d'Israël, et le sort tomba sur la tribu de Juda, puis sur la famille de Zaré..., puis sur Achan, fils de Charmi, fils de Zabdi, fils de Zaré...; et Achan répondit : « Il est vrai, j'ai péché contre le Dieu d'Israël; et ayant vu parmi les dépouilles un manteau d'écarlate fort bon, deux cents sicles d'argent et une règle d'or de cinquante sicles, je les pris et je les cachai dans ma tente...; » et Josué lui dit : « Puisque tu nous as troublés, que Dieu te trouble en ce jour; » et tout Israël le lapida et tout ce qu'il possédait fut brûlé par le feu [2].

peut dire, c'est que Dieu commanda et opéra lui-même la ruine de Canaan, et qu'il n'ordonna pas la ruine de l'Amérique.

1. La sentence contre Jéricho ne fut pas exécutée. Jéricho existait sous David et du temps des Romains, et existe encore tel qu'il fut toujours, c'est-à-dire un petit hameau à six lieues de Jérusalem.

2. M. Boulanger s'exprime encore plus violemment, s'il est possible, que le lord Bolingbroke sur ces morceaux de l'histoire de Josué. « Non-seulement on nous représente Josué comme un capitaine de voleurs arabes, qui vient tout ravager et tout mettre à sang dans un pays qu'il ne connaît pas; mais ayant, dit-on, six cent mille hommes de troupes réglées, il trouve le secret d'être battu par deux ou trois cents paysans à l'attaque d'un village. Et pour achever de peindre ce général d'armée, on en fait un sorcier qui devine qu'on a été battu parce qu'un de ses soldats a pris pour lui précédemment une part du butin, et s'est approprié un bon manteau rouge et un bijou d'or. On se sert, pour découvrir le coupable, d'un sortilége dont les petits enfants se moqueraient aujourd'hui : c'est de tirer la vérité aux dés, ou à la courte paille, ou à quelque autre jeu semblable. Achan n'est pas heureux à ce jeu. On le brûle vif, lui, ses fils, ses filles, ses bœufs, ses ânes, ses brebis; et on brûle encore le manteau d'écarlate, et le bijou d'or que l'on cherchait. Si Cartouche, continue M. Boulanger, avait fait un pareil tour, Mme Oudot l'aurait imprimé dans sa *bibliothèque bleue*. Nos histoires de voleurs et de sorciers n'ont rien de semblable. »

Ce discours blasphématoire, ces dérisions de M. Boulanger, pourraient faire quelque impression s'il s'agissait d'une histoire ordinaire arrivée et écrite de nos jours, mais ne peuvent rien contre un livre sacré miraculeusement écrit et miraculeusement conservé pendant tant de siècles, Dieu était le maître d'exterminer les Cananéens, qui étaient de grands pécheurs. Il n'appartenait qu'à lui de choisir la manière du châtiment. Il voulut que tout le butin fût également partagé entre les enfants d'Israël exécuteurs de ses vengeances. Il se servit toujours de la voie du sort dans l'*Ancien* et le *Nouveau Testament*, parce qu'il est le maître du sort. La place qu'un de Judas même, de ce Judas qui fut cause de la mort de notre Seigneur, a été tirée au sort. Voilà pourquoi saint Augustin a toujours distingué la cité de Dieu de la cité mondaine. Dans la cité mondaine, tout est

(Chap. VIII, v. 3.) Josué se leva donc, et toute l'armée avec lui, pour marcher contre Haï, et on choisit trente mille hommes des plus vaillants.... Josué brûla la ville et y fit pendre à une potence le roi, qui avait été tué; puis on jeta son corps à l'entrée de la ville et on mit dessus un grand tas de pierres, qui y est encore aujourd'hui [1].

(Chap. X, v. 1.) Adonisédec, roi de Jérusalem, ayant appris ce que vers Josué avait fait dans Haï et dans Jéricho, envoya vers le roi d'Hébron, vers Pharam, roi de Jérimoth, etc. [2]....

Josué tomba donc tout d'un coup sur eux tous, et le Seigneur les épouvanta, et il en fit un grand carnage près de Gabaon. Josué les poursuivit par la voie de Bethhoron et les tailla tous en pièces; et lorsque les fuyards furent dans la descente de Bethhoron, le Seigneur fit pleuvoir du haut du ciel sur eux de grosses pierres et en tua beaucoup plus que le glaive d'Israël n'en avait mis à mort [3].... Alors Josué parla au Seigneur le jour auquel il avait livré les Amorrhéens entre ses mains, en présence des enfants d'Israël, et il dit en leur présence : « Soleil, arrête-toi vis-à-vis de Gabaon; lune, n'avance pas contre la vallée d'Aïalon; » et le soleil et la lune s'arrêtèrent jusqu'à ce que le peuple se fût vengé de ses ennemis.... Cela n'est-il pas écrit dans le livre des Justes? Le soleil s'arrêta donc au milieu du ciel et ne se coucha point l'espace d'un jour [4].

Jamais jour, ni devant ni après, ne fut si long que celui-là.... Les cinq rois s'étant sauvés dans une caverne de la ville de Macéda....

conforme à notre faible raison, à nos faux préjugés; dans la cité de Dieu, tout est contraire à nos préjugés et à notre raison.

[1]. Ces mots, « un grand tas de pierres qui y est encore aujourd'hui, » semblent indiquer que ce livre de Josué n'est pas écrit par les contemporains. Mais en quelque temps qu'il ait été fait, il est sûr qu'il a été inspiré. Jamais un homme abandonné à lui-même n'aurait osé écrire de pareilles choses.

[2]. Les critiques disent qu'il n'y avait point de roi de Jérusalem alors; ils prétendent même que le mot de Jérusalem était inconnu. C'était un village des Jébuséens, qui touche au grand désert de l'Arabie Pétrée, un lieu fort propre à bâtir une forteresse sur le passage des Arabes. Ce sont trois montagnes dans un pays aride. Nous disons, avec les commentateurs les plus approuvés, que Josué n'écrivit point cette histoire. Les Samaritains ont un livre de Josué très-différent de celui-ci. Il y en a un exemplaire dans la bibliothèque de Leyde; mais nous ne reconnaissons que celui qui est admis dans le Canon. C'est indubitablement le seul sacré et le seul inspiré.

[3]. Toute l'antiquité a parlé de pluies de pierres. La première est celle que Jupiter envoya au secours d'Hercule contre les fils de Neptune. Dom Calmet assure « que c'est un fait constant qu'on a vu autrefois de fort grosses pierres s'enflammer en l'air et retomber sur la terre, et qu'on ne peut raisonnablement révoquer en doute le prodige raconté par Josué. »
On remarque seulement : 1 que ces pierres étant fort grosses, durent écraser tous les Amorrhéens qui étaient poursuivis par l'armée de Josué, et qu'il est difficile qu'il en soit resté un seul en vie. C'est ce qui fait que plusieurs savants sont étonnés que Josué ait encore eu recours au grand miracle d'arrêter le soleil et la lune.

[4]. Grotius prétend que le texte ne signifie pas que le soleil et la lune s'arrêtèrent, mais que Dieu donna le temps à Josué de tuer tout ce qui pouvait rester d'ennemis avant que le soleil et la lune se couchassent. Leclerc décide nettement que le soleil ne s'arrêta pas, mais parut s'arrêter. Mais tous les autres commentateurs, parmi lesquels nous ne comptons point Spinosa, qui ne doit pas être compté, conviennent que le soleil et la lune s'arrêtèrent en plein midi. On aurait eu le temps de tuer tous les fuyards depuis midi jusqu'au soir, sup-

Josué les fit amener en sa présence et dit aux principaux officiers de son armée : « Mettez le pied dessus le cou de ces rois » (chap. x, v. 24) ; et tandis qu'ils leur mettaient le pied sur la gorge, Josué leur dit : « N'ayez point peur, confortez-vous, soyez robustes ; car c'est ainsi que Dieu traitera ceux qui combattront contre nous. » Après cela, Josué frappa ces rois et les tua, et les fit ensuite attacher à cinq potences [1]....

Josué ravagea donc tout le pays des montagnes et du midi, toute la plaine, et il tua tous les rois et les fit tous pendre. Il tua tout ce qui avait vie, comme le Seigneur Dieu le lui avait commandé.

(Chap. xi.) Il poursuivit tous les rois qui restaient et il tua tout sans en rien laisser échapper ; et il coupa les jarrets à leurs chevaux ; il brûla leurs chariots, et il prit Asor et en tua le roi, et il égorgea tous les habitants d'Asor et toutes les bêtes, et réduisit le tout en cendres....

posé que la pluie de pierres en eût épargné quelques-uns ; mais il se peut aussi qu'il y en eût qui coururent si vite, qu'il fallut huit à neuf heures pour les attraper et les tuer tous.

Les profanes remarquent que Bacchus avait déjà fait arrêter le soleil et la lune, et que le soleil recula d'horreur à la vue du festin d'Atrée et de Thyeste. Sur quoi M. Boulanger ose dire « que si le miracle de Josué était vrai, c'est que le soleil se serait arrêté d'horreur en voyant un brigand si barbare qui égorgeait les femmes, les enfants, et les rois, et les bœufs, et les moutons, et les ânes, et qui ne voulait pas qu'un seul animal vivant, soit roi, soit brebis, échappât à son inconcevable cruauté. »

Les physiciens ont quelque peine à expliquer comment le soleil, qui ne marche pas, arrêta sa course ; et comment cette journée, qui fut le double des autres journées, put s'accorder avec le mouvement des planètes et la régularité des éclipses. Le R. P. dom Calmet dit « qu'il ne fallait que faire aller d'une vitesse égale, par-dessus et par-dessous la terre, la matière céleste qui la frotte par là, en l'avançant d'un côté et la retardant de l'autre, le tournoiement de la terre sur son centre ne venant que de l'inégalité de ce frottement. » Cette réponse ingénieuse, savante, et nette, ne résout pas entièrement la question.

Nous sera-t-il permis, à propos de ce grand miracle, de raconter ce qui arriva à un disciple de Galilée, traduit devant l'inquisition pour avoir soutenu le mouvement de la terre autour du soleil ? On lui lisait sa sentence ; elle disait qu'il avait blasphémé, attendu que Josué avait arrêté le soleil dans sa course. « Eh, messeigneurs, leur dit-il, c'est aussi depuis ce temps-là que le soleil ne marche plus. »

A l'égard du livre des *Justes*, qui est cité comme garant de la vérité de cette histoire, le lord Bolingbrocke insiste beaucoup sur ce livre, qui dans les *Bibles* protestantes est appelé le livre du *Droiturier*. Cela démontre, dit-il, que c'est du livre du *Droiturier* que l'histoire de Josué est prise. Mais ce même livre du *Droiturier* est cité dans le second livre des *Chroniques des rois*. Or, comment le même livre peut-il avoir été écrit du temps des rois et avant Josué ? Cette difficulté est grande. Dom Calmet y répond en disant « que ce livre est entièrement perdu. »

1. Leclerc et quelques théologiens de Hollande n'ont pas ici tout à fait le même emportement que Bolingbrocke et Boulanger à propos de ces cinq rois, sur le cou desquels les princes de l'armée juive mettent le pied jusqu'à ce que Josué vienne les tuer de sang-froid. Nous avouerons toujours que tout cela n'est pas dans nos mœurs, que nous faisons aujourd'hui la guerre plus généreusement : mais aussi nous ne la faisons pas par ordre exprès du Seigneur ; et il ne nous a pas commandé expressément, comme à Josué, de tuer tous les rois que sa providence voulait punir. On ne fait plus pendre tous les rois qui ont été pris à la guerre, parce qu'il n'y en a plus qui prévariquent contre le Seigneur comme les rois de Canaan avaient prévariqué. L'objection des savants qui prouvent qu'il n'y avait aucun roi dans ce pays, composé seulement de quelques villages où un peuple innocent cultivait une terre sèche et ingrate,

Et il marcha contre les géants des montagnes et les tua (chap. XI, v. 21), et il ne laissa aucun de la race des géants, excepté dans Gaza, Geth et Azot [1].

Et il fit pendre (chap. XII, v. 24) en tout trente et un rois [2].

(Chap. XV, v. 13.) Josué bénit Caleb et lui donna Hébron en possession; et depuis ce temps, Hébron a été à Caleb, fils de Jéphoné. Or, l'ancien nom d'Hébron était Cariath-Arbé; et Adam, le plus grand des géants de la race des géants, est enterré dans Hébron [3]....

Caleb extermina dans la ville de Cariath-Arbé trois fils de géants; et de ce lieu il monta à Dabir, qui s'appelait auparavant Cariath-Sépher, c'est-à-dire la ville des lettres, la ville des archives [4]...; et Caleb dit : « Je donnerai ma fille Axa en mariage à quiconque prendra la ville des lettres; » et Othoniel, jeune frère de Caleb, la prit, et il lui donna sa fille Axa pour femme....

portant très-peu de blé, et hérissée de montagnes, cette objection, dis-je, est peu de chose; car, soit qu'on appelât les principaux de ces villages, rois, ou maires, ou syndics, cela revient au même; on leur mit à tous le pied sur le cou, parce qu'ils avaient tous prévariqué.

1. Voici encore une légère difficulté. Le peuple de Dieu marche contre les géants, après que le texte a dit qu'il n'y avait plus de géants, et lorsque Caleb, le moment d'après, au chapitre XIV, va, selon le texte, conquérir des villes grandes et fortes, remplies de géants, au pays d'Hébron. On peut répondre que le pays d'Hébron n'était qu'à quelques lieues de Gaza et d'Azot.

2. Trente et un rois de pendus, c'est beaucoup dans un aussi petit pays; mais remarquons toujours qu'on ne les mit en croix qu'après les avoir tués. On leur mettait d'abord le pied sur le cou. Et nous avons déjà observé que le supplice d'attacher à la potence, ou à la croix, des hommes en vie ne fut jamais connu des Juifs en aucun temps.

3. Plusieurs savants hommes ont douté qu'Adam fût enterré dans la ville du géant Arbé, appelée Cariath-Arbé. Les moines portugais qui accompagnèrent les Albuquerques après la découverte des Grandes-Indes, et qui entrèrent dans l'île de Ceylan, nommèrent la plus grande montagne de cette île le *Pic d'Adam*. Ensuite ils trouvèrent l'empreinte de son pied, et jugèrent par là de sa taille, qui devait être d'une centaine de coudées. Le Pic d'Adam est encore marqué sur nos cartes; et les savants moines portugais ont cru qu'Adam y était enterré. Les Hollandais, qui dominent dans le Ceylan, et qui recueillent toute la cannelle, doutent qu'Adam repose dans cette île. Les habitants même ne savent pas que nous donnons le nom de *Pic d'Adam* à leur montagne, et ont le malheur d'ignorer qu'il y ait jamais eu un Adam. La *Genèse* ne dit point qu'Adam ait été un géant, ni qu'il soit enterré à Hébron.

4. Les Phéniciens avaient en effet quelques villes où l'on gardait les archives et les comptes des marchands. On sait qu'ils avaient inventé l'alphabet, et que dans leurs voyages sur mer ils communiquèrent cet alphabet aux Grecs. Cariath-Sépher est entre Hébron et la mer Méditerranée; c'est le commencement de la Phénicie. L'historien Josèphe avoue que les Juifs ne possédèrent rien sur cette côte. Les Phéniciens en furent toujours les maîtres. Sanchoniathon le Phénicien, né à Béryte, avait déjà écrit une *Cosmogonie* longtemps avant les époques de Mosé et de Josué; car Eusèbe, qui rapporte un grand nombre de passages de cette *Cosmogonie*, n'en cite aucun concernant les Hébreux; et s'il y en avait eu, il est clair qu'Eusèbe en aurait fait mention comme d'un témoignage rendu par le plus ancien de nos auteurs à la vérité des livres juifs. Il est donc certain que Sanchionathon écrivit, et qu'il ne connut point ces Hébreux, qui ne vinrent que depuis lui s'établir auprès de son pays. Nous pourrions tirer de là une conséquence, que si les Phéniciens avaient depuis si longtemps des villes où l'on cultivait quelques sciences, les Cananéens, qui demeuraient entre la mer et le Jourdain, pouvaient avoir aussi quelques villes dont la horde des Hébreux s'empara, et où elle commit plusieurs cruautés.

Mais les enfants de Juda (chap. xv, v. 63) ne purent exterminer les Jébuséens, habitants de Jérusalem : ils restèrent à Jérusalem et ils y sont encore aujourd'hui avec les enfants de Juda [1]....

Et Josué parla au peuple assemblé dans Sichem et lui dit.... « Maintenant (chap. xxiv, v. 15), s'il vous semble mal de servir le Seigneur notre Dieu, le choix vous est laissé. Vous pouvez prendre le parti qu'il vous plaira et voir si vous aimez mieux servir les dieux qui furent les dieux de vos pères dans la Mésopotamie, ou les dieux des Amorrhéens dont vous habitez aujourd'hui la terre. Pour moi et ma maison, nous servirons notre Dieu.... » Le peuple répondit à Josué : « Nous servirons notre Dieu et nous obéirons à ses préceptes [2]. »

Josué mourut âgé de cent dix ans [3] (chap. xxiv, v. 29).

1. Cette déclaration, que Josué ne s'empara jamais du village de Jérusalem, est expresse; et l'aveu que les Jébuséens, à qui ce village appartenait, « y sont encore aujourd'hui avec les enfants de Juda, » démontre que ce livre ne put être écrit qu'après que David eut commencé à faire une ville de Jérusalem, et que les anciens habitants se joignirent aux nouveaux pour peupler la ville. Les critiques concluent de tous ces aveux semés dans plusieurs endroits, que les Hébreux étaient une horde d'Arabes Bédouins qui errèrent longtemps entre les rochers du mont Liban et les déserts; qui tantôt subsistèrent de leur brigandage, et tantôt furent esclaves; et qui enfin, ayant eu des rois, conquirent un petit pays dont ils furent chassés. Voilà leur histoire selon le monde. Celle selon Dieu est différente; et si Dieu la dicta, il la faut adopter, malgré toutes les répugnances de la raison.

2. Cette proposition de Josué, de choisir entre le seigneur Adonaï et les autres dieux que leurs pères adorèrent en Mésopotamie, ferait croire qu'Abraham, Isaac et Jacob, leurs pères, avaient commencé par avoir un autre culte. Et en effet, Tharé, père d'Abraham, était potier d'idoles; et Jacob épousa deux filles idolâtres, quoiqu'il soit dit souvent que le même Dieu était reconnu vers l'Euphrate et chez les enfants de Jacob. Mais ici comment Josué peut-il laisser le choix au peuple, après tant de miracles? Il y aurait donc eu beaucoup d'Hébreux qui n'auraient rien vu de ces miracles, ou qui n'y auraient ajouté aucune foi. Il se peut que ce texte signifie : « Vous voyez ce que Dieu a fait pour vous, et combien il serait dangereux d'en adorer un autre. »

3. Toland fait le railleur sur Mosé et sur Josué. Il dit que jamais il n'y eut de vieillards de plus mauvaise humeur. L'un fait tuer vingt-quatre mille des siens, sans forme de procès, pour avoir aimé des filles madianites, compatriotes de sa femme; l'autre fait pendre trente et un rois avec lesquels il n'avait rien à démêler.

Les commentateurs recherchent avec beaucoup de soin dans quel pays se réfugièrent les sujets de ces prétendus rois. Un nommé Serrarius les transporte en Germanie, où ils apportèrent la langue allemande. Un nommé Hornius ne douta pas qu'ils ne se soient réfugiés en Cappadoce. Grotius trouve très-vraisemblable qu'ils allèrent d'abord dans les îles Canaries, et de là en Amérique. Chacun donne de profondes raisons de son système.

Le R. P. dom Calmet avoue que « l'opinion qui a le plus d'apparence et de partisans est celle qui place les Cananéens en Afrique. » Il cite Procope, qui a vu dans l'ancienne ville de Tangis deux grandes colonnes de pierre blanche avec une inscription en caractères phéniciens, que personne ne put jamais entendre, portant ces propres mots : « Nous sommes ceux qui nous sommes enfuis devant le voleur Josué, fils de Nun. »

Si nous nous en tenons au texte, il est difficile que Josué ait laissé à ces peuples le temps et la facilité de s'enfuir, puisqu'il tuait tout sans miséricorde, selon que le Seigneur l'avait ordonné positivement. Mais ce qui étonne bien davantage, c'est qu'après la mort de Josué on retrouve ces mêmes Cananéens exterminés plus puissants que jamais, et tenant les Juifs dans le plus rude esclavage pendant plus de cent années, jusqu'au temps de Saül et de David.

JUGES.

(Chap. i, v. 1.) Après la mort de Josué, les enfants d'Israël consultèrent le Seigneur, disant : « Qui montera avec nous contre les Cananéens, et sera chef de guerre ? » Le Seigneur dit : « Ce sera Juda qui montera; car je lui ai donné cette terre. » Juda monta donc et Dieu lui livra le Cananéen au nombre de dix mille hommes [1].

Puis Juda et Siméon son frère rencontrèrent le roi Adonibézec dans Bézec; ils le prirent, et lui coupèrent les mains et les pieds. Alors Adonibézec dit : « J'ai fait couper les mains et les pieds à soixante et dix rois qui mangeaient sous ma table les restes de mon dîner; Dieu m'a traité comme j'ai traité tous ces rois [2].

Dieu était avec Juda, et il se rendit maître des montagnes; mais il ne put vaincre les habitants des vallées (chap. i, v. 19), parce qu'ils avaient des chariots de guerre armés de faux [3].

(Chap. iii, v. 5.) Les enfants d'Israël habitèrent donc au milieu des Cananéens, des Éthéens, des Amorrhéens, des Phéréséens, des Hé-

1. Le lecteur peut s'étonner, après avoir vu Josué, à la tête de six cent mille combattants, mettre à feu et à sang tout le pays de Canaan, de voir encore ces mêmes vainqueurs obligés de combattre contre ces mêmes vaincus. La réponse est que quelques-uns avaient échappé, puisqu'en voilà déjà dix mille que Dieu donne à Juda. On dispute si c'est à un capitaine nommé Juda, ou à la tribu de ce nom : mais, capitaine ou tribu, c'est une victoire de surérogation.

2. Le lecteur croirait encore peut-être qu'il suffisait de trente et un rois pendus, mais en voilà encore soixante et dix non moins maltraités dans un pays de sept à huit lieues : car il paraît, par les autres endroits du texte, que le peuple juif n'en possédait pas alors davantage. On demande comment le roi Adonibézec, dont on ignore le royaume, pouvait avoir sous sa table soixante et dix rois qui mangeaient sans mains. De plus, il fallait que cette table eût au moins six-vingts pieds de long. Enfin les critiques trouvent ici cent et un rois dans un pays un peu serré. Chaque roi ne pouvait avoir un royaume d'un demi-quart de lieue. Ce sont des critiques frivoles, et des détails qui ne touchent point au fond des choses, toujours très-respectable.

3. Les savants critiques ont élevé une grande dispute sur ce fameux passage. La plupart ont assuré qu'il est impossible de faire manœuvrer des chariots de guerre dans ce pays, tout couvert de montagnes et de cailloux.

Secondement, ils disent que le pays ne nourrissait point de chevaux, et ils en apportent pour preuve tous les endroits de l'Écriture où il est raconté que la plus grande magnificence était de monter sur de beaux ânes. Et jusqu'au temps des rois on voit que Saül courait après les ânesses de son père quand il fut couronné.

Troisièmement, il n'est point dit que ces peuples, cachés dans leurs montagnes et dans leurs cavernes, eussent jamais fait la guerre à personne avant que les Israélites vinssent mettre tout leur pays à feu et à sang; par conséquent ils ne pouvaient avoir des chariots de fer armés en guerre. Ces chariots ne furent inventés que dans les grandes plaines qui sont vers l'Euphrate. Ce sont les Babyloniens et les Persans qui mirent cette invention en pratique deux ou trois siècles après Josué.

Quatrièmement, on reproche à l'auteur sacré d'avoir laissé entendre que le Seigneur pouvait beaucoup sur les montagnes, mais qu'il ne pouvait rien dans les vallées : et que les Juifs ne regardaient leur dieu que comme un dieu local, comme le dieu d'un certain district, n'ayant aucun crédit sur celui des autres, semblable en cela à la plupart des dieux des autres nations. Mais le Dieu du ciel et de la terre s'était choisi, selon tous les interprètes, un peuple particulier, et un lieu particulier pour y exercer justice et miséricorde.

véens et des Jébuséens. Ils épousèrent leurs filles et firent le mal aux yeux du Seigneur, et ils adorèrent Baal et Astaroth [1].

Le Seigneur étant donc en colère contre Israël, les livra entre les mains de Chuzan Razarthaïm, roi de Mésopotamie, dont ils furent esclaves pendant huit ans [2].

Les enfants d'Israël (chap. III, v. 14) furent esclaves d'Églon, roi des Moabites, pendant dix-huit ans.... Les enfants d'Israël envoyèrent un jour des tributs à Églon, roi des Moabites, par Aod, fils de Géra. Aod se fit un poignard à deux tranchants, ayant au milieu une poignée de la longueur d'une palme, et le mit sous sa tunique sur sa cuisse droite.... Et il dit au roi dans sa chambre d'été: « J'ai un mot à vous dire de la part de Dieu. » Et le roi se leva de son trône, et Aod ayant porté sa main gauche sur son poignard à son côté droit

1. Les critiques ne comprennent pas comment tous les Cananéens ayant été exterminés par une armée de six cent mille Israélites, et tout ayant été passé au fil de l'épée sans miséricorde, les Hébreux cependant épousèrent leurs filles, et donnèrent les leurs aux enfants de ces peuples. M. Fréret soutient que le texte est corrompu. Cette contradiction, dit-il, est trop forte. On fait dire dans le livre des *Juges* tout le contraire de ce qu'on a dit dans le livre de *Josué*. Le livre des *Juges* se contredit lui-même ; il y est énoncé « que les Jébuséens demeurèrent dans Jérusalem avec les enfants de Benjamin, comme ils y sont encore aujourd'hui. » Et il est dit dans *Josué*, « que les enfants de Juda ne purent exterminer les habitants de Jérusalem, et que le Jébuséen y habita avec les enfants de Juda jusqu'à aujourd'hui. » C'est sur quoi M. l'abbé de Tilladet, et surtout M. l'abbé de Longuerue, avaient proposé de remettre dans leur ordre tous les passages de l'Écriture qui semblent se contredire, et principalement les premiers chapitres des *Juges* et les derniers chapitres de *Josué*. Mais il n'y avait que l'Église seule, assemblée en concile, qui pût entreprendre un ouvrage si hardi et si pénible. Il eût fallu confronter tous les exemplaires des Bibles, toutes les différentes fautes des copistes, toutes les différentes leçons. Il a paru plus prudent de laisser l'ivraie avec le bon grain, que de s'exposer à perdre l'un et l'autre à la fois. Il ne reste aux fidèles qu'à se défier de ce qui est intelligible, et à ne point chercher l'explication de ce qui est trop obscur. Le médecin Astruc lui-même y a échoué.

2. Woolston ose déclarer nettement que l'histoire des Juges est fausse, ou que celle de Josué l'est d'un bout à l'autre. Il n'est pas possible, dit-il, que les Juifs aient été esclaves immédiatement après avoir détruit tous les habitants du Canaan avec une armée de six cent mille hommes. Quel est ce Chuzan Razarthaïm, roi de Mésopotamie, qui vient tout d'un coup mettre à la chaîne tous les enfants d'Israël ? comment est-il venu de si loin, sans qu'on dise rien de sa marche ? Le texte dit bien, à la vérité, que c'est un châtiment du Seigneur pour avoir donné leurs filles en mariage aux Cananéens, et pour en avoir reçu des filles : mais il est trop aisé de dire que lorsqu'on a été vaincu, c'est parce qu'on a péché, et que, quand on a été vainqueur, c'est parce qu'on a été fidèle. Il n'y a aucune nation ni aucune bourgade de sauvages qui n'en puisse dire autant. Il sera toujours impossible de comprendre comment six cent mille hommes peuvent avoir été réduits en servitude dans le même pays qu'ils venaient de conquérir : de même qu'il est impossible qu'ils aient exterminé tous les anciens habitants, et qu'ensuite ils se soient alliés avec eux. Cette foule de contradictions n'est pas soutenable. Il est dit qu'au bout de huit ans d'esclavage ils chassèrent et tuèrent ce Chuzan Razarthaïm, roi de Syrie et de Mésopotamie ; mais on ne nous instruit point d'une guerre qui dut être considérable, et le lecteur reste dans l'incertitude.

Nous avons avoué, dans toutes nos remarques, que le texte de l'Écriture est très-difficile à entendre. Il peut y avoir des transpositions de copistes ; et une seule suffit quelquefois pour répandre de l'obscurité dans toute l'histoire. Nous redisons que le mieux est de s'en rapporter aux interprètes approuvés par l'Église.

(chap. III, v. 21), le lui enfonça dans le ventre si vigoureusement, que le manche suivit le fer et fut recouvert de la graisse d'Églon, qui était fort gras. Et aussitôt les excréments du roi, qui étaient dans son ventre, sortirent par en bas[1]....

Aod se sauva pendant que tout le monde était troublé, et il sonna de la trompette sur la montagne d'Éphraïm. Les Israélites suivirent Aod ; ils se saisirent des gués du Jourdain par où l'on passe au pays des Moabites, et ils en tuèrent environ dix mille, et aucun n'échappa[2].

Et le pays fut en repos pendant quatre-vingts ans.... Après Aod fut Sangar, qui tua six cents Philistins avec un soc de charrue, et qui défendit Israël.

Et, après la mort d'Aod (chap. IV, v. 1), les fils d'Israël recommencèrent à faire le mal aux yeux du Seigneur, et le Seigneur les livra à Jabin, roi des Cananéens, dont la capitale était Asor[3].

1. C'est cette aventure si célèbre qui a été tant de fois citée chez plus d'un peuple chrétien, et dont on a tant abusé pour exciter les fanatiques au parricide et à l'assassinat des rois. On sait assez que, du temps de la Ligue en France, les prédicateurs criaient en chaire : « Il nous faut un Aod. Grand Dieu, donnez-nous un Aod ! La sainte Église n'aura-t-elle jamais un Aod ? »

On sait comme le moine Jacques Clément fut béatifié, comme on mit son portrait sur l'autel, comme on l'invoqua ; et on en aurait fait autant de Ravaillac, si Henri IV s'était trouvé dans les mêmes circonstances que Henri III. Les Romains ont toujours révéré Scévola, qui voulut assassiner leur roi Tarquin. Les Athéniens dressèrent des statues à Harmodius et à Aristogiton, assassins des enfants de Pisistrate. Henri de Transtamare a été loué des historiens espagnols pour avoir assassiné son propre frère et son roi légitime désarmé dans sa tente. Philippe II, roi d'Espagne, donna la noblesse, non-seulement de mâle en mâle, mais de fille en fille, à la famille de Balthazar Gérard, assassin de Guillaume, prince d'Orange.

Milton a fait un livre entier pour justifier l'assassinat juridique du roi Charles Ier ; et, dans ce livre, il parcourt tous les meurtres des rois rapportés dans l'histoire sainte et dans l'histoire profane. On peut regarder ce livre comme le dictionnaire des assassinats.

Gordon, dans ses notes, est pénétré d'une respectueuse admiration pour l'assassinat de Jules-César, tué en plein sénat par vingt pères conscrits qu'il avait comblés de biens et d'honneurs. Ces assassins avaient le même prétexte qu'Aod, la liberté.

Il n'est point spécifié, dans la sainte Écriture, que Dieu ait ordonné à cet Aod d'aller enfoncer son poignard dans le ventre de son roi : mais Aod, pour récompense, fut juge du peuple de Dieu. Cet exemple ne peut tirer à conséquence : un jugement particulier du Seigneur ne peut prévaloir contre les lois du genre humain émanées de Dieu même. Aod était inspiré par le Seigneur, et le moine Jacques Clément ne fut inspiré que par la rage du fanatisme.

2. Les Moabites ont été détruits par Josué, et ils reparaissent et reparaîtront encore : Aod en tue dix mille. Il faut remarquer que ce petit pays de Moab n'est point situé dans le Canaan propre, mais fort loin dans le désert de Syrie ; qu'il n'y avait jamais eu dans ce désert qu'une très-petite horde d'Arabes vagabonds ; que jamais il n'y eut ni ville ni habitation fixe ; que le pays n'est qu'un sable stérile, que ce n'est qu'un passage pour aller vers Damas.

3. Qu'entend l'auteur par un repos de quatre-vingts ans ? Ces mots ne peuvent signifier que les Juifs furent les maîtres de la contrée pendant ce grand nombre d'années, mais seulement qu'on ne les inquiéta pas. Il faut bien pourtant qu'on les inquiétât, puisque Sangar, successeur d'Aod, tue six cents Palestins, ou Philistins, ou Phéniciens, avec le fer d'une charrue. Il fallait que ce Sangar fût aussi fort que Samson.

Immédiatement après, les Juifs sont réduits en esclavage pour la troisième fois par ces mêmes Cananéens qui avaient été exterminés jusqu'au dernier. Ce chaos historique est bien difficile à débrouiller. L'auteur sacré écrivit pour des

Les fils d'Israël crièrent donc au Seigneur; car Jabin avait neuf cents chariots de guerre armés de faux, et il les opprima avec véhémence pendant vingt ans [1].

Or, il y avait une prophétesse nommée Débora, femme de Lapidoth, laquelle jugeait le peuple.... Elle envoya donc chercher Barac, et lui dit : « Le Seigneur Dieu d'Israël t'ordonne d'aller et de mener dix mille combattants sur le mont Thabor [2]. »

Or, Sisara (capitaine des armées du roi Jabin) fut saisi de terreur. Le Seigneur renversa tous ses chariots et tous ses soldats dans la bouche du glaive, de sorte que Sisara descendit de son chariot pour mieux fuir à pied....

Sisara ainsi fuyant parvint à la tente de Jahel, femme de Haber Cinéen; car il y avait paix alors entre Jabin, roi d'Asor, et la famille de Haber le Cinéen.

Jahel étant donc venue au-devant du capitaine Sisara, lui dit : « Entrez dans ma tente, ne craignez rien. » Il entra dans la tente, et elle le couvrit d'un manteau; et il lui dit : « Donne - moi, je t'en prie, à boire; car j'ai grande soif. » Elle lui donna du lait plein une peau de bouc; et Sisara s'étant endormi, Jahel, femme de Haber, prenant un grand clou de sa tente avec un marteau, rentra tout doucement, et enfonça le clou à coups de marteau dans la tempe et dans la cervelle de Sisara jusqu'en terre; et le sommeil de Sisara se joignit au sommeil de la mort [3].

Or, les enfants d'Israël (chap. VI, v. 1) firent encore le mal devant le Seigneur, et il les livra pendant sept ans entre les mains des Madianites, et ils furent très-opprimés. Ils se creusèrent des antres dans les

Juifs, qui probablement étaient instruits des particularités de leur histoire, et qui entendaient aisément ce que nous ne pouvons comprendre.

1. On n'a point encore entendu parler de ce roi Jabin, qui régnait dans le Canaan envahi par Josué, et qui avait neuf cents chariots de guerre. Nous ne pouvons dire de ces chariots que ce que nous avons déjà dit. Diodore de Sicile nous conte que le prétendu Sésostris alla conquérir le monde avec dix-huit cents chariots. Le roi Jabin n'en pouvait conquérir que la moitié. Mais où avait-il pris ces neuf cents chariots? Et toujours la même question : Comment les six cent mille soldats de Josué, qui en avaient dû engendrer douze cent mille autres, furent-ils esclaves, et leurs enfants aussi? esclaves dans ce petit terrain que Dieu leur avait promis par serment? O altitudo!

2. Débora est la seconde prophétesse, car Marie, sœur de Mosé, le fut avant elle; mais Débora fut la première et la seule qui fut juge. On est surpris de ne trouver ni dans le *Lévitique*, ni dans le *Deutéronome*, ni dans l'*Exode*, ni dans les *Nombres*, aucune loi qui permette aux femmes de juger les hommes. Il y a eu de tout temps, et dans toutes les histoires anciennes, des femmes qui ont prédit l'avenir, mais on ne leur attribua jamais de juridiction.

Le mont Thabor est très-loin au septentrion de cette ville d'Asor où demeurait le roi Jabin, dans la basse Galilée. Il fallait donc que le roi Jabin eût conquis tout le Canaan. Aussi quelques auteurs juifs lui donnent une armée de trois cent mille fantassins, de dix mille cavaliers, et de trois mille chariots.

Le mont Thabor est une montagne très-célèbre dans l'Écriture sainte, par la splendeur qui brilla sur la robe de Jésus-Christ, et par l'entretien qu'il eut avec Mosé et Élie.

3. L'action de Jahel a été regardée, par les critiques, comme plus horrible encore que l'assassinat du roi Églon par Aod ; car Aod pouvait avoir au moins quelque excuse de tuer un prince qui avait rendu sa nation esclave; mais Jahel n'était point Juive, elle était femme d'un Cinéen qui était en paix avec le roi

cavernes, et dans les montagnes pour se cacher...; et ils crièrent au Seigneur, lui demandant du secours contre les Madianites....

Or, l'ange du Seigneur vint s'asseoir sous un chêne à Ephra, appartenant à Joas, le chef de la famille d'Esri; et Gédéon son fils battait et vannait son blé dans le pressoir. L'ange du Seigneur lui apparut donc et lui dit : « Dieu est avec toi...; tu délivreras Israël de la puissance des Madianites; » et Gédéon lui dit : « Si j'ai trouvé grâce devant toi, donne-moi un signe que c'est toi qui parles à moi; reste ici jusqu'à ce que je revienne t'apporter un sacrifice. » Gédéon étant donc rentré chez lui, fit cuire un chevreau et des galettes de pain. Il mit le jus dans un pot et l'apporta sous le chêne. L'ange du Seigneur étendit la verge qu'il tenait à sa main, et un feu sortit de la pierre sur laquelle étaient le chevreau et les galettes; il consuma tout, et l'ange disparut[1].

.... Donc tout le Madian et Amalec, et tous les peuples orientaux, s'assemblèrent et passèrent le Jourdain.... Mais l'esprit du Seigneur remplit Gédéon, qui sonna du cornet et assembla toute la maison d'Abiézer...; et Gédéon dit à Dieu : « Si tu veux sauver Israël par ma main, comme tu me l'as dit, je vais mettre une toison dans mon aire; et si la rosée ne tombe que sur la toison, le reste étant sec, je connaîtrai que tu veux sauver Israël par ma main; » et il fut fait ainsi; car se levant la nuit, il pressa sa toison et il en remplit une tasse de rosée.

Il dit encore à Dieu : « Ne te fâche pas, si je demande encore un signe pour gage; je te prie que la toison seule soit sèche et que la terre d'alentour soit humide; » et Dieu fit cette nuit comme Gédéon avait demandé; la toison fut sèche et la terre d'alentour fut humide[2].

Jabin. Nous n'examinons pas ici comment le texte peut dire qu'un particulier était en paix avec un roi qui avait trois cent mille hommes sous les armes : nous n'examinons que la conduite de Jahel, qui assassine le capitaine Sisara à coups de marteau, et qui cloue sa cervelle à terre. On ne dit point quelle récompense les Juifs lui donnèrent. Seulement on lui donne des éloges dans le cantique de Débora. Elle n'aurait aujourd'hui chez nous ni récompense ni éloge. Les temps sont changés. Il est vrai que, dans la guerre des fanatiques des Cévennes, ces malheureux avaient une prophétesse nommée *la grande Marie*, qui, dès que l'esprit lui avait parlé, condamnait à mort les captifs faits à la guerre; mais c'était un abus horrible des livres sacrés. C'est le propre des fanatiques qui lisent l'Écriture sainte de se dire à eux-mêmes : « Dieu a tué, donc il faut que je tue; Abraham a menti, Jacob a trompé, Rachel a volé; donc je dois voler, tromper, mentir. » Mais malheureux! tu n'es ni Rachel, ni Jacob, ni Abraham, ni Dieu; tu n'es qu'un fou furieux; et les papes qui défendirent la lecture de la *Bible* furent très-sages.

1. Vorstius rejette l'histoire de Gédéon, et là croit insérée dans le canon par une main étrangère. Il la déclare indigne de la majesté du peuple de Dieu. Ce n'est pourtant pas à nous à décider de ce qui en est digne. Gédéon ne fait ici que ce que fit Abraham. Dieu donna aussi un signe à Moïse. Dieu donne des signes à presque tous les prophètes juifs. Que ce soit dans un palais ou dans une grange, il n'importe. Dieu gouverna les Juifs immédiatement par lui-même; il leur parla toujours lui-même, soit pour les favoriser, soit pour les châtier; il leur donna toujours des signes lui-même; il agit toujours lui-même. Il apparaissait toujours en homme. Mais à quoi pouvait-on le reconnaître ?

2. Le curé Jean Meslier, dans son Testament, tourné toute cette histoire en ridicule, et le pot rempli de jus, et l'aire et le pressoir de Gédéon, et ce pauvre homme qui est esclave dans un pays que son grand-père avait con-

(Chap. VII, v. 19.) .... Gédéon entra donc dans le camp des ennemis avec trois cents hommes à la première veille; et ayant éveillé les gardes, ils se mirent à sonner du cornet, à casser leurs cruches (dans lesquelles ils avaient mis leurs lampes), et tout le camp des Madianites en fut troublé et ils s'enfuirent en hurlant (chap. VIII, v. 10).... Or, il ne resta à ce peuple oriental que quinze mille hommes; car on en tua cent vingt mille dans la bataille [1].

Gédéon eut soixante et dix fils sortis de sa cuisse (chap. VIII, v. 30), parce qu'il avait eu plusieurs femmes, et une concubine qu'il avait à Sichem lui enfanta encore un fils nommé Abimélech.

Et les Sichémites lui donnèrent soixante et dix sicles (chap. VIII, v. 4) d'argent qu'il tirèrent du temple de Baal-Bérith; et Abimélech, avec cet argent, leva une troupe de gueux et de vagabonds; et il vint à la maison de son père (qui était mort) et il égorgea sur une même pierre ses soixante et dix frères, fils de Gédéon; et il ne resta que Joatham, le dernier des enfants, qui fut caché [2].

Et tous les hommes de Sichem et de Mello, ou du Creux, allèrent établir roi Abimélech près du chêne qui était dans Sichem; et Joa-

---

quis, étant un des six cent mille vainqueurs de la Palestine, et sa défiance quand il est sûr que c'est Dieu même qui lui parle, et ses discours avec Dieu, et les réponses de Dieu, et la toison, tantôt sèche, tantôt humide.

Tout cela cependant n'est pas plus extraordinaire que le reste. Calmet a raison de dire que si on se révolte contre le merveilleux, il faudra se révolter contre toute la *Bible*. C'est pousser les incrédules au pied du mur. Ils ne veulent jamais comprendre que ces temps-là n'ont aucun rapport avec les nôtres.

1. A la vérité, les gens de guerre de nos jours ne hasarderaient pas un pareil stratagème. Ce n'est point avec trois cents cruches qu'on gagne à présent des batailles. Le texte dit que chacun des trois cents combattants tenait une lampe de la main gauche, et un cornet de la main droite. Ces armes sont faibles; leurs lampes ne pouvaient servir qu'à faire discerner leur petit nombre. Celui qui tient une lampe est vu plutôt qu'il ne voit, à moins qu'il n'ait une lanterne sourde. C'est là ce que disent les critiques.

Aussi cette victoire de Gédéon doit être regardée comme un miracle, et non comme un bon stratagème de guerre. Ce qui rend le miracle évident, c'est que ces trois cents hommes, armés d'une lampe et d'un cornet, tuèrent cent vingt mille Madianites. Nous passons ici sous silence les peuples de Soccoth, dont Gédéon brisa les os avec les épines du désert, pour avoir refusé des rafraîchissements à ses troupes fatiguées d'un si grand carnage. Nous verrons David en faire autant. Les Juifs, et peuples et chefs, et rois et prêtres, ne sont pas trop miséricordieux.

2. Les critiques se soulèvent contre cette multitude abominable de fratricides. Ils disent que ce crime est aussi improbable qu'odieux. La raison d'État, cette infâme excuse des tyrans, ne pouvait être connue, selon eux, de la petite horde juive à peine sortie d'esclavage, et qui ne possédait pas alors une ville. Ces cruautés n'ont été exercées, dit-on, que dans de vastes empires, pour prévenir les révoltes des frères. Si Clotaire et Childebert, fils de Clotilde, assassinèrent deux petits enfants de Clotilde presque au berceau; si Richard III en Angleterre assassina ses deux neveux; si Jean sans Terre assassina le sien, nous étions tous des barbares en ces temps-là : mais ces horreurs n'approchent pas de celle d'Abimélech, qui fut commise sans être excitée par un grand intérêt. Il semble que les Juifs ne tuent que pour avoir le plaisir de tuer. On les représente continuellement comme le peuple le plus féroce et le plus imbécile à la fois qui ait souillé et ensanglanté la terre.

Mais remarquons que les livres sacrés ne louent point cette action comme le louent celles d'Aod et de Jahel.

Les critiques reprochent encore au peuple de Dieu de n'avoir point eu de

tham, l'ayant appris, se mit sur le haut de la montagne Garizim, et dit aux gens de Sichem :

« Les arbres allèrent un jour pour oindre un roi et ils dirent à l'olivier : « Commande sur nous. » L'olivier répondit : « Puis-je laisser « mon huile, dont les dieux et les hommes se servent ?... » Puis au figuier, puis à la vigne, qui répondit : Puis-je abandonner mon vin, « qui est la joie de Dieu et des hommes ?... » Puis au buisson, qui dit : « Si vous me voulez pour roi, mettez-vous sous mon ombre ; sinon que le feu sorte du buisson et qu'il dévore les cèdres du Liban... » Puis Joathan s'enfuit... Abimélech gouverna donc trois ans Israël [1].

... Le Seigneur, étant en colère contre les Israélites, les livra aux Philistins et aux enfants d'Ammon, et ils furent violemment opprimés et affligés pendant dix-huit ans [2].

Il y avait en ce temps-là (chap. XI, v. 1) un homme très-fort et bon guerrier, nommé Jephté le Galaadite, fils d'une prostituée et de Galaad. Or, Galaad ayant eu d'autres fils de sa femme, ceux-ci étant devenus grands, chassèrent Jephté de la maison comme fils d'une mère indigne ; et Jephté s'enfuit dans la terre de Tob, et se mit à la tête d'une troupe de gueux et de voleurs qui le suivirent [3].

---

temple, lorsque les Phéniciens en avaient à Baal-Bérith, à Sidon, à Tyr, à Gaza. Ils ne peuvent concevoir comment le Dieu jaloux ne voulut pas avoir un temple aussi, et donner à son peuple de quoi en bâtir un, après lui avoir tant juré qu'il lui donnerait tous les royaumes, de la mer Méditerranée à l'Euphrate. Ils demandent toujours compte à Dieu de ses actions, et nous nous bornons à les révérer.

1. Voici le premier apologue qui soit parvenu jusqu'à nous ; car il y en a de plus anciens chez les Arabes, les Persans et les Indiens. Les censeurs qui ont objecté que les arbres ne marchent pas devaient considérer que si la fable les fait parler, elle peut les faire marcher. Cet apologue est tout à fait dans le goût oriental.

Le seul défaut de cette fable est qu'elle ne produit rien ; au contraire, Abimélech n'en règne pas moins sur les Hébreux : c'est là le grand reproche de tous les critiques. Ils ne peuvent souffrir que le guide, l'ami, le Dieu de Moïse, de Josué, le conducteur de son peuple, fasse régner un aussi grand scélérat qu'Abimélech. Jean Meslier s'emporte jusqu'à dire que la fable du règne d'Abimélech est bien plus fable que celle des arbres, et d'une morale bien plus condamnable, et qu'on ne sait quel est le plus condamnable de Moïse, de Josué, et d'Abimélech.

Woolston prétend que les Juifs étaient alors idolâtres ; et sa raison est que l'olivier dit que son jus plaît à Dieu et aux hommes. Il veut prouver, d'après les prophètes et d'après saint Étienne (*Act. des Ap.*, chap. VII, v. 43-51), qu'ils furent toujours idolâtres dans le désert, où ils n'adorèrent que les dieux Remphan et Kium ; il conclut de là que la religion juive ne fut véritablement formée qu'après la dispersion des dix tribus et après la captivité de Babylone. Il est vrai que les Juifs, de leur propre aveu, furent très-souvent idolâtres ; mais aussi c'est pour cela sans doute qu'ils furent si malheureux.

2. Voilà encore, disent les critiques, les Juifs errants ou en esclavage pendant dix-huit ans. C'est la sixième servitude dans laquelle ils crzèrent, après s'être rendus maîtres de tout le pays avec une armée de six cent mille hommes. Il n'y a point d'exemple d'une contradiction pareille dans l'histoire profane.

3. Toland, Tindal, Woolston, le lord Bolingbrocke, Malet son éditeur, prétendent prouver que les Hébreux n'étaient que des Arabes voleurs, sans foi, sans loi, sans principes d'humanité, dont la seule demeure était dans des cavernes dont ce pays est rempli, et qu'ils en sortaient quelquefois pour aller piller ; et que les peuples voisins les poursuivirent comme des bêtes sau-

En ce même temps les enfants d'Ammon combattant contre les enfants d'Israël et les poursuivant vivement, les Israélites se réfugièrent vers Jephté et lui dirent : « Soyez notre prince et combattez pour nous. » Ils s'en allèrent donc avec lui en Galaad, et tout le peuple l'élut pour prince...

Jephté envoya des députés aux enfants d'Ammon, et leur fit dire : « Le Seigneur Dieu d'Israël a détruit les Amorrhéens combattant contre son peuple, et maintenant vous voulez posséder les terres des Amorrhéens !...

Quoi donc ! ce que votre dieu Chamos possède (chap. XI, v. 24) n'est-il pas à vous de droit ? Laissez-nous donc en possession de ce que notre Dieu a obtenu par ses victoires. Nous avons habité pendant trois cents

---

vages, tantôt les punissant par le dernier supplice, tantôt les mettant en esclavage. Les Juifs même avouent, dans les livres composés par eux si longtemps après, que Jephté n'était qu'un chef de voleurs, Abimélech, un autre chef de voleurs, souillé du sang de toute sa famille. Ces critiques n'ont pas honte de mettre Josué, Caleb, Éléazar, et Mosé lui-même au nombre de ces voleurs. Le lord Bolingbrocke dit, après Marsham, que toutes les hordes arabes de ce pays-là avaient coutume de voler au nom de leurs dieux, et que c'était un ancien proverbe arabe, *Dieu me l'a donné*, pour signifier *je l'ai volé*. Ils soutiennent qu'il n'y avait point d'autre jurisprudence parmi ces barbares, et que le fond même de toutes les lois du *Pentateuque* se rapporte au brigandage, puisque la prétendue famille d'Abraham, étant venue des bords de l'Euphrate, ne pouvait avoir rien acquis vers le Jourdain que par usurpation.

Nous répondons qu'il fallait bien que les Hébreux eussent déjà des lois, quand même ils auraient été aussi barbares et aussi voleurs que ces critiques les représentent ; car Jephté est chassé de la maison de son père, comme fils d'une prostituée. Ils répliquent qu'il n'y a aucune loi dans le *Pentateuque* même contre les enfants des prostituées, et que, selon le texte, les enfants des servantes de Rachel et de Lia héritèrent comme les enfants de leurs maîtresses ; que par conséquent aucune jurisprudence n'était encore établie chez le peuple juif ; qu'il n'y eut jamais de véritable loi dans ce temps-là, parmi ces peuples vagabonds, que la loi du partage des dépouilles ; et qu'enfin toute cette histoire n'est qu'un récit confus de vols et de brigandages. Calmet, sur ce passage de Jephté, avoue expressément « que le nom de voleur n'était pas aussi odieux autrefois qu'aujourd'hui. » Aucune de ces raisons pour et contre ne détruit le grand principe, que Dieu donne les biens à qui il lui plaît. C'est là, selon notre avis, le grand dénoûment qui résout toutes les difficultés des incrédules.

1. Cette députation et ce discours montrent évidemment qu'il y avait déjà chez ces peuples un droit des gens reconnu. Jephté, tout chef de voleurs qu'il est, agit en prince légitime dès qu'il est reconnu chef des Hébreux. Il envoie des ambassadeurs pour représenter ses raisons, avant de les soutenir par les armes.

Nos adversaires ne répondent à cet argument qu'en niant tous les anciens livres hébreux, et qu'en soutenant toujours qu'ils n'ont pu être compilés que par des lévites ignorants, dans des siècles très-éloignés de ces temps sauvages. Comme les Juifs, s'étant enfin établis à Jérusalem, eurent toujours la guerre avec les peuples voisins, ils voulurent enfin établir quelques anciens droits sur les terres qu'on leur disputait ; et ce fut alors, disent les critiques, que les lévites compilèrent ces livres sur d'anciennes traditions ; plus ils les remplirent de faits extraordinaires, de l'intervention continuelle de la Divinité, et de prodiges entassés sur d'autres prodiges, plus ils éblouirent leur peuple superstitieux et barbare. L'intérêt personnel de ces lévites, auteurs de ces livres, était qu'on crût fermement tous les faits qu'ils annonçaient au nom de Dieu, puisque c'était sur la croyance de ces faits mêmes que leur subsistance était fondée.

Remarquons que ce système des incrédules n'est établi que sur une conjecture ; et qu'une supposition, quand même elle serait très-vraisemblable, ne suffit pas pour constater les faits.

ans dans le pays *conquis*; pourquoi, dans tout ce temps-là, n'avez-vous pas réclamé vos droits [1]?... »

Après cela l'esprit du Seigneur fut sur Jephté. Il courut tout le pays et il voua un vœu au Seigneur, disant : « Si tu me livres les enfants d'Ammon, je te sacrifierai en holocauste (au Seigneur) le premier qui sortira des portes de ma maison et qui viendra au-devant de moi.... » Jephté passa ensuite dans les terres des enfants d'Ammon, que Dieu livra entre ses mains, et il ravagea vingt villes.... Mais lorsque Jephté revint dans sa maison, à Maspha, sa fille unique courut au-devant de lui en dansant au son du tambour. Et Jephté l'ayant vue, déchira ses vêtements et lui dit : « Hélas! ma fille, tu m'as trompé et tu t'es trompée toi-même, car j'ai fait un vœu au Seigneur et il faut que j'accomplisse mon vœu [2]. »

1. Nous sommes obligés de réfuter les critiques presque à chaque ligne. C'est ici leur plus grand triomphe. Ils croient voir une égalité parfaite entre Chamos, dieu des Ammonites, et Adonaï, dieu des Juifs. Ils sont convaincus que chaque petit peuple avait son dieu, comme chaque armée a son général. Salomon même bâtit un temple à Chamos. Ils croient que Kium, Phégor, Belréem, Belzébuth, Adonis, Thammus, Moloch-Melchom, Baalméon, Adad, Amalec, Malachel, Adramalec, Astaroth, Dagon, Dercéto, Atergati, Marnas, Turo, etc., étaient des noms différents qui signifiaient tous la même chose, le seigneur du lieu. Chacun avait son seigneur du lieu; et c'était à qui l'emporterait sur les autres seigneurs. Chaque peuple combattait sous l'étendard de son dieu, comme les peuples barbares de l'Europe combattirent sous les étendards de leurs saints après la destruction de l'empire romain.

Nos incrédules soutiennent que cette vérité est pleinement reconnue par Jephté. Ce que Chamos vous a donné est à vous, ce qu'Adonaï nous a donné est à nous. Il n'y a point de sophisme qui puisse détruire un aveu si clair et si clairement énoncé. Calmet dit « que c'est une figure de discours qu'on appelle concession. » Mais il n'y a point là de figure de discours, c'est un principe que Jephté établit nettement, et sur lequel il raisonne. Il faut ou rejeter entièrement le livre des *Juges*, ou convenir que Jephté admet deux dieux également puissants.

La meilleure réponse, à notre avis, serait que le texte est corrompu dans cet endroit par les copistes, et qu'il n'était pas possible que Jephté, qui avait entendu parler de tous les miracles du Dieu des Juifs en faveur de son peuple, pût croire qu'il y eût un autre dieu aussi puissant que lui : *Non est deus sicut Deus noster*.

On pourrait encore dire que Jephté était fils d'un adorateur de Baal, et que peut-être il n'était pas encore assez instruit dans la religion du peuple juif, qui l'avait choisi pour son chef.

2. Ce mot seul, « je te sacrifierai en holocauste, » décide la question si longtemps agitée entre les commentateurs, si Jephté promit un vrai sacrifice, ou simplement une oblation, qu'on pouvait évaluer à prix d'argent. S'il ne s'était agi que de quelques sicles, de quelques drachmes, ce capitaine n'aurait pas déchiré ses vêtements en voyant sa fille; il n'aurait pas dit en gémissant : « J'ai fait un vœu, il faut que je l'accomplisse. » Il est statué expressément au chap. XXVII du *Lévitique*, « que tout ce qui sera voué au Seigneur, soit homme, soit animal, ne sera point racheté, mais mourra de mort. »

Nous sommes donc obligés malgré nous de convenir que, selon le texte indisputable des livres sacrés, Dieu, maître absolu de la vie et de la mort, permit les sacrifices de sang humain. Il les ordonna même. Il commanda à Abraham de sacrifier son fils unique, et il reçut le sang de la fille unique de Jephté. S'il arrêta le bras d'Abraham, c'est que son fils devait produire la race des Juifs; et s'il n'arrêta pas le bras de Jephté, c'est probablement parce que le peuple juif était déjà nombreux. Nous ne proposons cette solution qu'avec défiance, sachant bien que ce n'est pas à nous de deviner les desseins et les raisons de Dieu.

A quoi elle répondit : « Mon père, si tu as fait un vœu, fais - moi selon ton vœu, puisque cela t'a fait remporter la victoire sur tes ennemis; je ne te demande qu'une grâce, laisse - moi descendre sur les montagnes, afin que je pleure ma virginité pendant deux mois avec mes compagnes.... » Jephté lui répondit : « Va; » et elle alla pleurer sa virginité sur les montagnes. Et après deux mois elle revint chez son père; et son père lui fit comme il avait voué, étant encore vierge. Et de là vient que la coutume est encore parmi les filles d'Israël de s'assembler tous les ans et de pleurer pendant quatre jours la fille de Jephté [1].

.... Cependant les hommes d'Éphraïm se mirent à crier et passèrent au septentrion, disant : « Pourquoi, allant contre les Ammonites, ne nous a-t-on pas appelés? Nous allons donc mettre le feu à ta maison.... » Jephté combattit donc contre Éphraïm; et ceux de Galaad défirent ceux d'Éphraïm.... Ils se saisirent des gués du Jourdain par où les Éphraïmites devaient s'enfuir. Et lorsqu'un Éphraïmite, fuyant de la bataille, venait sur le bord de l'eau et disait : « Laissez-moi passer, je vous prie; » on lui répondait : « Prononce *schiboleth*; » et comme ils prononçaient *siboleth*, on les tuait aussitôt au passage du Jourdain. Et il y en eut quarante-deux mille de tués [2].

1. La fille de Jephté demande de pleurer sa virginité avant de mourir. C'était le plus grand malheur pour les filles de cette nation de mourir vierges; de là vient qu'il n'y eut jamais de religieuses chez les Juifs. Le mot « descendre sur les montagnes » n'est qu'une faute de copiste, une inadvertance.

Les mots, « il lui fit comme il avait voué, » marquent trop clairement que le père immola sa fille. Il avait voué un holocauste.

Calmet traduit très-infidèlement le texte par ces mots : « Elle demeura vierge; » il y a : « Étant encore vierge, ignorant l'homme. » Cette faute est d'autant plus impardonnable à Calmet, que dans sa note il dit tout le contraire. La voici : « Il l'immola au Seigneur; elle était encore vierge. » Et dans sa dissertation sur le vœu de Jephté, il avoue que cette fille fut immolée.

Une raison non moins forte que Calmet devait alléguer, c'est que les filles juives pleurèrent tous les ans la fille de Jephté pendant quatre jours; « et cette coutume dure encore, » dit le texte. Or, certainement on n'aurait point pleuré tous les ans une fille qui n'aurait été qu'offerte au Seigneur, consacrée, religieuse.

Il résulte de cette histoire que les Juifs immolaient des hommes, et même leurs enfants; c'est une chose incontestable.

Le même commentateur dit que le sacrifice d'Iphigénie est pris de celui de la fille de Jephté. Rien n'est plus mal imaginé; jamais les Grecs ne connurent les livres des Juifs; et les fables grecques eurent toujours cours dans l'Asie.

Si le livre des *Juges* fut écrit du temps d'Esdras, il y avait alors cinq cents ans que l'aventure d'Iphigénie, vraie ou fausse, était publique. Si ce livre fut écrit du temps de Saül, comme quelques-uns le prétendent, il y a plus de deux cents ans entre la guerre de Troie et l'élection du roi Saül.

Lenglet, dans toutes ses *Tables chronologiques* (1099 et 1210 avant Jésus-Christ), dit que Jephté fit un vœu indiscret de consacrer sa fille à une virginité perpétuelle. Rien n'est plus mal imaginé encore. Où serait l'indiscrétion, si la virginité n'avait pas été une espèce d'opprobre chez les Juifs? Le P. Pétau, plus sincère, dit (livre I, chap. 6) : *unicam filiam mactavit.*

Flavius Josèphe, le seul Juif qui ait écrit avec quelque ombre de méthode, dit positivement que Jephté immola sa fille. Cela ne prouve pas que l'histoire de Jephté soit vraie, mais que c'était l'opinion commune des Juifs. Un historien profane, qui n'est pas contemporain, n'est que le secrétaire des bruits publics; et Flavius Josèphe est un auteur profane.

2. M. Boulanger prétend que Jephté n'était point un Hébreu : « Qu'il n'est

...... Abdon, fils d'Illel de Pharathon, fut juge d'Israël. Il eut quarante fils, et de ces fils trente petits-fils, qui montaient sur soixante et dix ânons.....

(Chap. XIII, v. 1.) Et les enfants d'Israël firent encore le mal devant le Seigneur, et ils furent esclaves des Philistins pendant quarante ans.....

Or, il y avait un homme de la tribu de Dan nommé Manué, dont la femme était stérile; et l'ange du Seigneur apparut à sa femme, et lui dit : « Tu es stérile, tu concevras et tu enfanteras un fils; prends garde de ne boire du vin et de la bière; tu ne mangeras rien d'immonde....; le rasoir ne passera point sur la tête de ton fils, car il sera nazaréen de Dieu dès son enfance et dès le ventre de sa mère.... » Elle enfanta donc un fils et l'appela Samson ¹.....

dit nulle part qu'il fût Hébreu; que c'était un paysan des montagnes de Galaad, qui ne furent point alors possédées par les Juifs; que s'il avait été prince des Hébreux, la querelle de la tribu d'Ephraïm n'aurait pas eu la moindre vraisemblance; que d'ailleurs les gués du Jourdain prouvent que le reflux du Jourdain vers sa source, du temps de Josué, est un miracle inutile et absolument faux; que la fable de quarante-deux mille hommes tués l'un après l'autre aux gués du Jourdain, pour n'avoir pu prononcer *schiboleth*, est une des plus grandes extravagances qu'on ait jamais écrites; que si quatre ou cinq fuyards seulement avaient été tués à ces passages pour n'avoir pu bien prononcer, les quarante-deux mille suivants ne s'y seraient pas hasardés. Et de plus, dit-il, jamais ni la tribu d'Ephraïm, ni toutes les tribus ensemble de ce misérable peuple, ne purent avoir une armée de quarante mille hommes : tout est exagéré et absurde dans l'histoire juive; et il est aussi honteux de la croire que de l'avoir écrite. »

Il faut avouer que nul homme n'a parlé avec plus d'horreur et de mépris pour la nation juive que M. Boulanger, excepté peut-être milord Bolingbrocke. Nous nous sommes fait une loi de rapporter toutes les objections, sans en rien diminuer, parce que nous sommes sûrs qu'elles ne peuvent faire aucun tort au texte.

Nous ne déciderons point dans quel temps l'histoire sacrée de Jephté fut écrite; il suffit qu'elle soit reconnue pour canonique.

1. Nous voici à cette fameuse histoire de Samson, l'éternel sujet des plaisanteries des incrédules. D'abord ils parlent de cette servitude de quarante années comme des autres. C'est leur continuel argument contre la protection de Dieu accordée à ce peuple, et contre les miracles faits en sa faveur. Jamais, disent-ils, on ne vit rien de plus injurieux à la Divinité que de faire son peuple toujours esclave. Et il n'y a pas de plus mauvaise excuse que d'imputer son esclavage à ses péchés; car les vainqueurs étaient des idolâtres beaucoup plus pécheurs encore, s'il est possible. On répond que Dieu châtiait ses enfants plus sévèrement qu'un autre peuple, parce que, ayant plus fait pour eux, ils étaient plus criminels.

Le rasoir qui ne devait point passer sur la tête de Samson forme une petite difficulté. On ne rasait point les Juifs; ils portaient tous leurs cheveux. On consacrait quelquefois une petite partie de ces cheveux à tous les dieux de l'antiquité. On mettait un peu de ces cheveux sur les tombeaux; et pour se couper les cheveux il semble qu'il fallait plutôt des ciseaux qu'un rasoir. Cependant on se rasait entièrement chez presque toutes les nations, quand on venait remercier les dieux d'être échappé d'un grand péril. La plupart de ces coutumes viennent d'Egypte, où les prêtres étaient rasés.

Les nazaréens, chez les Juifs, ne se rasaient point la tête pendant le temps de leur nazaréat, mais ils se rasaient le premier jour de cette consécration. Or ici il est dit que Samson ne se rasa jamais. C'était donc une sorte de nazaréat différent de celui qui était en usage. Sa force singulière, pour laquelle il était si renommé, consistait en ses cheveux.

L'ancienne fable du cheveu de Nisus roi de Mégare, et de Cometho, fille de

(Chap. xiv, v. 1.) Samson descendit à Thamnatha; et voyant des
filles de Philistins, il dit à son père et à sa mère : « J'ai vu des filles
de Philistins, j'en veux épouser une; donnez-moi celle-là, parce qu'elle
a plu à mes yeux[1].... »

Il vit en chemin un jeune lion furieux et rugissant; il le déchira
comme un chevreau, n'ayant rien dans ses mains.

Et quelques jours après il trouva un essaim d'abeilles dans la gueule
du lion, et un rayon de miel[2]....

(Chap. xv, v. 4.) Après cela, il continua son chemin, et il prit trois
cents renards; il les lia l'un à l'autre par la queue, et y attacha des
flambeaux au milieu; et, ayant allumé les flambeaux, il lâcha les renards, qui brûlèrent tous les blés des Philistins, tant ceux qui étaient
dans l'aire que ceux qui étaient sur pied, et les vignes et les oliviers[3]....

Ptérélas, est, selon nos critiques, la source dans laquelle une partie de l'histoire de Samson est puisée. Ils croient que le reste est pris de la fable d'Hercule, qui eut autant de force que Samson, et qui succomba comme lui à l'amour
des femmes. Le P. Pétau fait naître Hercule douze cent quatre-vingt-neuf ans
avant notre ère; et il ne paraît pas vraisemblable à nos critiques que l'histoire
de Samson ait été écrite auparavant. C'est sur quoi ils fondent leur sentiment,
que toutes les histoires juives, comme nous l'avons déjà dit, sont évidemment
prises et grossièrement imitées des anciennes fables qui avaient cours dans le
monde.

Le même Pétau, qui fait naître Hercule douze cent quatre-vingt-neuf ans
avant notre ère, ne fait commencer les exploits de Samson que onze cent trente-
cinq ans avant la même ère. Supposé qu'il eût commencé à vingt-cinq ans, il
serait donc né en 1110. Hercule était donc né cent soixante et dix-neuf ans
avant Samson. Il est donc démontré, selon ces critiques, que la fable de Samson
trahi par les femmes est une imitation de la fable d'Hercule. Les sages commentateurs répondent qu'il est possible que les deux aventures soient vraies,
et que l'une ne soit point prise de l'autre; que dans tous les pays on a vu des
hommes d'une force extraordinaire, et que plus on est vigoureux, plus on se
livre aux femmes, et qu'alors on abrége ses jours.

1. Le curé Meslier s'emporte à son ordinaire contre cette histoire sacrée, et
plus violemment encore que contre les autres. « Quelle pitoyable sottise, dit-il,
de commencer la vie de Samson, nazaréen, particulièrement consacré au dieu
des Juifs, par la contravention la plus formelle à la loi juive ! Il était rigoureusement défendu aux Juifs d'épouser des étrangères, et encore plus d'épouser
une Philistine. Cependant Manué et sa femme, qui ont consacré Samson dès sa
naissance, lui donnent une Philistine en mariage, et cela dans une prétendue
ville de Thamnatha qui n'a jamais existé. Je voudrais bien savoir comment des
Philistins pouvaient s'abaisser jusqu'à donner leurs filles à un de leurs esclaves. »

2. Meslier trouve l'aventure du lion aussi ridicule que le mariage à Thamnatha. Il dit que les abeilles qui font ensuite du miel dans la gueule de ce lion
sont la chose du monde la plus impertinente; que les abeilles ne font jamais
leur cire et leur miel que dans des ruches; qu'elles ne bâtissent leurs ruches
que dans les creux des arbres, et qu'il faut une année entière pour qu'on trouve
du miel dans ces ruches; qu'elles ont une aversion insurmontable pour les ca-
davres, et que l'auteur de ce misérable conte était aussi ignorant que dom Calmet, qui rapporte sérieusement la fable des abeilles nées du cuir d'un taureau.
Quand on a de telles impertinences à commenter, dit Meslier, il ne faut point
les commenter, il faut se taire.

3. Il parle avec la même indécence de l'aventure des trois cents renards. Elle
lui paraît un conte absurde, qui ne saurait même amuser les enfants les plus imbéciles. Calmet a beau dire que la populace de Rome faisait courir un renard
avec un flambeau allumé sur le dos; Bochart a beau dire que cet amusement de
la canaille était une imitation de l'aventure des renards de Samson, Meslier n'en
démord point; il soutient qu'il est impossible de trouver à point nommé trois
cents renards, et de les attacher ensemble par la queue; qu'il faudrait un temps

.... Et ayant trouvé une mâchoire d'âne qui était à terre, il tua mille hommes avec cette mâchoire [1].

Et le Seigneur ouvrit une des dents molaires de la mâchoire d'âne, et il en sortit une fontaine ; et Samson ayant bu reprit ses forces .. Et Samson jugea vingt ans le peuple d'Israël [2]....

(Chap. XVI, v. 1.) Il alla à Gaza, y vit une prostituée, et entra dans elle.... Il prit les deux portes de la ville de Gaza, et les porta en la montagne d'Hébron [3]....

.... En ce temps-là il y eut un homme du mont Éphraïm, nommé Michas (chap. XVII, v. 1), qui dit à sa mère : « Les onze cents pièces d'argent que vous aviez serrées, et qu'on vous avait prises, je les ai ; elles sont entre mes mains. » Sa mère lui répondit : « Que mon fils soit béni du Seigneur. » Michas rendit donc ces pièces d'argent à sa mère, qui lui dit : « J'ai voué cet argent au Seigneur, afin que mon fils le reçoive de ma main, et qu'il en fasse une image sculptée, jetée en fonte ; et voilà que je te le donne. » Le fils rendit cet argent à sa mère, qui en prit deux cents pièces d'argent qu'elle donna à un ou-vrier en argent pour en faire un ouvrage de sculpture, jeté en fonte, qu'on mit dans la maison de Michas. Il fit aussi un éphod et des Téra-phim, c'est-à-dire des vêtements sacerdotaux et des idoles... Il remplit la main d'un de ses enfants, et en fit son prêtre [4]. Il n'y avait point de roi alors en Israël ; mais chacun faisait ce qui lui semblait bon.

---

trop considérable pour trouver ces trois cents renards, et qu'il n'y a point de renardier qui pût attacher ainsi trois cents renards. Si on trouvait, dit-il, un pareil conte dans un auteur profane, quel mépris n'aurait-on pas pour lui !

1. La mâchoire d'âne avec laquelle Samson tue mille Philistins ses maîtres est ce qui enhardit le plus Meslier dans ses sarcasmes aussi insolents qu'im-pies. Il va jusqu'à dire (nous le répétons avec horreur) qu'il n'y a de mâchoire d'âne dans cette fable que celle de l'auteur qui l'inventa. Nous répondrons à la fois à toutes les criminelles injures de ce mauvais prêtre, à la fin de cet article de Samson.

2. Cet indigne curé se moque de la fontaine que Dieu fait sortir d'une dent molaire, comme de tout le reste. Il dit qu'un mauvais roman, dépourvu de rai-son, n'en est pas plus respectable pour avoir été écrit par un Juif inconnu ; que la *Légende dorée* et le *Pédagogue chrétien* n'ont aucun miracle qui appro-che de cette foule d'absurdités.

3. Les portes de Gaza, emportées par Samson sur ses épaules, achèvent d'ai-grir la bile de cet homme. Et sur ce que le lieu d'Hébron est à douze lieues de la ville de Gaza, il nie qu'un homme puisse pendant la nuit y porter les portes d'une ville depuis minuit, temps auquel Samson s'éveilla, jusqu'au matin, fût-ce pendant l'hiver.

Nous répondons qu'il n'est point dit qu'il les porta en une seule nuit ; que s'il aima une courtisane, c'est de cela même que Dieu le punit. Nous n'avons pas parlé de la critique que fait Meslier de Samson reconnu pour juge des Hé-breux tandis qu'ils étaient esclaves. Cette critique porte trop à faux. Les Phi-listins pouvaient très-bien permettre aux Juifs de se gouverner selon leurs lois, quoique dans l'esclavage. C'est une chose dont on a des exemples.

Pour les prodiges étonnants opérés par Samson, ce sont des miracles qui montrent que Dieu ne veut pas abandonner son peuple. Nous avons dit vingt fois que ce qui n'arrive pas aujourd'hui arrivait fréquemment dans ces temps-là. Nous croyons cette réponse suffisante.

4. L'histoire de Michas semble entièrement isolée : elle ne tient à aucun des événements précédents. On voit seulement qu'elle fut écrite du temps des rois juifs, ou après ces rois, par quelque lévite, ou par quelque scribe. C'est une des plus singulières du Canon Juif, et des plus propres à faire connaître l'esprit

Il y eut aussi un autre jeune homme de Bethléem qui est en Juda, qui était son parent, et il était lévite, et il habitait dans Bethléem ; et étant sorti de Bethléem pour voyager et chercher fortune, quand il vint au mont Éphraïm, il se détourna un peu pour aller dans la maison de Michas.... Interrogé par Michas d'où il venait, il répondit : « Je suis lévite de Bethléem de Juda : je cherche à habiter où je pourrai. »

Michas lui dit : « Demeure chez moi, tu me seras père et prêtre ; je te donnerai par an dix pièces d'argent et deux tuniques avec la nourriture.... »

Et en ce temps-là (chap. XVIII, v. 1) il n'y avait point de roi en Israël [1]..., et la tribu de Dan cherchait des terres pour y habiter.... Ayant donc choisi cinq hommes des plus forts pour servir d'espions et reconnaître le pays, les cinq hommes vinrent à la montagne d'Éphraïm.... Ils entrèrent chez Michas, et ayant reconnu le lévite à son accent, ils le prièrent de consulter le Seigneur pour savoir si leur entreprise serait heureuse. Il leur répondit : « Allez en paix ; le Seigneur a regardé votre voie et le voyage que vous faites.... »

Donc les cinq espions s'en allèrent à Laïs. Ils y virent les habitants, qui étaient sans nulle crainte, en repos et en sécurité comme les Si-

de cette nation avant qu'elle eût une forme régulière de gouvernement. Nous ne nous arrêterons point à concilier les petites contradictions du texte, mais nous remarquerons, avec l'abbé de Tilladet, que Michas et sa mère font des dieux, des idoles sculptées, et tombent précisément dans le même péché qu'Aaron et les Israélites, sans que le Dieu d'Israël y fasse la moindre attention. Il croit que ce n'est point un lévite qui a écrit cette histoire, parce que, dit-il, s'il avait été lévite, il aurait marqué au moins quelque indignation contre un tel sacrilège.

Le savant Fréret pense que chaque livre fut écrit en différents temps, par différents lévites ou scribes, qui ne se communiquaient point leurs ouvrages ; et même que l'aventure de Michas peut fort bien avoir été écrite avant que la *Genèse* et l'*Exode* fussent publics. Sa raison est qu'on trouve ici des aventures à peu près semblables à celles de l'*Exode* et de la *Genèse*, mais beaucoup moins merveilleuses : ce qui fait penser que l'auteur de la *Genèse* et de l'*Exode* a voulu enchérir sur l'auteur de Michas.

Ce sentiment du docte Fréret nous semble trop téméraire ; mais il est très-vraisemblable que la horde juive, qui erra si longtemps dans les déserts et dans les rochers, se fit de petits dieux et de petites idoles mal sculptées avec des instruments grossiers, et que chaque famille avait ses idoles dans sa maison, comme Rachel avait les siennes. Ce fut l'usage de presque tous les peuples, comme nous l'avons déjà observé.

1. Selon Fréret, cette histoire, très-curieuse, prouve que, de tout temps, il y eut des pères de famille qui voulurent avoir chez eux des espèces de chapelains et l'aumônier. Il prétend, avec plusieurs autres, que l'esclavage où les Juifs étaient réduits dans la terre de Canaan n'était pas un esclavage tel que celui qu'on essuie à Maroc et dans les pays d'Alger et de Tunis ; que c'était une espèce de mainmorte telle qu'elle a été établie dans toutes les provinces chrétiennes. Il était permis à ces hordes hébraïques de cultiver les terres, et ils en partageaient les fruits avec leurs maîtres. Ainsi il pouvait y avoir quelques familles riches parmi ces esclaves, qui dans la suite des temps s'emparèrent d'une partie du pays, et se firent des chefs que nous nommons rois.

La veuve Michas et ses enfants étaient des paysans à leur aise. Il est naturel qu'un lévite pauvre, et n'ayant point de profession, ait couru le pays pour chercher à gagner du pain. Ce jeune lévite était un des esclaves demeurant à Bethléem, petit village auprès du village de Jérusalem, dans le pays des Jébuséens ; et il est à croire que les Hébreux n'avaient jamais eu en ce temps-là au-

doniens, personne ne leur résistant, extrêmement riches, éloignés de Sidon, et séparés du reste des hommes[1].

Ils revinrent donc vers leurs frères, auxquels ils dirent : « Montons vers ces gens-là; car la terre est très-riche et très-grasse.... » Il partit donc alors de la tribu de Dan un corps de six cents hommes retroussés en armes belliqueuses.... Ils passèrent en la montagne d'Éphraïm, et étant venus en la maison de Michas.... emportèrent l'image taillée, l'éphod, les idoles, et l'image jetée en fonte. Le prêtre lévite leur dit : « Que faites-vous là ? » Et ils répondirent : « Tais-toi; ne vaut-il pas mieux pour toi d'être prêtre de toute une tribu d'Israël, que d'être prêtre chez un seul homme ?... » Le lévite se rendit à leur discours. Il prit l'éphod, les idoles, et les images de sculpture, et il s'en alla avec eux....[2], et Michas courut après eux en criant. Ils dirent à Michas : « Que veux-tu ? pourquoi cries-tu ? » Michas répondit : « Vous m'enlevez mes dieux que je me suis faits, et mon prêtre, et vous me demandez pourquoi je crie!... »

Les enfants de la tribu de Dan lui dirent : « Prends garde, ne parle pas si haut, de peur qu'il ne vienne à toi des gens peu endurants, qui pourraient te faire périr, toi et ta maison.... »

cune terre en propre. Bethléem et Jérusalem sont, comme on sait, le plus mauvais pays de la Judée. Ainsi il n'est pas étonnant que ce lévite allât chercher fortune ailleurs.

1. Il est assez difficile de comprendre comment la horde hébraïque, dispersée et esclave dans ces pays, osait envoyer des espions à Laïs, qui était une ville appartenant aux Sidoniens. Mais enfin la chose est possible. Les esclaves des Romains firent de bien plus grandes entreprises sous leur chef et compagnon Spartacus. Les mainmortables d'Allemagne, de France, et d'Angleterre, prirent plus d'une fois les armes contre ceux qui les avaient asservis. La guerre des paysans d'Allemagne, et surtout de Munster, est mémorable dans l'histoire. C'est là, dit Fréret, le dénoûment de toutes les difficultés de l'histoire juive. Les Hébreux errèrent très-longtemps dans la Palestine. Ils furent manœuvres, régisseurs, fermiers, courtiers, possesseurs de terres mainmortables, brigands, tantôt cachés dans des cavernes, tantôt occupant des défilés de montagnes; et enfin cette vie dure leur ayant donné un tempérament plus robuste qu'à leurs voisins, ils acquirent en propre, par la révolte et par le carnage, le pays où ils n'avaient été d'abord reçus que comme les Savoyards qui vont en France, et comme les Limousins et les Auvergnats qui vont faire les moissons en Espagne. Cette explication du docte Fréret serait très-plausible, si elle n'était pas contraire aux livres saints. L'Écriture n'est pas un ouvrage qui puisse être soumis à la raison humaine.

2. Il n'est donc point absolument contre la vraisemblance que six cents hommes des hordes hébraïques aient passé en pleine paix par les défilés continuels des montagnes de la Palestine, pour aller faire un coup de main sur les frontières des Sidoniens, et piller la petite ville de Laïs. Chemin faisant ils trouvent le prêtre de la famille Michas : ce prêtre se disait devin, et telles sont les contradictions de l'esprit humain, que presque tous les voleurs sont superstitieux. Les bandits qui ravageaient l'Italie dans les derniers siècles ne manquèrent jamais de faire dire des messes pour le succès de leurs entreprises. Les Corses, en dernier lieu, se confessaient avant d'aller assassiner leur prochain, et ils avaient toujours un prêtre à leur tête dans leurs brigandages.

Les six cents voleurs juifs prirent donc le lévite de Michas et ses ornements sacrés. Michas court après ses dieux, comme Laban après les siens, lorsque sa fille Rachel les lui vola. Nous avons observé qu'Énée, en fuyant de Troie vers le temps où le livre de Michas fut écrit, ne manqua pas d'emporter ses petits dieux avec lui. Il y a de très-grandes ressemblances dans toute l'histoire ancienne. L'auteur sacré n'approuve ni Michas, ni son lévite, ni la tribu de Dan.

Ils continuèrent donc leur chemin, les six cents hommes et le prêtre, et ils vinrent dans la ville de Laïs, chez ce peuple tranquille qui ne se défiait de rien : ils firent périr par la bouche du glaive tous les habitants, et brûlèrent la ville [1].....

Ils s'approprièrent donc les idoles de sculpture, et ils établirent pour prêtre Jonathan, fils de Gersom, fils de Moïse, pour être leur prêtre, lui et ses enfants, dans la tribu de Dan jusqu'au jour où elle fut captive; et l'idole de Michas demeura parmi eux tout le temps que la maison de Dieu fut à Silo [2].

(Chap. XVIII, v. 14.) Un lévite avec sa femme ne voulurent point passer par Jébus (qui fut depuis Jérusalem). Ils allèrent à Gabaa pour y demeurer; et y étant entrés, ils s'assirent dans la place publique, et personne ne voulut leur donner l'hospitalité. Un vieillard les fit entrer dans sa maison, et donna à manger à leur âne; et quand ils eurent lavé leurs pieds, il leur fit un festin....

Pendant le souper, il vint des méchants de la ville, gens sans frein,

---

1. Il est étrange, dit l'abbé de Tilladet, que la horde juive, dès qu'elle prend une ville ou un village, mette tout à feu et à sang, massacre tous les hommes, toutes les femmes mariées, tous les bestiaux, et brûle tout ce qui pouvait leur servir dans un pays dont ils étaient sûrs d'être un jour les maîtres, puisque Dieu le leur avait promis par serment. Il y a non-seulement une barbarie abominable à tout égorger, mais une folie incompréhensible à se priver d'un butin dont ils avaient un besoin extrême.

Nous répondrons à l'objection pressante de M. l'abbé de Tilladet, que sans doute les Juifs ne brûlaient que ce qu'ils ne pouvaient pas emporter, comme maisons et meubles qui n'étaient pas à leur usage, mais qu'ils emmenaient avec eux les filles, les vaches, les moutons, et les chèvres, avec quoi ils se retiraient dans les cavernes profondes qui sont si communes dans ces montagnes, et qui peuvent tenir jusqu'à quatre à cinq mille hommes. S'ils égorgèrent jusqu'aux filles dans Jérico, c'était par un ordre exprès du Seigneur, qui voulait punir Jérico.

2. Il faut toujours un prêtre à ces voleurs. Mais ce que M. l'abbé de Tilladet ne peut croire, c'est qu'un petit-fils de Mosé fût lui-même grand-prêtre des idoles dans une caverne de scélérats. Cela seul, dit-il, serait capable de lui faire rejeter du Canon ce livre de Michas. Cela montre, dit Fréret, la décadence trop ordinaire dans les grandes familles. Le fils du roi Persée fut greffier dans la ville d'Albe; et nous avons vu les descendants des plus grandes maisons demander l'aumône.

Le texte dit que l'idole de Michas demeura dans la tribu de Dan jusqu'à la captivité, pendant que la maison de Dieu était à Silo. Silo était un petit village, qui appartint depuis à la tribu d'Éphraïm. La maison de Dieu, dont il est parlé ici, est le coffre, ou l'arche, le tabernacle du Seigneur. Il faut donc que les Hébreux, esclaves alors, eussent obtenu des maîtres du pays la permission de mettre leur arche dans un de leurs villages. Cette permission même, dit M. Fréret, serait le comble de leur avilissement. Des gens pour qui Dieu avait ouvert la mer Rouge et le Jourdain, et arrêté le soleil et la lune en plein midi, pouvaient-ils ne pas posséder une superbe ville en propre, dans laquelle ils auraient bâti un temple pour leur arche?

On répond que ce temple fut en effet bâti plusieurs années après dans Jérusalem, et qu'un siècle de plus ou de moins n'est rien dans les conseils éternels de la Providence.

Il est difficile d'entendre le sens de l'auteur sacré, quand il dit que l'idole de Michas resta dans la tribu de Dan jusqu'au temps de la captivité. Plusieurs commentateurs croient que l'aventure de Michas arriva immédiatement après Josué.

Or Josué mourut, selon le comput hébraïque, l'an du monde 2561; et la grande captivité fut achevée par le roi Salmanazar, en l'an 3283. Les idoles de Michas et leur service seraient donc dans la tribu de Dan sept cent vingt-deux

qui environnèrent la maison du vieillard, frappant à la porte et criant : « Fais-nous sortir ce lévite, afin que nous en abusions. » Le vieillard allant à eux, leur dit : « Mes frères, ne faites point ce mal; cet homme est mon hôte; ne consommez pas cette folie; j'ai une fille vierge, et cet homme a sa concubine avec lui; je vous les amènerai pour que vous les mettiez sous vous, et que vous assouvissiez votre débauche[1] : seulement, je vous prie, ne commettez pas ce péché contre nature avec cet homme. »

Or le lévite, voyant qu'ils n'acquiesçaient pas à cette proposition, leur amena lui-même sa concubine; il la mit entre leurs mains, et ils en abusèrent toute la nuit. Quand les ténèbres furent dissipées, la femme retourna à la porte de la maison, et tomba par terre.... Le lévite, s'étant levé pour continuer sa route, trouva sa femme sur le seuil, étendue et morte. Ayant reconnu qu'elle était morte, il la mit sur son âne, et s'en retourna en sa maison; et étant venu chez lui, il prit un couteau et coupa le cadavre de sa femme en douze parts avec les os, et en envoya douze parts aux douze tribus d'Israël[2].

ans. Cette histoire, comme on voit, n'est pas sans de grandes difficultés; et la seule soumission aux décisions de l'Église peut les résoudre.

Ce qu'on peut recueillir de ces histoires détachées, qui semblent toutes se contredire, c'est que le culte hébraïque ne fut jamais uniforme ni fixe jusqu'au temps d'Esdras.

1. L'histoire du lévite et de sa femme ne présente pas moins de difficultés. Elle est isolée comme la précédente, et rien ne peut indiquer en quel temps elle est arrivée. Ce qui est très-extraordinaire, c'est qu'on y trouve une aventure à peu près semblable à une de celles qui sont consignées dans la *Genèse*; et c'est ce que nous allons bientôt examiner.

Le lévite qui arrive dans Gabaa, et avec qui les Gabaïtes ont la brutalité de vouloir consommer le péché contre nature, semble d'abord une copie de l'abomination des Sodomites qui voulurent violer deux anges. Nous verrons ces deux crimes infâmes punis, mais d'une manière différente. Le lord Bolingbroke en prend occasion d'invectiver contre le peuple juif, et de le regarder comme le plus exécrable des peuples. Il dit qu'il était presque pardonnable à des Grecs voluptueux, à de jeunes gens parfumés, de s'abandonner, dans un moment de débauche, à des excès très-condamnables, dont on a horreur dans la maturité de l'âge : mais il prétend qu'il n'est guère possible qu'un prêtre marié, et par conséquent ayant une grande barbe à la manière des Orientaux et des Juifs, arrivant de loin sur son âne accompagné de sa femme, et couvert de poussière, pût inspirer des désirs impudiques à toute une ville. Il n'y a rien, selon lui, dans les histoires les plus révoltantes de toute l'antiquité, qui approche d'une infamie si peu vraisemblable. Encore les deux anges de Sodome étaient dans la fleur de l'âge, et pouvaient tenter ces malheureux Sodomites.

Ici les Gabaïtes prennent un parti que les Sodomites refusèrent. Loth proposa ses deux filles aux Sodomites, qui n'en voulurent point : mais les Gabaïtes assouvissent leur brutalité sur la femme du prêtre, au point qu'elle en meurt. Il est à croire qu'ils la battirent après l'avoir déshonorée, à moins que cette femme ne mourût de l'excès de la honte et de l'indignation qu'elle dut ressentir, car il n'y a point d'exemple de femme qui soit morte sur-le-champ de l'excès du coït.

La maison du lévite, dans laquelle le lévite ramena le cadavre sur son âne, était devers la montagne d'Éphraïm, et sa femme était du village de Bethléem; on ne sait s'il rapporta sa femme à Bethléem, ou à Éphraïm.

2. L'idée d'envoyer un morceau du corps de sa femme à chaque tribu est encore sans exemple, et fait frémir. Il fallut donc envoyer douze messagers chargés de ces horribles restes. Mais où étaient alors ces douze tribus? On croit que cette scène sanglante se passa pendant une des servitudes des Juifs.

Et puisque cette histoire du lévite est placée dans le Canon après celle de

(Chap. xx, v. 4.) Alors tous les enfants d'Israël s'assemblèrent comme un seul homme, depuis Dan jusqu'à Bersabée, devant le Seigneur à Maspha; et ils envoyèrent des députés à toute la tribu de Benjamin pour leur dire : « Pourquoi avez-vous souffert un si grand crime parmi vous ? Livrez-nous les hommes de Gabaa coupables, afin qu'ils meurent. » Les Benjamites ne voulurent point écouter cette députation; mais ils vinrent de toutes leurs villes en Gabaa pour la secourir, et combattre contre tout le peuple d'Israël. Il y avait vingt-cinq mille combattants de la tribu de Benjamin, outre ceux de Gabaa qui étaient sept cents hommes très-vaillants..., et les enfants d'Israël étaient quatre cent mille hommes portant les armes[1].

Les enfants d'Israël, marchant dès la pointe du jour, vinrent se camper près de Gabaa; mais les enfants de Benjamin, étant sortis de Gabaa, tuèrent en ce jour vingt-deux mille hommes des enfants d'Israël[2].

Et les enfants d'Israël montèrent devant le Seigneur et pleurèrent devant lui, et le consultèrent, disant : « Devons-nous combattre encore ? » Et le Seigneur leur répondit : « Allez combattre; » ils allèrent donc combattre, et les Benjamites leur tuèrent encore dix-huit mille hommes[3]...; et l'arche du Seigneur était en ce lieu.... Enfin, le Seigneur tailla en pièces aux yeux des enfants d'Israël vingt-cinq mille et cent Benjamites ou grands guerriers.... Puis les Benjamites, étant en-

Michas, il faut qu'elle soit du temps de la dernière servitude, qui dura quarante ans. Mais nous verrons dans ce système une difficulté presque insurmontable.

1. Si cette aventure arriva durant la grande servitude de quarante ans, on est embarrassé de savoir comment les douze tribus s'assemblèrent, et comment leurs maîtres le souffrirent. C'était naturellement aux possesseurs du pays qu'on devait s'adresser pour punir un crime commis chez eux. C'est le droit de tous les souverains, dont ils ont été extrêmement jaloux dans tous les temps.

Le texte donne vingt-cinq mille combattants à la tribu de Benjamin, qui prit le parti des coupables, et quatre cent mille combattants aux onze autres tribus. En supposant la population égale, chaque tribu aurait eu trente-cinq mille quatre cent seize soldats. Et en ajoutant les vieillards, les femmes, et les enfants, chaque tribu devait être composée de cent quarante-un mille six cent soixante et quatre personnes, qui font pour les douze tribus un million six cent quatre-vingt-dix-neuf mille neuf cent soixante et huit personnes.

Or, pour qu'on tînt en servitude un nombre si prodigieux d'hommes, parmi lesquels il y en avait quatre cent vingt-cinq mille en armes, il aurait fallu au moins huit cent mille hommes en armes pour les contenir. Et comment les maîtres laissent-ils des armes à leurs esclaves? quand il est dit au livre des Rois, chap. xiii, que les Philistins ne permettaient pas aux Juifs « d'avoir un seul forgeron, de peur qu'ils ne fissent des épées et des lances, et que tous les Israélites étaient obligés d'aller chez les Philistins pour faire aiguiser le soc de leurs charrues, leurs hoyaux, leurs cognées, et leurs serpettes. »

Cette difficulté est grande. Nous ne dissimulons rien.

2. On est encore étonné ici que le Seigneur protégeât les Benjamites, qui étaient du parti le plus coupable, contre tous les Israélites, qui étaient du parti le plus juste.

3. On est étonné bien davantage qu'après avoir marché une seconde fois par l'ordre exprès de Dieu, les Israélites soient battus une seconde fois, et qu'ils perdent dix-huit mille hommes : mais aussi ils sont ensuite entièrement vainqueurs. Tout ce qui peut faire un peu de peine, c'est le nombre effroyable d'Israélites égorgés par leurs frères, depuis l'adoration du veau d'or jusqu'à ces guerres intestines.

tourés de leurs ennemis, perdirent dix-huit mille hommes en cet endroit, tous gens de guerre et très-robustes.... Ceux qui étaient restés prirent la fuite; mais on en tua encore cinq mille; et, ayant passé plus loin, on en tua encore deux mille[1].....

Les enfants d'Israël, étant retournés du combat, tuèrent tout ce qui restait dans Gabaa, depuis les hommes jusqu'aux bêtes; et une flamme dévorante détruisit toutes les villes et les villages de Benjamin....

(Chap. XXI, v. 1.) Or, les enfants d'Israël avaient juré à Maspha, disant : « Nul de nous ne donnera ses filles en mariage aux fils de Benjamin. » Ils vinrent donc tous en la maison de Dieu à Silo, et ils commencèrent à braire et à pleurer, disant : « Pourquoi un si grand mal est-il arrivé? Faudra-t-il qu'une de nos tribus périsse?... Où nos frères de Benjamin prendront-ils des femmes[2]? car nous avons juré tous ensemble que nous ne leur donnerions point nos filles!... » Ils dirent alors : « Il n'y a qu'à voir qui sont ceux de toutes les tribus qui ne se sont point trouvés au rendez-vous de l'armée à Maspha; et il se trouva que ceux de Jabès ne s'y étaient point trouvés. Ils envoyèrent donc dix mille hommes très-robustes avec cet ordre : « Allez et frappez dans la bouche du glaive tous les habitants de Jabès, tant les femmes que les petits enfants; tuez tous les mâles et les femmes qui ont connu des hommes, et réservez les filles.... » Or, il se trouva dans Jabès quatre cents filles qui étaient encore vierges. On les amena au camp de Silo dans la terre de Canaan[3].

Alors les enfants de Benjamin revinrent, et on leur donna pour femmes ces quatre cents filles de Jabès; mais il en fallait encore deux cents, et on ne pouvait les trouver. Voici donc la résolution que les Israélites prirent. « Voici une fête qui va se célébrer au Seigneur dans Silo : Benjamites, cachez-vous dans les vignes; et lorsque vous verrez

1. Il semble que les Benjamites, qui n'étaient que vingt-cinq mille en armes, en aient pourtant perdu cinquante mille; mais on peut aisément entendre que le texte parle d'abord en général de vingt-cinq mille hommes tués, et dit ensuite en détail comment ils ont été tués.

2. Ceux qui nient la possibilité de tous ces événements doivent pourtant convenir que le caractère des Juifs est bien marqué dans cette douleur qu'ils ressentent, au milieu de leurs victoires, de voir qu'une de leurs tribus court risque d'être anéantie; ce qui aurait détruit les prophéties et les prédictions de l'empire des douze tribus sur la terre entière.

La destruction de la ville de Gabaa, de tous les hommes, et de toutes les bêtes, selon leur coutume, ne les effarouche pas; mais la perte d'une de leurs tribus les attendrit. Rien n'est plus naturel dans une nation qui espérait que ses douze tribus asserviraient un jour toute la terre.

3. Cette manière de repeupler une tribu a paru bien singulière à tous les critiques. Tout le peuple juif est ici supposé égorger tous les habitants d'une de ses propres villes, pour donner des filles à ses ennemis. On massacre les mères pour marier leurs filles. Le curé Meslier dit que ces fables de sauvages feraient dresser les cheveux à la tête si elles ne faisaient pas rire. Nous avouons que cet expédient, pour rétablir la tribu de Benjamin, est d'une barbarie singulière; mais Dieu ne l'ordonna pas. Ce n'est point à lui qu'on doit s'en prendre de tous les crimes que commet son peuple. Ce sont des temps d'anarchie.

Les critiques insistent; ils disent que Dieu fut consulté pendant cette guerre, que son arche y était présente : mais on ne trouve point dans le texte que Dieu ait été consulté quand ils tuèrent tous les habitants de Jabès avec toutes les femmes et les petits enfants.

les filles de Silo venir danser en rond selon la coutume, sortez tout d'un coup des vignes, que chacun prenne une fille pour sa femme, et allez au pays de Benjamin. »

Les fils de Benjamin firent selon qu'il leur avait été prescrit; chacun prit une des filles qui dansaient en rond, et ils allèrent rebâtir leurs villes et leurs maisons[1].

RUTH.

(Chap. I, v. 1.).... Dans les jours d'un juge, quand les juges présidaient, il y eut famine sur la terre; et un homme de Bethléem de Juda voyagea chez les Moabites avec sa femme et ses deux enfants. Il s'appelait Hélimélech, et sa femme Noémi.... Étant donc venus au pays des Moabites, ils y demeurèrent....

Hélimélech, mari de Noémi, resta avec ses deux fils... Ils prirent pour femmes des filles de Moab, dont l'une s'appelait Orpha, et l'autre Ruth.

Après la mort des deux fils de Noémi, elle demeura seule, ayant perdu son mari et ses deux fils... Elle se mit en chemin avec ses deux brus pour revenir du pays des Moabites dans sa patrie[2]....

... Orpha s'en retourna; mais Ruth resta avec sa belle-mère.

... Noémi dit à Ruth : « Voilà votre sœur qui s'en est retournée à son peuple et à ses dieux; allez-vous-en avec elle. »

Ruth lui répondit : « J'irai avec vous; et partout où vous resterez, je resterai; votre peuple sera mon peuple, votre dieu sera mon dieu;

---

1. Nous ne savons comment excuser cette nouvelle manière de compléter le nombre des six cents filles qui manquaient aux Benjamites. C'est précisément devant l'arche qui était à Silo, selon le texte, c'est dans une fête célébrée en l'honneur du Seigneur, c'est sous ses yeux que l'on ravit deux cents filles. Les Israélites joignent ici le rapt à l'impiété la plus grande. On doit convenir que tout cet amas d'atrocités du peuple de Dieu est difficile à justifier.

Ce dernier rapt a quelque ressemblance avec l'enlèvement des Sabines dans Rome. Il y a, dans l'établissement de tous les peuples, quelque chose de si féroce, qu'il semblerait qu'on dût pardonner aux critiques qui révoquent en doute toutes les histoires anciennes; mais nous ne pouvons pas douter de celle des Juifs. S'il y a des choses embarrassantes et révoltantes pour le commun des lecteurs, ce qu'il y a de divin doit nous fermer la bouche.

2. Comme il s'agit, dans le livre de *Ruth*, du bisaïeul de David, on peut conjecturer aisément le temps où vivait Booz, mari de Ruth. Il faut compter quatre générations de lui à David : cela forme environ cent vingt ans; et la chose doit être arrivée dans le commencement de la grande servitude de quarante ans.

Cette histoire est bien différente des précédentes : elle n'a rien de toutes les cruautés que nous avons vues; elle est écrite avec une simplicité naïve et touchante. Nous ne connaissons rien ni dans Homère, ni dans Hésiode, ni dans Hérodote, qui aille au cœur comme cette réponse de Ruth à sa mère : « J'irai avec vous, et partout où vous resterez je resterai; votre peuple sera mon peuple, votre dieu sera mon dieu; je mourrai dans la terre où vous mourrez. »

Il y a du sublime dans cette simplicité. Les critiques ont beau dire que cet empressement de quitter le dieu de son père pour le dieu de sa belle-mère marque une indifférence de religion condamnable; ils ont beau inférer de là que la religion juive, exclusive de toutes les autres, n'était pas encore formée; que chaque canton d'Arabie et de Syrie avait son dieu ou son étoile; qu'il était égal d'adorer le dieu de Moab, ou le dieu de Gaza, ou le dieu de Sidon, ou le dieu

je mourrai dans la terre où vous mourrez.... » Étant donc parties ensemble, elles arrivèrent à Bethléem....

C'est ainsi que Noémi, étant revenue avec Ruth la Moabite sa bru, retourna à Bethléem, quand on moissonnait les orges....

(Chap. II.) Or, il y avait un parent d'Hélimélech, nommé Booz, homme puissant et très-riche [1]. Ruth la Moabite dit à sa belle-mère : « Si vous me le permettez, j'irai glaner dans quelque champ, et je trouverai peut-être quelque père de famille devant qui je trouverai grâce. » Noémi lui répondit : « Va, ma fille. » Ruth s'en alla donc glaner derrière les moissonneurs.... Or, il se trouva que le champ où elle glanait appartenait à Booz, parent d'Hélimélech (beau-père de Ruth).... Booz dit à un jeune homme, chef des moissonneurs : « Qui est cette fille ? » Lequel répondit : « C'est cette Moabite qui est venue avec Noémi du pays des Moabites.... » Booz dit à Ruth : « Écoute, fille, ne va point glaner dans un autre champ ; mais joins-toi à mes moissonneuses, car j'ai ordonné à mes gens de ne te point faire de peine ; et même, quand tu auras soif, bois de l'eau dont boivent mes gens. » Ruth tombant sur sa face, et l'adorant à terre, lui dit : « D'où vient cela que j'ai trouvé grâce devant tes yeux, et que tu daignes regarder une étrangère ? »

Booz lui répondit : « On m'a conté tout ce que tu as fait pour ta belle-mère après la mort de ton mari [2], et que tu as quitté tes parents et la terre de Moab où tu es née, pour venir chez un peuple que tu ne connaissais pas.... »

« Quand l'heure de manger sera venue, viens manger du pain et le tremper dans du vinaigre [3].... »

des Juifs ; quand même on eût pensé ainsi en ces temps d'anarchie, cela n'empêcherait pas que le discours de Ruth à Noémi ne méritât les éloges de tous ceux qui ont un cœur sensible.

1. On voit, dans tout ce morceau, quelle était cette simplicité de la vie champêtre qu'on menait alors. Mais ce qu'il y a d'étrange et de triste, c'est que cette simplicité s'accorde avec les mœurs féroces dont nous venons de voir tant d'exemples. Ces mêmes peuples chez lesquels il se trouve un aussi bon homme que Booz, et une aussi bonne femme que Ruth, sont pourtant pires que les suivants d'Attila et de Genseric. Tout ce petit pays en deçà et en delà du Jourdain, jusqu'aux terres des opulents Sidoniens enrichis par le commerce, et jusqu'aux villes florissantes de Damas et de Balbec, était habité par des gens très-pauvres et très-simples. Booz est appelé un homme puissant et riche, parce qu'il a quelques arpents de terre qui produisent de l'orge. Il couche dans sa grange sur la paille ; il vanne son orge lui-même, quoique déjà avancé en âge. Nous avons dit bien souvent que ces temps et ces mœurs n'ont rien de commun avec les nôtres, soit en bien, soit en mal. Leur esprit n'est point notre esprit ; leur bon sens n'est point notre bon sens. C'est pour cela même que le *Pentateuque*, les livres de *Josué* et des *Juges*, sont mille fois plus instructifs qu'Homère et Hérodote.

2. Il n'y a pas, dira-t-on, une grande générosité à un homme puissant et très-riche, tel que Booz est représenté, de permettre de glaner et de boire de l'eau à une femme dont on lui a déjà parlé, dont il devait savoir qu'il était parent, quoiqu'elle fût Moabite. Mais une cruche d'eau était un régal dans ce désert auprès de Bethléem : et nous avons remarqué que plusieurs voyageurs, et même plusieurs Arabes, y sont morts faute d'eau potable. S'il y a quelque ruisseau, comme le torrent de Cédron auprès de Jérusalem, il est à sec dans le temps de la moisson. Tout ce qui environne Bethléem est une plaine de sable et de cailloux. C'est beaucoup si, à force de culture, elle produit un peu d'orge.

3. Le meilleur pain qu'on eût dans ce pays-là était fait d'orge et de seigle,

Ruth s'assit donc à côté des moissonneurs, mangea de la bouillie, fut rassasiée, et emporta les restes; elle glana encore; et ayant battu ses épis d'orge, elle en tira environ trois boisseaux; et retournant chargée à Bethléem, elle donna à sa belle-mère les restes de sa bouillie (chap. III).... Noémi dit à sa fille : « Ma fille, Booz est notre proche parent, et cette nuit il vannera son orge; lave-toi donc, oins-toi, prends tes plus beaux habits, et va-t'en à son aire; et quand Booz ira dormir, remarque bien l'endroit où il dormira; découvre sa couverture du côté des pieds, et tu demeureras là; il te dira ce que tu dois faire. »

Ruth lui répondit : « Je ferai ce que vous me commandez..... » Elle alla donc dans l'aire de Booz, et fit comme sa belle-mère avait dit...; et Booz ayant bu et mangé, étant devenu plus gai, s'alla coucher contre un tas de gerbes; et Ruth vint tout doucement, et ayant levé la couverture aux pieds, elle se coucha là [1].

Au milieu de la nuit, Booz fut tout étonné de trouver une femme à ses pieds, et lui dit : « Qui es-tu? » Elle répondit : « Je suis Ruth, ta servante; étends-toi sur ta servante; car tu es mon proche parent....» Booz lui dit : « Ma fille, Dieu te bénisse; tu vaux encore mieux cette nuit que ce matin; car tu n'as point été chercher des jeunes gens, soit riches, soit pauvres.... Ne crains rien; car je ferai tout ce que tu as dit; car on sait que tu es une femme de bien.... J'avoue que je suis ton parent; mais il y en a un autre plus proche que moi.... Reste ici cette nuit, et si demain matin le proche parent veut te prendre, à la bonne heure; s'il n'en veut rien faire, je te prendrai sans nulle difficulté, comme Dieu est vivant.... Dors jusqu'au matin.... »

Elle se leva avant que le jour parût, et Booz lui dit : « Prends bien garde que personne ne sache que tu es venue ici; étends ta robe; tiens-la des deux mains. » Elle étendit sa robe et la tint des deux mains, et il y mit six boisseaux d'orge qu'elle emporta à Bethléem [2]....

---

qu'on cuisait sous la cendre. On le trempait un peu dans de l'eau et du vinaigre; ce fut la coutume des peuples d'Orient, et même des Grecs et des Romains; les soldats n'étaient pas nourris autrement. Ruth, qui était venue à pied du pays de Moab, et qui avait passé le grand désert, si elle n'avait pas traversé le Jourdain, ne devait pas être accoutumée à une nourriture fort délicate. Pour peu que l'on ait vu les habitants des Pyrénées et des Alpes, pour peu qu'on ait lu les voyageurs qui ont passé par les monts Krapacs et par le Caucase, on sera convaincu que la moitié des hommes ne se nourrit pas autrement, et que la pauvreté et la grossièreté, mère de la simplicité, ont toujours été leur partage.

1. Si les critiques trouvent mauvais que Booz, cet homme si puissant et si riche, s'aille coucher contre un tas de gerbes, ou sur un tas de gerbes, comme font encore nos manœuvres, après la moisson, ils trouvent encore plus mauvais que Ruth aille se coucher tout doucement dans le lit de Booz. Si ce Booz, disent-ils, devait, en qualité de parent, épouser cette Ruth, c'était à Noémi, sa mère, à faire honnêtement la proposition du mariage, elle ne devait pas persuader à sa bru de faire le métier de coureuse.

De plus, Noémi devait savoir qu'il y avait un parent plus proche que Booz. C'était donc à ce parent plus proche que l'on devait s'adresser.

2. Le conseil que donne Booz à Ruth de se lever avant le jour, et de prendre garde qu'on ne la voie, fait croire qu'au moins Ruth a fait une action plus qu'imprudente. Le texte dit que Booz était devenu plus gai après avoir bu. Cette circonstance, jointe à la hardiesse de cette femme de s'aller mettre dans le lit d'un homme, peut faire penser que le mariage fut consommé avant d'avoir

(Chap. IV.) Le proche parent de Ruth n'ayant pas voulu l'épouser, Booz dit à ce proche parent : « Ôte ton soulier; » et, le parent ayant ôté son soulier [1].... Booz prit Ruth en femme; il entra en elle, et Dieu lui donna de concevoir et d'enfanter un fils.... Ils l'appelèrent Obed; c'est lui qui fut père d'Isaï, père de David [2].

ROIS.

LIVRE PREMIER.

(Chap. II, v. 12.).... Les enfants d'Héli, grand prêtre, étaient des enfants de Bélial qui ne connaissaient point le Seigneur, et qui violaient le devoir des prêtres envers le peuple; car qui que ce fût qui immolât une victime, un valet de prêtre venait pendant qu'on cuisait la chair, tenant à la main une fourchette à trois dents; il la mettait dans la chaudière, et tout ce qu'il pouvait enlever était pour le prêtre...; et si celui qui immolait lui disait : « Faisons d'abord brûler la graisse comme de coutume, et puis tu prendras de la viande autant que tu en voudras; » le valet répondait : « Non, tu m'en donneras à présent, ou j'en prendrai par force [3].... »

Or, Héli était très-vieux (*Rois*, liv. Ier, chap. II, v. 22); et il apprit

été proposé. Nos mœurs ne sont pas plus chastes, mais elles sont plus décentes. Il semble que les six boisseaux d'orge soient une récompense des plaisirs de la nuit : mais quelle récompense que de l'orge dans son tablier !

Notre réponse à ces censures est qu'il se peut très-bien que Booz n'ait rien fait à Ruth cette nuit-là, et que le conseil de s'évader avant le jour n'ait été qu'une précaution pour dérober Ruth aux railleries des moissonneurs.

1. La loi portée dans le *Deutéronome*, chap. XXV, était qu'une femme veuve, que le frère de son mari refusait d'épouser, était en droit de le déchausser et de lui cracher au visage. Mais c'était à la femme seule à s'acquitter de cette cérémonie, et on ne pouvait cracher qu'au visage de son beau-frère. Il devait épouser sa belle-sœur; et il n'est point dit qu'un autre parent dût l'épouser. Il n'est pas permis parmi les catholiques romains d'épouser la veuve de son frère, à moins d'une dispense du pape. On sait que le pape Clément VII fut cause du schisme de l'Angleterre pour n'avoir pas voulu souffrir les prétendus remords du roi Henri VIII d'avoir épousé sa belle-sœur, et que le pape Alexandre VII donna toutes les dispenses qu'on voulut, quand la princesse de Nemours, reine de Portugal, fit casser son mariage avec le roi Alphonse, et épousa le prince Pierre, frère d'Alphonse, après avoir détrôné et enfermé son mari.

2. On trouve extraordinaire que Ruth, dont descendent David et Jésus-Christ, soit une étrangère, une Moabite, une descendante de l'inceste de Loth avec ses filles. Cet événement prouve, comme nous l'avons dit, que Dieu est le maître des lois, que nul n'est étranger à ses yeux, et qu'il n'a acception de personne.

3. On ne sait pas quel est l'auteur du livre de *Samuel*. Le grand Newton croit que c'est Samuel lui-même; qu'il écrivit tous les livres précédents, et qu'il y ajouta tout ce qui regarde le grand prêtre Héli et sa famille. Newton, qui avait étudié d'abord pour être prêtre, savait très-bien l'hébreu; il était entré dans toutes les profondeurs de l'histoire orientale : son système cependant n'a paru qu'une conjecture.

Si Samuel n'a pas écrit une partie de ce petit livre, c'est sans doute quelque lévite qui lui était très-attaché. Le savant Fréret reproche à l'auteur, quel qu'il soit, un défaut dans lequel aucun historien de nos jours ne tomberait : c'est de laisser le lecteur dans une ignorance entière de l'état où était alors la nation. Il est difficile de savoir quel est le lieu de la scène, quelle étendue de pays possédaient alors les Juifs, s'ils étaient encore esclaves ou simplement tributaires des

que ses fils faisaient toutes ces choses, et qu'ils couchaient avec toutes les femmes qui venaient à la porte du tabernacle....

(Chap. III, v. 1.) Or, le jeune Samuel servait le Seigneur auprès du grand prêtre Héli.... La parole du Seigneur était alors très-rare, et il n'y avait point de grande vision.... Il arriva un certain jour qu'Héli couchait dans son lieu (chap. III, v. 2); ses yeux étaient obscurcis, et il ne pouvait voir [1]....

Samuel dormait dans le temple du Seigneur, où était l'arche ɶe Dieu; et avant que la lampe, qui brûlait dans le temple, fût éteinte, le Seigneur appela Samuel, et Samuel répondit : « Me voici. » Il courut aussitôt vers le grand prêtre Héli, et lui dit : « Me voici; car vous m'avez appelé. » Héli lui dit : « Je ne t'ai point appelé; » et il dormit.

Le Seigneur appela encore Samuel, qui, s'étant levé, courut à Héli, et lui dit : « Me voici [2].... »

Or, Samuel ne savait point encore distinguer la voix du Seigneur; car le Seigneur ne lui avait point encore parlé....

Le Seigneur appela donc encore Samuel pour la troisième fois; il s'en alla toujours à Héli, et lui dit : « Me voici.... »

Le Seigneur vint encore, et il l'appela, en criant deux fois : « Samuel! Samuel!... » et le Seigneur lui dit : « Tiens, je vais faire un verbe dans Israël (ch. III, v. 11), que quiconque l'entendra, les oreilles lui corneront.... J'ai juré à la maison d'Héli que l'iniquité de cette maison ne sera jamais expiée, ni par des victimes, ni par des présents [3]. »

Phéniciens nommés Philistins: L'auteur paraît être un prêtre, qui n'est occupé que de sa profession, et qui compte tout le reste pour peu de chose.

Nous pensons qu'il y avait alors quelques tribus esclaves vers le nord de la Palestine; et d'autres, vers le midi, seulement tributaires, comme celle de Juda, qui était la plus considérable, et celle de Benjamin, réduite à un très-petit nombre : il nous semble que les Juifs ne possédaient pas encore une seule ville en propre.

1. L'auteur ne nous dit point où résidait ce grand prêtre Héli, que les Phéniciens toléraient; il paraît que c'était dans le village appelé Silo, et que l'arche des Juifs était cachée dans ce village, qui appartenait encore aux Philistins, et dans lequel les Juifs avaient permission de demeurer, et d'exercer entre eux leur police et leur religion. L'auteur fait entendre que les Juifs étaient si misérables, que Dieu ne leur parlait plus fréquemment comme autrefois, et qu'ils n'avaient plus de visions : c'était l'idée de toutes ces nations grossières, que quand un peuple était vaincu, son dieu était vaincu aussi; et que lorsqu'il se relevait, son dieu se relevait avec lui.

2. Les critiques téméraires ne peuvent souffrir que le créateur de l'univers vienne appeler quatre fois un enfant pendant la nuit. Milord Bolingbroke traite le lévite, auteur de la *Vie de Samuel*, avec le même mépris qu'il traite les derniers de nos moines et que nous traitons nous-mêmes les auteurs de la *Légende dorée* et de la *Fleur des saints*; c'est continuellement la même critique, la même objection; et nous sommes obligés d'y opposer la même réponse.

3. Woolston trouve l'auteur sacré excessivement ridicule de dire que le petit Samuel « ne savait pas encore distinguer la voix du Seigneur, parce que le Seigneur ne lui avait point encore parlé. » Effectivement, on ne peut reconnaître à la voix celui qu'on n'a point encore entendu : c'est d'ailleurs supposer que Dieu a une voix comme chaque homme a la sienne. Boulanger en tire une preuve que les Juifs ont toujours fait Dieu corporel, et qu'ils ne le regardèrent que comme un homme d'une espèce supérieure, demeurant d'ordinaire dans une nuée, venant sur la terre visiter ses favoris, tantôt prenant leur parti, tantôt les abandonnant, tantôt vainqueur, tantôt vaincu, tel, en un mot, que les dieux d'Homère. Il ne nie pas que l'Écriture ne donne souvent des idées sublimes de la puis-

(Chap. IV, v. 1). Et il arriva dans ces jours que les Philistins s'assemblèrent pour combattre...; et, dès le commencement du combat, Israël tourna le dos, et on en tua environ quatre mille. Le peuple ayant donc envoyé à Silo, on amena l'arche du pacte du Seigneur des armées, assis sur les chérubins; et lorsque l'arche du Seigneur fut arrivée au camp, tout le peuple jeta un grand cri qui fit retentir la terre; et les Philistins ayant entendu la voix de ce cri, disaient : « Quelle est donc la voix de ce cri au camp hébraïque? Confortez-vous, Philistins, soyez hommes, de peur que vous ne deveniez esclaves des Hébreux, comme ils ont été les vôtres [1]. »

Donc les Philistins combattirent, et Israël s'enfuit, et on tua trente mille hommes d'Israël.

L'arche de Dieu fut prise, et les deux fils du grand prêtre Héli, Ophni et Phinées, furent tués.... Héli avait alors quatre-vingt-dix-huit ans...; et quand il eut appris que l'arche de Dieu était prise, il tomba de son siége à la renverse; et, s'étant cassé la tête, il mourut....

(Chap. V, v. 1.) Les Philistins ayant donc pris l'arche, ils la menèrent dans Azot, et la placèrent dans leur temple de Dagon auprès de Dagon.... Le lendemain, les habitants d'Azot s'étant levés au point du jour, voilà que Dagon était par terre devant l'arche du Seigneur; ils prirent Dagon, et le remirent à sa place.

Le surlendemain, s'étant levés au point du jour, ils trouvèrent encore Dagon par terre devant l'arche du Seigneur; mais la tête de Dagon et ses mains coupées étaient sur le seuil. Or, le tronc seul de Dagon était demeuré en son lieu; et c'est pour cette raison que les prêtres de Dagon, et tous ceux qui entrent dans son temple, ne marchent point sur le seuil du temple d'Azot jusqu'à aujourd'hui [2].

sance divine; mais il prétend qu'Homère en donne de plus sublimes encore, qu'on en trouve de plus belles dans l'ancien Orphée, et même dans les mystères d'Isis et de Cérès. Ce système monstrueux est suivi par Fréret, par Dumarsais, et même par le savant abbé de Longuerue : mais c'est abuser de son érudition, et vouloir se tromper soi-même, que d'égaler les vers d'Homère aux psaumes des Juifs, et la fable à la *Bible*.

1. L'auteur sacré ne nous apprend ni comment les Hébreux s'étaient révoltés contre les Philistins leurs maîtres, ni le sujet de cette guerre, ni quelle place avaient les Hébreux, ni où l'on combattit; il nous parle seulement de trente-quatre mille Juifs tués malgré la présence de l'arche. Comment concevoir qu'un peuple esclave, qui a essuyé de si grandes et de si fréquentes pertes, puisse si tôt s'en relever? Les critiques ont toujours osé soupçonner l'auteur d'un peu d'exagération, soit dans les succès, soit dans les revers; il vaut mieux soupçonner les copistes d'inexactitude. L'auteur semble beaucoup plus occupé de célébrer Samuel que de débrouiller l'histoire juive; on s'attend en vain qu'il donnera une description fidèle du pays, de ce que les Juifs en possédaient en propre sous leurs maîtres, de la manière dont ils se révoltèrent, des places ou des cavernes qu'ils occupèrent, des mesures qu'ils prirent, des chefs qui les conduisirent : rien de toutes ces choses essentielles; c'est de là que milord Bolingbroke conclut que le lévite, auteur de cette histoire, écrivait comme les moines écrivirent autrefois l'histoire de leur pays.

Nous pouvons dire que Samuel, étant devenu un prophète, et Dieu lui parlant déjà dans son enfance, était un objet plus considérable que les trente mille hommes tués dans la bataille, qui n'étaient que des profanes, à qui Dieu ne se communiquait pas; et qu'il s'agit dans la sainte Écriture des prophètes juifs plus que du peuple juif.

2. Le lord Bolingbroke fait sur cette aventure des réflexions trop critiques.

Or, la main du Seigneur s'aggrava sur les Azotiens, et il les démolit, et il les frappa dans la plus secrète partie des fesses, et les campagnes bouillirent et les champs aussi au milieu de cette région, et il naquit des rats, et il fut fait une grande confusion de morts dans la cité.

Or, ceux d'Azot, voyant ces sortes de plaies, dirent : « Que le coffre du Dieu d'Israël ne demeure plus chez nous et sur Dagon notre dieu; » et ils assemblèrent tous les princes philistins, et ils dirent : « Que ferons-nous de l'arche du Dieu d'Israël? » Les Géthéens dirent : « Qu'on la promène; » et ils promenèrent l'arche du Dieu d'Israël.

Et, comme ils la promenaient de ville en ville, la main de Dieu se faisait sur eux, et il tuait grand nombre d'hommes, et le boyau du fondement sortait à tous les habitants tant grands que petits, et leur fondement sorti dehors se pourrissait....

(Chap. VI, v. 1). L'arche du Seigneur fut dans le pays des Philistins pendant sept mois¹; et les Philistins firent venir leurs prêtres et leurs prophètes et leur dirent : « Que ferons-nous de l'arche du Seigneur? dites-nous comment nous la renverrons en son lieu ? » Ils répondirent : « Si vous renvoyez l'arche du Dieu d'Israël, ne la renvoyez pas vide; mais rendez-lui ce que vous lui devez pour le péché.... Faites cinq anus d'or et cinq rats d'or, selon le nombre des provinces des Philistins.... Pourquoi endurciriez-vous votre cœur, comme l'Égypte et Pharaon endurcirent leur cœur ? Pharaon ayant été puni,

« La ressource des vaincus, dit-il, est toujours de supposer des miracles qui punissent les vainqueurs. Ces mots : *ne marchent point sur le seuil du temple d'Azot jusqu'à aujourd'hui*, prouvent deux choses : que ce miracle pitoyable ne fut imaginé que longtemps après, et que l'auteur ignorait les coutumes des Phéniciens, dont il ne parle qu'au hasard. Il ne sait pas que les Phéniciens, les Syriens, les Égyptiens, les Grecs, et les Romains, consacraient le seuil de tous les temples; qu'il n'était pas permis d'y poser le pied; et qu'on le baisait en entrant dans le temple.

Il fait une critique beaucoup plus insultante. « Quoi! dit-il, Dagon avait un temple; Ascalon, Accaron, Sidon, Tyr, en avaient; et le Dieu d'Israël n'avait qu'un coffre, encore ses ennemis l'avaient-ils pris ! »

Nous avons déjà réfuté cette critique blasphématoire, en faisant voir que le temple du Seigneur devait être bâti à Jérusalem dans le temps marqué par la Providence, et que c'est par un autre dessein de la Providence qu'il fut détruit par les Babyloniens, ensuite par Hérode, qui en bâtit un plus beau; que le temple d'Hérode fut détruit par les Romains; et que les Mahométans ont enfin élevé une mosquée sur la même plate-forme et sur les mêmes fondements construits par l'Iduméen Hérode.

Nous n'entrerons point dans la question que propose dom Calmet, si le grand prêtre Héli est damné : il n'appartient point aux hommes de damner les hommes. Laissons à Dieu seul ses jugements.

1. Les incrédules, qui ne lisent les livres du Canon juif que comme les autres livres, ne peuvent concevoir ni que le Seigneur n'eût qu'un coffre pour temple, ni qu'il laissât prendre ce temple par ses ennemis, ni qu'ayant vu prendre ce temple portatif, il ne se vengeât qu'en envoyant des rats dans les champs des Philistins, et des hémorrhoïdes dans la plus secrète partie des fesses de ses vainqueurs. Mais qu'ils considèrent que c'est ainsi à peu près que le Seigneur en usa quand Sara fut enlevée pour sa beauté à l'âge de soixante-cinq ans et à l'âge de quatre-vingt-dix ans; il ferma toutes les vulves, toutes les matrices de la cour d'Abimélech, roi d'un désert. Il y a peu de différence entre ce châtiment et celui des Philistins.

La commune opinion est que le Seigneur donna des hémorrhoïdes aux vain

ne renvoya-t-il pas les Hébreux? ne s'en allèrent-ils pas?... Prenez donc une charrette toute neuve, et deux vaches nourrissant leurs veaux, et à qui on n'a pas encore mis le joug, et renfermez leurs veaux dans l'étable. Vous prendrez l'arche du Seigneur, et vous la mettrez sur la charrette avec les figures d'or dans un panier pour votre péché, et laissez aller la charrette, afin qu'elle aille, et vous la regarderez aller; et si elle va à Bethsamès, ce sera le Dieu d'Israël qui nous aura fait ces grands maux[1].

« Si elle n'y va point, nous saurons que ce n'est pas lui qui nous a frappés, et que tout est arrivé par hasard. »

Ils firent donc ainsi; et prenant deux vaches qui allaitaient leurs veaux, ils les attelèrent à la charrette, et enfermèrent leurs veaux dans l'étable, et ils mirent l'arche de Dieu sur la charrette, et le panier où étaient les rats d'or, et les figures de l'anus ou du fondement[2]....

La charrette vint dans le champ de Josué de Bethsamès, et s'arrêta là. Il y avait là une grande pierre..., et ils coupèrent les bois de la charrette, et ils immolèrent les deux vaches au Seigneur en holocauste.

Les lévites déposèrent l'arche du Seigneur et le panier sur la grande pierre, et les gens de Bethsamès offrirent des holocaustes, et immolèrent des victimes au Seigneur.

.... Or, le Seigneur punit de mort ceux de Bethsamès, parce qu'ils avaient vu l'arche du Seigneur; et il fit mourir soixante et dix hommes du peuple, et cinquante mille de la populace[3].

queurs des Juifs. Nous sommes d'un sentiment contraire ; les hémorrhoïdes, soit internes, soit externes, ne font point tomber le boyau rectum, qui d'ailleurs tombe très-rarement. La chute du fondement est tout une autre maladie.

1. Il est étrange que les prophètes des Philistins, peuple maudit, soient ici regardés comme de vrais prophètes : mais chaque pays avait les siens; et l'auteur étant prophète lui-même, respecte son caractère jusque dans les étrangers maudits qui en font profession. Le Seigneur inspire, quand il veut, les prophètes des faux dieux, témoin Balaam, comme il accorde le don des miracles aux magiciens, témoin les magiciens d'Égypte Jannès et Mambrès, qui firent les mêmes miracles que Moïse.

Les vaches qui ramenèrent l'arche sont une espèce de miracle : elles vont d'elles-mêmes à Bethsamès, village qui semble appartenir en propre aux Hébreux. Il semble que ces vaches fussent prophétesses aussi.

2. Les rats d'or et les anus d'or dans un panier sont les présents que les Philistins font au Dieu d'Israël, leur ennemi. Les critiques prétendent qu'il n'est pas possible de forger une figure qui ressemble au trou qu'on nomme anus plus qu'à tout autre trou rond, et que ces figures ne pouvaient être que de petits cercles, de petits anneaux d'or. Mais qu'importe l'exactitude de la figure? un anus mal fait peut servir d'expiation tout aussi bien qu'un anus fait au tour. Il ne s'agit ici que d'une offrande qui marque le respect que le Seigneur imposait aux vainqueurs mêmes de son peuple.

3. Le célèbre docteur Kennicott dit que « l'évêque d'Oxford et lui sont bien revenus de leurs préjugés en faveur du texte. Les Juifs et les chrétiens, dit-il, ne se sont point fait scrupule d'exprimer leur répugnance à croire cette destruction de cinquante mille soixante et dix hommes. »

Le Seigneur ne punit ses ennemis qu'en leur donnant une maladie « dans la plus secrète partie des fesses, » pour avoir pris son arche; et il tue cinquante mille soixante et dix hommes de son propre peuple, pour l'avoir regardée ! Une telle providence semble impénétrable. Nous avons déjà vu tant de milliers de ce peuple tués par ordre du Seigneur, que nous ne devons plus nous étonner. Plusieurs savants ont soutenu que ces phrases hébraïques : « Dieu les

Et le peuple pleura, parce que 'le Seigneur avait frappé le peuple d'une si grande plaie.... Ils envoyèrent donc aux habitants de Cariathiarim (chap. VII, v. 1); et ceux de Cariathiarim ramenèrent l'arche du Seigneur en Gabaa, dans la maison d'Abinadab....

Et l'arche du Seigneur demeura donc à Cariathiarim, et elle y était depuis vingt ans, quand la maison d'Israël se reposa après le Seigneur.

(Chap. VIII, v. 1.) Il arriva que Samuel, étant devenu vieux, établit ses enfants juges sur Israël...; mais ils ne se promenèrent point dans ses voies; ils déclinèrent vers l'avarice; ils reçurent des présents; ils pervertirent la justice [1].

Ainsi donc tous les anciens d'Israël assemblés vinrent vers Samuel à Ramatha, et lui dirent : « Voilà que tu es vieux; tes enfants ne se promènent point dans tes voies; donne-nous donc un melch, un roitelet, comme en ont tous nos voisins, afin qu'il nous juge. »

Ce discours déplut dans les yeux de Samuel, parce qu'ils avaient dit : « Donne-nous un roitelet; » et Samuel pria au Seigneur

Et le Seigneur lui dit : « Tu entends la voix de ce peuple qui t'a parlé; ce n'est point toi qu'il rejette, c'est moi; ils ne veulent plus que je règne sur eux [2].

« C'est ainsi qu'ils ont toujours fait depuis que je les ai tirés d'É-gypte; ils m'ont délaissé, ils ont servi d'autres dieux; ils t'en font autant.

« A présent, rends-toi à leur voix; mais apprends-leur et prédis-leur quels seront les usages de ce roi qui régnera sur eux. »

Samuel rapporta donc le discours de Dieu au peuple qui lui avait demandé un roi, et lui dit : « Voyez quel sera l'usage du roi qui vous commandera.

« Il prendra vos fils pour en faire ses charretiers, et il en fera des

frappa, Dieu les fit mourir de mort, Dieu les arma, Dieu les conduisit, » signi-fient simplement : « Ils moururent, ils s'armèrent, ils allèrent; » c'est ainsi que, dans l'Écriture, un *vent de Dieu* veut dire un *grand vent*; une *montagne de Dieu*, une *grande montagne*. Mais cette explication ne résout pas la diffi-culté : on demande toujours pourquoi ces cinquante mille soixante et dix hom-mes moururent subitement. Calmet, il faut l'avouer, ne dit rien de satisfai-sant. Convenons qu'il y a dans l'Écriture bien des passages qu'il n'est pas donné aux hommes de comprendre : il est bon de nous humilier.

1. Il est manifeste que les enfants de Samuel furent aussi corrompus que les enfants d'Héli, son prédécesseur : cependant Samuel conserva toujours son pouvoir sur le peuple.

2. Ce peuple lui demande enfin un roi; et Samuel fait dire expressément à Dieu : « Ce n'est point toi qu'il rejette, c'est moi. » On fait sur cette parole de Dieu une difficulté : il est certain, dit le docteur Arbuthnot, que Dieu pou-vait gouverner son peuple par un roi que par un prêtre; ce roi pouvait lui être aussi subordonné que Samuel; la théocratie pouvait également subsister. M. Huet, petit-neveu de l'évêque d'Avranches, que nous connaissons sous le nom de Hut, établi en Angleterre, dit, dans son livre intitulé *The man after God's own heart*, qu'il est évident que Samuel voulait toujours gouverner; qu'il fut très-fâché de voir que le peuple voulait un roi; que toute sa conduite dénote un fourbe ambitieux et méchant. Il n'est pas permis d'avoir cette idée d'un prophète, d'un homme de Dieu. M. Huet le juge selon nos lois moder-nes; il le faut juger selon les lois juives, ou plutôt ne le point juger. Nous en parlerons ailleurs.

cavaliers, et il en fera des tribuns et des centurions, et des laboureurs de ses champs, et des moissonneurs de ses blés, des forgerons pour lui faire des armes et des chariots; et il fera de vos filles ses parfumeuses, ses cuisinières et ses boulangères; et il prendra vos meilleurs champs, vos meilleures vignes et vos meilleurs plants d'oliviers [1], et les donnera à ses valets. Il prendra la dîme de vos blés et de vos vignes pour donner à ses eunuques, et il prendra vos serviteurs et vos servantes, et vos jeunes gens et vos ânes, et les fera travailler pour lui [2].

« Et vous crierez alors contre la face de votre roi; et le Seigneur ne vous exaucera point, parce que c'est vous-mêmes qui avez demandé un roi. »

Or, le peuple ne voulut point entendre ce discours de Samuel, et lui dit : « Non, nous aurons un roi sur nous; nous serons comme les autres peuples, et notre roi marchera à notre tête, et il combattra nos combats pour nous. »

Samuel, ayant entendu les paroles du peuple, les rapporta aux oreilles du Seigneur; et le Seigneur lui dit : « Fais ce qu'ils te disent; établis un roi sur eux. » Et Samuel dit aux enfants d'Israël : « Que chacun s'en retourne dans sa bourgade. »

(Chap. IX, v. 1.) Il y avait un homme de la tribu de Benjamin, nommé Cis, fort vigoureux; il avait un fils appelé Saül, d'une belle figure, et qui surpassait le peuple de toute la tête.

Cis, père de Saül, avait perdu ses ânesses. Et Cis, père de Saül, dit à son fils : « Prends un petit valet avec toi, et va me chercher mes ânesses. »

Après avoir cherché, le petit valet dit : « Voici un village où il y a un homme de Dieu; c'est un homme noble; tout ce qu'il prédit arrive infailliblement; allons à lui, peut-être il nous donnera des indications sur notre voyage.... » Saül dit au petit valet : « Nous irons; mais que porterons-nous à l'homme de Dieu? Le pain a manqué dans notre bissac, et nous n'avons rien pour donner à l'homme de Dieu [3]. »

1. Cette énumération de toutes les tyrannies qu'un roi peut exercer sur son peuple semble prouver que M. Huet pourrait être excusable de penser que Samuel voulait inspirer au peuple de l'horreur pour la royauté, et du respect pour le pouvoir sacerdotal. C'est, dit Arbuthnot, le premier exemple des querelles entre l'empire et le sacerdoce. Samuel, dit-il, *conatur evincere reges fieri non jure divino, sed jure diabolico.*

Il est vrai que, dans une histoire profane, la conduite du prêtre Samuel pourrait être un peu suspecte; mais elle ne peut l'être dans un livre canonique.

2. *Pour donner à ses eunuques*, semble marquer qu'il y avait déjà des eunuques dans la terre de Canaan, ou que du moins les princes voisins faisaient châtrer des hommes pour garder leurs femmes et leurs concubines. Cet usage barbare est bien plus ancien, s'il est vrai que les pharaons d'Égypte eurent des eunuques du temps de Joseph.

Ceux qui pensent que tous les livres de la sainte Écriture, jusqu'au livre des *Rois* inclusivement, ne furent écrits que du temps d'Esdras, disent que les rois de Babylone furent les premiers qui firent châtrer des hommes, après qu'on eut châtré des animaux pour rendre leur chair plus tendre et plus délicate. Les empereurs chrétiens ne prirent cette coutume que du temps de Constantin.

3. Les incrédules prétendent que ce seul passage prouve que les **prêtres et**

Et le petit valet répondit : « Voilà que j'ai trouvé le quart d'un sicle par hasard, dans ma main ; donnons-le à l'homme de Dieu, pour qu'il nous montre notre chemin. »

Autrefois, en Israël, ceux qui allaient consulter Dieu se disaient : « Allons consulter le voyant. » Car celui qui s'appelle aujourd'hui prophète s'appelait alors le voyant[1].

Et Saül dit au petit valet : « Tu parles très-bien, viens, allons. » Et ils entrèrent dans le bourg où était l'homme de Dieu ; et comme ils montaient la colline du bourg, ils rencontrèrent des filles qui allaient puiser de l'eau. Ils dirent à ces filles : « Y a-t-il ici un voyant ? » Les filles lui répondirent : « Le voilà devant toi ; va vite.... » Or, le Seigneur avait révélé la veille à l'oreille de Samuel que Saül arriverait, en lui disant : « Demain, à cette même heure, j'enverrai un homme de Benjamin ; et tu le sacreras duc sur mon peuple d'Israël ; et il sauvera mon peuple de la main des Philistins, parce que j'ai regardé mon peuple, et que son cri est venu jusqu'à moi. »

Samuel ayant donc envisagé Saül, Dieu lui dit : « Voilà l'homme dont je t'avais parlé ; ce sera lui qui dominera sur mon peuple. »

Saül s'étant donc approché de Samuel au milieu de la porte, lui dit : « Enseigne-moi, je te prie, la maison du voyant. » Samuel répondit à Saül, disant : « C'est moi qui suis le voyant ; monte avec moi au lieu haut, afin que tu manges aujourd'hui avec moi ; et je te renverrai demain matin, et je te dirai tout ce que tu as sur le cœur.... »

(Chap. x, v. 1.) Or, Samuel prit une petite fiole d'huile, et la répandit sur la tête de Saül, et le baisa, et lui dit : « Voilà que le Seigneur t'a oint en prince ; et tu délivreras son peuple de la main de ses ennemis[2].

« Et voici le signe qui t'apprendra que Dieu t'a oint en prince. Tu

---

les prophètes juifs n'étaient que des gueux entièrement semblables à nos devins de village, qui disaient la bonne aventure pour quelque argent, et qui faisaient retrouver les choses perdues. Milord Bolingbroke, M. Mallet son éditeur, et M. Huet, en parlent comme des charlatans de Smithfields. Dom Calmet, bien plus judicieux dit que, si on leur donnait de l'argent ou des denrées, c'était uniquement par respect pour leur personne.

1. Ces messieurs prennent occasion de ce demi-sicle, de ce shelling donné par un petit garçon gardeur de chèvres au prophète Samuel, pour couvrir de mépris la nation juive. Saül et son valet demandent dans un petit village la demeure du voyant, du devin qui leur fera retrouver deux ou trois ânesses, comme on demande où demeure le savetier du village. Ce nom de devin, de voyant, qu'on donnait à ceux qu'on a depuis nommés prophètes ; ces huit ou neuf sous présentés à celui qu'on prétend avoir été juge et prince du peuple, sont, selon ces critiques, les témoignages les plus palpables de la grossière stupidité de l'auteur juif inconnu. Les sages commentateurs pensent tout le contraire : la simplicité du petit gardeur de chèvres n'ôte rien à la dignité de Samuel ; s'il reçoit huit sous d'un petit garçon, cela ne l'empêchera pas d'oindre deux rois et d'en couper un troisième par morceaux : ces trois fonctions annoncent un très-grand seigneur.

2. Le savant dom Calmet examine d'abord si l'huilier que Samuel avait dans sa poche était un pot de terre, un godet, ou une fiole de verre, quoique les Juifs ne connussent point le verre ; et il ne résout point cette question. Non-seulement Samuel a une révélation que les ânesses de Saül sont retrouvées, mais il répand une bouteille d'huile sur la tête de Saül en signe de sa royauté ; et c'est de là que tout roi juif s'est depuis nommé *Oint*, *Christ*, dans

rencontreras, en t'en retournant, deux hommes près du sépulcre de Rachel; et ils te diront qu'on a retrouvé tes ânesses.... Tu viendras après à l'endroit nommé colline de Dieu, où il y a garnison philistine; et quand tu seras entré dans le bourg, tu rencontreras un troupeau de prophètes descendant de la montagne avec des psaltérions, des flûtes et des harpes.... Et l'esprit du Seigneur tombera sur toi, et tu prophétiseras avec eux, et tu seras changé en un autre homme.... » Et lorsque Saül fut venu à la colline, il rencontra une troupe de prophètes; et l'esprit de Dieu tomba sur lui, et il prophétisa au milieu d'eux. Et tous ceux qui l'avaient vu hier et avant-hier disaient : « Qu'est-il donc arrivé au fils de Cis? Saül est-il devenu prophète[1]? »

Après cela, Samuel assembla le peuple à Masphat, et il dit aux enfants d'Israël : « Voici ce que dit le Seigneur Dieu d'Israël : « J'ai tiré « Israël de l'Égypte.... Mais aujourd'hui vous avez rejeté votre Dieu, « qui seul vous avait sauvés; vous m'avez répondu : *Non;* vous « m'avez dit : *Donnez-nous un roi.* Eh bien! présentez-vous donc « devant le Seigneur par tribus et par familles.... »

Et Samuel ayant jeté le sort sur toutes les tribus et sur toutes les familles, il tomba enfin jusque sur Saül, fils de Cis[2].

Samuel prononça ensuite devant le peuple la loi du royaume, qu'il écrivit dans un livre, et la mit en dépôt devant le Seigneur[3]....

les traductions grecques, et que les Juifs ont appelé les grands rois de Babylone et de Perse du nom d'*Oint,* de *Christ,* d'*Oint* du Seigneur, *Christ* du Seigneur.

Il est dit dans le *Lévitique* qu'Aaron, tout prévaricateur, tout apostat qu'il était, fut oint par Mosé en qualité de grand prêtre. Il se peut, en effet, que dans le désert, au milieu d'une disette affreuse, on eût trouvé une cruche d'huile que Mosé répandit sur les cheveux, la barbe, et les habits d'Aaron : cette cérémonie convenait à un peuple pauvre; et puisque le Dieu du ciel et de la terre y présidait, elle était sacrée. Les grands prêtres juifs furent installés depuis avec la même onction d'huile. Toute cérémonie doit être publique; Samuel pourtant n'huila pas d'abord la tête de Saül devant le peuple; il crut apparemment qu'il ne pouvait imprimer un caractère plus auguste à Saül qu'en l'oignant de la même huile dont on prétend que lui, Samuel, avait été oint : cependant il n'est point dit que Samuel fût oint.

Quoi qu'il en soit, les rois juifs furent les seuls qui reçurent cette marque de la royauté. On ne connaît dans l'antiquité aucun prince oint par ses sujets. On prit cette coutume en Italie; et l'on croit que ce furent les usurpateurs lombards, qui, devenus chrétiens, voulurent sanctifier leur usurpation en faisant répandre de l'huile sur leur tête par la main d'un évêque. Clovis ne fut pas oint; mais l'usurpateur Pepin le fut. On oignit quelques rois espagnols; mais il y a longtemps que cet usage est aboli en Espagne.

On sait qu'un ange apporta du ciel une bouteille sainte pleine d'huile pour sacrer les rois de France; mais l'histoire de cette bouteille, appelée *sainte ampoule,* est révoquée en doute par plusieurs doctes; c'est une grande question.

1. L'huile de Saül eut quelque chose de divin, puisqu'elle le rendit prophète tout d'un coup; ce qui était bien au-dessus de la dignité de roi.

2. Les critiques trouvent mauvais que Samuel oigne Saül roi, et le fasse Christ avant d'avoir assemblé le peuple et d'avoir obtenu son suffrage: s'il suffisait d'une bouteille d'huile pour régner, il n'y a personne qui ne pût se faire oindre roi par le vicaire de son village. Cette objection est forte en certains pays; mais Samuel, qui était le voyant, savait bien que quand le peuple tirerait un roi au sort, le sort tomberait sur Saül, et qu'alors le peuple reconnaîtrait son légitime souverain déjà oint.

3. Ils soutiennent encore que de jouer un roi aux dés (comme dit Boulanger) est une chose ridicule; que le sort peut très-aisément tomber sur un

138   LA BIBLE ENFIN EXPLIQUÉE.

LA BIBLE ENFIN EXPLIQUÉE.

(Chap. II, v. 1.) Environ un mois après, Naas l'Ammonite combattit contre Galaad. Et les gens de Jabès en Galaad dirent à Naas : « Reçois-nous à composition, et nous te servirons. »

Naas l'Ammonite leur répondit : « Ma composition sera de vous arracher à tous l'œil droit. » Les anciens de Jabès lui dirent : « Accordez-nous sept jours, afin que nous envoyions des messagers dans tout Israël ; et si personne ne vient nous défendre, nous nous rendrons à toi. »

Or, Saül (*revenant du labourage*) ayant fait la revue à Bézec, il trouva que son armée était de trois cent mille hommes des enfants d'Israël, et trente mille de Juda. Le lendemain il divisa son armée en trois corps, et ne cessa d'exterminer Ammon jusqu'à midi[1].

Alors Samuel dit à tout le peuple d'Israël (chap. XII, v. 1) : « Vous voyez que j'ai écouté votre voix, comme vous m'avez parlé : je vous ai donné un roi ; pour moi, je suis vieux, mes cheveux sont blancs.... » Et *il se retira*[2].

Or, Saül était le fils de l'année (chap. XIII, v. 1) lorsqu'il commença à régner ; et il régna deux ans sur Israël[3].

Les Philistins s'assemblèrent pour combattre contre Israël avec trente mille chariots de guerre, six mille cavaliers, et une multitude comme le sable de la mer, et ils se campèrent à Machmas, à l'orient de Béthaven[4].

homme incapable ; qu'on n'a jamais tiré ainsi un monarque qu'au gâteau des rois ; que chez les Grecs et chez les Romains on tirait aux dés un roi du festin, mais que, dans une affaire sérieuse, on devait procéder sérieusement. La réponse déjà faite à cette critique est que Dieu conduisait le sort, et qu'il disposait non-seulement du tirage, mais aussi de la volonté du peuple.

Pour la loi du royaume, que Samuel prononça, on dispute si c'est le *Lévitique* ou le *Deutéronome*. Quelques commentateurs pensent que ce fût une loi faite par Samuel.

1. Les incrédules ne sont pas surpris que Saül revînt du labourage ; mais ils ne peuvent consentir à le voir à la tête de trois cent trente mille combattants, dans le même temps que l'auteur dit que les Juifs étaient en servitude, qu'ils n'avaient pas une lance, pas une épée ; que les Philistins, leurs maîtres, ne leur permettaient pas seulement un instrument de fer pour aiguiser leurs charrues, leurs hoyaux, leurs serpettes. *Notre Gulliver*, dit le lord Bolingbroke, « a de telles fables, mais non de telles contradictions. » Nous avouons que le texte est embarrassant ; qu'il faut distinguer les temps ; que probablement les copistes ont fait des transpositions. Ce qui était vrai dans une année peut ne l'être pas dans une autre. Peut-être même ces trois cent trente mille soldats peuvent se réduire à trois mille : il est aisé de se méprendre aux chiffres. Le R. P. dom Calmet s'exprime en ces mots : « Il est fort croyable qu'il y a un peu d'exagération dans ce qui est dit de Saül et de Jonathas. »

2. M. Huet de Londres dit encore que la retraite de Samuel, en voyant Saül si bien accompagné, prouve assez son dépit de ne plus gouverner. Mais quand cela serait, quand Samuel aurait eu cette faiblesse, quel est le chef d'une Église qui ne serait pas un peu fâché de perdre son pouvoir ? Nous verrons cependant que le pouvoir de Samuel ne diminua pas.

3. Le même M. Huet se récrie ici sur la contradiction et sur l'anachronisme : dans d'autres endroits, dit-il, l'Écriture marque que Saül régna quarante ans. Il est vrai qu'il y a là une apparence de contradiction ; et dom Calmet lui-même n'a pu concilier les textes. Il se peut qu'il y ait là une erreur de copiste.

4. MM. Leclerc, Fréret, Boulanger, Mallet, Bolingbroke, Middleton, se récrient sur ces trente mille chariots de guerre. Le docteur Stackhouse, dans son

Quand ceux d'Israël se virent ainsi pressés, ils se cachèrent dans les cavernes, dans les antres, dans les rochers, dans les citernes[1]. Les autres passèrent le Jourdain, et vinrent au pays de Gad et de Galaad... Et comme Saül était encore à Galgal, tout le peuple qui le suivait fut effrayé.

Saül attendit sept jours, selon l'ordre de Samuel; mais Samuel ne vint point à Galgal, et tout le peuple l'abandonnait.

Saül dit donc alors : « Qu'on m'apporte l'holocauste pacifique. » Et il offrit l'holocauste; et à peine eut-il fini d'offrir l'holocauste, voici que Samuel arriva; et Saül alla au-devant de lui pour le saluer. Samuel lui dit : « Qu'as-tu fait? » Saül lui répondit : « Voyant que tu ne venais point au jour que tu m'avais dit, et les Philistins étant en armes à Machmas, contraint par la nécessité, j'ai offert l'holocauste. » Samuel dit à Saül : « Tu as fait follement; tu n'as pas gardé les commandements du Seigneur : si tu n'avais pas fait cela, le Seigneur aurait affermi pour jamais ton règne sur Israël; mais ton règne ne subsistera point : le Seigneur a cherché un homme selon son cœur; et il l'a destiné à régner sur son peuple, parce que tu n'as pas observé les commandements du Seigneur[2]. »

Samuel s'en alla; et Saül ayant fait la revue de ceux qui étaient avec lui, il s'en trouva environ six cents[3].

Histoire de la Bible, rejette ce passage. Calmet dit que ce nombre de chariots de guerre paraît incroyable, et qu'on n'en a jamais tant vu à la fois. « Pharaon, continue-t-il, n'en avait que six cents ; Jabin, roi d'Asor, neuf cents ; Sésac, roi d'Égypte, douze cents ; Zarar, roi d'Éthiopie, trois cents, etc. »

Les critiques contestent encore à Calmet les neuf cents chariots du roi d'Asor. Tous conviennent, d'ailleurs, que tout le pays de Canaan ne connut la cavalerie que très-tard. Nous avons observé que dans ce pays montueux entrecoupé de cavernes, on ne se servit jamais que d'ânes. Quand nous mettrions trois mille chariots au lieu de trente mille, nous ne contenterions pas encore les incrédules. Nous ne connaissons point de manière d'expliquer cet endroit. Nous pourrions hasarder de dire que le texte est corrompu ; mais alors on nous répondrait que le Seigneur, qui a dicté ce texte, doit en avoir empêché l'altération. Alors nous répondrions qu'il a prévenu en effet les fautes de copistes dans les choses essentielles, mais non pas dans les détails de guerre, qui ne sont point nécessaires au salut.

1. Les critiques disent que si Saül avait trois cent trente mille soldats et un prophète, et était prophète lui-même, il n'avait rien à craindre ; qu'il ne fallait pas s'enfuir dans les cavernes, quoique le pays en soit rempli. Il est à croire qu'on n'avait point alors des armées soudoyées qui restassent continuellement sous le drapeau.

2. M. Huet de Londres déclare que Samuel ne découvre ici que sa mauvaise volonté. Il prétend, avec Estius et Calmet, que Samuel n'était point grand prêtre, qu'il n'était que prêtre et prophète ; que Saül l'était comme lui, qu'il avait prophétisé dès qu'il avait été oint, et qu'il était en droit d'offrir l'holocauste. Samuel, dit-il, semble avoir manqué exprès de parole pour avoir occasion de blâmer Saül et de le rendre odieux au peuple. Nous ne voyons pas que Samuel mérite cette accusation. Huet peut lui reprocher un peu de dureté, mais non pas de la fourberie. Cela serait bon s'il avait été prêtre partout ailleurs que chez les Juifs.

3. Le lecteur est bien surpris de ne plus trouver Saül accompagné que de six cents hommes, lorsque le moment d'auparavant il en avait trois cent trente mille. Nous en avons dit la raison : les armées n'étaient point soudoyées ; elles se débandaient au bout de quelques jours, comme du temps de notre anarchie féodale.

Même il ne se trouvait point de forgerons dans toutes les terres d'Israël. Car les Philistins le leur avaient défendu, de peur que les Hébreux ne forgeassent une épée ou une lance; et tous les Israélites étaient obligés d'aller chez les Philistins pour aiguiser le soc de leurs charrues, leurs cognées, leurs hoyaux et leurs serpettes [1].

Et lorsque le jour du combat fut venu, il ne se trouva pas un Hébreu qui eût une épée ou une lance, hors Saül et Jonathas son fils.

(Chap. XIV, v. 1.) Un certain jour il arriva que Jonathas, fils de Saül, dit à son écuyer : « Viens-t'en avec moi, et passons jusqu'au camp des Philistins. » Et il n'en dit rien à son père.... Jonathas monta, grimpant des pieds et des mains, et son écuyer derrière lui.... De façon qu'une partie des ennemis tomba sous la main de Jonathas; et son écuyer, qui le suivait, tua les autres. Ils tuèrent vingt hommes dans la moitié d'un arpent; et ce fut la première défaite des Philistins [2]....

Et les Israélites se réunirent. Saül fit alors ce serment : « Maudit sera l'homme qui aura mangé du pain de toute la journée, jusqu'à ce que je me sois vengé de mes ennemis. » Et le peuple ne mangea point de pain....

En même temps ils vinrent dans un bois où la terre était couverte de miel. Or, Jonathas n'avait pas entendu le serment de son père; il étendit sa verge qu'il tenait à la main et la trempa dans un rayon de miel; et l'ayant portée à sa bouche, ses yeux furent illuminés [3].

Saül consulta donc le Seigneur et lui dit : « Poursuivrai-je les Philistins? et les livreras-tu entre les mains d'Israël dans ce jour? » Et Dieu ne répondit point....

Et Saül dit au Seigneur : « Seigneur d'Israël, prononce ton jugement! pourquoi n'as-tu pas répondu aujourd'hui à ton serviteur? Découvre-nous si l'iniquité est dans moi ou dans mon fils Jonathas, et si l'iniquité est dans le peuple, donne la sainteté.... » Jonathas fut décou-

---

1. Nous avons parlé de cette puissante objection ; mais elle n'est pas contre les trois cent trente mille hommes, qui peut-être n'avaient point d'armes; elle n'est que contre les six cents hommes qui restaient à Saül, et qui devaient être aussi désarmés. Le texte dit positivement que la victoire de Jonathas fut un miracle ; et cela répond à toutes les critiques.

2. Ce combat de deux hommes, qui n'ont qu'une lance et une épée, contre toute une armée, est fort extraordinaire : mais aussi le texte nous apprend qu'il y avait là du miracle ; et nous devons nous souvenir que Samson tua mille Philistins avec une mâchoire d'âne dans le commencement de sa servitude.

3. Boulanger ne peut digérer ce serment de Saül. L'Écriture, dit-il, nous le donne pour un homme attaqué de manie : il était, sans doute, dans un de ses accès quand il défendit à ses soldats de manger de toute la journée. La critique de Boulanger tombe à faux : car Saül n'était pas encore fou alors : il ne le devint que quelque temps après.

La terre couverte de miel a paru à d'autres critiques une trop grande exagération. Les abeilles ne font leurs ruches que dans des arbres. Les voyageurs assurent qu'il n'y a aucun arbre dans cette partie de la Palestine, excepté quelques oliviers, dans lesquels les abeilles ne logent jamais. Cette critique ne regarde que l'histoire naturelle, et ne touche point au fond des choses ; d'ailleurs Jonathas peut avoir trouvé une ruche dans le chêne de Mambré, qui subsistait encore du temps de Constantin, à ce qu'on dit.

vert aussi bien que Saül, et le peuple échappa.... Et Saül dit : « Qu'on jette le sort entre moi et mon fils; » et le sort prit Jonathas.

Saül dit à Jonathas : « Dis-moi ce que tu as fait. » Jonathas répondit : « En tâtant, j'ai tâté un peu de miel au bout de ma verge, et voilà que je meurs[1].... »

Et le peuple dit à Saül : « Quoi! Jonathas mourra, lui qui a fait le grand salut d'Israël! Cela n'est pas permis. Vive Dieu! il ne tombera pas un poil de sa tête. » Ainsi le peuple sauva Jonathas, afin qu'il ne mourût point[2]....

Après cela Saül se retira; il ne poursuivit point les Philistins, et les Philistins se retirèrent en leur lieu....

Et Samuel dit à Saül (chap. xv, v. 1) : « Le Seigneur m'a envoyé pour t'oindre en roi sur le peuple d'Israël; écoute donc maintenant la voix du Seigneur; voici ce que dit le Seigneur des armées : « Je me souviens « qu'autrefois Amalec s'opposa à Israël dans son chemin quand il s'en- « fuyait d'Égypte; c'est pourquoi marché contre Amalec, frappe Amalec « et détruis tout ce qui est à lui; ne lui pardonne point, ne convoite « rien de tout ce qui lui appartient, tue tout, depuis l'homme jusqu'à la « femme (chap. xv, v. 3) et le petit enfant qui tette[3], le bœuf, la brebis, « le chameau et l'âne. » Donc Saül commanda au peuple, et l'ayant assemblé comme des agneaux, il trouva deux cent mille hommes de pied et dix mille hommes de Juda....

Et il marcha à la ville d'Amalec et il dressa des embuscades le long du torrent....

1. Cette résolution de Saül, d'immoler son fils pour avoir mangé un peu de miel, a quelque chose de semblable au serment de Jephté, qui fut forcé de sacrifier sa fille. Saül dit en propres mots à son fils : « Que Dieu me fasse tout le mal possible, et qu'il y ajoute encore, si tu ne meurs aujourd'hui, mon fils Jonathas.

Les savants allèguent encore cet exemple, pour prouver qu'il était très-commun d'immoler des hommes à Dieu. Mais les exemples de Saül et de Jephté ne concluent pas que les Juifs fissent si souvent des sacrifices de sang humain.

2. On demande pourquoi le peuple n'empêcha pas Jephté d'immoler sa fille, comme il empêcha Saül d'immoler son fils. Nous n'en savons pas bien précisément la raison; mais nous oserons dire que le peuple, ayant mangé ce jour-là de la chair et du sang malgré la défense, craignait apparemment que le sort ne tombât sur lui comme il était tombé sur Jonathas; et qu'il devait être très en colère contre Saül, qui avait été assez imprudent pour défendre à ses troupes de reprendre un peu de forces un jour de combat.

3. La foule des critiques ne parle de ce passage qu'avec horreur. Quoi! s'écrie surtout le lord Brolingbroke, faire descendre le Créateur de l'univers dans un coin ignoré de ce misérable globe, pour dire à des Juifs : « A propos, je me souviens qu'il y a environ quatre cents ans qu'un petit peuple vous refusa le passage; allons, vous avez une guerre terrible avec vos maîtres les Philistins, contre lesquels vous vous êtes révoltés; laissez là cette guerre, embarrassante; allez-vous-en contre ce petit peuple, qui ne voulut pas autrefois que vous vinssiez tout ravager chez lui en passant; tuez hommes, enfants, vieillards, femmes, filles, bœufs, vaches, chèvres, brebis, ânes; car, comme vous êtes en guerre avec le peuple puissant des Philistins, il est bon que vous n'ayez ni bœufs ni moutons à manger, ni ânes pour porter le bagage. »

Ces paroles nous font frémir; et assurément si c'était un homme qui parlât, nous ne l'approuverions point : mais c'est Dieu qui parle; et ce n'est pas à nous de savoir quelle raison il avait pour ordonner qu'on tuât tous les Amalécites, leurs moutons, et leurs ânes.

Et Saül frappa Amalec depuis Hévila jusqu'à Sûr, vis-à-vis de l'É-
gypte, et il prit vif Agag, roi des Amalécites, et tua tout le peuple dans
la bouche du glaive.... Mais Saül et les Israélites épargnèrent Agag et
l'élite des brebis, des bœufs, des béliers, et de ce qu'il y avait de plus
beau en meubles et en vêtements; ils ne démolirent que ce qui parut
vil et méprisable [1].

Alors le Verbe du Seigneur fut fait à Samuel, disant : « Je me repens d'avoir fait Saül roi, parce qu'il m'a abandonné. » Samuel en fut
enflammé et cria au Seigneur toute la nuit.

Donc s'étant levé avant le jour pour aller chez Saül au matin, on lui
annonça que Saül était venu sur le mont Carmel, où il s'érigeait un
monument, un four triomphal, et que de là il était descendu à Galgal.
Samuel vint donc à Saül, et Saül, offrait au Seigneur un holocauste des
prémices du butin pris sur Amalec.

Samuel lui dit : « Le Seigneur t'a oint roi sur Israël; le Seigneur
t'a mis en voie et t'a dit : « Va, tue tous les pécheurs amalécites et
« combats jusqu'à ce que tout soit tué. » Pourquoi donc n'as-tu pas tout
tué [?] Obéissance vaut mieux que victime; il y a de la magie et de
l'idolâtrie à ne pas obéir : ainsi donc, puisque tu as rejeté la parole de
Dieu, Dieu te rejette et ne veut plus que tu sois roi [3]....

Et Samuel se retourna pour s'en aller...; mais Saül le prit par le
haut de son manteau, qu'il déchira. »

1. Toujours les mêmes objections sur ces prodigieuses armées, que le prétendu roi d'une horde d'esclaves lève en un moment. Les Turcs ont bien de la
peine à conduire aujourd'hui une armée de quatre-vingt mille combattants complète. On demande encore ce que sont devenus les autres cent vingt mille soldats du melch Saül, lesquels étaient venus combattre sans avoir une seule
épée, une seule flèche. Tout à l'heure, dit le fameux curé Meslier, l'armée de
Saül était de trois cent trente mille hommes; et il ne lui en reste plus que
deux cent dix mille ; le reste apparemment est allé conquérir le monde sur les
pas de Sésostris.

Ces railleries indécentes du curé Meslier ne sont pas des raisons. Il était
fort difficile de nourrir de si grandes armées dans un petit pays tel que la
Judée : on était obligé de licencier ses troupes au bout de peu de jours; ainsi
il ne serait pas surprenant que Saül eût été un jour suivi de trois cent mille
hommes, et un autre de deux cent mille : il est vrai qu'il faut au moins quelques épées, quelques flèches à tant de soldats, et que selon le texte ils n'en
avaient point ; mais ils pouvaient se servir de frondes et de massues.

2. Les déclamations de lord Bolingbroke sur ce passage sont plus violentes
que jamais. « Si un prêtre, dit-il, avait été assez insolent et assez fou pour parler ainsi, je ne dis pas à notre roi Guillaume, mais au duc de Marlborough,
on l'aurait pendu sur-le-champ au premier arbre. Samuel, ajoute-t-il, n'est
point un prêtre de Dieu, c'est un prêtre du diable. »

Toutes ces exclamations de tant de critiques partent du même principe ; ils
jugent les Juifs comme ils jugeraient les autres hommes. « Pourquoi n'as-tu
pas tout tué? » serait ailleurs un discours infernal ; mais ici c'est Dieu qui
parle par la bouche de Samuel ; et il est sans doute le maître de punir comme
il veut, et quand il veut.

Les incrédules insistent : ils disent qu'il n'est que trop vrai qu'on s'est toujours servi du nom de Dieu pour excuser, si l'on pouvait, les crimes des
hommes. Ils ont raison quand ils parlent des autres religions ; mais ils ont
tort quand il s'agit de la religion juive. Il leur semble absurde que Dieu ordonne qu'on tue toutes les brebis et tous les ânes; mais on leur dira toujours
que ce n'est pas à eux de juger la Providence.

3. La querelle entre le sceptre et l'encensoir, qui a troublé si longtemps tan-

Et Samuel dit : « Comme tu as déchiré mon manteau, Dieu déchire aujourd'hui le royaume d'Israël et le donne à un autre qui vaut mieux que toi.... Saül lui dit : « J'ai péché ; mais au moins rends-moi quelque honneur devant les anciens du peuple.... »

Samuel dit : « Qu'on m'amène Agag, roi d'Amalec ; » et on lui amena Agag, qui était fort gras et tout tremblant, et Samuel lui dit : « Comme ton épée a ravi des enfants à des mères, ainsi ta mère sera sans enfants parmi les femmes ; » et il le coupa en morceaux à Galgal[1]....

(Chap. XVI, v. 4.) Or, Samuel vint à Bethléem selon l'ordre du Seigneur, et les anciens de Bethléem, tout surpris, lui dirent : « Viens-tu ici en homme pacifique ? » Et il répondit : « Je viens en pacifique pour immoler au Seigneur ; purifiez-vous et venez avec moi pour que je sacrifie[2]. »

Samuel purifia donc Isaï et ses enfants, et il les appela au sacrifice....

Et Samuel dit à Isaï : « Sont-ce là tous tes enfants ? » Isaï lui répondit : « Il en reste encore un petit qui garde les brebis ; » et Samuel dit à Isaï : « Fais-le venir ; car nous ne nous mettrons à table que quand il sera venu.... » On l'amena donc : il était roux et très-beau ; et Dieu dit à Samuel : « C'est celui-là que tu dois oindre. » Samuel prit donc une corne pleine d'huile et oignit David au milieu de ses frères ; et le souffle du Seigneur vint sur David, et le souffle du Seigneur se retira de Saül et Dieu envoya à Saül un mauvais esprit[3]....

de nations, est ici bien marquée ; nous ne pouvons en disconvenir. Samuel dit au roi que sa désobéissance aux ordres que ce prince a reçus de lui, de la part de Dieu, est aussi coupable que le seraient la magie et l'idolâtrie ; et il déclare à Saül : « Dieu ne veut plus que tu règnes. » C'est une question épineuse si Saül devait l'en croire sur sa parole.

M. Fréret prétend que Saül pouvait lui dire : « Donne-moi un signe, fais-moi un miracle, pour me prouver que Dieu veut me détrôner, comme tu me donnas un signe quant tu me fis oint ; tu me fis alors retrouver mes ânesses ; fais au moins quelque chose de semblable. »

Les commentateurs sont d'une autre opinion : ils disent que dès qu'un prophète a donné une fois un signe, il n'est pas obligé d'en donner d'autres.

1. Plusieurs personnes excusent les emportements du lord Bolingbroke quand ils lisent ce passage. Un prêtre, un ministre de paix, un homme qui serait souillé pour avoir touché seulement un corps mort, couper un roi en morceaux comme on coupe un poulet à table ! Faire de sa main ce qu'un bourreau tremblerait de faire ! Il n'y a personne que la lecture de ce passage ne pénètre d'horreur. Enfin, quand on est revenu du frissonnement qu'on a éprouvé, on est tenté de croire que cette abomination est impossible ; un vieillard tel que Samuel aura eu difficilement la force de hacher en pièces un homme.

Calmet dit que « le zèle arma Samuel dans cette occasion pour venger la gloire du Seigneur ; » il veut dire apparemment la *justice*. Peut-être qu'Agag avait mérité la mort ; car quelle gloire peut revenir à Dieu de ce qu'un prêtre coupe un souverain en morceaux ? Nous tremblons en examinant cette barbarie absurde : adorons la Providence sans raisonner.

2. Il semble étrange que les habitants de Bethléem demandent à Samuel : « Viens-tu ici avec un esprit de paix ? » Bethléem n'appartenait donc pas à Saül ; et cela est très-vraisemblable : car Jérusalem, qui est tout auprès, n'était point à lui. Il y avait donc dans Bethléem des Cananéens qui dominaient, et des Juifs tributaires. C'est aux Juifs pourtant que Samuel s'adressa : « Purifiez-vous, et venez avec moi. » Jamais histoire ne fut plus divine, mais aussi elle est très-obscure aux yeux des hommes.

3. Calmet observe que c'était une beauté chez les Juifs d'être roux, et que

Et les officiers de Saül lui dirent : « Tu vois qu'un mauvais souffle de Dieu te trouble; s'il te plaît, tes serviteurs iront chercher un joueur de harpe, afin que, quand le mauvais souffle de Dieu te troublera le plus, il touche de la harpe avec sa main et qu'il te soulage.... » Saül dit à ses serviteurs : « Allez-moi chercher quelqu'un qui sache bien harper; » et l'un de ses serviteurs lui dit : « J'ai vu un des fils d'Isaï de Bethléem, qui harpe fort bien; c'est un jeune homme très-fort et belliqueux, prudent dans ses paroles, fort beau, et Dieu est avec lui [1]. »

Saül fit donc dire à Isaï : « Envoie-moi ton fils qui est dans les pâturages. » Isaï prit aussitôt un âne avec des pains, une cruche de vin et un chevreau, et les envoya à Saül par la main de son fils David....

Saül aima fort David et le fit son écuyer; et toutes les fois que le mauvais souffle du Seigneur rendait Saül maniaque, David prenait sa harpe, il en jouait, Saül était soulagé et le souffle malin s'en allait [2].

(Chap. XVII, v. 1.) Cependant les Philistins assemblèrent toutes leurs troupes pour le combat. Saül et les enfants d'Israël s'assemblèrent aussi. Les Philistins étaient sur une montagne et les Juifs étaient d'un autre côté sur une montagne.

Et il arriva qu'un bâtard sortit du camp des Philistins; il était de Geth, et il avait six coudées et une palme de haut (douze pieds et demi), et il avait des bottes d'airain et un grand bouclier d'airain sur les épaules. La hampe de sa lance était comme un grand bois des tisserands et le fer de sa lance pesait six cents sicles (vingt livres), et son

---

l'époux ou l'amant du Cantique des cantiques était rousseau. Nous ne sommes pas de cette opinion. L'amant du Cantique des cantiques était d'un blanc mêlé de rouge, *candidus et rubicundus.*

Mais le sacre de David est un objet plus important. C'est d'abord une chose remarquable que Dieu parle à Samuel chez le père de David même, en présence de toute la maison. Il faut croire qu'il lui parlait intérieurement; mais alors comment les assistants pouvaient-ils deviner qu'il avait une mission particulière et divine ? Tous les Juifs devaient savoir que Saül régnait, parce que Samuel lui avait répandu de l'huile sur la tête. Or quand il en fait autant à David, son père, sa mère, ses frères, et les assistants, devaient s'apercevoir qu'il faisait un roi nouveau, et que par là il exposait toute la famille à la vengeance de Saül. Il y a là quelque difficulté ; mais elle disparaît dès qu'on sait que Samuel était inspiré.

Boulanger dit qu'il n'y a jamais eu de scène du Théâtre-Italien plus comique que celle d'un prêtre de village qui vient chez un paysan, avec une bouteille d'huile dans sa poche, oindre un petit garçon rousseau, et faire une révolution dans l'État : mais il ajoute que cet État et ce petit garçon rousseau ne méritaient pas un autre historien. Nous laissons ces blasphèmes pour ce qu'ils valent.

1. Les commentateurs exaltent ici le pouvoir de la musique. Calmet remarque que Terpandre apaisa une sédition en jouant de la lyre; et il cite Henri Estienne, qui vit dans la tour d'Angleterre un lion quitter son dîner pour entendre un violon. Ces exemples sont assez étrangers à la maladie de Saül.

Le souffle malin de Dieu, c'est-à-dire un souffle très-malin, une espèce de possession, l'avait rendu maniaque, et, selon plusieurs commentateurs, Dieu l'avait abandonné au diable. Mais il est prouvé que les Juifs ne connaissaient point encore d'esprit malin, de diable qui s'emparât du corps des hommes ; c'était une doctrine des Chaldéens et des Persans ; et jusqu'ici il n'en est pas encore question dans les livres saints.

2. Les commentateurs remarquent que c'était un don particulier, communiqué de Dieu à David, de guérir les accès de folie dont Saül était attaqué. Mais en même temps ils veulent expliquer si ce don était la suite de son sacre, et de l'huile que Samuel avait répandue sur sa tête.

écuyer marchait devant lui..., et il venait crier devant les phalanges d'Israël, et il disait : « Si quelqu'un veut se battre contre moi [1] et s'il me tue, nous serons vos esclaves; mais si je le tue, vous serez nos esclaves.... » Saül et tous les Israélites, entendant le verbe de ce Philistin, étaient stupéfaits et tremblaient de peur.

Or, David était fils d'un homme d'Éphrata, dont il a été parlé, son nom était Isaï, qui avait huit fils, et qui était fort vieux et très-âgé parmi les hommes.

Les trois plus grands de ses fils s'en allèrent après Saül pour le combat, David était le plus petit et il avait quitté Saül pour venir paître les troupeaux à Bethléem [2].

Cependant ce Philistin se présentait au combat le matin et le soir, et resta là debout pendant quarante jours....

Or, Isaï dit à David son fils : « Tiens, prends un litron de farine d'orge et dix pains, et cours à tes frères dans le camp. Porte aussi dix fromages à leur capitaine, visite tes frères et vois comme ils se comportent.... » David se leva dès la pointe du jour, laissa son troupeau à un autre et s'en alla tout chargé comme son père lui avait dit, et vint au lieu de Magala, où l'armée s'était avancée pour donner bataille et qui criait déjà bataille.... David, ayant donc laissé au bagage tout ce qu'il avait apporté, courut au lieu de la bataille voir comment ses frères se comportaient [3]; et comme il parlait encore, voilà que le bâtard nommé Goliath, Philistin de Geth, vint recommencer ses bravades, et tous les Israélites qui l'entendaient se mirent à fuir devant sa face en tremblant de peur....; et un homme d'Israël se mit à dire : « Voyez-vous ce Philistin qui vient insulter Israël ? S'il se trouve quelqu'un qui puisse le tuer, le roi l'enrichira de grandes richesses et lui donnera sa fille, et sa famille sera affranchie de tout péage en Israël. »

1. On remarque qu'en cet endroit l'histoire est interrompue, et que l'auteur sacré passe rapidement de la folie de Saül à des opérations de guerre. Rarement il se sert de transitions. Quelques-uns même affirment que c'est une marque infaillible de l'inspiration, de passer rapidement d'un objet à un autre. La cause, l'objet, et les détails de cette guerre ne sont pas exprimés selon notre méthode; c'est à nous à nous conformer à celle de l'auteur.

Ce géant Goliath, qui avait douze pieds et demi de haut, ne doit pas paraître une chose extraordinaire après les géants que nous avons vus dans la *Genèse*. Il est vrai que nous ne voyons plus aujourd'hui des hommes de cette taille; telle est même la constitution du corps humain, que cette excessive hauteur, en dérangeant toutes les proportions, rendent ce géant très-faible, et incapable de se soutenir. Il faut regarder Goliath comme un prodige que Dieu suscitait pour manifester la gloire de David.

La *Vulgate* se sert ici du mot *phalange*, qui ne fut connu que longtemps après; c'est une anticipation.

2. M. Huet de Londres dit qu'il n'est pas naturel que David, ayant été fait écuyer du roi, le quittât pour aller paître des troupeaux au milieu de la guerre. Il convient que chez les anciens peuples, et surtout chez les premiers Romains, il n'était pas rare de passer de la charrue au commandement des armées; mais il soutient que personne ne quitta jamais l'armée pour mener des brebis paître. Il se peut cependant que le père de David l'eût appelé auprès de lui pour quelque autre raison, et qu'étant chez son père il lui eût rendu les mêmes services qu'auparavant.

3. On fait toujours la même question : Pourquoi l'écuyer du roi l'avait abandonné? Nous y avons déjà répondu.

Et David disait à ceux qui étaient auprès de lui : « Que donnera-t-on à celui qui tuera ce Philistin ? » Et le peuple lui répétait les mêmes discours....

Or, ces paroles de David ayant été entendues, furent rapportées au roi ; et Saül l'ayant fait venir devant lui, David lui parla ainsi[1] : « Que personne n'ait le cœur troublé à cause de Goliath ; car j'irai, moi ton serviteur, et je combattrai ce Philistin.... » Et Saül lui dit : « Tu ne saurais résister à ce Philistin, parce que tu n'es qu'un enfant, et qu'il est homme de guerre dès sa jeunesse.... » Et David ajouta : « Le Seigneur, qui m'a délivré de la main d'un lion et de la main d'un ours, me délivrera de la main de ce Philistin[2].... » Saül dit donc à David : « Va, et que le Seigneur soit avec toi ; » et il lui donna ses armes, lui mit sur la tête un casque d'airain et sur le corps une cuirasse.... » Et David, ayant ceint l'épée par-dessus sa tunique, commença à essayer s'il pouvait marcher avec ces armes ; car il n'y était pas accoutumé. David dit donc à Saül : « Je ne puis marcher avec ces armes, car je n'en ai pas l'habitude ; » et il quitta ses armes : il prit le bâton qu'il avait coutume de porter, et il prit dans le torrent cinq pierres, et les mit dans sa panetière ; et tenant sa fronde à la main, il marcha contre le Philistin.

Le Philistin s'avança aussi, et s'approcha de David, ayant devant lui son écuyer ; et lorsqu'il eut regardé David, voyant que c'était un adolescent roux et beau à voir, il le méprisa, et lui dit : « Suis-je un chien, pour que tu viennes à moi avec un bâton ? »

Et David mit la main dans sa panetière, prit une pierre, la lança avec sa fronde ; la pierre s'enfonça dans le front du Philistin, et il tomba le visage contre terre.... David courut, et se jeta sur le Philistin, prit son épée, la tira du fourreau, le tua, et coupa sa tête[3].

Les Philistins voyant que le plus fort d'entre eux était mort, ils s'enfuirent....

Et David prit la tête du Philistin ; il la porta dans Jérusalem, et il mit ses armes dans sa tente....

Or, lorsque Saül avait vu que David marchait contre le Philistin, il dit à Abner, prince de sa milice : « Qui est ce jeune homme ? de quelle famille est-il ? » Abner lui répondit : « Vive ton âme ! ô roi ! je n'en sais rien. » Le roi lui dit : « Va l'interroger ; il faut savoir de qui cet enfant est fils.... » Et lorsque David fut retourné du combat après avoir tué le Philistin, Abner le présenta au roi, tenant en sa main la

---

1. Les critiques disent que ces histoires de géants vaincus par des hommes d'une taille médiocre sont très-communes dans l'antiquité, soit qu'elles aient été véritables, soit qu'elles aient été inventées. Un fait n'est pas toujours romanesque pour avoir l'air romanesque. Ils censurent ces paroles de David : « Que donnera-t-on ? » Il semble que David ne combatte pas par amour pour la patrie, mais par l'espoir du gain. Mais il est permis de désirer une juste récompense.

2. Il y a des naturalistes qui prétendent qu'on ne voit point d'ours dans les pays qui nourrissent des lions. Nous ne sommes pas assez instruits de cette particularité pour les réfuter ; l'histoire sacrée est plus croyable qu'eux.

3. D'autres critiques disent qu'un caillou lancé de bas en haut contre un casque d'airain ne peut s'enfoncer dans le front ; c'est une objection vaine.

tête de Goliath.... Et Saül lui dit : « De quelle famille es-tu? » David lui dit : « Je suis un des fils d'Isaï, ton serviteur de Bethléem[1]. »

(Chap. XVII, v. 6.) Or, quand David revenait après avoir tué le Philistin, les femmes sortirent de toutes les villes d'Israël, chantant en chœur et dansant au-devant du roi Saül, avec des flûtes, des tambours, et des instruments à trois cordes; elles chantaient dans leurs chansons : « Saül en a tué mille, et David dix mille. »

Cette chanson mit Saül dans une grande colère.... Le lendemain, le souffle malin du Seigneur s'empara de Saül; il prophétisait au milieu de sa maison, et David jouait de la harpe devant lui comme à l'accoutumée, et Saül tenait sa lance; il la jeta contre David pour le clouer à la muraille. David se détourna, et évita le coup deux fois[2]....

Le temps étant venu que Saül devait donner Mérob, sa fille, en mariage à David, il la donna en mariage à Hadriel, Molathite. Mais Michol, autre fille de Saül, était amoureuse de David; cela fut rapporté à Saül, et il en fut bien aise; car il dit : « Je lui donnerai celle-ci; elle lui sera pierre d'achoppement, elle le fera tomber dans les mains des Philistins. Or donc, dit-il à David, tu seras mon gendre à deux conditions.... » Et ensuite il lui fit dire par ses officiers : « Le roi n'a point besoin de présent de noces pour sa fille, il ne te demande que cent prépuces des Philistins.... » Quelques jours après, David marcha avec ses soldats; il tua deux cents Philistins, et apporta au roi deux cents prépuces, qu'il compta devant lui; et Saül lui donna sa fille Michol..

Alors Saül ordonna (ch. XIX, v. 1) à Jonathas son fils, et à tous ses serviteurs, de tuer David; mais Jonathas aimait beaucoup David, et il lui donna avis que son père voulait le tuer[3]....

Or, il arriva que le souffle malin du Seigneur se saisit encore de Saül; et Saül étant dans sa maison comme David harpait de la harpe, il voulut le clouer contre la muraille avec sa lance; et David s'enfuit....

Saül envoya des gardes dans la maison de David, pour le tuer le

---

1. Il est plus difficile de répondre à ceux qui ne peuvent comprendre comment Saül ignore quel est ce David, comment il ne reconnaît point son joueur de harpe, son écuyer, qui portait ses armes. Nous n'avons point de solution pour cette difficulté; mais considérons que ces contradictions ne sont qu'historiques, et qu'elles ne touchent ni à la foi ni aux bonnes mœurs.

On ne peut comprendre encore comment David porta la tête de Goliath à Jérusalem, qui n'appartenait point alors au peuple de Dieu; mais c'est une anticipation; il se peut que David, s'étant emparé plusieurs années après de la place de Jérusalem, y ait porté le crâne de Goliath.

2. L'auteur sacré nous représente ici Saül dans un accès de folie. Quelques commentateurs disent que ce n'était qu'un accès de colère, et qu'il était jaloux de la chanson qu'on chantait à l'honneur de David, et surtout de ce qu'il avait été oint en secret.

3. M. Huet d'Angleterre trouve de la contradiction dans la conduite de Saül, qui veut toujours tuer David, qui est jaloux de lui, et qui lui donne sa fille Michol en mariage. Mais il est dit que Saül était possédé d'un esprit malin. Lorsque le roi de France, Charles VI, donna sa fille au roi d'Angleterre son ennemi, on avoue qu'il était fou. A l'égard des deux cents prépuces, chaque pays a ses usages : on apporte aux Turcs des têtes, on apportait aux Scythes des crânes, on apporte aux Iroquois des chevelures.

lendemain matin.... Michol, sa femme, le fit sauter par une fenêtre, et il s'enfuit....

Michol aussitôt prit un Téraphim, le coucha dans son lit à la place de David, et lui mit sur la tête une peau de chèvre [1]....

David s'enfuit donc et se sauva, et alla trouver Samuel à Ramatha. Cela fut rapporté à Saül, qui envoya des archers pour prendre David. Mais les archers ayant vu une troupe de prophètes qui prophétisaient, et Samuel qui prophétisait par-dessus eux, ils furent saisis eux-mêmes du souffle du Seigneur, et ils prophétisèrent aussi....

Saül en ayant été averti, envoya d'autres archers; et ils prophétisèrent de même.

Il en envoya encore, et ils prophétisèrent tout comme les autres. Enfin il y alla lui-même; et le souffle du Seigneur fut sur lui, et il prophétisa pendant tout le chemin.... (chap. xix, v. 24). Il se dépouilla de ses habits, prophétisa avec tous les autres devant Samuel, et resta tout nu le jour et la nuit. C'est de là qu'est venu le proverbe : « Saül est donc aussi devenu prophète [2].... »

David s'enfuit donc (chap. xxii, v. 1); et tous les gens qui étaient mal dans leurs affaires, chargés de dettes, et d'un naturel amer, s'assemblèrent autour de lui dans la caverne d'Odollam; et il fut leur prince.

Or, il y avait dans le désert de Maon (chap. xxv, v. 2) un homme très-riche, nommé Nabal, qui possédait sur le Carmel trois mille brebis et mille chèvres; et il fit tondre ses brebis sur le mont Carmel. Sa femme, Abigaïl, était prudente, et fort belle à voir. David envoya dix de ses gens à Nabal lui dire : « Nous venons dans un bon jour; donnez à vos serviteurs et à votre fils David le plus que vous pourrez. » Nabal répondit : « Qui est ce David? On ne voit que des serviteurs qui fuient leur maître; vraiment oui ! j'irai donner mon pain, mon eau, et mes moutons à des gens que je ne connais pas [3] ! »

---

1. Voilà la guerre déclarée entre Saül et David : le beau-père craint toujours que le gendre ne le détrône ; cela ne peut être autrement. Quand Samuel a oint deux rois, deux christs, il a excité nécessairement une guerre civile. Michol sauve son mari en mettant une figure dans son lit, coiffée d'une peau de chèvre : cette peau de chèvre était-elle le bonnet de nuit ordinaire de David? c'était un Téraphim, mais un Téraphim était, dit-on, une idole. Michol faisait-elle coucher des idoles avec elle? voulait-elle que les satellites envoyés par Saül prissent cette idole pour son mari? voulait-elle que la peau de chèvre fût prise pour la chevelure rousse de David? C'est sur quoi les commentateurs ne s'accordent pas.

2. L'auteur sacré a déjà donné (chap. x, v. 12) une autre origine à ce proverbe. M. Boulanger compare ici témérairement Saül à un juge de village en Basse-Bretagne, nommé Kerlotin, qui envoya chercher un témoin par un huissier; le témoin buvait au cabaret, et l'huissier resta avec lui à boire; il dépêche un second huissier, qui reste à boire avec eux; il y va lui-même, il boit et s'enivre, et le procès ne fut point jugé.

3. M. Huet de Londres déclare la conduite de David insoutenable; il ose le comparer à un capitaine de bandits qui a ramassé six cents coupe-jarrets, et qui court les champs avec cette troupe de coquins, ne distinguant ni amis ni ennemis, rançonnant, pillant tout ce qu'il rencontre. Mais cette expédition n'est pas approuvée dans la sainte Écriture : l'auteur sacré ne lui donne ni louange ni blâme; il raconte le fait simplement.

Alors David dit à ses garçons : « Que chacun prenne son épée. » Et David prit aussi son épée; et il marcha vers Nabal avec quatre cents soldats, et en laissa deux cents au bagage.

Mais la belle Abigaïl prit deux cents pains, deux outres de vin, cinq moutons cuits, cinq boisseaux de farine d'orge, cent paquets de raisins secs, et deux cents cabas de figues, et les mit sur des ânes.

Abigaïl ayant aperçu David, descendit aussitôt de son âne, tomba sur sa face devant David, l'adora et lui dit : « Que ces petits présents, apportés à monseigneur par sa servante pour lui et pour ses garçons, soient reçus avec bonté de monseigneur.... » David lui répondit : « Sois bénie, toi-même; car sans cela, vive Dieu ! si tu n'étais venue promptement, Nabal ne serait pas en vie (chap. xxv, v. 34), et il ne serait pas resté un de ses gens qui pût pisser contre les murailles. »

Or, dix jours après, le Seigneur frappa Nabal, et il mourut.... Abigaïl monta vite sur son âne avec cinq servantes à pied, et David l'épousa le jour même [1].

David épousa aussi Achinoam; et l'une et l'autre furent ses femmes.

Saül, voyant cela, donna sa fille Michol, femme de David, à Phalti.

David s'en alla avec six cents hommes (chap. xxvii, v. 2) chez Achis, Philistin, roi de Geth. Achis lui donna la ville de Siceleg; et David demeura dans le pays des Philistins un an et quatre mois.... Il faisait des courses avec ses gens sur les alliés d'Achis à Gessuri, à Gerzi, chez les Amalécites. Il tuait tout ce qu'il rencontrait (idem, v. 9), sans pardonner ni à homme, ni à femme, enlevant brebis, bœufs, ânes, chameaux, meubles, habits; et revenait vers Achis [2].

Et lorsque le roi Achis lui disait : « Où as-tu couru aujourd'hui ? » David lui répondait : « J'ai couru au midi vers Juda.... » Or, David ne

1. M. Huet continue, et dit que si on avait voulu écrire l'histoire d'un brigand, d'un voleur de grand chemin, on ne s'y serait pas pris autrement; que ce Nabal, qui, après avoir été pillé, meurt au bout de peu de jours, et David qui épouse sur-le-champ sa veuve, laissent de violents soupçons. Si David, dit-il, a été selon le cœur de Dieu, ce n'est pas dans cette occasion.

Nous confessons qu'aujourd'hui une telle conduite ne serait point approuvée dans un oint du Seigneur. Nous pouvons dire que David fit pénitence, et que cette aventure fut comprise dans les sept psaumes pénitentiaux implicitement. Nous n'osons prétendre que David fût impeccable.

2. M. Huet remarque que d'abord David contrefit le fou et l'imbécile devant le roi Achis, chez lequel il s'était réfugié. Ce n'est pas une excellente manière d'inspirer de la confiance à un roi qu'on se propose de servir à la guerre; mais la manière dont David sert ce roi son bienfaiteur est encore plus extraordinaire : il lui fait accroire qu'il fait des courses contre les Israélites, et c'est contre les propres amis de son bienfaiteur qu'il fait ces courses sanguinaires; il tue tout, il extermine tout, jusqu'aux enfants, de peur, dit-il, qu'ils ne parlent. Mais comment ce roi pouvait-il ignorer que David combattait contre lui-même, sous prétexte de combattre pour lui? il fallait que ce roi Achis fût plus imbécile que David n'avait feint de l'être devant lui. M. Huet déclare David et Achis également fous, et David le plus scélérat de tous les hommes. Il aurait dû, dit-il, parler de cette action abominable dans ses psaumes.

On peut répondre à M. Huet que David, dans cette guerre civile, ne portait pas au moins le ravage chez ses compatriotes; qu'il ne trahissait et qu'il n'égorgeait que ses alliés, lesquels étaient des infidèles.

Il y a aussi des commentateurs éclairés qui, regardant David comme l'exécuteur des vengeances de Dieu, l'absolvent de tout péché dans cette occasion.

laissait en vie (*idem*, v. 11) ni homme ni femme, disant : « Je les tue, de peur qu'ils ne parlent contre nous. »

Achis se fiait donc à lui, disant : « Il fait bien du mal à Israël, il me sera toujours fidèle.... »

(Chap. xxviii, v. 2.) Et il dit à David : « Je ne confierai qu'à toi la garde de ma personne [1].... »

Or, les Philistins s'étant assemblés, Saül ayant aussi assemblé ses gens vers Gelboé, et ayant vu les Philistins, il trembla de peur. Il consulta le Seigneur ; mais il ne lui répondit rien, ni par les songes, ni par les prêtres, ni par les prophètes [2].

Et il dit à un de ses gens (*idem*, v, 7) : « Va me chercher une femme (une ventriloque) qui ait un ob, un esprit de Python [3]... » La femme lui dit : « Qui voulez-vous que j'évoque ? » Saül lui dit : « Évoque-moi Samuel [4]. » Or, comme la femme eut vu Samuel, elle

---

1. Voilà David qui, d'écuyer et de gendre de Saül son roi, devient formellement capitaine des gardes de l'ennemi d'Israël. Il est difficile, nous l'avouons avec douleur, de justifier cette conduite selon le monde ; mais selon les desseins inscrutables de Dieu, et selon la barbarie abominable de ces temps-là, nous devons suspendre notre jugement, et tâcher d'être justes dans le temps où nous sommes, sans examiner ce qui était juste ou injuste alors.

2. Il est défendu dans le *Deutéronome* d'expliquer les songes ; mais Dieu se réservait le droit de les expliquer lui-même. Aujourd'hui, un général d'armée qui déterminerait ses opérations de campagne sur un songe ne serait pas regardé comme un homme bien sensé. Mais, nous l'avons déjà dit, ces temps-là n'ont rien de commun avec les nôtres.

3. Les devins, les sorciers, les pythonisses, les prophètes, dans tous les pays, ont toujours affecté de parler du creux de la poitrine, et de former des sons qui ont quelque chose de sombre et de lugubre : ils se disaient tous agités d'un esprit qui les faisait parler autrement que les autres hommes ; et la populace se laissait prendre à ces infâmes simagrées, qui effrayaient les femmes et les enfants. Les premiers prophètes des Cévennes, vers l'an 1704, parlaient tous du creux de la poitrine, et traînaient un peuple fanatique après eux. Il n'en était pas ainsi des vrais prophètes du Seigneur.

Saül demande une femme qui ait un *ob* ; la *Vulgate* dit un esprit de Python. Les profonds mythologistes, qui ont sérieusement examiné l'histoire de Typhon, frère d'Osiris et d'Isis, ont conclu savamment qu'il était le même que le serpent Python. Le judicieux Bochart assure pourtant que Typhon était le même qu'Encelade. Leur histoire est aussi confuse que le reste de la mythologie. Il n'est pas aisé de savoir si Jupiter se battit contre Typhon et le foudroya, ou si Apollon tua Python à coups de flèches. Quoi qu'il en soit, la pythie, ou la pythonisse de Delphes, rendait des oracles de temps immémorial. Non-seulement elle était ventriloque, mais elle recevait l'inspiration dans son ventre. Elle s'asseyait sur un triangle de bois ou de fer ; une exhalaison qui sortait de la terre, et qui entrait dans sa matrice, lui faisait connaître le passé et l'avenir. La réputation de cet oracle pénétra dans l'Asie Mineure, dans la Syrie, et enfin jusque dans la Palestine. Il est très-vraisemblable que la pythonisse d'Endor était une de ces gueuses qui tâchaient de gagner leur vie à imiter comme elles pouvaient la pythie de Delphes.

Le texte nous dit donc que Saül se déguisa pour aller consulter cette misérable. Il n'y a rien que de très-ordinaire dans cette conduite de Saül. Nous avons vu dans plusieurs endroits qu'il n'y a point de pays où la friponnerie n'ait abusé de la crédulité ; point d'histoire ancienne qui ne soit remplie d'oracles et de prédictions. Longtemps avant Balaam on a prédit l'avenir ; depuis Balaam on le prédit toujours ; et depuis Nostradamus on ne le prédit plus guère.

4. Il y avait un an ou deux que Samuel était mort, lorsque Saül s'adressa à la pythonisse pour évoquer ses mânes, son ombre. Mais comment évoquait-on une ombre ? Nous croyons avoir prouvé ailleurs que rien n'était plus naturel ni

eria d'une voix grande : « Pourquoi m'as-tu trompée? car tu es Saül. »
Le roi lui dit : « Ne crains rien ; qu'as-tu vu? » Elle répondit : « J'ai
vu un dieu montant de la terre. » Saül lui dit : « Comment est-il
fait? » Elle dit : « C'est un vieillard qui est monté ; il est vêtu d'un
manteau. » Et Saül vit bien que c'était Samuel. Et il s'inclina la face
en terre, et il l'adora.

Samuel dit à Saül : « Pourquoi as-tu troublé mon repos en me faisant
évoquer? » Saül lui dit : « Je suis très-embarrassé ; les Philistins me
font la guerre ; Dieu s'est retiré de moi ; il n'a voulu m'exaucer ni dans
la main des prophètes, ni par les songes ; ainsi je t'ai évoqué, afin que
tu me montres ce que je dois faire [1]. »

Samuel lui dit : « Pourquoi m'interroges-tu quand Dieu s'est retiré
de toi? Il livrera Israël avec toi entre les mains des Philistins ; demain ,
toi et tes fils vous serez avec moi [2]. »

plus conforme à la sottise humaine. On avait vu dans un songe son père, ou sa
mère, ou ses amis, après leur mort; ils avaient parlé dans ce songe; nous leur
avions répondu; nous avions voulu, en nous éveillant, continuer la conversation, et nous n'avions plus trouvé à qui parler. Cela était désespérant; car il
nous paraissait très-certain que nous avions parlé à des morts, que nous les
avions touchés; il y avait donc quelque chose d'eux qui subsistait après la
mort, et qui nous avait apparu : ce quelque chose était une âme, c'était une
ombre, c'étaient des mânes. Mais tout cela s'enfuyait au point du jour; le
chant du coq faisait disparaître toutes les ombres. Il ne s'agissait plus que de
trouver quelqu'un d'assez habile pour les rappeler pendant le jour, et le plus
souvent pendant la nuit. Or, sitôt que des imbéciles voulurent voir des âmes et
des ombres, il y eut bientôt des charlatans qui les montrèrent pour de l'argent.
On cacha souvent une figure dans le fond d'une caverne, et on la fit paraître par
le moyen d'un seul flambeau derrière elle.

La pythonisse d'Endor n'y fait pas tant de façon : elle dit qu'elle voit une
ombre, et Saül la croit sur sa parole. Partout ailleurs que dans la sainte Écriture, cette histoire passerait pour un conte de sorcier assez mal fait : mais
puisqu'un auteur sacré l'a écrite, elle est indubitable; elle mérite autant de
respect que tout le reste. Saint Justin ne doute pas, dans son Dialogue contre
Tryphon, que les magiciens n'évoquassent quelquefois les âmes des justes et
des prophètes qui étaient tous en enfer, et qui y demeurèrent jusqu'à ce que
Jésus-Christ vint les en tirer, comme l'assurent plusieurs Pères de l'Église.

Origène est fortement persuadé que la pythonisse d'Endor fit venir Samuel en
corps et en âme.

Le plus grand nombre des commentateurs croit que le diable apparut sous la
figure de Samuel. Nous ne prenons parti ni pour ni contre le diable.

Le R. P. dom Calmet prouve la vérité de l'histoire de la pythonisse, par
l'exemple d'un Anglais qui avait le secret de parler du ventre. M. Boulanger dit
que Calmet devait s'en tenir à ses vampires.

1. Puisque Saül et l'ombre de Samuel ont ensemble une grande conversation, on peut inférer de là que c'était Samuel lui-même qui était monté de la
terre. Samuel se plaint qu'on ait troublé son repos en enfer; il parle au nom de
Dieu; c'est un fort préjugé que cette ombre n'était point le diable. Encore une
fois, nous n'osons rien décider dans une question si ardue. Quelques critiques se
sont enquis pourquoi l'ombre de Samuel était venue de l'enfer avec son manteau. Ils demandent si on a des manteaux en enfer; si les âmes sont habillées
quand elles sont évoquées. Ce sont des questions plus ardues encore.

2. L'ombre de Samuel prédit réellement à Saül qu'il perdra la bataille, qu'il
y sera tué avec ses fils. Pourquoi donc Saül donne-t-il cette bataille? Il ne
croyait donc pas aux prédictions de Samuel.

Saint Éphrem dit que cette obstination de combattre, malgré les prédictions
d'une ombre, est une preuve que ce roi était tout à fait fou. Le P. Quesnel en
tire un grand argument en faveur de la prédestination. Le P. Doucin soutient

Or, la pythonisse avait un veau gras pour la pâque; elle alla le tuer, prit de la farine, fit des azymes, et donna à souper à Saül [1].

(Chap. xxxi, v. 2.) Or, les Philistins fondirent sur Saül et sur ses enfants, et ils tuèrent Jonathas, et Abinadab, et Melchisna, les fils de Saül...; et tout le poids du combat fut sur Saül; et les sagittaires le poursuivirent, et il fut grièvement blessé par les sagittaires; et Saül dit à son écuyer : « Tire ton épée et achève-moi, de peur que ces incirconcis ne viennent et ne me tuent en m'insultant. » Son écuyer effrayé n'en voulut rien faire; ainsi Saül tira son épée et tomba sur elle [2].

LIVRE SECOND.

Isboseth, fils de Saül (chap. ii, v. 10), avait quarante ans lorsqu'il commença à régner sur Israël, et il régna deux ans, et il n'y avait que la tribu de Juda qui suivît le parti de David, et David demeura à Hébron sept ans et demi....

Il y eut donc une longue guerre (chap. iii, v. 1) entre la maison de Saül et la maison de David....

Or, Saül avait eu une concubine nommée Respha, fille d'Aja; et le roi Isboseth dit à son capitaine Abner : « Pourquoi es-tu entré dans la concubine de mon père? » Le capitaine Abner en colère répondit au roi Isboseth : « Comment donc! tu me traites aujourd'hui comme une tête de chien! moi qui t'ai soutenu contre la tribu de Juda après la

que Saül était libre de refuser la bataille après que l'ombre lui avait promis qu'il serait tué.

On dispute sur une autre question. Samuel dit à Saül : « Tu seras demain avec moi. » Saül sera-t-il sauvé? sera-t-il damné? Samuel est en enfer, mais il n'est pas probablement dans l'enfer des damnés, il est dans l'enfer des élus. Saül sera-t-il élu? Nous protestons que nous n'en savons rien.

Des incrédules demandent s'il y a jamais eu un Saül et un Samuel. Ils disent qu'il n'y a que les livres juifs qui en parlent, et que les annales de Tyr ont parlé de Salomon, et n'ont jamais parlé de David. Un pareil scepticisme ruinerait toutes les histoires particulières. Ces incrédules ont beau traiter de fable le combat de David et de Goliath, les deux cents prépuces philistins présentés à Saül, Agag haché en morceaux par un prêtre âgé d'environ cent ans, et enfin l'histoire de la pythonisse d'Endor; tous ces faits, même indépendamment de la révélation, sont aussi certains qu'aucune autre histoire ancienne.

1. Voilà la première fois que des sorcières donnent à souper à ceux qui les consultent.

Nous n'en dirons pas davantage sur la pythonisse d'Endor. Le lecteur peut consulter, s'il veut, tous les livres qu'on a écrits sur les sorciers, il n'en sera pas plus instruit.

2. Il est étrange que, le moment d'après, l'auteur sacré raconte la mort de Saül d'une manière toute différente; car il dit qu'un Amalécite vint se présenter à David, lui disant : « Saül m'a prié de le tuer, et je l'ai tué; et je t'apporte son diadème et son bracelet à toi mon maître. » Laquelle de ces deux leçons devons-nous adopter? L'auteur donne une autorité pour la seconde leçon, il cite le livre des Justes, le Droiturier (Rois, liv. II, chap. i, v. 18).

Il y a encore là une terrible difficulté que nous n'avons pas la témérité de résoudre. Comment ce même livre des Justes que nous avons vu écrit du temps de Josué, peut-il avoir été écrit du temps de David? Il faudrait, disent les critiques, que l'auteur eût vécu environ quatre cents ans.

Les commentateurs répondent que c'était un livre où les lévites inscrivaient tous les noms des justes, ou tout ce qui concernait la justice. Il est triste qu'un tel livre, qui devait être fort curieux, ait été perdu sans ressource.

chute de ton père et de tes frères ! Il t'appartient bien de me chercher querelle pour une femme [1] ! Que Dieu me traite encore plus mal que toi, si je ne donne à David ton trône comme Dieu a juré de le lui donner, et si je ne transfère le règne de la maison de Saül à celle de David, depuis Dan jusqu'à Bersabée. »

Isboseth n'osa répondre à Abner, parce qu'il le craignait.... Après cela, Abner parla aux anciens d'Israël.... Il alla trouver David à Hébron, et il arriva accompagné de vingt hommes...; et David lui fit un festin.... Mais Joab, étant sorti d'auprès de David, envoya après Abner, sans que David le sût ; et lorsqu'il fut arrivé à Hébron, il tira Abner à part, et le tua en trahison, en le perçant par les parties génitales....

Le roi Isboseth, fils de Saül (ch. IV, v. 1), ayant appris qu'Abner avait été tué à Hébron, perdit courage [2].... Or, Isboseth avait à son service deux capitaines de voleurs, dont l'un s'appelait Baana, et l'autre Rechab.

Or, Rechab et Baana entrèrent la nuit dans la maison d'Isboseth, et le tuèrent dans son lit ; et ayant marché toute la nuit par le chemin du désert, ils présentèrent à David la tête d'Isboseth, fils de Saül.... David commanda à ses gens de les tuer, et ils les tuèrent [3]....

Alors le roi David, avec ses suivants (chap. V, v. 6), marcha contre Jérusalem, habitée par des Jébuséens....

Or, David habita dans la forteresse, et il l'appela la cité de David, et il bâtit des édifices tout autour....

Hiram, roi de Tyr, envoya des ambassadeurs à David avec du bois de cèdre, des charpentiers, et des maçons, pour lui faire une maison....

1. Tout rentre ici pour la première fois dans le train des choses ordinaires. L'intervention du ciel ne dispose plus du gouvernement; on ne voit plus de ces aventures que les incrédules traitent de romanesques, et dans lesquelles les sages commentateurs reconnaissent la simplicité des temps antiques ; tout se fait, comme partout ailleurs, par les passions humaines. Le roi Isboseth est mécontent de son général Abner ; et Abner, mécontent de son roi, le trahit pour se donner à David. Joab, général de David, est jaloux d'Abner ; il craint d'être supplanté par lui, et il l'assassine. Deux chefs de voleurs qui ont vendu leurs services au roi Isboseth, l'ayant massacré, croient qu'ils obtiendront une grande récompense de David son compétiteur. David, pour se dispenser de les payer, les fait assassiner eux-mêmes. Il semble qu'on lise l'histoire des successeurs d'Alexandre, qui signalèrent les mêmes perfidies et les mêmes cruautés sur un plus grand théâtre.

2. Il faut qu'il y ait ici quelque méprise de la part des copistes; car il n'est pas possible que le roi Isboseth ait perdu courage uniquement parce qu'on avait assassiné son nouvel ennemi Abner ; il perdit sans doute courage quand son général Abner l'abandonna pour passer au service de son compétiteur David : il y a quelque chose d'oublié ou de transposé dans le texte. Plusieurs incrédules nous reprochent de recourir si fréquemment à la ressource d'imputer tant de fautes aux copistes : ils affirment qu'il était aussi aisé à l'Esprit saint de conduire la plume des scribes que celle des auteurs. Nous les confondons en disant que les scribes n'étaient pas sacrés, et que les auteurs juifs l'étaient.

3. C'est une excellente politique; on pourrait la comparer à celle de César, qui fit mourir les assassins de Pompée, s'il était permis de comparer les petits événements d'un pays aussi chétif que la Palestine aux grandes révolutions de la république romaine. Il est vrai qu'Isboseth est fort peu de chose devant Pompée: mais l'histoire de Pompée et de César n'est que profane; et l'on sait que la juive est divine. Cela est sans réponse.

Il prit donc encore de nouvelles concubines et de nouvelles femmes ; et il en eut des fils et des filles [1]....

David assembla de nouveau (chap. VI, v. 1) toute l'élite, au nombre de trente mille hommes, et alla, accompagné de tout le peuple de Juda, pour amener l'arche de Dieu sur laquelle on invoque le Dieu des armées, qui s'assied sur l'arche et sur les chérubins. On mit donc l'arche de Dieu sur une charrette toute neuve, et ils prirent l'arche qui était au bourg de Gabaa, dans la maison d'Abinadab...; et les enfants d'Abinadab, nommés Oza et Ahio, conduisirent la charrette, qui était toute neuve... ; mais lorsqu'on fut arrivé près de la grange de Nachon, les bœufs s'empêtrèrent, et firent pencher l'arche. Oza la retint en y portant la main. La colère de Dieu s'alluma contre Oza ; Dieu le frappa, à cause de sa témérité. Oza tomba mort sur la place devant l'arche de Dieu....

Alors David craignit Dieu dans ce jour, disant : « Comment l'arche de Dieu entrera-t-elle chez moi ? » Et il la fit entrer dans la maison d'un Géthéen, nommé Obed-Édom [2].

Après cela, David battit les Philistins (chap. VIII, v. 1), et les humilia, et il affranchit le peuple d'Israël....

Et il défit aussi les Moabites ; et les ayant vaincus, il les fit coucher par terre et mesurer avec des cordes. Une mesure de cordes était pour la mort, et une autre était pour la vie; et Moab fut asservi au tribut....

1. A cette époque de la prise de Jérusalem commence le véritable établissement du peuple juif, qui jusque-là n'avait jamais été qu'une horde vagabonde, vivant de rapine, courant de montagne en montagne, et de caverne en caverne, sans avoir pu s'emparer d'une seule place considérable, forte par son assiette. Jérusalem est située auprès du désert, sur le passage de tous les Arabes qui vont trafiquer en Phénicie. Le terrain, à la vérité, n'est que de cailloux, et ne produit rien ; mais les trois montagnes sur lesquelles est bâtie la ville en faisaient une place très-importante. On voit que David manquait de tout pour y bâtir des maisons convenables à une capitale, puisque Hiram, roi de Tyr, lui envoya du bois, des charpentiers, et des maçons; mais on ne voit pas comment David put payer Hiram, ni quel marché il fit avec lui. David était à la tête d'une nation longtemps esclave, qui devait être très-pauvre. Le butin qu'il avait fait dans ses courses ne devait pas l'avoir beaucoup enrichi, puisqu'il n'est parlé d'aucune ville opulente qu'il ait pillée. Mais enfin, quoique l'histoire juive ne nous donne aucun détail de l'état où était alors la Judée, quoique nous ne sachions point comment David s'y prit pour gouverner ce pays, nous devons toujours le regarder comme le seul fondateur.

Dès qu'il se vit maître de la forteresse de Jérusalem, et de quinze à vingt lieues de pays, il commença par avoir de nouvelles concubines et de nouvelles femmes, à l'imitation des plus grands rois de l'Orient.

2. L'auteur sacré, qui était sans doute un prêtre, recommence ici à parler des choses qui sont de son ministère. Il dit que le Dieu des armées est assis sur l'arche et sur des chérubins. Cette arche, quoique divine, ne devait pas tenir une grande place, puisqu'elle passait par les défilés qui règnent de la montagne de Gabaa à la montagne de Jérusalem. On ne conçoit pas comment des prêtres ne l'accompagnaient pas, et comment on ne prit pas toutes les précautions nécessaires pour l'empêcher de tomber. On comprend encore moins pourquoi la colère de Dieu s'alluma contre le fils aîné de celui qui avait gardé l'arche si longtemps dans sa grange, ni comment cet Oza fut puni de mort subite pour avoir empêché l'arche de tomber.

Les incrédules révoquent en doute ce fait, qu'ils prétendent être injurieux à la bonté divine. Il leur paraît que s'il y avait quelqu'un de coupable, c'étaient les lévites qui abandonnaient l'arche, et non pas celui qui la soutenait. Le lord

David défit aussi Adarézer, roi de Soba en Syrie. Il lui prit sept cents cavaliers et vingt mille hommes de pied. Il coupa les jarrets à tous les chevaux des chariots, et n'en réserva que pour cent chariots.

Les Syriens de Damas vinrent au secours d'Adarézer, roi de Soba, et David en tua vingt-deux mille.... La Syrie entière lui paya tribut ; il prit les armes d'or des officiers d'Adarézer, et les porta à Jérusalem [1]....

Et en revenant de Syrie il tailla en pièces dix-huit mille hommes dans la vallée des Salines.... et les enfants de David étaient prêtres [2]....

Cependant il arriva que David (ch. xi, v. 2), s'étant levé de son lit

Bolingbroke conclut qu'il est évident que tout cela fut écrit par un prêtre qui ne voulait pas que d'autres que des prêtres pussent jamais toucher à l'arche. On la mit pourtant dans la grange d'un laïque nommé Obed-Édom ; et encore ce laïque pouvait être un Philistin.

Ces commencements grossiers du règne de David prouvent que le peuple juif était encore aussi grossier que pauvre, et qu'il ne possédait pas encore une maison assez supportable pour y déposer l'objet de son culte avec quelque décence.

Nous convenons que ces commencements sont très-grossiers. Nous avons remarqué que ceux de tous les peuples ont été les mêmes, et que Romulus et Thésée ne commencèrent pas plus magnifiquement. Ce serait une chose très-curieuse de bien voir par quels degrés les Juifs parvinrent à former, comme les autres peuples, des villes, des citadelles, et à s'enrichir par le commerce et par le courtage. Les historiens ont toujours négligé ces ressorts du gouvernement, parce qu'ils ne les ont jamais connus ; ils s'en sont tenus à quelques actions des chefs de la nation, et ont noyé ces actions, toujours ridiculement exagérées, dans des fatras de prodiges incroyables : c'est ce que dit positivement le lord Bolingbroke. Nous soumettons ces idées à ceux qui sont plus éclairés que lui et que nous.

[1] On est bien étonné que David, après la conquête de Jérusalem, ait payé encore tribut aux Philistins, et qu'il ait fallu de nouvelles victoires pour affranchir les Juifs de ce tribut. Cela prouve que le peuple était encore un très-petit peuple.

La manière dont David traite les Moabites ressemble à la fable qu'on a débitée sur Busiris, qui faisait mesurer ses captifs à la longueur de son lit. On leur coupait les membres qui débordaient, et on allongeait par des tortures les membres qui n'étaient pas assez longs. L'horrible cruauté de David fait de la peine à dom Calmet : « Cette exécution, dit-il, fait frémir ; mais les lois de la guerre, de ces temps-là, permettaient de tuer les captifs. »

Nous osons dire à dom Calmet qu'il n'y avait point de lois de la guerre ; que les Juifs en avaient moins qu'aucun peuple, et que chacun suivait ce que sa cruauté ou son intérêt lui dictait. On ne voit pas même que jamais des peuples ennemis des Juifs les aient traités avec une barbarie qui approche de la barbarie juive : car lorsque les Amalécites prirent la bourgade Siceleg, où David avait laissé ses femmes et ses enfants, il est dit *qu'ils ne tuèrent personne* ; ils ne mesurèrent point les captifs avec des cordes, et ne firent point périr dans les supplices ceux dont les corps ne s'ajustaient pas avec cette mesure.

Plusieurs savants nient formellement ces victoires de David en Syrie et jusqu'à l'Euphrate. Ils disent qu'il n'en est fait aucune mention dans les histoires ; que si David avait étendu sa domination jusqu'à l'Euphrate, il eût été un des plus grands souverains de la terre. Ils regardent comme une exagération insoutenable ces prétendues conquêtes du chef d'une petite nation, maîtresse d'une seule ville qui n'était pas même encore bâtie.

Comme nous n'avons que des Juifs qui aient écrit l'histoire juive, et que les historiens orientaux qui auraient pu nous instruire sont perdus, nous ne pouvons décider sur cette question. Il n'est pas improbable que David ait fait quelques courses jusqu'auprès de Damas.

[2] Des commentateurs que Calmet a suivis prétendent que *prêtres* signifie *princes*. Il est plus probable que David voulut joindre dans sa maison le *sacerdoce* avec l'empire ; rien n'est plus politique. Au reste, ces mots *étaient prêtres* n'ont aucun rapport avec ce qui précède et ce qui suit : c'est une marque assez commune de l'inspiration.

après midi, se promenait sur le toit de sa maison royale ; et il vit une femme qui se lavait sur son toit vis-à-vis de lui. Or, cette femme était fort belle. Le roi envoya donc savoir qui était cette femme, et on lui rapporta que c'était Bethsabée, fille d'Éliam, femme d'Urie l'Éthéen.

David l'envoya prendre par ses gens, et dès qu'elle fut venue, il coucha avec elle ; après quoi, en se lavant, elle se sanctifia, se purifiant de son impureté....

Et après que David eut fait tuer Urie, la femme d'Urie, ayant appris que son mari était mort, le pleura.... Et après qu'elle eut pleuré, David la prit grosse de lui dans sa maison, et l'épousa [1].

Le Seigneur envoya donc Nathan vers David.... (chap. XII, v. 1). Et Nathan lui dit : « Tu as fait mourir Urie l'Éthéen, et tu lui as pris sa femme ; c'est pourquoi le glaive ne sortira jamais de ta maison dans toute l'éternité, parce que tu m'as méprisé, et que tu as pris pour toi la femme d'Urie l'Éthéen.... Je prendrai donc tes femmes à tes yeux, je les donnerai à un autre, et il dormira avec elles devant les yeux de ce soleil ; car tu as fait la chose secrètement, moi, je la ferai ouvertement, à la face d'Israël et à la face du soleil.... » Et David dit à Nathan : « J'ai péché contre le Seigneur. » Et Nathan dit à David : « Ainsi Dieu a transféré ton péché, et tu ne mourras point [2].... »

Et l'enfant qu'il avait eu de Bethsabée étant mort, il consola Beth-

---

1. L'aventure de Bethsabée est assez connue, et n'a pas besoin de long commentaire. Nous remarquerons que la maison d'Urie devait être très voisine de la maison de David, puisqu'il voyait de son toit Bethsabée se baignant sur le sien. La maison royale était donc fort peu de chose, n'étant pas séparée des autres par des murailles élevées, par des tours et des fossés selon l'usage.

Il est remarquable que l'écrivain sacré se sert du mot *sanctifier* pour exprimer que Bethsabée se lava après le coït. On était légalement impur chez les Juifs, quand on était malpropre. C'était un grand acte de religion de se laver ; la négligence et la saleté étaient si particulières à ce peuple, que la loi l'obligeait à se laver souvent, et cela s'appelait se *sanctifier*.

Le mariage de Bethsabée, grosse de David, est déclaré nul par plusieurs rabbins et par plusieurs commentateurs. Parmi nous une femme adultère ne peut épouser son amant, assassin de son mari, sans une dispense du pape ; c'est ce qui a été décidé par le pape Célestin III. Nous ignorons si le pape peut en effet avoir un tel pouvoir ; mais il est certain que chez aucune nation policée il n'est permis d'épouser la veuve de celui qu'on a assassiné.

Il y a une autre difficulté : si le mariage de David et de Bethsabée est nul, on ne peut donc dire que Jésus-Christ est descendant légitime de David, comme il est dit dans sa généalogie. Si on décide qu'il en descend légalement, on foule aux pieds la loi de toutes les nations : si le mariage de David et de Bethsabée n'est qu'un crime, Dieu est donc né de la source la plus impure. Pour échapper à ce triste dilemme, on a recours au repentir de David, qui a tout réparé. Mais en se repentant il a gardé la veuve d'Urie ; donc, malgré son repentir, il a encore aggravé son crime : c'est une difficulté nouvelle. La volonté du Seigneur suffit pour calmer tous ces doutes qui s'élèvent dans les âmes timorées. Tout ce que nous savons, c'est que nous ne devons être ni adultères, ni homicides, ni épouser les veuves des maris que nous aurions assassinés.

2. On demande si le prophète Nathan, en parlant au prophète David de ses femmes et de ses concubines, avec lesquelles Absalon, son fils, coucha sur la terrasse du palais, lui parlait avant ou après cette aventure. Il nous semble que le discours de Nathan précède de quelques années l'affront que fit Absalon à son père David, en couchant avec toutes ses femmes l'une après l'autre sur la terrasse du palais.

sabée, sa femme; il entra vers elle, et engendra un fils qu'il appela Salomon, et Dieu l'aima... [1].

Or, David assembla tout le peuple, et marcha contre Rabbath, et ayant combattu il la prit. Il ôta de la tête du roi son diadème, qui pesait un talent d'or, avec des perles précieuses; et ce diadème fut mis sur la tête de David. Il rapporta aussi un très-grand butin de la ville.... Et s'étant fait amener tous les habitants, il les scia en deux (chap. xii, v. 31) avec des scies, et fit passer sur eux des chariots de fer; il découpa des corps avec des couteaux, et les jeta dans des fours à cuire la brique [2].

Immédiatement après, Amnon, fils de David, aima sa sœur appelée Thamar (chap. xiii, v. 1), sœur aussi d'Absalon, fils de David; et il l'aima si fort qu'il en fut malade; car, comme elle était vierge, il était difficile qu'il fît rien de malhonnête avec elle.... Or, Amnon avait un ami fort prudent, qui s'appelait Jonadab, et qui était propre neveu de David. Et Jonadab dit à Amnon : « Pourquoi maigris-tu, fils de roi? Que ne m'en dis-tu la cause? » Amnon lui dit : « C'est que j'aime ma sœur Thamar, sœur de mère de mon frère Absalon [3]. »

Jonadab lui ayant donné conseil..., et Thamar étant venue chez son frère Amnon, qui était couché dans son lit.... Amnon se saisit d'elle,

1. Les critiques prétendent que le Seigneur ne fut point fâché que David eût épousé la veuve d'Urie, puisqu'il aima tant Salomon, né de David et de cette veuve. Nathan a prévenu cette critique, en disant que Dieu a transféré le péché de David. Ce fut le premier-né sur lequel le péché fut transporté; cet enfant mourut, et Dieu pardonna à son père : mais la menace de faire coucher toutes ses femmes et toutes ses filles avec un autre sur la terrasse de sa maison subsista entièrement.

2. On prétend qu'un talent d'or pesait environ quatre-vingt-dix de nos livres de seize onces; il n'est guère possible qu'un homme ait porté un tel diadème; il aurait accablé Polyphème et Goliath. C'est là où Calmet pouvait dire encore que l'auteur sacré se permet quelques exagérations. Le diadème, d'ailleurs, n'était qu'un petit bandeau.

Il est à souhaiter que les inconcevables barbaries exercées sur les citoyens de Rabbath soient aussi une exagération. Il n'y a point d'exemple dans l'histoire d'une cruauté si énorme et si réfléchie. M. Huet de Londres ne manque pas de la peindre avec les couleurs qu'elle semble mériter. Calmet dit : « qu'il est à présumer que David ne suivit que les lois communes de la guerre; que l'Écriture ne reproche rien sur cela à David, et qu'elle lui rend même le témoignage exprès que, hors le fait d'Urie, sa conduite a été irréprochable. » Cette excuse serait bonne dans l'histoire des tigres et des panthères. « Quel homme, s'écrie M. Huet, s'il n'a pas le cœur d'un vrai Juif, pourra trouver des expressions convenables à une pareille horreur? Est-ce là l'homme selon le cœur de Dieu? *bella, horrida bella!*

Nous croirions outrager la nature, si nous prétendions que Dieu agréa cette action affreuse de David; nous aimons mieux douter qu'elle ait été commise.

3. M. Huet s'exprime bien violemment sur cet inceste d'Amnon, et sur tous les crimes qui en résultèrent. « On ne sort, dit-il, d'une horreur que pour en rencontrer une autre dans cette famille de David. »

L'histoire profane rapporte des incestes qui ont quelque ressemblance avec celui d'Amnon; et il n'est pas à présumer que les uns aient été copiés des autres; car, après tout, de pareilles impudicités n'ont été que trop communes chez toutes les nations. Mais ce qu'il y a ici d'étrange, c'est qu'Amnon confie sa passion criminelle à son cousin germain Jonadab. Il fallait que la famille de David fût bien dissolue, pour qu'un de ses fils, qui pouvait avoir tant de concubines à son service, voulût absolument jouir de sa propre sœur, et que son cousin germain lui en facilitât les moyens.

et lui dit : « Viens, couche avec moi, ma sœur. » Elle lui répondit :
« Non, mon frère, ne me violente pas : cela n'est pas permis dans
Israël ; ne me fais pas de sottises ; car je ne pourrais supporter cet opprobre, et tu passerais pour un fou dans Israël.... Demande-moi plutôt
au roi en mariage, et il ne refusera pas de me donner à toi.... »

Amnon ne voulut point se rendre à ses prières : étant plus fort qu'elle,
il la renversa, et coucha avec elle ; et ensuite il conçut pour elle une
si grande haine, que sa haine était plus grande que ne l'avait été son
amour ; et il lui dit · « Lève-toi, et va-t'en » Thamar lui dit : « Le
mal que tu me fais à présent est encore plus fort que le mal que tu
m'as fait. » Mais Amnon ayant appelé un valet, lui dit : « Chasse de
ma chambre cette fille, et ferme la porte sur elle[1].... »

Absalon, fils de David, ne parla à son frère Amnon de cet outrage
ni en bien ni en mal ; mais il le haïssait beaucoup, parce qu'il avait
violé sa sœur Thamar....

Et il donna ordre à ses valets que, dès qu'ils verraient Amnon pris
de vin dans un festin, ils l'assassinassent en gens de cœur.... Les valets firent à Amnon ce qu'Absalon leur avait commandé ; et aussitôt
tous les enfants du roi s'enfuirent chacun sur sa mule[2].

(Chap. xiv, v. 25.) Or, il n'y avait point d'homme dans tout Israël
plus beau qu'Absalon ; il n'avait pas le moindre défaut depuis les pieds
jusqu'à la tête ; et lorsqu'il tondait ses cheveux, qu'il ne tondait
qu'une fois l'an, parce que le poids de ses cheveux l'embarrassait, le
poids de ses cheveux était de deux cents sicles....

Absalon demeura deux ans à Jérusalem sans voir la face du roi....
Ensuite il fit dire à Joab de venir le trouver, pour le prier de le remettre entièrement dans les bonnes grâces du roi son père, mais Joab
ne voulut pas venir chez Absalon... ; et étant mandé une seconde fois,

---

1. Ce qu'il y a de plus étrange encore, c'est que Thamar dit à son frère : « Demande-moi en mariage, etc. » Le *Lévitique* défend expressément, au chap. xviii,
de révéler la turpitude de sa sœur. Mais quelques Juifs prétendent qu'il était
permis d'épouser la sœur de père, et non pas de mère. C'était tout le contraire
chez les Athéniens et chez les Égyptiens : ils ne pouvaient épouser que leur sœur
de mère ; il en fut de même, dit-on, chez les Perses.

Il fallait bien que les Hébreux fussent dans l'usage d'épouser leurs sœurs,
puisque Abraham dit à deux rois qu'il avait épousé la sienne. Il se peut que
plusieurs Juifs aient fait depuis comme le père des croyants disait qu'il avait
fait. Le chapitre xviii du *Lévitique*, après tout, ne défend que de révéler la turpitude de sa sœur ; mais quand il y a mariage, il n'y a plus turpitude. Le *Lévitique* pouvait très-bien avoir été absolument inconnu des Juifs pendant leurs
sept servitudes ; et ce peuple, qui n'avait pas de quoi aiguiser ses serpettes et,
qui n'avait eu si longtemps ni feu ni lieu, pouvait fort bien n'avoir point de
libraire, puisqu'on ne trouva que longtemps après le *Pentateuque*, sous le melch
Josias.

2. C'est une grande impureté de coucher avec sa sœur ; c'est une extrême
brutalité de la renvoyer ensuite avec outrage : mais c'est sans doute un crime
encore beaucoup plus grand d'assassiner son frère dans un festin. Il est triste
de ne voir que des forfaits dans toute l'histoire de Saül et de David.

Tous les frères d'Absalon, témoins de ce fratricide, sortent de table et montent sur leurs mules, comme s'ils craignaient d'être assassinés ainsi que leur
frère Amnon.

C'est la première fois qu'il est parlé de mulets dans l'histoire juive. Tous les
princes d'Israël, avant ce temps, sont montés sur des ânes. Le P. Calmet dit

il refusa encore de venir.... Absalon dit alors à ses gens : « Vous savez que Joab a un champ d'orge auprès de mon champ; allez, et mettez-y le feu.... » Et les gens d'Absalon brûlèrent la moisson de Joab.... Joab alla trouver Absalon dans sa maison, et lui dit : « Pourquoi tes valets ont-ils mis le feu à mon orge ? » Absalon répondit à Joab : « Je t'ai fait prier de me venir voir, afin de me raccommoder avec le roi; je t'en prie, fais-moi voir la face du roi; et s'il se souvient encore de mon iniquité, qu'il me tue[1]. »

Joab alla donc parler au roi, qui appela Absalon; et Absalon s'étant prosterné, le roi le baisa....

(Chap. xv, v. 1.) Ensuite Absalon se fit faire des chariots; il assembla des cavaliers, et cinquante hommes qui marchaient devant lui.... Et il fit une grande conjuration, et le peuple s'attroupa auprès d'Absalon....

Et quarante ans après, Absalon dit à David : « Il faut que j'aille à Hébron pour accomplir un vœu que j'ai voué au Seigneur dans Hébron. » Et David dit à Absalon : « Va-t'en en paix. » Et Absalon s'en alla dans Hébron; et Absalon fit publier dans tout Israël, au son de la trompette, qu'il régnait dans Hébron.

David dit à ses officiers qui étaient avec lui à Jérusalem : « Allons, enfuyons-nous vite, hâtons-nous de sortir, de peur qu'on ne nous frappe dans la bouche du glaive.... » Le roi David sortit donc avec tout son monde, en marchant avec ses pieds, laissant seulement dix de ses concubines pour garder la maison.... Ainsi étant sorti avec ses pieds, suivi de tout Israël, il s'arrêta loin de sa maison, et tous ses officiers marchaient auprès de lui; et les troupes des Céréthins, des Phélétins, et six cents Géthéens, très-courageux, marchaient à pied devant lui[2]....

---

que « les mulets de Syrie ne sont pas produits de l'accouplement d'un âne et d'une jument, et qu'ils sont engendrés d'un mulet et d'une mule. » Il cite Aristote : « mais il vaudrait mieux, sur cette affaire, consulter un bon muletier. » Nous avons vu plusieurs voyageurs qui assurent qu'Aristote s'est trompé, et qu'il a trompé Calmet. Il n'y a point de naturaliste aujourd'hui qui croie aux prétendues races de mulets.

Un bourriquet fait un beau mulet à une cavale; la nature s'arrête là, et le mulet n'a pas le pouvoir d'engendrer. Pourquoi donc la nature lui a-t-elle donné l'instrument de la génération? On dit qu'elle ne fait rien en vain; cependant l'instrument d'un mulet devient la chose du monde la plus vaine : il en est des parties du mulet comme des mamelles des hommes; ces mamelles sont très-inutiles, et ne servent qu'à figurer.

1. M. Huet dit que cette conduite d'Absalon avec Joab est moins horrible que tout le reste, mais qu'elle est excessivement ridicule; que jamais on ne s'est avisé de brûler les orges d'un général d'armée, d'un secrétaire d'État, pour avoir une conversation avec lui; que ce n'est pas là le moyen d'avoir des audiences. Il va jusqu'à la raillerie : il dit que le capitaine Joab ne fit pas ses orges avec Absalon. Cette plaisanterie est froide; il ne faut pas tourner la sainte Écriture en raillerie.

2. Le lord Bolingbroke raconte que le général Widers, qui s'était tant signalé à la fameuse bataille de Blenheim, entendant un jour son chapelain lire cet endroit de la *Bible*, lui arracha le livre, et lui dit : « Par dieu! chapelain, voilà un grand poltron et un grand misérable que ton David, de s'en aller pieds nus avec son beau régiment de Géthéens; par dieu! j'aurais fait volte-face; jarni dieu! j'aurais couru à ce coquin d'Absalon; mordieu! je l'aurais fait pendre au premier poirier. »

Le discours et les juremens de ce Widers sont d'un soldat; mais il avait raison dans le fond, quoique ses paroles soient fort irrévérencieuses.

Tout le peuple pleurait à haute voix; et le roi passa le torrent de Cédron; et tout le peuple s'en allait dans le désert [1]....

...Après que David fut monté au haut du mont (chap. xvi, v. 1), Siba, intendant de la maison de Miphiboseth, petit-fils de Saül, vint au-devant de lui avec deux ânes chargés de deux cents pains, de cent cabas de figues, de cent paquets de raisins secs, et d'une peau de bouc pleine de vin.

Le roi lui dit : « Où est Miphiboseth, le fils de votre ancien maître Jonathas? » Siba répondit au roi : « Miphiboseth est resté dans Jérusalem, disant : « Aujourd'hui Israël me rendra le royaume de mon « père. » Le roi dit à Siba : « Eh bien ! je te donne tous les biens de Miphiboseth. »

...Or, le roi David étant venu jusqu'à Bahurim, il sortit un homme de la maison de Saül, nommé Séméi, qui le maudit et lui jeta des pierres et à tous ses gens, pendant que tout le peuple et tous les guerriers marchaient à côté du roi à droite et à gauche.... Et il maudissait le roi en lui disant : « Va-t'en, homme de sang, va-t'en, homme de Bélial. »

Cependant Absalon entra dans Jérusalem avec tout le peuple de son parti, et accompagné de son conseiller Achitophel.... Et Achitophel dit à Absalon : « Crois-moi, entre dans toutes les concubines de ton père, qu'il a laissées pour la garde de sa maison, afin que quand tous les Israélites sauront que tu as ainsi déshonoré ton père, ils en soient plus fortement attachés à toi. » Absalon fit donc tendre (chap. xvi, v. 22) un tabernacle sur le toit de la maison, et entra dans toutes les concubines de son père devant tout Israël [2].

[1] Si l'auteur sacré n'avait été qu'un écrivain ordinaire, il aurait détaillé la rébellion d'Absalon; il aurait dit quelles étaient les forces de ce prince ; il nous aurait appris pourquoi David, ce grand guerrier, s'enfuit de Jérusalem avant que son fils y fût arrivé. Jérusalem était-elle fortifiée ? ne l'était-elle pas ? Comment tout le peuple qui suit David ne fait-il pas résistance? Est-il possible qu'un homme aussi impitoyable que David, qui vient de scier en deux, d'écraser sous des herses, de brûler dans des fours ses ennemis vaincus, s'enfuie de sa capitale en pleurant comme un sot enfant, sans faire la moindre tentative pour réprimer un fils criminel? Comment, étant accompagné de tant d'hommes d'armes, et de tous les habitants de Jérusalem, ce Séméi lui jeta-t-il des pierres impunément tout le long du chemin?

C'est sur de telles incompatibilités que les Tilladet, les Leclerc, les Astruc, ont pensé que nous n'avons que des extraits informes des livres juifs. Les auteurs de ces extraits écrivaient pour des Juifs qui étaient au fait des affaires ; ils ne savaient pas que leurs livres seraient lus un jour par des Bretons et par des Gaulois.

A l'égard de ce pauvre Miphiboseth, fils de Jonathas, fils de Saül, comment ce boiteux espérait-il de régner? Comment David qui n'a plus rien, qui ne peut plus disposer de rien, donne-t-il tout le bien du prince Miphiboseth à son domestique Siba? Fréret dit que si ce prince Miphiboseth avait un intendant (ce qui est difficile à croire), cet intendant se serait emparé du bien de son maître sans attendre la permission de roi David.

[2] Les critiques disent que ce n'est pas un moyen bien sûr de s'attacher tout un peuple, que de commettre en public une chose si indécente.

Les incrédules refusent de croire qu'Absalon, tout jeune qu'il était, ait pu consommer l'acte avec dix femmes devant tout le peuple ; mais le texte ne dit pas qu'Absalon ait commis ces dix incestes tout de suite; il est naturel qu'il ait mis quelque intervalle à sa lubricité.

Les mauvais plaisants sont inépuisables en railleries sur ces prouesses du bel

Or, du temps de David (chap. xxi, v. 1), il arriva une famine qui dura trois ans. David consulta l'oracle du Seigneur, et le Seigneur dit : « C'est à cause de Saül et de sa maison sanguinaire, parce qu'il tua des Gabaonites. » Le roi, ayant fait appeler des Gabaonites, leur rapporta l'oracle.... Or, les Gabaonites n'étaient point des Israélites, ils étaient des restes des Amorrhéens, et les Israélites avaient autrefois juré la paix avec eux, et Saül voulut les détruire dans son zèle, comme pour servir les enfants d'Israël et de Juda....

David dit donc aux Gabaonites : « Que ferai-je pour vous? comment vous apaiserai-je, afin que vous bénissiez l'héritage du Seigneur? » Ils lui répondirent : « Nous devons détruire la race de celui qui nous opprima injustement , de façon qu'il ne reste pas un seul homme de la race de Saül dans toutes les terres d'Israël [1].

« Donnez-nous sept enfants de Saül, afin que nous les fassions pendre au nom du Seigneur dans Gabaa; car Saül était de Gabaa, et il fut l'élu du Seigneur.... » Et le roi David leur dit : « Je vous donnerai les sept enfants...; » et il prit les deux enfants de Saül et de Respha, fille d'Aja, qui s'appelaient Armoni et Miphiboseth, et cinq fils que Michol [2], fille de Saül, avait eus de son mari Hadriel...; et il mit ces sept enfants entre les mains des Gabaonites (chap. xxi, v. 9), qui les pendirent devant le Seigneur, et ils furent pendus tous ensemble au commencement de la moisson des orges [3].

Absalon : ils disent que, depuis Hercule, on ne vit jamais un plus beau fait d'armes. Nous ne répéterons pas leurs sarcasmes et leurs prétendus bons mots, qui alarmeraient la pudeur autant que les dix incestes consécutifs d'Absalon.

Les sages se contentent de gémir sur les barbaries de David, sur son adultère avec Bethsabée, sur son mariage infâme avec elle, sur la lâcheté qu'il montre en fuyant pieds nus quand il peut combattre, sur l'inceste de son fils Amnon, sur les dix incestes de son fils Absalon, sur tant d'atrocités et de turpitudes, sur toutes les horribles abominations des règnes du melch Saül et du melch David.

1. Ce passage a fort embarrassé tous les commentateurs. Il n'est dit en aucun endroit de la sainte Écriture que Saül eût fait le moindre tort aux Gabaonites; au contraire, il était lui-même un des habitants de Gabaa; et il est naturel qu'il ait favorisé ses compatriotes, quoiqu'ils ne fussent pas Juifs.

Quant à la famine qui désola trois ans le pays du temps du melch David, rien ne fut si commun dans ce pays qu'une famine. Les livres saints parlent très-souvent de famine; et quand Abraham vint en Palestine, il y trouva la famine.

On ne sort point de surprise lorsque Dieu lui-même dit à David que cette famine n'est envoyée qu'à cause de Saül, qui était mort si longtemps auparavant, et parce que Saül avait eu de mauvaises intentions contre un peuple qui n'était pas le peuple de Dieu.

2. M. A. A. Renouard pense que c'est par erreur que, dans l'hébreu comme dans la *Vulgate*, on lit ici *Michol* au lieu de *Mérob*. (ÉD.)

3. Le lord Bolingbroke, MM. Fréret et Huet, s'élèvent contre cette action avec une force qui fait trembler : ils décident que de tous les crimes de David celui-ci est le plus exécrable. « David, dit M. Huet, cherche un infâme prétexte pour détruire, par un supplice infâme, toute la race de son roi et de son beau-père; il fait pendre jusqu'aux enfants que sa propre femme Michol eut d'un autre mari, lorsqu'il la répudia; il les livre, pour être pendus, entre les mains d'un petit peuple qui ne devait nullement être à craindre, puisque alors David est supposé être vainqueur de tous ses ennemis. Il y a dans cette action non-seulement une barbarie qui ferait horreur aux sauvages, mais une lâcheté dont le plus vil de tous les hommes ne serait pas capable. A cette lâcheté et à cette fureur David joint encore le parjure; car il avait juré à Saül de ne jamais ôter

Et la fureur du Seigneur (chap. XXIV, y. 1) se joignit à sa fureur
contre les Israélites, et elle excita David contre eux, en lui disant :
« Va, dénombre Israël et Juda.... » Le roi dit donc à Joab, chef de
son armée : « Promène-toi dans toutes les tribus d'Israël, depuis Dan
jusqu'à Bersabée : dénombre le peuple, afin que je sache son nombre.... » Et Joab ayant parcouru toute la terre pendant neuf mois et
vingt jours, il donna au roi le dénombrement du peuple, et l'on trouva
dans les tribus d'Israël huit cent mille hommes robustes tirant l'épée,
et dans Juda cinq cent mille combattants.... Le lendemain au matin,
David s'étant levé, la parole de Dieu s'adressa au prophète Gad, lequel
était le devin, le voyant de David.... Dieu dit à Gad : « Va, et parle
ainsi à David. Voici ce que dit le Seigneur : « De trois choses choi-
« sis-en une, afin que je te la fasse : ou tu auras la famine sur la terre
« pendant sept ans ; ou tes ennemis te battront, et tu fuiras pendant
« trois mois ; ou la peste sera dans ta terre pendant trois jours. Déli-
« bère, et vois ce que tu veux que je dise à Dieu qui m'a envoyé [1]. »

David dit à Gad : « Je suis dans un grand embarras ; mais il vaut
mieux tomber entre les mains de Dieu par la peste, que dans la main
des hommes ; car ses miséricordes sont grandes. »

---

la vie à aucun de ses enfants. Si, pour excuser ce parjure, on dit qu'il ne les
pendit pas lui-même, mais qu'il les donna aux Gabaonites pour les pendre,
cette excuse est aussi lâche que la conduite de David même, et ajoute encore
un degré de scélératesse.

« De quelque côté qu'on se tourne, on ne trouve dans toute cette histoire que
l'assemblage de tous les crimes, de toutes les perfidies, de toutes les infamies,
au milieu de toutes les contradictions. »

Ces reproches sanglants font dresser les cheveux à la tête. Le R. P. dom Calmet repousse ces invectives en disant « que David avait ordre de la part de
Dieu qu'il avait consulté, et que David ne fut ici que l'exécuteur de la volonté
de Dieu ; » et il cite Estius, Grotius, et les *Antiquités* de Flavius Josèphe.

1. Il y a beaucoup de choses importantes à remarquer dans cet article. D'abord
le texte de la *Vulgate* dit expressément que la fureur de Dieu redoublée inspira
David, et le porta par un ordre positif, à faire ce dénombrement, que Dieu
punit ensuite par le fléau le plus destructif. C'est ce qui fournit un prétexte à
tant d'incrédules de dire que Dieu est souvent représenté chez les Juifs comme
ennemi du genre humain, et occupé de faire tomber les hommes dans le piège.

Secondement, le Seigneur a lui-même ordonné trois dénombrements dans le
Pentateuque.

Troisièmement, rien n'est plus utile et plus sage, comme rien n'est plus difficile, que de faire le dénombrement exact d'une nation ; et non-seulement cette
opération de David est très-prudente, mais elle est sainte, puisqu'elle lui est
ordonnée par la bouche de Dieu même.

Quatrièmement, tous les incrédules crient à l'exagération, à l'imposture, au
ridicule, d'admettre à David treize cent mille soldats dans un si petit pays ; ce
qui ferait, en comptant seulement pour soldats le cinquième du peuple, six millions cinq cent mille âmes, sans compter les Cananéens et les Philistins qui venaient tout récemment de livrer quatre batailles à David, et qui étaient répandus dans toute la Palestine.

Cinquièmement, le livre des *Paralipomènes*, qui contredit très-souvent le livre
des *Rois*, compte quinze cent soixante et dix mille soldats ; ce qui monterait à
un nombre bien plus prodigieux encore et plus incroyable.

Les commentateurs succombent sous le poids de ces difficultés ; et nous aussi.
Nous ne pouvons que prier l'Esprit saint qu'il daigne nous éclairer.

Sixièmement, les critiques malintentionnés, comme Meslier, Boulanger et
autres, pensent qu'il y a une affectation puérile, ridicule, indigne de la majesté
de Dieu, d'envoyer le prophète Gad au prophète David, pour lui donner à choisir

Aussitôt Dieu envoya la peste en Israël. Depuis le matin jusqu'au troisième jour, et depuis Dan jusqu'à Bersabée, il mourut du peuple soixante et dix mille mâles.

Et comme l'ange du Seigneur étendait encore sa main sur Jérusalem pour la perdre, le Seigneur eut pitié de l'affliction, et il dit à l'ange qui frappait : « C'est assez ; à présent arrête la main. » Or, l'ange du Seigneur était alors tout vis-à-vis d'Areuna le Jébuséen...; et David, voyant l'ange qui frappait toujours le peuple, dit au Seigneur : « C'est moi qui ai péché : j'ai agi injustement ; ces gens, qui sont des brebis, qu'ont-ils fait ? Je te prie que ta main se tourne contre moi et contre la maison de mon père [1]. »

Alors Gad vint à David, et lui dit : « Monte, et dresse un autel dans l'aire d'Areuna le Jébuséen. »

LIVRE TROISIÈME.

Or, le roi David avait vieilli (chap. 1er, v. 1), ayant beaucoup de jours ; et quoiqu'on le couvrît de plusieurs robes, il ne se réchauffait point. Ses officiers dirent donc : « Allons chercher une jeune fille pour le seigneur notre roi, et qu'elle reste devant le roi, et qu'elle le caresse, et qu'elle dorme avec le seigneur notre roi ; » et ayant trouvé Abisag de Sunam, qui était très-belle, ils l'amenèrent au roi, et elle coucha avec le roi, et elle le caressait, et le roi ne forniqua pas avec elle [2].

l'un des trois fléaux pendant sept ans, ou pendant trois mois, ou pendant trois jours. Ils trouvent dans cette cruauté une dérision, et je ne sais quel caractère de conte oriental, qui ne devrait pas être dans un livre où l'on fait agir et parler Dieu à chaque page.

1. Une peste qui extermine en trois jours soixante et dix mille mâles, *viros*, doit avoir tué aussi soixante et dix mille femelles. Il paraît affreux aux critiques que Dieu tue cent quarante mille personnes de son peuple chéri, auquel il se communique tous les jours, avec lequel il vit familièrement ; et cela parce que David a obéi à l'ordre de Dieu même, et a fait la chose du monde la plus sage.

Ils trouvent encore mauvais que l'arche du Seigneur soit dans la grange d'un étranger. David, selon eux, devait au moins la loger dans sa maison.

Enfin M. Fréret pense que l'auteur sacré imite visiblement Homère, quand le Seigneur arrête la main de l'ange exterminateur. Selon lui, il est très-probable que l'auteur, qu'il croit être Esdras, avait entendu parler d'Homère. En effet Homère, dans son premier chant de l'Iliade, peint Apollon descendant des sommets de l'Olympe, armé de son carquois, et lançant ses flèches sur les Grecs, contre lesquels il était irrité.

Nous ne sommes pas de l'avis de M. Fréret. Nous pensons qu'Esdras lui-même ne connut jamais les Grecs, et que jusqu'au temps d'Alexandre il n'y eut jamais le moindre commerce entre la Grèce et la Palestine. Ce n'est pas que quelque Juif ne pût, dès le siècle d'Esdras, aller exercer le courtage dans Corinthe et dans Athènes ; mais les gens de cette espèce ne composaient pas l'histoire des Israélites.

Pour les autres objections, il faut avouer que Calmet y répond trop faiblement. Nous ne croyons pas que le choix des trois fléaux soit puéril : au contraire, cette rigueur nous semble terrible. Mais qui peut juger les jugements de Dieu ?

2. Le R. P. dom Calmet observe qu'une jeune fille fort belle est très-propre à ranimer un homme de soixante et dix ans ; c'était alors l'âge de David. Il dit qu'un médecin juif conseilla à l'empereur Frédéric Barberousse de coucher avec de jeunes garçons, et de les mettre sur sa poitrine. Mais on ne peut pas toute la nuit tenir sur sa poitrine un jeune garçon. On emploie, ajoute-t-il, de

Cependant Adonias, fils de David, disait : « Ce sera moi qui régnerai.... » Il avait dans son parti Joab, le général des armées, et Abiathar, le grand prêtre; mais un autre grand prêtre, nommé Sadoc, et le capitaine Banaias, et le prophète Nathan et Séméi, n'étaient pas pour Adonias....

Ce prince donna un grand festin à tous ses frères et aux principaux de Juda; mais il n'invita ni son frère Salomon, ni le prophète Nathan, ni Banaias, ni les autres prêtres.

Alors Nathan dit à Bethsabée, mère de Salomon : « N'avez-vous pas ouï dire qu'Adonias s'est déjà fait roi, et que notre seigneur David n'en sait rien? Allez vite vous présenter au roi David.... Pendant que vous lui parlerez, je surviendrai après vous, et je confirmerai tout ce que vous aurez dit [1]..... »

.... Le roi David dit : « Faites-moi venir le prophète Sadoc, le prophète Nathan, et le capitaine Banaias; prenez avec vous mes officiers; mettez mon fils Salomon sur ma mule, chantez avec la trompette, et vous direz : « Vive le roi Salomon !... »

Les convives d'Adonias se levèrent de table, et chacun s'en alla de son côté, et Adonias alla se réfugier à la corne de l'autel....

(Chap. II, v. 1.) Or, la mort de David approchant, il recommanda à Salomon, en lui disant : « Tu sais ce qu'a fait autrefois Joab, qui mit du sang autour de ses reins, et dans les souliers qu'il avait aux pieds. Tu ne permettras pas que ses cheveux blancs descendent en paix au tombeau; je compte sur ta sagesse.... J'ai juré à Séméi que je ne le ferais point périr par le glaive; mais tu es sage, tu sauras ce qu'il faut faire; ne permets pas que ses cheveux blancs descendent dans la fosse autrement que par une mort sanglante [2]; » et David s'endormit avec ses pères.

petits chiens au même usage. Il faut que Salomon crût que son père avait mis la belle Abisag à un autre usage, puisqu'il fit assassiner (comme nous le verrons) son frère aîné Adonias, pour lui avoir demandé Abisag en mariage, comme s'il avait voulu épouser la veuve ou la concubine de son père.

1. M. Huet ne passe pas sous silence cette intrigue de cour; il s'élève violemment contre elle. On ne voit point, dit-il, le Seigneur ordonner d'abord que l'on verse de l'huile sur la tête de Salomon, et qu'il soit oint et christ; tout se fait ici par cabales. L'ordre de la succession n'était pas encore bien établi chez les Juifs : mais il était naturel que le fils aîné succédât à son père, d'autant plus qu'il n'était point né d'une femme adultère, comme Salomon. L'auteur sacré ne présente pas Nathan comme un prophète inspiré de Dieu dans cette occasion, mais comme un homme qui est à la tête d'un parti, qui fait une brigue avec Bethsabée pour ravir la couronne à l'aîné, et qui emploie le mensonge pour parvenir à ses fins; car il accuse Adonias de s'être fait roi; et ce prince avait dit seulement : « J'espère d'être roi. » Son droit était reconnu par les deux principales têtes du royaume, un grand prêtre et un général d'armée. C'est une chose étonnante qu'il y ait deux grands prêtres à la fois. La loi en cela était violée; et deux grands prêtres opposés l'un à l'autre devaient nécessairement exciter des troubles.

M. Huet excuse un peu David, qui était affaibli par l'âge; mais il ne pardonne ni à Salomon ni à Bethsabée, encore moins au prophète Nathan, auquel il donne les épithètes les plus injurieuses. Nous ne pouvons nous empêcher de voir qu'il y avait en effet une grande cabale pour Salomon contre Adonias; mais enfin le doigt de Dieu est partout : il se sert des moyens humains comme des plus divins.

2. M. Huet dit, sans détour, que David meurt comme il a vécu. Il a l'horri-

AVIS DE L'ÉDITEUR. — « Le commentateur qui avait entrepris de continuer cet ouvrage s'est arrêté ici, ayant été appelé à la cour d'un grand prince pour être son aumônier. Un troisième commentateur s'est présenté, et a continué avec la même érudition et la même impartialité, mais avec trop de véhémence peut-être, et trop de hardiesse. »

Salomon prit possession du trône de son père, et affermit son règne.... Adonias alla implorer la protection de sa belle-mère Bethsabée, et lui dit : « Vous savez que le règne m'appartenait comme à l'aîné, et que, le plus, tout Israël m'avait choisi pour roi ; mais mon royaume a été transporté à mon frère, et le Seigneur l'a constitué ainsi : je ne demande qu'une grâce ; le roi Salomon ne vous refusera rien : je vous prie qu'il me laisse épouser Abisag la Sunamite.... » Bethsabée dit donc à Salomon son fils : « Je te prie, donne pour femme Abisag la Sunamite à ton frère Adonias. » Le roi Salomon répondit à sa mère : « Pourquoi demandes-tu Abisag la Sunamite pour Adonias ? Demande donc aussi le royaume ; car il est mon frère aîné, et il a pour lui Abiathar le grand prêtre, et le capitaine Joab [1]..... »

Salomon jura donc (chap. II, v. 23 et 24) par Dieu.... disant : « Je jure par Dieu, qui m'a mis sur le trône de David, mon père, qu'aujourd'hui Adonias mon frère sera mis à mort ; » et le roi Salomon envoya le capitaine Banaias, fils de Joïada, qui assassina Adonias, et il mourut.... Cette nouvelle étant venue au capitaine Joab, qui était attaché au prince Adonias, il s'enfuit dans le tabernacle du Seigneur, et embrassa la corne de l'autel.... On vint dire au roi Salomon que Joab s'était réfugié dans le tabernacle de Dieu, et qu'il s'y tenait à l'autel ; et le roi Salomon envoya aussitôt le capitaine Banaias, fils de Joïada, disant : « Cours vite ; va tuer Joab.... » Banaias alla donc au tabernacle de Dieu, et dit à Joab : « Sors d'ici, que je te tue. » Joab lui ré-

ble ingratitude d'ordonner qu'on tue son général d'armée, auquel il devait sa couronne. Il se parjure avec Séméi, après lui avoir fait serment de ne jamais attenter à sa vie. Enfin il est assassin et perfide jusque sur les bords du tombeau.

Le R. P. dom Calmet justifie David par ces paroles remarquables : « David avait reçu de grands services de Joab, et l'impunité qu'il lui avait accordée pendant si longtemps était une espèce de récompense de ses longs travaux : mais cette considération ne dispensait pas David de l'obligation de punir le crime, et d'exercer la justice contre Joab. Enfin les raisons de reconnaissance ne subsistaient pas à l'égard de Salomon ; et ce prince avait un motif particulier de faire mourir Joab, qui est qu'il avait conspiré de donner le royaume à Adonias, à son exclusion. »

1. En tâchant de suivre mes deux prédécesseurs, j'observe d'abord que cette histoire n'a rien de commun ni avec nos saints dogmes, ni avec la foi, ni avec la charité. Le jeune Adonias demande à son frère puîné, devenu roi par la brigue de Bethsabée et du prophète Nathan, une seule grâce, qui ne tire à aucune conséquence : il veut, pour tout dédommagement du royaume qu'il a perdu, une jeune fille, une servante, qui réchauffait son vieux père. Il est si simple et de si bonne foi, qu'il implore, pour obtenir cette fille, la protection de la mère de Salomon, de cette même Bethsabée qui lui a fait perdre la couronne ; et, pour toute réponse, le sage Salomon jure par Dieu qu'il fera assassiner son frère Adonias ; et sur-le-champ, sans consulter personne, il commande au capitaine Banaias d'aller tuer ce malheureux prince. Est-ce là l'histoire du peuple de Dieu ? est-ce l'histoire du sérail du Grand-Turc ? est-ce celle des voleurs de grands chemins ?

pondit : « Je ne sortirai point; je mourrai ici.... » Le capitaine Banaïas
alla rapporter la chose au roi. Le roi lui répondit : « Fais comme je
t'ai dit [1], assassine Joab et l'enterre, et je ne serai pas responsable,
ni moi, ni la maison de mon père, du sang innocent répandu par
Joab; que le Seigneur donne une paix éternelle à David, à sa semence,
à sa maison, et à son trône.... » Donc le capitaine Banaïas, fils de
Joïada, retourna vers Joab, et l'assassina à l'autel, et il enterra Joab
en sa maison dans le désert.

Le roi envoya aussi vers Séméi, et lui dit : « Bâtis-toi une maison
dans Jérusalem, et n'en sors point pour aller d'un côté ni d'un autre;
si tu en sors jamais, et si tu passes le torrent de Cédron, je te ferai
tuer au même jour. »

Séméi dit au roi : « Cet ordre est très-juste. » Mais au bout de trois
ans, il arriva que les esclaves de Séméi s'enfuirent vers Achis, roi de
Geth. Séméi fit aussitôt sangler son âne, et s'en alla vers Achis à Geth
pour redemander ses esclaves, et les ramena de Geth....

Et Salomon en ayant été averti, commanda à Banaïas, fils de Joïada,
d'aller tuer Séméi; et le capitaine Banaïas y alla sur-le-champ, et il
assassina Séméi, qui mourut [2].....

Cependant le Seigneur apparut (chap. III, v. 5) à Salomon en songe,
disant : « Demande ce que tu veux que je te donne.... » Et Salomon
dit au Seigneur : « Je te prie de me donner un cœur docile, afin que
je puisse juger ton peuple, et discerner entre le bon et le mauvais;
car qui pourra juger ce peuple, qui est fort nombreux ? »

.... Et Dieu lui dit dans ce songe : « Parce que tu as demandé cette
parole, et que tu n'as pas requis longues années, ni richesses, ni la mort
de tes ennemis, mais que tu as demandé sagesse pour discerner justice, je ferai selon ton discours : je te donne un cœur intelligent, de
sorte que jamais homme, ni avant toi ni après toi, n'aura été semblable à toi [3]. Mais je te donnerai en outre richesses et gloire que tu
n'as point demandées; de sorte que nul ne sera semblable à toi en

---

1. Si l'on peut ajouter un crime nouveau aux scélératesses par lesquelles Salomon commence son règne, il y ajoute un sacrilége. Le capitaine Banaïas lui
rapporte que Joab implore la miséricorde de Dieu dans le tabernacle, et qu'il
embrasse la corne de l'autel. Cet officier n'ose commettre un assassinat dans un
lieu si saint. Salomon n'en est point touché; il ordonne au capitaine de massacrer Joab à l'autel même. S'il est quelque chose d'étrange après tant d'horreurs,
c'est que Dieu, qui a fait périr cinquante mille hommes de la populace, et
soixante et dix hommes du peuple, pour avoir regardé son arche, ne venge
point ce coffre sacré, sur lequel on a égorgé le plus grand capitaine des Juifs, à
qui David devait sa couronne.

2. A peine Salomon, cruel fils de l'infâme Bethsabée, s'est-il signalé par l'assassinat, par le sacrilége, et par le fratricide, qu'il tend un piége à ce Séméi,
conseiller d'État du roi son père. Il attend que ce pauvre vieillard ait sellé son
âne pour aller redemander son bien, et qu'il ait passé le torrent de Cédron,
pour le faire tuer sous couleur de justice. Qu'on lise l'histoire de Caligula et de
Néron, et qu'on voie si ces monstres ont commencé ainsi leur règne par de tels
crimes. On dit que Dieu punit Salomon pour avoir offert de l'encens aux dieux
de ses femmes et de ses maitresses; et moi j'ose croire que s'il fut enfin puni,
ce fut pour ses assassinats.

3. C'est cependant immédiatement après cette foule de crimes que Dieu parle
à Salomon. Dieu venir continuellement sur la terre pour s'entretenir avec des

gloire et en richesses. » Salomon se réveilla, et il vit que c'était un songe.

Salomon avait donc sous sa domination (chap. IV, v. 21) tous les royaumes depuis l'Euphrate jusqu'aux Philistins et à la terre d'Égypte[1]. Et il y avait pour la nourriture de Salomon, chaque jour, trente muids de fleur de farine, et soixante muids de farine commune, dix gros bœufs engraissés, vingt bœufs de pâturage, cent moutons, et grande quantité de cerfs, de chevreuils, de bœufs sauvages, et d'oiseaux de toute espèce; car il avait tout le pays au delà du fleuve d'Euphrate, depuis Taphsa jusqu'à Gaza[2].

Et Salomon avait (chap. IV, v. 26) quarante mille écuries pour les chevaux de ses chars, et douze mille chevaux de selle[3]..... Et la sagesse de Salomon surpassait la sagesse de tous les Orientaux et de tous les Égyptiens; il était plus sage que tous les hommes. plus sage qu'Éthan Ezrabite, et que Héman, et que Chalcol, et que Dorda[4].

Salomon composa trois mille paraboles, et il fit mille et cinq cantiques....

Hiram, roi de Tyr (chap. V, v. 1), envoya ses serviteurs vers Salomon, ayant appris qu'il avait été oint et christ à la place de son père.

Juifs! mais passons. Cette fois-ci Dieu n'apparaît à Salomon que dans un rêve: Comment l'a-t-on su? Il le dit donc à quelque autre Juif; et c'est sur la foi de cet autre Juif qu'un scribe juif a écrit cette histoire singulière! histoire fondée sur un rêve, comme toutes les aventures de Joseph et du pharaon sont fondées sur des rêves.

S'il se pouvait qu'un ministre du Dieu suprême fût descendu du haut des cieux pour dire à Salomon devant tout le peuple : « Demande à Dieu ce que tu veux, il te l'accordera; » que Salomon lui eût demandé la sagesse, et que Dieu, en la lui donnant, y eût ajouté les trésors et la puissance, ce serait un très-bel apologue : mais le rêve gâte tout.

1. Je dirai hardiment que jamais Salomon, ni aucun prince juif, n'eut tous ces royaumes. Je ne ménage point le mensonge, comme ont fait mes deux prédécesseurs; mon indignation ne me permet pas cette lâche complaisance. Qui jamais avait entendu dire que des Juifs aient régné de l'Euphrate à la Méditerranée? Il est vrai que le brigandage leur valut un petit pays au milieu des rochers et des cavernes de la Palestine, depuis le désert de Bersabée jusqu'à Dan (voyez la lettre de saint Jérôme); mais il n'est point dit que jamais Salomon ait conquis par la guerre une lieue de terrain. Le roi d'Égypte possédait de grands domaines dans la Palestine; plusieurs cantons cananéens n'obéissaient pas à Salomon : où est donc cette prétendue puissance?

2. Ce pauvre Calmet, copiste de toutes les fadaises qu'on a compilées avant lui, a beau nous dire que les rois de Babylone nourrissaient tous leurs officiers : un roi juif était auprès d'un roi de Babylone ce qu'était le roi de Corse Théodore en comparaison d'un roi d'Espagne, ou le roi d'Yvetot vis-à-vis un roi de France. Quatre-vingt-dix muids de farine et trente bœufs par jour! En vérité, cela ressemble aux cinq cents aunes de drap employées pour la braguette de la culotte de Gargantua.

3. Les quarante mille écuries de Salomon valent mieux encore que les quatre-vingt-dix muids de farine. Au reste, les commentateurs permettent de prendre quarante mille juments, au lieu de quarante mille écuries. On peut choisir.

4. Je ne sais point qui étaient ce Dorda et ce Chalcol, et personne ne le sait : mais pour les trois mille paraboles et les mille cinq cantiques, il nous en reste quelques-uns qu'on attribue à ce Salomon. Flavius Josèphe, ce transfuge juif, ce hâbleur épargné par Vespasien, dit que Salomon composa trois mille volumes de paraboles; et la mauvaise traduction dite des *Septante* attribue à Salomon cinq mille odes. Plût à Dieu qu'il eût toujours fait des odes hébraïques, au lieu d'assassiner son frère!

Et Salomon envoya aussi à Hiram, disant : « J'ai dessein de bâtir un temple au nom de mon Dieu Adonaï, comme Adonaï l'avait dit à mon père ; commande donc à tes serviteurs qu'ils coupent pour moi des cèdres du Liban ; car tu sais que je n'ai pas un seul homme parmi mon peuple qui puisse couper du bois comme les Sidoniens.... » Hiram donna donc à Salomon des bois de cèdre et de sapin ; et Salomon donna à Hiram, pour la nourriture de sa maison, vingt mille muids de froment par année, et vingt mille muids d'huile très-pure chaque année [1]....

Le roi Salomon choisit dans Israël trente mille ouvriers..., soixante et dix mille manœuvres et portefaix, quatre-vingt mille tailleurs de pierre, et trois mille trois cents intendants des ouvrages [2].....

Or, on commença à bâtir le temple du Seigneur (chap. VI, v. 1), quatre cent quatre-vingts ans après la sortie d'Égypte [3].

Or cette maison, que le roi Salomon bâtit au Seigneur, avait soixante coudées en longueur, vingt coudées en largeur, et trente coudées en hauteur....

Et il fit au temple des fenêtres de côté ; et il fit sur la muraille du temple des échafauds tout autour ; et l'échafaud d'en bas avait cinq coudées de large, et celui du milieu avait six coudées de large, et le troisième échafaud avait sept coudées de large.... et il plaça des poutres tout autour, afin qu'ils ne touchassent pas à la muraille.... et il fit un étage sur toute la maison, qui avait cinq coudées de hauteur [4]. Il fit l'oracle au milieu du temple, en la partie la plus intérieure, pour y mettre le coffre du pacte. L'oracle avait vingt coudées de long, vingt de large, et vingt de haut. Il fit, dans l'oracle, des chérubins de bois

---

1. L'historien juif Flavius Josèphe n'est pas d'accord avec l'écrivain que nous commentons sur les mesures de vin et d'huile ; mais il affirme que les lettres de Salomon et d'Hiram existaient encore de son temps. Serait-il possible que les archives tyriennes eussent subsisté après la destruction de Tyr par Alexandre, et les Juifs après la ruine du temple sous Nabuchodonosor ?

2. Tout ce détail semble terriblement exagéré. Cent quatre-vingt-trois mille trois cents hommes employés aux seuls préparatifs d'un temple qui ne devait avoir que quatre-vingt-onze pieds de face, révoltent quiconque a la plus légère connaissance de l'architecture. Cinquante ouvriers bâtissent en Angleterre une belle maison de cette dimension en six mois. Au reste, les mesures du livre des *Rois*, des *Paralipomènes*, d'Ézéchiel et de Josèphe, ne s'accordent pas, et cette différence entre les trois auteurs est assez extraordinaire.

3. Les auteurs ne s'accordent pas davantage sur la chronologie de ce temple. Les prétendus *Septante* le disent bâti quatre cent quarante ans après la fuite d'Égypte ; Josèphe, cinq cent quatre-vingt-douze ans ; et parmi les modernes on trouve vingt opinions différentes : cette question n'est d'aucune importance ; mais dans un livre sacré l'exactitude ne nuirait pas.

4. Il paraît que le surintendant des bâtiments de Salomon n'était ni un Michel-Ange, ni un Bramante : on ne sait ce que c'est que ces fenêtres de côté, ces fenêtres obliques. D'ailleurs il ne faut pas s'imaginer que ces temples eussent la moindre ressemblance avec les nôtres. C'étaient des cloîtres au milieu desquels était un petit sanctuaire : on faisait de ces cloîtres une citadelle ; les murs étaient solides, et les prêtres avaient leurs maisons adossées à l'intérieur de ces murs : ces trois échafauds, ces trois étages, dans l'intérieur du temple, bâtis pour les prêtres, étaient de bois, et avançaient d'une coudée l'un sur l'autre. Nous avons encore d'anciennes villes bâties de cette manière barbare.

d'olivier, qui avaient dix coudées de haut ; une aile de chérubin avait cinq coudées de longueur, et l'autre avait aussi cinq coudées[1].

Il fit aussi un grand bassin de fonte (chap. VII, v. 23), nommé *la mer*, de dix coudées d'un bord à l'autre, et elle était toute ronde.

Et il y avait une mer, et douze bœufs sur cette mer....

Or, le roi et tout Israël avec lui (chap. VIII, v. 5) immolèrent des victimes devant le Seigneur : et Salomon égorgea et immola au Seigneur vingt-deux mille bœufs gras et six vingt mille brebis.... Ainsi le roi et le peuple dédièrent le temple au Seigneur[2].....

Et Hiram, roi de Tyr (chap. IX, v. 11), lui envoyait tous les bois de cèdre et de sapin, et tout l'or dont il avait besoin ; et Salomon donna à Hiram vingt villes dans la Galilée.... Hiram, roi de Tyr, vint voir ces villes ; mais il n'en fut point du tout content, et il dit à Salomon : « Mon frère, voilà de pauvres villes que vous m'avez données là !....[3] »

Le roi Salomon équipa aussi une flotte à Asiongaber, auprès d'Ailat, sur le rivage de la mer, au pays d'Idumée ; et Hiram lui envoya de bons hommes de mer... ; et étant allés en Ophir, ils en rapportèrent quatre cent vingt talents d'or au roi Salomon[4].

La reine de Saba, ayant entendu parler de Salomon (chap. X, v. 1), vint le tenter par des énigmes[5].

La reine de Saba donna au roi Salomon six vingts talents d'or, une

[1]. On a remarqué que ces figures de veaux dans le sanctuaire, et ces douze veaux qui soutenaient la cuve appelée *la mer*, où les prêtres se lavaient, étaient une transgression formelle contre la loi.

[2]. Il ne fallait pas faire souvent de pareils sacrifices : on aurait bientôt été réduit à la famine. Comptez pour chaque bœuf gras quatre cents livres de viande : voilà huit millions huit cent mille livres de bœuf, et douze cent mille livres de mouton ; ajoutez-y le pain et le vin : c'est un grand repas.

[3]. On ne sait pas trop où Salomon aurait pris ces vingt villes. Samarie n'existait pas ; Jéricho n'était qu'une masure ; Sichem, Béthel, n'étaient pas rebâties ; elles ne le furent que sous Jéroboam. C'étaient apparemment des villages que Salomon donna au roi de Tyr ; et que ce Tyrien en ait été content ou non, cela est fort indifférent.

[4]. Ce voyage d'Ophir est peu de chose. Si vous comptez le talent d'or à cent vingt mille livres de la monnaie de France, ce n'est qu'une affaire de cinquante millions quatre cent mille livres. Les *Paralipomènes* vont bien plus loin : ce livre assure que David, avant sa mort, donna à son fils cent mille talents d'or de ses épargnes, et un million de talents d'argent. Nous comptons le talent d'or à quarante mille écus, et le talent d'argent à deux mille ; ce qui fait juste six milliards d'écus, dix-huit milliards de France. Ce que Salomon amassa pouvait bien aller à une somme aussi forte. Il est comique de voir un melch, un roitelet juif, avoir à sa disposition trente-six milliards de livres françaises, ou neuf milliards d'écus d'Allemagne, ou environ un milliard et demi sterling. On est dégoûté de tant d'exagérations puériles ; cela ressemble à la Jérusalem céleste, qui descend du ciel dans l'*Apocalypse*, et que le bonhomme saint Justin vit pendant quarante nuits consécutives : les murailles étaient de jaspe, la ville était d'or, les fondements de pierres précieuses, et les portes de perles.

[5]. La reine de Saba, qui vient proposer des énigmes à Salomon, et qui lui fait un petit présent de seize millions huit cent mille livres de France, ou de quatre millions deux cent mille écus d'Allemagne, est bien une autre dame que l'impératrice de Russie. Salomon, qui était fort galant, dut lui faire des présents qui valaient au moins le double.

La dîme de tout cet argent appartient aux prêtres. On cherche ce royaume de Saba ; il était sans doute dans le pays d'*Utopie*.

quantité très-grande d'aromates et de pierres précieuses. On n'a jamais apporté depuis ce temps-là tant de parfums à Jérusalem....

Le poids de l'or qu'on apportait chaque année à Salomon était du poids de six cent soixante et six talents d'or.

Le roi Salomon eut aussi deux cents boucliers d'or pur, et trois cents autres boucliers d'or pur.

Le roi Salomon fit aussi un trône d'ivoire revêtu d'un or très-pur.

Tous les vases dans lesquels Salomon buvait étaient aussi d'or ; et toute sa vaisselle, et tous les meubles de sa maison du Liban, étaient d'un or très-pur.

On lui amenait aussi un quadrige d'Égypte pour six cents sicles d'argent, et chaque cheval pour cent cinquante sicles [1].

Cependant le roi Salomon (chap. xi, v. 1) aima plusieurs femmes étrangères, et la fille aussi de Pharaon et des Moabites, et des Ammonites, et des Iduméennes, et des Sidoniennes, et des Éthéennes.... Salomon eut donc copulation avec ces femmes d'un amour véhémentissime....

Et il eut sept cents femmes qui étaient reines, et trois cents concubines....

Et comme il était déjà vieux, elles séduisirent son cœur pour lui faire adorer des dieux étrangers....

Il bâtit alors un temple à Chamos sur la montagne qui est auprès de Jérusalem [2].

Or, le Seigneur suscita Adad l'Iduméen, de race royale, qui était dans Édom.... Dieu suscita aussi pour ennemi à Salomon Razon, fils d'Éliada.... qui fut ennemi d'Israël pendant tout le règne de Salomon, et qui régna en Syrie [3].

Jéroboam, fils de Nabath (chap. xi, v. 26), leva aussi la main contre le roi. Or, Jéroboam était un homme courageux, fort, et puissant.

Et il arriva dans ce temps-là que Jéroboam, sortant de Jérusalem, rencontra dans son chemin Ahias le prophète, qui avait un manteau tout neuf ; et Ahias coupa son manteau en douze morceaux, et dit à Jéroboam : « Prends pour toi dix morceaux de mon manteau ; car voici ce que dit le Seigneur, le Dieu d'Israël : « Je diviserai le royaume, et

1. Mettons le sicle d'argent à un écu de France de trois livres : Salomon n'achetait pas cher ses chevaux dans un temps où l'on marchait sur l'or et sur l'argent dans les rues de Jérusalem. L'Égypte ne nourrissait guère de chevaux. Que ne les faisait-il venir d'Arabie et de Perse? Ne savait-il pas que la plupart des chevaux d'Égypte deviennent tous aveugles en peu de temps?

2. Il semble assez prouvé que les Juifs n'avaient point encore de culte fixe et déterminé. S'ils en avaient eu, Jacob et Ésaü n'auraient point épousé des filles idolâtres; Samson n'aurait point épousé une Philistine; Jephté n'aurait point dit que tout ce que le dieu Chamos avait conquis pour son peuple lui appartenait de droit. Il est très-vraisemblable qu'aucun des livres juifs, tels qu'ils nous sont parvenus, n'était encore écrit. Il était fort indifférent que Salomon adorât un dieu sous le nom de Chamos, ou de Moloch, ou de Milkon, ou d'Adonaï, ou de Sadaï, ou de Jéhova.

3. Ce Razon, roi de Syrie, qui fit tant de peine à Salomon pendant tout son règne en Judée, démontre évidemment que l'auteur sacré se contredit grossièrement quand il dit que Salomon régna de l'Euphrate à la Méditerranée. Les contradictions sont fréquentes dans l'auteur sacré.

« je t'en donnerai dix tribus, et il ne restera qu'une tribu à Salomon, à
« cause de David mon serviteur, et de la ville de Jérusalem, que j'ai
« choisie dans toutes les tribus d'Israël [1]..... »

Or, Salomon voulut faire assassiner Jéroboam... ; et Salomon s'endormit avec ses pères, et il fut enseveli dans la ville de David son
père [2].

Roboam, fils de Salomon (chap. XII, v. 1), vint à Sichem ; car toutes
les tribus y étaient assemblées pour l'établir roi ; mais Jéroboam, fils
de Nabath, ayant appris en Égypte la mort du roi Salomon, revint de
l'Égypte. Il se présenta donc avec tout le peuple d'Israël devant Roboam, disant : « Ton père nous avait chargés d'un joug très-dur : diminue donc à présent un peu de l'extrême dureté de ton père, et nous
te servirons [3]... » Roboam, ayant consulté des jeunes gens de sa cour,
répondit au peuple : « Le plus petit de mes doigts est plus gros que le
dos de mon père ; si mon père vous a imposé un joug pesant, j'y ajouterai un joug plus pesant ; si mon père vous a fouettés (chap. XII, v. 11)
avec des verges, je vous fouetterai avec des scorpions. »

Le peuple, voyant donc que le roi n'avait pas voulu l'entendre, lui
répondit : « Qu'avons-nous affaire à David ton grand-père ? quel héritage avons-nous à partager avec le fils d'Isaï ? Allons, Israël, allons-
nous-en dans nos tentes. Adieu, David ; pourvois à ta maison comme
tu pourras ; » et tout Israël s'en alla dans ses tentes [4].

Roboam ne régna donc que dans les bourgs de la tribu de Juda.

Or, le roi Roboam envoya l'intendant de ses tribus, nommé Adu-

1. Nous avons déjà vu un lévite qui coupa sa femme en douze morceaux,
parce qu'elle était morte de lassitude d'avoir été violée en Gabaa ; et maintenant voici un prophète, nommé Ahias, qui ne coupe que son manteau en douze
parts, pour signifier au rebelle Jéroboam que des douze tribus d'Israël il en
aurait dix. Il aurait pu comploter contre Salomon avec ce rebelle, sans qu'il
lui en coûtât un bon manteau tout neuf ; le Dieu d'Israël ne donnait pas beaucoup de manteaux à ses prophètes ; on sait que leur garde-robe était mal four-
nie : apparemment que Jéroboam lui paya la valeur de son manteau.

2. Si Salomon voulut faire assassiner ce Jéroboam, il paraît qu'en effet Dieu
lui avait donné la sagesse : il est toujours fort vilain d'assassiner ; mais enfin il
s'agissait d'un royaume qui, dit-on, s'étendait de l'Euphrate à la mer. Salomon
ne put venir à bout de son dessein, il mourut ; et de bonnes gens disputent
encore s'il est damné. Les prophètes juifs n'agitèrent point cette question : il n'y
avait point encore d'enfer de leur temps.

3. Ce Salomon était donc le plus avare Juif qui fût parmi les Juifs ; et son
contrôleur général des finances méritait d'être pendu.

Quoi ! de son temps on marchait sur l'or et l'argent dans les rues ; nous
avons vu qu'il possédait environ trente-six milliards d'argent comptant ; et le
cancre accablait encore son peuple d'impôts, après lui avoir fait manger en un
jour cent quatre-vingt-neuf millions deux cent mille livres de viande à seize
onces la livre ! On a bien raison de dire qu'il n'y a rien de si avare qu'un
prodigue.

Pour Roboam, qui dit que Salomon avait fouetté son peuple avec des verges, et qu'il le fouetterait avec des scorpions, c'est la réponse d'un tyran.
Roboam méritait pis que ce qui lui arriva.

4. Tout Israël avait grande raison. Une nation entière n'aime point à être
fouettée avec des scorpions. La maison de David n'était pas meilleure qu'une
autre : c'était le fils de l'habitant d'un village ; et les autres familles avaient
autant de droit que la sienne de se servir de scorpions pour fouetter le peuple ;
mais Dieu choisit la famille de David.

ram; mais tout le peuple le lapida et il en mourut.... Le roi Roboam monta aussitôt sur sa charrette et s'enfuit à Jérusalem; et tout Israël se sépara de la maison de David, comme il en est séparé encore aujourd'hui [1].

Or, tout Israël, sachant que Jéroboam était revenu, le constitua roi; et personne ne suivit la maison de David, excepté la maison de Juda.

Roboam, étant donc à Jérusalem, assembla la tribu de Juda et celle de Benjamin, et vint, avec cent quatre-vingt mille soldats choisis [2], pour combattre contre la maison d'Israël et pour réduire tout le royaume de Roboam, fils de Salomon.

Alors Dieu parla à Séméias, homme de Dieu, disant : « Va parler à Roboam, fils de Salomon, roi de Juda, et à toute la maison de Juda et de Benjamin, disant : Voici ce que commande le Seigneur : « Vous « ne monterez point contre vos frères les enfants d'Israël; que chacun « s'en retourne chez soi; car c'est moi qui ai dit cette parole. » Ils écoutèrent tous ce discours de Dieu et ils s'en retournèrent comme le Seigneur l'avait ordonné [3]....

Or, Jéroboam fit bâtir Sichem dans les montagnes d'Éphraïm....

Et il disait en lui-même : « Le royaume pourrait bien retourner à la maison de David; si ce peuple monte en la maison du Seigneur à Jérusalem pour y sacrifier, le cœur de ce peuple se tournera à la fin vers Roboam, roi de Juda; ils me tueront et reviendront à lui : » donc, après y avoir bien pensé, il fit faire deux veaux dorés, et il dit à son peuple : « Gardez-vous de monter à Jérusalem; voilà vos dieux qui vous ont tirés de l'Égypte: » et il mit ces deux veaux, l'un à Béthel et l'autre à Dan [4].

1. Ces mots, « comme il en est séparé encore aujourd'hui » (usque in præsentem diem), prouvent que l'auteur sacré écrivait très-longtemps après l'événement. Cela prouve encore que, s'il n'était qu'un homme ordinaire, on pourrait douter de tout ce qu'il raconte; mais il était inspiré, comme on sait.
Cette scission entre Israël et Juda dura toujours jusqu'à la dispersion des dix tribus, et recommença ensuite entre Samarie et Jérusalem. De là toutes les prophéties en faveur de Juda par les prophètes du parti de Juda; de là toutes ces invectives contre les ennemis de Juda, et toutes ces prédictions de la grandeur de Juda, qu'on a ensuite appliquées à Jésus fils de Marie, quand la religion chrétienne a été établie avec tant de peine et de temps sur les ruines de la religion judaïque.
2. Voilà une des exagérations incroyables qui se sont glissées dans les livres saints du peuple de Dieu (sans doute par la faute des copistes). Un misérable roitelet de la dixième partie d'un petit pays barbare pouvait-il avoir une armée de cent quatre-vingt mille combattants? Les exagérations précédentes, dit-on, sont encore plus incroyables. Il est vrai; et j'en suis très-fâché. Mes deux prédécesseurs ont dit avec raison que dans ces temps-là rien ne se faisait comme aujourd'hui.
3. Tous les bons critiques soupçonnent quelqu'un de ces rabbi, de ces roé, de ces prophètes, d'avoir écrit tous ces livres juifs. L'auteur représente toujours un prophète prédisant l'avenir et disposant du présent : mais de quelle autorité ce Juif inconnu, nommé Séméias, était-il donc revêtu, pour dissiper tout d'un coup une armée de cent quatre-vingt mille hommes? Ce prophète-là n'était pas de la faction de Juda; aussi n'était-il point compté parmi ceux qui ont prédit Jésus, fils de Marie, en Bethléem.
4. Nouvelle preuve que la religion judaïque n'était point fixée. Cette misérable nation juive change de culte à tout moment, depuis sa singulière évasion d'Égypte jusqu'au temps d'Esdras. Remarquez son goût pour les veaux d'or ou

En même temps Addo *le voyant*, le prophète, l'homme de Dieu[1], vint de Juda en Béthel (chap. XIII, v. 1), quand Jéroboam était monté sur l'autel et qu'il jetait de l'encens, et il cria contre l'autel dans le verbe de Dieu; et il dit : « Autel! autel! voici ce que dit le Seigneur : « Il naîtra un jour un fils de la maison de David, qui s'appellera Josias, « et il immolera sur toi les prêtres des hauts lieux qui, à présent, brû- « lent sur toi de l'encens, et il brûlera sur toi les os des hommes; » et aussitôt il donna un signe, disant : « Ceci est le signe que c'est Dieu qui a parlé. Voici que l'autel va se fendre et que la cendre qui est dessus va se répandre. »

Le roi, ayant entendu cet homme qui criait contre son autel en Bé- thel, étendit sa main et cria : « Qu'on saisisse cet homme-là. » Mais sa main, qu'il avait étendue, devint paralytique sur-le-champ, et il ne put la retirer à lui....

L'autel se fendit et la cendre se répandit, selon le signe que l'homme de Dieu avait prédit dans le verbe de Dieu....

Alors le roi dit à l'homme de Dieu : « Conjure la face du Seigneur ton Dieu et prie pour moi, afin qu'il me rende ma main. » L'homme de Dieu pria la face du Seigneur Dieu, et le roi reprit sa main.

Le roi dit donc à l'homme de Dieu : « Viens-t'en dîner avec moi dans ma maison et je te ferai des présents. »

L'homme de Dieu répondit au roi : « Quand tu me donnerais la moitié de ta maison, je n'irais point avec toi et je ne mangerai point de pain, ni ne boirai point d'eau ici; car le Seigneur qui m'a envoyé ici, m'a ordonné en m'ordonnant : « Tu ne mangeras point de pain et « tu ne boiras point d'eau en ce lieu-là, et tu ne retourneras point par le « chemin que tu es venu[2].... » Addo le prophète s'en retourna donc par un autre chemin.

Or, il y avait un vieux prophète qui demeurait à Béthel; et ses en-

dorés. Il en coûta vingt-trois mille hommes pour le veau d'Aaron. Le Seigneur Adonaï, ou Sadaï, ou Sabbaoth, ou Jéhova, ou Jhao, devait naturellement égor- ger quarante-six mille Israélites pour les deux veaux de Jéroboam.

Au reste, ce Jéroboam était fort sensé de ne vouloir pas que son peuple allât sacrifier en Jérusalem. Les rois de Perse ne souffrent pas que les Persans aillent baiser la pierre noire à la Mecque; et le roi de Prusse n'envoie point ses gre- nadiers demander des pardons à Rome.

1. C'est l'historien Flavius Josèphe qui appelle ce prophète Addo : les sacrés cahiers ne le nomment pas. Le Seigneur Adonaï donne à son prophète Addo un pouvoir plus qu'humain. Dès que le roitelet Jéroboam veut faire saisir ce pro- phète de malheur, sa main se sèche, et son bras reste étendu sans pouvoir re- muer. Cependant Adonaï avait lui-même envoyé un autre prophète à ce même Jéroboam pour lui donner dix parts sur douze de ce beau royaume de quarante- cinq lieues de long sur quinze de large.

Le miracle de cette main séchée est bien peu de chose en comparaison de la mer Rouge fendue en deux, et du soleil s'arrêtant un jour entier sur Gabaon, comme la lune sur Aïalon. Mais nous verrons d'aussi beaux miracles quand nous serons parvenus au temps du devin Élie, et du roitelet Achab. (Ce troi- sième commentateur s'exprime en termes trop peu mesurés.)

2. Cette défense de manger sur les terres de Jéroboam prouve encore que ces terres n'étaient pas fort étendues. Un bon piéton pouvait aisément déjeuner à Samarie, et souper à Jérusalem; à plus forte raison un prophète, accoutumé à une vie sobre, pouvait se passer de déjeuner à Béthel, qui était encore plus près de Jérusalem que de Samarie.

fants contèrent au vieux prophète leur père tout ce que l'homme de
Dieu venait de faire. Et leur père leur dit : « Quel chemin a-t-il pris
pour s'en aller ? » Et ils lui montrèrent le chemin. Et il dit à ses fils :
« Sanglez-moi mon âne. » Et ils lui sanglèrent son âne et il monta
dessus ; et il trouva Addo, l'homme de Dieu, assis sous un térébinthe,
et il lui dit : « Es-tu l'homme de Dieu qui es venu de Juda ? » Et Addo
répondit : « C'est moi. » Le vieux prophète lui dit : « Viens-t'en avec
moi pour manger du pain. » Addo répondit : « Je ne peux m'en retourner, ni venir avec toi, ni manger du pain, ni boire de l'eau en ce
lieu ; car le Seigneur m'a parlé dans le verbe du Seigneur, disant :
« Tu ne mangeras pain ni ne boiras eau en ce lieu et tu ne t'en retour-
« neras pas par la même voie [1]. »

Le vieux *voyant* lui repartit : « Écoute, je suis prophète aussi et
semblable à toi ; et un ange m'est venu parler dans le verbe du Seigneur, disant : « Ramène-moi cet homme-là dans ta maison, afin qu'il
« mange pain et qu'il boive eau. » Et ainsi il le trompa et le ramena
avec lui ; et Addo mangea pain et but eau. Et lorsqu'ils étaient assis à
table, le verbe du Seigneur se fit entendre au prophète qui avait ra-
mené le prophète Addo ; et ensuite le même verbe cria au prophète
Addo : « Homme de Dieu, qui viens de Juda, voici ce que dit le Seigneur : « Parce que tu n'as pas été obéissant à la bouche du Seigneur,
« et que tu n'as point gardé le commandement que le Seigneur t'a com-
« mandé, et que tu t'en es retourné, et que tu as mangé pain et que tu
« as bu eau dans le lieu où je t'ai défendu de manger pain et de boire
« eau, ton cadavre ne sera point porté dans le sépulcre de tes pères.... »
Donc après qu'Addo, homme de Dieu, eut bu et mangé, le vieux
devin sangla son âne pour le ramener....

Et comme Addo, homme de Dieu, était en chemin, il fut rencontré
par un lion qui le tua ; son corps demeura dans le chemin ; et l'âne se
tenait auprès de lui d'un côté et le lion de l'autre [2].

DÉCLARATION DU COMMENTATEUR. — « Dans la crainte où je
suis que cette histoire ou ce commentaire ne causent au lecteur un
ennui aussi mortel qu'à moi, je passerai tous les assassinats des rois
de Juda et d'Israël, qui ne forment qu'un tableau dégoûtant et mono-
tone de guerres civiles entre deux petits pays barbares, dont les capitales n'étaient qu'à sept ou huit lieues l'une de l'autre. Je ne parlerai
de ces roitelets qu'autant qu'ils auront quelque rapport aux grands miracles que Dieu daignait faire continuellement dans ce coin du monde

---

1. Remarquez que dès qu'un homme se disait prophète en Israël ou en Juda,
on le croyait sur sa parole. Nous avons vu qu'il y avait, du temps de Saül, des
troupes de prophètes ; mais on n'était point reçu dans ces bandes comme on est
reçu licencié à Salamanque et à Coïmbre. Dès que le vieillard se dit prophète,
Addo le reconnaît pour tel, et se met à manger sans difficulté.

2. Sans l'aventure du lion et de l'âne qui restèrent tous deux en sentinelle à
côté du corps mort, nous n'aurions fait aucun commentaire sur le prophète Addo,
qui n'a pas fait une grande figure dans le monde, et à qui l'on ne peut reprocher
que d'avoir eu faim, et d'avoir déjeuné mal à propos dans un endroit plutôt que
dans un autre. On ne peut le ranger que parmi les petits prophètes.

ignoré. Ces miracles, opérés par les prophétes juifs, soutiennent l'attention, que l'uniformité des guerres lasserait infailliblement. Je n'entrerai dans quelques détails que lorsqu'à la fin les rois de Babylone viendront venger la terre des abominations de ce peuple non moins cruel que superstitieux, lorsqu'ils brûleront Jérusalem, qu'ils disperseront dix tribus, dont on n'entendra jamais plus parler, et qu'ils mettront les deux autres dans les fers. »

En ce temps (chap. xiv, v. 1) Abia, fils de Jéroboam, tomba malade. Et le roi Jéroboam dit à sa femme : « Ma femme, déguise-toi, change d'habit; va-t'en au village de Silo, où est le prophète Ahias; prends avec toi dix pains, un petit gâteau, un pot de miel, et va-t'en trouver le prophète; car il te dira tout ce qui arrivera au petit enfant.... » Or, le prophète Ahias, que la vieillesse avait rendu aveugle, entendit le bruit des souliers de la reine, qui était à sa porte en Silo, et lui dit : « Entre, entre, femme de Jéroboam; pourquoi te déguises-tu?... Ceux de la maison de Jéroboam, qui demeurent dans la ville, seront mangés par les chiens; et ceux qui mourront à la campagne seront mangés par les oiseaux.... Va-t'en donc; et sitôt que tu auras mis le pied dans la ville, l'enfant mourra[1]. »

Or, Juda fit aussi le mal devant le Seigneur. Car ils firent aussi des autels et des statues, et des bois consacrés sur les hauts lieux. Il y eut aussi des Sodomites prostitués et des abominations.

Mais la cinquième année du règne de Roboam, Sésac, roi d'Égypte, s'empara de Jérusalem, et il enleva tous les trésors de la maison du Seigneur, et les trésors du roi; il pilla tout, jusqu'aux boucliers d'or que Salomon avait faits[2]....

Or Asa, petit-fils de Roboam, marcha droit devant le Seigneur (chap. xv, v. 11); il chassa les Sodomites prostitués.... et empêcha Maacha, sa mère, de sacrifier à Priape, et il brisa le simulacre honteux de Priape et le brûla dans le torrent de Cédron. Cependant il ne détruisit pas les hauts lieux. Mais son cœur était parfait devant le Seigneur[3]....

1. Ce prophète Ahias n'est pas consolant. Mais observez qu'il n'est que prophète d'Israël, et que par conséquent il est hérétique. Le peuple d'Israël était plongé dans l'hérésie; il sacrifiait chez lui, il ne sacrifiait point à Jérusalem. Et il n'est point exprimé que le prophète Ahias fût de la faction de Juda. Mais il y a eu de tout temps des prophètes chez les hérétiques. Jurieu l'était en Hollande; il prophétisa contre Louis XIV. Le nommé Carré de Montgeron prophétisa en faveur des jansénistes. Il y a des prophètes partout.

2. Le lion de Juda, dont la verge ne devait jamais sortir d'entre ses jambes jusqu'à ce que Silo vînt, sent cette fois-ci ses ongles rognés de bien près; et sa verge n'a pas grand pouvoir. Sésac vient d'Égypte piller tous les trésors prétendus qui étaient dans le temple de Salomon.

De graves savants prouvent que Sésac était le grand Sésostris; d'autres graves savants prouvent que Sésostris naquit mille ans avant Sésac. Des savants encore plus graves prouvent qu'il n'y eut jamais de Sésostris.

Une raison qui ferait croire que ce ne fut pas Sésostris qui pilla Jérusalem, c'est qu'il ne pilla point Sichem, Jéricho, Samarie, et les deux veaux d'or hérétiques; car Hérodote dit que ce grand Sésostris pilla toute la terre.

3. L'auteur sacré (chap. xv, v. 2 et 13) dit que la reine Maacha était mère du roitelet Abia; et ensuite il dit qu'elle était mère du roitelet Asa; mais il ne dit

¹ Abia eut guerre avec Jéroboam. Il avait quatre cent mille combattants bien choisis et très-vaillants. Et Jéroboam avait huit cent mille combattants bien choisis aussi et très-vaillants.... Et il y eut cinq cent mille hommes des plus vaillants tués dans la bataille du côté d'Israël ².....

Abia, voyant donc son royaume affermi, épousa quatorze femmes, dont il eut vingt-deux fils et seize filles....

Asa, fils d'Abia, fit ce qui était bon et agréable devant le Seigneur. Il leva dans Juda une armée de trois cent mille hommes portant boucliers et piques, et dans Benjamin deux cent quatre-vingt mille hommes portant boucliers et carquois....

Et Zara, roi d'Éthiopie, vint l'attaquer avec un million de combattants et trois cents chariots de guerre.... et les Éthiopiens furent entièrement défaits, car c'était le Seigneur qui les frappait.

Or, Amri acheta (chap. XVI, v. 24) la montagne de Samarie d'un Hébreu nommé Somer, pour deux talents d'argent; et il bâtit la ville de Samarie du nom de ce Somer, à qui la montagne avait appartenu.

Et Hiel, natif de Béthel, rebâtit la ville de Jéricho ³.

En ce temps-là Élie le Thesbite (chap. XVII, v. 1), habitant de Galaad⁴, dit à Achab, roi d'Israël : « Vive Dieu ! il ne tombera pas pendant sept ans une goutte de rosée et de pluie, si Dieu ne l'ordonne par ma bouche.... »

Le Seigneur Adonaï s'adressa ensuite à Élie, et lui dit : « Retire-toi d'ici; va-t'en vers l'orient; cache-toi dans le torrent de Carith; j'ai ordonné aux corbeaux de ce pays-là de te nourrir.... » Élie fit comme le

point ce que c'était que ces Priapes dont la mère Maacha était grande prêtresse à Jérusalem. On ne sort point de surprise quand on voit des Priapes adorés par la maison de David et par les enfants de Jacob. Y a-t-il une plus forte preuve que la religion judaïque ne fut jamais fixée jusqu'au temps d'Esdras?

Quant aux jeunes Sodomites chassés par le roi Asa ou par le roi Abia, il est étonnant qu'il y eût encore de ces gens-là après le terrible exemple de Sodome et Gomorrhe. Il est souvent parlé de ces jeunes Sodomites dans le troisième livre des *Rois*.

1. *Paralipomènes*, livre II, chap. XIII et XIV.
2. Je ne puis ni concilier les contradictions énormes qui se trouvent entre le livre des *Rois* et celui des *Paralipomènes*, ni éclaircir leurs obscurités. Je donne seulement ce petit exemple concernant le roitelet de Juda, nommé Abia, et le roitelet Jéroboam.

Que dites-vous, mon cher lecteur, des vingt-deux fils de cet Abia et de ses seize filles, dont ces quatorze femmes accouchent en deux ans de temps? Que dites-vous de son armée de cinq cent quatre-vingt mille hommes, et de celle du roi d'Éthiopie, qui se montait à un million? Vous savez qu'il y a un peu loin de l'Éthiopie à Jérusalem. Par où était venu ce roi d'Éthiopie? Comment le roi d'Égypte, Sésac ou Sésostris, l'avait-il laissé passer?

Je n'insiste pas sur ces prodiges; nous en avons vu et nous en verrons bien d'autres : prenons courage.
3. Ces grands rois d'Israël ne possédaient pas une ville passable avant qu'on eût bâti Samarie, Jéricho et Sichem. Jéricho fut une place importante contre les irruptions des Arabes et des Syriens : ainsi Josué n'avait pas agi en politique lorsqu'il la détruisit entièrement; et l'anathème prononcé contre elle ne subsista pas.
4. C'est ici où l'on parle pour la première fois d'Élie le Thesbite, cet homme unique, qui n'avait pas de pain à manger sur la terre, et qui monta au ciel dans un char de feu, traîné par quatre chevaux de feu. On ne connaît guère plus le bourg de Thesbe, sa patrie, que sa personne; et le voilà qui annonce tout d'un

verbe d'Adonaï lui avait dit; il se mit dans le torrent de Carith, qui est contre le Jourdain. Les corbeaux lui apportaient le matin du pain et de la viande, et le soir encore du pain et de la viande, et il buvait de l'eau du torrent.

Quelques jours après, le torrent se sécha, car il ne pleuvait point sur la terre. Le verbe d'Adonaï se fit donc encore entendre à lui, en disant : « Lève-toi, va-t'en à Sarepta, village des Sidoniens, et demeure là; car j'ai commandé à une veuve de te nourrir.... » Élie alla aussitôt à Sarepta; et quand il fut à la porte, une veuve se mit à ramasser quelques brins de bois. Il lui dit : « Donne-moi un peu d'eau dans un gobelet, et une bouchée de pain. » La veuve répondit : « Vive Adonaï ton dieu ! Je n'ai point de pain ; je n'ai qu'un petit pot de farine qui n'en contient qu'autant qu'il en peut tenir dans ma main, et un peu d'huile dans un petit vase; et je viens ici ramasser deux brins de bois pour faire manger mon fils et moi, après quoi nous mourrons. » Élie lui dit : « Cela ne fait rien, fais comme je t'ai dit : fais-moi cuire un petit pain sous la cendre; apporte-le-moi; tu en feras après un autre pour ton fils et pour toi[1]; car voici ce que dit Adonaï, dieu d'Israël : « Le pot de farine ne manquera point, et le pot d'huile « ne diminuera point, jusqu'à ce qu'Adonaï fasse tomber de la pluie « sur la face de la terre.... » La veuve s'en alla donc, et fit ce qu'Élie lui avait dit. Élie mangea, elle aussi, et sa maison aussi; et la farine du pot ne manqua point, et l'huile du petit huilier ne diminua point....

Or, il arriva après que l'enfant de cette veuve, mère de famille, fut si malade, qu'il ne respirait plus. Cette femme dit donc à Élie : « Homme de Dieu, es-tu venu chez moi pour faire mourir mon fils? » Élie lui dit : « Donne-moi ton fils; » et il le prit du sein de la veuve,

---

coup qu'il ne pleuvra que par son ordre. Remarquons d'abord que Dieu ne l'emploie que chez les Israélites hérétiques, comme nous l'avons déjà insinué.

Adonaï lui ordonne de s'asseoir, non pas au bord du torrent, mais dans le torrent même; et c'est là que les corbeaux viennent le nourrir de la part de Dieu. Cette idée de nourrir les saints par des corbeaux fut imitée depuis dans l'histoire des Pères du désert. Un corbeau nourrit pendant soixante ans l'ermite Paul dans une caverne de la Thébaïde, et lui apportait chaque jour la moitié d'un pain dans son bec. Paul n'avait que cent treize ans lorsque l'ermite Antoine, âgé de quatre-vingt-dix, vint faire une visite. Alors le corbeau apporta un pain entier pour le déjeuner des deux saints, comme saint Jérôme l'atteste.

1. Le Seigneur envoie Élie du milieu des hérétiques chez les infidèles. Le prophète commence par deviner qu'une femme qui ramasse du bois est veuve; il commence par demander pour lui le seul morceau de pain qui reste à cette femme, bien sûr qu'il lui en donnera d'autre. Mais il n'est pas dit que cette femme sidonienne se soit convertie, et ait quitté le dieu de Sidon pour le dieu de Juda, malgré tous les miracles que fait Élie en sa faveur : mais sa conversion peut se supposer. De plus, un grand nombre de savants supposent, et nous l'avouons souvent, que tous les peuples reconnaissent un Dieu suprême qui communiquait une partie de son pouvoir à ceux qu'il voulait favoriser, tantôt à des mages d'Egypte, tantôt à des mages de Perse ou de Babylone, à des hérétiques samaritains, à des idolâtres même, comme Balaam. Si vous en croyez ces savants, chacun conservait ses rites, son culte, ses dieux secondaires, en adorant le Dieu universel. Ainsi le pharaon qui vit les miracles de Moïse reconnut la puissance de Dieu, et ne changea point de culte : ainsi la veuve de Sarepta, dont Élie multiplia l'huile et la farine, et ressuscita l'enfant, resta dans sa religion; car il n'est point dit qu'Élie l'engagea à judaïser.

et le porta dans la salle à manger où il demeurait. Il se mit par trois
fois sur l'enfant en le mesurant, et il cria à Adonaï : « Mon Seigneur,
fais, je te prie, que l'âme de cet enfant revienne dans ses entrailles; »
et Adonaï exauça la voix d'Élie, l'âme de l'enfant revint, et il ressuscita [1].

Après plusieurs jours (chap. XVIII, v. 1), le verbe d'Adonaï fut fait
à Élie, disant : « Va, montre-toi au roi Achab, afin que je fasse tomber
la pluie sur la face de la terre. » Élie alla donc pour se montrer au roi
Achab.... Or, il y avait alors grande famine sur la terre [2]. Achab vint
aussitôt devant Élie, et lui dit : « N'es-tu pas celui qui trouble Israël ? »
Élie lui répondit : « Ce n'est pas moi qui trouble Israël; c'est toi et la
maison de ton père, quand vous avez tous abandonné Adonaï et suivi
Baal.... Fais assembler tout le peuple sur le mont Carmel [3], avec tes
quatre cent cinquante prophètes de Baal, et avec tes quatre cents
prophètes des bocages, qui mangent de la table de ta femme Jézabel.... »

Achab fit donc venir tous les enfants d'Israël, et il assembla ses prophètes sur le mont Carmel.... Élie dit : « Qu'on me donne deux bœufs
(chap. XVI, v. 23), qu'ils en choisissent un pour eux, et que l'ayant
coupé par morceaux, ils le mettent sur le bois, sans mettre du feu
par-dessous; et moi je prendrai l'autre bœuf; je le mettrai sur du bois,
sans mettre du feu par-dessous.... Invoquez tous le nom de vos dieux,
et moi j'invoquerai le nom du mien. Que le Dieu qui exaucera par le
feu soit Dieu! » Tout le monde lui répondit : « Très-bonne proposition. »

Les prophètes d'Achab, ayant donc pris le r bœuf, invoquèrent le
nom de Baal jusqu'à midi, disant : « Baal, exauce-nous! » et Baal ne
disait mot. Ils sautaient par-dessus l'autel; il était déjà midi, et Élie
se moquait d'eux, en disant : « Criez plus fort, car Baal est un Dieu;
il parle peut-être à quelqu'un, ou il est au cabaret, ou il voyage, ou
il dort, et il faut le réveiller. » Ils se mirent donc à crier encore plus;
ils se firent des incisions selon leurs rites avec des couteaux et des
lancettes, jusqu'à ce qu'ils fussent couverts de sang [4].

1. Quelques commentateurs ont remarqué qu'Élisée, valet d'Élie et son successeur en prophétie, fit la même chose en faveur d'un petit enfant qu'il ne ressuscita qu'après s'être étendu sur lui. L'enfant bâilla sept fois, et ouvrit les yeux.
Les impies ont prétendu conclure qu'Élisée lui-même était le père de cet enfant,
parce que le mari de la mère était fort vieux, et que Giézi, valet d'Élisée, qui
lui amena cette femme dans sa chambre, lui dit : « Ne vois-tu pas ce qu'elle te
demande? » Mais il n'est pas permis de soupçonner ainsi un prophète.
Nous ne répondrons point à ceux qui nient absolument tous les miracles
d'Élie et d'Élisée, et jusqu'à l'existence de ces deux hommes. *Contra negantem
principia non est disputandum.*

2. Toujours la famine dans la terre de promission. Il y a encore une autre famine du temps d'Élisée. A peine Abraham y était-il arrivé, qu'il y eut famine; et
il y avait encore famine lorsque Joseph le Juif gouvernait l'Égypte despotiquement.

3. Le mont Carmel appartenait aux Sidoniens. On sait que c'est sur cette montagne que le prophète Élie fonda les carmes. Ces savants moines ont plus d'une
fois traité d'hérétiques ceux qui ont osé combattre cette vérité.

4. Il est évident, par l'acceptation universelle et soudaine que les Israélites
font de l'offre d'Élie, qu'ils étaient dans la bonne foi.
Il n'est pas moins évident que leurs prêtres avaient une confiance aussi grande

Élie rétablit l'autel d'Adonaï en prenant douze pierres et en faisant une rigole tout autour, arrangea son bois, coupa son bœuf par morceaux. Il fit répandre par trois fois quatre cruches d'eau sur son holocauste et sur le bois, et il dit : « Adonaï! dieu d'Abraham, d'Isaac et de Jacob! fais voir aujourd'hui que tu es le dieu d'Israël, et que je suis ton serviteur, et que c'est par ton ordre que j'ai fait tout cela. »

Et en même temps le feu d'Adonaï descendit du ciel et dévora l'holocauste, le bois, les pierres, la cendre, et l'eau qui était dans les rigoles.

Ce que voyant le peuple, il cria : « Adonaï est Dieu! Adonaï est Dieu! »

Alors Élie leur dit : « Prenez les prophètes de Baal, et qu'il n'en échappe pas un seul; » et le peuple les ayant pris, Élie les mena au torrent de Cison, et les y massacra tous [1].

Élie dit ensuite au roi Achab : « Allez, mangez, et buvez; car j'entends le bruit d'une grande pluie... » et il tomba une grande pluie. Achab monta donc sur sa charrette.... et Élie, s'étant ceint les reins, courut devant Achab jusqu'au village de Jesrahel [2].

dans leur dieu Baal qu'Élie dans le vrai Dieu, puisqu'ils se donnaient des coups de couteau, et qu'ils faisaient couler leur sang pour obtenir le feu du ciel.

Il semble même que le peuple d'Israël et le peuple de Juda adoraient le même dieu sous des noms différents. Israël avait des veaux d'or; mais Juda avait ses bœufs d'or, placés par Salomon dans le sanctuaire avant que Sésac vint piller Jérusalem et le temple. Il est clair, par le texte, qu'Israël n'adorait point ses veaux, puisqu'il n'adorait que Baal. Or ce mot, Bal, Bel, Baal, signifiait le Seigneur, comme Adonaï, Éloa, Sabbaoth, Sadaï, Jéhova, signifiait aussi le Seigneur. Les rites, les sacrifices, étaient entièrement les mêmes; les intérêts seuls étaient différents. L'hérésie d'Israël ne consistait donc qu'en ce que les Israélites ne voulaient pas porter leur argent à Jérusalem, dont la tribu de Juda était en possession.

1. Quelques savants prétendent qu'Élie n'est qu'un personnage allégorique, et qu'il n'y eut jamais d'Élie. Mais si Élie exista, les critiques disent que jamais Juif ne fut plus barbare. Les prophètes de Baal étaient aussi dévots à leur dieu que lui au sien; leur foi était aussi grande que la sienne. Ils n'étaient donc pas coupables; ils étaient fidèles à leur dieu et à leur roi. Il y avait donc une injustice horrible à leur faire souffrir la mort. Et comment le roi d'Israël permit-il cette exécution? c'était se condamner soi-même à assister à la potence. De plus, Élie devait espérer que le miracle inouï de la foudre qui vint en temps serein brûler les pierres de son autel, la cendre de son bois, et l'eau de ses rigoles, convertirait infailliblement les hérétiques. Il devait donc porter sur ses épaules les brebis égarées; il devait vouloir le repentir des pécheurs, et non leur mort. Mais il les massacra lui-même : *interfecit eos* (chap. XVIII, v. 40). C'était un rude homme que cet Élie, qui égorgeait tout seul huit cent cinquante prophètes ses confrères : car il est dit qu'il les tua tous.

Mes prédécesseurs, dans l'explication de la sainte Écriture, n'ont pu répondre aux critiques, ni moi non plus. Puisse seulement cette exécrable boucherie d'Élie ne point encourager les persécuteurs!

2. Nos critiques ne cessent de s'étonner de voir le plus grand des prophètes, le premier ministre de l'Éternel, courir comme un valet de pied devant la charrette du roi d'Israël.

Il est dit dans l'*Histoire de François-Xavier*, apôtre des Indes, qu'il courait, comme Élie, devant la charrette qui mena ses compagnons de Rome en Espagne. Nos critiques s'étonnent bien davantage que la reine Jezabel soit assez sotte pour faire avertir Élie, par un messager, qu'elle le fera pendre le lendemain. C'était lui donner un jour pour se sauver. Ils ne conçoivent pas qu'un homme qui ressuscitait des morts, qui disposait des nuées et de la foudre, soit assez poltron pour s'enfuir sur les menaces d'une femme. Dieu ne l'assiste qu'avec un

Le roi Achab ayant rapporté à Jézabel (chap. XIX, v. 1) ce qu'Élie avait fait, et comme il avait massacré ses prophètes, la reine Jézabel envoya un messager à Élie, disant : « Les dieux m'exterminent, si demain je ne tue ton âme, comme tu as tué l'âme de mes prophètes. »

Élie trembla de peur, et s'enfuit dans le désert, et il se jeta par terre et s'endormit. L'ange de Dieu le toucha, et lui dit : « Lève-toi et mange. » Élie se retourna, et vit auprès de sa tête un pain cuit sous la cendre et un pot d'eau. Il mangea et but, et marcha pendant quarante jours et quarante nuits jusqu'au mont Horeb, montagne de Dieu.... et il se cacha dans une caverne. Le seigneur Adonaï lui dit : « Que fais-tu là? Sors, et va sur la montagne. » Puis le Seigneur passa, et on entendit devant le Seigneur un grand vent, qui déracinait les montagnes et qui brisait les roches; et le Seigneur n'était point dans le vent. Puis, après le vent, il se fit un grand tremblement de terre, et le Seigneur n'était pas dans ce tremblement; et après ce tremblement de terre, il s'alluma un grand feu, et Dieu n'était pas dans ce feu. Après ce feu, on entendit le sifflement d'un petit vent, et Dieu était dans ce sifflement[1]; et Adonaï dit à Élie : « Retourne dans le désert de Damas (chap. XIX, v. 15), et tu oindras Hazael pour être roi de Syrie, et tu oindras Jéhu, fils de Namsi, pour être roi sur Israël. Tu oindras aussi le bouvier Élisée pour être prophète. Quiconque aura échappé à l'épée de Jéhu sera tué par Élisée[2]. »

Or, Élie ayant rencontré Élisée qui labourait avec vingt-quatre bœufs, il mit son manteau sur lui....

Bénadab, roi de Syrie (chap. XX, v. 1), ayant assemblé toute son armée, et sa cavalerie et ses chars de guerre, et trente-deux rois avec lui, marcha contre Samarie, et l'assiégea.

Le roi d'Israël (chap. XXII, v. 6) assembla ses prophètes au nombre de quatre cents, et leur dit : « Dois-je aller à la guerre en Ramoth de Galaad? » Et ils lui répondirent : « Marche à la guerre dans la ville de Galaad, et le Seigneur la mettra dans ta main. »

Le roi Josaphat, roi de Juda (l'ami et l'allié du roi d'Israël Achab), dit aussi : « N'y a-t-il point quelque autre prophète pour prophétiser? » Achab répondit au roi Josaphat : « Il y en a encore un par

petit pain cuit et de l'eau. L'ange qui lui donna ce pain et cette eau était apparemment l'ange qui donna à boire au petit Ismaël et à sa mère Agar.

1. Dieu, qui n'était pas dans ce grand vent, mais qui était dans ce petit vent, fournit de belles réflexions aux commentateurs, et surtout au profond Calmet. Il soupçonne, après de grands hommes, que le grand vent signifie l'*Ancien Testament*, et que le petit vent signifie le *Nouveau*.

2. Ce petit morceau est le plus important de tous. Dieu ordonne à Élie de faire un oint, un christ, un messie d'Hazaël, de le sacrer roi, oint de Syrie; et d'oindre, de sacrer pareillement Jéhu, roi d'Israël; et d'oindre, de sacrer aussi le bouvier Élisée en qualité de prophète, titre qui est bien au-dessus du titre de roi. Cet Élisée est le premier prophète pour lequel l'Écriture ait jamais employé ce mot d'oint, de christ. Milord Bolingbroke dit que, pour faire deux rois et un prophète, il ne faut qu'un demi-setier d'huile. Cependant nous ne voyons pas qu'Élisée ait été jamais oint. Nous voyons encore moins qu'Élisée ait égorgé ceux qui échappèrent à l'épée de Jéhu. On nous a épargné les meurtres dont Élisée devait décorer son ministère. C'est bien assez de huit cent cinquante prophètes tués de la propre main d'Élisée.

qui nous pourrions interroger Adonaï; mais je hais cet homme-là, parce qu'il ne prophétise jamais rien de bon : c'est Michée, fils de Jemla¹.... »

Cependant Achab, roi d'Israël, fit venir Michée. Le roi d'Israël et le roi de Juda étaient dans l'aire d'une grange, chacun sur son trône, vêtus à la royale, près de Samarie; et tous les prophètes prophétisaient devant eux. Le prophète Sédékias, fils de Chanaana, se mit

1. Mes prédécesseurs dans le travail épineux et désagréable de ce commentaire, se sont appliqués à citer et à réfuter milord Herbert, Woolston, Tindal, Toland, l'abbé de Tilladet, l'abbé de Longuerue, le curé Meslier, Boulanger, Fréret, Dumarsais, le comte de Boulainvilliers, milord Bolingbroke, Huet, et tant d'autres. Nous nous en tiendrons ici à milord Bolingbroke, et nous croirons, en le réfutant, avoir réfuté tous les critiques. Voici donc comme il s'exprime dans son livre aussi profond que hardi, donné au public par l'Écossais M. Mallet, son secrétaire et son disciple :

« Je suis bien aise de voir un roi qui se dit catholique comme Josaphat, et un roi hérétique comme Achab, réunis contre l'ennemi commun, contre un infidèle tel que le roi de Syrie, souillé du crime d'adorer Dieu sous le nom d'Adad et de Remnon, au lieu de l'adorer sous le nom d'Adonaï ou de Sabbaoth. Mais je suis fâché de voir le roi d'Israël assez imbécile pour appeler à son conseil de guerre quatre cents gueux de la lie du peuple, qui se disaient prophètes. Je ne sais même où il put trouver ces quatre cents énergumènes, après qu'Élie avait eu la condescendance d'en tuer huit cent cinquante de sa main; savoir, quatre cent cinquante prophètes commensaux de la reine Jézabel, et quatre cents prophètes des bocages.

« Quoique je sache bien que les rois d'Israël et de Juda n'étaient pas riches, et que la ville de Samarie était alors fort peu de chose, cependant je n'aime point à voir deux rois vêtus à la royale, assis chacun sur un trône dans une aire où l'on bat du blé. Ce n'est pas là un lieu propre à tenir un conseil.

« Le prophète Sédékias, fils de Chanaana, pouvait prédire aux deux rois des choses agréables sans se mettre deux cornes de fer sur la tête. C'eût été un beau spectacle, si tous les autres prophètes et tous les officiers de l'armée s'étaient mis des cornes pour opiner.

« Michée ne se met point de cornes; mais il est assez fou pour dire qu'il vient d'assister au conseil de Dieu, et qu'il a vu Dieu assis sur son trône, environné de toutes les troupes célestes.

« Ce furieux insensé ose attribuer à Dieu deux choses également abominables et ridicules : l'une, de vouloir tromper Achab, roi d'Israël; l'autre, de ne savoir comment s'y prendre.

« Mais le comble de l'extravagance est de faire entrer un esprit malin, un diable, dans le conseil de Dieu, quoique le peuple hébreu n'eût jamais encore entendu parler du diable, et que ce diable n'eût été inventé que par les Perses, avec qui ce peuple n'avait encore aucune communication.

« Dieu ne sait comment le diable s'y prendra. Le diable, qui a plus d'esprit que lui, et plus de puissance, lui dit qu'il se mettra dans la bouche de tous les prophètes pour les faire mentir.

« Du moins, lorsque, dans le second livre de l'*Iliade*, Jupiter cherche des expédients pour relever la gloire d'Achille aux dépens d'Agamemnon, il trouve un expédient de lui-même : c'est de tromper Agamemnon par un songe menteur. Il ne consulte point le diable pour cela; il parle lui-même au songe; il lui donne ses ordres. Il est vrai qu'Homère fait jouer là un rôle bien bas et bien ridicule à son Jupiter.

« Il se peut que, les livres juifs ayant été écrits très-tard, le prêtre qui compila les rêveries hébraïques ait imité cette rêverie d'Homère. Car, dans toute la *Bible*, le dieu des Juifs est très-inférieur au dieu des Grecs : il est presque toujours battu; il ne songe qu'à obtenir des offrandes, et son peuple meurt toujours de faim. Il a beau être continuellement présent, et parler lui-même, on ne fait rien de ce qu'il veut. Si on lui bâtit un temple, il vient un Sésac, roi d'Égypte, qui le pille et qui emporte tout. S'il donne en songe la sagesse à Salomon, ce Salomon se moque de lui, et l'abandonne pour d'autres dieux. S'il donne la

des cornes de ter sur la tête, et dit : « Ces cornes frapperont la Syrie jusqu'à ce qu'elle soit détruite. »

Tous les prophètes prophétisaient de même, et disaient aux deux rois : « Montez contre Ramoth en Galaad; et le Seigneur vous la livrera.... » Mais Michée, étant interrogé, dit : « J'ai vu le Seigneur assis sur son trône (chap. xxii, v. 19), et toute l'armée du ciel rangée à sa droite et à sa gauche ; et le Seigneur a dit : « Qui de vous ira tromper Achab, « roi d'Israël, afin qu'il marche contre Ramoth et Galaad, et qu'il y « périsse? » Et un ange autour du trône disait une chose, et un autre ange en disait un autre.... Alors un méchant ange s'est avancé, et se présentant devant le Seigneur, il lui a dit : « C'est moi qui tromperai « Achab. » Et Adonaï lui a dit : « Comment t'y prendras-tu? » Et l'ange malin a répondu : « Je serai un esprit menteur dans la bouche des pro- « phètes; » Adonaï lui a reparti : « Oui, tu le tromperas, et tu prévau- « dras ; va-t'en et fais cela ainsi. »

Le reste des discours d'Achab (chap. xxii, v. 39) et de tout ce qu'il fit, et la maison d'ivoire qu'il construisit, et toutes les villes qu'il bâtit, tout cela n'est-il pas écrit dans le livre des discours et des jours des rois d'Israël?

LIVRE QUATRIÈME.

Or, il arriva qu'Ochozias, roi d'Israël, étant tombé par les barreaux d'une salle à manger, en Samarie (chap. I, v. 1), en fut très-mal. Et il dit à ses domestiques : « Allez consulter Béelzébub, ou Belzébuth, le dieu d'Accaron, pour savoir si je pourrai en réchapper.... »

En même temps un ange du Seigneur parla à Élie le Thesbite, et lui

---

terre promise à son peuple, ce peuple y est esclave depuis la mort de Josué jus- qu'au règne de Saül. Il n'y a point de Dieu ni de peuple plus malheureux.

« Les compilateurs des fables hébraïques ont beau dire que les Hébreux n'ont toujours été misérables que parce qu'ils ont toujours été infidèles ; nos prêtres anglicans en pourraient dire autant de nos Irlandais et de nos monta- gnards d'Écosse. Rien n'est plus aisé que de dire : « Si tu as été battu, c'est « que tu as manqué aux devoirs de ta religion : si tu avais donné plus d'argent « à l'Église, tu aurais été vainqueur. » Cette infâme superstition est ancienne; elle a fait le tour de la terre. »

On peut dire à milord Bolingbroke que les écrivains sacrés n'ont pas plus connu Homère que les Grecs n'ont connu les livres des Juifs. Jupiter, qui trompe Agamemnon, ressemble, il est vrai, au dieu Sabbaoth qui trompe le roi Achab. Mais l'un n'est point emprunté de l'autre. C'était une créance commune dans tout l'Orient, que les dieux se plaisaient à tendre des pièges aux hommes, et à ouvrir sous leurs pas des précipices dans lesquels ils les plongeaient. Les poëmes d'Homère et les tragédies grecques portent sur ce fondement. D'ailleurs, l'exemple de la mort d'Achab rentre dans les exemples ordinaires d'une justice divine, qui venge le sang innocent. Achab était très-coupable, et méritait que Dieu le punît. Il avait pris dans la ville de Samarie la vigne de Naboth sans la payer, et il avait fait condamner injustement Naboth à la mort. Il n'est donc ni étonnant ni absurde que Dieu le punisse, de quelque manière qu'il s'y prenne.

A l'égard du luxe d'Achab et de sa maison d'ivoire, ou ornée d'ivoire, cela prouve que les caravanes arabes apportaient depuis longtemps des marchandi- ses des Indes et de l'Afrique. Quelques ornements d'ivoire aux chaises curules furent longtemps la seule magnificence que les Romains connurent. Quoique les commentateurs reprochent aux écrivains hébreux des hyperboles et de l'exa- gération, cependant il faut bien que les chefs de la nation hébraïque eussent quelque sorte de décoration.

dit : « Va-t'en aux gens du roi de Samarie, et dis-leur : « Est-ce qu'il
« n'y a pas un dieu en Israël ? pourquoi consultez-vous un dieu en Ac-
« caron? C'est pourquoi voici ce que dit Adonaï : O roi! tu ne relè-
« veras point de ton lit, ô roi! mais tu mourras de mort. » Et ayant parlé
ainsi, Élie s'en alla. Les gens du roi retournèrent donc vers lui, et lui
dirent : « Il est venu un homme qui nous a dit : « Tu ne relèveras
point de ton lit, ô roi! mais tu mourras de mort[1].... » Cet homme est
très-poiloux, et il a une ceinture de cuir sur les reins. — Ah! c'est Élie
le Thesbite, » dit le roi. Et aussitôt il envoya un capitaine avec cinquante soldats pour prendre Élie, qui était sur le haut d'une montagne.
Le capitaine dit à Élie : « Homme de Dieu, le roi t'ordonne de descendre de ta montagne. » Élie lui répondit : « Si je suis un homme de
Dieu, que la foudre descende du ciel, et te dévore toi et tes cinquante
hommes. » Et la foudre descendit du ciel, et dévora les cinquante hommes et le capitaine.

Le roi Ochozias envoya aussitôt un autre capitaine avec cinquante autres soldats. Le capitaine dit à Élie : « Allons, allons, homme de Dieu,
descends vite. » Élie lui répondit : « Si je suis homme de Dieu, que la
foudre descende du ciel, et te dévore toi et tes cinquante. » Et la foudre descendit et dévora encore ce capitaine et cette cinquantaine[2].

Les enfants des prophètes, qui étaient à Jéricho, vinrent dire à Élisée (chap. II, v. 1) : « Ne sais-tu pas que le Seigneur doit enlever aujour-
d'hui Élie? » Élisée répondit : « Je le sais; n'en dites mot.... » Et
cinquante enfants des prophètes suivirent Élie et Élisée jusqu'au bord
du Jourdain. Alors Élie prit son manteau : et l'ayant roulé, il en frappa

1. Nous n'examinerons ici que les objections de milord Bolingbroke. Selon
lui, Élie le Thesbite est un personnage imaginaire ; et Thesbe, sa patrie, est
aussi inconnue que lui. Ses premières paroles confirment que chaque bourgade, dans tous ces pays-là, avait son dieu qui en valait bien un autre. Il était
indifférent au roi Ochozias d'envoyer chez le dieu Adonaï, ou chez le dieu
Béelzebub. Il paraît qu'Élie était très-connu du roi Ochozias, puisque lorsque
ses gens lui dirent qu'il est venu un fou poilous avec une ceinture de cuir, il
dit tout d'un coup : « C'est Élie. » Il ne crut pas devoir consulter un homme
que toute sa cour regardait avec dérision.

2. Milord Bolingbroke continue ainsi : « Cet Élie, qui fait descendre deux
fois la foudre sur deux capitaines, et sur deux compagnies de soldats envoyés
de la part de son roi, ne peut être qu'un personnage chimérique ; car, s'il pouvait se battre ainsi à coups de foudre, il aurait infailliblement conquis toute la
terre en se promenant seulement avec son valet. C'est ce qu'on disait tous les
jours aux sorciers : « Si vous êtes sûrs que le diable avec qui vous avez fait un
« pacte, fera tout ce que vous lui ordonnerez, que ne lui ordonnez-vous de vous
« donner tous les empires du monde, tout l'argent, et toutes les femmes ? » On
pouvait dire de même à Élie : « Tu viens de tuer deux capitaines et deux com-
« pagnies de gens d'armes à coups de tonnerre ; et tu t'enfuis comme un lâche
« et comme un sot, dès que la reine Jézabel te menace de te faire pendre ! » Ne
pouvais-tu pas foudroyer Jézabel, comme tu as foudroyé ces deux pauvres capitaines ? Quelle impertinente contradiction fait de toi tantôt un dieu, et tantôt
un goujat ? Quel homme sensé peut supporter ces détestables contes, qui font
rire de pitié, et frémir d'horreur ? »

Ces invectives terribles seraient à leur place contre les prêtres des faux
dieux, mais non pas contre un prophète du Seigneur, qui ne parle et n'agit
jamais de lui-même, et qui n'est que l'instrument du Seigneur. Il n'a point
fait son marché avec Dieu, comme les sorciers prétendaient en avoir fait un
avec le diable.

les eaux du Jourdain, qui se divisèrent en deux parts : et Élie et Élisée passèrent à sec. Quand ils furent passés, Élie dit à Élisée : « Demande-moi ce que tu voudras avant que je sois enlevé d'avec toi. » Élisée lui répondit : « Je te prie que ton double esprit soit fait en moi » Élie lui dit : « Tu me demandes là une chose bien difficile ; cependant, si tu me vois quand je serai enlevé, tu l'auras ; mais si tu ne me vois point, tu ne l'auras pas [1]. »

Et comme ils continuaient leur chemin, en causant ensemble, voici qu'un char de feu et des chevaux de feu descendirent, et séparèrent Élie et Élisée ; et Élie fut enlevé au ciel dans un tourbillon [2].

Élisée ramassa le manteau qu'Élie avait laissé tomber par terre ; il prit le manteau, et il en frappa les eaux du Jourdain ; mais elles ne se divisèrent pas. Élisée dit : « Eh bien ! où est donc ce Dieu d'Élie ? » Mais, en frappant les eaux une seconde fois, elles se divisèrent à droite et à gauche, et Élisée passa à pied sec.

Or, Élisée monta de là à Béthel ; et comme il marchait dans le chemin, de petits enfants étant sortis de la ville, se moquèrent de lui en lui disant : « Monte, monte, chauve. » Élisée, se retournant, les anathématisa au nom du Seigneur, et en même temps deux ours sortirent d'un bois, et déchirèrent quarante-deux enfants [3].

Or, le roi d'Israël (chap. III, v. 1), Joram, fils d'Achab, régnant dans Samarie, et le roi Josaphat régnant dans Jérusalem, et un autre roi régnant dans l'Idumée, s'étant joints ensemble contre un roi de Moab, ayant marché par le désert pendant sept jours, et n'ayant d'eau

---

1. L'enlèvement admirable d'Élie au ciel se prépare : mais d'où ces fils de prophètes le savaient-ils ? Pourquoi Élie roule-t-il son manteau ? Pourquoi diviser les eaux du Jourdain, comme avait fait Josué ? Le char de feu dans lequel Élie monta ne pouvait-il pas l'enlever aussi bien à la droite qu'à la gauche du Jourdain ?

Nec deus intersit, nisi dignus vindice nodus.
                    Hor., de Art. poet., 191.

On s'est beaucoup tourmenté pour savoir ce que c'est que ce double souffle, ou ce double esprit, qu'Élisée, valet et successeur d'Élie, demande à son maître. Il lui demande un esprit aussi puissant que le sien, un esprit qui en vaut deux : c'est le *duplici panno* d'Horace ; c'est, comme disent nos distillateurs, de l'eau de fleur d'orange double.

A l'égard de la réponse d'Élie, les commentateurs ne l'ont jamais expliquée. Torniel pense qu'elle signifie : « Si tu as les yeux assez bons pour me distinguer quand je serai dans mon char de feu environné de lumière, ce sera signe que tu auras autant de génie que moi ; mais si tu ne peux me voir, ce sera signe que tu seras toujours médiocre. » Sur quoi Toland dit que le savant Torniel est encore plus médiocre qu'Élisée. Nous n'approuvons pas ces écarts de Toland.

2. Ce char de lumière, ces quatre chevaux de feu, ce tourbillon dans les airs, ce nom d'Élie, ont fait penser au lord Bolingbroke et à M. Boulanger que l'aventure d'Élie était imitée de celle de Phaéthon, qui s'assit sur le char du Soleil. La fable de Phaéthon fut originairement égyptienne : c'est du moins une fable morale, qui montre les dangers de l'ambition. Mais que signifie le char d'Élie ? « Les écrivains juifs, dit le lord Bolingbroke, ne sont jamais que des plagiaires grossiers et maladroits. »

3. « Si l'histoire des quarante-deux petits garçons était vraie, dit milord Bolingbroke, Élisée ressemblerait à un valet qui vient de faire fortune, et qui fait punir quiconque lui rit au nez. Quoi ! exécrable valet de prêtre, tu ferais dévo-

ni pour leur armée ni pour leurs bêtes, le roi d'Israël Joram dit : « Hélas! hélas! le Seigneur nous a ici joints trois rois ensemble pour nous livrer dans les mains de Moab. »

Le roi Josaphat dit : « N'y aurait-il point ici quelque prophète d'Adonaï pour prier Adonaï? » Un des gens du roi répondit : « Il y a ici le bouvier Élisée, fils de Saphat, lequel était valet d'Élie. » Et Josaphat dit : « La parole du Seigneur est dans lui. » Alors Joram, roi de Samarie, Josaphat, roi de Jérusalem, et le roi d'Édom, allèrent trouver Élisée [1].

Joram, roi de Samarie, dit à Élisée : « Dis-nous pourquoi le Seigneur a assemblé trois rois pour les livrer aux mains du roi de Moab? » Élisée lui répondit : « Vive Adonaï Sabbaoth, si je n'avais de respect [2] pour la face de Josaphat, roi de Juda, je ne t'aurais pas seulement écouté, et je n'aurais pas daigné te regarder ; mais maintenant, qu'on m'amène [3] un harpeur. » Et le harpeur vint chanter des chansons sur sa harpe ; et la main d'Adonaï fut sur Élisée.... Les Israélites battirent les Moabites, qui s'enfuirent.... Le roi de Moab, ayant vu cela, prit son fils aîné qui devait régner [4] après lui, et il l'offrit en holocauste sur la muraille ; et les Israélites, étant épouvantés, s'en retournèrent chacun chez soi.

Un certain jour (chap. iv, v. 8) Élisée passait par le village de Sunam, et il y avait une grande dame dans ce village qui lui donna du pain.... Cette femme dit à son mari : « Je vois que cet homme, qui passe souvent chez nous, est un saint homme de Dieu ; faisons-lui faire

---

rer par des ours quarante-deux enfants innocents, pour t'avoir appelé chauve! Heureusement il n'y a point d'ours en Palestine; ce pays est trop chaud, et il n'y a point de forêt. L'absurdité de ce conte en fait disparaître l'horreur. » C'est ainsi que s'exprime un Anglais, qui avait cet esprit puissant, ce double génie que demandait Élisée, mais qui avait aussi double hardiesse.

Je n'oserais assurer qu'il n'y ait point d'ours en Galilée; c'est un pays plein de cavernes, où ces animaux, venus de loin, auraient pu se retirer.

1. C'est toujours milord Bolingbroke qui parle : « Si on voyait trois rois, l'un papiste, et les deux autres protestants, aller chez un capucin pour obtenir de lui de la pluie, que dirait-on d'une pareille imbécillité? Et si un frère capucin écrivait un pareil conte dans les annales de son ordre, ne conviendrait-on pas de la vérité du proverbe : *Orgueilleux comme un capucin?* »

Ces paroles du lord Bolingbroke ne peuvent faire aucun tort à Élisée. On peut dire qu'Élisée entendait qu'un orthodoxe ne doit parler à un hérétique que pour tâcher de le convertir.

2. M. Collins et milord Bolingbroke disent que cette réponse d'Élisée est bien d'un bouvier qui a fait fortune. Mais le jacobin Torquemada dit que c'est la noble fierté d'un prophète qui daigne s'abaisser à parler à un roi hérétique qu'il aurait pu mettre à l'inquisition.

3. Pourquoi Élisée ne peut-il prophétiser sans le secours d'un ménétrier? Ces insolents Anglais le comparent *to an old lecher who cannot suit if he does not fumble.* Nous nous garderons bien de traduire ces paroles infâmes.

4. L'action du roi de Moab est d'une autre nature que celle du prophète Élisée, qui ne peut prophétiser si on ne joue du violon ou de la harpe : elle prouve que les Juifs ne furent pas les seuls de ces cantons qui sacrifièrent leurs enfants. Mais devaient-ils s'enfuir parce que leur ennemi, le roi de Moab, faisait une action abominable qu'ils commirent souvent eux-mêmes? Au contraire ils devaient presser le siége, ils devaient abolir cette horrible coutume, comme les Romains défendirent aux Carthaginois d'immoler des hommes, et comme César le défendit aux sauvages Gaulois.

une petite chambre; mettons-y un petit lit, une table, une chaise, et une lampe. »

Un jour donc Élisée étant venu dans le village de Sunam, il alla loger dans cette chambre ; et il dit à son valet Giézi : « Fais-moi venir cette Sunamite; » et elle vint. Élisée dit à son valet : « Demande-lui ce qu'elle veut que je fasse pour elle, si elle a quelque affaire, et si elle veut que je parle au roi d'Israël Joram, ou au prince de sa milice ; que faut-il que je fasse pour elle [1] ? »

Son valet Giézi lui répondit : « Est-ce que cela se demande ? Ne vois-tu pas que son mari est vieux, et qu'elle n'a point d'enfant ? » Élisée la fit donc revenir, puis lui dit : « Tu auras [2] un enfant dans ta matrice, si Dieu plaît, dans un an.... » Cette femme eut donc un fils au bout de l'année.... L'enfant mourut. La mère fit seller son ânesse, et alla trouver l'homme de Dieu sur le mont Carmel [3]. Cette femme ayant fait des reproches à Élisée, il dit à Giézi son valet : « Mets ta ceinture, prends ton bâton et marche. Si tu rencontres quelqu'un, ne le salue point; si on te salue, ne réponds point ; mets ton bâton sur le visage de l'enfant pour le ressusciter. »

Giézi courut donc, et mit son bâton sur le visage de l'enfant ; mais l'enfant ne branla point, et la parole et le sentiment ne lui revinrent point. Giézi revint donc dire à son maître que l'enfant ne voulait pas ressusciter. Élisée entra donc dans la maison, et trouva l'enfant, mit sa bouche sur sa bouche, ses yeux sur ses yeux, ses mains sur ses mains, et se courba sur l'enfant. Et la chair de l'enfant se réchauffa, et Élisée descendant du lit se promena dans la maison par-ci par-là, et puis il remonta, et se courba sur lui, et l'enfant bâilla sept fois et ouvrit les yeux [4].

1. Dès qu'Élisée est logé et nourri par une dévote, il oublie qu'il est infiniment au-dessus du roi Joram, auquel il disait tout à l'heure qu'il ne daignait le regarder ni lui parler. Il se dit ici son favori, et demande s'il peut rendre service à sa dévote auprès du roi Joram.

Qualis ab incepto processerit, et sibi constet.
Hor., de Art. poet., 127.

Il semble qu'Élisée change ici de caractère ; on peut dire qu'il préfère au maintien de la dignité de son ministère le plaisir de rendre service.

2. Nous ne sommes pas de ces gausseurs impies, qui prétendent que le texte insinue que le prophète fit un enfant à sa dévote; nous sommes bien loin de soupçonner une chose si incroyable d'un disciple de prophète, devenu prophète lui-même, et auquel il n'a manqué qu'un char de feu et quatre chevaux de feu pour égaler Élie.

3. On demande pourquoi Élisée envoie son valet ressusciter le petit garçon avec son bâton, puisqu'il savait bien que son valet ne le ressusciterait pas. On demande pourquoi il lui ordonne de ne saluer personne en chemin. Il est clair que c'est pour aller plus vite; et Calmet remarque que Jésus-Christ ordonne la même chose à ses apôtres dans saint Luc. Mais pourquoi courir si vite pour ne rien faire?

4. Les incrédules se moquent de ce miracle d'Élisée, et de toutes ses simagrées, et de toutes ses contorsions; ils disent que ce n'est là qu'une fade imitation du miracle d'Élie, qui ressuscita le fils de la veuve de Sarepta. Mais il y a un sens mystique; et ce sens est qu'il faut se proportionner aux petits pour leur faire du bien. Le R. P. dom Calmet, profond dans l'intelligence de l'Écriture, ne doute pas, après plusieurs autres Pères, que le bâton du valet d'Élisée ne soit évidemment la Synagogue, et qu'Élisée ne soit l'Église romaine.

Élisée revint ensuite à Galgala ; il y avait une grande famine [1]. Les enfants d s prophètes demeuraient avec lui, et il dit à un valet : « Prends une grande marmite, et fais à manger pour les enfants des prophètes. » Le valet, ayant trouvé des coloquintes, les mit dans sa marmite.... Les prophètes, en ayant goûté, s'écrièrent : « Homme de Dieu, la mort est dans la marmite. — Oh bien donc ! dit Élisée, apportez-moi de la farine. » Ils apportèrent de la farine ; il la mit dans la marmite, et il n'y eut plus d'amertume dans le pot.

Or, il vint un homme de Baal-Salisa, qui portait des prémices et vingt pains d'orge, avec du froment nouveau dans sa poche.... Le cuisinier lui répondit : « Il n'y en a pas là pour servir à cent convives. » Élisée dit : « Donne, donne cela au peuple, afin qu'il mange ; car Adonaï dit : « Ils mangeront, et il y en aura de reste. » Le cuisinier servit donc ces pains devant le peuple ; ils mangèrent, et il y en eut de reste, selon la parole d'Adonaï [2].

Or, Naaman (chap. v, v. 1), prince de la milice du roi de Syrie, était un homme grand et honoré chez son maître, car c'était par lui qu'Adonaï avait sauvé la Syrie : il était vaillant et riche, mais lépreux.

Or, des voleurs de Syrie ayant fait captive une fille d'Israël, cette fille était au service de la femme de Naaman ; cette fille dit à sa maîtresse : « Plût à Dieu que monseigneur eût été vers le prophète qui est à Samarie ! »

Donc Naaman alla au roi son maître, et lui raconta le discours de cette fille. Le roi de Syrie lui répondit : « Va, j'écrirai pour toi au roi d'Israël. » Il partit donc de Syrie ; il prit avec lui dix talents d'argent, six mille pièces d'or, et dix robes... Naaman vint donc avec ses chariots et ses chevaux, et se tint à la porte de la maison d'Élisée ; et Élisée lui envoya dire : « Lave-toi sept fois dans le Jourdain, et ta chair sera nette [3]. »

Il s'en alla donc, se lava sept fois dans le Jourdain, et sa chair devint comme la chair d'un enfant....

Naaman dit donc à Élisée : « Certainement il n'y a point d'autre dieu dans toute la terre, si ce n'est le Dieu d'Israël.... Je ne ferai plus d'holocaustes à d'autres dieux ; mais je te demande de prier ton Dieu pour ton serviteur ; car lorsque le roi mon maître viendra dans le temple de Remnon, pour adorer, et que je lui donnerai la main, si j'adore aussi dans le temple de Remnon, il faut que ton Dieu me le pardonne. » Élisée lui répondit : « Va-t'en en paix.... [4] »

---

1. Et encore famine, et toujours famine ; et toujours preuve que ce beau pays de Canaan, avec ses montagnes pelées, ses cavernes, ses précipices, son lac de Sodome, et son désert de sable et de cailloux, n'était pas tout à fait aussi fertile que de bonnes gens le chantent ; et qu'il en faut croire saint Jérôme plutôt que les espions de Josué, qui rapportèrent sur une civière un raisin que deux hommes avaient bien de la peine à soulever.

2. Ce passage semble indiquer bien des choses : mais la plus remarquable est que des évangiles racontent la même chose de Jésus-Christ, afin que l'*Ancien Testament* fût en tout une figure du *Nouveau*.

3. Naaman fut fort étonné qu'on lui ordonnât de se baigner pour la gale. Il y avait de beaux fleuves à Damas qui pouvaient le guérir ; mais ces fleuves n'avaient pas la vertu du Jourdain, purifiante par la vertu d'Élisée.

4. Il est bien juste que le général du roi de Syrie, ayant été guéri de la gale

Quelque temps après, Bénadad, roi d'Assyrie (chap. vi, v. 24), as-
embla toute son armée ; il monta, et vint assiéger Samarie.... Or, il y
avait grande famine en Samarie, et la tête d'un âne se vendait quatre-
vingts écus, et un quart de boisseau de crottins de pigeons cinq écus [1].

Et le roi d'Israël passant par les murailles, une femme s'écria, et
lui dit : « O roi monseigneur ! sauve-moi ; » et le roi lui répondit :
« Comment puis-je te sauver ? je n'ai ni pain ni vin, que veux-tu me
dire ? » Et la femme repartit : « Voilà ma voisine qui m'a dit : « Donne-
« moi ton fils, afin que nous le mangions aujourd'hui, et demain nous
« mangerons le mien. » Nous avons donc fait cuire mon fils, et nous
l'avons mangé ; je lui ai dit le lendemain : « Faisons cuire aussi ton
« fils, afin que nous le mangions ; » elle n'en veut rien faire ; elle a
caché son enfant. »

Le roi, ayant entendu cela, déchira ses vêtements, et passa vite la
muraille : il dit : « Que Dieu m'extermine, si la tête d'Élisée, fils de
Saphat, demeure aujourd'hui sur ses épaules ! car c'est lui qui nous a
envoyé la famine [2]. »

Or, Élisée était assis dans sa maison. Des vieillards étaient avec lui.
Le roi envoya donc vers lui un homme ; mais Élisée dit à ses amis :
« Prenez garde ; quand cet homme viendra pour me couper le cou,
fermez bien la porte.... » Comme il disait cela, le bourreau arriva,
et lui dit : « Voilà un grand mal : que pourrons-nous attendre du
Seigneur ? »

Élisée lui répondit (chap. vii, v. 1) : « Écoute la parole du Seigneur ; car voici ce que dit le Seigneur : « Demain, à cette même
« heure, le sac de farine se vendra trente-deux sous, et deux sacs d'orge
« se donneront pour trente-deux sous. »

Or, pendant ce temps-là, le Seigneur fit entendre un grand bruit de
chariots, de chevaux, et d'une grande armée dans le camp des Syriens ; et tous les Syriens s'enfuirent pendant la nuit, abandonnant

par Élisée, confesse que le Dieu d'Israël est le plus grand de tous les dieux, et
jure qu'il n'en servira jamais d'autre ; mais il est bien étrange que, dans le
même moment, il demande la permission d'adorer le dieu Remnon. Il est encore plus étrange que le Juif Élisée lui donne cette licence sans restriction,
sans modification. Si c'est par esprit de tolérance, Élisée soit béni ! salut à Élisée ! Ce n'est pourtant pas le premier Juif qui ait trouvé bon qu'on adorât
d'autres dieux qu'Adonaï. Jacob avait trouvé bon que son beau-père, et ses
deux femmes, et ses deux servantes, eussent d'autres dieux ; un petit-fils de
Mosé, ou Moïse, avait été prêtre des dieux de Michas dans la tribu de Dan ;
Salomon, et presque tous ses successeurs, adoraient des dieux étrangers ; et
malgré les lévites, malgré l'atroce et cruelle stupidité de la nation, les Juifs
furent souvent plus tolérants qu'on ne pense.

1. Et toujours famine dans la terre promise !

2. Il faut avouer que si Élisée avait envoyé la famine par malice dans la terre
promise, le roi Joram aurait été excusable de lui faire couper le cou, puisque
Élisée aurait été cause que les mères mangeaient leurs enfants.

Pour la femme qui avait donné la moitié de son fils pour souper à sa voisine,
c'est une grande question, dit Dumarsais, si elle avait le droit de manger à son
tour la moitié de l'enfant de cette commère, selon son marché ; il y a de grandes
autorités pour et contre.

Ce passage de Dumarsais fait trop voir qu'il ne croyait point cette aventure,
et qu'il la regardait comme une de ces exagérations que les Juifs se permettaient si souvent.

leurs tentes, leurs chevaux, leurs ânes, et ne songeant qu'à sauver leur vie.... Tout le peuple aussitôt sortit[1] de Samarie et pilla le camp des Syriens, et le sac de farine fut vendu trente-deux sous, et deux sacs d'orge trente-deux sous, selon la parole d'Adonaï....

Or, Élisée (chap. viii, v. 1) parla à la femme dont il avait ressuscité l'enfant, et il lui dit : « Va-t'en, toi et ta famille, où tu pourras; car Adonaï a appelé la famine; elle sera sur la terre pendant sept ans.... »

Pour Élisée, il s'en alla à Damas. Bénadad, roi de Syrie, était alors malade; ses gens vinrent en hâte lui dire : « Voici l'homme de Dieu; » sur quoi le roi dit à Hazael : « Qu'on aille vite au-devant de l'homme de Dieu avec des présents; qu'on le consulte si je pourrai relever de ma maladie.... » Hazael alla donc vers Élisée avec quarante chameaux chargés de présents; et quand il fut devant Élisée, il lui dit : « Ton fils, le roi de Syrie, m'a envoyé à toi avec ces présents, disant : « Pour- « rai-je guérir de ma maladie? »

Élisée lui dit : « Va-t'en, dis-lui qu'il guérira. Cependant le Sei- gneur m'a dit qu'il mourra; » et l'homme de Dieu, disant cela, se mit à pleurer[2]. Hazael lui dit : « Pourquoi monseigneur pleure-t-il? » Élisée dit : « C'est que je sais que tu feras grand mal aux fils d'Israël; tu brûleras leurs villes, tu tueras avec le glaive les jeunes gens, tu fen- dras le ventre aux femmes grosses.... »

Hazael lui dit : « Comment veux-tu que je fasse de si grandes cho- ses, moi qui ne suis qu'un chien? » Élisée répondit : « C'est qu'Adonaï m'a révélé que tu seras roi de Syrie.... » Le lendemain Hazael, ayant quitté Élisée, vint retrouver Bénadad son maître, qui lui dit : « Eh bien! que t'a dit Élisée? » Il répondit : « O roi! il m'a dit que tu guériras. » Alors il prit une peau de chèvre mouillée, la mit sur le visage du roi, et l'étouffa. Le roi mourut, et Hazael régna à sa place[3].

En ce temps-là le prophète Élisée appela un des enfants des pro-

1. Dieu merci, si Élisée a envoyé la famine, il envoie aussi l'abondance; et un grand sac de farine ne coûtera que trente-deux sous. On est seulement un peu surpris que le roi de Syrie s'enfuie tout d'un coup sans raison; mais c'est encore un miracle d'Élisée.

2. La conduite d'Élisée ne paraît pas cette fois si édifiante. Il dit au capitaine Hazael : « Capitaine, va dire au roi qu'il guérira; mais je sais qu'il mourra. » Il est difficile d'excuser le prophète sans une direction d'intention. La solution de cette difficulté est peut-être que le prophète ne veut pas effrayer le roi, mais il veut que la parole du Seigneur s'accomplisse.

3. Nous voilà retombés dans cet épouvantable labyrinthe d'assassinats multi- pliés que nous voulions éviter. Les rois de Syrie disputent de crimes avec les roitelets de Juda et d'Israël. Le Seigneur avait ordonné à Élisée d'oindre Hazael christ et roi de Syrie : il n'en fait rien; mais Hazael n'est pas moins roi, pour avoir étouffé son souverain avec une peau de chèvre.

Élisée avait aussi un ordre exprès d'Adonaï d'aller oindre Jéhu roi, christ d'Israël : il l'envoie à sa place un petit prophète; et dès que Jéhu est oint, il de- vient plus méchant que tous les autres : il assassine son roi Joram; il assassine le roi de Juda Ochozias, qui était venu faire une visite à son ami Joram; « il as- sassine sa reine Jézabel, qui ne valait pas mieux que lui, et la donne à manger aux chiens; il assassine soixante et dix fils du roi Achab, mari de Jézabel, et on met leurs têtes dans des corbeilles; il assassine quarante-deux frères d'Ocho- zias, roitelet de Jérusalem. Athalie, grand'mère du petit Joas, assassine tous ses petits-fils dans Jérusalem, à ce que dit l'histoire, à la réserve du petit Joas, qui échappe; elle avait près de cent ans, selon la computation judaïque, et n'avait

phètes (chap. IX, v. 1), et lui dit : « Prends une petite bouteille d'huile, et va-t'en à Ramoth de Galaad ; quand tu seras là, tu verras Jéhu, fils de Josaphat, fils de Namsi, et tu lui répandras en secret ta bouteille sur la tête, en lui disant : « Voici comme parle Adonaï : « Je « t'oins roi d'Israël. » Aussitôt tu ouvriras la porte, et tu t'enfuiras.... » Le jeune prophète alla donc en Ramoth de Galaad..., et versa sa bouteille d'huile sur la tête de Jéhu, lui disant : « Je t'ai oint roi sur le peuple d'Israël de la part du Seigneur, à condition que tu vengeras le sang des prophètes, etc.... »

Or, Jéhu frappa le roi Joram son maître d'une flèche entre les épaules, qui lui perça le cœur, et il tomba mort de son chariot.

Ochozias, roi de Juda, son ami, qui était venu le voir, s'enfuit par le jardin. Jéhu le poursuivit, et dit : « Qu'on le tue aussi celui-là ! » et il fut tué....

.... Et Jéhu leva la tête vers une fenêtre où était Jézabel, veuve du roi d'Israël Achab.., et il dit : « Qu'on la jette par la fenêtre, » et on la jeta par la fenêtre, et la muraille fut mouillée de son sang....

Or, Achab (chap. X, v. 1) avait eu soixante et dix fils dans Samarie ; et Jéhu écrivit aux chefs de Samarie, et leur manda : « Coupez les têtes des fils de votre roi, et venez nous les apporter demain dans Israël.... » Dès que les premiers de la ville de Samarie eurent reçu ces lettres du roi Jéhu, ils prirent les soixante et dix fils du roi Achab, leur coupèrent le cou, et mirent leurs têtes dans des corbeilles....

Jéhu fit mourir ensuite tout ce qui restait de la maison d'Achab, tous ses amis, tous ses officiers, tous les prêtres ; de sorte qu'il ne resta plus personne.

Après cela, il vint à Samarie ; il rencontra les frères d'Ochozias, roi de Juda ; il leur demanda : « Qui êtes-vous ? » Ils lui répondirent : « Nous sommes quarante-deux frères d'Ochozias, roi de Juda ; » et Jéhu dit à ses gens : « Eh bien ! qu'on les prenne tout vifs ; » et les ayant pris vifs, il fit égorger tous les quarante-deux dans une citerne, et il n'en resta rien....

Athalie, mère d'Ochozias (chap. XI, v. 1), voyant son fils mort, *et les quarante-deux frères d'Ochozias morts*, fit tuer tous les princes du sang royal ; mais Josaba, sœur d'Ochozias, cacha le petit Joas, fils

d'ailleurs aucun intérêt à les égorger : elle ne commet tous ces prétendus assassinats que pour le plaisir de les commettre, et pour donner un prétexte au grand prêtre Joïada de l'assassiner elle-même. Enfin c'est une scène de meurtres et de carnage, dont on ne pourrait trouver d'exemple que dans l'histoire des fouines, si quelque coq de basse-cour avait fait leur histoire. »

Ce sont les propres paroles du curé Meslier ; nous ne pouvons les réfuter qu'en avouant cette multitude effroyable de crimes, et qu'en redisant ce que mes deux prédécesseurs et moi avons toujours dit, que le Seigneur n'abandonna son peuple aux mains des ennemis que pour le punir de cette persévérance dans la cruauté, depuis l'assassinat du roitelet de Sichem et de tous les Sichémites, jusqu'à l'assassinat du grand prêtre Zacharie, fils du grand prêtre Joïada, par le roi Joas, petit-fils de la reine Athalie ; ce qui fait une période d'assassinats d'environ neuf cents années presque sans interruption ; et les mœurs de ce peuple, depuis le rétablissement de Jérusalem jusqu'à Adrien, ne sont pas moins barbares.

d'Ochozias...; et sept ans après, Joïada, grand prêtre, fit tuer par le glaive Athalie [1].

La vingt-troisième année de Joas (chap. XIII, v. 1), fils d'Ochozias, roi de Juda, la fureur du Seigneur s'alluma contre Israël, et il les livra entre les mains d'Hazael, roi de Syrie....

Et Élisée étant tombé malade, un autre Joas, roi d'Israël, vint le voir; Élisée dit au roi Joas : « Apporte-moi des flèches. » Puis il dit : « Ouvre la fenêtre à l'orient; jette une flèche par la fenêtre.... frappe la terre avec tes flèches.... » Le roi Joas ne frappa la terre que trois fois. L'homme de Dieu se mit en colère contre le roi Joas, et lui dit : « Si tu avais frappé la terre cinq fois, six fois, ou sept fois, tu aurais exterminé la Syrie : mais puisque tu n'as frappé la terre que trois fois, tu ne battras les Syriens que trois fois.... » Puis Élisée mourut, et il fut enterré [2].

Or, il arriva que des gens qui portaient un corps mort en terre aperçurent des voleurs; et, s'enfuyant, ils jetèrent le corps mort dans le sépulcre d'Élisée.... Dès que le corps mort toucha le corps d'Élisée, il ressuscita sur-le-champ, et se dressa sur ses pieds [3].

Pendant le règne de Phacée, roi d'Israël (ch. XV, v. 29), Téglathphalasar, roi des Assyriens, vint en Israël; il prit toute la Galilée et le pays de Nephthali, et en transporta tous les habitants en Assyrie [4]....

1. Les critiques disent qu'il ne profita point aux Hébreux d'être le peuple de Dieu, et que, s'ils avaient été expressément le peuple du diable, ils n'auraient jamais pu être plus méchants ni plus malheureux. Il est vrai que ce peuple est d'autant plus coupable, que Dieu ne cesse jamais d'être avec lui, soit pour le favoriser, soit pour le punir. Les autres nations. et jusqu'aux Romains mêmes, se vantaient aussi d'avoir leurs dieux présents parmi elles, mais de loin à loin. et rarement en personne; mais depuis le temps d'Abraham le Seigneur Adonaï habita presque toujours avec les Hébreux, leur parlant de sa bouche, les conduisant par sa main; de sorte que le plus grand des prodiges opérés sur cette petite nation, c'est qu'elle ait persévéré, presque sans relâche, dans l'apostasie et dans le crime.

2. Les critiques cherchent en vain à comprendre pourquoi le melch de Samarie Joas aurait exterminé les Syriens s'il avait jeté ses flèches par la fenêtre. Élisée savait donc, non-seulement ce qui devait arriver, mais encore ce qui devait ne pas arriver, et le futur absolu, et le futur contingent? Songeons que la prophétie est une chose si surnaturelle, que nous ne devons jamais l'examiner selon les règles de la sagesse humaine.

3. Les critiques ne se lassent point de faire des objections. Ils demandent pourquoi le Seigneur ne ressuscita pas Élisée lui-même, au lieu de ressusciter un inconnu que des porteurs avaient jeté dans sa fosse; ils demandent ce que devint cet homme qui se dressa sur ses pieds; ils demandent si c'était une vertu secrète, attachée aux os d'Élisée, de ressusciter tous les morts qui les toucheraient. A tout cela que pouvons-nous répondre? Que nous n'en savons rien.

4. Enfin voici le dénoûment de la plus grande partie de l'histoire hébraïque. C'est ici que commence la destruction des dix tribus entières, et bientôt la captivité des deux autres : c'est à quoi se terminent tant de miracles faits en leur faveur. Les sages chrétiens voient, avec douleur, le désastre de leurs pères qui leur ont frayé le chemin du salut. Les critiques voient, avec une secrète joie, l'anéantissement de presque tout un peuple, qu'ils regardent comme un vil ramas de superstitieux enclins à l'idolâtrie, débauchés, brigands, sanguinaires, imbéciles, et impitoyables. On dirait, à entendre ces critiques, qu'ils sont au nombre des vainqueurs de Samarie et de Jérusalem.

Cette révolution nous offre un tableau nouveau, et de nouveaux personnages. Quels étaient ces peuples et ces rois d'Assyrie. qui vinrent de si loin fondre sur

Salmanazar, roi des Assyriens (chap. XVII, v. 3), marche contre **Osée**, fils d'Éla, qui régnait sur Israël à Samarie; et Osée fut asservi à Salmanazar, et lui paya tribut[1].

Mais Osée ayant voulu se révolter contre lui, il fut pris et mis en

le petit peuple qui avait habité près de la Célésyrie, de Dan jusqu'à Bersabée, dans un terrain d'environ cinquante lieues de long sur quinze de large, et qui espéra dominer sur l'Euphrate, sur la Méditerranée, et sur la mer Rouge?

1. Qui était ce Téglathphalasar et ce Salmanazar par qui commença l'extinction de la lampe d'Israël? Ces rois régnaient-ils à Ninive ou à Babylone? A qui croire, de Ctésias ou d'Hérodote, d'Eusèbe ou du Syncelle extrait par Photius? Y a-t-il eu chez les Orientaux un Bélus, un Ninus, une Sémiramis, un Ninias, qui sont des noms grecs? Tonaas Concoleros est-il le même que Sardanapale? Et ce Sardanapale était-il un fainéant voluptueux ou un héros philosophe? Chiniladam était-il le même personnage que Nabuchodonosor?

Presque toute l'histoire ancienne trompe notre curiosité : nous éprouvons le sort d'Ixion en cherchant la vérité; nous voulons embrasser la déesse, et nous n'embrassons que des nuages.

Dans cette nuit profonde, que dois-je faire? On m'a chargé de commenter une petite partie de la *Bible*, et non pas l'histoire de Ctésias et d'Hérodote. Je m'en tiens à ce que les Hébreux eux-mêmes racontent de leurs disgrâces et de leur état déplorable. Un roi d'Orient, qu'ils appellent Salmanazar, vient enlever dix tribus hébraïques sur douze, et les transporte dans diverses provinces de ses vastes États. Y sont-elles encore? en pourrait-on retrouver quelques vestiges? Non, ces tribus sont ou anéanties, ou confondues avec les autres Juifs. Il est vraisemblable, et presque démontré, qu'elles n'avaient aucun livre de leur loi lorsqu'elles furent amenées captives dans des déserts en Médie et en Perse, puisque la tribu de Juda elle-même n'en avait aucun sous le règne du roi Josias, environ soixante et dix ans avant la dispersion des dix tribus, et que, dans cet espace de temps, tout le peuple fut continuellement affligé de guerres intestines et étrangères, qui ne lui permirent guère de lire.

Il peut se trouver encore quelques-uns des descendants des dix tribus vers les bords de la mer Caspienne, et même aux Indes, et jusqu'à la Chine; mais les prétendus descendants des Juifs, qu'on dit avoir été retrouvés en très-petit nombre dans ces pays si éloignés, n'ont aucune preuve de leur origine; ils ignorent jusqu'à leur ancienne langue; ils n'ont conservé qu'une tradition vague, incertaine, affaiblie par le temps.

Les deux autres tribus de Juda et de Benjamin, qui revinrent à Jérusalem avec quelques lévites après la captivité de Babylone, ne savent pas même aujourd'hui de quelle famille ils peuvent être.

Si donc les Juifs qui avaient habité dans Jérusalem depuis Cyrus jusqu'à Vespasien n'ont pu jamais connaître leurs familles, comment les autres Juifs, dispersés depuis Salmanazar vers la mer Caspienne et en Scythie, auraient-ils pu retrouver leur arbre généalogique? Il y eut des Juifs qui régnaient dans l'Arabie Heureuse sur un petit canton de l'Yémen, du temps de Mahomet, dans notre septième siècle, et Mahomet les chassa bientôt : mais c'étaient sans doute des Juifs de Jérusalem, qui s'étaient établis dans ce canton pour le commerce, à la faveur du voisinage. Les dix tribus, anciennement dispersées vers la Mingrélie, la Sogdiane, et la Bactriane, n'avaient pu de si loin venir fonder un petit État en Arabie.

Enfin, plus on a cherché les traces des dix tribus, et moins on les a trouvées.

On sait assez que le fameux Juif espagnol Benjamin de Tudèle, qui voyagea en Europe, en Asie, et en Afrique, au commencement de notre douzième siècle, se vanta d'avoir eu des nouvelles de ces dix tribus que l'on cherchait en vain. Il compte environ sept cent quarante mille Juifs vivants de son temps dans les trois parties de notre hémisphère, tant de ses frères dispersés par Salmanazar, que de ses frères dispersés depuis Titus et depuis Adrien. Encore ne dit-il pas si dans ces sept cent quarante mille sont compris les enfants et les femmes; ce qui ferait, à deux enfants par famille, deux millions neuf cent soixante mille Juifs. Or, comme ils ne vont point à la guerre, et que les deux grands objets de leur vie sont la propagation et l'usure, doublons seulement leur nombre depuis

prison, chargé de chaînes (chap. xvii, v. 4).... Salmanazar dévasta tout le pays; et étant venu à Samarie, il l'assiégea pendant trois ans, et la neuvième année d'Osée, Salmanazar prit Samarie, et transporta tous les Israélites au pays des Assyriens dans Hala, dans Habor, dans

le douzième siècle, et nous aurons aujourd'hui dans notre continent cinq millions neuf cent vingt mille Juifs, tous gagnant leur vie par le commerce; et il faut avouer qu'il y en a d'extrêmement riches, depuis Bassora jusque dans Amsterdam et dans Londres.

D'après ce compte très-modéré, il se trouverait que le peuple d'Israël serait non-seulement plus nombreux que les anciens Parsis ses maîtres, dispersés comme lui depuis Omar, mais plus nombreux qu'il ne le fut lorsqu'il s'enfuit d'Égypte en traversant à pied la mer Rouge.

Mais aussi il faut considérer qu'on accuse le voyageur Benjamin de Tudèle d'avoir beaucoup exagéré, suivant l'usage de sa nation et de presque tous les voyageurs.

La relation du rabbi Benjamin ne fut traduite en notre langue qu'en 1729, à Leyde; mais cette traduction étant fort mauvaise, on en donna une meilleure en 1734, à Amsterdam. Cette dernière traduction est d'un enfant de onze ans, nommé Baratier, Français d'origine, né dans le margraviat de Brandebourg-Anspach. C'était un prodige de science, et même de raison, tel qu'on n'en avait point vu depuis le prince Pic de La Mirandole. Il savait parfaitement le grec et l'hébreu dès l'âge de neuf ans : et ce qu'il y a de plus étonnant, c'est qu'à son âge il avait déjà assez de jugement pour n'être point l'admirateur aveugle de l'auteur qu'il traduisait; il en fit une critique judicieuse : cela est plus beau que de savoir l'hébreu.

Nous avons quatre dissertations de lui qui feraient honneur à Bochart, ou plutôt qui l'auraient redressé. Son père, ministre du saint Évangile, l'aida un peu dans ses travaux; mais la principale gloire est due à cet enfant.

Peut-être même ce singulier traducteur, et ce plus singulier commentateur, méprise trop l'auteur qu'il traduit; mais enfin il fait voir qu'au moins Benjamin de Tudèle n'a point vu tous les pays que ce Juif prétend avoir parcourus. Benjamin s'en rapporta sans doute dans ses voyages aux discours exagérés, emphatiques, et menteurs, que lui tenaient des rabbins asiatiques, empressés à faire valoir leur nation auprès d'un rabbin d'Europe. Il ne dit pas même qu'il ait vu certaines contrées imaginaires, dans lesquelles on disait que les Juifs de la première dispersion avaient fondé des Etats considérables.

« La ville de Théma, dit Benjamin, est la capitale des Juifs au nord des plaines de Sennaar; leur pays s'étend à seize journées dans les montagnes du nord : c'est là qu'est le rabbi Hanan, souverain de ce royaume. Ils ont de grandes villes bien fortifiées; et de là ils vont piller jusqu'aux terres des Arabes, leurs alliés : ils sont craints de tous leurs voisins. Leur empire est très-vaste; ils donnent la dîme de tout ce qu'ils ont aux disciples des sages qui demeurent toujours dans l'école, aux pauvres d'Israël, et aux pharisiens, c'est-à-dire à leurs dévots.

« Dans toutes ces villes, il y a environ trois cent mille Juifs; leur ville de Tanaï a quinze milles en longueur et autant en largeur. C'est là qu'est le palais du prince Salomon. La ville est très-belle, ornée de jardins et de vergers, etc. »

Benjamin ne dit point du tout qu'il ait été dans ce pays de Théma ni dans cette ville de Tanaï : il ne nous apprend pas non plus de quels Juifs il tient cette relation chimérique. Il est sûr qu'on ne peut le croire; mais il est sûr aussi que, s'il est un Juif ridiculement trompé par des Juifs de Bagdad et de Mésopotamie, il n'est point un menteur qui dit avoir vu ce qu'il n'a point vu.

Benjamin, probablement, alla jusqu'à Bagdad et à Bassora : c'est là qu'il apprit des nouvelles de l'île de Ceylan : et on l'a condamné très-mal à propos d'avoir dit que l'île de Ceylan, qui est sous la ligne, est sujette à d'extrêmes chaleurs.

Enfin, son livre est plein de vérités et de chimères, de choses très-sages et très-impertinentes; et en tout, c'est un ouvrage fort utile pour quiconque sait séparer le bon grain de l'ivraie.

Benjamin ne parle point des Parsis, qui sont aussi dispersés que la na-

les villes ues Mèdes, vers le fleuve Gozan.... et cela arriva, parce que les enfants d'Israël avaient péché contre leur Dieu Adonaï [1].

Or, le roi d'Assyrie fit venir (chap. XVII, v. 24) des habitants de Babylone, de Cutha, d'Avah, d'Émath, de Sépharvaïm, et les établit dans les villes de la Samarie, à la place des enfants d'Israël.... Quand

tion judaïque, et en aussi grand nombre ; il n'est occupé que de ses compatriotes.

Le résultat de toutes ces recherches est que les Juifs sont partout, et qu'ils n'ont de domination nulle part, ainsi que les Parsis sont répandus dans les Indes, dans la Perse, et dans une partie de la Tartarie.

Si les calculs chimériques du jésuite Pétau, de Wiston, et de tant d'autres, avaient la moindre vraisemblance, la multitude des Juifs et des Parsis couvrirait aujourd'hui toute la terre.

Revenons maintenant à l'état où étaient les deux hordes, les deux factions hébraïques de Samarie et de Jérusalem. Achaz régnait sur les deux tribus de Juda et de Benjamin : cet Achaz, à l'âge de dix ans, selon le texte, engendra le roi Ézéchias ; c'est de bonne heure Il fit depuis passer un de ses enfants par le feu, sans que le texte nous apprenne s'il brûla réellement son fils en l'honneur de la Divinité, ou s'il le fit simplement passer entre deux bûchers, selon l'ancienne coutume qui dura chez tant de nations superstitieuses jusqu'à Savonarole dans notre seizième siècle.

Les *Paralipomènes* (livre II, ch. XXXVIII, v. 6 et 8) disent qu'un certain roitelet d'Israël, nommé Phacée, lui tua un jour cent vingt mille hommes dans un combat, et lui fit deux cent mille prisonniers : c'est beaucoup.

Cet Achaz était alors, lui et son peuple, dans une étrange détresse : non-seulement il était vexé par les Samaritains, mais il l'était encore par le roi de Syrie, nommé Rafin, et par les Iduméens. Ce fut dans ces circonstances que le prophète Isaïe vint le consoler, comme il le dit lui-même aux chap, VII et VIII de sa grande prophétie, en ces termes : « Le Seigneur continuant de parler à Achaz, lui dit : « Demande un signe, soit dans le bas de la terre, soit dans les « hauts au-dessus. » Et Achaz dit : « Je ne demanderai point de signe, je ne ten- « terai pas Adonaï. — Eh bien ! dit Isaïe, Adonaï te donnera lui-même un signe : « une femme concevra [*] ; elle enfantera un fils, et son nom sera Emmanuel ; et « avant qu'il mange de la crème et du miel, et qu'il sache connaître le bien et le « mal, ce pays que tu détestes sera délivré de ses deux rois (Rafin et Phacée). « et dans ces jours Adonaï sifflera aux mouches qui sont au haut des fleuves d'É- « gypte et du pays d'Assur; Adonaï rasera, avec un rasoir de louage, la tête et « le poil d'entre les jambes, et toute la barbe du roi d'Assur, et de tous ceux qui « sont dans son pays.... » Et Adonaï me dit : « Écris sur un grand rouleau, avec « un stylet d'homme : Maher-salal-has-bas, *qu'on prenne vite les dépouilles.* » C'est dans ce discours d'Isaïe que des commentateurs, appelés *figuristes*, ont vu clairement la venue de Jésus-Christ, qui pourtant ne s'appela jamais ni Emmanuel, ni Maher-salal-has-bas, « prends vite les dépouilles. » Poursuivons nos recherches sur la destruction des dix tribus.

1. Nous voyons que de tout temps, quand les peuples barbares et indisciplinés se sont emparés d'un pays, ils s'y sont établis. Ainsi les Goths, les Lombards, les Francs, les Suèves, se fixèrent dans l'empire romain, les Turcs dans l'Asie Mineure, et enfin dans Constantinople ; les Tartares quittèrent leur patrie pour dominer dans la Chine. Les grands princes, au contraire, et les républiques qui avaient des capitales considérables, ne se transplantèrent point dans les pays conquis, mais en transportèrent souvent les habitants, et établirent à leur place des colonies.

Cet usage, qui changea en grande partie la face du monde, se conserva jusqu'à Charlemagne ; il fit transporter des familles de Saxons jusqu'à Rome. Ces transportations des peuples paraissaient un moyen sûr pour prévenir les révoltes. Il ne faut donc point s'étonner que Salmanazar donna les terres du royaume d'Israël à des cultivateurs babyloniens, et à d'autres de ses sujets.

---

[*] Le mot hébreu *alma* signifie tantôt fille, tantôt femme, quelquefois même prostituée. Ruth étant veuve, est appelée *alma*. Dan * le Cantique des cantiques et dans Joel, le nom d'*alma* est donné à des concub ues.

ils y furent établis, ils ne craignirent point Adonaï; mais Adonaï leur envoya des lions, qui les égorgeaient [1].

Cela fut rapporté (chap. xvii, v. 26) au roi des Assyriens, auquel on dit : « Les peuples que tu as transportés dans la Samarie, et auxquels tu as commandé de demeurer dans ses villes, ignorent la manière dont le dieu de ce pays-là veut être adoré, et ce dieu leur a détaché des lions, et voilà que ces lions les tuent, parce qu'ils ignorent la religion du dieu du pays. » Alors le roi des Assyriens donna cet ordre, disant : « Qu'on envoie en Samarie l'un des prêtres captifs; qu'il retourne, et qu'il apprenne aux habitants le culte du dieu du pays [2].... »

Ainsi un des prêtres captifs de Samarie, y étant revenu, leur apprit la manière dont ils devaient adorer Adonaï [3]....

Ainsi chacun de ces peuples se forgea son dieu, et ils mirent leurs dieux dans leurs temples et dans les hauts lieux. Chaque peuplade mit le sien dans les villes où elle habitait.

Les Babyloniens firent leur Sochothbénoth, les Cuthéens leur Nergel, les Émathiens leur Asima, les Hévéens leur Nébahaz et Tharthac : pour ceux de Sépharvaïm, ils brûlèrent leurs enfants en l'honneur d'Adramélech et d'Anamélech.

---

1. Les critiques demandent pourquoi Dieu n'envoya pas des lions pour dévorer Salmanazar et son armée, au lieu de faire manger par ces animaux les émigrants innocents qui venaient cultiver une terre ingrate devenue déserte. Si on leur répond que c'était pour les forcer à connaître le culte du Seigneur, ils disent que les lions sont de mauvais missionnaires; que ceux qui avaient été mangés ne pouvaient se convertir; et que le prêtre hébreu qui vint les prêcher de la part du roi de Babylone ne suffisait pas pour enseigner le catéchisme à toute une province. Mais probablement ce prêtre avait des compagnons qui l'aidèrent dans sa mission. Si on veut s'informer chez les commentateurs qui étaient ces peuples de Cutha, d'Avah, d'Émath, plus ils en parlent, moins vous êtes instruit. C'étaient des peuplades syriennes; on n'en sait pas davantage. Nous ne connaissons pas l'origine des Francs qui s'établirent dans la Gaule celtique, ni des pirates qui se transplantèrent en Normandie. Qui me dira de quel buisson sont partis les loups dont mes moutons ont été dévorés ?

2. C'est une chose bien digne de remarque que cette opinion des Grecs, *A chaque pays son dieu*, fût déjà reçue chez les peuples de Babylone, comme cette maxime en Allemagne et en France, *Nulle terre sans seigneur* Mais comment faisaient ceux qui adoraient le soleil, ou qui du moins révéraient dans le soleil l'image du Dieu de l'univers ? Nous dirons que les Persans étaient alors les seuls qui professaient ouvertement cette religion, et qu'ils ne l'avaient point encore portée à Babylone; elle n'y fut introduite que par le conquérant Kir ou Kosrou, que nous nommons Cyrus.

3. On reste stupéfait quand on voit qu'aussitôt que cette nouvelle peuplade fut instruite du culte d'Adonaï, elle adora une foule de dieux asiatiques inconnus, Sochothbénoth, Nergel, Asima, Tharthac, Adramélech, Anamélech, et qu'on brûla des enfants aux autels de ces dieux étrangers. M. Basnage, dans ses *Antiquités judaïques*, nous apprend que, selon plusieurs savants, ce fut un prêtre hébreu, envoyé aux nouveaux habitants de Samarie, qui composa le *Pentateuque*. Ils fondent leur sentiment sur ce qu'il est parlé dans le *Pentateuque* de l'origine de Babylone, et de quelques autres villes de la Mésopotamie que Moïse ne pouvait connaître; sur ce que ni les anciens Samaritains ni les nouveaux n'auraient voulu recevoir le *Pentateuque* de la main des Hébreux de la faction de Juda, leurs ennemis mortels; sur ce que le *Pentateuque* samaritain est écrit en hébreu, langue que ce prêtre parlait, n'ayant pu avoir le temps d'apprendre le chaldéen; sur les différences essentielles entre le *Pentateuque* samaritain et le nôtre. Nous ne savons pas qui sont ces savants, M. Basnage ne les nomme pas.

Or, tous ces peuples adoraient Adonaï, et ils prirent les derniers venus pour prêtres des hauts lieux.... Et comme ils adoraient Adonaï, ils servaient aussi leurs dieux, selon la coutume des nations transplantées en Samarie....

La quatorzième année (chap. XVIII, v. 13) du roi Ézéchias, roi de Juda, Sennachérib [1], roi des Assyriens, vint attaquer toutes les villes fortifiées de Juda, et les prit.... Alors Ézéchias envoya des messagers au roi des Assyriens, disant : « J'ai péché envers toi; retire-toi de moi; je porterai tous les fardeaux que tu m'imposeras. » Le roi d'Assyrie lui ordonna donc de payer trois cents talents d'argent et trente talents d'or.... Ézéchias donna tout l'argent qui était dans la maison d'Adonaï et dans les trésors du roi.

Or, les serviteurs du roi Ézéchias (chap. XIX, v. 5) allèrent trouver Isaïe le prophète, et Isaïe leur dit : « Dites à votre maître : « Voici ce « que dit Adonaï : Ne crains point les paroles blasphématoires des offi-« ciers du roi d'Assyrie; car je vais lui envoyer un certain esprit, un cer-« tain souffle, et il apprendra une nouvelle, après laquelle il retournera « dans son pays, et je le frapperai dans son pays par le glaive.... » Cette même nuit, l'ange du Seigneur vint dans le camp des Assyriens, et il tua cent quatre-vingt-cinq mille hommes...; et Sennachérib, roi des Assyriens, s'étant levé au point du jour, vit tous ces corps morts, et s'en retourna aussitôt.

En ce temps-là (chap. XX, v. 1), Ézéchias, roi de Juda, fut malade à la mort; le prophète Isaïe, fils d'Amos, vint lui dire : « Voici ce que dit le dieu Adonaï : Mets ordre à tes affaires; car tu mourras, et tu ne vivras pas.... » Alors Ézéchias tourna sa face contre la muraille, et pria Dieu, disant : « Seigneur, souviens-toi, je te prie, comment j'ai marché dans la vérité et dans un cœur parfait, et que j'ai fait ce qui t'a plu; » et il sanglota avec de grands sanglots....

Et Isaïe n'était pas encore à la moitié de l'antichambre, qu'Adonaï revint lui faire un discours, disant : « Retourne, et dis à Ézéchias, chef de mon peuple : «Voici ce que dit Adonaï, dieu de David ton père :

---

1. Hérodote (livre II) parle d'un Sennachérib qui vint porter la guerre sur les frontières de l'Égypte, et qui s'en retourna parce qu'une maladie contagieuse se mit dans son armée; il n'y a rien là que dans l'ordre commun. Que le roitelet de la petite province de Juda s'humilie devant le roi Sennachérib, qu'il lui paye trois cents talents d'argent, et trente talents d'or, c'est une somme très-forte dans l'état où était alors la Judée; cependant ce n'est point une chose absolument hors de toute vraisemblance. Mais que le prophète Isaïe vienne de la part de Dieu dire à Ézéchias que le roi Sennachérib a blasphémé; qu'un ange vienne du haut du ciel frapper et tuer cent quatre-vingt-cinq mille hommes d'une armée chaldéenne; et que cette exécution, aussi épouvantable que miraculeuse, soit inutile, qu'elle n'empêche point la ruine de Jérusalem : c'est là ce qui semblerait justifier l'incrédulité des critiques, si quelque chose pouvait les rendre excusables. Ils ne comprennent pas comment le Seigneur, protégeant la tribu de Juda, et tuant cent quatre-vingt-cinq mille de ses ennemis, abandonne sitôt après cette tribu dont la verge devait dominer toujours, laisse détruire son temple, et voit impunément cette tribu et celle de Benjamin, avec tant de lévites, plongées dans les fers. *O altitudo!* humilions-nous sous les décrets impénétrables de la Providence; mais qu'il nous soit permis de ne point admettre les explications ridicules que tant d'auteurs ont données à ces événements inexplicables.

« J'ai entendu ta prière ; j'ai vu tes larmes ; je t'ai guéri, et dans trois
« jours tu monteras au temple d'Adonaï, et j'ajouterai encore quinze
« années à tes jours.... '. Bien plus, je te délivrerai, toi et cette ville,
« du roi des Assyriens, et je protégerai cette ville à cause de moi et de
« David mon serviteur. »

Alors Isaïe dit : « Qu'on m'apporte une marmelade de figues. » On lui
apporta la marmelade ; on la mit sur l'ulcère du roi, et il fut guéri....

Mais Ézéchias ayant dit à Isaïe : « Quel signe aurai-je que le Seigneur me guérira, et que j'irai dans trois jours au temple d'Adonaï ? »
Et Isaïe lui dit : « Voici le signe du Seigneur, comme quoi le Seigneur
fera la chose qu'il t'a dite : Veux-tu que l'ombre du soleil s'avance de
dix degrés, ou qu'elle retourne en arrière de dix degrés ? » Ézéchias
lui dit : « Il est aisé que l'ombre croisse de dix degrés ; ce n'est pas ce
que je veux qu'on fasse ; mais que l'ombre retourne en arrière de dix
degrés. » Le prophète Isaïe invoqua donc Adonaï, et il fit que l'ombre
retourna en arrière de dix degrés, dont elle était déjà descendue dans
l'horloge d'Achaz '....

Manassé, fils d'Ézéchias, avait douze ans (chap. XXI, v. 1) lorsqu'il

1. Les critiques, comme milord Bolingbroke et M. Boulanger, prétendent que
le prophète Isaïe joue ici un rôle très-triste et très-indécent, de venir dire à
son prince, dès qu'il est malade : « Tu vas mourir. » Ézéchias est représenté
comme un prince lâche et pusillanime, qui se met à pleurer et à sangloter
quand un inconnu a l'indiscrétion de lui dire qu'il est en danger ; et à peine
cet Isaïe est-il sorti de la chambre du roi, que Dieu lui-même vient dire au prophète : « Le roi vivra encore quinze ans. » Sous quelle forme était Dieu quand
il vint annoncer à Isaïe son changement de volonté dans l'antichambre ? Ces incrédules ne se lassent point de censurer toute cette histoire ; il faut combattre
contre eux depuis le premier verset de la *Bible* jusqu'au dernier.

2. Une nuée d'autres incrédules fond sur cette marmelade de figues, et sur
cette horloge. Tous ces censeurs disent que le mal d'Ézéchias était bien peu de
chose, puisqu'on le guérit avec un emplâtre de figues. Ézéchias leur paraît un
imbécile de croire qu'il est plus aisé d'avancer l'ombre que de la reculer. Dans
l'un et l'autre cas, les lois de la nature sont également violées, et tout l'ordre
du ciel également interrompu. La rétrogradation de l'ombre ne leur paraît
qu'une copie renforcée du miracle de Josué. La plupart des interprètes croient
que le soleil s'arrêta pour Josué, et recula pour Ézéchias. Isaïe même, au
chap. XXXII de sa prophétie, dit : « Le soleil recula de dix lignes ; » ce qui probablement signifie dix heures. Mais il est clair qu'Isaïe se trompe ; l'ombre est
toujours opposée au soleil ; si l'astre est à l'orient, l'ombre est à l'occident :
pour que l'ombre reculât de dix heures vers le matin, il aurait fallu que le soleil se fût avancé de dix heures vers le soir. De plus, si ces degrés, ces heures
signifient le nombre des années qui sont réservées à Ézéchias, pourquoi l'ombre du style ne rétrograde-t-elle que de dix degrés, et non pas de quinze ? Le
plus long jour de l'année, en Palestine, n'est que de quatorze heures : c'eût été
encore un miracle de plus ; car il est impossible que le soleil paraisse quinze
heures et plus, quand il n'est que quatorze heures sur l'horizon.

Une autre difficulté encore, c'est que non-seulement les Juifs ne comptaient
point le jour par heures comme nous, mais que de plus ils n'eurent ni cadrans
ni horloges. Enfin, il y aurait eu un jour entier de perdu dans la nature, et une
nuit de trop. Ce sont là des embarras où se jettent des ignorants téméraires
qui imaginent des miracles, et qui même les expliquent.

Telles sont les réflexions de plusieurs physiciens. On peut leur dire que le
prophète Isaïe n'était pas obligé d'être astronome, et même que dom Calmet,
qui a voulu expliquer dans une dissertation cette rétrogradation, a fait beaucoup plus de bévues qu'Isaïe. On est obligé de dire qu'il n'entend rien du tout
à la matière, et que, dans tous ses commentaires, il n'a fait souvent que copier
des auteurs absurdes qui n'en savaient pas plus que lui.

commença à régner.... Il dressa des autels à Baal.... et à toute l'armée du ciel dans les deux parvis du temple d'Adonaï ... Il fit passer son fils par le feu : il prédit l'avenir; il observa les augures, fit des pythons et des aruspices [1].... Il s'endormit enfin avec ses pères, et fut enseveli dans le jardin de sa maison....

Josias avait huit ans (chap. XXII, v. 1) lorsqu'il commença à régner et il régna trente et un ans, et il fit ce qui est agréable au Seigneur...

Or, un jour le grand prêtre Helcias (chap. XXII, v. 8) dit à Saphan, secrétaire : « J'ai trouvé le livre de la *Loi* dans le temple du Seigneur, *en faisant fondre de l'argent* [2].... »

Saphan, secrétaire, dit au roi : « Le grand prêtre Helcias m'a donné ce livre; » et il le lut devant le roi.

Et le roi Josias déchira ses vêtements...; et il dit au grand prêtre Helcias, et à Saphan, secrétaire : « Allez, consultez Adonaï sur moi et sur le peuple touchant les paroles de ce livre qu'on a trouvé. »

Et le roi assembla tous les prêtres (chap. XXIII, v. 8) des villes de Juda, et il souilla tous les hauts lieux...; il souilla aussi la vallée de Topheth, afin que personne ne sacrifiât plus son fils [3] ou sa fille à Moloch.... Il ôta aussi les chevaux que les rois de Juda avaient donnés au soleil à l'entrée du temple.... Il tua tous les prêtres des hauts lieux qui étaient à Béthel..., et brûla sur ces autels des os de morts...; puis

1. Ou Manassé, roitelet de Juda, n'avait jamais entendu parler du miracle du cadran de son père, et des autres miracles d'Isaïe; ou il ne regardait Adonaï que comme un dieu local, un dieu d'une petite nation, qui faisait quelquefois des prodiges, mais qui était inférieur aux autres dieux; ou Manassé était tout à fait fou : car il n'y a qu'un fou qui puisse, après des miracles sans nombre, nier ou mépriser le Dieu qui les a faits. Cette inconcevable incrédulité de Manassé, fils d'Ézéchias, peut faire penser qu'en effet le *Pentateuque*, à peine écrit par ce prêtre hébreu qui vint enseigner les Samaritains, n'était pas encore connu, la religion judaïque n'était pas encore débrouillée, rien n'était constaté, rien n'était fait : autrement il serait impossible d'imaginer comment le culte changea tant de fois depuis la création jusqu'à Esdras.

2. Nouvelle preuve, ou du moins nouvelle vraisemblance très-forte, que le prêtre hébreu, venu à Samarie, avait enfin achevé son *Pentateuque*, et que le grand prêtre juif en avait un exemplaire. Tout ce qui peut nous étonner, c'est que ce prêtre ne le porta pas lui-même au roi, et l'envoya avec très-peu d'empressement et de respect par le secrétaire Saphan. S'il avait cru que ce livre fût écrit par Moïse, il l'aurait porté avec la pompe la plus solennelle; on aurait institué une fête pour éterniser la découverte de la loi de Dieu et de l'histoire des premiers siècles du genre humain; c'eût été une nouvelle occasion de dire *que la lumière soit et la lumière fut;* car le peuple hébreu était plongé dans les plus épaisses ténèbres.

3. Ce petit article est curieux. D'abord ce Josias souille les hauts lieux : souiller un lieu réputé sacré, c'était le remplir d'immondices, y répandre des excréments et de l'urine. La vallée de Topheth était auprès du petit torrent de Cédron; c'était là que l'on jetait les corps des suppliciés à la voirie, et qu'on sacrifiait ses enfants.

C'est la première fois qu'il est parlé dans l'Écriture de chevaux consacrés au soleil. Cette coutume était visiblement prise du culte des Perses. Presque chaque ligne concourt à prouver que jamais la religion hébraïque n'eut une forme stable qu'après le retour de la captivité; les Juifs empruntèrent tous leurs rites, toutes leurs cérémonies, des Égyptiens, des Syriens, des Chaldéens, des Perses.

Il n'est pas aisé de concevoir comment ce Josias tua tous les prêtres de Béthel; car Béthel, tout voisin qu'il était de Jérusalem, ne lui appartenait pas : c'était à Béthel que s'était établi ce prêtre qui était envoyé aux Samaritains, et qu'on suppose avoir écrit le *Pentateuque*. S'il amena avec lui d'autres mission-

il dit à tout le peuple : « Célébrez la pâque en l'honneur d'Adonaï votre Dieu, selon ce qui est écrit dans ce livre du pacte avec Dieu¹.... »

Il n'y eut point avant Josias de roi semblable, qui revînt au Seigneur de tout son cœur, de toute son âme, et de toute sa force, et on n'en a point vu non plus après lui....

Cependant l'extrême fureur d'Adonaï ne s'apaisa point, parce que Manassé, père de Josias, l'avait fort irrité. C'est pourquoi Adonaï dit : « Je rejetterai Juda de ma face, comme j'ai rejeté Israël ; et je rejetterai Jérusalem et la maison que j'ai choisie². »

En ce temps-là (chap. XXIII, v. 29) le pharaon Néchao, roi d'Égypte, marcha contre le roi des Assyriens au fleuve de l'Euphrate ; et Josias marcha contre lui, et il fut tué dès qu'il parut....

Pharaon Néchao prit Joachaz, le fils de Josias, et l'enchaîna dans la terre d'Émath, afin qu'il ne régnât point à Jérusalem, et il condamna Jérusalem à payer cent talents d'argent et un talent d'or....

Et Pharaon Néchao établit roi à Jérusalem Éliacim, autre fils de Josias, et lui changea son nom en celui de Joachim³.

En ce temps-là (chap. XXIV, v. 1) Nabuchodonosor, roi de Babylone, marcha contre Juda, et Joachim fut son esclave pendant trois ans, après quoi il se révolta....

Alors le Seigneur envoya des troupes de brigands de Chaldée, de

naires pour enseigner aux Samaritains la religion israélite, le melch Josias, en les tuant, ne fut donc qu'un assassin, qu'un tyran abominable.

La coutume de brûler des os de morts, et surtout de bêtes mortes, pour souiller des lieux consacrés, était un usage des sorciers : on voit dans la vie du dernier des Zoroastres que ses ennemis cachèrent dans sa chambre un petit sac plein d'os de bêtes, afin de le faire passer pour un magicien. *Voyez* Hyde.

1. Si Josias propose de faire la pâque selon le rite indiqué dans ce livre du pacte avec Dieu, dans ce livre unique, trouvé par le grand prêtre au fond d'un coffre, et donné au roi par le secrétaire Saphan, on n'avait donc point fait la pâque auparavant ; et en effet, aucun des livres de l'Écriture ne parle d'une célébration de pâque sous aucun roi de Juda ou d'Israël, ni sous aucun des juges : c'est encore une confirmation de cette opinion très-répandue et très-vraisemblable, que la religion hébraïque n'était point formée ; que les livres judaïques n'avaient jamais été rassemblés, et, selon tant de doctes, qu'ils n'avaient point été écrits ; que tout s'était fait d'après des traditions vagues et changeantes ; et que c'est ainsi que tout s'est fait dans le monde.

2. L'auteur du livre des *Rois* nous dit que jamais roi ne fut si pieux, n'aima tant Dieu que Josias ; et il ajoute que Dieu, pour récompense, rejette sa maison et Jérusalem, parce que Manassé, père de Josias, l'avait offensé. C'est sur quoi tous les critiques se récrient. « Le prêtre de Juda, disent-ils, qui écrivait ce livre, veut insinuer que tous les rois de la terre n'auraient pu prendre Jérusalem, si le Seigneur ne la leur avait pas livrée ; mais pour que le Seigneur leur permette de détruire cette Jérusalem qui devait durer éternellement, il faut qu'il soit en colère contre elle : il ne peut être en colère contre Josias ; il l'est donc contre son père. » C'est puissamment raisonner : aussi ne répliquons-nous rien à cet argument.

3. Si Polybe et Xénophon avaient écrit cette histoire, convenons qu'ils l'auraient écrite autrement. Nous saurions ce que c'était que ce grand empire d'Assyrie, qui est l'instant d'après anéanti dans l'empire de Babylone ; nous apprendrions pourquoi ce Josias, favori du Seigneur, se déclara contre Néchao, roi d'Égypte. C'était un grand spectacle que la puissance égyptienne combattant contre l'Asie ; c'étaient de grands intérêts, et qui méritaient d'être au moins exposés clairement. Les *Paralipomènes* nous apprennent que le pharaon d'Égypte envoya dire au melch Josias : « Qu'y a-t-il entre toi et moi, melch de Juda ? Je ne marche point contre toi, c'est contre une autre maison que Dieu m'a ordonné

Syrie, de Moab, d'Ammon, contre Juda, pour l'exterminer selon le verbe que le Seigneur avait fait entendre par ses serviteurs les prophètes [1].... Et Joachim s'endormit avec ses pères ; et son fils Joachim régna à sa place.

Et Nabuchodonosor vint avec ses gens pour prendre Jérusalem. Joachim, roi de Juda, sortit de la ville, et vint se rendre au roi de Babylone avec sa mère, ses serviteurs, ses princes, ses eunuques, la huitième année de son règne....

Et le roi Nabuchodonosor emporta tous les trésors de Jérusalem, ceux de la maison d'Adonaï, et ceux de la maison du roi : il brisa tous les vases d'or que Salomon avait mis dans le temple, selon le verbe d'Adonaï.... Il transporta toute la ville de Jérusalem [2], tous les princes,

---

d'aller au plus vite; ne t'oppose point à Dieu qui est avec moi, de peur qu'il ne te tue. » (Liv. II, chap. xxv, v. 21.)

Remarquez, lecteurs attentifs et sages, que toutes les nations adoraient un Dieu suprême, quoiqu'il y eût mille dieux subalternes, mille cultes différents : c'est une vérité dont vous trouverez des traces dans tous les livres grecs et latins, comme dans les livres hébreux, et dans le peu qui nous reste du *Zanda-Vesta* et des *Vedams*. Le roi d'Égypte Nechao dit : « Dieu est avec moi. » Le roi de Ninive en avait dit autant. Le roi de Babylone disait : « Dieu est avec moi. » Voyez l'*Iliade* d'Homère ; chaque héros y a un dieu qui combat pour lui.

1. Le Juif qui a écrit cette histoire court bien rapidement sur le plus grand et le plus fatal évènement de sa patrie ; il semble qu'il n'ait voulu faire que des notes pour aider sa mémoire. Cette destruction de Jérusalem, cette captivité de la tribu de Juda, ces rois de Babylone et d'Égypte qui semblent se disputer cette proie, ces brigands de Chaldée, de Syrie, de Moab et d'Ammon, qui se réunissent tous contre une misérable horde de Juda sans défense : tout cela n'est ni annoncé ni expliqué; cette histoire est plus sèche et plus confuse que tous les commentaires qu'on en a faits.

La saine critique demandait (humainement parlant) que l'auteur débrouillât d'abord les deux empires de Ninive et de Babylone, qu'il nous instruisît des intérêts que ces deux puissances eurent à démêler avec l'Égypte et avec la Syrie ; comment la petite province de Judée, enclavée dans la Syrie, subit le sort des peuples vaincus par le roi de Babylone. L'auteur nous dit bien que Dieu avait prédit tout cela par ses prophètes ; mais il fallait écrire un peu plus clairement pour les hommes. Au moins, quand Flavius Josèphe raconte l'autre destruction de Jérusalem dont il fut témoin, il développe très-bien l'origine et les événements de cette guerre ; mais quand dans ses *Antiquités judaïques* (livre X, chap. vii) il parle de Nabuchodonosor qui brûle Jérusalem en passant, il ne nous en dit pas plus que le livre que nous cherchons en vain à commenter. Flavius Josèphe n'avait point d'autres archives que nous. Tous les documents de Babylone périrent avec elle, tous ceux de l'Égypte furent consumés dans l'incendie de ses bibliothèques. Trois peuples malheureux, opprimés, et subjugués, ont conservé quelques histoires informes : les Parsis ou Guèbres, les descendants des anciens brachmanes, et les Juifs. Ceux-ci, quoique infiniment moins considérables, nous touchent de plus près, parce qu'une révolution inouïe a fait naître parmi eux la religion qui a passé en Europe. Nous faisons tous nos efforts pour démêler l'histoire de cette nation dont nous tenons l'origine de notre culte, et nous ne pouvons en venir à bout.

2. Nous ne pouvons dire aucune particularité de cette destruction de Jérusalem, puisque les livres juifs ne nous en disent pas davantage : mais il y a une observation aussi importante que hardie, faite par milord Bolingbroke et par M. Fréret : ils prétendent que les prophètes étaient chez la nation juive ce qu'étaient les orateurs dans Athènes ; ils remuaient les esprits du peuple Les orateurs athéniens employaient l'éloquence auprès d'un peuple ingénieux ; et les orateurs juifs employaient la superstition et le style des oracles, l'enthousiasme, l'ivresse de l'inspiration, auprès du peuple le plus grossier, le plus enthousiaste, et le plus imbécile qui fût sur la terre Or, disent ces critiques, s'il

tous les hommes vigoureux de l'armée, au nombre de dix mille, et tous les hommes ouvriers, et tous les orfévres.... Il fit transporter à Babylone Joachim, et la mère de Joachim, et ses femmes, et ses eunuques, et les juges de la terre de Juda en captivité, et sept mille hommes robustes de Juda, et tous les ouvriers robustes ; ils furent tous captifs à Babylone....

Et il établit roitelet tributaire Mathanias, oncle de Joachim, qu'il appela Sédécias....

La colère d'Adonaï s'alluma plus que jamais contre Jérusalem et Juda : il les rejeta de sa face. Et Sédécias se révolta contre le roi de Babylone....

Donc le roi de Babylone marcha avec toute son armée contre Jéru-

---

arriva quelquefois que les rois de Perse gagnèrent les orateurs grecs, les rois de Babylone avaient gagné de même quelques prophètes juifs.

La tribu de Juda avait ses prophètes qui parlaient contre les tribus d'Israël ; et la faction d'Israël avait ses prophètes qui déclamaient contre Juda. Les critiques supposent donc que les nouveaux Samaritains, étant attachés par leur naissance à Nabuchodonosor, suscitèrent Jérémie pour persuader à la tribu de Juda de se soumettre à ce prince. Voici sur quoi est fondée cette opinion. Jérusalem est sur le chemin de Tyr, que le roi de Babylone voulait prendre. Si Jérusalem se défendait, quelque faible qu'elle fût, sa résistance pouvait consumer un temps précieux au vainqueur ; il était donc important de persuader au peuple de se rendre à Nabuchodonosor, plutôt que d'attendre les extrémités où il serait réduit par un siége qui ne pouvait jamais finir que par sa ruine entière.

Jérémie prit donc le parti du puissant roi Nabuchodonosor contre le faible et le petit melch de Jérusalem, qui pourtant était son souverain.

Cette idée fait malheureusement du prophète Jérémie un traître ; mais ils croient prouver qu'il l'était, puisqu'il voulait toujours que non-seulement la petite province de Juda se rendît à Nabuchodonosor, mais encore que tous les peuples voisins allassent au-devant de son joug. En effet, Jérémie se mettait un joug de bœuf (chap. XXVII) ou un bât d'âne sur les épaules, et criait dans Jérusalem : « Voici ce que dit le Seigneur, roi d'Israël : « C'est moi qui ai fait la terre, « et les hommes, et les bêtes de somme, dans ma force grande et dans mon bras « étendu ; et j'ai donné la face de la terre à celui qui a plu à mes yeux ; j'ai donné « la terre à la main de Nabuchodonosor, mon serviteur, et je lui ai donné encore « toutes les bêtes des champs ; et tous les peuples de la terre le serviront, lui et « son fils, et les fils de ses fils ; et ceux qui ne mettront pas leur cou sous un « joug et sous un bât devant le roi de Babylone, je les ferai mourir par le « glaive, par la famine, et par la peste, dit le Seigneur. » (Jérémie, chap. XXVII, v. 5-8.)

Jamais il ne s'est rien dit de plus fort en faveur d'aucun roi juif. Jérémie fait dire à Dieu même que ce Nabuchodonosor, qui fut depuis changé en bœuf, est le serviteur de Dieu, et que Dieu lui donne toute la terre à lui et à sa postérité. Ainsi donc (humainement parlant) Jérémie est un traître et un fou aux yeux de ces critiques : un traître, parce qu'il veut soulever le peuple contre son roi, et le livrer aux ennemis ; un fou, par toutes ses actions et par toutes ses paroles, qui n'ont ni liaison, ni suite, ni la moindre apparence de raison. Ils allèguent surtout la fameuse lettre de Séméia au pontife Sophonie : « Dieu vous a établi pour faire fouetter à coups de nerf de bœuf ce fou de Jérémie qui fait le prophète. » Ce qui les confirme encore dans leur opinion, c'est que les Juifs retirés en Égypte, où Jérémie se retira aussi, le punirent de mort comme un perfide qui avait vendu son maître et sa patrie aux Babyloniens. Mais c'est la seule tradition qui nous apprend que Jérémie fut lapidé par les Juifs dans la ville de Taphni ; les livres juifs ne nous en disent rien. A l'égard de tant de prisonniers de guerre que Nabuchodonosor, serviteur de Dieu, fit mourir impitoyablement, ce sont là des mœurs bien féroces. Les Juifs avouent qu'ils ne traitèrent jamais autrement les autres petits peuples qu'ils avaient pu subjuguer : ainsi l'histoire an-

salem (chap. xxv. v. 1), et il l'entoura tout autour.... Et le neuvième jour du mois il y eut grande famine en Jérusalem, et le peuple n'avait point de pain.... Tous les gens de guerre s'enfuirent la nuit par la porte du jardin du roi ; et Sédécias s'enfuit par un autre chemin. Et l'armée des Chaldéens poursuivit le roi, et le prit dans la plaine de Jéricho.... Ils l'amenèrent devant le roi de Babylone, dans Réblatha ; et le roi de Babylone lui prononça son arrêt.... On tua ses enfants en sa présence, on lui creva les yeux, on le chargea de chaînes, et on l'emmena à Babylone.

Nabuzardan, général du roi Nabuchodonosor, brûla la maison d'Adonaï et la maison du roi, et toutes les maisons dans Jérusalem.... Il transporta captif à Babylone tout le peuple qui était demeuré dans la ville ; il laissa seulement les plus pauvres du pays pour labourer les champs et cultiver les vignes.

Nabuzardan emmena aussi Saraïas le grand prêtre, et Sophonie le second prêtre, trois portiers, et un capitaine eunuque, et cinq eunuques de la chambre du roi Sédécias, et Sopher, capitaine qui commandait l'exercice, et soixante chefs qu'on trouva dans la ville.... Et Nabuchodonosor, roi de Babylone, les fit tous mourir dans Réblatha.

TOBIE.

AVERTISSEMENT DU COMMENTATEUR. — « Les Juifs n'ont jamais inséré le livre de *Tobie* dans leur *Canon* ; ni Josèphe ni Philon n'en parlent ; il est rejeté de notre communion. Les savants le prétendent composé neuf cents ans après la dispersion. Le concile de Trente l'a décidé canonique ; nous ne le croyons que curieux ; et c'est à ce titre que nous en allons donner une courte analyse. Nous le plaçons immédiatement après les livres des *Rois*, et avant *Esdras*, parce qu'en effet l'aventure des deux Tobies est supposée arrivée avec Esdras, dans les premiers temps de la dispersion des dix tribus captives vers la Médie. Il faut supposer aussi que Salmanazar était alors maître de la Médie ; ce qui serait difficile à prouver.

« Le livre de *Tobie* est tout merveilleux. Calmet, dans sa Préface, dit ce grand mot sans y penser : « S'il fallait rejeter le merveilleux et l'extraordinaire, où serait le livre sacré qu'on pût conserver ? »

------

cienne, ou véritable ou fausse, n'est que l'histoire des bêtes sauvages dévorées par d'autres bêtes.

M. Dumarsais, dans son *Analyse*, fait une réflexion accablante sur cette première destruction de Jérusalem, et sur les suivantes. « Quoi ! dit-il, l'Éternel prodigue les miracles, les plaies, et les meurtres, pour tirer les Juifs de cette féconde Égypte où il avait des temples sous le nom d'*Iaho*, le grand Être, sous le nom de *Knef*, l'Être universel ; il conduit son peuple dans un pays où ce peuple ne peut lui ériger un temple pendant plus de cinq siècles ; et enfin, quand les Juifs ont ce temple, il est détruit ! » Cela effraye le jugement et l'imagination ; on reste confondu quand on a lu cette inconcevable histoire : il faut se consoler en disant qu'apparemment les Juifs n'avaient point péché quand l'Éternel les tira d'Égypte, et qu'ils avaient péché quand l'Éternel perdit son temple et sa ville.

Tobie, de la tribu de Nephthali (*Tobie*, chap. I, v. 1), fut mené captif du temps de Salmanazar, roi des Assyriens[1].... Et il vint à Ragès, ville des Mèdes, ayant dix talents d'argent des dons dont il avait été honoré par le roi[2].... Et voyant que Gabélus, de sa tribu, était fort pauvre à Ragès, il lui prêta dix talents d'argent sur son billet.... Il arriva qu'un jour (chap. II, v. 10), s'étant lassé à ensevelir des morts, il revint en sa maison, et s'endormit[3] contre une muraille; et pendant qu'il dormait, il tomba de la merde chaude d'un nid d'hirondelles sur ses yeux, et il devint aveugle.... Pour ce qui est de sa femme, elle allait tous les jours travailler à faire de la toile, et gagnait sa vie[4].

En ce même jour (chap. III, v. 7), il arriva que Sara, fille de Raguël, en Ragès, ville des Mèdes, fut très-émue d'un reproche que lui fit une servante de la maison.... Sara avait déjà eu sept maris, et un diable nommé Asmodée les avait tous tués dès qu'ils étaient entrés en elle. Cette servante lui dit donc : « Ne veux-tu pas me tuer aussi, comme tu as tué tes sept maris[5]? »

1. Il serait heureux, pour les commentateurs, que Salmanazar eût fait lever de bonnes cartes géographiques de ses États; car on a bien de la peine à débrouiller comment, étant roi de Ninive sur le Tigre, il avait pu passer par-dessus le royaume de Babylone pour aller enchainer les habitants des bords du Jourdain, et conquérir jusqu'aux voisins de la mer d'Hyrcanie : on ne comprend rien à ces empires d'Assyrie et de Babylone. Mais passons.

2. Les critiques voudraient que l'auteur, quel qu'il soit, de l'histoire de Tobie, eût dit comment ce pauvre homme avait gagné dix talents d'argent auprès du roi Salmanazar, dont il ne pouvait pas plus approcher qu'un esclave chrétien ne peut approcher du roi de Maroc. Dix talents d'argent ne laissent pas de faire vingt mille écus au moins, monnaie de France. C'est beaucoup assurément pour le mari d'une blanchisseuse. Il s'en va à Ragès en Médie, a quatre cents lieues de Ninive, pour prêter ses vingt mille écus au Juif Gabélus, qui était fort pauvre, et qui probablement serait hors d'état de les lui rendre : cela est fort beau.

3. Revenu à Ninive, il s'endort au pied d'un mur. Un homme assez riche pour prêter vingt mille écus dans Ragès devrait au moins avoir une chambre à coucher dans Ninive.

4. Les critiques naturalistes disent que la merde d'hirondelle ne peut rendre personne aveugle : qu'on en est quitte pour se laver sur-le-champ; qu'il faudrait dormir les yeux ouverts pour qu'une chiasse d'hirondelle pût blesser la conjonctive ou la cornée, et qu'enfin il aurait fallu consulter quelque bon médecin avant d'écrire tout cela.

Pour ce qui est de Sara, que M. Basnage soutient, dans ses *Antiquités judaïques*, avoir été blanchisseuse et ravaudeuse, nous n'avons rien à en dire. Il n'en est pas de même de Sara, fille de Raguël, Juive captive en Ragès.

5. Jamais les Juifs, jusqu'alors, n'avaient entendu parler d'aucun diable ni d'aucun démon; ils avaient été imaginés en Perse dans la religion des Zoroastres; de là ils passèrent dans la Chaldée, et s'établirent enfin en Grèce, où Platon donna libéralement à chaque homme son bon et son mauvais démon. Shamadaï, que l'on traduit par *Asmodée*, était un des principaux diables. Dom Calmet dit dans sa dissertation sur Asmodée « qu'on sait qu'il y a plusieurs sortes de diables : les uns princes et maitres démons, les autres subalternes et assujettis. »

Tout semble servir à prouver que les Hébreux ne furent jamais qu'imitateurs, qu'ils prirent tous leurs rites les uns après les autres chez leurs voisins et chez leurs maîtres, et non-seulement leurs rites, mais tous leurs contes.

Les termes dont se sert l'auteur du livre de *Tobie* insinuent qu'Asmodée était amoureux et jaloux de Sara. Cette idée est conforme à l'ancienne doctrine des génies, des sylphes, des anges, des dieux de l'antiquité; tous ont été amoureux de nos filles. Vous voyez dans la *Genèse* (chap. VI, v. 2) les **enfants de Dieu**

Or, Tobie dit à Tobie son fils : « Je t'avertis (chap. IV, v. 21) que, lorsque tu n'étais qu'un petit enfant, je donnai dix talents d'argent à Gabélus sur sa promesse, dans Ragès, ville des Mèdes: c'est pourquoi va le trouver, retire mon argent, et rends-lui son billet.... »

Tobie fils rencontra (chap. V, v. 5) alors un jeune homme très-beau, dont la robe était retroussée à sa ceinture...; et ne sachant pas que c'était un ange de Dieu, il le salua, et lui dit : « D'où es-tu, mon bon adolescent (chap. VI, v. 1)...?» Et il se mit en chemin avec l'ange Raphaël, et il fut suivi du chien de la maison[1]....

.... Tobie étant donc sorti pour laver ses pieds, un énorme poisson sortit de l'eau pour le dévorer. L'ange lui dit de prendre ce monstre par les ouïes.... Si tu mets un petit morceau du cœur sur des charbons, la fumée chasse tous les démons, soit d'homme, soit de femme. Le fiel est bon pour oindre les yeux quand il y a des taies[2].

.... Ils entrèrent ensuite chez Raguël (chap. VII, v. 1), qui les reçut avec joie; et Raguël, en regardant Tobie, dit à sa femme : « Anne, ma femme, que ce jeune homme ressemble à mon cousin!... »

Et ayant pris du carton, ils dressèrent le contrat de mariage....

---

amoureux des filles des hommes, leur faire des géants. La fable a dominé partout.

Nous ne répéterons point ce qu'on a dit dans ce commentaire sur les démons incubes et succubes; sur les hommes miraculeux, nés de ces copulations chimériques; sur tous ces diables entrant dans les corps des garçons et des filles en vingt manières différentes; sur les moyens de les faire venir et de les chasser; enfin sur toutes les superstitions dont la fourberie s'est servie dans tous les temps pour tromper l'imbécillité.

1. C'est la première fois qu'un ange est nommé dans l'Écriture. Tous les commentateurs avouent que les Juifs prirent ces noms chez les Chaldéens : Raphael, médecin de Dieu; Uriel, feu de Dieu; Jesrael, race de Dieu; Michael, semblable à Dieu; Gabriel, homme de Dieu. Les anges persans avaient des noms tout différents, Ma, Kur, Dubadur, Bahman, etc. Les Hébreux, étant esclaves chez les Chaldéens, et non chez les Persans, s'approprièrent donc les anges et les diables des Chaldéens, et se firent une théurgie toute nouvelle, à laquelle ils n'avaient point pensé encore. Ainsi l'on voit que tout change chez ce peuple, selon qu'il change de maîtres. Quand ils sont asservis aux Cananéens, ils prennent leurs dieux; quand ils sont esclaves chez les rois qu'on appelle *assyriens*, ils prennent leurs anges.

2. Les critiques et les plaisants qui se sont égayés sur ce livre, parce qu'ils ne l'ont pas reconnu pour canonique, ont dit que ce serait une chose fort curieuse qu'un poisson capable de dévorer un homme, et qu'on pût cependant prendre par les ouïes, comme on suspend un lapin par les oreilles.

Il y a des poissons dont la laite ou le foie sont fort bons à manger, comme la laite de carpe et le foie de lotte; mais on n'en connaît point encore dont le foie grillé sur des charbons ait la vertu de chasser les diables.

Dès que les hommes furent assez fous pour imaginer des êtres bienfaisants et malfaisants répandus dans les quatre éléments, on se crut très-sage de chercher les moyens de s'attirer l'amitié des bons génies, et de faire enfuir les mauvais. Tout ce qui était agréable eut son petit dieu, et tout ce qui nuisait eut son diable. Tel est le principe de toute théurgie, de toute magie, de toute sorcellerie. Si on brûlait de doux parfums pour les bons génies, il fallait conséquemment brûler ce qu'on avait de plus puant pour les mauvais démons.

Au reste, si l'ange Raphael conseilla au jeune Tobie de prendre ce poisson par ce qu'on appelle les ouïes, Raphael, fort savant dans la connaissance des substances célestes, l'était peu dans celles des animaux aquatiques. Les ouïes des poissons, très-improprement nommées, sont les poumons.

Depuis la décision de Raphael, qui déclare que le fiel des poissons de rivière

Puis le jeune Tobie tira de son sac le foie du poisson (chap. VIII, v. 2), et le mit sur des charbons ardents....

L'ange Raphael saisit le démon Asmodée, et l'alla enchaîner dans le désert de la Haute-Égypte [1]....

....S'étant donc levés, ils prièrent Dieu instamment de leur donner la santé ; et Tobie dit : « Seigneur, tu fis Adam du limon de la terre, et tu lui donnas Héva pour compagne [2].... »

....Le jeune Tobie, étant revenu chez son père, prit du fiel de son poisson (chap. XI, v. 13), en frotta les yeux de son père, et au bout d'une demi-heure une peau albugineuse comme du blanc d'œuf sortit de ses yeux, et aussitôt il recouvra la vue [3].

JUDITH.

OBSERVATION DU COMMENTATEUR SUR *JUDITH*. — « Le livre de *Judith* n'étant pas plus dans le *Canon* juif que celui de *Tobie*, on peut se permettre avec cette Judith un peu de familiarité. Ce n'est pas seulement à cause des contradictions inconciliables dont cette histoire

guérit les aveugles, quelques médecins ont tenté d'enlever des taches, des taies sur des yeux, avec du fiel de brochet : mais le plus sûr moyen d'enlever ces petites taches blanches qui se forment rarement sur la conjonctive est d'employer des fomentations douces, et de rejeter toute liqueur âcre et corrosive. D'ailleurs ce qu'on prenait pour des taies extérieures était presque toujours de vraies cataractes, pour lesquelles le fiel de tous les animaux était fort inutile.

1. Il est plus aisé de soutenir qu'on peut chasser un diable avec de la fumée, qu'il n'est aisé de rendre la vue à un aveugle en oignant ses yeux avec du fiel, par la raison que nos chirurgiens ont abaissé plus de cataractes avec une aiguille, que nous n'avons vu d'anges faire enfuir de diables en grillant un foie. Il est vrai que nous ne pourrions prouver à un ange que la chose est impossible ; car s'il nous répondait qu'il en a fait l'expérience, et qu'il faut l'en croire sur sa parole, qu'aurions-nous à lui répliquer ?

L'ange Raphael court après le diable, et va l'enchaîner dans la Haute-Égypte, où il est encore. Paul Lucas l'a vu, l'a manié ; on peut se rendre à son témoignage. D'ailleurs il ne faut pas s'étonner si un ange va du mont Taurus au grand Caire en un clin d'œil, et revient de même à Ragès pour reconduire ensuite Tobie fils, avec sa femme et son chien, à Ninive, chez Tobie père.

2. On peut remarquer que, depuis le troisième et le quatrième chapitre de la *Genèse*, où l'on parle d'Ève, son nom ne se trouve dans aucun endroit de l'*Ancien Testament*.

Cette observation en fait naître une autre : c'est qu'aucun des livres juifs ne cite une loi, un passage direct du *Pentateuque*, en rappelant les phrases dont l'auteur du *Pentateuque* s'est servi. Il est à croire que si Moïse avait écrit le *Pentateuque*, ses lois, ses expressions mêmes auraient été dans la bouche de tout le monde ; on les aurait citées en toute occasion, chaque Juif aurait su par cœur le livre du divin législateur, jusqu'à la moindre syllabe. Ce silence si long et si universel peut servir à favoriser l'opinion de ceux qui prétendent que les livres juifs furent tous écrits vers le temps de la captivité.

3. La peau albugineuse que ce fiel fait tomber, et un aveugle guéri en une demi-heure, sont des choses aussi extraordinaires qu'un aveuglement causé par une chiasse d'hirondelle.

Je ne dirai plus qu'un mot sur l'histoire de Tobie : c'est que sa légende rapporte expressément que, quand il mourut de vieillesse, ses enfants l'enterrèrent avec joie. Passe encore si ses héritiers avaient été des collatéraux !

Au reste, plus d'un commentateur, et surtout Calmet, prétend que le diable Asmodée est la Synagogue, et que Raphael est Jesus-Christ.

est pleine; car tantôt la scène est sous Nabuchodonosor, tantôt après la captivité : mais c'est parce que Judith est bien moins édifiante que Tobie.

« Un géographe serait bien empêché à placer Béthulie : tantôt on la met à quarante lieues au nord de Jérusalem, tantôt à quelques milles au midi : mais une honnête femme serait encore plus embarrassée à justifier la conduite de la belle Judith. Aller coucher avec un général d'armée pour lui couper la tête, cela n'est pas modeste. Mettre cette tête toute sanglante, de ses mains sanglantes, dans un petit sac, et s'en retourner paisiblement avec sa servante à travers une armée de cent cinquante mille hommes, sans être arrêtée par personne : cela n'est pas commun.

« Une chose encore plus rare, c'est d'avoir demeuré cent cinq ans après ce bel exploit dans la maison de feu son mari, comme il est dit au chapitre XVI, v. 28. Si nous supposons qu'elle était âgée de trente ans quand elle fit ce coup vigoureux, elle aurait vécu cent trente-cinq années. Calmet nous tire d'embarras en disant qu'elle en avait soixante-cinq lorsque Holopherne fut épris de son extrême beauté : c'est le bel âge pour tourner et pour couper des têtes. Mais le texte nous replonge dans une autre difficulté : il dit que personne ne troubla Israël tant qu'elle vécut; et malheureusement ce fut le temps de ses plus grands désastres.

« Quelques partisans de Judith ont soutenu qu'il y avait quelque chose de vrai dans son aventure, puisque les Juifs célébraient tous les ans la fête de cette prodigieuse femme. On leur a répondu que quand même les Juifs auraient institué douze fêtes par an à l'honneur de sainte Judith, cela ne prouverait rien.

« Les Grecs auraient eu beau célébrer la fête du cheval de Troie, il n'en serait pas moins faux et moins ridicule que Troie eût été prise par ce grand cheval de bois. Presque toutes les fêtes des Grecs et des anciens Romains célébraient des aventures fabuleuses. Castor et Pollux n'étaient point venus du ciel et des enfers pour se mettre à la tête d'une armée romaine; et cependant on fêtait ce beau miracle. On fêtait la vestale Sylvia, à qui le dieu Mars fit deux enfants pendant son sommeil, lorsque les Latins ne connaissaient ni le dieu Mars ni les vestales. Chaque fable avait sa fête à Rome comme dans Athènes. Chaque monument était une imposture. Plus ils étaient sacrés, et plus il est sûr qu'ils étaient ridicules.

« Et sans chercher des exemples trop loin, n'avons-nous pas encore, dans l'Église grecque, la fable des Sept Dormants, et dans l'Église romaine la fable des Onze mille Vierges? Y a-t-il rien de plus célèbre dans notre Occident que l'Épiphanie, et ces trois rois Gaspard, Melchior et Balthazar, qui viennent à pied des extrémités de l'Orient au village de Bethléem, conduits par une étoile? On en peut dire autant de Judith et d'Holopherne.

« Mais il y a une réponse encore meilleure à faire : c'est qu'il est faux que jamais les Juifs aient eu la fête de Judith. C'est un faussaire, un moine dominicain nommé Jean Nanni, connu sous le nom d'Annius

de Viterbe, qui fit imprimer, au seizième siècle, de prétendus ouvrages de Philon et Bérose, dans lesquels cette prétendue fête de Judith
est supposée.

« C'est ainsi que se sont établies mille opinions; plus elles étaient ridicules, et plus elles ont eu de vogue. Les Mille et une Nuits règnent
dans le monde. Nous n'en dirons pas plus sur Judith ; et nous en avons
trop dit sur Tobie. »

ESDRAS.

On demande si, lorsque les Juifs eurent obtenu du conquérant Cos-
rou, que nous nommons Cyrus, et ensuite de Dara, fils d'Hystaspe,
que nous nommons Darius, la permission de rebâtir Jérusalem, Esdras
écrivit son livre et le *Pentateuque*, etc., en caractères chaldéens ou
hébraïques? Ce ne devrait pas être une question. Il ne faut qu'un coup
d'œil pour voir qu'il se servit du caractère chaldéen, qui est encore
celui dont tous les Juifs se servent.

Il est d'ailleurs plus que probable que ces deux tribus de Juda et de
Benjamin, captives vers l'Euphrate, occupées aux emplois les plus vils,
mêlèrent beaucoup de mots de la langue de leurs maîtres au phénicien
corrompu qu'ils parlaient auparavant. C'est ce qui arrive à tous les
peuples transplantés.

On fait une autre question plus embarrassante : Esdras a-t-il rétabli
de mémoire tous les livres saints jusqu'à son temps? Si nous en croyons
toute l'Église grecque, mère, sans contredit, de la latine, Esdras a
dicté tous les livres saints, pendant quarante jours et quarante nuits
de suite, à cinq scribes qui écrivaient continuellement sous lui, comme
il est dit dans le quatrième livre d'*Esdras*, adopté par l'Église grecque.
S'il est vrai qu'Esdras ait en effet parlé pendant quarante fois vingt-
quatre heures sans interruption, c'est un grand miracle ; Esdras fut
certainement inspiré.

Mais s'il fut inspiré en parlant, ses cinq secrétaires ne le furent pas
en écrivant. Le premier livre (chap. II, v. 64) dit que la multitude des
Juifs qui revint dans la terre promise, se montait à quarante-deux
mille trois cent soixante personnes; et il compte toutes les familles, et
le nombre de chaque famille pour plus grande exactitude. Cependant,
quand on a additionné le tout, on ne trouve que vingt-neuf mille huit
cent dix-huit âmes. Il y a loin de ce calcul à celui d'environ trois millions d'Hébreux qui s'enfuirent d'Egypte, et qui vécurent de la rosée
de manne dans le désert.

Pour comble, le dénombrement de Néhémie (chap. VII, v. 66) est
tout aussi erroné; et c'est une chose assez extraordinaire de se tromper ainsi, en comptant si scrupuleusement le nombre de chaque famille. Les scribes qui écrivirent ne furent donc pas si bien inspirés
qu'Esdras, qui dicta pendant neuf cent soixante heures sans reprendre
haleine.

Les critiques dont nous avons tant parlé élèvent d'autres objections

contre les livres d'Esdras. L'édit de Cyrus, qui permet aux Juifs de rebâtir leur temple, ne leur paraît pas vraisemblable. Un roi de Perse,
selon eux, n'a jamais pu dire (chap. I, v. 2) : « Adonaï le Dieu du ciel
m'a donné tous les royaumes de la terre, et m'a commandé de lui
bâtir une maison dans Jérusalem, qui est en Judée. » C'est précisément, selon eux, comme si le Grand-Turc disait : « Saint Pierre et saint
Paul m'ont commandé de leur bâtir une chapelle dans Athènes, qui
est en Grèce. »

Il n'est pas possible que Cyrus, dont la religion était si différente
de celle des Juifs, ait reconnu le Dieu des Juifs pour son Dieu dans le
préambule d'un édit. Il n'a pu dire : « Ce Dieu m'a ordonné de lui bâtir
un temple. » Ce qui paraît plus vraisemblable, c'est que les Juifs, esclaves chez les Babyloniens, ayant trouvé grâce devant le conquérant
de Babylone, obtinrent, par des présents faits à propos aux grands de
la Perse, une permission conçue en termes convenables.

Les paroles suivantes de l'édit contredisent les premières (chap. I,
v. 3) : « Que tout juif monte à Jérusalem, qui est en Judée, et qu'il
rebâtisse la maison d'Adonaï, Dieu d'Israël. » Il n'est pas croyable que
le nom d'Israël fût connu du conquérant Cyrus.

(*Ib.* v. 4). « Et que tous les Juifs habitants des autres lieux assistent
ceux qui retourneront à Jérusalem en or, en argent, en meubles, en
bestiaux, outre ce qu'ils offrent volontairement au temple de Dieu,
lequel est à Jérusalem. »

On voit clairement par ces paroles que le petit nombre de Juifs qui
revint dans la ville voulut être assisté par ceux qui n'y revinrent point.
Ils prétextaient un ordre de Cyrus. Il n'est pas naturel que la chancel-
lerie de Babylone ait ordonné à des Juifs de donner de l'or et de l'argent à d'autres Juifs pour les aider à bâtir.

Voici quelque chose de bien plus fort. Le premier livre d'*Esdras* raconte qu'on retrouva dans Ecbatane un mémoire dans lequel étaient
écrits ces mots (chap. v, v. 13, et vi, v. 3 et 4) : « La première année
du règne du roi Cyrus, le roi Cyrus a ordonné que la maison de Dieu,
qui est à Jérusalem, fût rebâtie pour y offrir des hosties ; qu'il y eût
trois rangs de pierres brutes, et trois rangs de bois, etc. »

Si les Juifs avaient le diplôme de Cyrus donné à Babylone, pourquoi
en chercher un autre dans Ecbatane? Que veut dire, la première année du règne du roi Cyrus? Il régna dans Ecbatane avant de prendre
Babylone; il ne pouvait rien ordonner concernant les Juifs esclaves à
Babylone, lorsqu'il n'était que roi des Mèdes. Il y a là une contradiction palpable.

De plus, un roi, soit babylonien, soit hyrcanien, ne s'embarrasse
guère si un temple juif sera bâti de trois rangs de pierres de taille ou
brutes, et s'il y aura par-dessus ces pierres trois rangs de planches.
Enfin, ce n'est pas là un temple, c'est une très-pauvre et très-mau-
vaise grange; et cette mesquinerie grossière ne s'accorde guère avec
les cinq mille quatre cents vases d'or et d'argent que Cyrus, roi de
Perse, fit rendre aux Juifs dans le premier chapitre. On voit l'esprit
juif dans toutes ces exagérations; son orgueil perce à travers sa mi-

sère : et dans cet orgueil, et dans cette misère, les contradictions se glissent en foule.

Esdras fait rendre à ces malheureux cinq mille quatre cents vases d'or et d'argent par Cyrus; et le moment d'après c'est Artaxerce qui les donne. Or, entre le commencement du règne de Cyrus dans Ecbatane, et celui d'Artaxerce à Babylone, on compte environ six vingts ans. Supputez, lecteurs, et jugez.

ESTHER.

AVIS DU COMMENTATEUR. — « Ce livre d'*Esther* étant reconnu par les Juifs, nous allons en rassembler les traits les plus curieux; et nous les commenterons le plus succinctement qu'il sera possible. Ce que nous craignons le plus, c'est le verbiage. »

(Chap. i, v. 1.) Dans les jours d'Assuérus, qui régnait de l'Inde à l'Éthiopie, sur cent vingt-sept provinces[1], il s'assit sur son trône. Et Suse était la capitale de son empire. Il fit un grand festin à tous les princes.... Le festin dura cent quatre-vingts jours[2]....

....Sur la fin du repas, le roi invita tout le peuple de Suse pendant sept jours, depuis le plus grand jusqu'au plus petit.... Sous des voiles de couleur bleu céleste, des lits d'or et d'argent étaient rangés sur des pavés d'émeraudes[3].... Le septième jour, le roi, étant plus gai que de coutume à cause du trop de vin qu'il avait bu, commanda aux sept princes eunuques qui le servaient de faire venir la reine Vasthi (toute nue, suivant le texte chaldéen), le diadème au front, pour montrer sa beauté à tous ses peuples; car elle était fort belle[4]....

1. On ne sait quel était cet Assuérus. Des doctes assurent que ce nom était le titre que prenaient tous les rois de Perse ; ils s'intitulaient *Achawerosh*, qui voulait dire héros, guerrier invincible ; et de cet *Achawerosh* les Grecs firent *Assuérus*. Mais cette étymologie ne nous apprend pas qui était ce grand prince.

2. Les critiques obstinés, tels que les Bolingbroke, les Fréret, les Dumarsais, les Tilladet, les Meslier, les Boulanger, etc., traitent ce début de conte des *Mille et une Nuits*. Un festin de cent quatre-vingts jours leur paraît bien long. Ils citent la loi d'un peuple fort sobre, qui ordonne qu'on ne soit jamais plus de dix heures à table.

3. Les voiles de bleu céleste, les lits d'or, et le pavé d'émeraude, leur paraissent dignes du coq d'Aboulcassem. C'est peut-être une allégorie, une figure, un type ; nous n'osons en décider.

4. Si le texte chaldéen porte que le roi voulut que sa femme parût toute nue, son ivresse semble rendre cette extravagance vraisemblable. Le commencement de cette histoire a quelque rapport avec celle de Candaule et de Gygès, racontée par Hérodote.
On peut observer que, pendant le festin de cent quatre-vingts jours que le roi donnait aux seigneurs, la reine Vasthi en donnait un aussi long aux dames de Babylone. L'historien Flavius Josèphe (*Antiquités judaïques*, liv. XI, chap. vi) remarque que ce n'était pas la coutume en Perse que les femmes mangeassent avec les hommes, et que même il ne leur était jamais permis de se laisser voir aux étrangers. Cette remarque sert à détruire la fable incroyable d'Hérodote, que les femmes de Babylone étaient obligées de se prostituer une fois dans leur vie aux étrangers dans le temple de Milita. Ceux qui ont tâché de soutenir l'erreur d'Hérodote doivent se rendre au témoignage de Flavius Josèphe.

.... Le roi, transporté de fureur, consulta sept sages[1].... **Mamuchan** parla le premier, et dit :

« Roi, s'il te plaît, il faut qu'il sorte un édit de ta face, par lequel la reine Vasthi ne se présentera plus devant toi ; que son diadème sera donné à une qui vaudra mieux qu'elle ; et qu'on publie dans tout l'empire qu'il faut que les femmes soient obéissantes à leurs maris[2].... »

Le roi envoya l'édit dans toutes les provinces de son empire....

(Chap. II, v. 2.)... Alors les ministres du roi dirent : « Qu'on cherche partout des filles pucelles et belles ; et celle qui plaira le plus aux yeux du roi sera reine au lieu de Vasthi.... »

Or, il y avait dans Suse un Juif nommé Mardochée..., oncle d'Esther.... Et Esther était très-belle et très-agréable....

Et Esther plut au roi. Ainsi il commanda à un eunuque de l'admettre parmi les filles, et de lui donner son contingent avec sept belles filles de chambre, et de la bien parer elle et ses filles de chambre....

Et Esther ne voulut point dire de quel pays elle était ; car Mardochée lui avait défendu de le dire[3]....

.... On préparait les filles destinées au roi pendant un an. Les six premiers mois on les frottait d'huile et de myrrhe, et les six derniers mois de parfums et d'aromates.... Et le roi aima Esther par-dessus les autres filles ; et il lui mit un diadème sur le front, et il la fit reine à la place de Vasthi....

(Chap. III, v. 1.) Après cela le roi éleva en dignité Aman, fils d'Amadath de la race d'Agag, et mit son trône au-dessus du trône de tous les satrapes ; et tous les serviteurs du roi pliaient les genoux devant lui, et l'adoraient (le saluaient en lui baisant la main, ou le saluaient en portant leur main à leur bouche). Le seul Mardochée ne pliait pas les genoux devant lui, et ne portait pas sa main à sa bouche.... Aman, ayant appris qu'il était Juif, voulut exterminer toute la nation juive[4]....

---

1. Des doctes ont prétendu que ces sept principaux officiers du roi de Perse représentaient les sept planètes ; que c'est de là que les Juifs prirent leurs sept anges qui sont toujours debout devant le Seigneur ; et d'autres prouvent que c'est l'origine des sept électeurs.

2. Ceux qui prétendent que les femmes ne furent soumises à leurs maris que depuis cet édit ne connaissent guère le monde. Les femmes étaient gardées depuis très-longtemps par des eunuques, et par conséquent étaient plus que soumises. Les princes de l'Asie n'avaient guère que des concubines. Ils déclaraient princesses celles de leurs esclaves qui prenaient le plus d'ascendant sur eux. Telle a été et telle est encore la coutume des potentats asiatiques. Ils choisissent leurs successeurs avec la même liberté qu'ils en ont choisi les mères.

3. Les critiques ont dit que jamais le sultan des Turcs, ni le roi de Maroc, ni le roi de Perse, ni le Grand-Mogol, ni le roi de la Chine, ne reçoit une fille dans son sérail sans qu'on apporte sa généalogie, et des certificats de l'endroit où elle a été prise. Il n'y a pas un cheval arabe dans les écuries du Grand-Seigneur, dont la généalogie ne soit entre les mains du grand écuyer. Comment Assuérus n'aurait-il pas été informé de la patrie, de la famille, et de la religion d'une fille qu'il déclarait reine ? « C'est un roman, disent les incrédules ; et il faut qu'un roman ait quelque chose de vraisemblable jusque dans les aventures les plus chimériques. On peut supposer, à toute force, qu'Assuérus ait épousé une Juive ; mais il doit avoir su qu'elle était Juive. »

Cette objection a du poids. Tout ce qu'on peut répliquer, c'est que Dieu dispensa du cœur du roi, et qu'il laissa son esprit dans l'ignorance.

4. C'est une coutume très-antique en Asie de se prosterner devant les rois, et

.... Et on jeta le sort devant Aman, pour savoir quel mois et quel jour on devait tuer tous les Juifs; et le sort tomba sur le douzième mois, etc [1]....

Le roi commanda qu'on allât chez tous les Juifs dans tout l'empire; qu'on leur ordonnât de s'assembler, et de tuer tous leurs ennemis avec leurs femmes et leurs enfants, et de piller leurs dépouilles le treizième jour du mois d Adar....

(Chap. ix, v. 12). Et le roi dit à la reine Esther : « Vos Juifs ont tué aujourd'hui cinq cents personnes dans ma ville de Suse.... Combien voulez-vous qu'ils en tuent encore? » Et la reine répondit : « S'il plaît au roi, il en sera massacré autant demain qu'aujourd'hui ; et que les dix enfants d'Aman soient pendus. » Et le roi commanda que cela fût fait [2].

même devant leurs principaux officiers. Nous avons traduit dans notre langue cette salutation par le mot *adoration,* qui ne signifie autre chose que baiser sa main. Mais ce mot *adoration* étant aussi employé pour marquer le respect dû à la Divinité, a produit une équivoque chez plusieurs nations. Les peuples occidentaux, toujours très-mal informés des usages de l'Orient, se sont imaginé qu'on saluait un roi de Perse comme on adore la Divinité. Mardochée, né et nourri dans l'Orient, ne devait pas s'y méprendre ; il ne devait pas refuser de faire au satrape Aman une révérence usitée dans le pays. On lui fait dire, dans ce livre, qu'il ne voulait pas rendre au ministre du roi un honneur qui n'était dû qu'à Dieu : ce n'est là que la grossièreté orgueilleuse d'un homme impoli qui se glorifie secrètement d'être oncle d'une reine Il est vrai qu'il paraît bien improbable qu'on ne sût pas dans le sérail qu'Esther était sa nièce. Mais si on se prête à cette supposition, si Mardochée n'est regardé que comme un pauvre Juif de la lie du peuple, pourquoi ne salue-t-il pas Aman comme tous les autres Juifs le saluent?

Pour cet Aman qui veut faire pendre toute une nation, parce qu'un pauvre de cette nation ne lui a pas fait la révérence, avouons que jamais une f lie si ridicule et si horrible ne tomba dans la tête de personne. Les Juifs ont pris cette histoire au pied de la lettre : ils ont institué une fête en l'honneur d'Esther ; ils ont pris le conte allégorique d'Esther pour une aventure véritable, parce que la prétendue élévation d'une Juive sur le trône de Perse était une consolation pour ce peuple presque toujours esclave.

Si Aman était en effet de la race de ce roi Agag que le prophète Samuel avait haché en morceaux de ses propres mains, il pouvait être excusable de détester une nation qui avait traité ainsi l'un de ses aïeux ; mais on n'égorge point tout un peuple pour une révérence omise.

1. Les critiques trouvent, avec quelque apparence de raison, Aman bien imbécile de faire afficher et publier dans tout l'empire le mois et le jour où l'on devra tuer tous les Juifs. C'était les avertir trop à l'avance, et leur donner tout le temps de s'enfuir et même de se venger : c'est une trop grande absurdité. Tout le reste de cette histoire est dans le même goût; il n'y a pas un seul mot de vraisemblable. Où l'écrivain de ce roman a-t-il pris qu'on coupait le cou à toute femme ou concubine du roi qui entrait chez lui sans être appelée ? Cet Aman pendu à la potence dressée pour Mardochée, et tous les épisodes de ce *Conte au Tonneau,* ne sont-ils pas *ægri somnia?* Mais voici le plus rare du texte.

2. Il faut pardonner aux critiques s'ils ont exprimé toute l'horreur que leur inspirait l'exécrable cruauté de cette douce Esther, et en même temps leur mépris pour un conte si dépourvu de sens commun. Ils ont crié qu'il était honteux de recevoir cette histoire comme vraie et sacrée. Que peut avoir de commun, disent-ils, la barbarie ridicule d'Esther avec la religion chrétienne, avec nos devoirs, avec le pardon des injures, recommandé par Jésus-Christ? N'est-ce pas joindre ensemble le crime et la vertu, la démence et la sagesse, le plat mensonge et l'auguste vérité ? Les Juifs admettent la fable d'Esther ; sommes-nous Juifs ? et parce qu'ils sont amateurs des fables les plus grossières, faut-il que nous les imitions ? Parce qu'en tout temps ils furent sanguinaires, faut-il que

PROPHÈTES.

AVERTISSEMENT DU COMMENTATEUR.—« Ce fut dans les querelles entre les tribus, et pendant la captivité en Babylone, que les voyants, les devins, les prophètes, parurent. Nous avons déjà parlé d'Élie, d'Élisée, d'Isaïe, de Jérémie : nous dirons des autres ce qui paraît nécessaire, sans entrer dans le détail de leurs déclamations. Nous ne sommes pas assez habiles pour comprendre leurs discours, pour sentir le mérite de leurs répétitions continuelles, pour distinguer le sens littéral, le sens mystique, le sens analogique, de leurs phrases hébraïques ou chaldéennes, que la traduction rend encore plus obscures. Nous tâcherons au moins d'être courts en parlant de ces livres si longs.

« Les Juifs ne lisent point les prophètes dans leurs synagogues, ou du moins les lisent très-rarement. Les Chrétiens, pour la plupart, ne les connaissent que par quelques citations. Nous choisirons les morceaux les plus curieux et les plus singuliers. Commençons par Daniel, dont les aventures sont du temps de Nabuchodonosor et de ses successeurs. »

DANIEL.

Les critiques osent affirmer que le livre de *Daniel* ne fut composé que du temps d'Antiochus Épiphanes; que toute l'histoire de Daniel n'est qu'un roman, comme ceux de Tobie, de Judith, et d'Esther. Voici leurs raisons, qui ne sont fondées que sur les lumières naturelles, et qui sont détruites par la décision de l'Église, laquelle est au-dessus de toute lumière.

1° Il est dit (chap. i) que Daniel, esclave dès son enfance à Babylone avec Sidrach, Misach, et Abdénago, fut fait eunuque avec ses trois compagnons, et élevé parmi les eunuques; ce qui le mettait dans l'impuissance de prophétiser.

On répond qu'il n'est pas dit expressément qu'on châtra Daniel, mais seulement qu'on le mit sous la direction d'Ashphénez, chef des eunuques. Il est très-vraisemblable que Daniel subit cette opération, comme tous les autres enfants esclaves réservés pour servir dans la chambre du roi. Mais enfin il pouvait être destiné à d'autres emplois. Les bostangis ne sont point châtrés dans le sérail du Grand-Turc. Un eunuque ne pouvait être prêtre chez les Juifs : mais il n'est dit nulle part qu'il

nous le soyons, nous qui avons voulu substituer une religion de clémence et de fraternité à leur secte barbare, nous qui au moins nous vantons d'avoir des préceptes de justice, quoique nous ayons eu le malheur d'être si souvent et si horriblement injustes ?

Nous n'ignorons pas que la fable d'Esther a un côté séduisant : une captive devenue reine, et sauvant de la mort tous ses concitoyens, est un sujet de roman et de tragédie. Mais qu'il est gâté par les contradictions et les absurdités dont il regorge! qu'il est déshonoré par la barbarie d'Esther, aussi contraire aux mœurs de son sexe qu'à la vraisemblance!

ne pouvait être prophète; au contraire, plus il était délivré de ce que nous avons de terrestre, plus il était propre au céleste.

(Chap. II.) 2° Daniel commence non-seulement par expliquer un songe, mais encore par deviner quel songe a fait le roi. Le texte dit que le roi Nabuchodonosor fut épouvanté de son rêve, et qu'aussitôt il l'oublia entièrement. Il assembla tous les mages, et leur dit : « Je vous ferai tous pendre, si vous ne m'apprenez ce que j'ai rêvé. » Ils lui remontrèrent qu'il leur ordonnait une chose impossible. Aussitôt le grand Nabuchodonosor ordonna qu'on les pendît. Daniel, Sidrach, Misach, et Abdénago, allaient être pendus aussi en qualité de novices-mages, lorsque Daniel leur sauva la vie en devinant le rêve. Les critiques osent traiter ce récit de puérilité ridicule.

(Chap. III.) 3° Ensuite vient l'histoire de la fournaise ardente, dans laquelle Sidrach, Misach, et Abdénago chantèrent. On ne traite pas cette aventure avec plus de ménagement.

(Chap. IV.) 4° Ensuite Nabuchodonosor est changé en bœuf, et mange du foin pendant sept ans, après quoi il redevient homme et reprend sa cou   C'est sur quoi nos critiques s'égayent inconsidérément.

(Chap. V.) 5° Ils ne sont pas moins hardis sur Balthazar, prétendu fils de Nabuchodonosor, et sur cette main qui va écrivant trois mots en caractères inconnus sur la muraille. Ils protestent que Nabuchodonosor n'eut d'autre fils qu'Évilmérodac, et que Balthazar est inconnu chez tous les historiens.

6° L'auteur juif fait succéder à Balthazar Darius le Mède : mais ce Darius le Mède n'a pas plus existé que Balthazar. C'est Cyaxare, oncle de Cyrus, que l'auteur transforme en Darius de Médie.

(Chap. VI.) 7° L'auteur raconte que ce Darius, ayant ordonné qu'on ne priât aucun dieu pendant trente jours dans tout son empire, et Daniel ayant prié le Dieu des Juifs, on le fit jeter dans la fosse aux lions. Le roi courut le lendemain à la fosse, et appela Daniel, qui lui répondit. Les lions ne l'avaient pas touché. Le roi fit jeter à sa place ses accusateurs avec leurs femmes et leurs enfants, que les lions dévorèrent.

(Chap. VII.) 8° Vient ensuite la vision des quatre bêtes, et Daniel avait eu cette vision du temps du prétendu roi Balthazar. C'est cette vision des quatre bêtes qui paraît interpolée aux yeux des critiques hardis. Ils la soutiennent écrite du temps d'Antiochus Épiphanes. En effet, c'est à cet Antiochus que le prophète s'arrête, parce que l'écrivain, disent-ils, ne pouvait prophétiser que ce qu'il voyait. Ils le comparent à ce Flamand nommé Arnould Wion, qui dédia à Philippe II les prétendues prophéties et les logogriphes de l'Irlandais saint Malachie, logogriphes qu'il disait écrits au douzième siècle, et qui prédisaient les noms de tous les papes jusqu'à la fin du monde. Nous sommes bien loin de penser ainsi de la prophétie de Daniel; mais on nous a fait une loi de rapporter toutes les critiques.

9° Après la vision des quatre bêtes, l'ange Gabriel, que les Juifs ne connurent que pendant leur captivité, vient visiter Daniel, et lui révèle, « Que le temps de soixante et dix semaines est abrégé sur tout

le peuple et sur la ville sainte, afin que la prévarication soit consommée, que le péché reçoive sa fin, que l'iniquité s'efface, que la justice
éternelle soit amenée, que la vision et la prophétie soient accomplies,
et que le sanctuaire soit oint.

« Sache donc et pense que de l'ordre donné pour rebâtir Jérusalem
usqu'à l'oint chef du peuple, il y aura sept semaines et soixante-deux
semaines; et les murailles seront bâties dans des temps fâcheux; et
après soixante-deux semaines le chef oint sera tué. »

Voilà cette fameuse prophétie que les uns ont appliquée à Judas Machabée, regardé comme un messie, un oint, un libérateur, et qui l'é-
tait en effet; les autres, au grand prêtre Onias; les autres, enfin, à
notre Seigneur Jésus-Christ lui-même; mais qu'aucun interprète n'a pu
faire cadrer avec le temps auquel il en fait l'application. Ce passage,
ainsi que tant d'autres, nous laisse dans une obscurité profonde, que
les phrases de l'abbé Houteville, secrétaire du cardinal Dubois, n'ont
pas éclairée.

10° Après cette prophétie de soixante-deux semaines, plus sept semaines, l'ange Gabriel avertit Daniel qu'il a résisté pendant vingt et
un jours à l'ange des Perses; mais que l'ange Michel ou Michael est
venu à son secours. Ce passage prouve que les fables grecques de dieux
combattant contre des dieux avaient déjà pénétré chez le peuple juif.

(Chap. XIII.) 11° L'histoire de Suzanne et des deux vieillards débauchés et calomniateurs ne tient point au reste de l'histoire de Daniel :
saint Jérôme ne la regarde que comme une fable rabbinique.

(Chap. XIV.) 12° L'histoire du dragon qu'on nourrissait dans le temple de Bel a eu autant de contradicteurs que celle de Suzanne; et saint
Jérôme n'est guère plus favorable aux unes qu'aux autres. Il avoue que
ni Suzanne, ni le dragon, ni la chanson chantée dans la fournaise, ne
sont authentiques : il traite surtout de fable le potage d'Habacuc, et
l'ange qui lui commande de porter son potage de Jérusalem à Babylone,
dans la fosse aux lions, et enfin cet ange qui prend Habacuc par les
cheveux, et qui le transporte dans l'air à Babylone avec son potage.

Ce n'est pas que saint Jérôme nie la possibilité de ces aventures; car
rien n'est impossible à Dieu : mais il montre qu'elles ne s'accordent
pas avec la chronologie. Il admet tout le reste de la prophétie de Daniel. Nous avons connu un homme qui niait la vérité de trois chapitres
de Rabelais, mais qui admettait tous les autres.

ÉZÉCHIEL.

Ézéchiel, captif sur les bords du fleuve Chobar, voit d'abord au milieu
d'un feu quatre animaux ayant chacun quatre faces d'homme, quatre ailes,
des pieds de veau, et des mains d'homme, de lion, de bœuf et d'aigle.

Il y avait près d'eux une roue à quatre faces; lorsque les animaux
marchaient, les roues marchaient aussi....

Après ce spectacle dont nous ne donnons qu'une très-légère es-
quisse, le Seigneur présente au prophète un livre, un rouleau de par-

chemin, et lui dit (chap. III) : « Mange ce livre; » et Ézéchiel le mange; puis le Seigneur lui dit : « Va te faire lier dans ta maison; » et le prophète va se faire lier.

Puis le Seigneur lui dit (chap. IV) : « Prends une brique; dessine dessus la ville de Jérusalem, et autour d'elle une armée qui l'assiége. Prends une poêle de fer, et mets-la contre un mur de fer.... » et le prophète fait tout cela.

Ensuite le Seigneur lui dit : « Couche-toi pendant trois cent quatre-vingt-dix jours sur le côté gauche, et pendant quarante jours sur le côté droit; mange pendant trois cent quatre-vingt-dix jours ton pain couvert de merde d'homme, devant tous les Juifs; car c'est ainsi qu'ils mangeront leur pain tout souillé parmi les nations chez lesquelles je les chasserai. »

Ce sont là les ordres positifs que donne le Seigneur; ce sont là les propres termes dont il se sert. A quoi Ézéchiel répond : « Ah! ah! ah! (ou pouah! pouah!) Seigneur, jamais rien d'impur n'est entré dans ma bouche. Le Seigneur lui répond : « Eh bien! je te donne de la fiente de bœuf au lieu de merde d'homme, et tu la mêleras avec ton pain; je vais briser dans Jérusalem le bâton du pain, et on ne mangera de pain, et on ne boira d'eau, que par mesure. »

Le Seigneur continue, et dit à Ézéchiel (chap. V) : « Prends un fer tranchant et coupe-toi les cheveux et la barbe; brûle le tiers de ces poils au milieu de la ville, selon le nombre des jours du siége. Coupe avec une épée le second tiers autour de la ville, et jette au vent le tiers restant...; car voici ce que dit le Seigneur : « Parce que Jérusa-« lem n'a pas marché dans mes préceptes, et n'a pas opéré selon le « jugement de ceux qui l'environnent, j'irai à elle, j'exercerai mes « jugements aux yeux des nations.... Les pères mangeront leurs en-« fants, et les enfants mangeront leurs pères. Un tiers du peuple « mourra de peste et de faim; un tiers tombera sous le glaive dans la « ville; un tiers sera dispersé, et je le poursuivrai l'épée nue. »

Il s'est élevé une grande dispute entre les interprètes. Tant de choses extraordinaires, si opposées à nos mœurs et à notre raison, se sont-elles passées en visions ou en réalité? Ézéchiel raconte-t-il cette histoire comme un songe ou comme une action véritable? Les derniers commentateurs, et surtout dom Calmet, ne doutent pas que tout ne se soit réellement passé comme le dit Ézéchiel. Voici comme dom Calmet s'en explique :

« Nous ne voyons aucune nécessité de recourir au miracle. Il n'est nullement impossible qu'un homme demeure enchaîné et couché sur l dos pendant trois cent quatre-vingt-dix jours.... Prado témoigne qu'i a vu un fou qui demeura lié et couché sur son côté pendant plus de quinze ans. Si tout cela n'était arrivé qu'en vision, comment les Juifs de la captivité auraient-ils compris ce que leur voulait dire Ézéchiel? Comment ce prophète aurait-il exécuté les ordres de Dieu? Il faut donc dire aussi qu'il ne dressa point le plan de Jérusalem, qu'il ne fut lié, qu'il ne mangea son pain qu'en esprit et en idée. »

On doit donc croire qu'effectivement tout se passa comme Ézéchiel le raconte ; et cela n'est pas plus surprenant que les aventures réelles d'Élie, d'Élisée, de Samson, de Jephté, de Gédéon, de Josué, de Moïse, de Jacob, d'Abraham, de Noé, d'Adam et d'Ève. Mes prédécesseurs ont remarqué que dans les livres judaïques rien ne s'est fait de ce qui se fait aujourd'hui.

De tous les passages d'Ézéchiel, celui qui a excité le plus de murmures parmi les critiques, et qui a le plus embarrassé les commentateurs, est l'article d'Oolla et d'Ooliba. Le prophète fait parler ainsi le Seigneur à Oolla : « Je t'ai fait croître comme l'herbe qui est dans les champs ; tu es parvenue au temps où les filles aiment les ornements ; tes tétons sont enflés, ton poil a poussé ; tu étais toute nue et pleine de confusion ; j'ai passé auprès de toi, je t'ai vue. Voilà le temps des amants. Je me suis étendu sur toi ; j'ai couvert ton ignominie ; j'ai juré un pacte avec toi, et tu as été mienne.... Je t'ai donné des robes de plusieurs couleurs ; je t'ai donné des souliers bleus, une ceinture de coton.... Tu as été parée d'or et d'argent, nourrie de bon pain, de miel, et d'huile ; et après cela, tu as mis ta confiance en ta beauté ; tu as forniqué en ton nom, et tu as exposé ta fornication à tous les passants ; tu t'es bâti un mauvais lieu, et tu t'es prostituée dans les rues.... On paye les filles de joie, et tu as payé tes amants pour forniquer avec toi.... »

Ensuite le Seigneur s'adressa à Ooliba ; il dit qu'Ooliba a exposé à nu ses fornications : « Et insanivit libidine super concubitum eorum « quorum carnes sunt ut carnes asinorum, et sicut fluxus equorum « fluxus eorum. »

Ce n'est point là le récit d'une aventure réelle comme celle du prophète Osée avec la Gomer ; ce n'est qu'une pure allégorie exprimée avec une naïveté qu'aujourd'hui nous trouverions trop grossière, et qui peut-être ne l'était point alors.

Les Juifs firent beaucoup de difficultés pour insérer cette prophétie dans leur Canon ; et lorsqu'ils l'admirent, ils n'en permirent la lecture qu'à l'âge de trente ans. Une des raisons qui les portèrent à cette sévérité fut qu'Ézéchiel, dans sa prophétie, fait dire au Seigneur : « J'ai donné à mon peuple des préceptes qui ne sont pas bons, et je leur ai donné des ordonnances dans lesquelles ils ne trouveront point la vie. » On eut peur que ce passage ne diminuât le respect des Juifs pour la loi de Moïse.

On peut encore remarquer sur Ézéchiel la prédiction qu'il fait au chapitre xxxix pour consoler les Juifs captifs. Il fait inviter par le Seigneur même tous les oiseaux et tous les quadrupèdes à venir manger la chair des guerriers qu'il immolera, et à boire le sang des princes.

Et ensuite il dit, aux versets 19 et 20 : « Vous mangerez de la chair grasse jusqu'à satiété ; vous boirez le sang de la victime que je vous prépare ; vous vous rassasierez à ma table de la chair des chevaux et des cavaliers, et de tous les gens de guerre. J'établirai ma gloire parmi les nations ; elles connaîtront ma main puissante ; et dans ce jour la maison d'Israël saura que c'est moi qui suis le Seigneur. »

On a cru que la première promesse, de manger la chair des guer-

riers et de boire le sang des princes, était faite pour les oiseaux, et
que la seconde, de manger le cheval et le cavalier, était faite pour
les guerriers juifs. Il y avait en effet dans les armées des Perses beaucoup de Scythes qui mangeaient de la chair humaine, et qui s'abreu-
vaient de sang dans le crâne de leurs ennemis. Le Seigneur pouvait
dire aux Juifs qu'ils traiteraient un jour les Scythes comme les Scythes
les avaient traités. Le Seigneur pouvait bien leur dire : « Vous saurez
que c'est moi qui suis le Seigneur; » mais il ne pouvait le dire aux
quadrupèdes et aux oiseaux, qui n'en ont jamais rien su.

Nous ne prétendons point entrer dans toutes les profondeurs mysté-
rieuses de tous les prophètes, ni examiner les divers sens qu'on a donnés à leurs paroles : nous nous bornons à montrer seulement ce qu'il
y a de plus singulier dans leurs aventures, et ce qui est le plus éloigné
de nos mœurs.

OSÉE.

Osée est peut-être celui qui doit le plus étonner des lecteurs qui ne
connaissent pas les mœurs antiques. Il était né chez les Samaritains,
un peu avant la dispersion des dix tribus; par conséquent il était dans
le rang des schismatiques, à moins qu'une grâce particulière de Dieu
ne l'attachât au culte de Jérusalem. Voici le commencement de sa prophétie.

Le Seigneur dit à Osée : « Va, prends une femme de fornication, et
fais-toi des enfants de fornication, parce que la terre, en forniquant,
forniquera contre le Seigneur. » Osée s'en alla, et prit la prostituée
Gomer, fille de Debelaïm; il l'engrossa, et elle lui enfanta un fils.... Et
le Seigneur dit à Osée : « Appelle l'enfant Jezrahel, parce que dans
peu de temps je visiterai le sang de Jezrahel sur la maison de Jéhu.... »
Et Gomer enfanta encore une fille; et le Seigneur lui dit : « Appelle-
la *sans pitié*, parce qu'à l'avenir je n'aurai plus de pitié de la maison
d'Israël. »

Gomer enfanta encore un fils; et le Seigneur dit à Osée : « Tu l'appelleras *non mon peuple*, parce que les Israélites ne seront plus mon
peuple, et que je ne serai plus leur Dieu.... »

Après cela le Seigneur dit à Osée : « Va, prends une femme qui ait
déjà un amant, et qui soit adultère.... » Osée acheta cette femme
quinze drachmes d'argent et un boisseau et demi d'orge. Il la creusa,
et lui dit : « Tu m'attendras longtemps, tu ne forniqueras point avec
d'autres; et moi je t'attendrai, parce que les enfants d'Israël atten-
dront longtemps sans rois, sans princes, sans sacrifices, sans éphod et
sans Téraphims. »

Tous ces faits ne se passent point en vision : ce ne sont point de
simples allégories, de simples apologues; ce sont des faits réels. Osée
n'a point eu trois enfants de Gomer en vision ou en songe; mais ces
faits, quoique arrivés en effet, n'en sont pas moins des types, des
signes, des figures de ce qui arrive au peuple d'Israël. Toute action
d'un prophète est un type. C'est ainsi qu'Isaïe marche entièrement nu

dans la ville de Jérusalem. Le Seigneur lui dit, au chapitre xx de sa prophétie : « Va, détache ton sac de tes reins, et les souliers de tes pieds. » Isaïe fit ainsi, marchant nu et déchaussé. Et le Seigneur dit : « Comme mon serviteur a marché nu et déchaussé, c'est un signe pour l'Égypte et pour l'Éthiopie. Le roi des Assyriens emmènera d'Égypte et d'Éthiopie les jeunes et les vieux, nus et déchaussés, les fesses découvertes, pour l'ignominie de l'Égypte. »

On ne peut trop répéter qu'il ne faut pas juger de ces siècles par notre siècle, des Juifs par les Français et par les Anglais, des mœurs juives par les nôtres, de leur style par notre style.

JONAS.

Si les histoires d'Osée, d'Ézéchiel, de Jérémie, d'Isaïe, d'Elisée, d'Élie, étonnent l'entendement humain, celle de Jonas ne l'accable pas moins. Calmet commence sa préface sur Jonas par ces mots : « L'histoire des douze petits prophètes ne nous fournit rien qui approche tant du merveilleux que la vie de Jonas. »

C'était un Galiléen, de la tribu de Zabulon, par conséquent né parmi les hérétiques; et Dieu l'envoie prêcher dans Ninive, à ceux qu'on nomme idolâtres. Il est le seul qui ait eu une telle commission. En quelle langue prêcha-t-il ? Il y avait environ quatre cents lieues de sa patrie à Ninive.

Le prophète, au lieu d'obéir, voulut s'enfuir à Tharsis en Cilicie; mais il s'embarque au petit port de Joppé, encore plus éloigné du lieu de sa mission. Il se jette dans une barque. Une tempête horrible survient : cette tempête endort Jonas. Les mariniers le prient d'invoquer son Dieu pour apaiser l'orage : Jonas n'en fait rien. Alors les matelots jettent le sort pour savoir qui on doit précipiter dans la mer, ne doutant pas que ce ne soit un secret infaillible pour apaiser les vents. Le sort tombe sur Jonas; on le jette dans l'eau, et la tempête cesse dans le même instant : ce qui inspire un grand respect aux matelots de Joppé pour le Dieu de Juda, sans qu'ils se convertissent. (Chap. ii.) Le Seigneur envoie dans le moment un grand poisson qui avale Jonas, et qui le garde trois jours et trois nuits dans son ventre; Jonas, étant dans les entrailles de cet animal, chante un cantique assez long au Seigneur; et le Seigneur ordonne au poisson de rendre Jonas et de le rejeter sur le rivage. Le poisson obéit.

Les critiques incrédules prétendent que tout ce récit est une fable prise des fables grecques. Homère, dans son livre XX, parle du monstre marin qui se jeta sur Hercule. Lycophron raconte qu'Hercule resta trois jours et trois nuits dans son ventre; qu'il se nourrit de son foie après l'avoir mis sur le gril; qu'au bout de trois jours il sortit de sa prison en victorieux, et qu'ensuite il passa la mer dans son gobelet pour aller d'Espagne en Mauritanie.

La mission d'Hercule avait été tout autre que celle de Jonas. Le prophète hébreu devait prêcher dans Ninive; et Hercule, bien inférieur à

Jonas, devait délivrer Hésione, fille de Priam, exposée à un chien marin. Cette délivrance fut mise au rang des plus beaux travaux de ce héros, lesquels surpassent de beaucoup le nombre de douze qu'on lui attribue.

La fable d'Arion jeté dans la mer par des mariniers, et sauvé des flots par un de ces marsouins appelés par nous *dauphins*, qui le porta sur son dos dans Lesbos sa patrie, paraît moins absurde, parce qu'en effet quelques naturalistes ont prétendu qu'on pouvait apprivoiser les dauphins; mais ils n'ont jamais dit qu'on pût rester trois jours et trois nuits dans le ventre d'un poisson, et griller son foie pendant ce temps-là.

Comme l'absurde est quelquefois permis dans la poésie burlesque, le célèbre Arioste a imité, dans son poëme d'*Orlando furioso*, quelque chose de l'aventure d'Hercule; et en dernier lieu un prélat de Rome a enchéri encore sur l'Arioste dans son *Ricciardetto*. Ainsi les fables, déguisées en mille manières, ont fait le tour du monde, comme autrefois les masques couraient dans les rues sous des ajustements différents.

Les orthodoxes nous enseignent que tous les contes de poissons, soit baleines, soit chiens marins, qui ont avalé des héros, et qui ont été vaincus par eux, depuis Persée jusqu'à Ricciardetto, ont été imités de l'histoire véritable de Jonas.

CONTINUATION DE L'HISTOIRE HÉBRAÏQUE [1].

LES MACHABÉES.

Il ne faut point mépriser la curiosité que les Juifs nous inspirent. Tout superstitieux, tout inconstants, tout ignorants, tout barbares, et enfin tout malheureux qu'ils ont été et qu'ils sont encore, ils sont pourtant les pères des deux religions qui partagent aujourd'hui le monde, de Rome au Thibet, et du mont Atlas au Gange. Les Juifs sont les pères des chrétiens et des musulmans. L'Évangile, dicté par la vérité, et l'Alcoran, écrit par le mensonge, sont également fondés sur l'histoire juive. C'est une mère infortunée, respectée et opprimée par ses deux filles, par elles détrônée, et cependant sacrée pour elles. Voilà mon excuse de la peine fastidieuse de continuer ces recherches, entreprises par trois hommes plus savants que moi, mais à qui je ne cède point dans l'amour de la vérité.

Les Juifs respirèrent sous Alexandre pendant dix années. Cet Alexandre forme la plus brillante époque de tous les peuples occidentaux. Il est triste que son histoire soit défigurée par des contes fabuleux, comme celle de tous les héros et de toutes les nations antiques. Il est encore plus triste que ces fables soient répétées de nos jours, et même par des compilateurs estimables. A commencer par l'avénement d'A-

---

1. Ici, le troisième commentateur s'est arrêté; et un quatrième a continué l'histoire hébraïque d'une manière différente des trois autres.

lexandre au trône de Macédoine, je ne puis lire sans scrupule, dans Prideaux (*Histoire des Juifs*, livre VII), que Philippe, père d'Alexandre, fut assassiné par un de ses gardes qui lui avait demandé inutilement justice contre un de ses capitaines, *par lequel il avait été violé.* Quoi donc ! un soldat est assez intrépide, assez furieux pour poignarder son roi au milieu de ses courtisans, et il n'a ni assez de force ni assez de courage pour résister à un vieux sodomite ! Il se laisse violer comme une jeune fille faible de corps et d'esprit ! Mais c'est Diodore de Sicile qui le raconte au bout de trois cents ans. Diodore dit que ce garde était ivre. Mais, ou il consentit dans le vin à cette infamie trop commune chez les Thraces, ou le vin devait exciter sa colère et augmenter ses forces. Ce fut dans l'ivresse qu'Alexandre tua Clitus.

Justin copie Diodore ; Plutarque les copie tous deux. Prideaux et Rollin copient de notre temps ces anciens auteurs ; et quelque autre compilateur en fera autant, si des scrupules pareils aux miens ne l'arrêtent. Modernes perroquets, qui répétez des paroles anciennes, cessez de nous tromper en tout genre.

Si je voulais connaître Alexandre, je me le représenterais à l'âge de vingt ans, succédant au généralat de la Grèce qu'avait eu son père, soumettant d'abord tous les peuples, depuis les confins de la Thrace jusqu'au Danube, vainqueur des Thébains, qui s'opposaient à ses droits de général, conduisant trente-cinq mille soldats aguerris contre les troupes innombrables de ces mêmes Perses qui depuis vainquirent si souvent les Romains ; enfin allant jusqu'à l'Hydaspe dans l'Inde, parce que c'était là que finissait l'empire de Darius. Je regarderais cette guerre mémorable comme très-légitime, puisqu'il était nommé par toute la Grèce, malgré Démosthène, pour venger tous les maux que les rois de Perse avaient faits si longtemps aux Grecs, et qu'il méritait d'eux une reconnaissance éternelle. Je m'étonnerais qu'un jeune héros, dans la rapidité de ses victoires, ait bâti cette multitude de villes en Égypte, en Syrie, chez les Scythes, et jusque dans les Indes ; qu'il ait facilité le commerce de toutes les nations, et changé toutes ses routes en fondant le port d'Alexandrie. J'oserais lui rendre grâces au nom du genre humain.

Je douterais de cent particularités qu'on rapporte de sa vie et de sa mort, de ces anecdotes presque toujours fausses, et si souvent absurdes. Je m'en tiendrais à ses grandes actions, connues de toute la terre.

Ainsi les déclamations de quelques poètes contre les conquêtes d'Alexandre ne me paraîtraient que des jeux d'esprit. Je respecterais celui qui respecta la mère, la femme, et les filles de Darius ses prisonnières. Je l'admirerais dans la digue qu'il construisit au siège de Tyr, et qui fut imitée deux mille ans après par le cardinal de Richelieu au siége de La Rochelle.

S'il est vrai qu'Alexandre fit crucifier deux mille citoyens de Tyr après la prise de la ville, je frémirais ; mais j'excuserais peut-être cette vengeance atroce contre un peuple qui avait assassiné ses ambassadeurs et ses hérauts, et qui avait jeté leurs corps dans la mer. Je me rappellerais que César traita de même six cents des principaux citoyens de Vannes, bien moins coupables; et je plaindrais les nations si souvent en proie à de si horribles calamités.

Mais je ne croirais point que Dieu suscita Alexandre, et lui livra l'opulente ville de Tyr uniquement pour faire plaisir à Jérusalem, avec qui elle n'eut jamais de guerre particulière. Prideaux, et après lui Rollin, ont beau rapporter des passages de Joël et d'Ézéchiel, dans lesquels ils se réjouissent de la première chute de Tyr sous Nabuchodonosor, comme des esclaves fouettés par leurs maîtres insultent à d'autres esclaves fouettés à leur tour; ces passages, si ridiculement appliqués, ne me feraient jamais croire que le Dieu de l'univers, qui a laissé prendre tant de fois Jérusalem et son temple, n'a fait marcher Alexandre à la conquête de l'Asie que pour consoler quelques Juifs.

Je ne croirais pas davantage à la fable absurde que Flavius Josèphe (liv. XI, chap. VIII) ose raconter. Selon ce Juif, le pontife juif nommé Jaddus, ou plutôt Jadduah, avait apparu en songe à Alexandre dix ans auparavant; il l'avait exhorté à la conquête de l'empire persan, et l'avait assuré que le Dieu des Juifs le conduirait lui-même par la main. Quand ce grand prêtre vint en tremblant, suivi d'une députation juive, adorer Alexandre, c'est-à-dire se prosterner devant lui et demander ses ordres, Alexandre, voyant le mot *Jaho* gravé sur la tiare de ce prêtre, reconnut Jaddus au bout de dix ans, se prosterna lui-même, comme s'il avait su l'hébreu. Et voilà donc comment on écrivait l'histoire!

Les Juifs et les Samaritains demi-Juifs furent sujets d'Alexandre, comme ils l'avaient été de Darius. Ce fut pour eux un temps de repos. Les Hébreux des dix tribus dispersées par Salmanazar et par Asarhaddon, revinrent en foule et s'incorporèrent dans la tribu de Juda. Rien n'est en effet plus vraisemblable. Tel est le dénoûment naturel de cette difficulté qu'on fait encore tous les jours : « Que sont devenues les dix tribus captives? » Celle de Juda, possédant Jérusalem, s'arrogea toujours la supériorité, quoique cette capitale fût située dans le territoire de Benjamin. C'est pourquoi tous les prophètes juifs ne cessaient de dire que la verge resterait toujours dans Juda, malgré la jalousie des Samaritains établis à Sichem. Mais quelle domination! ils furent toujours assujettis à des étrangers.

Il y eut quelques Juifs dans l'armée d'Alexandre lorsqu'il eut conquis la Perse; du moins si nous en croyons le petit livre de Flavius Josèphe contre Apion. Ces soldats étaient probablement de ceux qui étaient restés vers Babylone après la captivité, et qui avaient mieux aimé gagner leur vie chez leurs vainqueurs, que d'aller relever les ruines du temple de Jérusalem. Alexandre voulut les faire travailler comme les autres à rebâtir un autre temple, celui de Bélus à Babylone. Josèphe assure qu'ils ne voulurent jamais employer leurs mains à un édifice profane, et qu'Alexandre fut obligé de les chasser. Plusieurs Juifs ne furent pourtant pas si difficiles, lorsque, trois cents ans après, ils travaillèrent sous Hérode à bâtir un temple dans Césarée à un mortel, à l'empereur Auguste leur souverain : tant le gouvernement change quelquefois les mœurs des hommes les plus obstinés!

On n'a point assez remarqué que le temps d'Alexandre fit une révolution dans l'esprit humain aussi grande que celle des empires de la terre. Une nouvelle lumière, quoique mêlée d'ombres épaisses, vint éclairer l'Europe, l'Asie, et une partie de l'Afrique septentrionale. Cette lumière venait de la seule Athènes. Elle n'était pas comparable, sans doute, à celle que les Newton et les Locke ont répandue de nos jours sur le genre humain, du fond d'une île autrefois ignorée du reste du monde. Mais Athènes avait commencé à éclairer les esprits en tout genre. Alexandre, élevé par Aristote, fut le digne disciple d'un tel maître. Nul homme n'eut plus d'esprit, plus de grâce et de goût, plus d'amour pour les sciences, que ce conquérant. Tous ses généraux, qui étaient Grecs, cultivèrent les beaux-arts jusque dans le tumulte de la guerre et dans les horreurs des factions. Ce fut un temps à peu près semblable à ce qu'on vit depuis sous César et Auguste, et sous les Médicis. Les hommes s'accoutumèrent, peu à peu, à penser plus raisonnablement, à mettre plus d'ordre et de naturel dans leurs écrits, et à colorer avec des dehors plus décents leurs plaisirs, leurs passions, leurs crimes même. Il y eut moins de prodiges, quoique la superstition fût toujours enracinée dans la populace, qui est née pour elle. Les Juifs eux-mêmes se défirent de ce style ampoulé, incompréhensible, incohérent, qui va par sauts et par bonds, et qui ressemble aux rêveries de l'ivresse quand il n'est pas l'enthousiasme d'une inspiration divine.

Les sublimes idées de Platon sur l'existence de l'âme, sur sa distinction de la machine animale, sur son immortalité, sur les peines et les récompenses après la mort, pénétrèrent d'abord chez les Juifs hellénistes établis avec de grands priviléges dans Alexandrie, et de là chez les Pharisiens de Jérusalem. Ils n'entendaient auparavant que *la vie* par le mot d'*âme;* ils n'avaient aucune notion de la justice rendue par l'Être suprême aux âmes des bons, et aux méchants qui survivaient à leurs corps : tout avait été jusque-là temporel, matériel, et mortel, chez ce peuple également grossier et fanatique.

Tout change après la mort d'Alexandre sous les Ptolémées et sous les Séleucides. Les livres des *Machabées* en sont une preuve. Nous n'en connaissons pas les auteurs. Nous nous contentons d'observer qu'en général ils sont écrits d'un style un peu plus humain que toutes les histoires précédentes, et plus approchant quelquefois (si on l'ose dire) de l'éloquence des Grecs et des Romains.

C'est dans le second livre des *Machabées* qu'on voit pour la première fois une notion claire de la vie éternelle et de la résurrection, qui devint bientôt le dogme des Pharisiens. Un des sept frères Machabées, qui sont supposés martyrisés avec leur mère par le roi de Syrie Antiochus Épiphane, dit à ce prince (liv. II, chap. VII, v. 9) : « Tu nous arraches la vie présente, méchant prince; mais le roi du monde nous rendra une vie éternelle, en nous ressuscitant quand nous serons morts pour ses lois. »

On remarque encore dans ce second livre la croyance anticipée d'une espèce de purgatoire. Judas Machabée, en faisant enterrer les morts après une bataille, trouve dans leurs vêtements des dépouilles consacrées à des idoles. L'armée ne doute point que cette prévarication ne soit la cause de leur mort (liv. II, chap. XII, v. 43). « Judas fait une quête de douze mille drachmes, et les envoie à Jérusalem, afin qu'on offre un sacrifice pour les péchés des morts; tant il avait de bons et de religieux sentiments touchant la résurrection. »

Il est évident qu'il n'y avait qu'un Pharisien nouvellement persuadé de la résurrection qui pût s'exprimer ainsi.

Nous ne dissimulerons point les raisons qu'on apporte contre l'authenticité et la véracité des livres des *Machabées.*

I. On nie d'abord le supplice des sept frères Machabées et de leur mère, parce qu'il n'en est point fait mention dans le premier livre, qui va bien loin par delà le règne d'Antiochus Épiphane, ou l'Illustre. Mathathias, père des Machabées, n'avait que cinq fils, qui tous se signalèrent pour la défense de la patrie. L'auteur du second livre, qui raconte le supplice des Machabées, ne dit point en quel lieu Antiochus ordonna cette exécution barbare; et il l'aurait dit si elle avait été vraie. Antiochus semblait incapable d'une action si cruelle, si lâche, et si inutile. C'était un très-grand prince, qui avait été élevé à Rome. Il fut digne de son éducation, valeureux et poli, clément dans la victoire, le plus libéral des princes et le plus affable : on ne lui reproche qu'une familiarité outrée qu'il tenait de la plupart des grands de Rome, dont la coutume était de gagner les suffrages du peuple en s'abaissant jusqu'à lui. Le titre d'*Illustre* que l'Asie lui donna, et que la postérité lui conserve, est une assez bonne réponse aux injures, lâche ressource des faibles, que les Juifs ont prodiguées à sa mémoire, et que des compilateurs indiscrets ont répétées de nos jours par un zèle plus emporté que judicieux.

Il était roi de Jérusalem, enclavée dans ses vastes États de Syrie. Les Juifs se révoltèrent contre lui. Ce prince, vainqueur de l'Égypte, revint les punir ; et comme la religion était l'éternel prétexte de toutes les séditions et des cruautés de ce peuple, Antiochus, lassé de sa tolérance qui les enhardissait, ordonna enfin qu'il n'y aurait plus qu'un seul culte dans ses États, celui des dieux de Syrie. Il priva les rebelles de leur religion et de leur argent, deux choses qui leur étaient également chères. Antiochus n'en avait pas usé ainsi en Égypte, conquise par ses armes; au contraire, il avait rendu ce royaume à son roi avec une générosité qui n'avait d'exemple que dans la grandeur d'âme avec laquelle on a dit que Porus fut traité par Alexandre. Si donc il eut plus de sévérité pour les Juifs, c'est qu'ils l'y forcèrent. Les Samaritains lui obéirent; mais Jérusalem le brava, et de là naquit cette guerre sanglante, dans laquelle Judas Machabée et ses quatre frères firent de si belles choses avec de très-petites armées. Donc l'histoire du supplice des prétendus sept Machabées et de leur mère n'est qu'un roman.

II. Le romanesque auteur commence (chap. I) ses mensonges par dire qu'Alexandre partagea ses États à ses amis de son vivant. Cette erreur, qui n'a pas besoin d'être réfutée, fait juger de la science de l'écrivain.

III. Presque toutes les particularités rapportées dans ce premier livre des *Machabées* sont aussi chimériques. Il dit que Judas Machabée, lorsqu'il faisait la guerre de caverne en caverne d'ans un coin de la Judée, voulut être l'allié des Romains (chap. VIII) : « ayant appris qu'il y avait bien loin un peuple romain, lequel avait subjugué les Galates ; » mais cette nation des Galates n'était pas encore asservie ; elle ne le fut que par Cornelius Scipio.

IV. Il continue, et dit qu'Antiochus le Grand, dont Antiochus Épiphane était fils, *avait été captif des Romains.* C'est une erreur évidente : il fut vaincu par Lucius Scipio, surnommé l'*Asiatique ;* mais il ne fut point prisonnier ; il fit la paix, se retira dans ses États de Perse, et paya les frais de la guerre. On voit ici un auteur juif mal instruit de ce qui se passe dans le reste du monde, et qui parle au hasard de ce qu'il ne sait point. Calmet dit, pour rectifier cette erreur : « Ce prince se soumit au vainqueur ni plus ni moins que s'il eût été captif. »

V. L'écrivain des *Machabées* ajoute que cet Antiochus le Grand « céda aux Romains les Indes, la Médie, et la Lydie. » Ceci devient trop fort. Une telle impertinence est inconcevable. C'est dommage que l'auteur juif n'y ait pas ajouté la Chine et le Japon.

VI. Ensuite, voulant paraître informé du gouvernement de Rome, il dit qu'*on y élit tous les ans un souverain magistrat auquel seul on obéit.* L'ignorant ne savait pas même que Rome eût deux consuls.

VII. Judas Machabée et ses frères, si on en croit l'auteur, envoient une ambassade au sénat romain ; et les ambassadeurs, pour toute harangue, parlent ainsi : « Judas Machabée, et ses frères, et les Juifs, nous ont envoyés à vous pour faire avec vous société et paix. »

C'est à peu près comme si un chef de parti de la république de Saint-Marin envoyait des ambassadeurs au Grand-Turc pour faire société avec lui. La réponse des Romains n'est pas moins extraordinaire. S'il y avait eu en effet une ambassade à Rome d'une république palestine bien reconnue, si Rome avait fait un traité solennel avec Jérusalem, Tite Live et les autres historiens en auraient parlé. L'orgueil juif a toujours exagéré ; mais il n'a jamais été plus ridicule.

VIII. On voit bientôt après une autre fanfaronnade : c'est la prétendue parenté des Juifs et des Lacédémoniens. L'auteur suppose qu'un roi de Lacédémone, nommé Arius, avait écrit au grand prêtre juif, Onias troisième, en ces termes (chap. XII) : « Il a été trouvé dans les Écritures, touchant les Spartiates et les Juifs, qu'ils sont frères, étant tous de la race d'Abraham ; et à présent que nous le connaissons, vous faites bien de nous écrire que vous êtes en paix ; et voici ce que nous avons répondu : « Nos vaches, et nos moutons, et nos champs sont à « vous ; » nous avons ordonné qu'on vous apprît cela. »

On ne peut traiter sérieusement des inepties si hors du sens commun. Cela ressemble à Arlequin qui se dit curé de Domfront ; et quand le juge lui fait voir qu'il a menti : « Monsieur, dit-il, je croyais l'être. » Ce n'est pas la peine de montrer qu'il n'y eut jamais de roi de Sparte nommé Arius ; qu'il y eut, à la vérité, un *Aretes* du temps d'Onias premier ; et qu'au temps d'Onias troisième, Lacédémone n'avait plus de rois. Ce serait trop perdre son temps de montrer qu'Abraham fut aussi inconnu dans Sparte et dans Athènes que dans Rome.

IX. Nous osons ajouter à ces puérilités si méprisables l'aventure merveilleuse d'Héliodore, racontée dans le second livre, au chapitre III. C'est le seul miracle mentionné dans ce livre; mais il n'a pas paru croyable aux critiques. Séleucus Philopator, roi de Syrie, de Perse, de la Phénicie, et de la Palestine, est averti par un Juif, intendant du temple, qu'il y a dans cette forteresse un trésor immense. Séleucus, qui avait besoin d'argent pour ses guerres, envoie Héliodore, un de ses officiers, demander cet argent, comme le roi de France François Ier a demandé depuis la grille d'argent de Saint-Martin. Héliodore vient exécuter sa commission, et s'arrange avec le grand prêtre Onias. Comme ils parlaient ensemble dans le temple, on voit descendre du ciel un grand cheval portant un cavalier brillant d'or. Le cheval donne d'abord des ruades avec les pieds de devant à Héliodore; et deux anges, qui servaient de palefreniers au cheval, armés chacun d'une poignée de verges, fouettent Héliodore à tour de bras. Onias, le grand prêtre, eut la charité de prier Dieu pour lui. Les deux anges palefreniers cessèrent de fouetter. Ils dirent à l'officier : « Rends grâce à Onias; sans ses prières, nous t'aurions fessé jusqu'à la mort. » Après quoi ils disparurent.

On ne dit pas si après cette flagellation Onias s'accommoda avec son roi Séleucus, et lui prêta quelques deniers.

Ce miracle a paru d'autant plus impertinent aux critiques, que ni le roi d'Égypte Sésac, ni le roi de l'Asie Nabuchodonosor, ni Antiochus l'Illustre, ni Ptolémée Soter, ni le grand Pompée, ni Crassus, ni la reine Cléopâtre, ni l'empereur Titus, qui tous emportèrent quelque argent du temple juif, ne furent pas cependant fouettés par des anges.

Il est bien vrai qu'un saint moine a vu l'âme de Charles Martel que des diables conduisaient en enfer dans un bateau, et qu'ils fouettaient pour s'être approprié quelque chose du trésor de Saint-Denis. Mais ces cas-là arrivent rarement.

X. Nous passons une multitude d'anachronismes, de méprises, de transpositions, d'ignorances, et de fables, qui fourmillent dans les livres des *Machabées*, pour venir à la mort d'Antiochus l'Illustre, décrite au chapitre IX du livre second. C'est un entassement de faussetés, d'absurdités, et d'injures, qui font pitié. Selon l'auteur, Antiochus entre dans Persépolis pour piller la ville et le temple. On sait assez que cette capitale, nommée Persépolis par les Grecs, avait été détruite par Alexandre. Les Juifs, toujours isolés parmi les nations, toujours occupés de leurs seuls intérêts et de leur seul pays, pouvaient bien ignorer les révolutions de la Chine et des Indes : mais pouvaient-ils ne pas savoir que cette ville, appelée Persépolis par les seuls Grecs, n'existait plus? Son nom véritable était Sestekar. Si c'était un Juif de Jérusalem qui eût écrit les *Machabées*, il n'eût pas donné au séjour des rois de Perse un nom si étranger. De là on conclut que ces livres n'ont pu être écrits que par un de ces Juifs hellénistes d'Alexandrie qui commençait à vouloir devenir orateur. Que de raisons en faveur des savants et des premiers Pères de l'Église qui proscrivirent l'histoire des Machabées!

Mais voici bien d'autres raisons de douter. Le premier livre de cette histoire dit qu'Antiochus mourut l'an 189 [1] de l'ère des Séleucides, que les Juifs suivaient comme sujets des rois de Syrie; et dans le second livre, qui est une lettre prétendue écrite de Jérusalem aux hellénistes d'Alexandrie, l'auteur date de l'an des Séleucides 188 [2]. Ainsi il parle de la mort d'Antiochus un an avant qu'elle soit arrivée.

Au premier livre il est dit que ce roi voulut s'emparer des boucliers d'or laissés par Alexandre le Grand dans la ville d'Élimaïs sur le chemin d'Ecbatane, qui est la même que Ragès; qu'il mourut de chagrin dans ces quartiers, en apprenant que les Machabées avaient résisté à ses troupes en Judée.

Au second livre il est dit qu'il tomba de son char; qu'il fut tellement froissé de sa chute que son corps fourmilla de vers; qu'alors ce roi de Syrie demanda pardon au Dieu des Juifs. C'est là qu'est ce verset si connu, et dont on a fait tant d'usage : « Le scélérat implorait la miséricorde du Seigneur, qu'il ne devait pas obtenir. »

L'auteur ajoute qu'Antiochus promit à Dieu de se faire juif. Ce dernier trait suffit : c'est comme si Charles-Quint avait promis de se faire turc.

***

DU TROISIÈME LIVRE DES MACHABÉES.

Nous ne dirons qu'un mot du troisième livre des *Machabées*, et rien du quatrième, jugés pour apocryphes par toutes les Églises.

Voici une historiette du troisième; la scène est en Égypte. Le roi Ptolémée Philopator est fâché contre les Juifs, qui commerçaient en grand nombre dans ses États; il en ordonne le dénombrement; et selon Philon ils composaient un million de têtes. On les fait assembler dans l'hippodrome d'Alexandrie. Le roi promulgue un édit, par lequel ils seront tous livrés à ses éléphants pour être écrasés sous leurs pieds. L'heure prise pour donner ce spectacle, Dieu, qui veille sur son peuple, endort le roi profondément. Ptolémée, à son réveil, remet la partie au lendemain; mais Dieu lui ôte la mémoire : Ptolémée ne se souvient plus de rien. Enfin, le troisième jour, Ptolémée, bien éveillé, fait préparer ses Juifs et ses éléphants. La pièce allait être jouée, lorsque soudain les portes du ciel s'ouvrent : deux anges en descendent; ils dirigent les éléphants contre les soldats qui devaient les conduire; les soldats sont écrasés, les Juifs sauvés, le roi converti. Voilà cette fois

.........*dignus vindice nodus* [3].

On écrivait plaisamment l'histoire dans ce pays-là.

---

1. *La Vulgate*, chap. VI, verset 16, porte : *Centesimo quadragesimo nono*. La faute de Voltaire ne peut s'expliquer que par une étrange distraction, ou par l'existence d'une édition de la *Bible* dans laquelle on lirait, par faute d'impression : *Centesimo octogesimo nono*. (Note de *M. Beuchot*.)
2. Chap. I, verset 10. (ÉD.) — 3. Horace, *de Arte poetica*, 191. (ÉD.)

SOMMAIRE DE L'HISTOIRE JUIVE,

DEPUIS LES MACHABÉES JUSQU'AU TEMPS DE JÉSUS-CHRIST.

Il faut remarquer d'abord que ces enfants de Mathathias, nommés Machabées, étaient de la race de Lévi, et sacrificateurs dans un petit village nommé Modin, à quelques milles de Jérusalem, vers la mer Morte. Ils firent une révolution; ils obtinrent bientôt la puissance sacerdotale, et enfin la royale. Nous avons vu combien cet événement confondait toutes ces vaines prophéties que la tribu de Juda avait toujours faites en sa faveur par la bouche de ses prophètes, et cette éternelle durée de la maison de David tant prédite et si fausse. Il n'y avait plus personne de la race du roi David; du moins aucun livre juif ne marque aucun descendant de ce prince depuis la captivité.

Si les enfants du lévite Mathathias, nommés d'abord Machabées et ensuite Asmonéens, eurent l'encensoir et le sceptre, ce fut pour leur malheur. Leurs petits-fils souillèrent de crimes l'autel et le trône, et n'eurent jamais qu'une politique barbare, qui causa la ruine entière de leur patrie.

S'ils eurent dans le commencement l'autorité pontificale, ils n'en furent pas moins tributaires des rois de Syrie. Antiochus Eupator composa avec eux; mais ils furent toujours regardés comme sujets. Cela se démontre par la déclaration de Démétrius Nicanor, rapportée dans Flavius Josèphe : « Nous ordonnons que les trois villages, Apherima, Lydda, et Ramatha, seront ôtés à la Samarie et joints à la Judée. »

C'est le langage d'un souverain reconnu. Le dernier des frères Machabées, nommé Simon, se révolta contre le roi Antiochus Soter, et mourut dans cette guerre civile.

Hircan, fils de ce grand prêtre Simon, fut grand prêtre et rebelle comme son père. Le roi Antiochus Soter l'assiégea dans Jérusalem. On prétend qu'Hircan apaisa le roi avec de l'argent; mais où le prit-il? C'est une difficulté qui arrête à chaque pas tout lecteur raisonnable. D'où pouvaient venir tous ces prétendus trésors qu'on retrouve sans cesse dans ce temple de Jérusalem pillé tant de fois? L'historien Josèphe a le front de dire qu'Hircan fit ouvrir le tombeau de David, et qu'il y trouva trois mille talents. C'est ainsi qu'on a imaginé des trésors dans les sépulcres de Cyrus, de Rustan, d'Alexandre, de Charlemagne. Quoi qu'il en soit, le Juif se soumit, et obtint sa grâce.

Ce fut cet Hircan qui, profitant des troubles de la Syrie, prit enfin Samarie, l'éternelle ennemie de Jérusalem, rebâtie ensuite par Hérode, et appelée Sébaste. Les Samaritains se retirèrent à Sichem, qui est la Naplouse de nos jours. Ils furent encore plus près de Jérusalem; et la haine entre les deux peuples en fut plus implacable. Jérusalem, Sichem, Jéricho, Samarie, qui ont fait tant de bruit parmi nous, et qui en ont fait si peu dans l'Orient, furent toujours de petites villes voisines assez pauvres, dont les habitants allaient chercher fortune au loin, comme les Arméniens, les Parsis, les Banians.

L'historien Josèphe, ivre de l'ivresse de sa patrie, comme le sont tous les citoyens des petites républiques, ne manque pas de dire que cet Hircan Machabée fut un conquérant et un prophète, et que Dieu lui parlait très-souvent face à face.

Si l'on en croit Josèphe, une preuve incontestable que cet Hircan était prophète, c'est qu'ayant deux fils qu'il aimait et qui étaient des monstres de perfidie, d'avarice, et de cruauté, il leur prédit que s'ils persistaient, ils pourraient faire une mauvaise fin. De ces deux scélérats l'un était Aristobule, l'autre Antigone. Les Juifs avaient déjà la vanité de prendre des noms grecs. Dieu vint voir Hircan une nuit, et lui montra le portrait d'un autre de ses enfants, qui d'abord ne s'appelait que Jean, ou Jannée, c'est-à-dire Jeannot, et qui depuis eut la confiance de prendre le nom d'Alexandre. « Celui-là, dit Dieu, aura un jour la place du grand *shoen*, de grand prêtre juif. » Hircan, sur la parole de Dieu, fit mourir son fils Jeannot, de peur que cet oracle ne s'accomplît, à ce que dit l'historien. Mais apparemment que Jeannot, ou Jannée, ne mourut pas tout à fait, ou que Dieu le ressuscita; car nous le verrons bientôt *shoen*, grand prêtre et maître de Jérusalem. En attendant, il faut voir ce qui arrive aux deux frères bien-aimés Aristobule et Antigone, fils d'Hircan, après la mort d'Hircan leur père.

Le prêtre Aristobule fait assassiner le prêtre Antigone, son frère, dans le temple, et fait étrangler sa propre mère dans un cachot. C'est de ce même Aristobule que le Thucydide juif dit qu'il était un prince très-doux. Ce doux prêtre étant mort, son frère Jannée-Alexandre ressuscite et lui succède. On l'avait sans doute gardé en prison, au lieu de le tuer.

C'est dans ce temps surtout que les Ptolémées, rois d'Égypte, et les Séleucides, rois de Syrie, se disputaient la Phénicie, et la Judée enclavée dans cette province. Cette querelle, tantôt violente, tantôt ménagée, durait depuis la mort du véritable Alexandre le Grand. Le peuple juif se fortifiait un peu par les désastres de ses maîtres. Les prêtres, qui gouvernaient cette petite nation, changeaient de parti chaque année, et se vendaient au plus fort.

Ce Jannée-Alexandre commença son sacerdoce par assassiner celui de ses frères qui restait encore, et qui ne ressuscita point comme lui. Josèphe ne nous dit point le nom de ce frère; et peu importe ce nom dans le catalogue de tant de crimes. Jannée se soutint dans son gouvernement, à la faveur des troubles de l'Asie. Ce gouvernement était à la fois sacerdotal, démocratique, aristocratique, une anarchie complète.

Josèphe rapporte qu'un jour le peuple dans le temple jeta des pommes et des citrons à la tête de son prêtre Jannée qui s'érigeait en souverain, et que cet Alexandre fit égorger six mille hommes de son peuple. Ce massacre fut suivi de dix ans de massacres. A qui les Juifs payaient-ils tribut dans ce temps-là? quel souverain comptait cette province dans ses États? Josèphe n'effleure pas seulement cette question; il semble qu'il veuille faire croire que la Judée était une province libre et souveraine. Cependant il est certain, autant qu'une vraisemblance historique peut l'être, que les rois d'Égypte et ceux de Syrie se la disputèrent jusqu'à ce que les Romains vinrent tout engloutir.

Après ce Jannée, si indigne du grand nom d'Alexandre, deux fils de ce prêtre qui avait affecté le titre de roi prirent aussi ce titre, et déchirèrent, par u guerre civile, ce royaume qui n'avait pas dix lieues d'étendue en tout sens. Ces deux frères étaient l'un Hircan second, et l'autre Aristobule second. Ils se livrèrent bataille vers le bourg de Jéricho, non pas avec des armées de trois, de quatre, de cinq, et de six cent mille hommes; on n'osait plus alors écrire de tels prodiges, et même l'exagérateur Josèphe en aurait eu honte; les armées alors étaient de trois à quatre mille soldats. Hircan fut battu, et Aristobule second resta le maître.

On peut connaître ce que c'était que ce royaume d'Aristobule, par un trait qui échappe à l'historien Josèphe, malgré son zèle à faire valoir son pays. « Dieu, dit-il, envoya un vent si violent, qu'il ruina tous les fruits de la terre; en sorte qu'un muid [1] de froment se vendait dans Jérusalem onze drachmes. » Notre muid de blé contient douze setiers [2]. Il se trouverait, par le compte de Josèphe, que le setier, dans les temps des famines si fréquentes de la Judée, n'aurait pas valu dix sous, en évaluant à dix sous la drachme juive. Qu'on juge par là de ces richesses dont on a voulu nous éblouir [3].

C'est dans ces temps que les Romains, sans trop s'embarrasser de leur prétendue société amicale avec les Machabées, portaient leurs armes victorieuses dans l'Asie Mineure, dans la Syrie, et jusqu'au mont Caucase. Les Séleucides n'étaient plus; Tigrane, roi d'Arménie, beau-père de Mithridate, avait conquis une partie de leurs États. Le grand Pompée avait vaincu Tigrane; il venait de réduire Mithridate à se donner la mort; il faisait de la Syrie une province romaine. Les livres des Machabées ne parlent ni de ce grand homme, ni de Lucullus, ni de Sylla. On n'en sera pas étonné.

Hircan, chassé par son frère Aristobule, s'était réfugié chez un chef d'Arabes, nommé Aréah ou Arétas. Jérusalem avait toujours été si peu de chose, que ce capitaine de voleurs vint assiéger Aristobule dans cette ville.

Pompée passait alors par la Basse-Syrie. Aristobule obtint la protection de Scaurus, l'un de ses lieutenants. Scaurus ordonne à l'Arabe de lever le siége, et de ne plus oser commettre d'hostilités sur les terres des Romains; car la Syrie étant incorporée à l'empire, la Palestine l'était aussi. Tel était le pacte de société que la république avait pu faire avec la Judée.

1. C'est ainsi qu'Arnauld d'Andilly traduit.
2. La mesure appelée muid variant selon les pays et les temps, le raisonnement de Voltaire n'est pas exact. (*Note de M. Beuchot.*)
3. Il est vraisemblable que c'est une erreur de chiffre, et que le texte portait onze cents drachmes. Mais ces onze cents drachmes ne feraient que cinq cent cinquante livres de France; et le prix du setier ne serait que de quarante-cinq livres, ce qui ne serait pas exorbitant en temps de famine. Il est des provinces, en Allemagne et en France, où c'est le prix commun du blé assez ordinairement.

Josèphe écrit qu'Aristobule envoya une vigne d'or à Pompée, du prix de cinq cents talents, c'est-à-dire environ trois millions; et il cite Strabon. Mais Strabon ne dit point que le melch Aristobule fit ce présent à Pompée; il dit que ce fut Alexandre son père. Nous osons croire que Strabon se trompe sur le prix de cette vigne, et que jamais aucun melch de Judée ne fut en état de faire un tel présent, si ce n'est peut-être Hérode, à qui les Romains accordèrent bientôt après une étendue de pays cinq ou six fois plus grande que le territoire d'Aristobule. Les deux frères, Aristobule et Hircan, qui se disputaient la qualité de grand prêtre, vinrent plaider leur cause devant Pompée pendant sa marche. Il allait prononcer, lorsqu'Aristobule s'enfuit. Pompée, irrité, alla assiéger Jérusalem. Nous avons déjà observé que l'assiette en est forte. Elle pourrait être une des meilleures places de l'Orient entre les mains d'un ingénieur habile. Du moins le temple, qui était la véritable citadelle, pourrait devenir inexpugnable, étant bâti sur la cime d'une montagne escarpée, entourée de précipices.

Pompée fut obligé de consumer près de trois mois à préparer et à faire mouvoir ses machines de guerre; mais dès qu'elles purent agir, il entra dans cette forteresse par la brèche. Un fils du dictateur Sylla y monta le premier; et pour rendre cette journée plus mémorable, ce fut sous le consulat de Cicéron.

Josèphe dit qu'on tua douze mille Juifs dans le temple. Nous le croirions s'il n'avait pas toujours exagéré. Nous ne pouvons le croire quand il dit qu'on y trouva deux mille talents d'argent, et qu'on en tira dix mille de la ville : car enfin ce temple ayant été pris tant de fois si aisément, tant de fois pillé et saccagé, il était impossible qu'on y gardât deux mille talents, qui feraient douze millions, et encore plus extravagant qu'on taxât un si petit pays, si épuisé et si pauvre, à dix mille talents, soixante millions de livres. C'est à quoi ne pensent pas ceux qui lisent sans examen et à l'aventure, ainsi que tant d'auteurs ont écrit. Un homme sensé lève les épaules, quand il sait qu'Alexandre ne put ramasser que trente talents pour aller combattre Darius, et qu'il voit douze mille talents dans les caisses des Juifs, outre trois mille dans le tombeau de David.

Il est certain que Pompée ne prit rien pour lui, et qu'il ne fit payer aux Juifs que les frais de la guerre. Cicéron loue ce désintéressement; mais Rollin [1] dit que rien ne réussit depuis à Pompée, à cause de la curiosité sacrilége qu'il avait eue de voir le sanctuaire du temple juif. Rollin ne songe pas que Pompée ne pouvait guère savoir s'il était défendu d'entrer là; que la défense pouvait être pour les Juifs et non pour Pompée; que les charpentiers, les menuisiers, les autres ouvriers, y entraient quand il y avait quelques réparations à faire. On pourrait ajouter que c'était autrefois l'arche qui rendait ce lieu sacré, et que cette arche était perdue depuis Nabuchodonosor. César serait entré tout comme Pompée dans cet endroit de trente pieds de long. Si Pompée fut malheureux à la bataille de Pharsale, il se peut que ce fût pour avoir été

1. *Histoire romaine*, liv. XLI. (ÉD.)

curieux à Jérusalem; mais il y en eut aussi d'autres raisons, et le génie de César y contribua beaucoup. On pourrait encore observer que c'est un plus grand sacrilége d'égorger douze mille hommes dans un temple, que d'entrer dans une sacristie où il n'y avait rien du tout.

Au reste, Pompée, ayant pris Aristobule, l'envoya captif à Rome.

Pour ne pas quitter le fil des actions de Pompée en Judée, n'oublions pas de dire que, même après la défaite de Pharsale, il ordonna à un descendant des Scipions, son lieutenant en Syrie, de faire couper le cou au fils d'Aristobule, qui avait pris le nom d'Alexandre et de roi.

Cet événement achève de faire voir quelle était l'alliance de couronne à couronne que les Juifs se vantaient d'avoir avec les Romains et quel fond on peut faire sur les récits d'un tel peuple.

Pour mettre la dernière main à ce tableau, et pour montrer de quel respect l'empire romain était pénétré pour les Juifs, il suffira de dire que, quelques années après, le triumvir Marc-Antoine condamna dans Antioche un autre roi juif, un autre fils d'Aristobule, nommé Antigone, à mourir du supplice des esclaves; il le fit fouetter et crucifier, comme nous le verrons.

Disons encore que Pompée, avant de quitter la Judée, y établit un gouvernement aristocratique sous l'autorité des Romains. Il fut le premier instituteur de ce sanhédrin que les rabbins font remonter à Moïse. Gabinius, l'un des grands hommes que Rome ait produits, fut chargé de tout régler. Ainsi ce Pompée, que Rollin appelle sacrilége, fut proprement le législateur des Juifs.

Ce mot *sanhédrin* est corrompu du mot grec *synedria*, qui signifie assemblée. Les Juifs hellénistes avaient apporté quelques termes grecs à Jérusalem.

Cependant Crassus succéda à Pompée dans le gouvernement de l'Asie; et il alla faire contre les Parthes cette fameuse guerre qui fut tant blâmée, parce qu'elle fut malheureuse.

Josèphe dit qu'en passant par Jérusalem avec son armée, il pilla encore le temple et la ville; mais il ne dit point de quoi les Juifs étaient accusés, et pourquoi on leur fit payer l'amende. Cette amende était forte. Le temple seul paya huit mille talents, et fournit encore un lingot d'or pesant quinze cents marcs, qu'on avait, dit Josèphe, caché dans une poutre évidée. Il faut avouer que le temple juif était la poule aux œufs d'or; plus on lui prenait, plus elle pondait.

On nous pardonnera de n'avoir pas eu pour l'hyperbolique romancier Josèphe, et pour les livres apocryphes, le même respect que pour les volumes sacrés. Quand nous avons rapporté sincèrement les objections des critiques sur quelques endroits de la sainte Écriture, nous les avons réfutées par notre soumission à l'Église; mais quand le transfuge juif, le flatteur de Vespasien parle, nous ne lui devons pas le sacrifice de notre raison.

Nous allons maintenant voir qui était cet Hérode, roi de Judée par la grâce du peuple romain, très-différent en tout du peuple juif.

NOUVEAU TESTAMENT.

D'HÉRODE.

Quelques ténèbres que la science des commentateurs ait répandues sur l'origine d'Hérode, il est clair qu'il n'était pas Juif, et cela suffit pour faire voir que les Romains distribuaient des couronnes à leur gré, comme Alexandre avait donné celle de Sidon au jardinier Abdolonyme.

Tous ceux qui s'intéressent aux événements de son règne conviennent que sa famille était iduméenne; elle est très-ancienne, dans le sens que tous les hommes sont de la race de Noé, et que les Iduméens descendaient d'Ésaü. Hérode recouvra son droit d'aînesse dont Ésaü s'était dépouillé, et traita durement la maison de Jacob; mais dans le sens ordinaire, sa famille était de la lie du genre humain. Son grand-père Antipas fut, selon Eusèbe, un pauvre païen, et sacristain d'un temple d'Ascalon, fait esclave dans sa jeunesse par des voleurs iduméens. Son fils Antipater, esclave comme lui, sut plaire au brigand Arétas, chef des Arabes nabathéens, qui étaient venus pour piller Jérusalem, et que Pompée renvoya dans leurs déserts. Antipater quitta le service des Arabes pour celui des Romains. Il devint leur munitionnaire, et fit une grande fortune dans les vivres. Voilà l'unique origine de la grandeur de sa maison. Il était riche, et tous les Juifs de Jérusalem étaient pauvres. C'est ainsi que les Tarquins furent souverains dans Rome, et les Médicis à Florence.

L'application infatigable d'Antipater à s'enrichir a fait penser à quelques-uns qu'il était Juif; mais on n'a jamais su au juste de quelle religion il fut, lui et Hérode son fils. C'était un des hommes les plus entreprenants et les plus rusés. Il se rendit nécessaire aux Romains dans leur guerre contre Aristobule; il contribua beaucoup à l'accabler, parce qu'il gagnait à sa perte. Il s'intrigua sans cesse avec les commandants romains, les Juifs, et les Arabes, les faisant tous servir à ses intérêts, et prêtant de l'argent par avarice à quiconque pouvait l'aider dans ses exactions.

Il épousa une fille riche d'Arabie, nommée Cypros, dont il eut quatre enfants. Hérode n'était que le second; mais ayant toutes les qualités et tous les vices de son père dans un plus haut degré, il devait faire une bien plus grande fortune.

Antipater établit si bien son crédit, que tantôt Pompée, et tantôt César, eurent besoin de lui pour faire subsister leurs troupes. C'était enfin un de ces hommes qui doivent devenir princes ou être pendus.

César, en passant d'Égypte en Syrie, lui accorda sa protection : il ne haïssait pas de tels caractères. Antipater eut l'audace de lui demander le gouvernement de Jérusalem et de la Galilée, et l'obtint aisément. Il partagea les deux provinces entre deux de ses fils, Phazaël et Hérode :

quoique Hérode ne fût âgé que de quinze ans, il eut la Galilée; Phazaël eut Jérusalem.

Hérode, quelques années après, fut le premier qui éprouva le pouvoir et la mauvaise volonté de ce fameux sanhédrin établi par Pompée. Quelque puissant qu'il fût par lui-même et par son père, on l'accusa devant ce tribunal. Il vint répondre, mais bien accompagné. On lui imputait des malversations et des meurtres : il soutint qu'il n'avait fait mourir que des brigands. Il fut traité de brigand lui-même, et condamné à la mort. Il se retira avec ses satellites; et, dans la suite, lorsqu'il fut roi, il fit mourir tous les conseillers du sanhédrin, excepté un seul nommé Saméas, qui l'avait absous. Ce Saméas était le prédécesseur d'Hillel, et de Gamaliel, maître de saint Paul.

Pendant que ces petites convulsions agitaient ce coin de terre, l'Asie et l'Europe étaient en armes. L'assassinat de César dans le Capitole par des hommes chargés de ses bienfaits, les horreurs des proscriptions, la funeste concorde d'Octave et d'Antoine, leur discorde encore plus fatale, la guerre où périrent Brutus et Cassius, tenaient l'Europe en alarmes, et les Parthes, vainqueurs de Crassus, épouvantaient l'Asie.

Un Antigone, un homme de la race des Machabées, un fils de cet Aristobule, grand prêtre des Juifs, frère de cet Alexandre que Pompée avait condamné à perdre la tête, appelle les Parthes à son secours jusque dans Jérusalem. Il disputait le bonnet de grand prêtre, et même le vain titre de roi des Juifs, à Hircan son oncle, frère d'Aristobule. C'était le jeune Hérode qui était roi en effet par ses intrigues, par son argent, par le pouvoir qu'il usurpait, par la faveur des Romains. Antigone promet, dit Josèphe, mille talents et cinq cents filles aux Parthes, s'ils veulent venir le seconder, et lui assurer sa place de pontife. Quel prêtre que cet Antigone, et quel successeur de Judas Machabée ! Les Parthes viennent chercher l'argent et les filles à Jérusalem. Ils entrent dans cette ville si souvent prise et saccagée. Hérode et son frère Phazaël résistent autant qu'ils le peuvent aux Parthes et aux soldats d'Antigone. On combat aux portes du temple, dans les rues, dans les maisons. Les temps de Nabuchodonosor n'étaient pas plus affreux. On parlemente au milieu du carnage. Phazaël, frère d'Hérode, se laisse séduire aux promesses des Parthes; il a l'imprudence de se mettre dans leurs mains; on l'enchaîne, et il se casse la tête contre le mur de sa prison. Hérode fuit de la ville avec ce qui lui restait de soldats, et se réfugie en Arabie.

Ce malheur, qui devait le détruire sans ressource, fut ce qui lui valut le royaume de Judée. Il marche en Égypte, s'embarque au port d'Alexandrie, et va implorer dans Rome la protection d'Antoine et d'Octave, réunis alors pour un peu de temps. Antoine, prêt de partir pour aller faire la guerre aux Parthes, et sentant le besoin qu'on avait d'un tel homme, disposa le sénat en sa faveur. Octave le seconda. Hérode fut déclaré roi de Judée en plein sénat. David et Salomon ne s'étaient pas doutés que, du fond de l'Italie, deux citoyens d'une ville qui n'était pas encore bâtie nommeraient un jour leurs successeurs dans Jérusalem.

Hérode ne fut que roi tributaire, et dépendant des Romains; mais il fut maître absolu chez lui. Antoine envoya d'abord Sosius à son secours avec une armée. Hérode, sous les ordres de Sosius, vint chasser les Parthes, et assiéger Jérusalem; tandis que Ventidius, lieutenant d'Antoine, poursuivait les Parthes dans la Syrie, et qu'Antoine lui-même se préparait à porter la guerre jusque dans le sein de la Perse.

Tout le peuple de Jérusalem avait pris le parti d'Antigone. C'était un devoir religieux de soutenir un Asmonéen, un Machabée, contre un Arabe d'Idumée, fils d'un païen, et qui leur apportait des fers de la part de Rome. Les Juifs des autres villes, et même d'Alexandrie, étaient venus défendre leur ancienne capitale. Sosius et Hérode entrèrent par les brèches au bout de quarante jours. Le temple extérieur fut brûlé; et jamais le carnage ne fut plus grand. Le Machabée Antigone vint se jeter en tremblant aux pieds de Sosius, qui l'appela Antigona par mépris; et ce fut alors qu'Hérode obtint qu'on fît mourir ce pontife du supplice des esclaves.

Cependant Hérode avait épousé la nièce de ce même pontife, la célèbre Mariamne; mais les nœuds de l'alliance le retenaient encore moins qu'ils ne retinrent Pompée et César, Antoine et Octave. L'histoire de la plupart des princes est l'histoire des parents immolés les uns par les autres.

Cette nouvelle prise de Jérusalem, qui ne fut pas à beaucoup près la dernière, arriva trente-trois ans avant notre ère vulgaire.

Souvenons-nous ici de ce vieux Hircan, compétiteur du grand prêtre Aristobule, par qui commença cette foule de désastres. Il avait été livré aux Parthes par Antigone son neveu, qui se contenta de lui faire couper les oreilles pour le rendre incapable d'exercer jamais le sacerdoce, attendu qu'il était dit dans le *Lévitique* que les prêtres doivent avoir tous leurs membres. Ce vieillard, âgé de quatre-vingts ans, obtint sa liberté des Parthes, et revint auprès d'Hérode, qui avait épousé sa petite-fille Mariamne. Hérode le fit mourir, sous prétexte qu'il avait reçu quatre chevaux du chef des Arabes. La véritable raison était qu'il voulait se sauver des mains de son tyran. Un frère de Mariamne demandait le sacerdoce; Hérode le fit noyer. Il avait créé grand pontife un homme de la lie du peuple, nommé Ananel. Ainsi, il fut réellement le chef de l'Église juive, tout étranger qu'il était.

On sait par quelle barbarie ce chef de l'Église fit tuer sa femme Mariamne, et Alexandra, mère de Mariamne; et comment il fit ensuite égorger les deux enfants qu'il avait eus d'elle, de peur qu'ils ne la vengeassent un jour. La cruauté devint en lui une seconde nature, un besoin toujours renaissant, comme les tigres ont besoin de dévorer pour vivre. Hérode, dans sa dernière maladie, et cinq jours avant sa mort, fit encore tuer un de ses enfants nommé Antipater, aussi méchant que lui. Néron fut un homme doux et clément en comparaison d'Hérode. Ce mot célèbre d'Auguste, qu'il valait mieux être son cochon que son fils [1], n'était que trop juste : car le même homme, qui

_____
1. Macrobe, *Saturn.*, II, 4. (ÉD.)

trempait ses mains dans le sang de sa famille et de ses amis, n'aurait pas osé manger une perdrix lardée en présence de ses sujets.

Ce n'est pas la peine de retracer ici ses autres barbaries; il est triste que la nature ait produit de tels hommes. Il fallait que son sang fût d'une âcreté qui le rendait semblable aux bêtes farouches. Cette acrimonie, qui augmente avec l'âge, le réduisit enfin, si l'on en croit Josèphe, à un état qui semblait la punition de ses crimes : les vers rongeaient tout son corps; les insectes sortaient de ses parties viriles. Nous ne connaissons point une telle maladie. On en dit autant de Sylla et de Philippe II; ce sont des bruits populaires. Ces bruits ont fait croire aussi qu'Hérode faisait égorger des enfants pour se baigner dans leur sang, et adoucir, par ce remède, la virulence de ses humeurs. Il est vrai que le charlatanisme de l'ancienne médecine a été assez insensé pour imaginer que le bain dans le sang des enfants pouvait corriger le sang des vieillards. On a cru que Louis XI, attaqué d'une maladie mortelle au Plessis-lez-Tours, faisait saigner des enfants pour lui composer un bain. Cet usage odieux et rare était fondé sur l'ancien axiome, *les contraires guérissent les contraires* ; et cette idée a produit enfin la tentative de la transfusion, expérience que plusieurs croient trop légèrement abandonnée.

DES MONUMENTS D'HÉRODE, ET DE SA VIE PRIVÉE.

Ce monstre composé d'artifice et de barbarie, qui joignit toujours la peau du renard à celle du lion, était pourtant voluptueux, et aimait la gloire ; il voulait plaire à Auguste son maître, et même aux Juifs qu'il tyrannisait.

Son affectation de flatter Auguste en tout fut constante et extrême. Césarée fut bâtie à l'honneur de cet empereur sur la côte auprès de Joppé, territoire qu'Hérode tenait de la libéralité des Romains. Il y construisit des palais, un port de marbre blanc, un théâtre, un amphithéâtre, et enfin un temple dédié à Auguste, seul dieu d'Hérode. Il lui éleva encore un autre temple auprès des sources du Jourdain. Il rebâtit Samarie, et la nomma Sébaste, qui signifie la même chose qu'Auguste en grec; et c'est une preuve que la langue grecque commençait à prévaloir en Judée sur l'idiome des Juifs, qui n'était qu'un mélange grossier de phénicien, de chaldéen, de syriaque.

C'est ainsi qu'Hérode signala son idolâtrie pour l'empereur, et qu'il fit pour lui ce qu'il aurait fait pour un assassin d'Auguste, si cet assassin fût monté sur le trône de Rome.

Il voulut enfin gagner l'esprit des Juifs : après avoir bâti des temples à l'auteur des proscriptions, il en bâtit un pour le dieu qu'on adorait à Jérusalem. Celui de Zorobabel était petit, bas, mesquin, sans proportions, sans architecture : il ne méritait pas la curiosité de Pompée.

Celui d'Hérode était réellement fort beau; un tyran peut avoir du goût. Ne craignons pas de répéter qu'on se figure d'ordinaire les temples anciens semblables à nos églises, une longue nef, un chœur pour les chanoines, et un autel au bout; le tout avec des cordes pour sonner les cloches. C'étaient de grands emplacements entourés de portiques et de colonnades. On arrivait à ces temples isolés par de longues avenues. Le temple contenait dans ses quatre faces les logements des prêtres. La statue du dieu était élevée au milieu de l'enceinte intérieure. A l'entrée de cette enceinte étaient des fontaines où l'on se lavait; ce qui s'appelait purification. Tel était le temple de Jupiter Ammon, de Memphis, d'Éphèse, de Delphes, d'Olympie; telles sont encore les anciennes pagodes des Indes. Imaginez la colonnade de Saint-Pierre qui régnerait tout autour de l'édifice, au lieu qu'elle n'occupe qu'un côté; vous aurez alors l'idée du plus beau monument de la terre.

Un tel dessein ne pouvait s'exécuter sur la montagne alors escarpée du Capitole à Rome, ni sur la montagne Moria dans Jérusalem : mais Hérode corrigea autant qu'il le put l'inégalité du terrain; il aplanit la cime de la montagne, combla un abîme, éleva un temple intérieur, qui, à la vérité, n'avait que cent cinquante pieds de long, mais qui était entouré d'un péristyle formé de quatre rangs de colonnes d'ordre corinthien, de quatre cent vingt-cinq pas géométriques à chaque face. Le grand défaut de ce temple était dans les rues étroites qui l'avoisinaient. C'est le défaut des portails de Saint-Gervais et de Saint-Sulpice à Paris. Point de temple, point de palais bien entendu, sans une belle vue et sans une grande place.

Les gens qui réfléchissent demandent toujours si Hérode possédait les mines, je ne dis pas d'Ophir, mais du Potosi, pour subvenir à tant de dépenses. Il tenait, des bienfaits d'Auguste, Gaza, Joppé, et le port de Straton, où il bâtit Césarée, qui pouvait être une ville aussi commerçante que Tyr. Il obtint encore de son bienfaiteur la Trachonite, pays qui s'étendait du mont Hermon jusqu'auprès de Damas, l'Iturie et la Chalcide, entre le Liban et l'Anti-Liban, et surtout la ferme des mines de cuivre de l'île de Chypre, qui valait mieux que ces provinces. Ainsi Hérode put consommer en magnificence ce qu'il acquérait par son habileté, et ce qu'il entassait par les impôts excessifs établis sur tous ses sujets, dont il était autant respecté qu'abhorré.

Ce temps fut, malgré sa tyrannie, le plus brillant de la Judée.

DES SECTES DES JUIFS VERS LE TEMPS D'HÉRODE.

Saducéens. — Du temps d'Hérode on disputa beaucoup en Judée sur la religion. C'était la passion d'un peuple oisif soumis aux Romains, et qui jouissait de la paix avec presque tout le reste de l'empire depuis la bataille d'Actium. La philosophie de Platon, tirée en partie des anciens livres égyptiens, avait occupé Alexandrie, ville raisonneuse quoique commerçante, et avait percé, comme nous l'avons dit, jusqu'à Jérusalem.

Il paraît qu'il y eut dans tous les temps chez les nations un peu policées, des hommes qui s'occupèrent à rechercher au moins des vérités, s'ils ne furent pas assez heureux pour en découvrir. Ils formèrent des écoles, des sociétés, qui subsistèrent au milieu du fracas et des horreurs des guerres étrangères et civiles. On en vit à la Chine, dans les Indes, en Perse, en Égypte, chez les Grecs, chez les Romains, et même chez les Juifs. Parmi toutes ces sectes il y en eut de religieuses, et d'autres purement philosophiques. On connaît assez les trois principales de la Judée, les saducéens, les pharisiens, les esséniens. La secte saducéenne était la plus ancienne. Tous les commentateurs, tous les savants conviennent qu'elle n'admit jamais l'immortalité de l'âme : par conséquent ni enfer ni paradis chez elle, encore moins de résurrection. C'était en ce point la doctrine d'Épicure. Mais en niant une autre vie, ils voulaient une justice rigoureuse dans celle-ci, et ils joignaient la sévérité stoïque aux dogmes épicuriens.

Ceux qui professeraient hautement parmi nous de tels dogmes, approuvés en Grèce et à Rome, seraient persécutés, condamnés par les tribunaux, suppliciés, mis à mort; et il y en a des exemples. Comment donc étaient-ils non-seulement tolérés chez le peuple le plus cruellement superstitieux de la terre, mais honorés, dominants, supérieurs aux pharisiens mêmes, admis aux plus grandes dignités, et souvent élevés à celle de grand prêtre? C'est en vertu de cette superstition même dont le peuple juif était possédé. Ils étaient respectés, parce qu'on respectait Moïse. Nous avons vu que le *Pentateuque* ne parle en aucun endroit de récompenses ni de peines après la mort, d'immortalité des âmes, de résurrection. Les saducéens s'en tenaient scrupuleusement à la lettre de Moïse.

Il faut être étrangement absurde, ou d'une mauvaise foi bien intrépide, il faut se jouer indignement de la crédulité humaine, pour s'efforcer de tordre quelques passages du *Pentateuque*, et d'en corrompre le sens au point d'y trouver l'immortalité de l'âme et un enfer qui n'y furent jamais. On a osé entendre, ou faire semblant d'entendre, par le mot *shéol*, qui signifie la fosse, le souterrain, un vaste cachot qui ressemblait au Tartare. On a cité ce passage du *Deutéronome* (chap. xxxii), en le tronquant : « Ils m'ont provoqué dans leur vanité; et moi je les provoquerai dans celui qui n'est pas peuple; je les irriterai dans la nation insensée. Il s'est allumé un feu dans ma fureur, et il brûlera jusqu'aux fondements de la terre, et il dévorera la terre jusqu'à son germe, et il brûlera la racine des montagnes; j'assemblerai sur eux les maux, et je remplirai mes flèches sur eux, et ils seront consumés par la faim; les oiseaux les dévoreront par des morsures amères; je lâcherai sur eux les dents des bêtes qui se traînent avec fureur sur la terre, et des serpents. »

Voilà où l'on a cru trouver l'enfer, le séjour des diables; on a saisi ces seules paroles, *il s'est allumé un feu dans sa fureur;* et, les détachant du reste, on a inféré que Moïse pouvait bien avoir par là sous-entendu le Phlégéthon brûlant et les flammes du Tartare.

Quand on veut se prévaloir de la décision d'un législateur, il faut que cette décision soit précise et claire. Si l'auteur du *Pentateuque*

238 LA BIBLE ENFIN EXPLIQUÉE.

avait voulu annoncer que l'âme est une substance immatérielle unie au corps, laquelle ressusciterait avec ce corps, et serait éternellement punie de ses péchés avec ce corps dans les enfers, il eût fallu le dire en propres mots. Or, aucun auteur juif ne l'a dit avant les pharisiens, et encore aucun pharisien ne l'a dit expressément. Donc il était très-permis aux saducéens de n'en rien croire.

Ces saducéens avaient sans doute des mœurs irréprochables, puisque nos Évangiles ne rapportent aucune parole de Jésus-Christ contre eux, non plus que contre les esséniens, dont la vertu était encore plus épurée et plus respectable.

Esséniens. — Les esséniens étaient précisément ce que sont aujourd'hui les dunkars en Pensylvanie, des espèces de religieux, dont quelques-uns étaient mariés, volontairement asservis à des règles rigoureuses, vivant tous en commun entre eux, soit dans des villes, soit dans des déserts, partageant leur temps entre la prière et le travail, ayant banni l'esprit de propriété, ne communiquant qu'avec leurs frères, et fuyant le reste des hommes. C'est d'eux que Pline le naturaliste a dit : *Nation éternelle, dans laquelle il ne naît personne.* Il croyait qu'ils ne se mariaient jamais, et en cela seul il se trompait.

Il est beau qu'il se soit formé une société si pure et si sainte dans une nation telle que la juive, presque toujours en guerre avec ses voisins ou avec elle-même, opprimante ou opprimée, toujours ambitieuse et souvent esclave, passant rapidement du culte d'un dieu à un autre, et souillée de tous les crimes dont leur propre histoire fait un aveu si formel.

La religion des esséniens, quoique juive, tenait quelque chose des Perses. Ils révéraient le soleil, soit comme dieu, soit comme le plus bel ouvrage de Dieu, et ils craignaient de souiller ses rayons en satisfaisant aux besoins de la nature.

Leur croyance sur les âmes leur était particulière. Les âmes, selon eux, étaient des êtres aériens, qu'un attrait invincible attirait dans les corps organisés. Elles allaient, au sortir de leur prison, dans un climat tempéré et agréable au delà de l'Océan, si elles avaient bien vécu : les âmes des méchants allaient dans un pays froid et orageux. On a cru cette société une branche de celle des thérapeutes égyptiens, dont nous parlerons.

Pharisiens. — Les pharisiens formaient une école plus nombreuse et plus puissante dans l'État. Ils étaient le contraire des esséniens, entrant dans toutes les affaires autant que les esséniens s'en abstenaient. On pourrait en cela seul les comparer aux jésuites, et les esséniens aux chartreux.

Cette secte, très-étendue, ne fit pas un corps à part, quoique leur nom signifiât séparés : point de collége, de lieu d'assemblée, de dignité attachée à leur ordre, de règle commune, rien en un mot qui désignât une société particulière. Ils avaient un très-grand crédit ; mais c'était comme en Angleterre, où tantôt les whigs et tantôt les torys dominèrent, sans qu'il y eût un corps de torys ou de whigs.

Ces pharisiens ajoutaient à la loi du *Pentateuque* la tradition orale, et par là ils acquirent la réputation de savants. C'est sur cette tradition orale qu'ils admettaient la métempsycose, et c'est sur cette doctrine de la métempsycose qu'ils établirent que les esprits malins, les âmes des diables, pouvaient entrer dans le corps des hommes. Toutes les maladies inconnues (et quelle maladie au fond ne l'est pas?) leur parurent des possessions de démons. Ils se vantèrent de chasser ces diables avec des exorcismes et une racine nommée barath. L'un d'eux forgea un livre intitulé : *La Clavicule de Salomon*, qui renfermait ces secrets. On peut juger si leur pouvoir de chasser les diables, pouvoir dont Jésus-Christ lui-même convient dans l'*Évangile* de saint Matthieu, augmenta leur crédit. On les révérait comme les interprètes de la loi : on s'empressait de s'initier à leurs mystères : ils enseignaient la résurrection et le royaume des cieux.

Nos Évangiles nous apprennent avec quelle véhémence Jésus-Christ se déclara contre eux. Il les appelait[1] *hypocrites, sépulcres blanchis, race de vipères*. Ces paroles ne s'adressaient pas à tous; tous n'étaient pas sépulcres et vipères. Il n'y a guère eu de société dont tous les membres fussent méchants; mais plusieurs pharisiens l'étaient évidemment, puisqu'ils trompaient le peuple qu'ils voulaient gouverner.

Thérapeutes. — Les thérapeutes étaient une vraie société, semblable à celle des esséniens, établie en Égypte au midi du lac Mœris. On connaît le beau portrait que fait d'eux le Juif Philon, leur compatriote. Il n'est pas étonnant qu'après toutes les querelles, souvent sanglantes, que les Juifs, transplantés en Égypte, eurent avec les Alexandrins, leurs rivaux dans le commerce, il y en eût plusieurs qui se retirassent loin des troubles du monde, et qui embrassassent une vie solitaire et contemplative. Chacun avait sa cellule et son oratoire. Ils s'assemblaient le jour du sabbat dans un oratoire commun, dans lequel ils célébraient leurs quatre grandes fêtes, les hommes d'un côté, et les femmes de l'autre, séparés par un petit mur. Leur vie était à la vérité inutile au monde, mais si pure, si édifiante, qu'Eusèbe, dans son *Histoire*, les a pris pour des moines chrétiens, attendu qu'en effet plusieurs moines les imitèrent ensuite en Égypte. Ce qui contribua encore à tromper Eusèbe, c'est que les retraites des thérapeutes s'appelaient monastères. Les équivoques et les ressemblances de nom ont été la source de mille erreurs.

Une méprise encore plus singulière a été de croire les thérapeutes descendants des anciens disciples de Pythagore, parce qu'ils gardaient la même abstinence, le même silence, la même aversion pour les plaisirs.

Enfin, on prétendit que Pythagore ayant voyagé dans la Judée, et s'étant fait essénien, alla fonder les thérapeutes en Égypte. Ce n'est pas tout : étant retourné à Samos, il s'y fit carme; du moins les carmes en ont été longtemps convaincus. Ils ont soutenu, en 1682, des thèses

---

1. Saint Matthieu, chap. XXIII.

publiques à Béziers, dans lesquelles ils prouvèrent, contre tout argu-
mentant, que Pythagore était un moine de leur ordre[1].

Hérodiens. — Il y eut une secte d'hérodiens. On dispute si elle
commença du temps de ce barbare Hérode, surnommé *le Grand*, ou
du temps d'Hérode II; mais quelle que soit l'époque de cette institution, elle prouve qu'Hérode avait un parti considérable malgré ses
cruautés. Le peuple fut plus frappé de sa magnificence qu'indigné de
ses barbaries. Ses grands monuments, et surtout le temple, parlaient
aux yeux, et faisaient oublier ses fureurs. Ce nom de *Grand* qu'on lui
donna, et qui est toujours prodigué d'abord par la populace, atteste
assez qu'il subjugua l'esprit du public, en étant abhorré des grands et
des sages : c'est ainsi qu'est fait le vulgaire. On avait été en paix sous
son règne; il avait bâti un temple plus beau que celui de Salomon; et
ce temple, selon les Juifs, devait un jour être celui de l'univers : voilà
pourquoi ils l'appelèrent *Messie*. Nous avons vu que c'était un nom
qu'ils prodiguaient à quiconque leur avait fait du bien. Ainsi, tandis
que la plupart des pharisiens célébraient le jour de sa mort comme
un jour de délivrance, les hérodiens fêtaient son avénement au trône
comme l'époque de la félicité publique. Cette secte, qui reconnut Hérode pour un bienfaiteur, pour un messie, dura jusqu'à la destruction
de Jérusalem, mais en s'affaiblissant de jour en jour. Les Juifs de
Rome, pour lesquels il avait obtenu de grands priviléges, avaient une
fête en son honneur; Perse en parle dans ses satires : *Herodis venere
dies.* A quoi sert donc la vertu, si l'on voit tant de méchants honorés ?

Des autres sectes et des Samaritains. — Les caraïtes étaient encore
une grande secte des Juifs. Ils se sont perpétués au fond de la Pologne, où ils exercent le métier de courtiers, et croient expliquer
l'*Ancien Testament.* Les rabanites, leurs adversaires, les combattent
par la tradition.

Un Judas éleva une autre secte du temps de Pilate. Ces judaïtes
regardaient comme un grand péché d'obéir aux Romains : ils excitè-
rent une sédition furieuse contre ce Pilate, dans laquelle il y eut
beaucoup de sang répandu. Ces fanatiques furent même une des
causes de la mort de Jésus-Christ; car Pilate, ne voulant pas exciter
parmi eux une sédition nouvelle, aima mieux faire supplicier Jésus
que d'irriter des esprits si farouches.

Outre ces sectes principales, il y en avait beaucoup d'obscures,
formées par des enthousiastes de la lie du peuple : des gorthéniens,
des masbothées, des baptistes, des génistes, des méristes, dont les
noms seuls sont à peine connus. C'est ainsi que nous avons eu des
gomaristes, des arminiens, des voétiens, des jansénistes, des moli-
nistes, des thomistes, des piétistes, des quiétistes, des moraves, des
millénaires, des convulsionnaires, etc., dont les noms se précipite-
ront dans un éternel oubli.

Il n'en fut pas ainsi des Samaritains, qui formaient une nation très-

---

1. Voy. Basnage, *Histoire des Juifs*, liv. III, chap. vii. (ÉD.)

différente de celle de Jérusalem. Nous avons vu que les Israélites qui habitaient la province de Samarie, ayant été enlevés par Salmanazar, son successeur Asaphaddon envoya d'autres colonies à leur place. Ces colonies embrassèrent une partie de la religion juive, et rejetèrent l'autre; ils ne voulurent point surtout aller sacrifier ni porter leur argent dans Jérusalem : ainsi les Juifs furent toujours leurs ennemis, et le sont encore; leur division a survécu à leur patrie. La capitale des Samaritains est Sichem, à dix de nos lieues de Jérusalem. Le voisinage fut une raison de plus pour ces deux peuples de se haïr.

Quoique les Samaritains aient eu chez eux des prophètes, ils n'en admettent aucun dans leurs livres sacrés, et se contentent de leur *Pentateuque*. Ils ont les mêmes quatre grandes fêtes que les autres Juifs, la même circoncision; d'ailleurs très-pauvres et très-misérables, et réduits à un petit nombre sous le gouvernement turc, qui n'est pas encourageant.

Toutes ces sectes furent contenues par l'autorité d'Hérode, et tout se taisait dans l'empire romain devant la puissance suprême d'Auguste. Hérode avait déclaré, par son testament, Archélaüs, l'un de ses fils, son successeur, sous le bon plaisir de l'empereur. Il fallut qu'Archélaüs allât à Rome faire confirmer le testament de son père. Mais avant qu'il fît ce voyage, les Juifs, qui ne l'aimaient pas, chassèrent ses officiers de leur temple à coups de pierres pendant leur fête de pâque. Les officiers et les soldats s'armèrent; environ trois mille séditieux furent tués aux portes du temple. Archélaüs partit, s'embarqua au port de Césarée bâti par son père, et alla se jeter aux genoux d'Auguste. Antipas, son frère, fit le même voyage de son côté pour lui disputer la couronne; c'était pendant l'enfance de Jésus-Christ. Varus était depuis longtemps gouverneur de Syrie; il avait envoyé Sabinus à Jérusalem avec une légion; cette légion fut attaquée par les séditieux aux portes du temple. Les Romains renversèrent et brûlèrent les portiques magnifiques de cet édifice, destiné à être toujours la proie des flammes. Tout le pays fut en armes et rempli de brigands. Varus fut obligé d'accourir lui-même avec des forces supérieures, et de punir les rebelles.

Pendant que Varus pacifiait la Judée, Hérode Archélaüs et son frère Hérode Antipas plaidaient leur cause aux pieds d'Auguste. Ils la perdirent tous deux; aucun ne fut roi. L'empereur donna Jérusalem et Samarie à Archélaüs; il ne lui accorda que le titre d'ethnarque et lui promit de le faire roi s'il s'en rendait digne. Hérode Antipas obtint la Galilée et quelques terres au delà du Jourdain. Un troisième Hérode, leur frère, surnommé *Philippe*, eut les montagnes de la Trachonit et le pays stérile de Bathanée.

Josèphe, qui ne perd pas une occasion de vanter son pays, dit que le revenu d'Archélaüs fut de quatre cents talents; celui d'Hérode Antipas, de deux cents; et le troisième, de cent. Ainsi tout le royaume aurait valu sept cents talents (quatre millions cent mille livres) de net, après avoir payé le tribut à l'empereur. Toute la Judée ne vaut pas cinq cent mille livres aux Turcs; il y a loin de là aux vingt-cinq milliards de David et de Salomon.

Auguste, neuf ans après, exila l'ethnarque Archélaüs à Vienne dans les Gaules, et réduisit son État en province romaine, sous le gouvernement de la Syrie.

Après la mort d'Auguste, il parut sous l'empire de Tibère un petit-fils d'Hérode le Grand, qui avait pris le nom d'Agrippa. Il chercha quelque fortune à Rome; il n'y trouva d'abord que la prison dans laquelle Tibère le fit enfermer. Caligula lui donna la petite tétrarchie d'Hérode Philippe son oncle, et enfin lui accorda le titre de roi. C'est lui qui fit mettre aux fers saint Pierre, et qui condamna saint Jacques le Majeur à la mort.

Nous voici donc parvenus au temps de Jésus-Christ et de l'établissement du christianisme. Dans notre profonde vénération pour ces objets, contents d'adorer Jésus, et fuyant toute dispute, nous nous bornerons aux faits indisputables, divinement consignés dans le *Nouveau Testament*. Nous traiterons après en particulier des Évangiles nommés apocryphes, dont plusieurs ont passé chez les savants pour être plus anciens que les quatre reconnus par l'Église. Nous ne voulons rien mêler d'étranger à ces quatre, qui sont sacrés.

Dans ces quatre nous ne choisissons que l'historique, et nous n'en prenons que les passages les plus importants, pour tâcher d'être courts sur un sujet inépuisable.

SOMMAIRE HISTORIQUE DES QUATRE ÉVANGILES.

I. Βίβλος γενέσεως Ἰησοῦ Χριστοῦ, υἱοῦ Δαβίδ, υἱοῦ Ἀβραάμ.

« Livre de la génération de Jésus-Christ, fils de David, fils d'Abraham, etc. » (Matth., chap. I.)

Cette génération de Jésus, fils de David, a fait naître d'interminables disputes entre les doctes. Je ne parle pas des incrédules, à qui ces mots, *fils de David*, ont paru une affectation, et qui ont dit que si Jésus avait été réellement le fils de Dieu même, il n'était pas nécessaire de le faire sortir de David; et qu'un roi et un berger sont égaux devant la Divinité : je parle de ceux qui ne veulent avoir que des idées nettes des faits, et c'est ce que nous allons exposer.

II. Πᾶσαι οὖν αἱ γενεαί, ἀπὸ Ἀβραὰμ ἕως Δαβίδ, γενεαὶ δεκατέσσαρες.

« Toutes les générations d'Abraham à David sont quatorze, etc. » (Matth., chap. I, v. 17.)

L'auteur en compte encore quatorze de David à la transportation en Babylonie, et quatorze encore de la transportation à Jésus : ainsi il suppose quarante-deux générations d'Abraham à David en deux mille ans; mais en comptant après lui exactement, on n'en trouve que quarante et une.

La controverse la plus forte est ici entre saint Matthieu et saint Luc.

Le premier fait naître Jésus-Christ par Joseph, fils de Jacob, fils de Mathan, fils d'Éléazar, fils d'Éliud, etc.... Le second lui donne pour père Joseph fils d'Éli, fils de Mathat, fils de Lévi, fils de Melchi, fils de Janna, etc.... De sorte qu'un homme peu au fait serait tenté de croire que ce n'est pas le même Joseph dont il est question.

Il y a une difficulté non moins embarrassante : Luc compte treize générations de plus que Matthieu, de Joseph à Abraham ; et ces générations sont encore différentes.

Ce n'est pas tout. Quand ils s'accordent tous deux, c'est alors que l'embarras devient plus grand. Il se trouve qu'ils n'ont point fait la généalogie de Jésus, mais celle de Joseph, qui n'est point son père.

Pour concilier ces contradictions apparentes, voyez Abbadie, Calmet, Houteville, Thoinart.

III. Μνηστευθείσης γὰρ τῆς μητρὸς αὐτοῦ Μαρίας τῷ Ἰωσήφ, πρὶν ἢ συνελθεῖν αὐτούς, εὑρέθη ἐν γαστρὶ ἔχουσα ἐκ Πνεύματος Ἁγίου.

« Marie, la mère de Jésus, étant fiancée, avant de se conjoindre avec Joseph, fut trouvée portant dans son ventre par le saint souffle (le Saint-Esprit). » (Matth., chap. I, v. 18.)

Or, l'auteur sacré n'ayant point encore parlé du Saint-Esprit, on a prétendu qu'il y avait là quelque chose d'oublié.

L'auteur du commentaire imparfait de saint Matthieu dit que Joseph ayant fait de violents reproches à sa femme, elle lui répondit : « En vérité, je ne sais qui m'a fait cet enfant. »

On voit, dans l'*Évangile de saint Jacques*, que sur la plainte de Joseph contre sa femme, le grand prêtre fit boire à tous deux des eaux de jalousie ; et que leur ventre n'ayant point crevé, Joseph reprit son épouse.

Nous n'entrons point ici dans le mystère de l'incarnation de Dieu ; nous révérons trop les mystères pour en parler.

IV. Καὶ οὐκ ἐγίνωσκεν αὐτὴν ἕως οὗ ἔτεκε τὸν υἱὸν αὐτῆς τὸν πρωτότοκον.

« Et il n'approcha pas d'elle jusqu'à ce qu'elle enfanta son premier-né. » (Matth., chap. I, v. 25.)

C'est ce qui a fait croire à plusieurs chrétiens déclarés hérétiques que Marie eut ensuite d'autres enfants qui sont même nommés dans l'Évangile *frères* de Jésus-Christ.

V. Ἰδοὺ μάγοι ἀπὸ Ἀνατολῶν παρεγένοντο.

« Voilà que des mages arrivèrent d'Orient, etc. » (Matth., chap. II, v. 1.)

Anatole signifiait l'orient. Voilà pourquoi les Grecs nommèrent l'Asie *Anatolie*. Nous devons remarquer, à cette occasion, que la plupart des auteurs et des imprimeurs ont grand tort d'imprimer presque toujours *la Natolie*, au lieu d'*Anatolie*.

Ce qu'il faut remarquer davantage, c'est l'arrivée de ces trois mages qu'on a transformés en trois rois. L'auteur dit que l'enfant étant né du temps du roi Hérode, les mages arrivèrent un mois après et demandèrent : « Où est le nouveau-né, roi des Juifs? car nous avons vu son étoile dans l'Anatolie, etc. »

Toute cette aventure des trois mages, ou des trois rois, a beaucoup occupé les critiques. On a recherché quelle était cette étoile; pourquoi il n'y eut que ces trois mages qui la virent; pourquoi ils prirent un enfant né dans l'étable d'une taverne pour le roi des Juifs; comment Hérode, âgé de soixante et dix ans, et qui avait autant d'expérience que de bon sens, put croire une si étrange nouvelle. On a fait sur tout cela beaucoup d'hypothèses. Des commentateurs ont dit que la chose avait été prédite par Zoroastre. On trouve dans Origène que l'étoile s'arrêta sur la tête de l'enfant Jésus. La commune opinion fut que l'étoile se jeta dans un puits; on prétend que ce puits est encore montré aux pèlerins qui ne sont pas astronomes. Ils devraient descendre dans ce puits, car la vérité y est.

Ces discussions occupent les savants. Il n'y a point de disputes sur la morale; elle est à la portée des esprits les plus simples.

Il est étrange que la commémoration des trois rois ou des trois mages soit parmi les catholiques un objet de culte et de dérision tout ensemble, et qu'on ne connaisse guère ce miracle que par le gâteau de la fève, et par les chansons comiques qu'on fait tous les ans sur la mère et l'enfant, sur Joseph, sur le bœuf et l'âne, et sur les trois rois.

VI. Ἰδού, ἄγγελος Κυρίου φαίνεται κατ' ὄναρ τῷ Ἰωσήφ, λέγων· Ἐγερθεὶς παράλαβε τὸ παιδίον καὶ τὴν μητέρα αὐτοῦ, καὶ φεῦγε εἰς Αἴγυπτον.

« Voilà que l'ange du Seigneur apparut à Joseph pendant son sommeil, disant : « Éveille-toi, prends l'enfant et sa mère, et fuis en « Égypte. » (Matth., chap. II, v. 13.)

Ce qui a le plus embarrassé les commentateurs, c'est que ni saint Jean, ni Marc, ni Luc qui a écrit si tard, et qui dit avoir tout écrit diligemment et par ordre, non-seulement ne parle point de cette fuite en Égypte, mais que Luc dit expressément le contraire. Car, après avoir montré la multitude d'anges qui apparut aux bergers dans Bethléem, et dont saint Matthieu ne dit rien, et après avoir négligé le voyage et les présents des trois rois dont saint Matthieu parle, il dit positivement que Marie alla se purifier au temple, et qu'elle s'en retourna en Galilée à Nazareth avec son mari et son fils.

Ainsi Luc paraît contraire à Matthieu dans les circonstances qui accompagnent la naissance de Jésus, dans sa généalogie, dans la visite des mages, dans la fuite en Égypte.

Les interprètes concilient aisément ces prétendues contradictions, en remarquant que les différents rapports ne sont pas toujours contraires; qu'un historien peut raconter un fait, et un second historien un autre fait, sans que ces faits se détruisent.

VII. Καὶ ἀποστείλας ἀνεῖλε πάντας τοὺς παῖδας τοὺς ἐν Βηθλεέμ.

« Et ayant dépêché des apôtres (des envoyés), il fit tuer tous les enfants de Bethléem, etc. » (Matth., chap. II, v. 16.)

Les critiques ne cessent de s'étonner que les autres évangélistes se taisent sur un fait si extraordinaire, sur une cruauté si inouïe, dont il n'est aucun exemple chez aucun peuple. Ils disent que plus ce massacre est affreux, plus les évangélistes en devraient parler. Ils ne conçoivent pas comment un prince honoré du nom de Grand, un roi favori d'Auguste, ait été assez imbécile pour croire, à soixante et dix ans, qu'il était né dans une étable un enfant de la populace, lequel était roi des Juifs, et qui allait alors le détrôner. Il ne paraît pas moins incroyable aux critiques que cet Hérode ait été en même temps assez follement barbare pour faire tuer tous les enfants du pays.

Cependant l'ancienne liturgie grecque compte quatorze mille enfants d'égorgés : c'est beaucoup. Les critiques ajoutent que Flavius Josèphe, historien qui entre dans tous les détails de la vie d'Hérode, Flavius Josèphe, parent de Mariamne, aurait parlé de cette aventure horrible si elle avait été vraie, ou seulement vraisemblable.

On répond que le témoignage de saint Matthieu suffit : il affirme, et les autres ne nient pas, ils omettent. Personne n'a contredit le rapport de saint Matthieu. On allègue même le témoignage de Macrobe, qui vécut à la vérité plus de quatre cents ans après, mais qui dit qu'Hérode fit tuer plusieurs enfants avec son propre fils. Macrobe confond les temps; Hérode fit mourir son fils Antipater avant le temps où l'on place le massacre des innocents. Mais enfin il parle d'enfants tués : on peut dire qu'il entend les enfants massacrés sous Hérode dans la sédition excitée par un maître d'école, sédition rapportée dans Josèphe. Quoi qu'il en soit, le témoignage de Macrobe n'est pas comparable à celui de saint Matthieu.

VIII. Καὶ ἐλθὼν κατῴκησεν εἰς πόλιν λεγομένην Ναζαρὲτ, ὅπως πληρωθῇ τὸ ῥηθὲν διὰ τῶν προφητῶν, ὅτι Ναζωραῖος κληθήσεται.

« Et quand il fut venu, il habita dans une ville qui s'appelle Nazareth, afin que s'accomplît ce qui a été prédit par les prophètes : On l'appellera Nazaréen. » (Matth., chap. II, v. 23.)

Les critiques se récrient sur ce verset. Ils attestent tous les prophètes juifs, dont aucun n'a dit que le messie serait appelé Nazaréen. Ils prennent occasion de cette fausseté prétendue, pour insinuer que l'auteur de l'Évangile selon saint Matthieu a été un chrétien du commencement de notre second siècle, qui a voulu trouver toutes les actions de Jésus prédites dans l'*Ancien Testament*. Ils croient en voir la preuve dans le soin même que prend l'évangéliste de dire que le massacre des enfants est prédit dans Jérémie par ces paroles : « Une voix, une grande plainte, un grand hurlement s'est entendu dans Rama; Rachel pleurant ses fils n'a pas voulu être consolée, parce qu'ils ne sont plus. » (Matth., chap. II, v. 18.)

Ces paroles de Jérémie regardent visiblement les tribus de Juda et de Benjamin, menées captives à Babylone. Rachel n'a rien de commun avec Hérode, Rama rien de commun avec Bethléem. Ce n'est, disent-ils, qu'une comparaison que fait l'auteur entre d'anciennes cruautés exercées par les Babyloniens, et les barbaries qu'on suppose à Hérode. Ils osent prétendre qu'il en est de même quand l'auteur, au premier chapitre, fait parler aussi l'ange à Joseph pendant son sommeil. Tout cela s'est fait pour accomplir ce que le Seigneur a dit par le prophète, disant : « Voilà qu'une fille ou femme sera grosse, elle enfantera un fils dont le nom sera Emmanuel, ainsi interprété, Avec nous le Seigneur. »

Ils soutiennent que cette aventure d'Isaïe, qui fit un enfant à sa femme, ne peut avoir le moindre rapport avec la naissance de Jésus; que ni le fils d'Isaïe, ni le fils de Marie, n'eurent nom Emmanuel; que le fils du prophète s'appela MAHER-SALAL-HAS-BAS, *partagez vite les dépouilles;* que le butin et les dépouilles ne peuvent être comparés, par les allusions même les plus fortes, à Jésus-Christ qui a prêché dans Kapernaüm; qu'enfin cette application continuelle à détourner le sens des anciens livres juifs est un artifice grossier. C'est ainsi que s'expliquent une foule d'auteurs nouveaux, qui tous ont marché sur les traces du fameux rabbin Maimonides, et surtout du rabbin Isaac, lequel écrivit son *Rempart de la foi* au commencement du seizième siècle dans la Mauritanie, imprimé depuis dans le recueil de Wagenseil.

S'il ne s'agissait ici que des disputes entre des scoliastes sur quelque auteur profane, comme Cicéron ou Virgile, il serait permis de prendre le parti qui paraîtrait le plus vraisemblable à la faible raison humaine; mais c'est un livre sacré, c'est le fondement de notre religion : notre seul parti est d'adorer et de nous taire.

IX. Καὶ βαπτισθεὶς ὁ Ἰησοῦς ἀνέβη εὐθὺς ἀπὸ τοῦ ὕδατος· καὶ, ἰδού, ἀνεῴχθησαν αὐτῷ οἱ οὐρανοί, καὶ εἶδε τὸ πνεῦμα τοῦ Θεοῦ καταβαῖνο· ὡσεὶ περιστερὰν, καὶ ἐρχόμενον ἐπ' αὐτόν.

« Et Jésus baptisé sortit aussitôt de l'eau; et voilà que les cieux lui furent ouverts, et qu'il vit le souffle de Dieu descendant comme une colombe, et venant sur lui. » (Matth., chap. III, v. 16.)

C'est lorsque Jésus fut baptisé par Jean dans le Jourdain, selon les anciennes coutumes judaïques, qui avaient établi le baptême de justice et celui des prosélytes. Cette coutume était prise des Indiens; les Égyptiens l'avaient adoptée.

Non-seulement le ciel s'ouvrit pour Jésus; non-seulement le souffle de Dieu descendit en colombe; mais on entendit une voix du ciel, disant : « Celui-ci est mon fils chéri, en qui je me repose [1]. »

Les incrédules objectent que si en effet les cieux s'étaient ouverts, si un pigeon était descendu du ciel sur la tête de Jésus, si une voix céleste avait crié : *Celui-ci est mon fils chéri*, un tel prodige aurait ému toute la Judée; la nation aurait été saisie d'étonnement, de respect, et de crainte : on eût regardé Jésus comme un Dieu.

On répond à cette objection que les cœurs des Juifs étaient endurcis, et qu'un miracle encore plus grand fut que le Seigneur les aveugla au point qu'ils ne virent pas les prodiges qu'il opérait continuellement à leurs yeux.

_____

1. Matthieu, III, 17. (ÉD.)

X. Πάλιν παραλαμβάνει αὐτὸν ὁ διάβολος; εἰς ὄρος ὑψηλὸν λίαν.

« Derechef le diable emporte Jésus sur une montagne fort haute, etc.... » (Matth., chap. IV, v. 8.)

Jésus-Christ ayant été baptisé, est d'abord emporté par le Knat-bull dans un désert. Il y reste quarante jours et quarante nuits sans manger; et le diable lui propose de changer les pierres en pain. Ensuite il le transporte sur les pinacles, les acrotères du temple, et il l'invite à se jeter en bas. Puis il le porte au sommet d'une montagne, d'où l'on découvre tous les royaumes de la terre : « Je te les donnerai tous, dit-il, si tu te prosternes devant moi, et si tu m'adores. »

Jamais les incrédules n'ont laissé plus éclater leur mécontentement que sur ces trois entreprises du diable, qui s'empare de Dieu même, et qui veut se faire adorer par lui. Nous ne répéterons point les innombrables écrits dans lesquels ils frémissent de surprise et d'indignation. Le comte de Boulainvilliers et le lord Bolingbroke ont dit « qu'il n'y a point de pays en Europe où la justice ne condamnât un homme qui viendrait nous débiter pour la première fois de pareilles histoires de Dieu et du diable; et que par une démence inconcevable nous condamnons cruellement ceux qui, pénétrés pour Dieu de respect et d'amour, ne peuvent croire que le diable l'ait emporté. »

Ils supposent encore que cette histoire est aussi absurde que blasphématoire, et qu'il est trop ridicule d'imaginer une montagne d'où l'on puisse voir tous les royaumes de la terre.

Nous répondons que ce n'est pas à nous de juger de ce que Dieu peut permettre au diable, qui est son ennemi et le nôtre. « Qui n'est effrayé au seul récit de ce transport? dit le R. P. Calmet; et à quoi les plus justes ne seraient-ils pas exposés de la part de cet ennemi du genre humain, si Dieu ne mettait des bornes à sa puissance et à son envie de nous nuire! »

XI. Πᾶς ἄνθρωπος πρῶτον τὸν καλὸν οἶνον τίθησι, καὶ ὅταν μεθυσθῶσι, τότε τὸν ἐλάσσω.

« Tout homme donne d'abord de bon vin dans un repas; et ensuite, quand les convives sont échauffés, il sert le plus mauvais. » (Jean, chap. II, v 10.)

Nous entremêlons ici saint Jean avec saint Matthieu, afin de ranger de suite les principaux miracles. C'est ici le miracle de l'eau changée en vin, dont saint Jean seul parle, et que les autres évangélistes omettent. Les critiques se sont trop égayés sur ce miracle. Ils trouvent mauvais que Jésus rebute d'abord sa mère lorsqu'elle lui demande du vin pour les gens de la noce; qu'il lui dise : « Femme, qu'y a-t-il entre toi et moi [1]? » et que le moment d'après il fasse le prodige demandé. Ils lui reprochent de changer l'eau en vin pour des gens déjà ivres (ὅταν μεθυσθῶσι). Ils disent que tout cela est incompatible avec l'essence suprême et universelle, avec le Dieu éternel et invisible, créateur de tous les êtres.

---

1 Jean, II, 4. (ÉD.)

Mais ils ne songent pas que ce Dieu s'est fait homme, et a daigné converser avec les hommes. Ils ne songent pas que les dieux même de la fable, s'il est permis de les citer, en firent autant chez Philémon et Baucis longtemps auparavant : ils remplirent de vin la cruche de ces bonnes gens. On ne conçoit pas après cela comment Mahomet, qui reconnaît Jésus pour un prophète, a pu défendre le vin.

XII. Οἱ δὲ δαίμονες παρεκάλουν αὐτὸν, λέγοντες· Εἰ ἐκϐάλλεις ἡμᾶς, ἐπίτρεψον ἡμῖν ἀπελθεῖν εἰς τὴν ἀγέλην τῶν χοίρων, καὶ εἶπεν αὐτοῖς· ὑπάγετε.

« Et les diables le prièrent, disant : « Si tu nous chasses, laisse-nous « aller dans le corps de ces cochons. » Et il leur dit : « Allez, etc. » (Matth., chap. VIII, v. 31 et 32.)

Il s'agit de l'aventure de ces deux diables, dont Jésus-Christ daigna délivrer deux possédés au bord du lac de Tibériade, que les Juifs appelaient la mer. Ces mélancoliques, agités de convulsions, passaient alors chez tous les peuples pour être persécutés par des génies malfaisants. On les excluait de toute société, comme des enragés, et cela même redoublait leur maladie.

Saint Marc et saint Luc ne spécifient ici qu'un seul possédé et saint Matthieu en pose deux.

La grande question a été de savoir comment il se trouvait un grand troupeau de cochons dans un pays qui les avait en horreur, dont il était abominable de manger, et dont l'aspect même était une souillure. Saint Marc dit qu'ils étaient au nombre de deux mille. Si ce troupeau allait à Tyr pour la salaison des viandes sur les vaisseaux, la perte était immense pour les marchands qui les faisaient conduire. Il ne paraît pas aux critiques qu'il fût juste de ruiner ainsi ces marchands; mais ce n'est pas à l'homme à juger les jugements de Dieu.

Ils font encore des difficultés sur la contradiction entre saint Matthieu et le texte de Marc et de Luc, et surtout sur la prétendue impossibilité qu'un ou deux diables entrent dans le corps de deux mille cochons à la fois.

Saint Marc prévient cette objection; car, selon lui, Jésus demande au diable comment il se nomme; et le diable lui répond : « Je m'appelle Légion. »

D'ailleurs il ne faut pas chercher à comprendre comment un miracle a pu s'opérer. Si on le comprenait, il ne serait plus miracle.

XIII. Καὶ ἐλθὼν ἐπ' αὐτὴν, οὐδὲν εὗρεν εἰ μὴ φύλλα· οὐ γὰρ ἦν καιρὸς σύκων.

« Et quand il vint au figuier, il n'y trouva que des feuilles, car ce n'était pas le temps des figues. » (Marc, chap. XI, v. 13.)

Les critiques s'élèvent avec violence contre le miracle que fait Jésus en séchant le figuier qui ne portait pas des figues avant la saison. Dispensons-nous de rapporter les railleries de Woolston et du curé Meslier; et contentons-nous de dire avec les sages commentateurs que, sans doute, Jésus désignait par là ceux qui ne devaient jamais porter des fruits de pénitence.

XIV. Καὶ ἔσται σημεῖα ἐν ἡλίῳ, + καὶ τότε ὄψονται τὸν υἱὸν τοῦ ἀν-
θρώπου ἐρχόμενον ἐν νεφέλῃ, μετὰ δυνάμεως καὶ δόξης πολλῆς.

« Il y aura des signes dans le soleil et dans la lune et dans les astres.
Et ils verront alors le Fils de l'Homme venant dans une nuée avec
grande majesté et gloire. Quand vous verrez ces choses, connaissez que
le royaume de Dieu est proche. Je vous dis en vérité : Cette génération ne
passera pas que tout cela ne s'accomplisse. » (Luc, chap. XXI, v. 25-27.)

Cette prédiction, qui ne s'est pas accompli encore, a été un grand
scandale aux critiques. Ils ont crié que c'était prédire la fin du monde,
le jugement dernier, et Jésus venant dans les nuées prononcer ses
arrêts sur le genre humain, qui devait périr avec le globe entier sous
le règne de Tibère. Les apôtres ont été si persuadés de cette prédiction,
que saint Paul dit expressément, dans son Épître aux Thessaloniciens :
« Nous qui vivons et qui vous parlons, nous serons emportés dans les
nuées pour aller au-devant du Seigneur au milieu de l'air. »

Saint Pierre, dans sa première Épître, dit en propres mots : « L'É-
vangile a été prêché aux morts : la fin du monde approche. »

Saint Jude dit : « Voilà le Seigneur avec des milliers de saints pour
juger les hommes. »

Cette idée de la fin du monde, d'une nouvelle terre, et de nouveaux
cieux, fut tellement enracinée dans la tête des premiers chrétiens,
qu'ils assuraient que la nouvelle Jérusalem était déjà descendue du ciel
pendant quarante nuits, et qu'enfin Tertullien la vit lui-même. On fit
des vers grecs acrostiches imputés à une sibylle, dans lesquels la Jérusalem nouvelle était prédite.

C'est là ce qui a tant enhardi les critiques et les incrédules : ils n'ont
jamais voulu comprendre le véritable sens caché de Jésus-Christ et des
apôtres ; et ils ont pris à la lettre ce qui n'est qu'une figure. Il est vrai
qu'il y eut dans ces premiers siècles de notre Église une infinité de
fraudes pieuses ; mais elles n'ont fait aucun tort aux vérités pieuses qui
nous été annoncées.

XV. Ἀμὴν, ἀμὴν, λέγω ὑμῖν· ἐὰν μὴ ὁ κόκκος τοῦ σίτου πεσὼν εἰς τὴν
γῆν ἀποθάνῃ, αὐτὸς μόνος μένει· ἐὰν δὲ ἀποθάνῃ, πολὺν καρπὸν φέρει.

« En vérité, en vérité, je vous le dis : si le grain de froment jeté
dans la terre ne meurt, il reste inutile ; mais s'il meurt, il porte beaucoup de fruit. » (Jean, chap. XII, v. 24.)

Les critiques prétendent que Jésus et tous ses disciples ont toujours
ignoré la manière dont toutes les semences germent dans la terre. Ils
ne peuvent souffrir que celui qui est venu enseigner les autres ne sache
pas ce que les enfants savent aujourd'hui. Ils méprisent sa doctrine,
parce qu'il se conformait à l'erreur alors universelle, que les graines
doivent pourrir en terre pour lever, et ils soutiennent que Dieu ne
peut pas être venu parmi nous pour débiter des absurdités reconnues.
Mais on a déjà remarqué que Jésus n'a pas prétendu nous enseigner la
physique. Tout l'Ancien Testament se conforme à l'ignorance et à la

_____
1. Verset 14. (ÉD.)

grossièreté du peuple pour lequel il fut fait. Les serpents y sont les plus subtils des animaux; on les enchante par la musique; on explique les songes; on chasse les diables avec de la fumée; les ombres apparaissent; l'atmosphère a des cataractes, etc.... L'auteur sacré suit en tout les préjugés vulgaires; il ne prétend point enseigner la philosophie. Il en est de même de Jésus.

« Mais, disent les critiques, si Jésus ne voulait pas apprendre aux hommes les vérités physiques, il ne devait pas au moins confirmer les hommes dans leurs erreurs; il n'avait qu'à n'en point parler : un homme divin ne doit tromper personne, même dans les choses les plus inutiles. » La question alors se réduit à savoir ce que Jésus devait dire et taire. Ce n'est pas certainement à nous d'en décider; et nous taire est notre devoir.

XVI. Αὕτη δέ ἐστιν ἡ αἰώνιος ζωή, ἵνα γινώσκωσί σε τὸν μόνον ἀληθινὸν Θεὸν, καὶ ὃν ἀπέστειλας Ἰησοῦν Χριστόν.

« La vie éternelle est de connaître le seul vrai Dieu, et son apôtre Jésus-Christ. » (Jean, chap. XVII, v. 3.)

Selon la loi que nous nous sommes faite de ne parler que de l'historique, nous dirons que c'est là un des principaux passages qui produisirent les fameuses disputes entre les Arius, les Eusèbe, et les Athanase, disputes qui divisent encore sourdement la savante Angleterre et plusieurs autres pays. On prétendit que ce passage annonce manifestement l'unité de Dieu, et qu'il dit clairement que Jésus est un simple homme envoyé de Dieu. On fortifia encore ce verset par celui de saint Jean, chap. xx (v. 17) : « Je monte vers mon père et votre père, vers mon Dieu et votre Dieu. » — Et encore plus par celui-ci : *Pater autem major me est;* « mon père est plus grand que moi. » Saint Jean, chap. XIV (v. 28). Et cet autre encore : « Nul ne le sait que le père [1].... » Enfin on éluda les autres passages qui présentaient un sens différent.

Les eusébiens ou ariens écrivirent beaucoup pour persuader, au bout de trois cents ans, qu'il n'était pas possible de croire Jésus consubstantiel à Dieu, après ces aveux formels de Jésus lui-même; et l'on sait quelles guerres furent allumées par ces querelles.

Il parut que d'abord les chrétiens ne reconnurent pas Jésus pour Dieu dans le premier siècle de l'Église, et que le voile qui couvrait sa divinité ne fut levé que par degrés aux faibles yeux des hommes, qui auraient pu être éblouis d'un subit éclat de lumière.

Les adorateurs de Jésus, qui niaient sa divinité, s'appuyèrent sur les *Épîtres* de saint Paul. Ils avaient toujours à la bouche et dans leurs écrits ces épîtres aux Juifs romains dans lesquelles il les exhorte à être bons Juifs, et leur dit expressément : « Le don de Dieu s'est répandu sur nous par la grâce donnée à un seul homme, qui est Jésus; la mort a régné par le péché d'un seul homme; les justes régneront dans leur vie par un seul homme. »

Ils citaient continuellement tous ces témoignages de saint Paul : « A Dieu, qui est le seul sage, honneur et gloire par Jésus. — Vous êtes

1. Matthieu, XXIV, 36. (36.)

à Jésus, et Jésus est à Dieu (*Corinthiens*, I, chap. iii). — Tout est assujetti à Jésus, en exceptant sans doute Dieu, qui a assujetti toutes choses (chap. xv). »

C'est ainsi que les chrétiens combattirent par des paroles, avant de combattre avec le fer et la flamme. Leurs successeurs les ont trop souvent imités. Puisse enfin une religion de douceur être mieux connue et mieux pratiquée!

XVII. Καὶ τὰ μνημεῖα ἀνεῴχθησαν· καὶ πολλὰ σώματα τῶν κεκοιμημένων ἁγίων ἠγέρθη.

« Et les tombeaux s'ouvrirent, et plusieurs corps de saints qui dormaient ressuscitèrent. » (Matth., chap. xxvii, v. 52.)

Le texte ajoute à ce prodige, qu'ils se promenèrent dans la ville sainte. Une foule d'incrédules a prétendu que, si tant de morts étaient ressuscités et s'étaient promenés dans Jérusalem lorsque Jésus expirait, un si terrible miracle, opéré à la vue de toute une ville, aurait fait un effet encore plus sensible et plus grand que la mort de Jésus même. Ils osent affirmer qu'il eût été impossible de résister à un tel prodige; que Pilate l'eût écrit à Rome, que Josèphe l'historien n'eût pas manqué d'en faire mention dans son histoire très-détaillée, toute remplie de prodiges bien moins considérables et moins intéressants; que Philon, contemporain de Jésus, en aurait sûrement parlé; que leur silence est une preuve de la fausseté.

La réponse est toujours que Dieu endurcissait le cœur des Juifs, comme il avait endurci le cœur de Pharaon, et comme il endurcit tous les impies, qu'aucun miracle ne peut convaincre, et qu'aucune représentation ne peut toucher.

XVIII. Καὶ σκότος ἐγένετο ἐφ' ὅλην τὴν γῆν, ἕως ὥρας ἐννάτης· καὶ ἐσκοτίσθη ὁ ἥλιος.

« Et les ténèbres se répandirent sur toute la terre jusqu'à la neuvième heure; et le soleil s'obscurcit. » (Luc, chap. xxiii, v. 44 et 45.)

Les critiques disent encore qu'une éclipse centrale du soleil ne pouvait arriver durant la pleine lune, qui était le temps de la pâque juive. Ils ont élevé de longues disputes, et fait de grandes recherches sur la nature de ces ténèbres. On a cité les livres apocryphes de saint Denys l'Aréopagite, et un passage des livres de Phlégon rapporté par Eusèbe. Voici ce texte de Phlégon :

« Il y eut, la quatrième année de la deux cent deuxième olympiade, la plus grande éclipse qui fut jamais : il fut nuit à la sixième heure; on voyait les étoiles. »

Les savants remarquèrent que le supplice de Jésus n'arriva point cette année, et que l'éclipse de Phlégon, qui n'était point centrale, arriva au mois de novembre; ce qui ne peut en aucune manière s'accorder avec le supplice de Jésus, qui est de la pleine lune de mars.

Ils remarquèrent aussi que, selon saint Jean, Jésus fut condamné à la sixième heure, et que, selon saint Marc, il fut mis en croix à la troisième; ce qui redoublerait encore la difficulté.

Ne nous enfonçons point dans cet abîme plus ténébreux que l'éclipse de Phlégon : contentons-nous d'être soumis de cœur et d'esprit. Soyons persuadés qu'une bonne œuvre vaut mieux que toute cette science.

XIX. Καὶ τοῦτο εἰπὼν, ἐνεφύσησε, καὶ λέγει αὐτοῖς· Λάβετε Πνεῦμα Ἅγιον.

« Comme il eut dit cela, il souffla sur eux, et leur dit : « Recevez le « Saint-Esprit. » (Jean, chap. xx, v. 22.)

Ces mots, *il souffla sur eux*, ont donné lieu à bien des recherches. On prétendait dans les anciennes théurgies que le souffle était néces-saire pour opérer, et qu'il pouvait communiquer des affections de l'âme. Cette idée même était si commune, que l'auteur sacré de la *Genèse* se sert de ces expressions : « Dieu lui souffla un souffle de vie dans les narines » (selon l'hébreu). Isaïe dit : « Le souffle du Seigneur a soufflé sur lui. » Ézéchiel dit : « Je soufflerai dans ma fureur. » L'auteur de *la Sagesse* : « Celui qui lui a soufflé l'esprit. »

Avant le temps de Constantin on eut la coutume de souffler sur le visage et sur les oreilles des catéchumènes qu'on allait baptiser; et par ce souffle on faisait passer dans eux l'esprit de la grâce.

Comme il n'est rien de si innocent et de si saint dont la folie des hommes n'abuse, il arriva que ceux d'entre les mauvais chrétiens qui s'adonnaient à la prétendue théurgie se firent souffler aussi dans la bouche et dans les oreilles par les maîtres de l'art, et crurent recevoir ainsi l'esprit et la puissance des démons, ou plutôt ils rappelèrent les antiques cérémonies de la théurgie chaldéenne et syriaque. Ces céré-monies de nos prétendus magiciens se perpétuèrent de siècle en siècle. De misérables insensés s'imaginèrent que d'autres fous leur avaient soufflé le diable dans la bouche. Il se trouva partout, jusqu'au dernier siècle, des juges assez imbéciles et assez barbares pour condamner au feu ces infortunés. On sait l'histoire du curé Gaufredi, qui crut avoir forcé Magdeleine La Palud à l'aimer en soufflant sur elle. On sait la fatale et méprisable aventure des religieuses de Loudun, ensorcelées par le souffle du curé Urbain Grandier. Et enfin, à la honte éternelle de la nation, le jésuite Girard a été condamné, de nos jours, au feu par la moitié de ses juges, pour avoir soufflé sur la Cadière; et on a trouvé des avocats assez imbéciles pour soutenir gravement que rien n'est plus avéré que la force du souffle d'un sorcier.

Cette opinion de la puissance du souffle venait originairement de l'idée répandue dans toute la terre, que l'âme était un petit fantôme aérien. De là on parvint aisément jusqu'à croire qu'on pouvait verser un peu de son âme dans l'âme d'autrui. Ainsi ce qui fut chez les vrais chrétiens un mystère sacré était ailleurs une source d'erreurs.

XX. Λέγει αὐτῷ ὁ Ἰησοῦς· Ἐὰν αὐτὸν θέλω μένειν ἕως ἔρχωμαι, τί πρὸς σέ;

« Jésus dit : « Si je veux que celui-ci reste jusqu'à ce que je vienne, « que t'importe? » (Jean, chap. xxi, v. 22.)

C'est ce que dit Jésus à saint Pierre après sa résurrection, quand Pierre lui demanda ce que deviendra Jean. On crut que ces mots : *jus-*

qu'à ce que je vienne, signifiaient le second avénement de Jésus, quand il viendrait dans les nues. Mais ce second avénement étant différé, on crut que saint Jean vivrait jusqu'à la fin du monde, et qu'il paraîtrait avec Énoch et Élie pour servir d'assesseurs au jugement dernier et pour condamner l'*antechrist* juridiquement.

Le profond Calmet a trouvé la raison de cette immortalité de saint Jean et de son assistance au procès qu'on fera à l'*antechrist* quand le monde finira. Voici ses propres mots dans sa Dissertation sur cet *Évangile :*

« Il semble qu'il manquerait quelque chose dans la guerre que le Seigneur doit faire à l'ennemi de son Fils, s'il ne lui opposait qu'Énoch et Élie. Il ne suffit pas qu'il y ait un prophète d'avant la loi et un prophète qui ait vécu sous la loi ; il en faut un troisième qui ait été sous l'Évangile. »

Ainsi, selon ce commentateur, le monde sera jugé par cinq juges, Dieu le père, Dieu le fils, Énoch, Élie et Jean.

De là il conclut que Jean n'est point mort ; et voici les preuves qu'il en rapporte :

Si Jean était mort, on nous dirait le temps, le genre, les circonstances de sa mort ; on montrerait ses reliques, on saurait le lieu de son tombeau. Or, tout cela est inconnu. Il faut donc qu'il soit encore en vie. En effet, on assure que se voyant fort avancé en âge, il se fit ouvrir un tombeau où il entra tout vivant ; et ayant congédié tous ses disciples, il disparut et entra dans un lieu inconnu aux hommes. »

Cependant Calmet est du sentiment de ceux qui pensent que saint Jean mourut et fut enterré à Éphèse. Mais il y a encore des difficultés sur cette dernière opinion ; car bien qu'il fût enterré, il ne passa point cependant pour mort. On le voyait remuer deux fois par jour dans sa fosse ; et il s'élevait sur son sépulcre une espèce de farine. Saint Éphrem, saint Jean Damascène, saint Grégoire de Tours, saint Thomas, l'assuraient.

Heureusement, comme nous l'avons dit, ces disputes entre les savants, et même entre les saints, ne touchent point à la morale, qui doit être uniforme d'un bout de la terre à l'autre.

On sait quelles interminables disputes se sont élevées entre les interprètes sur presque tous les passages des *Évangiles*, des *Actes des apôtres* et des *Épîtres*. On a tant creusé cet abîme, que les terres remuées sont retombées sur les travailleurs et en ont écrasé un grand nombre.

A commencer par ce verset qui regarde la destinée de saint Jean, on a soutenu que ce passage même démontrait que ce saint Jean n'avait écrit ni pu écrire son *Évangile*. Car dans ce passage il est dit sur la fin : « C'est ce même disciple Jean qui atteste ces choses ; et nous savons que son témoignage est vrai. » (Ch. XXI, v. 24.)

Il est évident que Jean n'a pu parler ainsi de lui-même dans son propre ouvrage.

Les contradictions qu'on a cru trouver dans les autres évangélistes ont surtout déterminé les critiques téméraires à rejeter absolument tous ces écrits, qu'ils attribuent à des auteurs pseudonymes, moitié juifs, moitié chrétiens, comme Abdias, Marcel, Hégésippe et d'autres, qui vivaient sur la fin du premier siècle de l'Église chrétienne.

Nos indomptables critiques, dont nous avons tant parlé, disent qu'ils ne peuvent admettre les *Actes des apôtres*, puisqu'ils sont contraires aux *Évangiles*; et ils disent qu'ils rejettent les *Évangiles*, puisqu'ils sont contraires à la conduite de Jésus rapportée par eux. Voici comme ils soutiennent leur fatale opinion :

« Jésus, par le récit des *Évangiles* mêmes, ne baptisa jamais personne; et cependant ces *Évangiles* annoncent qu'il faut administrer le baptême juif *au nom du Père, du Fils et du Saint-Esprit*. Et après que ces *Évangiles* ont ordonné ce baptême au nom de ces trois personnes, viennent des *Actes*, qui font baptiser au nom de Jésus seul en plusieurs passages.

« A qui croire ? A rien, continuent ces examinateurs intraitables. Nous ne savons ni quels furent les auteurs de ces livres, ni en quels temps ils furent écrits; nous savons seulement qu'ils se contredisent tous les uns les autres, et que tous ensemble contredisent la faible raison humaine, seule lumière que Dieu nous donne pour juger.

« Il nous paraît seulement vraisemblable que Jésus s'étant fait des adhérents, ayant toujours insulté les pharisiens et les prêtres, et ayant succombé sous ses ennemis, qui le firent livrer au dernier supplice, ses adhérents s'en vengèrent en criant partout que Dieu l'avait ressuscité. Bientôt après ils se séparèrent entièrement de la secte juive. Ce ne fut plus un schisme, ce fut une secte nouvelle qui combattait toutes les autres. Ils avaient toute l'obstination des Juifs et tout l'enthousiasme des novateurs. Ils se répandirent dans l'empire romain, où toute religion était bien reçue de cent peuples différents. Le christianisme s'établit d'abord parmi les pauvres. C'était une association fondée sur l'égalité primitive entre les hommes, et sur la désappropriation des esséniens et des thérapeutes, qui étaient imités par les premiers partisans de Jésus.

« Mais plus cette société s'étendit, plus elle dégénéra. La nature reprit ses droits. Les chrétiens, ne pouvant parvenir aux dignités de l'empire, s'adonnèrent au commerce, comme font aujourd'hui tous les dissidents de l'Europe. Ils acquirent des trésors, ils en prêtèrent au père de Constantin. On sait le reste. Leurs querelles funestes pour des chimères métaphysiques troublèrent longtemps tout l'empire romain. Enfin cette religion, chassée de l'Orient où elle était née, se réfugia dans l'Occident, qu'elle inonda de son sang et de celui des peuples. Il est resté à ses principaux pontifes la rosée du ciel et la graisse de la terre. Puissent-ils toujours en jouir en paix! qu'ils aient pitié des malheureux; que jamais ils n'en fassent; et que le fondateur de cette société particulière, devenue une religion dominante, ce fondateur juif, né pauvre et mort pauvre, ne puisse pas toujours lui dire : « Ma fille, « que tu ressembles mal à ton père ! »

REQUÊTE AU ROI,

Vingt mille pères de famille, cultivant la terre dans vos deux Bourgognes, ou servant Votre Majesté dans vos armées, se jettent à vos pieds. Ceux d'entre nous surtout qui sont esclaves de quelques abbayes et de quelques chapitres, par un abus uniquement fondé sur de faux titres, vous demandent, par leurs cris et par leurs larmes, de n'appartenir qu'à Votre Majesté. Nous réclamons tous le droit de votre couronne, que des moines usurpèrent par des crimes de faux dans des temps de barbarie.

Vos deux Bourgognes sont encore pleines de cultivateurs qui, malgré les lois de la nature, de la religion et de l'État, sont serfs d'un couvent ou d'une collégiale.

Les rois vos ancêtres, sire, réprimèrent cette tyrannie subalterne autant qu'ils le purent. Louis VI, dit le Gros, commença par abolir, en 1137, dans les terres de son domaine, cet opprobre qui ne s'était établi que du temps de son bisaïeul Hugues Capet, par les malheurs de l'anarchie. Louis VIII, père de saint Louis, suivit cet exemple. La célèbre reine Blanche en donna un qui sera cher à la dernière postérité. Les clercs-chanoines de la cathédrale de Paris avaient fait enfermer, en 1253, dans les cachots du For-l'Évêque, les habitants mâles de Châtenay et d'Aunay, près de Sceaux, prétendant que ces habitants leur avaient désobéi, et qu'ils étaient les serfs mainmortables du chapitre, lequel avait sur eux droit de vie et de mort. La reine, alors régente, exhorta d'abord ces clercs à user de modération. Ces chanoines répondirent qu'il n'appartenait pas à la reine de mettre la main à l'encensoir; et, au lieu de relâcher ces malheureux citoyens, ils plongèrent dans le même cachot leurs femmes et leurs filles. La reine, justement indignée, vint elle-même à la porte de la prison, la fit enfoncer, donna le premier coup de marteau, délivra les prisonniers, et les affranchit pour jamais.

Saint Louis, son petit-fils[1], qui combattit pour délivrer les chrétiens d'esclavage en Égypte et en Syrie, ne souffrit pas qu'ils fussent réduits en servitude dans son royaume. Il donna la liberté à ses sujets immédiats, et exhorta ses grands vassaux à l'imiter.

Louis X, dit le Hutin, donna, en 1315, ce célèbre édit par lequel il déclare que « chacun de ses sujets doit naître franc; que son royaume est le royaume des Francs; qu'il veut que la chose soit accordante au nom. » Philippe le Long renouvela cet édit en 1318. Le pape Alexandre III, dans un concile tenu à Rome, approuva et ratifia ces maximes

---

[1]. Son fils. (ÉD.)

de nos généreux monarques; et c'est depuis ce temps que tout esclave d'un étranger devient libre dès qu'il a touché le territoire de votre royaume.

En 1296, Philippe le Bel, dans son parlement de la Toussaint, supprima pour toujours la servitude dans laquelle gémissaient encore plusieurs familles de Languedoc.

Sous Charles VII, quelques serfs de Catalogne s'étant réfugiés dans le ressort du parlement de Toulouse, ce tribunal rendit un arrêt portant que tout homme qui entrerait en France en criant *France!* serait dès ce moment affranchi.

Henri II donna deux édits par lesquels il assura une pleine franchise à ses sujets. Les deux Bourgognes ne se ressentirent pas encore de ces magnanimités. En vain le roi d'Espagne, maître de la comté mal nommée *Franche*, voulut abolir la servitude par son édit de 1585 : les moines, qui s'étaient arrogé le droit d'avoir des esclaves, l'emportèrent sur Philippe II.

Nous supplions, sire, Votre Majesté de daigner considérer que depuis peu le feu roi de Sardaigne, dont les petites-filles viennent d'épouser vos augustes frères, supprima la servitude en Savoie par les plus sages règlements en 1762. Les nombreux habitants d'une vallée nommée *Chézeri*, au pied du mont Jura, appartenaient auparavant à la Savoie; ils sont aujourd'hui de la province de Bourgogne par le dernier échange. Qu'est-il arrivé? Ils devenaient libres par l'édit du feu roi de Sardaigne; ils se trouvent aujourd'hui esclaves d'un couvent de moines, parce qu'ils sont Français.

Une fille qui se marie dans cette coutume perd tout son bien, si on prouve qu'elle a passé la nuit de ses noces dans la maison de son époux, et non dans celle de son père. Un étranger qui habite un an dans ce territoire y devient serf du couvent; et si depuis il a pu acquérir quelque bien, ce bien appartient à ces moines. De telles vexations sont aussi nombreuses que les crimes de faux sur lesquels elles sont fondées[1].

Votre Majesté ne souffrira pas cette tache, dont votre royaume se trouve souillé sous un monarque qui dès sa jeunesse est le père de la patrie.

Les habitants du mont Jura, voisins de cette vallée, avaient plaidé en 1772 devant votre conseil, pour obtenir une liberté dont jouissent toutes vos provinces, et que des moines de Saint-Claude leur ont ravie.

Ils démontrèrent que ces moines avaient fabriqué, avec la maladresse la plus étrange, des diplômes prétendus de Charlemagne, de l'empereur Lothaire, d'un Louis l'Aveugle, roi de Provence, de l'empereur Frédéric-Barberousse. Ce crime de faux, si commun, parut

---

1. Les moines décimateurs de l'abbaye de Chézeri en Bourgogne ont établi, de leur autorité privée, la dîme à la sixième gerbe, ce qui n'est guère moins que le tiers du produit net, en comptant les avances et la main-d'œuvre, qui restent à la charge du cultivateur. Ils prennent à la mort d'un colon la meilleure vache, etc.

alors dans toute sa turpitude. Les moines de Saint-Claude, devenus chanoines, n'eurent plus alors que la possession pour seule excuse de leur usurpation frauduleuse. Votre conseil ordonna, le 18 janvier 1772, que le parlement de Besançon ne jugerait ce procès suivant la possession qu'en cas que cette possession ne fût pas contraire aux titres véritables des habitants. Le parlement, écoutant sa jurisprudence ordinaire, a jugé, au mois d'auguste 1775, en faveur de la possession du chapitre, quoique les titres des anciens moines prédécesseurs du chapitre fussent démontrés être un ouvrage de faussaires imbéciles.

Nous n'osons attaquer l'arrêt d'une cour aussi respectable que sage, et qui a cru bien juger ; mais nous implorons, sire, la magnanimité de votre cœur ; nous vous conjurons de traiter vos sujets comme le roi de Sardaigne a traité les siens. Il a détruit une mainmorte odieuse, en indemnisant les seigneurs ; toute la Savoie a été contente. Nous espérons que le descendant de saint Louis fera ce que vient de faire un prince allié par tant de nœuds à votre royale maison.

Le célèbre président de Lamoignon dressa, en 1682, par ordre de Louis XIV, le projet d'un édit tel que la France entière le demande : il appartient, sire, à Votre Majesté de consommer l'ouvrage que Louis XIV voulut entreprendre.

ARTICLES

EXTRAITS DU JOURNAL DE POLITIQUE ET DE LITTÉRATURE.

(1777.)

I. *La Vie et les Opinions de Tristram Shandy*, traduites de l'anglais de Sterne, par M. Frenais.

On a montré depuis quelques années tant de passion pour les romans anglais, qu'à la fin un homme de lettres nous a donné une traduction libre de *Tristram Shandy*. Il est vrai que nous n'avons encore que les quatre premiers volumes, qui annoncent la *Vie et les Opinions de Tristram Shandy* : le héros qui vient de naître n'est pas encore baptisé. Tout l'ouvrage est en préliminaires et en digressions. C'est une bouffonnerie continuelle dans le goût de Scarron. Le bas comique, qui fait le fond de cet ouvrage, n'empêche pas qu'il n'y ait des choses très-sérieuses.

L'auteur anglais était un vicaire de village, nommé Sterne. Il poussa la plaisanterie jusqu'à imprimer dans son roman un *sermon* qu'il avait prononcé *sur la conscience* ; et ce qui est très-singulier, c'est que ce sermon est un des meilleurs dont l'éloquence anglaise puisse se faire honneur. On le trouve tout entier dans la traduction.

On a été surpris que cette traduction soit dédiée à un des plus graves et des plus laborieux ministres[1] qu'ait jamais eus la France, comme un des plus vertueux. Mais le vertueux et le sage peuvent rire un moment; et d'ailleurs cette dédicace a un mérite noble et rare : elle est adressée à un ministre qui n'est plus en place.

On donna un petit extrait des derniers volumes anglais dans le tome cinquième de *la Gazette littéraire de l'Europe*, en 1765; et il paraît qu'alors on rendit une exacte justice à ce livre. Aussi l'auteur de *la Gazette littéraire* était-il aussi instruit dans les principales langues de l'Europe, que capable de bien juger tous les écrits. Il remarqua que l'auteur anglais n'avait voulu que se moquer du public pendant deux ans consécutifs, promettant toujours quelque chose et ne tenant jamais rien.

Cette aventure, disait le journaliste français, ressemble beaucoup à celle de ce charlatan anglais qui annonça dans Londres qu'il se mettrait dans une bouteille de deux pintes, sur le grand théâtre de Haymarket, et qui emporta l'argent des spectateurs en laissant la bouteille vide. Elle n'était pas plus vide que la *Vie de Tristram Shandy*.

Cet original, qui attrapa ainsi toute la Grande-Bretagne avec sa plume, comme le charlatan avec sa bouteille, avait pourtant de la philosophie dans la tête, et tout autant que de bouffonnerie.

Il y a chez Sterne des éclairs d'une raison supérieure, comme on en voit dans Shakspeare. Et où n'en trouve-t-on pas? Il y a un ample magasin d'anciens auteurs où tout le monde peut puiser à son aise.

Il eût été à désirer que le prédicateur n'eût fait son comique roman que pour apprendre aux Anglais à ne plus se laisser duper par la charlatanerie des romanciers, et qu'il eût pu corriger la nation, qui tombe depuis longtemps, abandonne l'étude des Locke et des Newton pour les ouvrages les plus extravagants et les plus frivoles. Mais ce n'était pas là l'intention de l'auteur de *Tristram Shandy*. Né pauvre et gai, il voulut rire aux dépens de l'Angleterre et gagner de l'argent.

Ces sortes d'ouvrages n'étaient pas inconnus chez les Anglais. Le fameux doyen Swift en avait composé plusieurs dans ce goût. On l'avait surnommé le Rabelais de l'Angleterre; mais il faut avouer qu'il était bien supérieur à Rabelais. Aussi gai et aussi plaisant que notre curé de Meudon, il écrivait dans sa langue avec beaucoup plus de pureté et de finesse que l'auteur de *Gargantua* dans la sienne; et nous avons des vers de lui d'une élégance et d'une naïveté digne d'Horace.

Si on demande quel fut dans notre Europe le premier auteur de ce style bouffon et hardi dans lequel ont écrit Sterne, Swift, et Rabelais, il paraît certain que les premiers qui s'étaient signalés dans cette dangereuse carrière avaient été deux Allemands nés au quinzième siècle, Reuchlin et Hutten. Ils publièrent les fameuses *Lettres des gens obscurs*, longtemps avant que Rabelais dédiât son *Pantagruel* et son *Gargantua* au cardinal Odet de Châtillon.

1. Turgot. (ÉD.)

Ces lettres, rapportées à l'article FRANÇOIS RABELAIS dans les *Questions sur l'Encyclopédie*, sont écrites dans le latin macaronique, inventé, dit-on, par Merlin Cocaïe, pour se venger des dominicains; et elles firent par contre-coup un très-grand tort à la cour de Rome, lorsque les fameuses querelles excitées par la vente des indulgences armèrent tant de nations contre cette cour. L'Italie fut étonnée de voir l'Allemagne lui disputer le prix de la plaisanterie comme celui de la théologie. On y raille des mêmes choses que Rabelais tourna depuis en ridicule : mais les railleries allemandes eurent un effet plus sérieux que la gaieté française; elles disposèrent les esprits à secouer le joug de Rome, et préparèrent cette grande révolution qui a partagé l'Église.

C'est ainsi qu'on a dit que la satire Ménippée, composée principalement par un chanoine [1] de la Sainte-Chapelle de Paris, rendit les états de la Ligue ridicules, et aplanit le chemin du trône à notre adorable Henri IV.

Tristram Shandy ne fera point de révolution; mais on doit savoir gré au traducteur d'avoir supprimé des bouffonneries un peu grossières qu'on a quelquefois reprochées à l'Angleterre.

Il est peut-être plus difficile de traduire un Gilles qu'un orateur, le dîner de Trimalcion que la Nature des dieux de Cicéron, et Salvator-Rose que le Tasse.

Il y a eu même des morceaux considérables que le traducteur de Sterne n'a pas osé rendre en français, comme la formule d'excommunication usitée dans l'église de Rochester : nos bienséances ne l'ont pas permis.

On croit que l'on n'achèvera pas plus la traduction entière de *Tristram Shandy* que celle de Shakspeare. Nous sommes dans un temps où l'on tente les ouvrages les plus singuliers, mais non pas où ils réussissent.

II. *De l'Homme, ou des Principes et des Lois de l'influence de l'Ame sur le Corps, et du Corps sur l'Ame*; en 3 vol. in-12, par J. P. MARAT [2], docteur en médecine. A Amsterdam, chez Marc-Michel Rey, 1775.

L'auteur est pénétré de la noble envie d'instruire tous les homme, de ce qu'ils sont, et de leur apprendre tous les secrets que l'on cherch en vain depuis si longtemps.

Qu'il nous permette d'abord de lui dire qu'en entrant dans cett vaste et difficile carrière, un génie aussi éclairé que le sien devrai avoir quelques ménagements pour ceux qui l'ont parcourue. Il eût été sage et utile de nous montrer des vérités neuves, sans dépriser celles qui nous ont été annoncées par MM. de Buffon, Haller, Lecat, et tant d'autres. Il fallait commencer par rendre justice à tous ceux qui ont

1. Jacques Gillot, qui eut des collaborateurs. (ÉD.)
2. Jean-Paul Marat, né en 1744 dans la principauté de Neuchâtel, tué par Charlotte Corday, le 13 juillet 1793 (ÉD.)

essayé de nous faire connaître l'homme, pour se concilier du moins la bienveillance de l'être dont on parle; et quand on n'a rien de nouveau à dire, sinon que le siége de l'âme est dans les méninges, on ne doit pas prodiguer le mépris pour les autres, et l'estime pour soi-même, à un point qui révolte tous les lecteurs, à qui cependant l'on veut plaire.

Si M. J. P. Marat traite mal ses contemporains, il faut avouer qu'il ne traite pas mieux les anciens philosophes. « Les auteurs les plus distingués, dit-il dans son Discours préliminaire, Aristote, Socrate, Platon, Diogène, Épicure, disent bien chacun que l'âme est un esprit; mais ils croient tous cet esprit une matière subtile et déliée. Ainsi, faute de bonnes observations, les philosophes furent arrêtés dès les premiers pas, et tout leur savoir se borna à distinguer l'homme du reste des animaux par sa configuration corporelle. »

Nous représenterons d'abord qu'il ne doit rien reprocher à Socrate, puisque Socrate n'a jamais rien écrit; nous le ferons souvenir que Platon fut le premier chez les Grecs qui enseigna non-seulement la spiritualité de l'âme, mais encore son immortalité.

Nous lui dirons qu'Aristote, le précepteur d'Alexandre, savait fort bien distinguer son pupille de Bucéphale, et n'a jamais dit dans aucun de ses ouvrages qu'il n'y eût d'autre différence entre Alexandre et son cheval, sinon qu'Alexandre avait deux bras et deux pieds, et son cheval quatre jambes.

Nous ferons encore souvenir M. Marat qu'Épicure ne disait point que l'âme fût un esprit; il disait, comme tous ses disciples, que l'homme pense avec sa tête comme il marche avec ses pieds.

A l'égard de Diogène, il faut avouer que ce n'est guère un homme à citer, non plus que ceux qui ont voulu faire parler d'eux en l'imitant.

M. Marat croit avoir découvert que le suc des nerfs est le lien de communication entre les deux substances, le corps et l'âme.

C'est avoir fait en effet une grande découverte que d'avoir vu de ses yeux cette substance qui lie la matière et l'esprit. Ce suc est apparemment quelque chose qui tient des deux autres, puisqu'il leur sert de passage, comme les zoophytes, à ce qu'on prétend, sont le passage du règne végétal au règne animal.

Mais comme personne n'a jamais vu, du moins jusqu'à présent, ce suc nerveux qui sert de médiateur à l'esprit et à la matière, nous prierons l'auteur de nous le faire voir, afin que nous n'en doutions pas.

Voici comme l'auteur s'exprime ensuite : « J'entends ici les métaphysiciens s'écrier : « Quoi donc ! l'âme est-elle si matérielle que la « matière agisse sur elle ? » Laissons ces hommes orgueilleusement ignorants, qui ne veulent admettre que ce que leur esprit borné peut comprendre, et fermer leurs yeux à l'évidence, pour ne rien voir au-dessus de leur capacité. »

Personne ne trouvera bon qu'on traite les Locke, les Malebranche, les Condillac, d'hommes orgueilleusement ignorants. On pouvait établir le suc nerveux sans leur dire des injures; elles ne sont des raisons ni en physique ni en métaphysique.

« Que font, dit-il, les arguments spécieux de Lecat contre des preuves directes ? L'âme n'est pas matérielle, et n'occupe aucun lieu à la manière des corps. Soit ; mais s'ensuit-il de là qu'elle n'ait aucun siége déterminé ? »

Non, monsieur ; il ne s'ensuit pas que l'âme n'ait point de place ; mais il ne s'ensuit pas aussi qu'elle demeure dans les méninges, qui sont tapissées de quelques nerfs.

Il vaut mieux avouer qu'on n'a pas vu encore son logis, que d'assurer qu'elle est logée sous cette tapisserie : car enfin, comme les nerfs n'aboutissent pas à ces méninges, si elle résidait dans chacun de ces nerfs, elle y serait étendue, et vous n'y trouveriez pas votre compte. Laissez faire à Dieu, croyez-moi ; lui seul a préparé son hôtellerie, et il ne vous a pas fait son maréchal des logis.

Vous avez beau dire que « la pensée fait vivre l'homme dans le passé, le présent, et l'avenir, l'élève au-dessus des objets sensibles, le transporte dans les champs immenses de l'imagination, étend pour ainsi dire à ses yeux les bornes de l'univers, lui découvre de nouveaux mondes, et le fait jouir du néant même. »

Nous vous félicitons de jouir du néant ; c'est un grand empire : régnez-y, mais insultez un peu moins les gens qui sont quelque chose.

Vous avez un grand chapitre intitulé *Réfutation d'un sophisme d'Helvétius*. Vous auriez pu parler plus poliment d'un homme généreux qui payait bien ses médecins. Vous dites : « Laissons au sophiste Helvétius à vouloir déduire par des raisonnements alambiqués toutes les passions de la sensibilité physique ; il n'en déduira jamais l'amour de la gloire.... Qu'importe à César l'estime publique ? Est-il quelques délices attachées à la vertu et au savoir, refusées à la puissance ? Pourquoi Alexandre, Auguste, Trajan, Charles-Quint, Christine, Frédéric II, non contents de la gloire des monarques et des héros, aspirent-ils encore à celle d'auteurs ? pourquoi veulent-ils aussi ombrager leur front des lauriers du génie ? C'est qu'ils sont avides d'honneur, et délicats en estime. »

On vous dira, monsieur, que de tous ces gens si délicats en estime, dont vous parlez, pas un n'a été auteur, excepté le dernier.

Nous n'avons, ce me semble, aucun livre ni des Alexandre ni des Trajan ; et quant à Frédéric le Grand, ce que vous dites de lui ne paraît pas avoir été dicté par la voix publique. Son fluide *nerveux*, selon vous, lui a persuadé « qu'en remportant des victoires, il a dédaigné une estime qu'il n'avait pas méritée : il a voulu une gloire fondée sur le mérite personnel, et il l'a cherchée dans la science ; les âmes passionnées de la gloire aiment l'estime pour l'estime. »

L'Europe vous dira, monsieur, qu'il a mérité cette estime en hasardant son sang et ses méninges dans vingt batailles ; et que s'il a mérité un autre degré d'estime en cultivant les belles-lettres, et en les protégeant, vous ne devez pas pour cela outrager M. Helvétius, qui a été aimé par ce grand prince. Les batailles du roi de Prusse n'ont rien de commun ni avec un système de médecin ni avec M. Helvétius, qui a soutenu l'axiome si ancien, *Rien n'est dans l'entendement qui n'ait été dans les sens.*

Rien ne décrédite plus un système de physique que de s'écarter ainsi de son sujet. Il ne faut pas sortir à tout moment de sa maison pour s'aller faire des querelles dans la rue.

M. Marat, ayant prouvé que l'homme a une âme et une volonté, intitule un chapitre : *Observations curieuses sur nos sensations et sur nos sentiments.*

Ces observations curieuses sont : « Le spectacle d'une tempête de la mer en fureur, du ciel en feu, du mugissement des eaux, de celui des vents déchaînés, et du roulement du tonnerre. » Il oppose à cette description neuve et bien placée, la vue (non moins neuve) « d'une belle campagne que le soleil éclaire de ses derniers rayons à la fin d'une journée sereine, le doux chant des oiseaux amoureux, le murmure des ruisseaux coulant sur la pelouse, leur onde argentée, le parfum des fleurs, et les caresses légères des zéphyrs, le tout portant l'ivresse dans l'âme. »

Après avoir approfondi ces idées philosophiques d'une tempête et d'un beau soir d'été, il donne au public l'idée de la vraie force de l'âme. « Quelle est donc l'âme forte ? dit-il : ce n'est point ce bouillant Achille qui affronte tout danger; ce n'est point ce furieux Alexandre qui fait mollir sous son bras ses nombreux ennemis; ce n'est point cet austère Caton qui se perce le flanc et qui se déchire les entrailles. »

Vous remarquerez que, quelques pages auparavant, l'auteur a dit ces propres mots : « Achille, le fer à la main, s'ouvrant un passage jusqu'à Hector au travers des bataillons ennemis, et renversant comme un torrent impétueux tout ce qui s'oppose à son passage ; voilà l'homme intrépide. »

Si M. le docteur en médecine se contredit ainsi dans ses consultations, il ne sera pas appelé souvent par ses confrères. Mais en parlant d'Achille il devait se souvenir qu'il était invulnérable, et que par conséquent il n'avait pas un grand mérite à être si intrépide.

Et c'est par ces déclamations qu'il prouve que le fluide des nerfs agit sur l'âme, et l'âme sur eux ! C'est après avoir bien connu le tempérament d'Achille et d'Alexandre, qu'il décide que *jamais un corps délicat et vigoureux ne logea une âme forte!*

Il est bien difficile en effet qu'un corps soit délicat et vigoureux.

Mais, sans insister sur cette inadvertance, l'on doit remarquer qu'on a vu cent fois dans nos armées des officiers du tempérament le plus faible et du courage le plus grand, des malades sortir de leur lit pour se faire porter à l'ennemi sur les bras de leurs grenadiers. M. Marat semble avoir calomnié la nature humaine plus qu'il ne l'a connue.

Enfin, quand on a lu cette longue déclamation en trois volumes, qui nous annonce la connaissance parfaite de l'homme, on est fâché de ne trouver que ce qui a été répété depuis trois mille ans en tant de langues différentes. Il eût été plus sensé de s'en tenir à la description de l'homme, qu'on voit dans le second et le troisième tome de l'*His-*

toire naturelle. C'est là qu'en effet on apprend à se connaître; c'est là, comme nous l'avons déjà dit, qu'on apprend à vivre et à mourir : tout y est exposé avec vérité et avec sagesse, depuis la naissance jusqu'à la mort.

M. Marat a suivi des routes différentes. Il finit par dire « qu'il a découvert les causes, et qu'on peut les déterminer avec précision en appliquant le calcul aux effets. » Il nous assure que « l'humeur morale, l'activité, l'indolence, l'ardeur, la froideur, l'impétuosité, la langueur, le courage, la timidité, la pusillanimité, l'audace, la franchise, la dissimulation, l'étourderie, la réserve, la tendresse; le penchant à la volupté, à l'ivrognerie, à la gourmandise, à l'avarice, à la gloire, à l'ambition : la docilité, l'opiniâtreté, la folie, la sagesse, la raison, l'imagination, le souvenir, la réminiscence, la pénétration, la stupidité, la sagacité, la pesanteur, la délicatesse, la grossièreté, la légèreté, la profondeur, etc., ne sont pas des qualités inhérentes à l'esprit ou au cœur, mais des manières d'exister de l'âme qui tiennent à l'état des organes corporels; comme les couleurs, le chaud, le froid, ne sont pas des attributs essentiels à la matière, mais des qualités dépendantes de la texture et du mouvement de ses particules. »

L'auteur finit par se féliciter d'avoir développé la sensibilité corporelle, la régularité, le désordre du cours des liqueurs, le ressort primitif et organique, l'atonie, la tension moyenne, la rigidité des fibres, la force et le volume des organes : « Toutes causes secrètes, dit-il, de cette singulière harmonie que les philosophes ont observée entre les substances qui composent notre être, et dont aucun encore n'a pu rendre raison. »

Après s'être ainsi remercié de nous avoir découvert *les principes cachés de cette influence prodigieuse de l'âme sur le corps, et du corps sur l'âme*, il assure qu'elle a été jusqu'à lui un secret impénétrable.

Cette péroraison est suivie enfin d'une invocation. C'est une marche contraire à celle de tous les ouvrages de génie, et surtout à celle des romans soit en vers, soit en prose. Il invoque l'auteur de *la Nouvelle Héloïse* et d'*Émile*. « Prête-moi ta plume, dit-il, pour célébrer toutes ces merveilles; prête-moi ce talent enchanteur de montrer la nature dans toute sa beauté; prête-moi ces accents sublimes » avec lesquels tu as enseigné à tous les princes qu'ils doivent épouser la fille du bourreau, si elle leur convient; que tout brave gentilhomme doit commencer par être garçon menuisier, et que l'honneur, joint à la prudence, est d'assassiner son ennemi, au lieu de se battre avec lui comme un sot.

Il est plaisant qu'un médecin cite deux romans, l'un nommé *Héloïse*, et l'autre *Émile*, au lieu de citer Boërhaave et Hippocrate. Mais c'est ainsi qu'on écrit trop souvent de nos jours : on confond tous les genres et tous les styles; on affecte d'être ampoulé dans une dissertation physique, et de parler de médecine en épigrammes. Chacun fait ses efforts pour surprendre ses lecteurs. On voit partout Arlequin qui fait la cabriole pour égayer le parterre.

III. De la Félicité publique[1], nouvelle édition. A Bouillon,
de l'imprimerie de la Société typographique.

Après tant de futilités par souscription ou sans souscription, tant de
pièces de théâtre dont il faut rendre compte lorsqu'elles ne subsistent
plus, tant de petites querelles littéraires qui n'intéressent que les dis-
putants, dans cette foule d'ouvrages et d'affiches d'un moment, qui
annoncent *la Connaissance de la nature, la Science du gouvernement*,
les moyens faciles de payer sans argent les dettes de l'État, et les
drames qu'on doit jouer aux marionnettes, à la fin nous avons un bon
livre de plus.

On crut d'abord que le titre était une plaisanterie. Quelques lecteurs,
voyant que l'auteur parlait sérieusement, s'imaginèrent que c'était un
de ces politiques qui font le destin du monde du haut de leur galetas,
et qui, n'ayant pu gouverner une servante, se mettent à enseigner les
rois à deux sous la feuille. Il s'est trouvé que l'ouvrage était d'un
guerrier et d'un philosophe, qui réunit la grandeur d'âme des anciens
chevaliers ses ancêtres, et les vertus patriotiques du chef de la magistrature dont il descend. Nous ne le nommerons pas, puisqu'il ne
s'est pas voulu faire connaître.

Lorsque cette nouveauté était encore en très-peu de mains, on
demanda à un homme de lettres[2] : *Que pensez-vous de ce livre de la
Félicité publique?* Il répondit. *Il fait la mienne.* Nous pouvons en dire
autant.

Cependant nous ne dissimulons pas que l'*Esprit des Lois* a plus de vogue
dans l'Europe que *la Félicité publique*, parce que Montesquieu est venu
le premier : parce qu'il est plaisant ; parce que ses chapitres de six lignes,
qui contiennent une épigramme, ne fatiguent point le lecteur ; parce
qu'il effleure plus qu'il n'approfondit ; parce qu'il est encore plus sati-
rique qu'il n'est législateur, et qu'ayant été peu favorable à certaines
professions lucratives, il a flatté la multitude.

Le livre de *la Félicité publique* est un tableau du genre humain. On
examine dans quel siècle, dans quel pays, sous quel gouvernement,
il aurait été plus avantageux pour l'espèce humaine d'exister. On parle
à la raison, à l'imagination, au cœur de chaque homme. Aimeriez-vous
mieux être né sous un Constantin, qui assassine toute sa famille, et
son propre fils, et sa femme, et qui prétend que Dieu lui a envoyé un
labarum dans les nuées avec une inscription grecque, sur le chemin
de Rome ? Aimeriez-vous mieux vivre sous un Julien, qui écrira une
déclamation de rhétorique contre vous ? Serez-vous mieux sous Théodose, qui vous invitera à la comédie, vous et tous les citoyens de votre
ville, et qui vous fera tous égorger dès que vous aurez pris vos places ?
Les Français ont-ils été plus malheureux après la bataille de Montlhéry,
sous Louis XI, qu'après la bataille d'Hochstedt, sous Louis XIV ?
L'Espagne, qui n'est peuplée aujourd'hui que d'environ sept millions
d'hommes, en a-t-elle eu autrefois cinquante millions ? La France en

1. Par le comte de Chastellux. (ÉD.) — 2. Voltaire lui-même. (ÉD.)

a-t-elle eu trente-six millions? En quelque grand ou petit nombre qu'aient été les habitants de ces contrées, avaient-ils plus de commodités de la vie, plus d'arts, plus de connaissances? leur raison était-elle plus cultivée sous la maison de Bourbon que sous la maison de Clotaire? Quelles ont été les principales causes des malheurs épouvantables sous lesquels le genre humain a presque toujours été écrasé? C'est là le problème que l'auteur essaye de résoudre. Ce n'est point un faiseur de systèmes qui veut éblouir; ce n'est point un charlatan qui veut débiter sa drogue : c'est un gentilhomme instruit, qui s'exprime avec candeur; c'est Montaigne avec de la méthode.

IV. *Histoire véritable des temps fabuleux;* ouvrage qui, en dévoilant le vrai que les histoires ont travesti ou altéré, sert à éclaircir les antiquités des peuples, et surtout à venger l'*Histoire sainte ;* par M. Guérin Durocher, prêtre; 3 volumes d'environ 470 pages chacun, chez Charles-Pierre Berton, libraire, rue Saint-Victor.

On ne peut qu'applaudir au louable dessein de M. Guérin Durocher : personne ne paraît plus capable que lui de profiter des tentatives qu'on a faites depuis Jules Africain jusqu'à Bochart et à Kennicott, pour jeter quelque lumière dans l'horrible chaos de l'antiquité.

Si nous osions faire quelques représentations au savant auteur de cet ouvrage, nous commencerions par le prier de réformer son titre, parce que les personnes moins instruites que lui pourront croire que la véritable histoire des fables est précisément la véritable histoire des mensonges. Toute fable est mensonge, en effet, excepté les fables morales, qui sont des leçons allégoriques, telles que celles de Pilpay, et de Lokman, si connu dans notre Europe sous le nom d'Ésope.

Quoi qu'il en soit, le savant auteur, dans son discours préliminaire, intitulé *Plan de l'ouvrage*, nous avertit qu'un ancien écrivain juif, dont on n'a point les écrits, dit qu'avant les rois de Perse quelqu'un avait traduit autrefois une petite partie de la *Genèse*. Il ne nous dit pas en quel temps et en quelle langue cette traduction fut faite. Il cite aussi le prophète Joël, qui reproche aux Tyriens d'avoir volé quelques ustensiles sacrés à Jérusalem, et d'avoir fait esclaves plusieurs enfants de Juda qu'ils ont emmenés en pays lointain.

M. Guérin Durocher suppose que ces esclaves ainsi transplantés ont pu traduire la *Genèse* dans la langue des peuples chez qui ils ont demeuré, et faire connaître Moïse et ses prodiges à ces étrangers; que ces étrangers ont pu apprendre par cœur les étonnantes actions de Moïse; qu'ils ont pu ensuite les attribuer à leurs princes, à leurs héros, à leurs demi-dieux; qu'ils ont pu faire de Moïse leur Bacchus; de Loth, leur Orphée; d'Édith, femme de Loth, leur Eurydice; qu'il y avait un roi nommé Nanaeus, qui pourrait bien être Noé; qu'il y a surtout grande apparence que Sésostris n'est autre chose que le Joseph des Hébreux. Mais M. Guérin, ayant prouvé que Joseph a pu être Sésostris, prouve ensuite que Sésostris a pu être Jacob, et qu'ainsi il est très-possible que les Juifs aient enseigné la terre entière.

C'est ce qu'avait déjà fait le docte Huet, évêque d'Avranches, dans sa *Démonstration évangélique*, écrite en latin, et enrichie de citations grecques, chaldaïques, hébraïques, pour servir à l'éducation de monseigneur le dauphin, fils de Louis XIV.

Huet fait voir, dans son chapitre IV, que Moïse était un profond géomètre, un astronome exact, l'instituteur de toutes les sciences et de tous les rites; qu'il est le même qu'Orphée et qu'Amphion; que c'est lui qu'on a pris pour Mercure, pour Sérapis, pour Minos, pour Adonis, pour Priape.

Cette démonstration du prélat Huet n'a pas paru bien claire aux hommes de bon sens. Nous espérons que celle de M. Guérin Durocher réussira davantage, quoiqu'il ne soit que simple prêtre.

Il ne se contente pas de trois volumes qu'il nous donne; il nous en promet encore neuf : c'est une grande générosité envers le public. M. Guérin devrait bien se contenter de nous avoir appris qu'Orphée et Loth sont la même chose, et de nous l'avoir prouvé en observant qu'Orphée était suivi par les animaux, et que Loth, ayant des troupeaux, était suivi par les animaux aussi : que de plus, le nom grec d'Orphée est en arabe le même que celui de Loth, car le mot *araf*, selon la *Bibliothèque orientale*, signifie les limbes entre le paradis et l'enfer : donc Loth et Orphée sont évidemment le même personnage. On peut dire ce qu'on a dit en pareille occasion : *C'est puissamment raisonner.*

Toutes les pages du livre de M. Guérin sont dans ce goût. Nous exhortons tous ceux qui veulent se former *l'esprit et le cœur*, comme on dit, à lire le paragraphe dans lequel ce savant auteur démontre que le phénix des Égyptiens, qui renaît de ses propres cendres, n'est autre chose que le patriarche Joseph, qui fait les obsèques de son père le patriarche Jacob. Mais nous exhortons aussi le savant auteur à daigner traiter avec plus d'indulgence et de politesse ceux qui, avant que son livre parût, ont été d'un avis différent du sien sur quelques points de la ténébreuse antiquité. M. Guérin Durocher, étant prêtre, devrait les instruire plus charitablement : il les appelle *ignorants et sacriléges*. Ces épithètes révoltent quelquefois les pécheurs, au lieu de les corriger. On cause sans le savoir la perte d'une brebis égarée, qu'on aurait pu ramener au bercail par la douceur.

Il y a déjà dans les trois volumes de M. Guérin deux à trois mille articles de la force de ceux dont nous avons rendu compte. Que sera-ce quand nous aurons les douze tomes? Nous ne pouvons deviner comment ce ramas énorme de fables expliquées fabuleusement, et ce chaos de chimères, peuvent venger l'histoire sainte. M. Guérin Durocher suppose toujours qu'il y a une conspiration contre l'Église, et que c'est à lui à venger l'Église. C'est ainsi que Saint-Sorlin Desmarets se disait envoyé de Dieu pour être à la tête d'une armée de trente mille hommes contre les jansénistes. Mais qui arme le bras vengeur de M. Guérin Durocher? qui attaque de nos jours l'Église, et qui se plaint d'elle? Sommes-nous dans le temps où le jésuite Le Tellier remplissait les prisons du royaume des partisans de la grâce efficace? sommes-nous dans ce siècle déplorable où des hommes indignes de leur saint ministère vendaient dans des cabarets la rémission des péchés, et faisaient de l'autel un bureau de banque? où l'on s'égorgeait à l'envi d'un bout de l'Europe à l'autre pour des arguments, et où l'on assassinait en Amérique jusqu'à douze millions d'hommes innocents, pour leur enseigner la voie du salut? *Altri tempi, altre cure*. Nous avons un chef souverain, digne à la fois d'être souverain et pontife. Nos évêques français donnent tous les jours des exemples de bienfaisance et de tolérance; tous les papiers publics en retentissent. L'univers chrétien est en paix. Le savant Guérin Durocher, prêtre, veut-il troubler cette paix? Ce brave don Quichotte se bat contre des moulins à vent. Nous souhaitons à son livre le succès de don Quichotte.

Nous prenons ici la liberté de lui dire, à lui et à ceux qui auraient le malheur d'être savants comme lui, que ce n'est point être savant comme il faut, de compiler jusqu'au plus mortel dégoût des passages de Bochart, de Calmet, de Huet, et de cent anciens auteurs, pour n'en tirer aucun fruit. Quel bien reviendra-t-il à la société d'apprendre que Protée pourrait bien être le patriarche Joseph, tout aussi bien que Sésostris est le phénix? *O quantum est in rebus inane!*

V. *Mémoires d'Adrien-Maurice de Noailles*, duc et pair, maréchal de France, ministre d'État; 6 vol. in-12, chez Moutard, imprimeur de la reine, etc.

Ce livre très-utile est rédigé en six volumes, sur les pièces originales confiées par un fils du ministre dont il porte le nom, à M. l'abbé Millot, avantageusement connu par sa manière philosophique et prudente d'écrire l'histoire. Il est vrai que les *Commentaires de César* et la *Vie d'Alexandre* ne contiennent qu'un volume; mais quand il s'agit de rapporter les lettres de Louis XIV, de Louis XV, du roi d'Espagne Philippe V, de la reine sa femme, du duc d'Orléans, régent de France, de Mme de Maintenon, de la princesse des Ursins, de plus de vingt généraux d'armée, et d'autant de ministres, non-seulement on pardonne au rédacteur de publier six tomes considérables, mais tous les hommes d'État et les esprits sérieux qui veulent s'instruire souhaiteraient que l'ouvrage fût plus étendu. Quelques esprits, uniquement occupés des sciences qu'on appelle exactes, ne font aucune attention à ces recueils historiques, à moins qu'ils ne soient écrits avec le style et le génie de Tacite. Malebranche disait qu'il ne faisait pas plus de cas de l'histoire que des nouvelles de son quartier. La plupart des lecteurs ne pensent pas ainsi : ils s'intéressent aux événements de leur siècle, et à ceux qui ont illustré, ou servi, ou affligé leur patrie dans le siècle passé, et quand c'est un ministre d'État, un guerrier qui raconte, l'Europe l'écoute. Si les détails peuvent devenir indifférents à la postérité, ils sont chers au temps présent.

Le premier tome de ces Mémoires est employé presque tout entier à raconter les services que rendit Anne-Jules de Noailles, père d'Adrien, maréchal de France comme lui, et comme ses deux fils. Ces services consistèrent principalement dans l'obéissance qu'il devait à Louis XIV, dont les rigueurs poursuivaient les protestants de son royaume depuis l'an 1680. Le dessein était déjà pris d'abattre tous les temples, et de révoquer le fameux édit de Nantes, déclaré irrévocable dans tous les tribunaux du royaume : édit plus célèbre encore par le nom de cet Henri IV, qui avait triomphé de la Ligue catholique par la valeur des réformés, ainsi que par la sienne. Les papes avaient appelé ce grand homme, aïeul de Louis, « génération bâtarde et détestable de Bourbon [1]; » et Louis XIV, qui venait de recevoir le nom de *Grand* à l'hôtel de ville de Paris, en 1680, s'apprêtait dès lors à détruire l'ouvrage du plus cher de ses prédécesseurs, dans le temps même que le pape Innocent XI se déclarait son ennemi.

Cette contradiction apparente était, dit-on, le fruit des sollicitations du jésuite La Chaise, confesseur du roi, de quelques évêques, et surtout du chancelier Le Tellier, et de Louvois son fils, ennemi de Colbert. Il faut savoir que Colbert croyait les réformés aussi nécessaires à l'État sous Louis XIV par leur industrie, qu'ils l'avaient été à Henri IV par leur courage. Louvois ne les croyait que dangereux. On persuada au roi qu'il ressemblerait à Constantin et à Théodose en abolissant la religion prétendue réformée : on lui répéta qu'il n'avait qu'à dire un mot, et que tous les cœurs se soumettraient. Il le crut, parce qu'il avait pendant quarante ans réussi dans tout ce qu'il avait voulu. Il ne considéra pas que ces protestants, qu'on appelait à la cour *huguenots* ou *religionnaires*, n'étaient plus les calvinistes de Jarnac, de Moncontour, et de Saint-Denis; qu'ils étaient sujets soumis, bons soldats dans les armées, utiles dans la paix par le commerce et par les manufactures, et qu'il risquait de faire passer chez ses ennemis de l'industrie et de l'argent. Pour comble de séduction, la marquise de Maintenon, sa nouvelle maîtresse, dont il fit bientôt sa femme, autrefois protestante elle-même, et devenue aussi dévote qu'ambitieuse, se joignit au jésuite La Chaise.

Ce fut dans ces circonstances que Jules de Noailles fut choisi par le roi pour commander en Languedoc; et Daguesseau, père du chancelier, nommé à l'intendance de cette province. Ces deux hommes étaient nés justes et humains; mais il fallait obéir à Louvois. La populace de ce pays est vive, impétueuse, ardente, superstitieusement attachée à sa croyance; et cette croyance lui est inspirée par des pasteurs qui ressemblent à ce troupeau : c'est au fond, parmi les catholiques et les réformés, le même esprit que celui du temps des Albigeois. La tolérance et la circonspection sont les seules brides qui puissent bien conduire cette nation des anciens Visigoths. Louvois ne savait que commander : il envoya des soldats et des bourreaux, avec des missionnaires. On se crut obligé de condamner un pasteur, nommé Audoyer, à être pendu, et un autre, nommé Homel, à être roué, en 1683. Ces exécutions firent des prosélytes et des martyrs nouveaux dans toutes les provinces méridionales de la France. De faibles sommes que

1. Termes de la bulle de Sixte-Quint. (Ép.)

le roi fit distribuer par Pellisson, transfuge catholique, pour acheter des consciences, n'achetèrent que des gueux et des hypocrites qui allèrent à la messe pour son argent, et qui bientôt retournèrent à leurs prêches. L'enthousiasme de la secte se communiqua dans cent lieues de pays, avec plus d'emportement que la flatterie n'avait passé de bouche en bouche avec enthousiasme à Paris et à Versailles, pour Louis XIV, pendant quarante années, soit dans les prologues d'Opéra, soit dans les épilogues des sermons, soit dans le *Mercure*. On ne sait que trop qu'il résulta de ces fureurs de religion une guerre civile entre le roi et une partie de son peuple, et que cette guerre civile fut plus barbare que celle des sauvages. Il y périt près de cent mille hommes, dont dix mille moururent par la corde, par la roue, ou par le feu, sous l'administration de l'intendant Lamoignon-Bâville, successeur de Daguesseau. Ce magistrat d'ailleurs était très-éclairé et plein de grands talents, mais entièrement différent d'un autre Lamoignon, qui vient de montrer dans nos jours une vertu aussi humaine et une philosophie aussi vraie que le Lamoignon-Bâville fit voir de dévouement à Louis XIV, et d'inflexibilité dans l'exercice de son emploi.

Le rédacteur des *Mémoires d'Adrien de Noailles* n'est entré dans aucun détail de ces temps affreux, dont il ne décrit que les commencements avec une sage retenue. Jules de Noailles, après avoir commandé cinq ans en Languedoc, est envoyé sur les frontières de la Catalogne contre les Espagnols, avec qui Louis XIV fut presque toujours en guerre, ainsi que tous ses prédécesseurs depuis Louis XII, jusqu'au temps où, d'ennemi de cette nation, il en devint le protecteur par l'avénement de son fils le duc d'Anjou au trône d'Espagne. Le roi déclara maréchaux de France, en 1693, Boufflers, Catinat, et Jules de Noailles. Le rédacteur nous instruit des services de Jules.

Adrien, son fils, épouse, en mars 1698, Mlle d'Aubigné, nièce de Mme de Maintenon : le roi lui donne, pour présent de noces, huit cent mille livres, et la survivance du gouvernement de Roussillon qu'avait le maréchal son père. Ce ne sont pas, jusqu'ici, des événements qui intéressent le public, et qui arrêtent les yeux de la postérité.

Mais Charles II, roi d'Espagne, meurt après avoir déclaré héritier de tous ses États le petit-fils de son ennemi; et l'Europe étonnée est bientôt en mouvement par cette grande révolution. Le rédacteur n'en développe point les ressorts; ils ont été déjà assez exposés dans d'autres histoires. Il nous fait lire une instruction curieuse du grand-père à son petit-fils; et il remarque, parmi les conseils que Louis XIV donnait à Philippe V, celui-ci, qui semble avoir, dit-il, besoin d'explication : « N'ayez jamais d'attachement pour personne. » Il semble que Louis, alors, eût encore le cœur ulcéré de l'ingratitude qu'il avait éprouvée. Il disait qu'il avait voulu avoir des amis, et qu'il n'avait trouvé que des chefs de cabale. Le jeune Philippe V ne fut entouré que de tels courtisans dès qu'il fut à Madrid. On aurait désiré que le rédacteur eût imité le cardinal de Retz, qui commence ses Mémoires par donner une idée des personnages qu'il va faire paraître sur la scène, qui peint leur caractère, et nous apprend quels sont leurs talents, leurs

dignités, et leurs places. Sans ce préalable, le lecteur est souvent dé-
routé : quand l'écrivain suppose qu'on connaît tous ceux dont il parle,
il arrive qu'on ne connaît personne.

Il n'y avait sans doute que des cabales à la cour de Madrid, lorsque
Philippe V parut : et qui étaient les principaux intrigants ? le grand
inquisiteur Mendoza, dévoué à la maison d'Autriche; le cardinal Porto-
Carrero, auteur du testament du feu roi, mais plus ennemi des Allemands qu'ami des Français; un capucin, confesseur de la veuve du
roi Charles II, et qui ne se servit jamais de l'autorité de sa place que
pour inspirer à cette reine la haine contre Louis XIV et le mépris pour
Philippe V; un dominicain, ancien confesseur de Charles, qui employait le reste de son crédit pour rendre le nouveau roi odieux aux
seigneurs et aux femmes, dont il dirigeait la conscience depuis la mort
de Charles. Il fallut que Louis XIV, gouvernant de Versailles son petit-
fils à Madrid, fît exiler et le grand inquisiteur, et le capucin, et le
dominicain. Il fallut encore qu'il interposât son autorité pour faire
chasser je ne sais quel jésuite allemand nommé Kressa, qui, à la vérité, ne confessait que des femmes de chambre de la reine douairière,
mais qui savait par elles tous les secrets de sa maison, et qui, par ce
manége, plus commun en Espagne que dans les autres pays de la
communion romaine, était devenu l'espion et le brouillon le plus perfide qui fût dans l'Église. Ainsi Louis XIV, subjugué et trahi lui-même
par son confesseur jésuite, punissait d'autres jésuites et d'autres confesseurs en Espagne, tandis qu'il laissait le sien mettre le trouble et la
désolation dans son propre royaume. Il donnait des lois à Madrid
comme chez lui, par l'organe de ses ambassadeurs : d'abord par le duc
d'Harcourt, et ensuite par le comte de Marsin; il envoya même à son
petit-fils un ministre pour gouverner son trésor royal, plus mal en
ordre alors, s'il se peut, et plus pauvre que celui de Paris : ce fut
Orry, père de celui qui fut depuis contrôleur général en France sous
Louis XV.

Victor-Amédée, le duc de Savoie le premier de sa maison qui obtint
depuis le titre de roi, avait, en 1697, marié l'une de ses filles au duc
de Bourgogne, à l'aîné des petits-fils de Louis XIV, frère du roi d'Espagne : il offrait son autre fille au roi Philippe. Louis conclut ce nouveau mariage, et crut s'attacher Victor-Amédée par un double lien.
La guerre pour la succession au trône d'Espagne était déjà commencée entre l'Empire et la France. L'empereur Léopold faisait déjà défiler
des troupes dans le Milanais : Louis y avait une armée jointe à celle
de Savoie. On sait assez que le prétexte de cette guerre était la fausse
idée répandue par la cour autrichienne que Louis XIV avait forgé dans
Versailles le testament de Charles II, et avait substitué, par la fraude,
la maison de France à la maison d'Autriche. L'empereur était sûr
d'être soutenu dans cette grande querelle par l'Angleterre, la Hollande,
et le Portugal; et il négociait déjà secrètement avec le père de la duchesse de Bourgogne et de la future reine d'Espagne. On voit par là
que Victor-Amédée se rendait lui-même l'ennemi de ses deux filles. On
a déjà dit que l'intérêt d'État ôte aux rois la douceur d'avoir des

parents. Le duc de Savoie, dans l'espérance incertaine de joindre à ses domaines quelques villages de plus, se donna secrètement à l'empereur dans le temps même qu'il était à la tête de l'armée française en Italie, et qu'il faisait partir sa seconde fille pour épouser Philippe V. Sa défection, bientôt après publique, fut la première cause des malheurs de la France pendant près de dix années. Il est triste que le rédacteur n'ait pu développer les ressorts qui amenèrent à ce point la politique et l'inconstance d'un souverain et d'un père. Mais il ne fait point une histoire : il rend compte des mémoires qu'on lui a confiés, à mesure qu'ils lui passent sous les yeux, sans même suivre l'ordre des temps; et il suppose toujours qu'il est lu par des personnes instruites.

Le choix d'une dame d'honneur et d'un confesseur est ce qui occupe le plus longtemps les cours de France et d'Espagne. Louis insista sur une dame française et sur un confesseur français, mais jésuite; ces deux points furent les plus importants, et divisèrent bientôt tout Madrid. La princesse des Ursins, de la maison de La Trémouille, veuve d'un seigneur romain, fut camarera mayor; c'est un titre qui répond à celui de dame d'honneur en France. Il laissa au jésuite Daubenton, confesseur du roi son petit-fils, le soin de chercher un homme de sa robe pour être le confesseur de la reine. Tout cela fut une source d'obscures intrigues de cour, que les lecteurs aiment à pénétrer, moins par le désir de s'instruire que par cette malignité secrète qui fixe leurs regards sur les faiblesses des souverains.

Plusieurs écrivains, hommes d'État, ont regardé comme une faiblesse ces inquiétudes sur le jansénisme et sur le quiétisme qui tourmentaient alors Louis XIV. Ce même monarque, qui avait résisté au pape Innocent XI avec une fierté si convenable, se croyait obligé alors de solliciter la condamnation de l'archevêque de Cambrai, Fénelon, pour avoir soutenu que Dieu méritait d'être aimé sans intérêt, et de l'oratorien Quesnel, pour avoir dit qu'une excommunication injuste ne doit empêcher personne de faire son devoir. Il recommandait instamment au roi d'Espagne de persécuter les jansénistes de ses États de Flandre; il voulait que le jésuite Daubenton lui en fît un devoir. Il pensait réellement que Dieu le devait récompenser pour avoir poursuivi ceux qu'on appelait quiétistes, jansénistes, calvinistes.

C'est peut-être cette même faiblesse qui, en cherchant des occupations réputées faciles, le portait à vouloir gouverner l'intérieur domestique de la reine d'Espagne. Le rédacteur produit des lettres de famille qui piquent la curiosité. Ces lettres forment des recueils de tracasseries : on voit des rois et des reines à leur toilette, dans leur lit, à leur garde-robe, tandis que le prince Eugène bat le maréchal de Villeroi à Chiari; tandis que les batailles d'Hochstedt, de Turin, de Ramillies, font couler le sang et les larmes dans toutes les familles de France, et que l'État est dans une désolation auss iaffreuse que sous Philippe de Valois, Jean et Charles VI. Les *Mémoires* dont nous rendons compte ne parlent guère de ces horribles désastres consignés dans les grandes histoires. On vous fait lire des lettres de la princesse des Ursins et d'un gentilhomme de la Manche, nommé Louville; l'étiquette du palais tient plus de place que les batailles de Saragosse et d'Almanza. Ces minuties royales sont chères à quiconque cherche un amusement dans la lecture : on est bien aise de voir les confidences que la princesse des Ursins fait à la maréchale, mère d'Adrien de Noailles : « Dites, je vous supplie, que c'est moi qui ai l'honneur de prendre la robe de chambre et le pot de chambre, etc., etc., » p. 172, 173, t. II. Les gens qui voudront apprendre les secrets de la cour dans ces *Mémoires* ne sauront pas encore tout. La princesse des Ursins n'y appelle pas les choses par leur nom. La robe de chambre de Philippe V était un vieux manteau court, qui avait servi à Charles II; l'épée du roi était un poignard qu'on posait derrière son chevet; la lampe était enfermée dans une lanterne sourde; ses pantoufles étaient des souliers sans oreilles. C'était l'ancienne étiquette religieusement observée; on remporta une victoire en la changeant. L'affaire de donner à la reine un confesseur et un cuisinier français fut encore plus longue et plus sérieuse. Plusieurs membres du conseil qu'on nomme le *despacho* voulaient un cuisinier et un confesseur savoyards; la faction française prétendait que tout devait venir de Versailles. Il y avait une autre dispute sur le perruquier du roi. On l'avait fait venir de Paris; les barbiers espagnols ne savaient pas encore faire une perruque : mais on craignait que le barbier français ne mît dans les siennes des cheveux tirés de la tête d'un roturier; et un roi d'Espagne ne devait être coiffé que des cheveux de gentilhomme.

Quant aux cuisiniers, on craignait ceux d'Italie, parce qu'on avait appris par une lettre anonyme que le prince Eugène proposait d'empoisonner le roi d'Espagne. Cette calomnie, aussi ridicule que honteuse, ne laissa pas d'être examinée sérieusement : elle fait souvenir des impostures plus extravagantes encore qu'on répandit depuis contre le duc d'Orléans, régent de France, vers le temps de la mort de Louis XIV.

Quant aux confessions de la reine, qui n'avait que quatorze ans, elle fut assez adroite à cet âge, ou assez bien conseillée par la princesse des Ursins, pour assurer le jésuite Daubenton qu'elle aurait un plaisir extrême à dire tous ses péchés au confesseur qu'il lui donnerait. C'est ici qu'on doit remarquer combien ce jésuite était dangereux. Il se fit bientôt chasser de la cour; il y revint; il y reconfessa Philippe V. Si le rédacteur avait su comment ce moine termina sa carrière, il l'aurait peut-être publié : voici cette anecdote dans la plus exacte vérité :

« Lorsque le roi d'Espagne, attaqué de vapeurs, voulut enfin abdiquer, il confia son dessein à Daubenton. Ce prêtre vit bien qu'il serait forcé d'abdiquer aussi et de suivre son pénitent dans sa retraite. Il eut l'imprudence de révéler par une lettre la confession du roi au duc d'Orléans, régent de France, qui projetait alors le double mariage de Mlle de Montpensier, sa fille, avec le prince des Asturies, et celui de Louis XV avec l'infante, âgée de cinq ans. Daubenton crut que l'intérêt du régent le forcerait à détourner Philippe de sa résolution, et que ce prince lui pardonnerait toutes les intrigues qu'il avait plus d'une fois tramées à Madrid contre le ministère de France. Le régent ne les pardonna pas : il envoya la lettre du confesseur au roi, qui n'y sut autre chose que de la montrer au jésuite sans lui dire un seul mot. Le jésuite tomba à la renverse : une apoplexie le saisit au sortir de la chambre et il mourut peu de temps après. » Ce fait est décrit avec toutes ses circonstances dans l'*Histoire civile* de Bellando, imprimée par ordre exprès du roi d'Espagne. Cette anecdote se trouve à la page 306 de la quatrième partie.

Revenons aux *Mémoires* d'Adrien, maréchal duc de Noailles. Voici quelle idée on y donne de Philippe V ; c'est Louville, son gentilhomme, son favori, l'homme de confiance du ministre Colbert de Torcy, qui lui parle ainsi de son roi : « Il est faible, timide, irrésolu.... n'a jamais de volonté, peu de sentiment.... le ressort qui détermine les hommes n'est pas en lui.... Dieu lui a donné un esprit subalterne.... »

Les petites intrigues du palais occupent plus de deux volumes entiers. Le cardinal d'Estrées, ambassadeur à Madrid à la place de Marsin, devient l'ennemi déclaré de la princesse des Ursins, qui gouverne la jeune reine ; et la reine gouverne le roi son mari. Louis XIV prend parti contre la princesse, et enfin la fait renvoyer. La reine pleure ; elle est inconsolable. Il y avait entre elle et cette princesse une amitié fondée sur ce besoin d'une confiance réciproque, qui rend si souvent les femmes nécessaires les unes aux autres. Le rédacteur ne dit pas tout et on peut douter même qu'il ait été instruit de tout. Il ne parle point de cette plaisante apostille que mit Mme des Ursins à une lettre interceptée qui fit tant de bruit dans l'Europe. On lui reprochait dans la lettre d'avoir épousé secrètement un Français attaché à elle, nommé d'Aubigny. Elle écrivit en marge : *Pour épousé, non.*

Ces tracasseries ne finirent que par son exil ; elles recommencèrent à son rappel.

Les jalousies toujours renaissantes entre les courtisans français de Philippe et ses courtisans espagnols, les cabales du confesseur et celles des autres moines, ne finissent point. Ce sont des matériaux pour un Suétone. Les affaires politiques et militaires en serviraient à Tite Live. C'est là malheureusement que les Mémoires du maréchal Adrien, duc de Noailles, manquent au rédacteur. Ce fil de l'histoire est interrompu depuis l'année 1711 jusqu'à la mort de Louis XIV. On y perd toutes les anecdotes que la curiosité du public recherche avec tant d'activité sur la vie privée de ce monarque, sur celle de sa famille et de toute sa cour. C'est le temps où il perdit son fils unique, regardé comme un bon prince, et le duc de Vendôme, l'amour de la France, le restaurateur de l'Espagne, le digne descendant de Henri IV. Ces morts sont bientôt suivies de celles de son petit-fils, le duc de Bourgogne, l'espérance de l'État ; et il perd dans la même semaine la duchesse de Bourgogne et le duc de Bretagne, frère aîné de Louis XV, alors au berceau. Toutes ces victimes précieuses tombent presque en même temps et sont portées dans le même tombeau. Peu de jours après il voit encore expirer son autre petit-fils, frère du duc de Bourgogne et du roi d'Espagne. La reine d'Espagne les accompagne bientôt, à l'âge de vingt-six ans. Enfin Louis XIV suit toute sa famille; il meurt entre les bras de Mme de Maintenon et du jésuite Le Tellier. Il meurt avec une piété sincère, mais trompé. Il laisse l'Église gallicane en combustion, désolée par Le Tellier; toute la nation languissant dans la misère, et consternée de dix ans de défaites et de malheurs de toute espèce. Ses dettes montaient à deux milliards six cents millions, ce qui fait quatre milliards et environ cinq cent mille livres de notre monnaie courante : c'est deux fois plus d'espèces qu'il n'en existe dans le royaume.

Remarquons que parmi les dettes de ce prince on trouve, dans le dépouillement qu'en fit M. de Forbonnais, cent trente-six mille livres pour le pain des prisonniers que le jésuite Le Tellier avait fait renfermer à la Bastille, à Vincennes, à Pierre-Encise, à Saumur, à Loches, sous le prétexte de jansénisme.

Tous ces désastres avaient commencé à la mort de Colbert, qui laissa en mourant la recette égale à la dépense dans l'année 1683. Depuis cette époque l'édifice élevé par lui s'écroula insensiblement. Les malheurs de la guerre, les querelles de religion, l'incapacité des ministres, les persécutions des confesseurs du roi, les déprédations des traitants, firent enfin de la France si florissante un objet de pitié.

Les recueils d'Adrien de Noailles donnent peu de lumières sur les anecdotes de ces temps malheureux. Il faut espérer qu'on sera plus éclairé par les vrais Mémoires d'Hector de Villars, qu'on pourra joindre avec ceux d'Adrien de Noailles.

Après la mort de Louis XIV, le duc Adrien de Noailles joua un grand rôle. Le duc d'Orléans, déclaré au parlement de Paris régent absolu du royaume, changea dès le lendemain toute l'administration du feu roi, selon l'usage des propriétaires, qui font ordinairement tout le contraire de ce qu'ont fait ceux auxquels ils succèdent.

Aux bureaux des ministres de Louis XIV on substitua des conseils, d'abord applaudis par la nation, mais dont on se dégoûta bientôt, et que le régent fut obligé d'abolir. Ces nouveaux conseils, et toute cette forme d'administration, avaient été arrangés par le marquis de Canillac, le président de Maisons et le marquis d'Effiat. Maisons devait être garde des sceaux. Longepierre, auteur de quelques déclamations intitulées *tragédies*, aurait tenu la plume. Nous trouverons peut-être ces particularités dans les Mémoires du maréchal de Villars, et dans ceux du duc de Luynes. Adrien de Noailles fut à la tête du conseil des finances sous le maréchal de Villeroi, qui ne se mêlait de rien. Noailles, capitaine des gardes, élevé à la cour, ayant été occupé dans les négociations et dans les armées, était tout neuf dans l'administration des finances; mais son esprit semblait facile, appliqué, ardent au travail, capable de s'instruire de tout, et de travailler dans tous les genres.

Nous ne retracerons point ici l'histoire des afflictions qui tourmentaient alors les deux branches de la maison de France et d'Espagne; la longue et funeste maladie de Philippe V, qui affaiblit les organes de sa tête; son mariage avec une héritière [1] du duché de Parme, qui commença son règne par chasser la princesse des Ursins, accourue au-devant d'elle pour la servir; les jalousies qui aigrirent le conseil du roi d'Espagne contre le régent de France, factions qui consistaient plutôt en parties de plaisirs et en discours qu'en projets politiques, et qui formaient un étrange contraste avec la misère de l'État. Nous ne dirons point comment la duchesse de Berri, fille du régent, fut près d'épouser un gentilhomme d'une ancienne maison de Périgord, nommé le comte de Riom, à l'exemple de Mademoiselle, cousine germaine de Louis XIV, qui épousa en effet le comte de Lauzun, et à l'exemple de tant d'autres mariages dans les siècles passés. Nous ne répéterons point les calomnies horribles et absurdes répandues alors par toutes les bouches et dans tous les libelles. Le rédacteur circonspect laisse à peine entrevoir ces infamies. Le gouvernement du royaume était d'autant plus difficile qu'il y avait plus de conseils. La principale difficulté venait des énormes dettes de l'État, et de la disette absolue d'argent.

On sait assez que dans ces disettes, qui ont si souvent effrayé la France, l'argent n'a point péri; une partie a passé dans les pays voisins, une autre a été cachée dans les coffres des traitants, enrichis du malheur général. En 1625, avant que le cardinal de Richelieu eût affermi son pouvoir, on avait ordonné qu'une chambre de justice serait établie tous les dix ans pour reprendre des mains des traitants les deniers qu'ils avaient gagnés avec le roi. Cette méthode, depuis la chambre de justice de 1625, n'avait été pratiquée qu'au temps de la chute de Fouquet. Le duc de Noailles la crut nécessaire. On peut voir dans le livre instructif de M. de Forbonnais, et dans les écrits de ce temps-là, mêlés de vrai et de faux, qu'on condamna ceux qui avaient traité avec le roi à lui donner environ deux cent vingt millions, appartenant réellement au peuple sur qui on les avait levés. De ces deux cent vingt millions, il n'entra que très-peu de chose dans ce qu'on appelle les coffres du roi. La facilité du régent répandit presque tout entre des courtisans et des femmes. Il y eut quelques gens d'affaires condamnés par la chambre de justice à être pendus; mais ils furent sauvés par leur bourse.

Si on veut s'instruire à fond du chaos et de la déprédation des finances, il faut lire ce qui a été écrit par les frères Pâris et par leurs adversaires sur le système de Law. Ce fut une maladie épidémique, qui, après avoir attaqué la France pendant deux ans, et l'avoir fait presque périr, alla ravager pendant six mois la Hollande et l'Angleterre. Les systèmes des calculateurs sur l'origine du monde, sur les montagnes formées par les mers, sur la terre formée par les comètes, ne sont que des folies de philosophie; mais le système de Law fut une drogue de charlatan qui empoisonnait des royaumes.

Pendant les convulsions de cette peste universelle, arriva la peste réelle de Marseille, dont à peine on parla, quoiqu'elle eût enlevé plus de soixante mille citoyens; arriva de plus une guerre entre le régent

1. Élisabeth Farnèse, mariée en 1714 à Philippe V, morte en 1766. (ÉD.)

et le roi d'Espagne, dont on parla moins encore. Tous ces événements sont déposés dans la multitude immense d'histoires générales et particulières qui surchargent l'Europe, et surtout la France.

Parmi les vicissitudes des cours, ce n'en est pas une médiocre de voir le duc de Noailles, au bout de deux ans d'administration, exilé par les intrigues d'un abbé Dubois, que lui et le marquis de Canillac n'appelaient jamais que l'abbé Friponneau, autrefois sous-précepteur par hasard du duc d'Orléans, l'ayant servi depuis dans ses plaisirs, et que nous avons vu enfin cardinal, occuper à Cambrai la place de Fénelon, celle de Richelieu et de Mazarin dans le ministère, et mourir comme Rabelais. Le duc de Noailles s'était moqué plus d'une fois des études de l'abbé Dubois à Brive-la-Gaillarde, où son père avait été apothicaire et chirurgien; et l'abbé envoya le duc de Noailles à Brive-la-Gaillarde.

Une vicissitude plus grande, qui servirait à instruire les hommes, si quelque chose les pouvait instruire, fut l'élévation du cardinal de Fleury et la chute du prince de Condé, Monsieur le Duc, premier ministre après la mort subite du duc d'Orléans.

Puis vint la guerre heureuse de 1733, où Adrien de Noailles, devenu maréchal de France, se distingua; puis la guerre injuste qu'une cabale de cour fait entreprendre pour dépouiller la fille [1] de l'empereur Charles VI, malgré la foi des traités et les promesses les plus sacrées; enfin la guerre malheureuse de 1756, qui fait perdre au roi Louis XV tout ce qu'il possédait dans le continent des Grandes-Indes et dans celui de l'Amérique, et qui replongea l'État dans la pauvreté affreuse où il avait été réduit à la mort de Louis XIV : pauvreté qui a été suivie du luxe le plus brillant comme le plus frivole dans Paris, ville agrandie et embellie au milieu des disgrâces publiques. C'est une contradiction frappante, mais ordinaire; car dans les malheurs de l'État il y a toujours un grand nombre d'hommes, soit seigneurs, soit parvenus, qui, s'étant enrichis par les misères du peuple, viennent étaler leur faste, tandis que les opprimés se cachent.

Adrien, maréchal, duc et pair de France, mourut retiré à Paris, loin de ce faste turbulent, à l'âge d'environ quatre-vingt-huit ans. C'est par là que tout finit; et c'est une réflexion dont trop peu d'hommes profitent pour se retirer du monde quand le monde se retire d'eux.

1. Marie-Thérèse. (Én.)

COMMENTAIRE

SUR

L'ESPRIT DES LOIS.

(1777.)

AVANT-PROPOS.

Montesquieu fut compté parmi les hommes les plus illustres du dix-huitième siècle, et cependant il ne fut pas persécuté : il ne fut qu'un peu molesté pour ses *Lettres persanes*, ouvrage imité du *Siamois* de Dufresny, et de *l'Espion turc* : imitation très-supérieure aux originaux, mais au-dessous de son génie. Sa gloire fut l'*Esprit des Lois*; les ouvrages des Grotius et des Puffendorf n'étaient que des compilations : celui de Montesquieu parut être celui d'un homme d'État, d'un philosophe, d'un bel esprit, d'un citoyen. Presque tous ceux qui étaient les juges naturels d'un tel livre, gens de lettres, gens de loi de tous les pays, le regardèrent et le regardent encore comme le code de la raison et de la liberté. Mais dans les deux sectes des jansénistes et des jésuites, qui existaient encore, il se trouva des écrivains qui prétendirent se signaler contre ce livre, dans l'espérance de réussir à la faveur de son nom, comme les insectes s'attachent à la poursuite de l'homme, et se nourrissent de sa substance. Il y avait quelques misérables profits alors à débiter des brochures théologiques, et en attaquant les philosophes. Ce fut une belle occasion pour le gazetier des *Nouvelles ecclésiastiques*, qui vendait toutes les semaines l'histoire moderne des sacristains de paroisse, des porte-dieu, des fossoyeurs et des marguilliers. Cet homme cria contre le président de Montesquieu : « Religion! religion! Dieu! Dieu! » et il l'appela déiste et athée, pour mieux vendre sa gazette. Ce qui semble peu croyable, c'est que Montesquieu daigna lui répondre. Les trois doigts qui avaient écrit l'*Esprit des Lois* s'abaissèrent jusqu'à écraser, par la force de la raison et à coups d'épigrammes, la guêpe convulsionnaire qui bourdonnait à ses oreilles quatre fois par mois.

Il ne fit pas le même honneur aux jésuites; ils se vengèrent de son indifférence en publiant à sa mort qu'ils l'avaient converti. On ne pouvait attaquer sa mémoire par une calomnie plus lâche et plus ridicule. Cette turpitude fut bientôt reconnue, lorsque peu d'années après les jésuites furent proscrits sur le globe entier, qu'ils avaient trompé par tant de controverses et troublé par tant de cabales.

Ces hurlements des chiens du cimetière Saint-Médard, et ces déclamations de quelques régents de collége, ex-jésuites, ne furent pas entendus au milieu des applaudissements de l'Europe. Cependant une petite société de savants, nourris dans la connaissance des affaires et des hommes, s'assembla longtemps pour examiner avec impartialité ce livre si célèbre. Elle fit imprimer, pour elle et pour quelques amis, vingt-quatre exemplaires de son travail, sous le titre d'*Observations sur l'Esprit des Lois*, en trois petits volumes. J'en ai tiré des instructions, et j'y joins mes doutes.

I. Ne discutons point la foule de ces propositions qu'on peut attaquer et défendre longtemps sans convenir de rien. Ce sont des sources intarissables de dispute. Les deux contendants tournent sans avancer comme s'ils dansaient un menuet; ils se retrouvent à la fin tous deux au même endroit dont ils étaient partis.

Je ne chercherai point si Dieu a ses lois, ou si sa pensée, sa volonté, sont sa seule loi; si les bêtes ont leurs lois, comme dit l'auteur;

Ni s'il y avait des rapports de justice avant qu'il existât des hommes : ce qui est l'ancienne querelle des réaux et des nominaux;

Ni si un être intelligent, créé par un autre être intelligent, et ayant fait du mal à son camarade intelligent, peut être supposé devoir subir la peine du talion, par l'ordre du Créateur intelligent, avant que ce Créateur ait créé;

Ni si le monde intelligent n'est pas si bien gouverné que le monde non intelligent, et pourquoi;

Ni s'il est vrai que l'homme viole les lois de Dieu *en qualité d'être intelligent*, ou si plutôt il n'est pas privé de son intelligence dans l'instant qu'il viole ces lois.

Ne nous jouons point dans les subtilités de cette métaphysique; gardons-nous d'entrer dans ce labyrinthe.

II. L'Anglais Hobbes prétend que l'état naturel de l'homme est un état de guerre, parce que tous les hommes ont un droit égal à tout.

Montesquieu, plus doux, veut croire que l'homme n'est qu'un animal timide qui cherche la paix.

Il apporte en preuve l'histoire de ce sauvage trouvé, il y a cinquante ans, dans les forêts de Hanovre, et que le moindre bruit effrayait.

Il me semble que si l'on veut savoir comment la pure nature humaine est faite, il n'y a qu'à considérer les enfants de nos rustres. Le plus poltron s'enfuit devant le plus méchant : le plus faible est battu par le plus fort; si un peu de sang coule, il pleure, il crie; les larmes, les plaintes, que la douleur arrache à cette machine, font une impression soudaine sur la machine de son camarade qui le battait. Il s'arrête, comme si une puissance supérieure lui saisissait la main; il s'émeut, il s'attendrit, il embrasse son ennemi qu'il a blessé; et le lendemain, s'il y a des noisettes à partager, ils recommenceront le combat : ils sont déjà hommes, et ils en useront ainsi un jour avec leurs frères, avec leurs femmes.

Mais laissons là les enfants et les sauvages, n'examinons que bien rarement les nations étrangères, qui ne nous sont pas assez connues. Songeons à nous.

III. « La noblesse entre en quelque façon dans l'essence de la monarchie, dont la maxime fondamentale est : Point de monarque, **point de noblesse**; point de noblesse, point de monarque. **Mais on a un despote.** » (Page 7, édit. de Leyde, in-4°, de l'*Eprit des Lois*, liv. II, chap. VI.)

Cette maxime fait souvenir de l'infortuné Charles Ier, qui disait : « Point d'évêque, point de monarque. » Notre grand Henri IV aurait pu dire à la faction des Seize : « Point de noblesse, point de monarque. » Mais qu'on me dise ce que je dois entendre par despote et par monarque.

Les Grecs et ensuite les Romains entendaient par le mot grec *despotès* un père de famille, un maître de maison, *despotès*, *herus*, *patronus*, *despoïna*, *hera*, *patrona*, opposé à *therapon* ou *theraps*, *famulus*, *servus*. Il me semble qu'aucun Grec, qu'aucun Romain, ne se servit du mot *despote*, ou d'un dérivé de *despotès*, pour signifier un roi. *Despoticus* ne fut jamais un mot latin. Les Grecs du moyen âge s'avisèrent, vers le commencement du quinzième siècle, d'appeler despotes des seigneurs très-faibles, dépendant de la puissance des Turcs, despotes de Servie, de Valachie, qu'on ne regardait que comme des maîtres de maison. Aujourd'hui les empereurs de Turquie, de Maroc, de Perse, de l'Indoustan, de la Chine, sont appelés par nous despotes; et nous attachons à ce titre l'idée d'un fou féroce, qui n'écoute que son caprice; d'un barbare qui fait ranger devant lui ses courtisans prosternés, et qui, pour se divertir, ordonne à ses satellites d'étrangler à droite et d'empaler à gauche.

Le terme de *monarque* emportait originairement l'idée d'une puissance bien supérieure à celle du mot *despote* : il signifiait seul prince, seul dominant, seul puissant; il semblait exclure toute puissance intermédiaire.

Ainsi chez presque toutes les nations les langues se sont dénaturées. Ainsi les mots de *pape*, d'*évêque*, de *prêtre*, de *diacre*, d'*église*, de *jubilé*, de *Pâques*, de *fêtes*, *noble*, *vilain*, *moine*, *chanoine*, *clerc*, *gendarme*, *chevalier*, et une infinité d'autres, ne donnent plus les mêmes idées qu'ils donnaient autrefois; c'est à quoi l'on ne saurait faire trop d'attention dans toutes ses lectures.

J'aurais désiré que l'auteur, ou quelque autre écrivain de sa force, nous eût appris clairement pourquoi la noblesse est l'essence du gouvernement monarchique. On serait porté à croire qu'elle est l'essence du gouvernement féodal, comme en Allemagne, et de l'aristocratie, comme à Venise [1].

---

1. Il ne peut y avoir aucune autre différence entre le despotisme et la monarchie que l'existence de certaines règles, de certaines formes, de certains principes, consacrés par le temps et l'opinion, et dont le monarque se fait une loi de ne pas s'écarter. S'il n'est lié que par son serment, par la crainte d'aliéner les esprits de sa nation, le gouvernement est monarchique; mais s'il existe un corps, une assemblée, du consentement desquels il ne puisse se passer lorsqu'il veut déroger à ces lois premières; si ce corps a le droit de s'opposer à l'exécution de ces lois nouvelles, lorsqu'elles sont contraires aux lois établies, dès lors il n'y a plus de monarchie, mais une aristocratie. Le monarque, pour être juste, est censé devoir respecter les règles consacrées par l'opinion, tandis que le des-

IV. « Autant que le pouvoir du clergé est dangereux dans une république, autant est-il convenable dans une monarchie, surtout dans celles qui vont au despotisme. Où en seraient l'Espagne et le Portugal depuis la perte de leurs lois, sans ce pouvoir qui arrête seul la puissance arbitraire? Barrière toujours bonne lorsqu'il n'y en a point d'autre; car, comme le despotisme cause à la nature humaine des maux effroyables, le mal même qui le limite est un bien. » (Liv. II, chap. IV.)

On voit que dès l'abord l'auteur ne met pas une grande différence entre la monarchie et le despotisme; ce sont deux frères qui ont tant de ressemblance, qu'on les prend souvent l'un pour l'autre. Avouons que ce furent de tout temps deux gros chats à qui les rats essayèrent de pendre une sonnette au cou. Je ne sais si les prêtres ont posé cette sonnette, ou s'il aurait plutôt fallu en attacher une aux prêtres; tout ce que je sais, c'est qu'avant Ferdinand et Isabelle il n'y avait point d'inquisition en Espagne. Cette habile Isabelle, ce plus habile Ferdinand, firent leurs marchés avec l'inquisition : autant en firent leurs successeurs pour être plus puissants. Philippe II et les prêtres inquisiteurs partagèrent toujours les dépouilles. Cette inquisition si abhorrée dans l'Europe devait-elle être chère à l'auteur des *Lettres persanes?*

Il se fait ici une règle générale que les prêtres sont en tout temps et en tous lieux les correcteurs des princes. Je ne conseillerais pas à un homme qui se mêlerait d'instruire de poser ainsi des règles générales. A peine a-t-il établi un principe, l'histoire s'ouvre devant lui, et lui montre cent exemples contraires. Dit-il que les évêques sont le soutien des rois, vient un cardinal de Retz, viennent des primats de Pologne

pote n'est obligé de respecter que les premiers principes du droit naturel, la religion, les mœurs. La différence est moins dans la forme de la constitution que dans l'opinion des peuples, qui ont une idée plus ou moins étendue de ce qui constitue les droits de l'homme et du citoyen.

Or il est difficile, en admettant cette explication, de deviner pourquoi il faut qu'il y ait dans une monarchie un corps d'hommes jouissant de priviléges héréditaires. Les priviléges sont une charge de plus pour le peuple, un découragement pour tout homme de mérite qui ne fait point partie de ce corps. M. de Montesquieu pouvait-il croire que, dans un pays éclairé, un homme sans noblesse, mais ayant de l'éducation, n'aurait pas autant de noblesse d'âme, d'horreur pour les bassesses, qu'un gentilhomme? Croyait-il que la connaissance des droits de l'humanité ne donne pas autant d'élévation que celle des prérogatives de la noblesse? Ne vaudrait-il pas mieux chercher à donner aux âmes des hommes de tous les états plus d'énergie, que de vouloir conserver dans celles des nobles quelques restes de l'orgueil de leur ancienne indépendance? Ne serait-il point plus utile au peuple d'une monarchie de chercher les moyens d'y établir un ordre plus simple, au lieu d'y conserver soigneusement les restes de l'anarchie?

Il est sûr que dans toute monarchie modérée, où les propriétés sont assurées, il y aura des familles qui, ayant conservé des richesses, occupé des places, rendu des services pendant plusieurs générations, obtiendront une considération héréditaire : mais il y a loin de là à la noblesse, à ses exceptions, à ses prérogatives, aux chapitres nobles, aux tabourets, aux cordons, aux certificats des généalogistes, à toutes ces inventions nuisibles ou ridicules dont une monarchie peut, sans doute, se passer.

L'auteur de cette note prend la liberté d'assurer ses lecteurs, s'il en a, qu'en plaidant la cause du bonheur du peuple contre la vanité des nobles, ce ne sont point du tout ses intérêts qu'il défend ici. (*Éd. de Kehl.*) (CONDORCET.)

et des évêques de Rome, et une foule d'autres prélats, à remonter jusqu'à Samuel, qui forment de terribles arguments contre sa thèse.

Dit-il que les évêques sont les sages précepteurs des princes, on lui montre aussitôt un cardinal Dubois, qui n'en a été que le Mercure.

Avance-t-il que les femmes ne sont pas propres au gouvernement, il est démenti depuis Tomyris jusqu'à nos jours.

Mais continuons à nous éclairer avec l'*Esprit des Lois* [1].

V. Au lieu de continuer, je rencontre par hasard le chapitre II du livre X, par lequel j'aurais dû commencer. C'est un singulier cours de droit public. Voyons (page 155) :

« Entre les sociétés, le droit de la défense naturelle entraîne quelquefois la nécessité d'attaquer, lorsqu'un peuple voit qu'un peuple voisin prospère, et qu'une plus longue paix mettrait ce peuple voisin en état de le détruire, etc. »

Si c'était Machiavel qui adressât ces paroles au bâtard abominable de l'abominable pape Alexandre VI, je ne serais point étonné. C'est l'esprit des lois de Cartouche et de Desrues. Mais que cette maxime soit d'un homme comme Montesquieu ! on n'en croit pas ses yeux.

Je vois ensuite que, pour en adoucir la cruauté, il ajoute « que l'attaque doit être faite par ce peuple jaloux dans le moment où c'est le seul moyen d'empêcher sa destruction. » (Liv. X, chap. II.)

Mais il me semble que c'est mal s'excuser, et bien évidemment se contredire. Car si vous ne tombez sur votre voisin que dans le seul moment où il va vous détruire, c'est donc lui qui vous attaquait en effet. Vous vous êtes donc borné à vous défendre contre votre ennemi.

Je vois que vous vous êtes laissé entraîner aux grands principes du machiavélisme : « Ruinez qui pourrait un jour vous ruiner; assassinez votre voisin qui pourrait devenir assez fort pour vous tuer; empoisonnez-le au plus vite, si vous craignez qu'il n'emploie contre vous son cuisinier. »

Quelque grand politique pourra penser que cela est très-bon à faire; mais en vérité cela est très-mauvais à dire. Vous vous corrigez sur-le-champ en disant qu'il n'est permis d'égorger son voisin que quand ce voisin vous égorge. Ce n'est plus l'état de la question. Vous vous supposez ici dans le cas d'une simple et honnête défensive. Vous avez voulu d'abord n'écrire qu'en homme d'État, vous en avez rougi; vous avez voulu réparer la chose en vous remettant à écrire en honnête homme, et vous vous êtes trompé dans votre calcul. Revenons à l'ordre que j'ai interrompu.

VI. « Comme la mer, qui semble vouloir couvrir toute la terre, est arrêtée par les herbes et les moindres graviers qui se trouvent sur le ri-

1. Le clergé a du crédit à Constantinople au moins autant qu'en Espagne. A quoi ce crédit a-t-il été utile? A quoi a servi celui du clergé de France? à laisser deux millions de citoyens sans existence légale, sans propriété assurée; à soustraire aux impôts un cinquième au moins des biens du royaume. N'est-il pas évident qu'ami ou ennemi du monarque, un clergé puissant ne peut servir qu'à imposer un double joug au peuple? Un homme en est-il plus libre parce qu'il a deux maîtres? (*Ed. de Kehl.*)

vage ; ainsi les monarques dont le pouvoir paraît sans bornes s'arrêtent par les plus petits obstacles, et soumettent leur fierté naturelle à la plainte et à la prière. » (Page 18, liv. II, chap. IV.)

Voilà donc, poétiquement parlant, l'Océan qui devient monarque ou despote. Ce n'est pas là le style d'un législateur. Mais assurément ce n'est ni de l'herbe ni du gravier qui cause le reflux de la mer, c'est la loi de la gravitation; et je ne sais d'ailleurs si la comparaison des larmes du peuple avec du gravier est bien juste.

VII. « Les Anglais, pour favoriser la liberté, ont ôté toutes les puissances intermédiaires qui formaient leur monarchie. » (Page 19, liv. II, chap. IV.)

Au contraire, les Anglais ont rendu plus légal le pouvoir des seigneurs spirituels et temporels, et ont augmenté celui des communes. On est étonné que l'auteur soit tombé dans une méprise si palpable. Je passe une foule d'autres assertions qui me semblent autant d'erreurs, et qui ont été fortement relevées par les sages critiques dont j'ai parlé à la fin de l'avant-propos.

VIII. « Il ne suffit pas qu'il y ait dans la monarchie des rangs intermédiaires, il faut encore un dépôt de lois.... L'ignorance naturelle à la noblesse, son inattention, son mépris pour le gouvernement civil, exigent qu'il y ait un corps qui fasse sans cesse sortir les lois de la poussière où elles seraient ensevelies.... Dans les États despotiques où il n'y a point de lois fondamentales, il n'y a pas non plus de dépôt de lois. » (Liv. II, chap. IV.)

Les savants cités ci-dessus ont remarqué qu'il n'est pas surprenant que dans un pays sans lois il n'y ait pas de dépôt de lois. Mais on pourrait incidenter : on pourrait dire que l'auteur n'a voulu parler que des lois fondamentales. Sur quoi je demanderais : Qu'entendez-vous par les lois fondamentales? Sont-ce des lois primitives qu'on ne puisse pas changer? Mais la monarchie était fondamentale à Rome, et elle fit place à une loi contraire.

La loi du christianisme, dictée par Jésus-Christ, fut ainsi énoncée : « Il n'y aura point parmi vous de premier; si quelqu'un veut être le premier, il sera le dernier. » Or voyez, je vous prie, comme cette loi fondamentale a été exécutée. La bulle d'or de Charles IV est regardée comme une loi fondamentale en Allemagne; on y a dérogé en plus d'un article. Puisque les hommes ont fait leurs lois, il est clair qu'ils peuvent les abolir. Il est à remarquer que ni Grotius, ni les auteurs du *Dictionnaire encyclopédique*, ni Montesquieu, n'ont traité des lois fondamentales.

A l'égard de la noblesse, à laquelle Montesquieu impute tant de frivolité, tant de mépris pour le gouvernement civil, tant d'incapacité de garder des registres, il pouvait se souvenir que la diète de Ratisbonne, la chambre des pairs à Londres, le sénat de Venise, sont composés de la plus ancienne noblesse de l'Europe[1].

---

1. D'ailleurs, comment est-il utile à un pays qu'un corps d'hommes ignorants, légers, pleins de mépris pour le gouvernement civil, y soit élevé au-dessus des citoyens? (*Éd. de Kehl.*)

IX. « La vertu n'est point le principe du gouvernement monarchique. Dans les monarchies, la politique fait faire les grandes choses avec le moins de vertu qu'elle peut.... L'ambition dans l'oisiveté, la bassesse dans l'orgueil, le désir de s'enrichir sans travail, l'aversion pour la vérité, la flatterie, la trahison, la perfidie, l'abandon de tous ses engagements, le mépris des devoirs du citoyen, la crainte de la vertu du prince, l'espérance de ses faiblesses, et, plus que tout cela, le ridicule perpétuel jeté sur la vertu, forment, je crois, le caractère du plus grand nombre des courtisans, marqué dans tous les lieux et dans tous les temps. Or il est très-malaisé que les principaux d'un État soient malhonnêtes gens, et que les inférieurs soient gens de bien.... Que si dans le peuple il se trouve quelque malheureux honnête homme, le cardinal de Richelieu, dans son *Testament politique*, insinue qu'un monarque doit se garder de s'en servir : tant il est vrai que la vertu n'est pas le ressort du gouvernement monarchique[1]. » (Liv. III, chap. v.)

C'est une chose assez singulière que ces anciens lieux communs contre les princes et leurs courtisans soient toujours reçus d'eux avec complaisance, comme de petits chiens qui jappent et qui amusent. La première scène du cinquième acte du *Pastor fido* contient la plus éloquente et la plus touchante satire qu'on ait jamais faite des cours ; elle fut très-accueillie par Philippe II, et par tous les princes qui virent ce chef-d'œuvre de la pastorale.

Il en est de ces déclamations comme de la satire des *Femmes* de Boileau ; elle n'empêchait pas qu'il n'y eût des femmes très-honnêtes et très-respectables. De même, quelque mal que l'on dît de la cour de Louis XIV, ces invectives n'empêchèrent pas que, dans les temps de ses plus grands revers, ceux qui avaient part à sa confiance, les Beauvilliers, les Torcy, les Villars, les Villeroi, les Pontchartrain, les Chamillart, ne fussent les hommes les plus vertueux de l'Europe. Il n'y avait que son confesseur Le Tellier qui ne fût pas reconnu généralement pour un si honnête homme.

Quant au reproche que Montesquieu fait à Richelieu d'avoir dit « que s'il se trouve un malheureux honnête homme, il faut se garder de s'en servir, » il n'est pas possible qu'un ministre qui avait du moins le sens commun ait eu l'extravagance de donner à son roi un conseil si abominable. Le faussaire[2] qui forgea ce ridicule Testament du cardinal de Richelieu a dit tout le contraire. On l'a déjà observé plus d'une fois, et il faut le répéter, car il n'est pas permis de tromper ainsi l'Europe. Voici les propres paroles du prétendu Testament ; c'est au chap. IV.

« On peut dire hardiment que de deux personnes dont le mérite est égal, celle qui est la plus aisée en ses affaires est préférable à l'autre, étant certain qu'il faut qu'un pauvre magistrat ait l'âme d'une trempe

1. Il aurait fallu examiner si en général les sénateurs, dans une aristocratie puissante, sont plus honnêtes gens que les courtisans d'un monarque. (*Éd. de Kehl.*)

2. L'abbé de Bouzzeis était regardé par Voltaire comme l'auteur du *Testament du cardinal de Richelieu*. (ÉD.)

bien forte, si elle ne se laisse quelquefois amollir par la considération de ses intérêts. Aussi l'expérience nous apprend que les riches sont moins sujets à concussion que les autres, et que la pauvreté contraint un pauvre officier à être fort soigneux du revenu de son sac. »

X. « Si le gouvernement monarchique manque d'un ressort, il en a un autre, l'honneur…. La nature de l'honneur est de demander des préférences et des distinctions. Il est donc, par la chose même, placé dans le gouvernement monarchique. » (Page 27, liv. III, chap. VI et VII.)

Il est clair, par la chose même, que ces préférences, ces distinctions, ces honneurs, cet honneur, étaient dans la république romaine tout autant pour le moins que dans les débris de cette république, qui forment aujourd'hui tant de royaumes. La préture, le consulat, les haches, les faisceaux, le triomphe, valaient bien des rubans de toutes couleurs, et des dignités de principaux domestiques.

XI. « Ce n'est point l'honneur qui est le principe des États despotiques. Les hommes y étant tous égaux… et tous esclaves, on n'y peut se préférer à rien. » (Page 28, liv. III, chap. VIII.)

Il me semble que c'est dans les petits pays démocratiques que les hommes sont égaux, ou affectent au moins de le paraître. Je voudrais bien savoir si à Constantinople un grand vizir, un beglier-bey, un bacha à trois queues, ne sont pas supérieurs à un homme du peuple. Je ne sais d'ailleurs quels sont les États que l'auteur appelle monarchiques, et quels sont les despotiques. J'ai bien peur qu'on ne confonde trop souvent les uns avec les autres.

XII. « C'est apparemment dans ce sens que des cadis ont soutenu que le Grand-Seigneur n'était point obligé de tenir sa parole ou son serment lorsqu'il bornait par là son autorité. » (Liv. III, chap. IX.)

Il cite Ricaut en cet endroit. Mais Ricaut dit seulement :

« Il y a même de ces gens-là qui soutiennent que le Grand-Seigneur peut se dispenser des promesses qu'il a faites par serment, quand, pour les accomplir il faut donner des bornes à son autorité. »

Ricaut ne parle ici que d'une secte à morale relâchée. On dit que nous en avons eu chez nous de pareilles.

Le sultan des Turcs, et tout autre sultan, ne peut promettre qu'à ses sujets ou aux puissances voisines. Si ce sont des promesses à ses sujets, il n'y a point de serment. Si ce sont des traités de paix, il faut qu'il les observe, ou qu'il fasse la guerre. L'*Alcoran* ne dit dans aucun endroit qu'on peut violer son serment : et il dit en cent endroits qu'il faut le garder. Il se peut que, pour entreprendre une guerre injuste, comme elles le sont presque toutes, le Grand-Turc assemble un conseil de conscience ; il se peut que quelques docteurs musulmans aient imité certains autres docteurs qui ont dit qu'il ne faut garder la foi ni aux infidèles ni aux hérétiques. Mais il reste à savoir si cette jurisprudence est celle des Turcs.

L'auteur de l'*Esprit des Lois* donne cette prétendue décision des cadis comme une preuve du despotisme du sultan. Il me semble que ce serait, au contraire, une preuve qu'il est soumis aux lois, puisqu'il serait obligé de consulter des docteurs pour se mettre au-dessus des lois. Nous sommes voisins des Turcs; nous ne les connaissons pas. Le comte de Marsigli, qui a vécu si longtemps au milieu d'eux, dit qu'aucun auteur n'a donné une véritable connaissance ni de leur empire ni de leurs lois. Nous n'avons eu même aucune traduction tolérable de l'*Alcoran* avant celle que nous a donnée l'Anglais Sale, en 1734. Presque tout ce qu'on a dit de leur religion et de leur jurisprudence est faux; et les conclusions que l'on en tire tous les jours contre eux sont trop peu fondées. On ne doit, dans l'examen des lois, citer que les lois reconnues.

XIII. « Dans les monarchies, les lois de l'éducation auront pour objet l'honneur; dans les républiques, la vertu; et dans le despotisme, la crainte. » (Liv. IV, chap. 1er.)

J'oserais croire que l'auteur a trop raison, du moins en certains pays. J'ai vu des enfants de valets de chambre à qui on disait : « Monsieur le marquis, songez à plaire au roi. » J'entendais dire que dans les sérails de Maroc et d'Alger on criait : « Prends garde au grand eunuque noir; » et qu'à Venise les gouvernantes disaient aux petits garçons : « Aime bien la république. » Tout cela se modifie de mille manières, et chacun de ces trois dictons pourrait produire un gros livre.

XIV. « Dans une monarchie, il faut mettre dans les vertus une certaine noblesse; dans les mœurs, une certaine franchise; dans les manières, une certaine politesse. » (Page 33 et suiv., liv. IV, chap. II.)

De telles maximes nous paraîtraient convenables dans l'*Art de se rendre agréable dans la conversation*, par l'abbé de Bellegarde, ou dans les *Moyens de plaire*, de Moncrif : nos diseurs de riens auraient pu s'étendre merveilleusement sur ces trivialités, qui sont de tous les pays, et qui ne tiennent en rien aux lois.

XV. « Aujourd'hui nous recevons trois éducations différentes ou contraires : celle de nos pères, celle de nos maîtres, celle du monde.... Il y a un grand contraste dans les engagements de la religion et ceux du monde, chose que les anciens ne connaissaient pas. » (Page 38, liv. IV, chap. IV.)

Il est très-vrai qu'entre les dogmes reçus dans l'enfance, et les notions que le monde communique, il est une distance immense, une antipathie invincible.

Il est aussi très-vrai que les Grecs et les Romains ne purent connaître cette antipathie. On ne leur enseignait dès le berceau que des fables, des allégories, des emblèmes, qui devenaient bientôt la règle et la passion de toute leur vie. Leur valeur ne pouvait mépriser le dieu Mars. L'emblème de Vénus, des Grâces et des Amours ne pouvait choquer un jeune homme amoureux. S'il brillait au sénat, il ne pouvait mépriser Mercure, le dieu de l'éloquence. Il se voyait entouré de dieux qui protégeaient ses talents et ses désirs. Nous avons dans notre éducation un avantage bien supérieur : nous apprenons à soumettre notre jugement et nos inclinations à des choses divines, que notre faiblesse ne peut jamais comprendre.

XVI. « Lycurgue, mêlant le larcin avec l'esprit de justice, le plus dur esclavage avec l'extrême liberté, etc., donna de la stabilité à sa ville. » (Page 40, liv. IV, chap. VI.)

J'oserais dire qu'il n'y a point de larcin dans une ville où l'on n'avait nulle propriété, pas même celle de sa femme. Le larcin était le châtiment de ce qu'on appelle le personnel, l'égoïsme. On voulait qu'un enfant pût dérober ce qu'un Spartiate s'appropriait; mais il fallait que cet enfant fût adroit; s'il prenait grossièrement, il était puni : c'est une éducation de Bohême. Au reste, nous n'avons point les règlements de police de Lacédémone; nous n'en avons d'idée que par quelques lambeaux de Plutarque, qui vivait longtemps après Lycurgue [1].

XVII. « M. Penn est un véritable Lycurgue. » (Page 40, liv. IV, chap. VI.)

Je ne sais rien de plus contraire à Lycurgue qu'un législateur et un peuple qui ont toute guerre en horreur.

Je fais des vœux ardents pour que Londres ne force point les bons Pensylvaniens à devenir enfin aussi méchants que nous et que les anciens Lacédémoniens, qui firent le malheur de la Grèce.

XVIII. « Le Paraguay peut nous fournir un autre exemple. On a voulu en faire un crime à la *Société*, qui regarde le plaisir de commander comme le seul bien de la vie. Mais il sera toujours beau de gouverner les hommes en les rendant plus heureux. » (Page 40, liv. IV, chap. VI.)

Sans doute rien n'est plus beau que de gouverner pour faire des heureux; et c'est dans cette vue que l'auteur appelle l'ordre des jésuites *la société* par excellence. Cependant M. de Bougainville nous apprend que les jésuites faisaient fouetter sur les fesses les pères de famille dans le Paraguay. Fait-on le bonheur des hommes en les traitant en esclaves et en enfants? Cette honteuse pédanterie était-elle tolérable?

Mais les jésuites étaient encore puissants quand Montesquieu écrivait.

XIX « Les Épidamniens, sentant leurs mœurs se corrompre par leur communication avec les barbares, élurent un magistrat pour faire tous les marchés au nom de la cité et pour la cité. » (Page 41, liv. IV, chap. VI.)

Les Épidamniens étaient les habitants de Dyrrachium, aujourd'hui Durazzo; des Scythes ou des Celtes étaient venus s'établir dans le voisinage. Plutarque dit [2] que tous les ans ces Épidamniens nommaient un commissaire entendu pour trafiquer au nom de la ville avec ces étrangers. Ce commissaire n'était point un magistrat, c'était un courtier,

---

1. L'histoire des Lacédémoniens ne commence à être un peu certaine que vers la guerre de Xerxès; et on ne voit alors qu'un peuple intrépide à la vérité, mais féroce et tyrannique. Il est bien vraisemblable qu'il en est des beaux siècles de Lacédémone comme des temps de la primitive Église, de celui où tous les capucins mouraient en odeur de sainteté, de l'âge d'or, etc. D'ailleurs il n'y a rien à répondre à la cruauté exercée contre les Ilotes, et qui remonte à ces beaux siècles. On peut être fort ignorant, avoir beaucoup d'esprit, être tempérant, aimer jusqu'à la fureur sa liberté ou l'agrandissement de sa république, et cependant être très-méchant et très-corrompu. (*Ed. de Kehl.*)

2. Plutarque, *Questions grecques*, § 29. (ÉD.)

polétès ; mais qu'importe ? Ceux qui ont critiqué savamment l'*Esprit des Lois* disent que, si on envoyait un conseiller du parlement faire tous les marchés de la ville de Paris, le commerce n'en irait pas mieux.

Mais quel rapport tant de vaines questions ont-elles avec la législation ? Est-il bien vrai que les Épidamniens aient eu le maintien des mœurs pour objet ? Comment ces barbares auraient-ils corrompu des Grecs ? Cette institution n'est-elle pas plutôt l'effet d'un esprit de monopole ? Peut-être dira-t-on un jour que c'est pour conserver nos mœurs que nous avons établi la compagnie des Indes. Avouons avec Mme du Deffand que souvent l'*Esprit des Lois* est de l'esprit sur les lois.

XX. Chapitre VIII du livre IV. « Explication d'un paradoxe des anciens par rapport aux mœurs. » Il s'agit de musique et d'amour. (Page 52 et suiv.)

L'auteur se fonde sur un passage de Polybe, mais sans le citer. Il dit que « la musique était nécessaire aux Arcades, qui habitaient un pays où l'air est triste et froid ; » et il finit par dire que, « selon Plutarque, les Thébains établirent l'amour des garçons pour adoucir leurs mœurs. » Ce dernier trait serait un plaisant esprit des lois. Examinons au moins la musique. Ce sujet est intéressant dans le temps où nous sommes.

Il semble assez prouvé que les Grecs entendirent d'abord par ce mot *musique* tous les beaux-arts. La preuve en est que plus d'une muse présidait à un art qui n'a aucun rapport avec la musique proprement dite, comme Clio à l'histoire, Uranie à la connaissance du ciel, Polymnie à la gesticulation. Elles étaient filles de Mémoire, pour marquer qu'en effet le don de la mémoire est le principe de tout, et que sans elle l'homme serait au-dessous des bêtes.

Ces notions paraissent avoir été transmises aux Grecs par les Égyptiens. On le voit par le *Mercure Trismégiste*, traduit de l'égyptien en grec, seul livre qui nous reste de ces immenses bibliothèques de l'Égypte. Il y est parlé à tout moment de l'harmonie de la musique avec laquelle Dieu arrangea les sphères de l'univers. Toute espèce d'arrangement et d'ordre fut donc réputée musique en Grèce, et à la fin ce mot ne fut plus consacré qu'à la théorie et à la pratique des sons de la voix et des instruments. Les lois, les actes publics, étaient annoncés au peuple en musique. On sait que la déclaration de guerre contre Philippe, père d'Alexandre, fut chantée dans la grande place d'Athènes. On sait que Philippe, après sa victoire de Chéronée, insulta aux vaincus en chantant le décret d'Athènes fait contre lui, et en battant la mesure.

C'était donc d'abord cette musique prise dans le sens le plus étendu, cette musique qui signifie la culture des beaux-arts, laquelle polit les mœurs des Grecs, et surtout celle des Arcades.

> . . . . *Soli cantare periti*
> *Arcades* [1].

_____
[1]. Virgile. Églog. X, 32-33. (ÉD.)

Je vois encore moins comment l'amour des garçons peut entrer dans le code de Montesquieu. Nous rougissons, dit-il (page 45), de lire dans Plutarque que les Thébains, pour adoucir les mœurs de leurs jeunes gens, établirent par les lois un amour qui devrait être proscrit par toutes les nations du monde.

Pourquoi un philosophe tel que Montesquieu accuse-t-il un philosophe tel que Plutarque d'avoir fait l'éloge de cette infamie? Plutarque, dans la Vie de Pélopidas, s'exprime ainsi : « On prétend que Gorgidas fut le premier qui leva le bataillon sacré, et qui le composa de trois cents hommes choisis, entretenus aux frais de la ville, liés ensemble par les serments de l'amitié.... comme Iolas fut attaché à Hercule. Ce bataillon fut probablement appelé sacré, comme Platon appelle sacré un ami conduit par un dieu.... On dit que cette troupe se maintint invincible jusqu'à la bataille de Chéronée. Philippe, visitant les morts, et voyant ces trois cents guerriers étendus les uns auprès des autres, et couverts de nobles blessures par devant, leur donna des larmes, et s'écria : « Périssent tous ceux qui pourraient soupçonner que de si « braves gens aient pu jamais souffrir ou commettre des choses hon- « teuses ! »

Plutarque avoue qu'ils furent calomniés; mais il justifie leur mémoire. De bonne foi était-ce là un régiment de sodomites? Montesquieu devait-il apporter contre eux le témoignage de Plutarque? Il ne lui arrive que trop souvent de falsifier ainsi les textes dont il fait usage.

XXI. « Pour aimer la frugalité, il faut en jouir. Ce ne seront point ceux qui sont corrompus par les délices qui aimeront la vie frugale. Et si cela avait été naturel et ordinaire, Alcibiade n'aurait pas fait l'admiration de l'univers. » (Pages 48 et 49, liv. V, chap. iv.)

Je ne prétends point faire des critiques grammaticales à un homme de génie; mais j'aurais souhaité qu'un écrivain si spirituel et si mâle se fût servi d'une autre expression que celle de jouir de la frugalité. J'aurais désiré bien davantage qu'il n'eût point dit qu'Alcibiade fut admiré de l'univers pour s'être conformé dans Lacédémone à la sobriété des Spartiates. Il ne faut point, à mon avis, prodiguer ainsi les applaudissements de l'univers. Alcibiade était un simple citoyen, riche, ambitieux, vain, débauché, insolent, d'un caractère versatile. Je ne vois rien d'admirable à faire quelque temps mauvaise chère avec les Lacédémoniens, lorsqu'il est condamné dans Athènes par un peuple plus vain, plus insolent et plus léger que lui, sottement superstitieux, jaloux, inconstant, passant chaque jour de la témérité à la consternation, digne enfin de l'opprobre dans lequel il croupit lâchement depuis tant de siècles sur les débris de la gloire de quelques grands hommes et de quelques artistes industrieux. Je vois dans Alcibiade un brave étourdi qui ne mérite certainement pas l'admiration de l'univers pour avoir corrompu la femme d'Agis, son hôte et son protecteur, pour s'être fait chasser de Sparte, pour s'être réduit à mendier un nouvel asile chez un satrape de Perse, et pour y périr entre les bras d'une courtisane. Plutarque et Montesquieu ne m'en imposent point; j'admire trop Caton et Marc-Aurèle pour admirer Alcibiade.

Je passe une douzaine de pages sur la monarchie, le despotisme, e la république, parce que je ne veux me brouiller ni avec le Grand-Turc, ni avec le Grand-Mogol, ni avec la milice d'Alger. Je ferai seulement deux légères remarques historiques sur les deux chapitres que voici.

XXII. Chapitre xii, liv. V. « Qu'on n'aille point chercher de la magnanimité dans les États despotiques. Le prince n'y donnerait point une grandeur qu'il n'a pas lui-même. Chez lui il n'y a pas de gloire. » (Page 65.)

Ce chapitre est court; en est-il plus vrai ? On ne peut, ce me semble, refuser la magnanimité à un guerrier juste, généreux, clément, libéral. Je vois trois grands vizirs, Kiuperli ou Kuprogli, qui ont ces qualités. Si celui qui prit Candie, assiégée pendant dix années, n'a pas encore la célébrité des héros du siége de Troie, il avait plus de vertu, et sera plus estimé des vrais connaisseurs, qu'un Diomède et qu'un Ulysse. Le grand vizir Ibrahim, qui dans la dernière révolution s'est sacrifié pour conserver l'empire à son maître Achmet III, et qui a attendu à genoux la mort pendant six heures, avait certes de la magnanimité.

XXIII. Chapitre xiii, liv. V. « Quand les sauvages de la Louisiane veulent avoir du fruit, ils coupent l'arbre au pied et cueillent le fruit. Voilà le gouvernement despotique. » (Page 65.)

Ce chapitre est un peu plus court encore; c'est un ancien proverbe espagnol.

Le sage roi Alfonse VI [1] disait : *Élague sans abattre.* Cela est plus court encore. C'est ce que Saavedra répète dans ses *Méditations politiques;* c'est ce que don Ustariz, véritable homme d'État, ne cesse de recommander dans sa *Théorie pratique du Commerce :* « Le laboureur, quand il a besoin de bois, coupe une branche et non pas le pied de l'arbre. » Mais ces maximes ne sont employées que pour donner plus de force aux sages représentations que fait Ustariz au roi son maître.

Il est vrai que dans les *Lettres* intitulées *édifiantes,* et même *curieuses,* recueil XIe, page 315, un jésuite nommé Marest parle ainsi des naturels de la Louisiane : « Nos sauvages ne sont pas accoutumés à cueillir les fruits aux arbres. Ils croient faire mieux d'abattre l'arbre même. Ce qui est cause qu'il n'y a presque aucun arbre fruitier aux environs du village. »

Ou le jésuite qui raconte cette imbécillité est bien crédule, ou la nature humaine des Mississipiens n'est pas faite comme la nature humaine du reste du monde. Il n'y a sauvage si sauvage qui ne s'aperçoive qu'un pommier coupé ne porte plus de pommes. De plus, il n'y a point de sauvage auquel il ne soit plus aisé et plus commode de cueillir un fruit que d'abattre l'arbre. Mais le jésuite Marest a cru dire un bon mot.

XXIV. « En Turquie, lorsqu'un homme meurt sans enfants mâles, le Grand-Seigneur a la propriété ; les filles n'ont que l'usufruit. » (Page 60, liv. V, chap. xiv.)

_____

[1] Alfonse X, surnommé *le Sage.* (D

Cela n'est pas ainsi : le Grand Seigneur a droit de prendre tout le mobilier des mâles morts à son service, comme les évêques chez nous prenaient le mobilier des curés, les papes le mobilier des évêques; mais le Grand-Turc partage toujours avec la famille : ce que les papes ne faisaient pas toujours. La part des filles est réglée. Voyez le sura ou chapitre IV de l'*Alcoran*.

XXV. « Par la loi de Bantam, le roi prend la succession, même la femme, les enfants et la maison. » (Liv. V, chap. XIV.)

Pourquoi ce bon roi de Bantam attend-il la mort du chef de famille? Si tout lui appartient, que ne prend-il le père avec la mère ?

Est-il possible qu'un homme sérieux daigne nous parler si souvent des lois de Bantam, de Macassar, de Bornéo, d'Achem; qu'il répète tant de contes de voyageurs, ou plutôt d'hommes errants, qui ont débité tant de fables, qui ont pris tant d'abus pour des lois, qui, sans sortir du comptoir d'un marchand hollandais, ont pénétré dans les palais de tant de princes de l'Asie?

XXVI. « C'est un usage dans les pays despotiques, que l'on n'aborde qui que ce soit au-dessus de soi sans lui faire un présent, pas même les rois. L'empereur du Mogol ne reçoit point les requêtes de ses sujets qu'il n'en ait reçu quelque chose. Ces princes vont jusqu'à corrompre leurs propres grâces. » (Page 74, liv. V, chap. XVII.)

Je crois que cette coutume était établie chez les régules lombards, ostrogoths, visigoths, bourguignons, francs. Mais comment faisaient les pauvres qui demandaient justice? Les rois de Pologne ont continué jusqu'à nos jours à recevoir des présents certains jours de l'année. Joinville convient que saint Louis en recevait tout comme un autre. Il lui dit un jour, avec sa naïveté ordinaire, au sortir d'une longue audience particulière que le roi avait accordée à l'abbé de Cluny : « N'est-il pas vrai, sire, que les deux beaux chevaux que ce moine vous a donnés ont un peu prolongé la conversation ? »

XXVII. « La vénalité des charges est bonne dans les États monarchiques, parce qu'elle fait faire, comme un métier de famille, ce qu'on ne voudrait pas entreprendre pour la vertu [1]. » (Page 79, liv. V, chap. XIX.)

La fonction divine de rendre justice, de disposer de la fortune et de la vie des hommes, un métier de famille! De quelles raisons l'ingénieux auteur soutient-il une thèse si indigne de lui? Voici comme il s'explique : « Platon ne peut souffrir cette vénalité; c'est, dit-il, comme si dans un navire on faisait quelqu'un pilote pour son argent.... Mais Platon parle d'une république fondée sur la vertu, et nous parlons d'une monarchie. » (Page 79, liv. V, chap. XIX.)

Une monarchie, selon Montesquieu, n'est donc fondée que sur des vices? Mais pourquoi la France est-elle la seule monarchie de l'univers qui soit souillée de cet opprobre de la vénalité passée en loi de

---

1. Est-ce par vertu que l'on accepte en Angleterre la charge de juge du banc du roi, qu'on sollicitait à Rome la place de préteur? Quoi! on ne trouverait point de conseillers pour juger dans les parlements de France si on leur donnait les charges gratuitement ! (*Éd. de Kehl.*)

l'État? Pourquoi cet étrange abus ne fut-il introduit qu'au bout de onze cents années? On sait assez que ce monstre naquit d'un roi alors indigent et prodigue, et de la vanité de quelques citoyens dont les pères avaient amassé de l'argent. On a toujours attaqué cet abus par des cris impuissants, parce qu'il eût fallu rembourser les offices qu'on avait vendus. Il eût mieux valu mille fois, dit un sage jurisconsulte, vendre les trésors de tous les couvents et l'argenterie de toutes les églises que de vendre la justice. Lorsque François Ier prit la grille d'argent de saint Martin, il ne fit tort à personne; saint Martin ne se plaignit point; il se passa très-bien de sa grille. Mais vendre publiquement la place de juge, et faire jurer à ce juge qu'il ne l'a point achetée, c'est une sottise sacrilége qui a été l'une de nos modes [1].

XXVIII. « On est étonné de la punition de cet aréopagite qui avait tué un moineau qui, poursuivi par un épervier, s'était réfugié dans son sein.

« On est surpris que l'aréopage ait fait mourir un enfant qui avait crevé les yeux à son oiseau. Qu'on fasse attention qu'il ne s'agit point là d'une condamnation pour crime, mais d'un jugement de mœurs dans une république fondée sur les mœurs. » (Page 79, liv. V, chap. XIX.)

Non, je ne suis point surpris de ces deux jugements atroces, car je n'en crois rien; et un homme comme Montesquieu devait n'en rien croire. Quoiqu'on reproche aux Athéniens beaucoup d'inconséquences, de légèretés cruelles, de très-mauvaises actions, et une plus mauvaise conduite, je ne pense point qu'ils aient eu l'absurdité aussi ridicule que barbare de tuer des hommes et des enfants pour des moineaux. C'est un jugement de mœurs, dit Montesquieu; quelles mœurs! Quoi donc! n'y a-t-il pas une dureté de mœurs plus horrible à tuer votre compatriote qu'à tordre le cou à un moineau ou à lui crever l'œil?

Vous me parlez sans cesse de monarchie fondée sur l'honneur, et de république fondée sur la vertu. Je vous dis hardiment qu'il y a dans tous les gouvernements de la vertu et de l'honneur.

Je vous dis que la vertu n'a eu nulle part à l'établissement ni d'Athènes, ni de Rome, ni de Saint-Marin, ni de Raguse, ni de Genève. On se met en république quand on le peut. Alors l'ambition, la vanité, l'intérêt de chaque citoyen veille sur l'intérêt, la vanité, l'ambition de son voisin; chacun obéit volontiers aux lois pour lesquelles il a donné son suffrage; on aime l'État dont on est seigneur pour un cent-millième, si la république a cent mille bourgeois. Il n'y a là aucune vertu. Quand Genève secoua le joug de son comte et de son évêque, la vertu ne se mêla point de cette aventure. Si Raguse est libre, qu'elle n'en rende point grâce à la vertu, mais à vingt-cinq mille écus d'or qu'elle paye

---

[1]. La vénalité, détruite en 1771, a été rétablie en 1774. C'est un mal auquel l'ouvrage de Montesquieu a contribué. Lorsqu'un usage funeste, soutenu par l'intérêt et le préjugé, peut encore s'appuyer de l'opinion d'un homme illustre, il reste longtemps indestructible. Quant au serment, on a cessé de l'exiger, depuis que la magistrature a cessé de croire que la vénalité était un abus contre lequel elle ne devait jamais se lasser de protester. (*Éd. de Kehl.*)

tous les ans à la Porte ottomane. Que Saint-Marin remercie le pape de sa situation, de sa petitesse, de sa pauvreté. S'il est vrai que Lucrèce (chose fort douteuse) ait fait chasser les rois de Rome pour s'être tuée après s'être laissé violer, il y a de la vertu dans sa mort, c'est-à-dire du courage et de l'honneur, quoiqu'il y eût un peu de faiblesse à laisser faire le jeune Tarquin. Mais je ne vois pas que les Romains fussent plus vertueux en chassant Tarquin le Superbe que les Anglais ne l'ont été en renvoyant Jacques II. Je ne conçois pas même qu'un Grison, ou un bourgeois de Zug, doive avoir plus de vertu qu'un homme domicilié à Paris ou à Madrid.

Quant à la ville d'Athènes, j'ignore si Cécrops fut son roi dans le temps qu'elle n'existait pas. J'ignore si Thésée le fut avant ou après qu'il eut fait le voyage de l'enfer. Je croirai, si l'on veut, que les Athéniens eurent la générosité d'abolir la royauté dès que Codrus se fut dévoué pour eux. Je demande seulement si ce roi Codrus, qui se sacrifie pour son peuple, n'avait pas quelque vertu. En vérité, toutes ces questions subtiles sont trop délicates pour avoir quelque solidité. Il faut le redire, c'est de l'esprit sur les lois.

XXIX. « Dans les monarchies, il ne faut point de censeurs. Elles sont fondées sur l'honneur; et la nature de l'honneur est d'avoir pour censeur tout l'univers. » (Page 79, liv. V, chap. xix.)

Que signifie cette maxime? tout homme n'a-t-il pas pour censeur l'univers, en cas qu'il en soit connu? Les Grecs même, du temps de leur Sophocle, jusqu'à celui de leur Aristote, crurent que l'univers avait les yeux fixés sur eux. Toujours de l'esprit; mais ce n'est pas ici sur les lois.

XXX. « En Turquie, on termine promptement toutes les disputes. La manière de les finir est indifférente, pourvu qu'on finisse. Le bacha, d'abord éclairci, fait distribuer à sa fantaisie des coups de bâton sur la plante des pieds des plaideurs, et les renvoie chez eux. » (Page 84, liv. VI, chap. ii.)

Cette plaisanterie serait bonne à la Comédie-Italienne. Je ne sais si elle est convenable dans un livre de législation; il ne faudrait y chercher que la vérité. Il est faux que dans Constantinople un bacha se mêle de rendre la justice. C'est comme si on disait qu'un brigadier, un maréchal de camp fait l'office de lieutenant civil et de lieutenant criminel. Les cadis sont les premiers juges; ils sont subordonnés aux cadileskers, et les cadileskers au vizir-azem, qui juge lui-même avec les vizirs du banc. L'empereur est souvent présent à l'audience, caché derrière une jalousie; et le vizir-azem, dans les causes importantes, lui demande sa décision par un simple billet, sur lequel l'empereur décide en deux mots. Le procès s'instruit sans le moindre bruit, avec la plus grande promptitude. Point d'avocats, encore moins de procureurs et de papier timbré. Chacun plaide sa cause sans oser élever sa voix. Nul procès ne peut durer plus de dix-sept jours. Il reste à savoir si notre chicane, nos plaidoiries si longues, si répétées, si fastidieuses, si insolentes. ces immenses monceaux de papiers fournis par ces harpies de procureurs, ces taxes ruineuses imposées sur toutes les pièces qu'il faut timbrer et produire, tant de lois contradictoires, tant de labyrinthes qui éternisent chez nous les procès; si, dis-je, cet effroyable chaos vaut mieux que la jurisprudence des Turcs, fondée sur le sens commun, l'équité et la promptitude. C'était à corriger nos lois que Montesquieu devait consacrer son ouvrage, et non à railler l'empereur d'Orient, le grand vizir et le divan.

XXXI. « Lorsque Louis XIII voulut être juge dans le procès du duc de La Valette...., le président de Bellièvre dit qu'il voyait, dans cette affaire, une chose étrange, un prince opiner au procès d'un de ses sujets, etc. »

L'auteur ajoute qu'alors le roi serait juge et partie; qu'il perdrait le plus bel attribut de la souveraineté, celui de faire grâce, etc. (Pages 88 et 89, liv. VI, chap. v.)

Voilà jusqu'ici le seul endroit où l'auteur parle de nos lois dans son *Esprit des Lois;* et malheureusement, quoiqu'il eût été président à Bordeaux, il se trompe. C'était originairement un droit de la pairie, qu'un pair accusé criminellement fût jugé par le roi, son principal pair. François II avait opiné dans le procès contre le prince de Condé, oncle de Henri IV. Charles VII avait donné sa voix dans le procès du duc d'Alençon, et le parlement même l'avait assuré que c'était son devoir d'être à la tête des juges. Aujourd'hui la présence du roi au jugement d'un pair pour le condamner paraîtrait un acte de tyrannie. Ainsi tout change. Quant au droit de faire grâce, dont l'auteur dit que le prince se priverait s'il était juge, il est clair que rien ne l'empêcherait de condamner et de pardonner.

Je suis obligé de m'abstenir de plusieurs autres questions, sur lesquelles j'aurais des éclaircissements à demander. Il faut être court, et il y a trop de livres. Mais je m'arrête un instant sur l'anecdote suivante.

XXXII. « Soixante-dix personnes conspirèrent contre l'empereur Basile. Il les fit fustiger; on leur brûla les cheveux et le poil. Un cerf l'ayant pris par sa ceinture, quelqu'un de sa suite tira son épée, coupa la ceinture et le délivra. Il lui fit trancher la tête.... Qui pourrait penser que, sous le même prince, on eût rendu ces deux jugements? » (Page 102, liv. VI, chap. xvi.)

L'*Esprit des Lois* est plein de ces contes, qui n'ont assurément aucun rapport aux lois. Il est vrai que dans la misérable *Histoire byzantine*, monument de la décadence de l'esprit humain, de la superstition la plus sotte, et des crimes de toute espèce, on trouve ce récit, tome III, page 576, traduction de Cousin.

C'est au président Cousin et au président Montesquieu à chercher la raison pour laquelle l'extravagant tyran Basile n'osa pas punir de mort les complices d'une conjuration contre lui, et la raison ou la démence qui le força d'assassiner celui qui lui avait sauvé la vie. Mais s'il fallait rechercher pourquoi tant de plats tyrans ont commis tant d'extravagances et tant de barbaries, la vie ne suffirait pas; et quel fruit en pourrait-il revenir? Qu'a de commun l'inepte cruauté de Basile avec l'*Esprit des Lois?*

XXXIII. « C'est un grand ressort des gouvernements modérés que les lettres de grâce. Ce pouvoir que le prince a de pardonner, *exécuté* [1] avec sagesse, peut avoir d'admirables effets. Le principe du gouvernement despotique, qui ne pardonne pas, et à qui on ne pardonne jamais, le prive de ces avantages. » (Page 103, liv. VI, chap. XVI.)

Une telle décision, et celles qui sont dans ce goût, rendent, à mon avis, l'*Esprit des Lois* bien précieux. Voilà ce que n'ont ni Grotius, ni Puffendorf, ni toutes les compilations sur le droit des gens. On sait bien que *despotisme* est employé pour *tyrannie*. Car enfin un despote ne peut-il pas donner des lettres de grâce tout aussi bien qu'un monarque? Où est la ligne qui sépare le gouvernement monarchique et le despotique?

La monarchie commençait à être un pouvoir très-mitigé, très-restreint en Angleterre, quand on força le malheureux Charles Ier à ne point accorder la grâce de son favori le comte Strafford. Henri IV en France, roi à peine affermi, pouvait donner des lettres de grâce au maréchal de Biron; et peut-être cet acte de clémence, qui a manqué à ce grand homme, eût adouci enfin l'esprit de la Ligue, et arrêté la main de Ravaillac.

Le faible et cruel Louis XIII devait faire grâce à de Thou et à Marillac.

On ne devrait pas parler des lois et des mœurs indiennes et japonaises, que l'on connaît si peu, quand on a tant à dire sur les nôtres, qu'on doit connaître.

XXXIV. « Nos missionnaires nous parlent du vaste empire de la Chine.... qui mêle ensemble dans son principe la crainte, l'honneur et la vertu.... J'ignore ce que c'est que cet honneur dont on parle chez des peuples à qui on ne fait rien faire qu'à coups de bâton. Il s'en faut beaucoup que nos commerçants nous donnent l'idée de cette vertu dont nous parlent nos missionnaires. » (Page 142, liv. VIII, chap. XXI.)

Encore une fois, j'aurais souhaité que l'auteur eût plus parlé des vertus qui nous regardent, et qu'il n'eût point été chercher des incertitudes à six mille lieues. Nous ne pouvons connaître la Chine que par les pièces authentiques, fournies sur les lieux, rassemblées par du Halde, et qui ne sont point contredites.

Les écrits moraux de Confucius, publiés six cents ans avant notre ère, lorsque presque toute notre Europe vivait de glands dans ses forêts; les ordonnances de tant d'empereurs, qui sont des exhortations à la vertu; des pièces de théâtre même qui l'enseignent, et dont les héros se dévouent à la mort pour sauver la vie à un orphelin; tant de chefs-d'œuvre de morale traduits en notre langue : tout cela n'a point été fait à coups de bâton. L'auteur s'imagine ou veut faire croire qu'il n'y a dans la Chine qu'un despote, et cent cinquante millions d'esclaves qu'on gouverne comme des animaux de basse-cour. Il oublie ce grand nombre de tribunaux subordonnés les uns aux autres; il oublie que quand l'empereur Kang-hi voulut faire obtenir aux jésuites la per-

---

1. Il veut dire *employé*; on n'exécute point un pouvoir.

mission d'enseigner leur christianisme, il dressa lui-même leur re-
quête à un tribunal.

Je crois bien qu'il y a dans ce pays si singulier des préjugés ridicules, des jalousies de courtisans, des jalousies de corps, des jalousies
de marchands, des jalousies d'auteurs, des cabales, des friponneries,
des méchancetés de toute espèce, comme ailleurs; mais nous ne pouvons en connaître les détails. Il est à croire que les lois des Chinois
sont assez bonnes, puisqu'elles ont été toujours adoptées par leurs
vainqueurs, et qu'elles ont duré si longtemps. Si Montesquieu veut
nous persuader que les monarchies de l'Europe, établies par des Goths,
des Gépides, et des Alains, sont fondées sur l'honneur, pourquoi veut-
il ôter l'honneur à la Chine?

XXXV. « Dans les villes grecques, l'amour n'avait qu'une forme,
que l'on n'ose dire. »

Et en note, il cite Plutarque, auquel il fait dire : *Quant au vrai
amour, les femmes n'y ont aucune part.* « Plutarque parlait comme son
siècle. » (Page 116, liv. VII, chap. IX.)

Il passe de la Chine à la Grèce, pour les calomnier l'une et l'autre.
Plutarque, qu'il cite, dit tout le contraire de ce qu'il lui fait dire.
Plutarque, dans son *Traité sur l'amour*, fait parler plusieurs interlo-
cuteurs. Protogène déclame contre les femmes, mais Daphneus fait
leur éloge. Plutarque, à la fin du dialogue, décide pour Daphneus; il
met l'amour céleste et l'amour conjugal au premier rang des vertus.
Il cite l'histoire de Camma, et celle d'Éponine, femme de Sabinus,
comme des exemples de la vertu la plus courageuse.

Toutes ces méprises de l'auteur de l'*Esprit des Lois* font regretter
qu'un livre qui pouvait être si utile n'ait pas été composé avec assez
d'exactitude, et que la vérité y soit trop souvent sacrifiée à ce qu'on
appelle bel esprit.

XXXVI. « La Hollande est formée par environ cinquante républiques, toutes différentes les unes des autres. » (Page 146, liv. IX,
chap. I.)

C'est là une grande méprise. Et pour comble il cite Janiçon, qui
n'en dit pas un mot, et qui était trop attentif pour laisser échapper
une telle bévue. Je crois voir ce qui a pu faire tomber l'ingénieux
Montesquieu dans cette erreur : c'est qu'il y a cinquante-six villes dans
les sept provinces unies; et comme chaque ville a droit de voter dans
sa province pour former le suffrage aux états-généraux, il aura pris
chaque ville pour une république.

XXXVII. « J'ai ouï plusieurs fois déplorer l'aveuglement du conseil
de François Iᵉʳ, qui rebuta Christophe Colomb qui lui proposait les
Indes. En vérité, on fit peut-être par imprudence une chose bien sage. »
(Tome II, page 55, liv. XXI, chap. XXII.)

Je tombe par hasard sur cette autre méprise, plus étonnante encore
que les autres. Lorsque Colombo fit ses propositions, François Iᵉʳ n'é-
tait pas né. Colombo ne prétendait point aller dans l'Inde, mais trouver des terres sur le chemin de l'Inde, d'occident en orient. Montesquieu, d'ailleurs, se joint ici à la foule des censeurs qui comparèrent

les rois d'Espagne, possesseurs des mines du Mexique et du Pérou, à Midas périssant de faim au milieu de son or. Mais je ne sais si Philippe II fut si à plaindre d'avoir de quoi acheter l'Europe, grâce à ce voyage de Colombo.

XXXVIII. « Un État qui en a conquis un autre..., continue à le gouverner selon ses lois..., ou il lui donne un nouveau gouvernement..., ou il détruit la société et la disperse dans d'autres, ou enfin il extermine tous les citoyens. La première manière est conforme au droit des gens que nous suivons aujourd'hui; la quatrième est plus conforme au droit des gens des Romains.... Nous sommes devenus meilleurs; il faut rendre ici hommage à nos temps modernes, etc. » (Page 155, liv. X, chap. III.)

Hélas! de quels temps modernes parlez-vous? Le seizième siècle en est-il? songez-vous aux douze millions d'hommes sans défense égorgés en Amérique? Est-ce le siècle présent que vous louez? comptez-vous parmi les usages modérés de la victoire les ordres signés *Louvois* d'embraser le Palatinat et de noyer la Hollande ?

Pour les Romains, quoiqu'ils aient été quelquefois cruels, ils ont été plus souvent généreux. Je ne connais guère que deux peuples considérables qu'ils aient exterminés, les Véiens et les Carthaginois. Leur grande maxime était de s'incorporer les autres nations, au lieu de les détruire. Ils fondèrent partout des colonies, établirent partout les arts et les lois ; ils civilisèrent les Barbares, et, donnant enfin le titre de citoyens romains aux peuples subjugués , ils firent de l'univers connu un peuple de Romains. Voyez comment le sénat traita les sujets du grand roi Persée, vaincus et faits prisonniers par Paul-Émile; il leur rendit leurs terres, et leur remit la moitié des impôts.

Il y eut, sans doute, parmi les sénateurs qui gouvernèrent les provinces, des brigands qui les rançonnèrent : mais si l'on vit des Verrès, on vit aussi des Cicéron, et le sénat de Rome mérita longtemps ce que dit Virgile[1] :

Tu regere imperio populos, Romane, memento.

Les Juifs même, les Juifs, malgré l'horreur et le mépris qu'on avait pour eux, jouirent dans Rome de très-grands priviléges, et y eurent des synagogues secrètes avant et après la ruine de leur Jérusalem.

XXXIX. « Le conquérant qui réduit le peuple en servitude doit toujours se réserver des moyens.... pour l'en faire sortir. Je ne dis point ici des choses vagues. Nos pères qui conquirent l'empire romain, en agirent ainsi. » (Page 156, liv. X, chap. III.)

Je crois qu'on peut me permettre ici une réflexion. Plus d'un écrivain qui se fait historien en compilant au hasard (je ne parle pas d'un homme comme Montesquieu), plus d'un prétendu historien, dis-je, après avoir appelé sa nation la première nation du monde, Paris la première ville du monde, le fauteuil à bras où s'assied son roi le premier trône du monde, ne fait point difficulté de dire *nous, nos aïeux,*

---

1. *Æn.*, VI, 851. (ÉD.)

nos pères, quand il parle des Francs qui vinrent des marais delà le Rhin et la Meuse piller les Gaules et s'en emparer. L'abbé Velly dit *nous.* Hé! mon ami, est-il bien sûr que tu descendes d'un Franc? pourquoi ne serais-tu pas d'une pauvre famille gauloise?

XL. « Je ne dis point ici des choses vagues.... Les lois que nos pères firent dans le feu, dans l'action, dans l'impétuosité, dans l'orgueil de la victoire, ils les adoucirent. Leurs lois étaient dures, ils les rendirent impartiales. Les Bourguignons, les Goths et les Lombards voulaient toujours que les Romains fussent le peuple vaincu. Les lois d'Euric, de Gondebaud, de Rotharis, firent du Barbare et du Romain des concitoyens. » (Page 156, liv. X, chap. III.)

Euric, ou plutôt Évaric, était un Goth que les vieilles chroniques peignent comme un monstre. Gondebaud fut un Bourguignon barbare battu par un Franc barbare. Rotharis, le Lombard, autre scélérat de ces temps-là, était un bon arien qui, régnant en Italie, où l'on savait encore écrire, fit mettre par écrit quelques-unes de ses volontés despotiques. Voilà d'étranges législateurs à citer. Et Montesquieu appelle ces gens-là nos pères.

XLI. « Les Français ont été chassés neuf fois de l'Italie, à cause, disent les historiens, de leur insolence à l'égard des femmes et des filles, etc. » (Page 163, liv. X, chap. XI).

Cela a été dit, mais cela est-il bien vrai? S'agissait-il de femmes et de filles dans la guerre de 1741, quand les Français et les Espagnols furent obligés de se retirer? Ce n'était pas assurément pour des femmes et pour des filles que François Ier fut prisonnier à la bataille de Pavie. Louis XII ne perdit point Naples et le Milanais pour des femmes et pour des filles.

On prétendit, au treizième siècle, que Charles d'Anjou perdit la Sicile, parce qu'un Provençal avait levé la jupe d'une dame le jour de Pâques, quoique l'assassinat de Conradin et du duc d'Autriche en fût la véritable cause. Et de là on a conclu que la galanterie des Français les a empêchés d'être maîtres de l'Italie. Voilà comme certains préjugés populaires s'établissent.

XLII. « Si l'on veut lire l'admirable ouvrage de Tacite sur les mœurs des Germains, on verra que c'est d'eux que les Anglais ont tiré l'idée de leur gouvernement politique. Ce beau système a été trouvé dans les bois. « (Page 184, liv. XI, chap. VI.)

Est-il possible qu'en effet la chambre des pairs, celle des communes, la cour d'équité, la cour de l'amirauté, viennent de la forêt Noire? J'aimerais autant dire que les sermons de Tillotson et de Smalridge furent autrefois composés par les sorcières tudesques qui jugeaient des succès de la guerre par la manière dont coulait le sang des prisonniers qu'elles immolaient. Les manufactures de draps d'Angleterre n'ont-elles pas été trouvées aussi dans les bois où les Germains aimaient mieux vivre de rapine que de travailler, comme le dit Tacite?

Pourquoi n'avoir pas trouvé plutôt la diète de Ratisbonne que le parlement d'Angleterre dans les forêts d'Allemagne? Ratisbonne doit avoir profité plutôt que Londres d'un système trouvé en Germanie.

XLIII. « Il résulte de la nature du pouvoir despotique que l'homme seul qui l'exerce le fasse de même exercer par un seul. Le *prince* est naturellement paresseux, ignorant, voluptueux; il abandonne les affaires. S'il les confiait à plusieurs, il y aurait des disputes entre eux; on ferait des brigues pour être le premier esclave; le prince serait obligé de rentrer dans l'administration. Il est donc plus simple qu'il l'abandonne à un vizir, qui aura la même puissance que lui. » (Liv. II, chap. v.)

Cette décision se trouve à la page 27; mais nous ne nous en sommes aperçus que trop tard. Elle a déjà été réfutée par les savants que nous avons cités. « Elle n'est pas plus juste, disent-ils, que si on supposait la place des maires du palais une loi fondamentale de France. Les abus de l'usurpation doivent-ils être appelés des lois fondamentales? Le viziriat de la Turquie doit-il être regardé comme une règle générale, uniforme, et fondamentale, de tous les États du vaste continent de l'Asie?

« Si l'établissement d'un vizir était dans ces pays une loi fondamentale, il y aurait dans tous un vizir, et nous voyons le contraire. Si c'était une loi fondamentale de ceux où il y en a, l'établissement de cet officier devrait avoir été fait lors de l'établissement de la monarchie et de la despotie.

« La loi fondamentale d'un État est une partie intégrante de cet État, et sans laquelle il ne peut exister.L'empire des califes a pris naissance en 622. Le premier grand vizir a été Abou-Moslemah, sous le calife Abou-Abbas-Saffah, dont le règne n'a commencé qu'en 131 de l'hégire.

« Donc l'établissement d'un grand vizir dans les États que l'auteur appelle despotiques n'est pas, comme il le prétend, une loi fondamentale de l'État. »

XLIV. « Les Grecs et les Romains exigeaient une voix de plus pour condamner; nos lois françaises en demandent deux; les Grecs prétendaient que leur usage avait été établi par les dieux, mais c'est le nôtre. Voyez Denys d'Halicarnasse, sur le jugement de Coriolan, liv. VII. » (Page 210, liv. XII, chap. III.)

L'auteur oublie ici que, selon Denys d'Halicarnasse et selon tous les historiens romains, Coriolan fut condamné par les comices assemblés en tribus; que vingt et une tribus le jugèrent; que neuf prononcèrent son absolution et douze sa condamnation; chaque tribu valait un suffrage. Montesquieu, par une légère inadvertance, prend ici le suffrage d'une tribu pour la voix d'un seul homme. Socrate fut condamné à la pluralité de trente-trois voix. Montesquieu nous fait bien de l'honneur de dire que c'est la France chez qui la manière de condamner a été établie par les dieux. En vérité, c'est l'Angleterre : car il faut que tous les jurés y soient d'accord, pour déclarer un homme coupable. Chez nous, au contraire, il a suffi de la prépondérance de cinq voix pour condamner au plus horrible supplice des jeunes gens qui n'étaient coupables que d'une étourderie passagère, laquelle exigeait une correction et non la mort. Juste ciel! que nous sommes loin d'être des dieux en fait de jurisprudence!

XLV. « Un ancien usage des Romains défendait de faire mourir les filles qui n'étaient pas nubiles. Tibère trouva l'expédient de les faire violer par le bourreau avant de les envoyer au supplice. Tyran subtil et cruel, il détruisait les mœurs pour conserver les coutumes. » (Page 222, liv. XII, chap. XIV.)

Ce passage demande, ce me semble, une grande attention. Tibère, homme méchant, se plaignit au sénat de Séjan, homme plus méchant que lui, par une lettre artificieuse et obscure. Cette lettre n'était point d'un souverain qui ordonnait aux magistrats de faire selon les lois le procès à un coupable; elle semblait écrite par un ami qui déposait ses douleurs dans le sein de ses amis. A peine détaillait-il la perfidie et les crimes de Séjan. Plus il paraissait affligé, plus il rendait Séjan odieux. C'était livrer à la vengeance publique le second personnage de l'empire et le plus détesté. Dès qu'on sut dans Rome que cet homme si puissant déplaisait au maître, le consul, le préteur, le sénat, le peuple, se jetèrent sur lui comme sur une victime qu'on leur abandonnait. Il n'y eut nulle forme de jugement; on le traîna en prison, on l'exécuta; il fut déchiré par mille mains, lui, ses amis, et ses parents. Tibère n'ordonna point qu'on fît mourir la fille de ce malheureux, âgée de sept ans, malgré la loi qui défendait cette barbarie; il était trop habile et trop réservé pour ordonner un tel supplice, et surtout pour autoriser le viol par un bourreau. Tacite et Suétone rapportent l'un et l'autre au bout de cent ans cette action exécrable; mais ils ne disent point qu'elle ait été commise ou par la permission de l'empereur, ou par celle du sénat[1] : de même que ce ne fut point avec la permission du roi que la populace de Paris mangea le cœur du maréchal d'Ancre. Il est bien étrange qu'on dise que Tibère détruisit les mœurs pour conserver les coutumes. Il semblerait qu'un empereur eût introduit la coutume nouvelle de violer les enfants, par respect pour la coutume ancienne de ne les pas faire pendre avant l'âge de puberté.

Cette aventure du bourreau et de la fille de Séjan m'a toujours paru bien suspecte, toutes les anecdotes le sont; et j'ai même douté de quelques imputations qu'on fait encore tous les jours à Tibère, comme de ces *spinthrix* dont on parle tant, de ces débauches honteuses et dégoûtantes qui ne sont jamais que les excès d'une jeunesse emportée, et qu'un empereur de soixante et dix ans cacherait à tous les yeux avec le même soin qu'une vestale cachait ses parties naturelles dans une procession. Je n'ai jamais cru qu'un homme aussi adroit que Tibère, aussi dissimulé et d'un esprit aussi profond, eût voulu s'avilir à ce point devant tous ses domestiques, ses soldats, ses esclaves, et surtout devant ses autres esclaves les courtisans. Il y a des choses de bienséance jusque dans les plus indignes voluptés. Et de plus, je pense que pour un tyran successeur du discret tyran de Rome, c'eût été le moyen infaillible de se faire assassiner.

---

1. *Tradunt temporis hujus auctores.* C'est un bruit vague qui se répandit dans le temps. Quiconque a vécu a entendu des faussetés plus odieuses, répétées vingt ans entiers par le public.

XLVI. « Lorsque la magistrature japonaise a obligé les femmes de marcher nues, à la manière des bêtes, elle a fait frémir la pudeur. Mais lorsqu'elle a voulu contraindre une mère.... lorsqu'elle a voulu contraindre un fils.... je ne puis achever, elle a fait frémir la nature même. » (Page 222, liv. XII, chap. xiv.)

Un seul voyageur presque inconnu, nommé Reyergisbert, rapporte cette abomination, qu'on lui raconta d'un magistrat du Japon; et il prétend que ce magistrat se divertissait à tourmenter ainsi les chrétiens, auxquels il ne faisait point d'autre mal. Montesquieu se plaît à ces contes; il ajoute que chez les Orientaux on soumet les filles à des éléphants. Il ne dit point chez quels Orientaux on donne ce rendez-vous. Mais, en vérité, ce n'est là ni le *Temple de Gnide*, ni le *Congrès de Cythère*, ni l'*Esprit des Lois*.

C'est avec douleur, et en contrariant mon propre goût, que je combats ainsi quelques idées d'un philosophe citoyen et que je relève quelques-unes de ses méprises. Je ne me serais pas livré, dans ce petit commentaire, à un travail si rebutant, si je n'avais été enflammé de l'amour de la vérité, autant que l'auteur l'était de l'amour de la gloire. Je suis en général si pénétré des maximes qu'il annonce plutôt qu'il ne les développe; je suis si plein de tout ce qu'il a dit sur la liberté politique, sur les tributs, sur le despotisme, sur l'esclavage, que je n'ai pas le courage de me joindre aux savants qui ont employé trois volumes à reprendre des fautes de détail.

Il importe peut-être assez peu que Montesquieu se soit trompé sur la dot qu'on donnait en Grèce aux sœurs qui épousaient leurs frères, et qu'il ait pris la coutume de Sparte pour la coutume de Crète (liv. V, chap. v):

Qu'il n'ait pas (liv. XXIV, chap. xv) saisi le sens de Suétone sur la loi d'Auguste, qui défendit qu'on courût nu jusqu'à la ceinture avant l'âge de puberté : *Lupercalibus vetuit currere imberbes.* » (Suét., *Aug.*, chap. xxxi);

Qu'il se soit mépris sur la manière dont la banque de Gênes est gouvernée, et sur une loi que Gênes fit publier dans la Corse (liv. II, chap. iii);

Qu'il ait dit que « les lois à Venise défendent le commerce aux nobles vénitiens, » tandis que ces lois leur recommandent le commerce, et que s'ils ne le font plus, c'est qu'il n'y a plus d'avantage (liv. V, chap. viii);

Que « le gouvernement moscovite cherche à sortir du despotisme, » tandis que ce gouvernement russe est à la tête de la finance, des armées, de la magistrature, de la religion; que les évêques et les moines n'ont plus d'esclaves comme autrefois, et qu'ils sont payés par une pension du gouvernement. Il cherche à détruire l'anarchie, les prérogatives odieuses des nobles, le pouvoir des grands, et non à établir des corps intermédiaires, à diminuer son autorité (liv. V, chap. xiv);

Qu'il fasse un faux calcul sur le luxe, en disant que « le luxe est zéro dans qui n'a que le nécessaire, que le double du nécessaire est égal à un, et que le double de cette unité est trois; » puisqu'en effet on n'a pas toujours trois de luxe, pour avoir deux fois plus de bien qu'un autre (liv. VII, chap. i);

Qu'il ait dit que « chez les Samnites le jeune homme déclaré le meilleur prenait la femme qu'il voulait; » et qu'un auteur de l'Opéra-Comique ait fait une farce sur cette prétendue loi, sur cette fable rapportée dans Stobée, fable qui regarde les Sunnites, peuple de Scythie, et non pas les Samnites (liv. VII, chap. xvi);

« Qu'en Suisse on ne paye point de tribut, mais qu'il en sait la raison particulière » (liv. XIII, chap. xii);

Que « dans ses montagnes stériles les vivres sont si chers et le pays si peuplé, qu'un Suisse paye quatre fois plus à la nature qu'un Turc ne paye au sultan; » on sait assez que tout cela est faux. Il y a des impôts en Suisse tels qu'on les payait autrefois aux ducs de Zehringuen et aux moines; mais il n'y a aucun impôt nouveau, aucune taxe sur les denrées et sur le commerce. Les montagnes, loin d'être stériles, sont de très-fertiles pâturages qui font la richesse du pays. La viande de boucherie y est la moitié moins chère qu'à Paris. Et enfin un Suisse ne peut payer quatre fois plus à la nature qu'un Turc au sultan, à moins qu'il ne boive et ne mange quatre fois davantage. Il y a peu de pays où les hommes, en travaillant aussi peu, jouissent de tant d'aisance (liv. XIII, chap. xii);

Qu'il ait dit que « dans les États mahométans on est non-seulement maître des biens et de la vie des femmes esclaves; » ce qui est absolument faux, puisque dans le vingt-quatrième sura ou chapitre de l'*Alcoran* il est dit expressément : « Traitez bien vos esclaves; si vous voyez en eux du mérite, partagez avec eux les richesses que Dieu vous a données; ne forcez pas vos femmes esclaves à se prostituer à vous, » puisque enfin on punit de mort, à Constantinople, le maître qui a tué son esclave, à moins que le maître ne prouve que l'esclave a levé la main sur lui : et si l'esclave prouve que son maître l'a violée, elle est déclarée libre avec dépens (liv. XV, chap. xii);

« Qu'à Patane la lubricité des femmes est si grande, que les hommes sont obligés de se faire certaines garnitures pour se mettre à l'abri de leurs entreprises. » C'est un nommé Sprenkel qui a fait ce conte absurde, bien indigne assurément de l'*Esprit des Lois*. Et le même Sprenkel dit qu'à Patane les maris sont si jaloux de leurs femmes, qu'ils ne permettent pas à leurs meilleurs amis de les voir, elles ni leurs filles (liv. XVI, chap. x);

Que la féodalité « est un événement arrivé une fois dans le monde, et qui n'arrivera peut-être jamais, etc. » (Liv. XXX, chap. i.)

Quoique la féodalité, les bénéfices militaires, aient été établis en différents temps et sous différentes formes, sous Alexandre Sévère, sous les rois lombards, sous Charlemagne, dans l'empire Ottoman, en Perse, dans le Mogol, au Pégu, en Russie, et que les voyageurs en aient trouvé des traces dans un grand nombre des pays qu'ils ont découverts.

Que « chez les Germains il y avait des vassaux, et non pas des fiefs

Les fiefs étaient des chevaux de bataille, des armes, des repas. »
(Liv. XXX, chap. III.)

Quelle idée ! il n'y a point de vassalité sans terre. Un officier à qui son général aura donné à souper n'est pas pour cela son vassal.

« Qu'en Espagne on a défendu les étoffes d'or et d'argent. Un pareil décret serait semblable à celui que feraient les États de Hollande, s'ils défendaient la consommation de la cannelle. » (Liv. XXI, chap. XXII.)

On ne peut faire une comparaison plus fausse, ni dire une chose moins politique. Les Espagnols n'avaient point de manufactures, ils auraient été obligés d'acheter ces étoffes de l'étranger. Les Hollandais, au contraire, sont les seuls possesseurs de la cannelle; ce qui était raisonnable en Espagne, suivant les opinions alors reçues, eût été absurde en Hollande.

Je n'entrerai point dans la discussion de l'ancien gouvernement des Francs, vainqueurs des Gaulois; dans ce chaos de coutumes toutes bizarres, toutes contradictoires; dans l'examen de cette barbarie, de cette anarchie qui a duré si longtemps, et sur lesquelles il y a autant de sentiments différents que nous en avons en théologie. On n'a perdu que trop de temps à descendre dans ces abîmes de ruines; et l'auteur de l'*Esprit des Lois* a dû s'y égarer comme les autres.

Toutes les origines des nations sont l'obscurité même, comme tous les systèmes sur les premiers principes sont un chaos de fables. Lorsqu'un aussi beau génie que Montesquieu se trompe, je m'enfonce dans d'autres erreurs en découvrant les siennes : c'est le sort de tous ceux qui courent après la vérité; ils se heurtent dans leur course, et tous sont jetés par terre. Je respecte Montesquieu jusque dans ses chutes, parce qu'il se relève pour monter au ciel. Je vais continuer ce petit commentaire pour m'instruire en l'étudiant sur quelques points, non pour le critiquer : je le prends pour mon guide, non pour mon adversaire.

Du climat. — De tout temps on a su combien le sol, les eaux, l'atmosphère, les vents, influent sur les végétaux, les animaux, et les hommes. On sait assez qu'un Basque est aussi différent d'un Lapon qu'un Allemand l'est d'un nègre, et qu'un coco l'est d'une nèfle. C'est à propos de l'influence du climat que Montesquieu examine, au chapitre XII du livre XIV, pourquoi les Anglais se tuent si délibérément. « C'est, dit-il, l'effet d'une maladie. Il y a apparence que c'est un défaut de filtration du suc nerveux. » Les Anglais, en effet, appellent cette maladie *spleen*, qu'ils prononcent *splin ;* ce mot signifie la rate. Nos dames autrefois étaient malades de la rate. Molière a fait dire à des bouffons[1] :

> Veut-on qu'on rabatte,
> Par des moyens doux,
> Les vapeurs de rate
> Qui nous minent tous;

---

1. *L'Amour médecin*, acte III, scène VIII. (ÉD.)

> Qu'on laisse Hippocrate,
> Et qu'on vienne à nous.

Nos Parisiennes étaient donc tourmentées de la rate ; à présent elles sont affligées de vapeurs ; et en aucun cas elles ne se tuaient. Les Anglais ont le *splin* ou la *splin*, et se tuent par humeur. Ils s'en vantent : car quiconque se pend à Londres, ou se noie, ou se tire un coup de pistolet, est mis dans la gazette.

Depuis la querelle de Philippe de Valois et d'Édouard III pour la loi salique, les Anglais en ont toujours voulu aux Français ; ils leur prirent non-seulement Calais, mais presque tous les mots de leur langue, et leurs maladies, et leurs modes, et prétendirent enfin l'honneur exclusif de se tuer. Mais si l'on voulait rabattre cet orgueil, on leur prouverait que dans la seule année 1764 on a compté à Paris plus de cinquante personnes qui se sont donné la mort. On leur dirait que chaque année il y a douze suicides dans Genève, qui ne contient que vingt mille âmes, tandis que les gazettes ne comptent pas plus de suicides à Londres, qui renferme environ sept cent mille *spleen* ou *splin*.

Les climats n'ont guère changé depuis que Romulus et Rémus eurent une louve pour nourrice. Cependant pourquoi, si vous en exceptez Lucrèce, dont l'histoire n'est pas bien avérée, aucun Romain de marque n'a-t-il eu une assez forte *spleen* pour attenter à sa vie ? et pourquoi ensuite, dans l'espace de si peu d'années, Caton d'Utique, Brutus, Cassius, Antoine et tant d'autres, donnèrent-ils cet exemple au monde ? N'y a-t-il pas quelque autre raison que le climat qui rendit ces suicides si communs ?

Montesquieu dit dans ce livre (chap. xv) que le climat de l'Inde est si doux, que les lois le sont aussi. « Ces lois, dit-il, ont donné les neveux aux oncles, les orphelins aux tuteurs, comme on les donne ailleurs à leurs pères. Elles ont réglé la succession par le mérite reconnu du successeur. Il semble qu'elles ont pensé que chaque citoyen devait se reposer sur le bon naturel des autres.... Heureux climat, qui fait naître la candeur des mœurs, et produit la douceur des lois ! »

Il est vrai que dans vingt endroits l'illustre auteur peint le vaste pays de l'Inde et tous les pays de l'Asie comme des États monarchiques ou despotiques, dans lesquels tout appartient au maître, et où les sujets ne connaissent point la propriété ; de sorte que, si le climat produit des citoyens si honnêtes et si bons, il y fait des princes bien rapaces et bien tyrans. Il ne s'en souvient plus ici ; il copie la lettre d'un jésuite nommé Bouchet au président Cochet, insérée dans le quatorzième recueil des *Lettres curieuses et édifiantes ;* et il copie trop souvent ce recueil. Ce Bouchet, dès qu'il est arrivé à Pondichéri, avant de savoir un mot de la langue du pays[1], répète à M. Cochet tous ces contes, qu'il a entendu faire à des facteurs. J'en crois plus volontiers le colonel Scrafton, qui a contribué aux conquêtes du lord Clive, et qui

---

1. J'ai connu autrefois ce Bouchet ; c'était un imbécile, aussi bien que frère Courbeville, son compagnon. Il a vu des femmes indiennes prouver leur fidélité à leurs maris en plongeant une main dans l'huile bouillante sans se brûler. Il

a joint à la franchise d'un homme de guerre une intelligence profonde de la langue des brames.

Voici ses paroles, que j'ai citées ailleurs :

« Je vois avec surprise tant d'auteurs assurer que les possessions des terres ne sont point héréditaires dans ce pays, et que l'empereur est l'héritier universel. Il est vrai qu'il n'y a point d'acte de parlement dans l'Inde, point de pouvoir intermédiaire qui retienne légalement l'autorité impériale dans ses limites; mais l'usage consacré et invariable de tous les tribunaux est que chacun hérite de ses pères. Cette loi non écrite est plus constamment observée qu'en aucun État monarchique. »

Cette déclaration d'un des conquérants des plus belles contrées de l'Inde vaut bien celle d'un jésuite, et toutes deux doivent balancer au moins l'opinion de ceux qui prétendent que cette riche partie de la terre, peuplée de cent dix millions d'hommes, n'est habitée que par des despotes et par des esclaves.

Toutes les relations qui nous sont venues de la Chine nous ont appris que chacun y jouit de son bien beaucoup plus librement que dans l'Inde. Il n'est pas croyable qu'il y ait un seul pays dans le monde où la fortune et les droits des citoyens dépendent du chaud et du froid.

Le climat étend son pouvoir, sans doute, sur la force et la beauté du corps, sur le génie, sur les inclinations. Nous n'avons jamais entendu parler ni d'une Phryné samoïède ou négresse, ni d'un Hercule lapon, ni d'un Newton topinambou; mais je ne crois pas que l'illustre auteur ait eu raison d'affirmer que les peuples du Nord ont toujours vaincu ceux du Midi : car les Arabes acquirent par les armes, en très-peu de temps, au nom de leur patrie, un empire aussi étendu que celui des Romains; et les Romains eux-mêmes avaient subjugué les bords de la mer Noire, qui sont presque aussi froids que ceux de la mer Baltique.

L'illustre auteur croit que les religions dépendent du climat. Je pense avec lui que les rites en dépendent entièrement. Mahomet n'aurait défendu le vin et les jambons ni à Bayonne ni à Mayence. On entrait chaussé dans les temples de la Tauride, qui est un pays froid; il fallait entrer nu-pieds dans celui de Jupiter Ammon, au milieu de sables brûlants. On ne s'avisera point en Égypte de peindre Jupiter armé du tonnerre, puisqu'il y tonne si rarement. On ne figurera point les réprouvés par l'emblème des boucs dans une île comme Ithaque, où les chèvres sont la principale richesse du pays.

Une religion dont les cérémonies les plus essentielles se feront avec du pain et du vin, quelque sublime, quelque divine qu'elle soit, ne réussira pas d'abord dans un pays où le vin et le froment sont inconnus.

La croyance, qui constitue proprement la religion, est d'une nature

ne savait pas que le secret consiste à verser l'eau dans le vase longtemps avant l'huile, et que l'huile est encore froide quand l'eau qui bout soulève l'huile à gros bouillon. Il répète l'histoire des deux Sosies pour prouver le christianisme aux brames.

toute différente. Elle dépendit chez les Gentils uniquement de l'éducation. Les enfants troyens furent élevés dans la persuasion qu'Apollon et Neptune avaient bâti les murs de Troie, et les enfants athéniens bien appris ne doutaient pas que Minerve ne leur eût donné des olives. Les Romains, les Carthaginois, eurent une autre mythologie. Chaque peuple eut la sienne.

Je ne puis croire à la faiblesse d'organes que Montesquieu attribue aux peuples du Midi, et à cette paresse d'esprit qui fait, selon lui, « que les lois, les mœurs et les manières sont aujourd'hui en Orient comme elles étaient il y a mille ans. » Montesquieu dit toujours que les lois forment les *manières*. J'aurais dit les *usages*. Mais il me semble que les manières du christianisme détruisirent, depuis Constantin, les manières de la Syrie, de l'Asie Mineure et de l'Égypte ; que les manières un peu brutales de Mahomet chassèrent les belles manières des anciens Perses, et même les nôtres. Les Turcs sont venus ensuite qui ont tout bouleversé, de façon qu'il n'en reste plus rien que les eunuques et les bouffons.

Esclavage. — Si quelqu'un a jamais combattu pour rendre aux esclaves de toute espèce le droit de la nature, la liberté, c'est assurément Montesquieu. Il a opposé la raison et l'humanité à toutes les sortes d'esclavages : à celui des nègres qu'on va acheter sur la côte de Guinée pour avoir du sucre dans les îles Caraïbes ; à celui des eunuques, pour garder les femmes et pour chanter le dessus dans la chapelle du pape ; à celui des infortunés mâles et femelles qui sacrifient leur volonté, leurs devoirs, leurs pensées, toute leur existence, dans un âge où les lois ne permettent pas qu'on dispose d'un fonds de quatre pistoles. Il a même attaqué adroitement cette espèce d'esclavage qui fait d'un citoyen un diacre ou un sous-diacre, et qui vous prive du droit de perpétuer votre famille, à moins que vous ne rachetiez ce droit à Rome chez un protonotaire, dignité qui fut inconnue aux Marcellus et aux Scipion. Il a surtout déployé son éloquence contre l'esclavage de la glèbe, où croupissent encore tant de cultivateurs, gémissant sous des commis, pour prix de nourrir des hommes leurs frères.

Je veux me joindre à ce défenseur de la nature humaine, et j'ose m'adresser, à qui ? au roi de France lui-même, quoique je sois un étranger. Un Persan et un Indien des îles Moluques vinrent demander justice à Louis XIV, et l'obtinrent : pourquoi ne la demanderais-je pas à Louis XVI ? Je me jette de loin à ses pieds, et je lui dis :

« Petit-fils de saint Louis, achevez l'ouvrage de votre père. Je ne vous implore pas pour que vous alliez débarquer à Joppé, sur le rivage où l'on dit qu'Andromède fut exposée à un monstre marin, et que Jonas fut avalé par un autre ; je ne vous conjure pas de quitter votre royaume de France pour aller venger le baron de Lusignan, que le grand Saladin chassa autrefois de son petit royaume de Jérusalem, et pour délivrer quelques descendants inconnus de nos insensés croisés, lesquels descendants pourraient avoir hérité des fers de leurs ancêtres, et servir des musulmans dans l'Arabie ou dans l'Égypte : mais je vous conjure de délivrer plus de cent mille de vos sujets qui sont chez vous esclaves des moines. Il est difficile de comprendre comment des saints qui ont fait vœu d'humilité, d'obéissance et de chasteté, ont cependant des royaumes dans votre royaume, et commandent à des esclaves qu'ils appellent leurs mainmortables.

« Dom Titrier fit, vers le milieu du quatorzième siècle, des titres authentiques, signés de tous les rois et de tous les empereurs des siècles précédents, par lesquels, *attendu que le monde allait finir*, on donnait toutes les terres, tous les biens périssables, tous les hommes, et toutes les filles, à ces moines qui avaient déjà le ciel appartenant à eux en propre. C'est en vertu de ces pièces probantes qu'ils ont encore des esclaves dans la Bourgogne, dans la Franche-Comté, le Nivernois, le Bourbonnais, l'Auvergne, la Marche, et quelques autres provinces. Ils s'arrogent des droits que vous n'avez pas, et que vous rougiriez d'avoir. Ils appellent ces esclaves *nos serfs, nos mainmortables.*

« En vain saint Louis abolit cet opprobre de la nature humaine dans les terres de son obéissance ; en vain sa digne mère, la reine Blanche, vint elle-même ouvrir, dans Paris, les prisons aux habitants de Châtenay que des gens d'Église avaient chargés de chaînes en qualité de serfs de l'Église ; en vain Louis le Jeune en 1141, Louis X en 1315, et enfin Henri II en 1553, crurent détruire, par leurs édits solennels, cette espèce de crime de lèse-majesté, et sûrement de lèse-humanité : on voit encore dans vos États plus d'esclaves de moines que vous n'avez de troupes nationales.

« Il y a, sire, à votre conseil, depuis plusieurs années, un procès entre douze mille chefs de famille d'un canton presque inconnu de la Franche-Comté, et vingt moines sécularisés. Les douze mille hommes prétendent n'appartenir qu'à Votre Majesté, ne devoir leurs services et leur sang qu'à Votre Majesté. Les vingt cénobites prétendent qu'ils sont, au nom de Dieu, les maîtres absolus des personnes, et du pécule, et des enfants de ces douze mille hommes.

« Je vous conjure, sire, de juger entre la nature et l'Église ; rendez des citoyens à l'État et des sujets à votre couronne. Le feu roi de Sardaigne, dont les filles sont l'ornement et l'exemple de votre cour [1], décida la même affaire peu de temps avant sa mort. Il détruisit la mainmorte dans ses États par les plus sages ordonnances. Mais vous avez dans le ciel un plus grand exemple, saint Louis, dont le sang coule dans vos veines, et dont les vertus sont dans votre âme. Les ministres qui vous seconderont dans cette entreprise seront comme vous chers à la postérité. »

Des Francs. — On a déjà remarqué que Daniel, dans sa préface sur l'histoire de France [2], où il parle beaucoup plus de lui-même que de

---

1. Les deux frères de Louis XVI avaient épousé les deux sœurs, filles du roi de Sardaigne. (ÉD.)

2. C'est sa première préface, où il donne, pour écrire l'histoire, des règles qu'il ne prend que chez lui, et non la préface historique, qui est un chef-d'œuvre de bonne critique. On voit qu'il y profite des recherches de Cordemoy

la France, a voulu nous persuader que Clovis doit être bien plus intéressant que Romulus. Hénault a été de l'avis de Daniel. On pouvait
répondre à l'un et à l'autre : « Vous êtes orfèvre, monsieur Josse[1]. » Ils auraient pu s'apercevoir que le berceau d'Hercule, par exemple, exciterait
plus de curiosité que celui d'un homme ordinaire. Nous venons tous
de sauvages ignorés. Français, Espagnols, Germains, Anglais, Scan-
dinaviens, Sarmates, chacune de ces nations, renfermée dans ses
limites, se fait valoir par ses différents mérites ; chacune a ses grands
hommes, et compte à peine les grands hommes de ses voisins : mais
toutes ont les yeux sur l'ancienne Rome. Romulus, Numa, Brutus,
Camillus, leur appartiennent à toutes. L'hidalgo espagnol et le gentle-
man english apprennent à lire dans la langue de César. On aime à
voir le faible ruisseau dont est sorti à la fin ce grand fleuve qui a
inondé la terre.

On ne prononce aujourd'hui le nom d'Ostrogoth, de Visigoth, de
Hun, de Franc, de Vandale, d'Hérule, de toutes ces hordes qui ont
détruit l'empire romain, qu'avec le dégoût et l'horreur qu'inspirent
les noms des bêtes sauvages puantes. Mais chaque peuple de l'Europe
veut couvrir de quelque éclat la turpitude de son origine. L'Espagne
vante son saint Ferdinand, l'Angleterre son saint Édouard, la France
son saint Louis. Si à Madrid on remonte aux rois goths, nous remon-
tons dans Paris aux rois francs. Mais qui étaient ces Francs que Montesquieu de Bordeaux appelle *nos pères* ? C'étaient, comme tous les
autres barbares du Nord, des bêtes féroces qui cherchaient de la pâture, un gîte, et quelques vêtements contre la neige.

D'où venaient-ils ? Clovis n'en savait rien, ni nous non plus. On
savait seulement qu'ils demeuraient à l'orient du Rhin et du Mein, et
que leurs bœufs, leurs vaches et leurs moutons ne leur suffisaient
pas. N'ayant point de villes, ils allaient, quand ils le pouvaient, piller
les villes romaines dans la Gaule germanique et dans la Belgique. Ils
s'avançaient quelquefois jusqu'à la Loire, et revenaient partager dans
leurs repaires tout ce qu'ils avaient volé. C'est ainsi qu'en usèrent leurs
capitaines Clodion, Mérovée, et Childéric, père de Clovis, lequel Childéric mourut et fut enterré dans un grand chemin près de Tournay,
selon l'usage de ces peuples et de ces temps.

Tantôt les empereurs achetaient quelques trêves à leurs brigandages,
tantôt ils les punissaient, selon qu'ils avaient, dans ces cantons éloignés, quelques troupes et quelque argent. Constantin avait pénétré
lui-même jusque dans leurs retraites en 313 de notre ère, avait saisi
leurs chefs, qui étaient, dit-on, les ancêtres de Clovis, et les avait
condamnés aux bêtes dans le cirque de Trèves, comme des esclaves
révoltés et des voleurs publics.

---

et de Valois, et qu'il est meilleur historien des Francs qu'il ne l'est des Français
dans le cours de son grand ouvrage. On peut seulement le blâmer de donner
toujours aux Francs le nom de Français. Au reste, ni Mézeray, ni lui, ni Velly,
ne sont des Tite Live ; et je crois qu'il est impossible qu'il y ait des Tite Live
chez nos nations modernes.

1. Molière, *L'Amour médecin*, acte I, scène I. (ÉD.)

Les Francs, depuis ce jour, eurent de nouvelles rapines à chercher, et la mort ignominieuse de leurs chefs à venger sur les Romains. Ils se joignirent souvent à toutes les hordes allemandes qui passaient aisément le Rhin, malgré les colonies romaines de Cologne, de Trèves, de Mayence. Ils surprirent Cologne et la pillèrent. Lorsque Julien était césar dans les Gaules, ce grand homme, qui fut, comme je l'ai déjà dit, le sauveur et le père de nos contrées, partit de la petite rue qu'on appelle aujourd'hui des Mathurins, où l'on voit encore les restes de sa maison, et courut sauver d'une invasion la Gaule et notre pays en 357. Il passa le Rhin, reprit Cologne, repoussa les entreprises des Francs et celles de l'empereur Constantius, qui voulait le perdre; vainquit toutes les hordes allemandes et franques, signala sa clémence non moins que sa valeur, nourrit également les vainqueurs et les vaincus, fit régner l'abondance et la paix des rives du Rhin et de la Meuse jusqu'aux Pyrénées, et ne quitta les Gaules qu'après avoir fait leur bonheur, laissant chez toutes les âmes honnêtes la mémoire la plus chère et la plus justement respectée.

Après lui tout changea. Il ne faut qu'un seul homme pour sauver un empire, et un seul pour le perdre. Plus d'un empereur hâta la décadence de Rome. Les théâtres des victoires de tant de grands hommes, les monuments de tant de magnificence et de tant de bienfaits répandus sur le genre humain asservi pour son bonheur, furent inondés de barbares inconnus, comme des champs fertiles sont dévastés par des nuées de sauterelles. Il en vint jusque des frontières de la Chine. Les bords de la mer Baltique, de la mer Noire, de la mer Caspienne, vomirent des monstres qui dévorèrent les nations, et qui détruisirent tous les arts.

Je ne crois pas cependant que cette multitude de dévastateurs ait été aussi immense qu'on le dit. La peur exagère. Je vois d'ailleurs que c'est toujours le petit nombre qui fait les révolutions. Sha-Nadir, de nos jours, n'avait pas quarante mille soldats quand il mit à ses pieds le Grand-Mogol, et qu'il emporta toutes ses richesses. Les Tartares qui subjuguèrent la Chine, vers l'an 1260, n'étaient qu'en très-petit nombre. Tamerlan, Gengis-kan, ne commencèrent pas la conquête de la moitié de notre hémisphère avec dix mille hommes. Mahomet n'en eut pas mille à sa première bataille. César ne vint dans les Gaules qu'avec quatre légions; il n'avait que vingt-deux mille combattants à la bataille de Pharsale, et Alexandre partit avec quarante mille pour la conquête de l'Asie.

On nous dit qu'Attila fondit des extrémités de la Sibérie au bord de la Loire, suivi de sept cent mille Huns. Comment les aurait-il nourris? On ajoute qu'ayant perdu deux cent mille de ces Huns dans quelques escarmouches, il en perdit encore trois cent mille dans les champs catalauniques, qui sont inconnus; après quoi il alla mettre l'Illyrie er cendres, assiéger et détruire Aquilée, sans que personne l'en empêchât.

Et voilà justement comme on écrit l'histoire.

Quoi qu'il en soit, ce fut dans ce bouleversement singulier de l'Europe que les Francs vinrent comme les autres prendre leur part au pillage. La province Séquanaise était déjà envahie par des Bourguignons, qui ne savaient pas eux-mêmes leur origine. Des Visigoths s'emparaient d'une partie du Languedoc, de l'Aquitaine, et de l'Espagne. Le Vandale Genseric, qui s'était jeté sur l'Afrique, en partit par mer pour aller piller Rome sans aucune opposition. Il y entra comme on vient dans une de ses maisons qu'on veut démeubler pour embellir une autre demeure. Il fit enlever tout l'or, tout l'argent, tous les ornements précieux, malgré les larmes du pape Léon, qui avait composé avec Attila, et qui ne put fléchir Genseric.

Les Gaulois, qui ne s'étaient défendus ni contre les Bourguignons, ni contre les Goths, ne résistèrent pas plus aux Francs, qui arrivèrent l'an 486, ayant à leur tête le jeune Clovis, âgé, dit-on, de quinze ans. Il est à présumer qu'ils entrèrent d'abord dans la Gaule belgique en petit nombre, comme les Normands entrèrent depuis dans la Neustrie, et que leur troupe augmenta de tous les brigands volontaires qui se joignirent à eux en chemin, dans l'espoir de la rapine, unique solde de tous les barbares.

Une preuve évidente que Clovis avait très-peu de troupes, c'est que dans la rédaction de la loi des Saliens-Francs, nommée communément la loi salique, faite sous ses successeurs, il est dit expressément : « C'est cette nation qui, en petit nombre, terrassa la puissance romaine : *gens parva numero.* »

Il y avait encore un fantôme de commandant romain, nommé Siagrius, qui, dans la désolation générale, avait conservé quelques troupes gauloises sous les murs de Soissons; elles ne résistèrent pas. Le même peuple qui avait coûté dix années de travaux et de négociations à César ne coûta qu'un jour à cette petite troupe de Francs. C'est que lorsque César les voulut subjuguer, ils avaient toujours été libres; et quand ils eurent les Francs en tête, il y avait plus de cinq cents ans qu'ils étaient asservis.

Clovis. — Quel était donc ce héros de quinze ans qui, des marais des Chamaves et des Bructères, vint à Soissons mettre en fuite un général et jeter les fondements, non pas *du premier trône de l'univers*, comme le dit si souvent l'abbé de Velly, mais d'un des plus florissants États de l'Europe ? On ne nous dit point qui fut le *Chiron* ou le *Phénix* de ce jeune Achille. Les Francs n'écrivirent point son histoire. Comment fut-il conquérant et législateur dans l'âge qui touche à l'enfance ? c'est un exemple unique. Un Auvergnat devinant Euclide à douze ans n'est pas si au-dessus de l'ordre commun. Ce qui est encore unique sur le globe, c'est que la troisième race règne dans cet État depuis huit cents ans, alliée, sans doute, à celle de Charlemagne, qui l'était à celle de Clovis; ce qui fait une continuité d'environ treize siècles.

La France, à la vérité, n'est pas à beaucoup près aussi étendue que l'était la Gaule sous les Romains; elle a perdu tout le pays qu'on appelait la France orientale dans le moyen âge, celui de Trèves, de Mayence, de Cologne, la plus grande partie de la Flandre. Mais à la

.ongue l'industrie de ses peuples l'a soutenue malgré les guerres les plus funestes, les captivités de ses rois, les invasions des étrangers et les sanglantes discordes que la religion a fait naître dans son sein.

Cette belle province romaine ne tomba pas d'abord au pouvoir du prince des Francs. Les plus fertiles parties avaient été envahies par les princes ariens, bourguignons et goths dont j'ai parlé. Clovis et ses Francs étaient de la religion que l'on nommait païenne depuis Théodose, du mot latin *pagus*, bourgade, la religion chrétienne, devenue dominante, n'ayant guère laissé que dans les campagnes l'ancien culte de l'empire. Les évêques athanasiens orthodoxes, qui dominaient dans tout ce qui n'était pas goth ou bourguignon, et qui avaient sur les peuples une puissance presque sans bornes, pouvaient avec le bâton pastoral briser l'épée de Clovis.

Le savant abbé Dubos a très-bien démêlé que ce jeune conquérant avait la dignité de maître de la milice romaine, dans laquelle il avait succédé à son père Childéric, dignité que les empereurs conféraient à plusieurs chefs de tribus chez les Francs, pour les attacher, si l'on pouvait, au service de l'empire. Ainsi ayant attaqué Siagrius, il pouvait être regardé comme un rebelle et comme un traître. Il pouvait être puni, si la fortune des Romains changeait. Les évêques pouvaient surtout armer les peuples contre lui. Le vieillard vénérable saint Remi, évêque de Reims, avait écrit à Clovis, vers le temps de son expédition contre Siagrius, cette fameuse lettre que l'abbé Dubos fait tant valoir, et que Daniel a ignorée : « Nous avons appris que vous êtes maître de la milice; n'abusez point de votre bénéfice militaire. Ne disputez point la préséance aux évêques de votre département; demandez toujours leurs conseils. Élevez vos compatriotes, mais que votre prétoire soit ouvert à tout le monde.... Admettez les jeunes gens à vos plaisirs, et les vieillards à vos délibérations, etc. »

Cette lettre était d'un père qui donne des leçons à son fils. Elle fait voir tout l'ascendant que la réputation prenait sur la puissance. La grâce fit le reste; et, bientôt après, Clovis se fit non-seulement chrétien, mais orthodoxe.

Le jésuite Daniel embellit son histoire en supposant qu'il fit une harangue à ses soldats pour les engager à se faire chrétiens comme lui, et qu'ils crièrent tous de concert : « Nous renonçons aux dieux mortels, et nous ne voulons plus adorer que l'immortel. Nous ne reconnaissons plus d'autre Dieu que celui que le saint évêque Remi nous prêche. »

Il n'est pas vraisemblable que toute une armée ait répondu à son roi par une antithèse, et par une longue phrase étudiée. Daniel aurait dû songer que les Francs de Clovis croyaient leurs dieux immortels, tout comme les jésuites croyaient ou feignaient de croire à l'immortalité de leur François-Xavier et de leur Ignace de Loyola.

Il est triste que Clovis, étant à peine catéchumène, fit tuer Siagrius, que les Visigoths lui avaient remis entre les mains. Il est encore plus triste qu'ayant été baptisé longtemps après, il séduisit un prince franc de ses parents, nommé Sigebert, et marchanda avec lui un parricide.

Sigebert assassina son père, qui régnait dans Cologne; et Clovis, au lieu de payer l'argent promis, l'assassina lui-même, et se rendit maître de la ville. Il traita de même un autre prince nommé Kararic.

Il y avait un autre Franc, nommé Ragnacaire, qui commandait dans Cambrai. Il fit un marché avec les propres soldats de ce Ragnacaire pour l'assassiner; et quand les meurtriers lui demandèrent leur salaire, il les paya en fausse monnaie.

Un autre de ses camarades francs, Renomer, s'était cantonné dans le pays du Maine : il le fit poignarder de même par des coupe-jarrets, et se défit ainsi de tous ceux qui lui faisaient quelque ombrage.

Daniel dit que, « pour satisfaire à la justice de Dieu, il employa ses soins et ses finances à quantité de choses fort utiles à la religion; il commença ou acheva des églises et des monastères. »

Si ce prince orthodoxe méconnaissant l'esprit du christianisme, commit tant d'atrocités, ondebaud l'arien, oncle de la célèbre sainte Clotilde, ne fut pas moins nui de crimes. Il assassina, dans la ville de Vienne, son propre f re et sa belle-sœur, père et mère de Clotilde. Il mit le feu à la chambre où un autre de ses frères était renfermé, et l'y brûla vif; il fit jeter sa femme dans la rivière; et Clotilde échappa à peine à ces massacres. Ce Gondebaud d'ailleurs était un législateur. C'étaient là les mœurs des Francs, et ce que Montesquieu appelle les manières.

On sait trop que les enfants de Clovis ne dégénérèrent pas; le cœur saigne quand on est forcé de rapporter les actions politiques de cette famille.

Clotilde, après la mort de son mari, voulut venger la mort de son père et de sa mère sur Gondebaud, son oncle. Elle arma contre lui ses quatre enfants, Thierry, roi de Metz, Clotaire de Soissons, Childebert de Paris et Clodomir d'Orléans. Clodomir fut tué, ayant été abandonné de ses frères dans une bataille. Il laissait trois enfants dont le plus âgé avait à peine dix ans; Cl domir, leur père, leur ava.t laissé la province d'Orléans à partager, selon l'usage. Clotaire ne se contenta pas d'épouser la veuve de son frère, il voulut s'emparer du bien de ses neveux. Son frère Childebert s'unit avec lui dans cette entreprise; ils s'accordèrent à partager le petit État d'Orléans. La veuve de Clovis, qui élevait ses petits-enfants, s'opposa à cette injustice. Clotaire et Childebert se saisirent des trois enfants dont ils devaient être les protecteurs. Ils envoyèrent à leur grand'mère une paire de ciseaux et un poignard, par un Auvergnat nommé Arcadius. « Il faut, lui dit ce député, choisir entre l'un et l'autre. Voulez-vous que ces ciseaux coupent les cheveux de vos petits-fils, ou que ce poignard les égorge ? »

L'usage était alors de regarder comme ensevelis dans le monachisme les enfants qu'on avait tondus. Les ciseaux tenaient lieu des trois vœux. Clotilde, dans sa colère répondit : « J'aime mieux les voir morts que moines. » Clotaire et Childebert n'exécutèrent que trop à la lettre ce que la reine avait prononcé dans l'excès de sa douleur. On croit que ce fut dans une maison où est actuellement l'église des Barnabites à Paris que ce crime fut commis. Clotaire perça d'abord l'aîné d'un coup d'épée, et le jeta mort à ses pieds. Le puîné attendrit un moment Childebert par ses cris et par ses larmes. Childebert se laissa toucher ; Clotaire, inflexible, arracha l'enfant des bras de son frère, et le renversa sur son frère aîné expirant. Le troisième fut sauvé par un domestique. Il prit, quand il put se connaître, le parti que sa grand'mère avait refusé : il se fit moine ; on le déclara saint après sa mort, afin qu'il y eût quelqu'un du sang de Clovis qui pût apaiser Dieu. Clotilde vit ses fils jouir du bien et du sang de ses petits-fils.

Tel fut longtemps l'esprit des lois dans la monarchie naissante. Le siècle des Frédégonde et des Brunehaut ne fut pas moins abominable. Plus on parcourt l'histoire, et plus on se félicite d'être né dans notre siècle.

Du caractère de la nation française. — Est-ce l'influence du climat qui a produit cette série d'atrocités et d'horreurs si avérées et si incroyables ? Les assassinats soit prétendus politiques, soit prétendus juridiques, soit ouvertement commis par un usage commun, se sont succédé presque sans interruption depuis le temps de Clovis jusqu'au temps de la Fronde. Est-ce l'atmosphère humide des bords de la Seine qui donna le pouvoir à un pape français et à des cardinaux français qui pillaient la France, et leur inspira de brûler solennellement et à petit feu le grand maître de l'ordre du Temple, le frère du dauphin d'Auvergne, et cinquante-neuf chevaliers, vis-à-vis l'endroit où est aujourd'hui la statue de Henri IV ? Est-ce l'intempérie du climat qui arma en un jour plus de cent mille rustres dans les environs de Paris, après la bataille de Poitiers, qui les déchaîna dans la moitié de la France, et leur inspira cette rage nommée *la jacquerie*, avec laquelle ils démolirent tous les châteaux de la noblesse, égorgèrent et brûlèrent les gentilshommes, leurs femmes et leurs filles ?

Parlerai-je des fureurs des Bourguignons et des Armagnacs, exercées dans Paris et dans tout le royaume ; de cette guerre civile continuelle et générale ; de ce jour affreux où la populace parisienne de la faction bourguignonne massacra le connétable d'Armagnac, le chancelier de Marle, l'archevêque de Reims, l'archevêque de Tours, cinq autres évêques, une foule de magistrats, de gentilshommes, de prêtres, qu'on jetait dans les rues du haut de leurs maisons, et qu'on recevait sur des piques ?

Pour mettre le comble à ces horreurs, les Anglais saccageaient le reste du royaume après leur victoire d'Azincourt. Le roi de France, ayant perdu l'usage de la raison, était abandonné de ses domestiques, déshonoré publiquement par sa femme, livré à tout ce que l'oubli de soi-même, les ulcères, la vermine, ont de plus affreux et de plus révoltant. Il avait vu son frère, le duc d'Orléans, assassiné par son cousin le duc de Bourgogne ; son fils, depuis le roi Charles VII, venger le duc d'Orléans en assassinant son coupable cousin ; ce fils déshérité, dépouillé, banni par sa mère. Le sang coula d'un bout de la France à l'autre tous les jours de la misérable vie de ce roi, laquelle ne fut qu'un long supplice.

Les règnes suivants éprouvèrent d'aussi grands malheurs. Quatre gentilshommes périrent tour à tour dans des supplices recherchés par les vengeances de ce Louis XI, si dissimulé et si violent, si barbare et si timidement superstitieux, si étourdi et si profondément méchant.

On croit être au temps des Phalaris. Les peuples ne valaient pas mieux que les rois. Retracerai-je le tableau de la Saint-Barthélemi, si souvent retracé, et qui effrayera longtemps les yeux de la postérité?

Il ne faut pas croire que cette journée fut unique : elle fut précédée et suivie de quinze ans de perfidies, d'assassinats, de combats particuliers, de combats de province à province, de ville à ville, jusqu'à la paix de Vervins. Douze parricides médités contre Henri IV, et enfin la main de Ravaillac, terminèrent cette horrible carrière.

Elle recommença sous Louis XIII, dont le triste règne occupa tant d'assassins et de bourreaux. Louis XIV vit dans son enfance toutes les folies et toutes les fureurs de la Fronde.

Est-ce là ce peuple qui fut pendant quarante ans, sous ce même Louis XIV, également doux et valeureux, renommé par la guerre et par les beaux-arts, industrieux et docile, savant et aimable, le modèle de tous les autres peuples? Il avait pourtant le même climat que du temps de Clovis, de Charles VI et de Charles IX.

Convenons donc que si le climat fait les hommes blonds ou bruns, c'est le gouvernement qui fait leurs vertus et leurs vices. Avouons qu'un véritablement bon roi est le plus beau présent que le ciel puisse faire à la terre.

Du caractère des autres nations. — Est-ce la secheresse des deux Castilles et la fraîcheur des eaux du Guadalquivir qui rendirent les Espagnols si longtemps esclaves : tantôt des Carthaginois, tantôt des Romains, puis des Goths, des Arabes et enfin de l'inquisition? Est-ce à leur climat ou à Christophe Colomb qu'ils doivent la possession du Nouveau-Monde?

Le climat de Rome n'a guère changé : cependant y a-t-il rien de plus bizarre que de voir aujourd'hui des zocolanti, des récollets, dans ce même Capitole où Paul-Émile triomphait de Persée, et où Cicéron fit entendre sa voix?

Depuis le dixième siècle jusqu'au seizième, cent petits seigneurs et deux grands se disputèrent les villes de l'Italie par le fer et par le poison. Tout à coup cette Italie se remplit de grands artistes en tout genre. Aujourd'hui elle produit de charmantes cantatrices et des *sonettieri*. Cependant l'Apennin est toujours à la même place, et l'Éridan, qui a changé son beau nom en celui de Pô, n'a pas changé son cours.

D'où vient que dans les restes de la forêt d'Hercynie, comme vers les Alpes, et sur les plaines arrosées par la Tamise, comme sur celles de Naples et de Capoue, le même abrutissement fanatique parmi les peuples, les mêmes fraudes parmi les prêtres, la même ambition parmi les princes, ont également désolé tant de provinces fertiles et tant de bruyères incultes? Pourquoi le terrain humide et le ciel nébuleux de l'Angleterre ont-ils été autrefois cédés par un acte authentique à un prêtre qui demeure au Vatican? et pourquoi, par un acte semblable, les orangers devers Capoue, Naples et Tarente, lui payent-ils encore un tribut? En bonne foi, ce n'est pas au chaud et au froid, au sec et à l'humide, qu'on doit attribuer de pareilles révolutions. Le sang de Conradin et de Frédéric d'Autriche a coulé sous la main des bourreaux, tandis que le sang de saint Janvier se liquéfiait à Naples dans un beau jour; de même que les Anglais ont coupé la tête sur un billot à la reine Marie Stuart et à son petit-fils Charles Iᵉʳ, sans s'informer si le vent soufflait du nord ou du midi.

Montesquieu, pour expliquer le pouvoir du climat, nous dit qu'il a fait geler une langue de mouton [1], et que les houppes nerveuses de cette langue se sont manifestées sensiblement quand elle a été dégelée. Mais une langue de mouton n'expliquera jamais pourquoi la querelle de l'empire et du sacerdoce scandalisa et ensanglanta l'Europe pendant plus de six cents ans. Elle ne rendra point raison des horreurs de la rose rouge et de la rose blanche, et de cette foule de têtes couronnées qui sont tombées en Angleterre sur les échafauds. Le gouvernement, la religion, l'éducation, produisent tout chez les malheureux mortels qui rampent, qui souffrent et qui raisonnent sur ce globe.

Cultivez la raison des hommes vers le mont Vésuve, vers la Tamise et vers la Seine, vous verrez moins de Conradin livrés au bourreau suivant l'avis d'un pape, moins de Marie Stuart mourant par le dernier supplice, moins de catafalques élevés par des pénitents blancs à un jeune protestant coupable d'un suicide, moins de roues et de bûchers dressés pour des hommes innocents, moins d'assassins sur les grands chemins et sur les fleurs de lis.

De la loi salique. — La plupart des hommes qui n'ont pas eu le temps de s'instruire, les dames, les courtisans, les princesses même, qui ne connaissent la loi salique que par les propos vagues du monde, s'imaginent que c'est une loi fondamentale par laquelle autrefois la nation française assemblée exclut à jamais les femmes du trône. Nous avons déjà démontré qu'il n'y a point de loi fondamentale; et que s'il en existait une établie par des hommes, d'autres hommes peuvent la détruire. Il n'y a rien de fondamental que les lois de la nature posées par Dieu même. Mais voici de quoi il s'agit.

La tribu des Francs-Saliens, dont Clovis était le chef, ne pouvait avoir de loi écrite. Elle se gouvernait par quelques coutumes, comme toutes les nations qui n'avaient pas été enchaînées et policées par les Romains. Ces coutumes furent, dit-on, rédigées depuis par écrit dans un latin inintelligible, par ce même Clotaire qui avait massacré les petits-fils de sa mère Clotilde presque entre ses bras, et qui depuis fit brûler son propre fils, sa femme et ses enfants. Ce prince parricide fut heureux, ou du moins le parut; car il recueillit toute la succession de la France orientale et occidentale. Il se peut qu'il fît publier la loi salique.

1. Liv. XIV, chap. II.

parce qu'il y avait dans cette loi un article qui excluait les filles de tout héritage. Il avait deux nièces qu'il voulait dépouiller; il les enferma dans une obscure prison. L'histoire ne dit point pourquoi il épargna leur sang. On ne peut pas toujours tuer; la barbarie a, comme les autres inclinations, des moments de relâche. Il se contenta donc, à ce qu'on prétend, de promulguer cette loi, qui semblait ne rien laisser aux filles, tandis qu'elle donnait des royaumes aux mâles. Daniel ne dit point que ce fut Clotaire qui rédigea cette loi; il dit seulement que Clotaire fut très-dévot à saint Martin.

On a deux autres copies tronquées et informes d'une partie de cette loi salique, l'une donnée par Hérold, savant allemand; l'autre par Pithou, savant français, à qui nous avons l'obligation d'avoir déterré les fables de Phèdre, et d'avoir été procureur général de la première chambre de justice érigée contre les déprédateurs des finances.

Ces deux éditions sont différentes, et ce n'est pas un signe de leur authenticité. L'édition d'Hérold commence par ces mots :

In Christi nomine incipit pactus legis salicæ.
Hi autem sunt qui legem salicam tractavere,
Wisogast, Arogast, Salegast et Windogast.

L'édition de Pithou commence ainsi :

« Incipit tractatus legis salicæ. Gens Francorum inclyta, auctore Deo « condita.... quatuor viri electi de pluribus, Wisogastus, Bodogastus, « Sologastus, Wodogastus.... »

Les noms des rédacteurs francs ne sont pas les mêmes. L'une et l'autre copie sont sans date.

Charlemagne fit depuis transcrire en effet la loi salique avec les lois allemandes et bavaroises. A ce mot de loi, on se figure un code où les droits du souverain et du peuple sont réglés. Ce code salique si fameux commence par des cochons de lait, des porcs d'un an et de deux, des veaux engraissés, des bœufs et des moutons. On apprend du moins par là que le voleur d'un bœuf n'était condamné en justice qu'à trente-cinq sous, et que le voleur d'un taureau banal devait en payer quarante-cinq. Il en coûtait quinze pour avoir pris le couteau de son voisin. Le sou, *solidum*, d'argent, valait alors huit livres d'aujourd'hui.

On y trouve un article qui fait bien voir les mœurs du temps; c'est l'article XLV, qui traite *des meurtres commis à table.* C'était donc un usage assez commun d'égorger ses convives.

Par l'article LVIII, il en coûte quatre cents sous pour avoir tué un diacre, et six cents pour avoir tué un prêtre. Il est donc clair que la loi salique ne fut établie qu'après que les Francs se furent soumis au christianisme. Au reste, on peut présumer que le coupable était pendu quand il n'avait pas de quoi payer. L'argent était si rare qu'on ne faisait justice que de ceux qui n'en avaient pas.

Par l'article LXVII, une sorcière qui a mangé de la chair humaine paye deux cents sous. Il faut même, par l'énoncé, qu'elle ait mangé un homme tout entier : *Si hominem comederit.*

Ce n'est qu'à l'article LXII qu'on trouve les deux lignes célèbres dont on fait l'application à la couronne de France : *De terra vero salica nulla portio hæreditatis mulieri veniat, sed ad virilem sexum tota terræ hæreditas perveniat.* « Que nulle portion d'héritage de terre salique n'aille à la femme, mais que tout l'héritage de la terre soit au sexe masculin. »

Ce texte n'a aucun rapport à ceux qui précèdent ou qui suivent. On pourrait soupçonner que Clotaire inséra ce passage dans le code franc pour se dispenser de donner la subsistance à ses nièces. Mais sa cruauté n'avait pas besoin de cet artifice : il n'avait pris aucun prétexte quand il égorgea ses deux neveux de sa propre main; il avait affaire à deux filles dénuées de tout secours et il les tenait en prison.

De plus, dans ce même passage qui ôte tout aux filles dans le petit pays des Francs-Saliens, il est dit : « S'il ne reste que des sœurs de père, qu'elles succèdent; s'il n'y a que des sœurs de mère, qu'elles aient tout l'héritage. »

Ainsi, par cette loi même, Clotaire aurait tout donné aux tantes, en pensant exclure les nièces.

On dira qu'il y a une énorme contradiction dans cette prétendue loi des Francs-Saliens, et on aura grande raison. On en trouve dans les lois grecques et romaines. Nous avons vu, et nous avons dit dans toute notre vie, que ce monde ne subsiste que de contradictions.

Il y a bien plus : cette coutume cruelle fut abolie en France dès qu'elle y fut publiée. Rien n'est plus connu de tous ceux qui ont quelque teinture de notre ancienne histoire, que cette formule par laquelle tout Franc-Salien instituait ses filles héritières de ses domaines : « Ma chère fille, un usage ancien et impie ôte parmi nous toute portion paternelle aux filles : mais ayant considéré cette impiété, j'ai vu que vous m'aviez été tous donnés de Dieu également, et je dois vous aimer de même. Ainsi, ma chère fille, je veux que vous héritiez par portion égale avec vos frères dans toutes mes terres. »

Or une terre salique était un franc-aleu libre. Il est évident que, si une fille pouvait en hériter, à plus forte raison la fille d'un roi. Il aurait été injuste et absurde de dire : « Notre nation est faite pour la guerre, le sceptre ne peut tomber de lance en quenouille. » Et supposé qu'alors il y eût eu des armoiries peintes, et que les armoiries des rois francs eussent été des fleurs de lis, il eût été bien plus absurde de dire, comme on a dit depuis : *Les lis ne travaillent ni ne filent.*

Voilà une plaisante raison pour exclure une princesse de son héritage! Les tours de Castille filent encore moins que les lis, les léopards d'Angleterre ne filent pas plus que les tours : cela n'empêchait pas que les filles n'héritassent des couronnes de Castille et d'Angleterre sans difficulté.

Il est évident que si un roi des Francs, n'ayant qu'une fille, avait dit par son testament : « Ma chère fille, il y a parmi nous un usage ancien et impie qui ôte toute portion paternelle aux filles; et moi, considérant que vous m'avez été donnée de Dieu, je vous déclare mon héritière, » tous les antrustions et tous les leudes auraient dû lui obéir.

Si elle n'eût point porté les armes, on les aurait portées pour elle. Mais probablement elle aurait combattu à la tête de ses armées, comme ont fait notre héroïne Marguerite d'Anjou, non assez célébrée, et la magnanime comtesse de Montfort, et tant d'autres.

On pouvait donc renoncer à la loi salique en faisant son testament, comme tout citoyen peut encore aujourd'hui renoncer par son testament à la loi *Falcidia* [1].

Pourquoi les deux ou trois lignes de la loi salique auraient-elles été si funestes aux filles des rois de France ?

La France était-elle reconnue pour terre salique, pour terre du pays où coule la rivière de Sala en Allemagne, ou pour terre de la Salle dans la Campine ? Les filles des rois étaient-elles de pire condition que les filles des pairs de France ? La Guyenne, la Normandie, le Ponthieu, Montreuil, appartinrent à des femmes et vinrent au roi d'Angleterre par des femmes. Les comtés de Toulouse et de Provence tombèrent entre les mains des femmes sans nulle réclamation.

Philippe de Valois lui-même, qui combattit avec tant de malheur pour la loi salique, jugea en faveur du droit des femmes la cause de Jeanne, épouse de Charles de Blois, contre Montfort, et adjugea la Bretagne à Jeanne. Il décida de même le fameux procès de Robert d'Artois, prince du sang, descendant par mâles d'un frère de saint Louis, contre Mahaut sa tante. S'il y avait une province en France où la loi salique dût être en vigueur, c'était un des premiers cantons subjugués par les Francs-Saliens quand ils envahirent les Gaules. Cependant Philippe de Valois et sa cour des pairs donnèrent l'Artois aux femmes, et forcèrent le prince à commettre un crime de faux pour soutenir ses droits, du moins à ce qu'on dit.

Que conclure de tant d'exemples ? Encore une fois, que tout est contradictoire dans les gouvernements et dans les passions des hommes.

Venons enfin à la grande querelle de Philippe de Valois et d'Édouard III, roi d'Angleterre.

Louis Hutin, arrière-petit-fils de saint Louis, ne laissa qu'une fille (je ne parle point d'un fils posthume qui ne vécut que peu de jours). Qui devait succéder à Louis Hutin ? était-ce sa fille unique Jeanne, ou son second frère Philippe le Long ? Louis n'avait point employé la formule, *Ma chère fille, il y a une loi impie.* Il ne la connaissait pas, sans doute ; elle était ensevelie dans les formules de Marculfe, depuis le huitième siècle, au fond de quelque couvent de bénédictins qui n'étaient pas si savants que les bénédictins d'aujourd'hui. Le duc de Bourgogne, Eudes, oncle maternel de Jeanne, voulut en vain soutenir les droits de sa nièce ; en vain il s'empara d'abord de la petite forteresse du Louvre, en vain il s'opposa au sacre ; le parti de Philippe le Long fut le plus puissant. Tout le monde criait : « La loi salique ! la loi salique ! » qu'on ne connaissait que par ce peu de lignes qu'on répétait

---

1. Elle défendait au testateur de léguer plus des trois quarts de son bien au préjudice de l'héritier. (ÉD.)

si aisément, *filles n'héritent point de terres saliques*. Philippe le Long régna, et Jeanne fut oubliée.

Dès qu'il fut sacré, il convoqua, en 1317, une grande assemblée de notables, à la tête de laquelle était un cardinal nommé d'Arablay. L'université y fut appelée. Les membres laïques de cette assemblée qui savaient écrire signèrent que *filles n'héritent point du royaume*. Les autres firent apposer leurs sceaux à cet instrument authentique. Et ce qui est fort étrange, les membres de l'université ne le signèrent point. Quoique la souscription d'une compagnie réputée alors la seule savante, et qu'on a nommée le concile perpétuel des Gaules, manquât à un acte si intéressant, il n'en fut pas moins regardé comme une loi fondamentale du royaume.

Cette loi eut bientôt son plein effet à la mort de Philippe le Long. Il ne laissait que des filles; et comme il avait succédé à son frère Louis Hutin, son frère Charles le Bel lui succéda avec l'applaudissement de la France. La mort poursuivait ces trois jeunes frères. Leurs règnes ne remplirent en tout qu'une durée de treize ans. Charles le Bel, en mourant, ne laissa encore que des filles. Sa veuve, Jeanne d'Évreux, était enceinte; il fallait nommer un régent. Le droit à cette régence fut disputé par les deux plus proches parents, le jeune Édouard III, roi d'Angleterre, neveu des trois rois de France derniers morts, et Philippe, comte de Valois, leur cousin germain. Édouard était neveu par sa mère, et Valois était cousin par son père. L'un alléguait la proximité, l'autre sa descendance par les mâles. La cause fut jugée à Paris, dans une nouvelle assemblée de notables, composée de pairs, de hauts barons, et de tout ce qui pouvait représenter la nation.

On décida d'une voix unanime que la mère d'Édouard n'avait pu transmettre à son fils aucun droit, puisqu'elle n'en avait pas. La cause des Anglais était bien mauvaise, mais ils disaient aux Français : « Ce n'est pas à vous à décider, vous êtes juges et parties; nous en appelons à Dieu et à notre épée. » Édouard en ce genre devint le meilleur avocat de l'Europe, et Dieu fut pour lui.

Petite digression sur le siége de Calais. — On nous peint ce prince comme le modèle de la bravoure et de la galanterie, ayant tout le bon sens dont les Anglais se piquaient, et tous les agréments qu'on louait dans les Français : politique et vif, plein de valeur et de grâces, opiniâtre et généreux. On lui reproche qu'au siége de Calais il exigea que six bourgeois vinssent lui demander pardon, la corde au cou : mais il faut songer que cette triste cérémonie était d'usage avec ceux qu'on regardait comme ses sujets. Je n'ai jamais pu me persuader que le même roi qui les renvoya avec des présents eût en effet conçu le dessein de les faire étrangler, puisque dans le même temps, dès qu'il fut maître de Calais, il traita avec une générosité sans exemple des chevaliers français qui voulurent rentrer dans Calais par trahison. Ces chevaliers, Charny et Ribaumont, malgré les lois de la guerre, prirent le temps d'une trêve pour ourdir leur perfidie. Ils corrompirent le gouverneur. Édouard, qui était alors à Londres, et qui en fut informé, daigna venir lui-même dans Calais avec son jeune fils, le fameux prince Noir, reçut les armes à la main les Français aux portes de la ville, s'attacha principalement à Ribaumont, le combattit longtemps comme dans un tournoi, l'abattit et en fut abattu, le prit enfin prisonnier, lui et tous ses compagnons. Quel châtiment fit-il de ces braves, plus dangereux que six bourgeois de Calais, et sans doute plus coupables? il les fit souper avec lui, et détacha de son bonnet un tour de perles dont il orna le bonnet de Ribaumont. Il fit plus, il se contenta de chasser le gouverneur de Calais qui l'avait trahi. C'était un Italien qui trahit en même temps le roi de France Philippe, et Philippe le fit écarteler. Je demande des deux rois quel était le généreux, quel était le héros.

Je sais que depuis peu en France, dans des conjonctures très-malheureuses, on[1] a voulu flatter la nation, en lui peignant la prise de Calais comme un événement glorieux pour elle après la bataille de Crécy, et comme déshonorant pour Édouard. Si on voulait consoler et flatter le gouvernement français, ce n'était pas la perte de Calais qu'il fallait célébrer, c'était l'héroïsme de François de Guise, qui la reprit au bout de deux cent dix années. Il faut avouer qu'Édouard fut un terrible ennemi, ou du moins un terrible interprète de la loi salique.

Elle fut dans un plus grand danger quand le roi d'Angleterre Henri V fut reconnu roi de France par tous les ordres du royaume.

Elle ne fut pas moins foulée aux pieds dans les états de Paris, quand Philippe II se disposait à donner la France à sa fille Claire-Eugénie. Personne ne peut savoir ce qui serait arrivé, si la cour d'Espagne avait laissé le prince de Parme avec plus de troupes en France, et surtout si Henri IV n'avait eu la politique de changer de religion, et le bonheur d'être en même temps éclairé par la grâce.

Cette loi salique est sans doute affermie; elle sera indisputable et fondamentale tant que la France aura le bonheur d'avoir des princes de cette maison unique dans le monde, qui règne depuis treize siècles[2]. Mais je suppose qu'un jour, dans vingt à trente siècles, il ne reste qu'une seule princesse de ce sang si auguste et si cher; que fera-t-on de ces lignes qui disent, *filles n'auront aucune portion de la terre?* que fera-t-on de la devise, *les lis ne filent point?* On assemblera les états généraux, les descendants de nos secrétaires du roi, les chevaliers de Saint-Michel et de Saint-Lazare d'aujourd'hui, qui seront alors les ducs et pairs, les grands officiers de la couronne; les gouverneurs de province brigueront le trône de la France. Je suppose que cette princesse qui restera seule du sang royal aura toutes les vertus que nous chérissons avec respect dans les princesses de nos jours; je suppose encore qu'elle sera très-belle et très-séduisante; en conscience, messieurs des états généraux, lui refuserez-vous le trône où se seront assis ses pères pendant quatre mille ans, et cela sous prétexte qu'il ne faut pas que la Gaule passe de lance en quenouille?

---

1. De Belloy, dans sa tragédie du *Siége de Calais*. (ÉD.)

2. Il est vraisemblable que Hugues Capet descendait d'une petite-fille de Charlemagne, et Charlemagne d'une fille de Clotaire II.

DIALOGUES D'ÉVHÉMÈRE.

(1777.)

PREMIER DIALOGUE. — *Sur Alexandre.*

CALLICRATE. — Eh bien ! sage Évhémère[1], qu'avez-vous vu dans vos voyages ?

ÉVHÉMÈRE. — Des sottises.

CALLICRATE. — Quoi ! vous avez voyagé à la suite d'Alexandre, et vous n'êtes point en extase d'admiration ?

ÉVHÉMÈRE. — Vous voulez dire de pitié ?

CALLICRATE. — De pitié pour Alexandre !

ÉVHÉMÈRE. — Pour qui donc ? Je ne l'ai vu que dans l'Inde et dans Babylone, où j'avais couru comme les autres, dans la vaine espérance de m'instruire. On m'a dit qu'en effet il avait commencé ses expédi-tions comme un héros, mais il les a finies comme un fou : j'ai vu ce demi-dieu, devenu le plus cruel des barbares après avoir été le plus humain des Grecs. J'ai vu le sobre disciple d'Aristote changé en un méprisable ivrogne. J'arrivai auprès de lui, lorsqu'au sortir de table il s'avisa de mettre le feu au superbe temple d'Esthékar, pour con-tenter le caprice d'une misérable débauchée, nommée Thaïs. Je le suivis dans ses folies de l'Inde; enfin je l'ai vu mourir à la fleur de son âge dans Babylone, pour s'être enivré comme le dernier des gou-jats de son armée.

CALLICRATE. — Voilà un grand homme bien petit !

ÉVHÉMÈRE. — Il n'y en a guère d'autres : ils sont comme l'aimant, dont j'ai découvert une propriété; c'est qu'il a un côté qui attire, et un côté qui repousse.

CALLICRATE. — Alexandre me repousse furieusement quand il brûle une ville étant ivre. Mais je ne connais point cet Esthékar dont vous me parlez; je savais seulement que cet extravagant et la folle Thaïs avaient brûlé Persépolis pour s'amuser.

ÉVHÉMÈRE. — Esthékar est précisément ce que les Grecs appellent Persépolis. Il plaît à nos Grecs d'habiller tout l'univers à la grecque; ils ont donné au fleuve Zom-Bodpo le nom d'Indos; ils ont appelé Hy-daspe un autre fleuve : aucune des villes assiégées et prises par Alexandre n'est connue par son véritable nom; celui même d'Inde est de leur invention : les nations orientales l'appelaient Odhu. C'est ainsi qu'en Égypte ils ont fait les villes d'Héliopolis, de Crocodilopolis, de Memphis. Pour peu qu'ils trouvent un mot sonore, ils sont contents. Ils ont ainsi trompé toute la terre, en nommant les dieux et les hommes.

---

1. Évhémère était un philosophe de Syracuse, qui vivait dans le siècle d'A-lexandre. Il voyagea autant que les Pythagore et les Zoroastre. Il écrivit peu; nous n'avons sous son nom que ce petit ouvrage.

CALLICRATE. — Il n'y a pas grand mal à cela. Je ne me plains pas de ceux qui ont ainsi trompé le monde; je me plains de ceux qui le ravagent. Je n'aime point votre Alexandre, qui s'en va de la Grèce en Cilicie, en Égypte, au mont Caucase, et de là jusqu'au Gange, toujours tuant tout ce qu'il rencontre, ennemis, indifférents et amis.

ÉVHÉMÈRE. — Ce n'était qu'un rendu : s'il alla tuer des Perses, les Perses étaient auparavant venus tuer des Grecs; s'il courut vers le Caucase, dans les vastes contrées habitées par les Scythes, ces Scythes avaient ravagé deux fois la Grèce et l'Asie. Toutes les nations ont été de tout temps volées, enchaînées, exterminées, les unes par les autres. Qui dit *soldat* dit *voleur*. Chaque peuple va voler ses voisins au nom de son dieu. Ne voyons-nous pas aujourd'hui les Romains, nos voisins, sortir du repaire de leurs sept montagnes, pour voler les Volsques, les Antiates, les Samnites ? Bientôt ils viendront nous voler nous-mêmes, s'ils peuvent parvenir à faire des barques. Dès qu'ils savent que Véies, leur voisine, a un peu de blé et d'orge dans ses magasins, ils font déclarer par leurs prêtres féciales qu'il est juste d'aller voler les Véiens. Ce brigandage devient une guerre sacrée. Ils ont des oracles qui commandent le meurtre et la rapine. Les Véiens ont aussi leurs oracles qui leur promettent qu'ils voleront la paille des Romains. Les successeurs d'Alexandre volent aujourd'hui pour eux les provinces qu'ils avaient volées pour leur maître voleur. Tel a été, tel est, et tel sera toujours le genre humain. J'ai parcouru la moitié de la terre, et je n'y ai vu que des folies, des malheurs et des crimes.

CALLICRATE. — Puis-je vous demander si parmi tant de peuples vous en avez trouvé un qui fût juste ?

ÉVHÉMÈRE. — Aucun.

CALLICRATE. — Dites-moi donc qui est le plus sot et le plus méchant.

ÉVHÉMÈRE. — C'est le plus superstitieux.

CALLICRATE. — Pourquoi le plus superstitieux est-il le plus méchant?

ÉVHÉMÈRE. — C'est que la superstition croit faire par devoir ce que les autres font par habitude ou par un accès de folie. Un barbare ordinaire, tel qu'un Grec, un Romain, un Scythe, un Perse, quand il a bien tué, bien volé, bien bu le vin de ceux qu'il vient d'assassiner. bien violé les filles des pères de famille égorgés, n'ayant plus besoin de rien, devient tranquille et humain pour se délasser. Il écoute la pitié que la nature a mise au fond du cœur de l'homme. Il est comme le lion qui ne court plus après la proie dès qu'il n'a plus faim; mais le superstitieux est comme le tigre qui tue et qui déchire encore lors même qu'il est rassasié. L'hiérophante de Pluton lui a dit : « Massacre tous les adorateurs de Mercure, brûle toutes les maisons, tue tous les animaux. » Mon dévot se croirait un sacrilége s'il laissait un enfant et un chat en vie dans le territoire de Mercure

CALLICRATE. — Quoi ! il y a sur la terre des peuples aussi abominables, et Alexandre ne les a pas exterminés, au lieu d'aller attaquer vers le Gange des gens paisibles et humains, et qui même, à ce qu'on dit, ont inventé la philosophie?

ÉVHÉMÈRE. — Non vraiment; il a passé comme un trait auprès d'une de ces petites peuplades de barbares fanatiques dont je viens de parler; et, comme le fanatisme n'exclut pas la bassesse et la lâcheté, ces misérables lui ont demandé pardon, l'ont flatté, lui ont donné une partie de l'or qu'ils avaient volé, et ont obtenu permission d'en voler encore.

CALLICRATE. — L'espèce humaine est donc une espèce bien horrible?

ÉVHÉMÈRE. — Il y a quelques moutons parmi le grand nombre de ces animaux; mais la plupart sont des loups et des renards.

CALLICRATE. — Je voudrais savoir pourquoi cette différence énorme dans la même espèce.

ÉVHÉMÈRE. — On dit que c'est pour que les renards et les loups mangent des agneaux.

CALLICRATE. — Non, ce monde-ci est trop misérable et trop affreux; je voudrais savoir pourquoi tant de calamités et tant de bêtises.

ÉVHÉMÈRE. — Et moi aussi. Il y a longtemps que j'y rêve en cultivant mon jardin à Syracuse.

CALLICRATE. — Eh bien! qu'avez-vous rêvé? Dites-moi, je vous prie, en peu de mots, si cette terre a toujours été peuplée d'hommes; si la terre elle-même a toujours existé; si nous avons une âme; si cette âme est éternelle, comme on le dit de la matière; s'il y a un dieu ou plusieurs dieux; ce qu'ils font, à quoi ils sont bons. Qu'est-ce que la vertu? qu'est-ce que l'ordre et le désordre? qu'est-ce que la nature? a-t-elle des lois? qui les a faites? qui a inventé la société et les arts? quel est le meilleur gouvernement? et surtout quel est le meilleur secret pour échapper aux périls dont chaque homme est environné à chaque instant? Nous examinerons le reste une autre fois.

ÉVHÉMÈRE. — En voilà pour dix ans au moins, en parlant dix heures par jour.

CALLICRATE. — Cependant tout cela fut traité hier chez la belle Eudoxe, par les plus aimables gens de Syracuse.

ÉVHÉMÈRE. — Eh bien! que fut-il conclu?

CALLICRATE. — Rien. Il y avait là deux sacrificateurs, l'un de Cérès, l'autre de Junon, qui finirent par se dire des injures. Allons, dites-moi sans façon tout ce que vous pensez. Je vous promets de ne vous point battre, et de ne vous point déférer au sacrificateur de Cérès.

ÉVHÉMÈRE. — Eh bien! venez m'interroger demain; je tâcherai de vous répondre : mais je ne vous promets pas de vous satisfaire.

SECOND DIALOGUE. — *Sur la Divinité.*

CALLICRATE. — Je commence par la question ordinaire : Y a-t-il un Théos? Le grand prêtre de Jupiter Ammon a déclaré qu'Alexandre était son fils, et il a été bien payé; mais ce Théos existe-t-il? et depuis le temps qu'on en parle, ne s'est-on pas moqué de nous?

ÉVHÉMÈRE. — On s'en est bien moqué en effet, quand on nous a fait adorer un Jupiter mort en Crète, et un bélier de pierre caché dans les sables de la Libye. Les Grecs, qui ont de l'esprit jusqu'à la folie, se sont indignement moqués du genre humain, quand d'un mot grec qui signifiait *courir*, ils ont fait des *theoi*, des dieux qui courent[1]. Leurs prétendus philosophes, qui sont, à mon avis, les raisonneurs de ce monde les moins raisonnables, ont prétendu que les coureurs, tels que Mars, Mercure, Jupiter, Saturne, étaient des dieux immortels, parce qu'ils marchent toujours, et qu'ils paraissent se mouvoir eux-mêmes. Ils auraient pu, par le même argument, donner de la divinité aux moulins à vent.

CALLICRATE. — Non, non, je ne vous parle pas des rêveries d'Athènes, ni de celles de l'Égypte. Je ne vous demande pas si une planète est dieu, si le bélier d'Ammon est dieu, si le bœuf Apis est dieu, et si Cambyse a mangé un dieu en le faisant mettre à la broche; je vous demande très-sérieusement s'il y a un dieu qui ait fait le monde. On m'a ri au nez dans Syracuse, quand j'ai dit que peut-être il y en avait un.

ÉVHÉMÈRE. — Et où logez-vous, s'il vous plaît, dans Syracuse?

CALLICRATE. — Chez Hiérax l'archonte, qui est mon ami intime, et qui ne croit pas plus en Dieu qu'Épicure.

ÉVHÉMÈRE. — N'a-t-il pas un beau palais, cet archonte?

CALLICRATE. — Admirable; c'est un corps de logis orné de trente-six colonnes corinthiennes, entre lesquelles sont des statues de la main des plus grands maîtres. Et pour les deux ailes....

ÉVHÉMÈRE. — Faites-moi grâce des deux ailes. Il me suffit qu'un beau palais me démontre un architecte.

CALLICRATE. — Ah! je vois où vous en voulez venir; vous allez me dire que l'arrangement de l'univers, l'immensité de l'espace remplie de mondes qui tournent régulièrement autour de leurs soleils, la lumière qui jaillit en torrents de ces soleils, et qui court animer tous ces globes, enfin cette fabrique incompréhensible, démontre un fabricateur souverainement intelligent, puissant, éternel; vous allez m'étaler les belles découvertes des Platon, qui ont agrandi la sphère des êtres; vous m'allez faire voir le grand Être qui préside à cette foule d'univers tous faits les uns pour les autres. Ces discours tant rebattus ne persuadent pas nos épicuriens. Ils vous disent froidement qu'ils ne disconviennent pas que la nature a tout fait, et que c'est là le grand Être; qu'on la voit, qu'on la sent dans le soleil, dans les astres, dans toutes les productions de notre globe, dans nous-mêmes, et qu'il y a une grande faiblesse, et bien peu de bon sens, à vouloir attribuer à je ne sais quel être imaginaire qu'on ne peut voir et dont il est impossible de se former la plus légère idée, de lui attribuer, dis-je, les opérations de cette nature qui nous est si sensible, si connue par ses travaux continuels, qui est partout, sous nos pieds, sur nos têtes, qui nous a fait naître, qui nous fait vivre et mourir, et qui est visiblement le Dieu que vous cherchez: lisez le *Système de la nature*, l'histoire de la nature, les *Principes de la nature*, la *Philosophie de la nature*, le *Code de la nature*, les lois de la nature, etc.[2]

1. Les planètes. (*Éd. de Kehl.*)
2. Le *Système de la nature*, par le baron d'Holbach; les *Principes de la*

ÉVHÉMÈRE. — Et si je vous disais qu'il n'y a point de nature, que tout est art dans l'univers, et que l'art annonce un ouvrier.

CALLICRATE. — Comment donc! point de nature, et tout est art? quelle idée creuse!

ÉVHÉMÈRE. — C'est un philosophe peu connu, et peu compté peut-être parmi les philosophes, qui le premier a avancé cette vérité; mais elle n'est pas moins vérité pour être d'un homme obscur[1]. Vous m'avouerez que vous ne pouvez entendre par ce terme vague, *nature*, qu'un assemblage de choses qui existent, et dont la plupart n'existeront pas demain; certes, des arbres, des pierres, des légumes, des chenilles, des chèvres, des filles, et des singes, ne composent point un être absolu, quel qu'il soit : des effets qui n'existaient point hier ne peuvent être la cause éternelle, nécessaire, et productive. Votre nature, encore une fois, n'est qu'un mot inventé pour signifier l'universalité des choses.

Pour vous faire voir à présent que l'art a tout fait, observez seulement un insecte, un limaçon, une mouche, vous y verrez un art infini qu'aucune industrie humaine ne peut imiter : il faut donc qu'il y ait un artiste infiniment habile, et c'est ce que les sages appellent Dieu.

CALLICRATE. — Cet artisan que vous suppposez est, selon nos épicuriens, la force secrète qui agit éternellement dans cet assemblage toujours périssant et toujours reproduit que nous appelons nature.

ÉVHÉMÈRE. — Comment une force peut-elle être répandue dans des êtres qui ne sont plus et dans ceux qui ne sont pas encore nés? Comment cette force aveugle peut-elle avoir assez d'intelligence pour former des animaux sentants ou pensants, et tant de soleils qui probablement ne pensent point? Vous sentez qu'un tel système, n'étant fondé sur aucune vérité antécédente, n'est qu'un rêve produit par l'imagination en délire : la force secrète dont vous parlez ne peut subsister que dans un être assez puissant et assez intelligent pour former des animaux intelligents; dans un être nécessaire, puisque sans son existence il n'y aurait rien; dans un être éternel, puisque, existant par lui-même, on ne peut assigner de moment où il n'ait pas existé; dans un être bon, puisque, étant la cause de tout, rien ne peut avoir fait entrer le mal dans lui. Voilà ce que nous autres stoïciens nous appelons Dieu : voilà le grand Être à qui nous nous efforçons de ressembler par la vertu, autant que de faibles créatures peuvent approcher de l'ombre de leur créateur.

CALLICRATE. — Et voilà ce que nos épicuriens vous nient. Vous êtes comme les sculpteurs : ils font à coups de ciseau une belle statue, et ils l'adorent. Vous forgez votre Dieu, et puis vous lui donnez le titre de bon; mais regardez seulement notre Etna[2], la ville de Catane, en-

nature suivant les opinions des anciens philosophes, par Colonne; la *Philosophie de la nature*, par Delisle de Sales; le *Code de la nature*, par Morelly, attribué à Diderot. (ÉD.)
1. Voltaire lui-même. (ÉD.)
2. Ce nom fut donné à Catane par Hiéron 1er, qui y mourut l'an 467 avant Jésus-Christ. (*Note de M. Clogenson.*)

gloutie depuis peu d'années, et ses ruines encore fumantes. Souvenez-vous de ce que Platon nous apprend de la destruction de l'île Atlantique, abîmée il n'y a pas plus de dix mille ans ; songez à l'inondation qui détruisit la Grèce.

A l'égard du mal moral, souvenez-vous seulement de tout ce que vous avez vu, et donnez l'épithète de bon à votre Dieu, si vous l'osez. On n'a jamais répondu à ce fameux argument[1] : « Ou Dieu n'a pu empêcher le mal ; et, en ce cas, est-il tout-puissant ? ou il l'a pu, et il ne l'a pas fait ; alors où est sa bonté ? »

ÉVHÉMÈRE. — Cet ancien raisonnement, qui semble détrôner Dieu et mettre à sa place le chaos, m'a toujours effrayé : les folles horreurs dont j'ai été témoin sur ce malheureux globe m'épouvantent encore davantage. Cependant au pied de ce mont Etna qui vomit la flamme et la mort autour de nous, je vois les campagnes les plus riantes et les plus fertiles ; et, après dix ans de carnage et de destruction, je vois renaître dans Syracuse la paix, l'abondance, les plaisirs, les chansons et la philosophie : il y a donc du bien dans ce monde, s'il y a tant de mal ; il est donc démontré que Dieu n'est pas absolument méchant, s'il est l'auteur de tout.

CALLICRATE. — Ce n'est pas assez qu'un dieu ne soit pas toujours et complétement cruel, il faut qu'il ne le soit jamais ; et la terre, son prétendu ouvrage, est toujours affligée de quelque affreux désastre. Quand l'Etna se repose, d'autres volcans sont en fureur. Quand Alexandre n'est plus, d'autres destructeurs s'élèvent ; il n'y a jamais eu un moment sur ce globe sans désastre et sans crime.

ÉVHÉMÈRE. — C'est à quoi j'en veux venir. L'idée d'un Dieu bourreau, qui fait des créatures pour les tourmenter, est horrible et absurde : l'idée de deux dieux, dont l'un fait le bien et l'autre fait le mal, est plus absurde encore, et n'est pas moins horrible. Mais si on vous prouve une vérité, cette vérité existe-t-elle moins parce qu'elle traîne après elle des conséquences inquiétantes ? Il y a un Être nécessaire, éternel, source de tous les êtres ; existera-t-il moins parce que nous souffrons ? existera-t-il moins parce que je suis incapable d'expliquer pourquoi nous souffrons ?

CALLICRATE. — Capable ou non, je vous prie de hasarder avec moi ce que vous en pensez.

ÉVHÉMÈRE. — Je tremble ; car je vais vous dire des choses qui ressemblent à un système, et un système qui n'est pas démontré n'est qu'une folie ingénieuse : quoi qu'il en soit, voici la très-faible clarté que je crois apercevoir dans cette profonde nuit ; c'est à vous de l'éteindre ou de l'augmenter.

Je remarque d'abord que je n'ai pu acquérir l'idée d'un Dieu qu'après avoir acquis l'idée d'un être nécessaire existant par lui-même, par sa nature, éternel, intelligent, bon et puissant. Tous ces caractères, qui me paraissent essentiels à Dieu, ne me disent pas qu'il ait fait l'impossible. Il n'empêchera jamais que les trois angles d'un triangle ne scient

1. Il est d'Épicure. (ÉD.)

égaux à deux droits. Il ne pourra faire que deux propositions contradictoires s'accordent. Il était probablement contradictoire que le mal n'entrât pas dans le monde; je présume qu'il était impossible que les vents nécessaires pour balayer les terres et pour empêcher les mers de croupir, ne produisissent pas des tempêtes. Les feux répandus sous l'écorce de la terre pour former les minéraux et les végétaux devaient aussi ébranler ces terres, renverser des villes, écraser leurs habitants, affaisser des montagnes, et en élever d'autres.

Il eût été contradictoire que tous les animaux vécussent toujours et procréassent toujours : l'univers n'aurait pu les nourrir. Ainsi la mort, qu'on regarde comme le plus grand des maux, était aussi nécessaire que la vie. Il fallait que les désirs s'allumassent dans les organes de tous les animaux, qui ne pouvaient chercher leur bien-être sans le désirer; ces affections ne pouvaient être vives sans être violentes, et par conséquent sans exciter ces fortes passions qui produisent les querelles, les guerres, les meurtres, les fraudes et le brigandage : enfin Dieu n'a pu former l'univers qu'aux conditions suivant lesquelles il existe.

CALLICRATE. — Votre Dieu n'est donc pas tout-puissant ?

ÉVHÉMÈRE. — Il est véritablement le seul puissant, puisque c'est lui qui a tout formé; mais il n'est pas extravagamment puissant. De ce qu'un architecte a élevé une maison de cinquante pieds, bâtie de marbre, ce n'est pas à dire qu'il ait pu en faire une de cinquante lieues, bâtie de confitures. Chaque être est circonscrit dans sa nature; et j'ose croire que l'Être suprême est circonscrit dans la sienne. J'ose penser que cet architecte de l'univers, si visible à notre esprit, et en même temps si incompréhensible, n'habite ni les choux de nos jardins, ni le petit temple du Capitole. Quel est son séjour? de quel ciel, de quel soleil envoie-t-il ses éternels décrets à toute la nature? Je n'en sais rien; mais je sais que toute la nature lui obéit.

CALLICRATE. — Mais si tout lui obéit, quand croyez-vous qu'il ait donné les premières lois à toute cette nature, et qu'il ait formé ces soleils innombrables, ces planètes, ces comètes, cette chétive et malheureuse terre?

ÉVHÉMÈRE. — Vous me faites toujours des questions auxquelles on ne peut répondre que par des doutes. Si j'osais faire encore une conjecture, je dirais que l'essence de l'Être suprême, de cet Être éternel, formateur, conservateur, destructeur et reproducteur, étant d'agir, il est impossible qu'il n'ait pas agi toujours. Les œuvres de l'éternel Démiourgos ont été nécessairement éternelles, comme dès qu'un soleil existe, il est nécessaire que ses rayons pénètrent l'espace en droite ligne.

CALLICRATE. — Vous me répondez par des comparaisons : cela me fait soupçonner que vous ne voyez pas bien nettement les choses dont nous parlons; vous cherchez à les éclaircir, et, quelque peine que vous preniez, vous rentrez toujours, malgré vous, dans le système de nos épicuriens, qui attribuent tout à une force occulte, à la nécessité. Vous appelez cette force occulte Dieu, et ils l'appellent nature.

ÉVHÉMÈRE. — Je ne serais pas fâché d'avoir quelque chose de commun avec les vrais épicuriens, qui sont d'honnêtes gens, très-sages et très-respectables; mais je ne suis point 'accord avec ceux qui n'admettent des dieux que pour s'en moqu.., en les représentant comme de vieux débauchés inutiles, abrutis par le vin, la bonne chère et l'amour.

A l'égard des bons épicuriens, qui ne placent le bonheur que dans la vertu, mais qui n'admettent que le pouvoir secret de la nature, je suis de leur avis, pourvu qu'ils reconnaissent que ce pouvoir secret est celui d'un Être nécessaire, éternel, puissant, intelligent; car l'être qui raisonne, appelé homme, ne peut être l'ouvrage que d'un maître très-intelligent, appelé Dieu.

CALLICRATE. — Je leur communiquerai vos pensées, et je souhaite qu'ils vous regardent comme leur confrère.

TROISIÈME DIALOGUE. — *Sur la philosophie d'Épicure et sur la théologie grecque.*

CALLICRATE. — J'ai parlé à nos bons épicuriens. La plupart persistent à croire que leur doctrine au fond n'est guère différente de la vôtre. Vous admettez également un pouvoir éternel, occulte, invisible; mais comme ils sont gens de bon sens, ils avouent qu'il faut que ce pouvoir soit pensant, puisqu'il a fait des animaux qui pensent.

ÉVHÉMÈRE. — C'est un grand pas dans la connaissance de la vérité; mais pour ceux qui osent dire que la matière peut avoir d'elle-même la faculté de la pensée, il m'est impossible de raisonner avec eux; car je pars d'un principe : « Pour produire un être pensant, il faut l'être; » et ils partent d'une supposition : « La pensée peut être donnée par un être qui ne pense point; » disons plus, par un être qui n'existe point; car nous avons vu clairement qu'il n'y a point d'être qui soit la nature, et que ce n'est qu'un nom abstrait donné à la multitude des choses.

CALLICRATE. — Dites-nous donc comment ce pouvoir secret et immense que vous appelez Dieu nous donne la vie, le sentiment et la pensée. Nous avons une âme; les autres animaux en ont-ils une? qu'est-ce que cette âme? arrive-t-elle dans notre corps quand nous sommes en embryon[1] dans le ventre de notre mère? où va-t-elle quand ce corps est dissous?

ÉVHÉMÈRE. — Je suis invinciblement persuadé que Dieu nous a donné à nous, aux animaux, aux végétaux, aux soleils et aux grains de sable, tout ce que nous avons, toutes nos facultés, toutes nos propriétés. Il est un art si profond et si incompréhensible dans les organes

---

1. Les anciens embryologues croyaient que l'âme n'arrivait que vers le quarantième jour de la conception chez les garçons, et qu'elle se faisait attendre le double de ce temps, au moins, chez les filles; mais l'*Embryologie sacrée* (imprimée par extrait à Caen, 1817, in-12), en rejetant une distinction si peu galante, admet que « le germe a une âme raisonnable au moment de la conception, » quel que soit le sexe de ce germe. (*Note de M. Clogenson.*)

qui nous mettent au monde, qui nous font vivre, qui nous font penser, et dans les lois qui dirigent toutes choses, que je suis prêt à tomber ébloui et accablé quand j'ose tenter de regarder la moindre partie de ce ressort universel par qui tout subsiste.

J'ai des sens qui d'abord me font du plaisir ou de la douleur. J'ai des idées, des images qui me viennent par mes sens, et qui entrent dans moi sans que je les appelle. Je ne les fais pas, ces idées; et lorsqu'il s'en est amassé en moi une quantité assez grande, je suis tout étonné de sentir en moi le pouvoir d'en composer quelques-unes. La propriété qui se développe en moi de me ressouvenir de ce que j'ai vu et de ce que j'ai senti, fait que je compose dans ma tête l'image de ma nourrice avec celle de ma mère, et celle de la maison où je suis élevé avec celle de la maison voisine. Je rassemble ainsi mille idées différentes, dont je n'ai créé aucune : ces opérations sont l'effet d'une autre faculté, celle de répéter les mots que j'ai entendus, et d'y attacher d'abord un peu de sens. On me dit que l'on appelle tout cela *mémoire*.

Enfin quand le temps a un peu fortifié mes organes, on me dit que mes facultés de sentir, de me ressouvenir, d'assembler des idées, sont ce qu'on appelle *âme*.

Ce mot ne signifie et ne peut signifier que ce qui les anime. Toutes les nations orientales ont donné le nom de *vie* à ce que nous nommons âme; nous avons la faculté de donner ainsi des noms généraux et abstraits aux choses que nous ne pouvons définir. Nous désirons, mais il n'y a point dans nous un être réel qui s'appelle *désir*. Nous voulons, mais il n'y a pas dans notre cœur une petite personne qui s'appelle *volonté*. Nous imaginons, sans qu'il y ait dans le cerveau un être particulier qui imagine. Les hommes de tout pays, j'entends les hommes qui raisonnent, ont inventé des termes généraux pour exprimer toutes les opérations, tous les effets de ce qu'ils sentent et de ce qu'ils voient; ils ont dit la vie et la mort, la force et la faiblesse. Il n'y a pourtant point d'être réel qui soit, ou la faiblesse, ou la force, ou la mort, ou la vie; mais ces manières de s'exprimer sont si commodes, qu'elles ont été adoptées de tout temps par les nations raisonneuses.

Si ces expressions ont servi pour la facilité du discours, elles ont produit bien des méprises. Les peintres, par exemple, et les sculpteurs, ont voulu représenter la force, et ils ont figuré un gros homme avec une poitrine velue et des bras musculeux; ils ont dessiné un enfant pour donner une idée de la faiblesse. On a personnifié ainsi les passions, les vertus, les vices, les années et les jours. Les hommes se sont accoutumés, par ce déguisement continuel, à prendre toutes leurs facultés, toutes leurs propriétés, tous leurs rapports avec le reste de la nature, pour des êtres réels, et des mots pour des choses.

De ce mot *âme*, qui est abstrait, ils ont fait une personne habitante dans notre corps; ils ont divisé cette personne en trois, et des philosophes prétendus ont dit que ce nombre trois est parfait, parce qu'il est composé de l'unité et de la dualité. De ces trois parties, ils en ont fait présider une aux cinq sens, et ils l'ont appelée *psyché*; une autre est dans la poitrine, et c'est *pneuma*, le souffle, l'haleine, l'esprit; une troisième est dans la tête, et c'est la pensée, *nous*. De ces trois âmes ils en ont fait une quatrième quand on est mort, c'est *skia*, ombres, mânes ou farfadets.

On est bientôt parvenu à ne se jamais entendre quand on prononce ce mot *âme*; il a fait naître mille questions qui forcent les savants à se taire, et qui autorisent les charlatans à parler. Ces âmes, dit-on, viennent-elles toutes du premier homme créé par l'éternel Démiourgos, ou de la première femelle? ou bien furent-elles formées ailleurs toutes à la fois, pour descendre chacune à leur tour ici-bas? Leur substance est-elle d'éther ou de feu, ou bien ni de l'un ni de l'autre? est-ce la femme ou son mari qui darde une âme avec la liqueur prolifique? vient-elle dans l'utérus avant ou après que les membres de l'enfant sont formés? sent-elle, pense-t-elle, dans l'enveloppe de l'amnios où le fœtus est emprisonné? son être augmente-t-il quand son corps augmente? toutes les âmes sont-elles de la même nature? n'y a-t-il nulle différence entre l'âme d'Orphée et celle d'un imbécile?

Quand cette âme est parvenue à sortir de la matrice, où elle a séjourné neuf mois entre une vessie pleine d'urine et un sale boyau rempli de matière fécale, on a osé demander alors si cette personne est arrivée dans ce cloaque avec une pleine notion de l'infini, de l'éternité, de l'abstrait et du concret, du beau, du bon, du juste, de l'ordre. Ensuite on a disputé pour savoir si cette pauvre créature pensait toujours, comme si on pensait dans un sommeil plein et paisible, dans une profonde ivresse, dans l'anéantissement d'idées qui résulte d'une apoplexie complète, d'une épilepsie. Que de querelles absurdes, grand Dieu, entre tous ces aveugles, sur la nature des couleurs! Enfin, que devient cette âme quand le corps n'est plus? Les grands précepteurs du genre humain, Orphée, Homère, ont dit : « Elle est *skia*, elle est *ombre, farfadet*. » Ulysse voit à l'entrée des enfers des farfadets, des ombres, qui viennent lécher du sang et boire du lait dans une fosse. Des enchanteurs et des enchanteresses, qui ont un esprit de Python, évoquent des mânes, des ombres qui montent de la terre. Il y a des âmes dont les vautours mangent le foie; d'autres se promènent continuellement sous des arbres, et c'est là la souveraine félicité, c'est le paradis d'Homère.

Les honnêtes gens n'ont pas été satisfaits de ces innombrables puérilités. Pour moi, j'ai pris le parti de recourir à Dieu, et de lui dire : « C'est à toi, maître absolu de la nature, que je dois tout; tu m'as accordé le don du sentiment et de la pensée, comme tu m'as donné la faculté de digérer et de marcher. Je t'en remercie, et je ne te demande pas ton secret. » Cette prière est, à mon avis, plus raisonnable que les vaines et interminables disputes sur *psyché, pneuma, nous*, et *skia*.

CALLICRATE. — Si vous croyez que c'est Dieu qui nous tient lieu d'âme, vous n'êtes donc qu'une machine dont Dieu gouverne les ressorts; vous êtes dans lui, vous voyez tout en lui, il agit en vous. Trouvez-vous, en conscience, ce système meilleur que le nôtre?

ÉVHÉMÈRE. — J'aimerais mieux avoir confiance en Dieu qu'en moi.

Quelques philosophes pensent ainsi; leur petit nombre même me porte à croire qu'ils ont raison. Ils soutiennent que l'ouvrier doit être le maître de son ouvrage, et que rien ne peut arriver dans l'univers qui ne soit soumis à l'artisan souverain.

CALLICRATE. — Quoi! vous oseriez dire que Dieu est sans cesse occupé à faire jouer toutes ces machines?

ÉVHÉMÈRE. — Dieu m'en préserve! Voilà comme dans toutes les disputes on fait dire à son adversaire ce qu'il n'a point dit. Je prétends, au contraire, que le souverain éternel a établi, de toute éternité, ses lois, qui seront toujours accomplies par tous les êtres. Dieu a commandé une fois, et l'univers obéit toujours.

CALLICRATE. — J'ai bien peur que mes théologiens épicuriens ne vous reprochent de faire Dieu auteur du péché; car enfin, s'il vous anime et si vous faites une faute, c'est lui qui la commet.

ÉVHÉMÈRE. — C'est un reproche qu'on peut faire à toutes les sectes, excepté aux athées; toute secte qui admet la plénitude de la puissance divine la charge des délits qu'elle n'empêche pas; elle dit à Dieu : « Seigneur souverain de tout, vous devez écarter tout mal; c'est votre faute si vous laissez entrer l'ennemi dans la place que vous avez bâtie. » Dieu lui répond : « Ma fille, je ne peux faire les choses contradictoires; il est contradictoire que le mal n'existe pas quand le bien existe; il est contradictoire qu'il y ait du feu, et que ce feu ne puisse causer d'embrasement; qu'il y ait de l'eau et que cette eau ne puisse noyer un animal. »

CALLICRATE. — Trouvez-vous cette solution bien suffisante?

ÉVHÉMÈRE. — Je n'en connais point de meilleure.

CALLICRATE. — Prenez garde; on vous dira que les adorateurs des dieux ont raisonné plus conséquemment que vous en Égypte et en Grèce, quand ils ont inventé un Tartare où les crimes sont punis; alors la justice divine est justifiée.

ÉVHÉMÈRE. — Étrange manière de justifier leurs dieux! et quels dieux! des adultères, des homicides, des chats et des crocodiles! Il s'agit ici de savoir pourquoi le mal existe. Vos Grecs, vos Égyptiens en rendent-ils raison? en changent-ils la nature? en adoucissent-ils les horreurs en nous présentant une série de crimes et de tourments éternels? Ces dieux ne sont-ils pas des monstres de barbarie d'avoir fait naître un Tantale pour qu'il mangeât son fils en ragoût, et pour qu'il fût ensuite dévoré de faim en demeurant à table dans une suite infinie de siècles? Un autre prince tourne incessamment sa roue entourée de serpents; quarante-neuf filles d'un autre roi ont égorgé leurs maris, et remplissent un tonneau vide pendant l'éternité. Certes, il eût bien mieux valu que ces quarante-neuf filles, et tous ces princes damnés, n'eussent jamais été au monde : rien n'était plus aisé que de leur épargner l'existence, les crimes et les supplices. Vos Grecs peignent leurs dieux comme des tyrans et des bourreaux immortels, occupés sans relâche à former des malheureux condamnés à commettre des crimes passagers, et à subir des supplices sans fin. Vous m'avouerez que cette théologie est bien infernale. Celle des épicuriens est plus humaine;

mais j'ose croire que la mienne est plus divine : mon Dieu n'est ni un voluptueux indolent comme ceux d'Épicure, ni un monstre barbare comme ceux de l'Égypte et de la Grèce.

CALLICRATE. — J'aime mieux votre Dieu que tous les autres : mais il me reste bien des scrupules; je vous prierai de les lever dans notre premier entretien.

ÉVHÉMÈRE. — Je ne vous donnerai jamais mes opinions que comme des doutes.

QUATRIÈME DIALOGUE. — *Si un dieu qui agit ne vaut pas mieux que les dieux d'Épicure, qui ne font rien.*

CALLICRATE. — Je suis convaincu que toute la terre, et ce qui l'environne, le genre humain et le genre animal, et tout ce qui est au delà de nous, l'univers en un mot, ne s'est pas formé de lui-même, et qu'il y règne un art infini; je reçois avec respect l'idée d'un artisan unique, d'un maître suprême, que la nombreuse secte des épicuriens rejette. Je suppose que ce souverain de la nature est, à plusieurs égards, ce qu'était le dieu de Timée, le dieu d'Ocellus Lucanus et de Pythagore : il n'a pas créé la matière du néant, car le néant, comme vous savez, n'a point de propriétés; rien ne vient de rien, rien ne retourne à rien : je conçois que l'universalité des choses est émanée de ce Dieu, qui seul est par lui-même, et dont tout est l'ouvrage : il a tout arrangé suivant les lois universelles qui résultent de sa sagesse autant que de sa puissance; j'admets une grande partie de votre philosophie, quoiqu'elle révolte la plupart de nos sages : mais deux grandes difficultés m'arrêtent; il me semble que vous ne faites votre Dieu ni assez libre ni assez juste.

Il n'est point libre, puisqu'il est l'être nécessaire, de qui l'immensité des choses est émanée nécessairement; il n'est point juste, car la plupart des gens de bien sont persécutés pendant leur vie, et vous ne me dites point qu'on leur rende justice quand ils ne sont plus, et que les scélérats soient punis après leur mort. Les religions grecque et égyptienne ont un grand avantage sur votre théologie. Elles ont imaginé des peines et des récompenses. C'est, ce me semble, la seule manière de mener les hommes : pourquoi la négligez-vous ?

ÉVHÉMÈRE. — Je vais vous répondre sur la liberté, et ensuite je vous répondrai sur la justice. Être libre, c'est faire ce qu'on veut : or certainement Dieu a fait tout ce qu'il a voulu. Il nous a daigné communiquer une portion de cette admirable liberté, dont nous jouissons quand nous agissons suivant notre volonté. Il a poussé sa bonté jusqu'à donner ce privilége à tous les animaux, qui font ce qu'ils veulent, selon la portée de leurs forces.

Dieu étant très-puissant et très-libre, je ne vous dirai pas qu'il le soit infiniment; car, malgré tout ce que disent les géomètres, je ne sais pas ce que c'est que l'infini actuel [1]. Je vous dirai seulement que Dieu

---

1. L'infini des géomètres n'a aucun rapport à l'*infini actuel*. Une grandeur infinie est une quantité plus grande qu'aucune quantité donnée du même genre.

n'est pas libre de faire l'impossible, parce que c'est une contradiction dans les termes; il n'est pas libre de faire·en sorte que les deux côtés de l'équerre de Pythagore forment deux carrés plus petits ou plus grands que le carré formé du grand côté, parce que ce serait une contradiction, une chose impossible. C'est à peu près ce que je vous ai déjà allégué; Dieu est si parfait qu'il n'a pas la liberté de faire le mal.

A l'égard de sa justice, vous vous moqueriez trop de moi, si je vous parlais de l'enfer des Grecs. Leur chien Cerbère qui aboie de ses trois gueules, leurs trois Parques, leurs trois Euménides, sont des imaginations si ridicules, que les enfants en rient. Dieu ne m'a point apparu, il ne m'a point montré Alexandre fouetté par trois furies de l'enfer, pour avoir fait mourir si injustement Callisthène; et je n'ai point vu Callisthène à table avec Dieu dans le dixième ciel, buvant du nectar servi de la main d'Hébé. Dieu m'a donné assez de raison pour me convaincre qu'il existe : mais il ne m'a pas donné une vue assez perçante pour voir ce qui se passe sur les bords du Phlégéthon et dans l'Empyrée. Je me tiens dans un respectueux silence sur les châtiments dont il punit les criminels, et sur les récompenses des justes. Tout ce que je puis vous dire, c'est que je n'ai jamais vu de méchant heureux, mais que j'ai vu beaucoup de gens de bien très-malheureux : cela me fâche et me confond; mais les épicuriens ont la même difficulté que moi à dévorer. Ils doivent être comme moi, ils doivent gémir comme moi en voyant si souvent le crime triomphant, et la vertu foulée aux pieds des pervers. Est-ce donc une si grande consolation pour d'honnêtes gens comme les bons épicuriens, de n'avoir point d'espérance?

CALLICRATE. — Ces épicuriens ont sur vous une supériorité bien marquée; ils n'ont point de reproche à faire à un Être suprême, à un Dieu juste qui laisse la vertu sans secours : ils n'ont reconnu des dieux que par bienséance, pour ne pas effaroucher la canaille d'Athènes; mais ils ne les font pas créateurs d'hommes, juges d'hommes, bourreaux d'hommes.

ÉVHÉMÈRE. — Vos épicuriens sont-ils plus amis de l'homme, donnent-ils une plus solide base à la vertu, consolent-ils plus nos misères en ne reconnaissant que des dieux inutiles, occupés de boire et de manger? Hélas! qu'importe que dans un coin de la Sicile il y ait une petite société d'animaux à deux pieds qui raisonnent bien ou mal sur la Providence ?

Pour savoir si nous serons heureux ou malheureux après notre mort, il faudrait savoir s'il peut exister de nous quelque chose de sensible quand tous les organes du sentiment sont détruits, quelque chose qui pense quand la cervelle, où se formait la pensée, est mangée des vers, et quand ces vers et cette cervelle sont en poussière; si une faculté, une propriété d'un animal peut subsister encore quand cet animal ne

quelque grande qu'on la suppose. Une quantité infiniment petite est une quantité plus petite qu'aucune grandeur donnée; c'est le zéro considéré comme la limite, la fin d'une quantité décroissante. Ces quantités ont des rapports; et l'on a nommé science, calcul de l'infini, l'art de calculer ces rapports. (*Ed. de Kehl.*)

subsiste plus. C'est un problème qu'aucune secte n'a pu jusqu'ici résoudre, personne même ne peut en comprendre le sens; car si, dans
un repas, quelqu'un demande : « Ce lièvre servi dans ce plat a-t-il conservé sa faculté de courir? Ce pigeon a-t-il toujours sa faculté de voler? »
ces questions seront absurdes et exciteront la risée. Pourquoi? c'est
que le contradictoire, l'impossible en saute aux yeux. Nous avons assez
vu que Dieu ne peut faire l'impossible, le contradictoire.

Mais si dans l'animal raisonnable, appelé homme, Dieu avait mis
une étincelle invisible, impalpable, un élément, quelque chose de
plus intangible qu'un atome d'élément, ce que les philosophes grecs
appellent une monade; si cette monade était indestructible, si c'était
elle qui pensât et qui sentît en nous, alors je ne vois plus qu'il y ait
de l'absurdité à dire : « Cette monade peut exister, peut avoir des
idées et du sentiment, quand le corps dont elle est l'âme sera détruit. »

CALLICRATE. — Vous conviendrez que, si l'invention de cette monade
n'est pas totalement absurde, elle est bien hasardée, et qu'il ne faut
pas fonder sa philosophie sur des peut-être. S'il était permis de faire
d'un atome une âme immortelle, ce serait aux épicuriens que ce droit
serait acquis; car enfin ils sont les inventeurs des atomes.

ÉVHÉMÈRE. — Vraiment, je ne vous ai pas donné ma monade pour
une démonstration; mais je vous l'ai proposée comme une imagination grecque qui fait voir, quoique imparfaitement, comment une
partie invisible et essentielle de nous-mêmes pourrait, après notre mort,
être punie ou récompensée, nager dans les délices ou souffrir dans
les peines : encore ne sais-je si, avec mes raisonnements et mes suppositions, je pourrais parvenir à trouver de la justice dans les peines que
Dieu ferait souffrir aux hommes après leur mort; car enfin on pourrait
me dire : « N'est-ce pas lui qui, les ayant créés, les aurait déterminés à
mal faire? En ce cas, pourquoi les punir? » Il y a peut-être d'autres manières de justifier la Providence; mais nous ne pouvons les connaître.

CALLICRATE. — Vous avouez donc que vous ne savez au juste ni ce
que c'est que cette âme dont vous me parlez, ni ce Dieu que vous
prêchez?

ÉVHÉMÈRE. — Oui, je l'avoue très-humblement et très-douloureu-
sement; je ne puis connaître leur substance, je ne puis savoir comment se forme ma pensée, je ne puis imaginer comment Dieu est fait :
je suis un ignorant.

CALLICRATE. — Et moi aussi : consolons-nous l'un et l'autre; nous
avons tous les hommes pour compagnons.

CINQUIÈME DIALOGUE. — *Pauvres gens qui creusent dans un abîme.
Instinct, principe de toute action dans le genre animal.*

CALLICRATE. — Puisque vous ne savez rien, je vous conjure de me
dire ce que vous soupçonnez; vous ne vous êtes point expliqué à moi
entièrement. La réserve annonce de la défiance; un philosophe sans
candeur n'est qu'un politique.

ÉVHÉMÈRE. — Je ne suis en défiance que de moi-même.

CALLICRATE. — Parlez, parlez; quelquefois, en devinant au hasard, on rencontre.

ÉVHÉMÈRE. — Eh bien ! je devine que les hommes de tous les temps, de tous les lieux, n'ont jamais dit ni pu dire que des pauvretés sur toutes les choses que vous me demandez; je devine surtout qu'il nous est absolument inutile d'en être instruits.

CALLICRATE. — Comment inutile ! n'est-il pas au contraire absolument nécessaire de savoir si nous avons une âme, et de quoi elle est faite ? Ne serait-ce pas le plus grand des plaisirs de voir clairement que la puissance de l'âme est différente de son essence, qu'elle est tout, et qu'elle a complétement la vertu sensitive, étant *forme* et *entéléchie*, comme l'a si bien dit Aristote [1] ; et surtout que la *syndérèse* n'est pas une *puissance habituelle ?*

ÉVHÉMÈRE. — Cela est fort beau; mais une science si sublime paraît nous être interdite. Il faut bien qu'elle ne nous soit pas nécessaire, puisque Dieu ne nous l'a pas donnée. Nous lui devons sans doute tout ce qui peut servir à nous conduire dans cette vie, raison, instinct, faculté de commencer le mouvement, faculté de donner la vie à un être de notre espèce. Le premier de ces dons est ce qui nous distingue de tous les autres animaux; mais Dieu ne nous a jamais appris quel en est le principe : il n'a donc pas voulu que nous le sussions. Nous ne pouvons pas seulement deviner pourquoi nous remuons le bout du doigt quand nous le voulons, quel est le rapport entre ce petit mouvement d'un de nos membres et notre volonté. Il y a l'infini entre l'un et l'autre. Vouloir arracher à Dieu son secret, croire savoir ce qu'il nous a caché, c'est, ce me semble, une espèce de blasphème ridicule.

CALLICRATE. — Quoi ! je ne saurai jamais ce que c'est qu'une âme ? et il ne me sera pas démontré que j'en ai une ?

ÉVHÉMÈRE. — Non, mon ami.

CALLICRATE. — Dites-moi donc ce que c'est que notre instinct, dont vous m'avez parlé tout à l'heure; vous m'avez dit que Dieu nous avait fait non-seulement présent de la raison, mais encore de l'instinct : il me semble qu'on n'accorde cette propriété qu'aux bêtes, et que même on ne sait pas trop ce qu'on entend par cette propriété. Les uns disent que c'est une âme d'une espèce différente de la nôtre; les autres croient que c'est la même âme avec d'autres organes; quelques rêveurs ont avancé que ce n'est qu'une machine : et vous, que rêvez-vous ?

ÉVHÉMÈRE. — Je rêve que Dieu nous a tout donné, à nous et aux animaux, et que les animaux sont bien plus heureux que nos philosophes; ils ne se tourmentent pas pour savoir ce que Dieu veut qu'ils ignorent; leur instinct est plus sûr que le nôtre; ils ne font point de système sur ce que deviendront leurs facultés après leur mort : ja-

---

[1]. Saint Thomas explique merveilleusement tout cela depuis la question soixante-quinzième jusqu'à la quatre-vingt-deuxième de première partie de sa *Somme*; mais Évhémère ne pouvait pas le deviner.

mais abeille n'a eu la folie d'enseigner dans une ruche que son bour-donnement passerait un jour la barque à Caron, et que son ombre irait faire de la cire et du miel dans les Champs-Élysées ; c'est notre raison dépravée qui a imaginé ces fables.

Notre instinct est bien plus sage sans rien savoir ; c'est par lui que l'enfant suce le teton de sa nourrice sans connaître qu'il forme un vide dans sa bouche, et que ce vide force le lait de la mamelle à descendre dans son estomac : toutes ses actions sont de l'instinct. Dès qu'il a un peu de force, il met ses mains au-devant de sa tête quand il tombe. S'il veut franchir un petit fossé, il se donne une force nouvelle en courant, sans avoir appris quel sera le résultat de sa masse multipliée par sa vitesse. S'il trouve une large pièce de bois sur un ruisseau, pour peu qu'il soit hardi, il se mettra sur cette planche pour parvenir à l'autre bord, et ne se doutera pas que le volume de bois joint à celui de son corps pèse moins qu'un pareil volume d'eau. S'il veut soulever une pierre, il emploie un bâton pour lui servir de levier, et ne sait pas assurément la théorie des forces mouvantes.

Les actions même qui paraissent en lui l'effet d'une raison que l'é-ducation a instruite, sont les effets de cet instinct. Il ne sait pas ce que c'est que la flatterie ; mais il ne manque jamais de flatter quiconque peut lui donner ce qu'il désire. S'il voit battre un autre enfant, et s'il voit son sang couler, il crie, il pleure, il appelle au secours, sans aucun retour sur lui-même.

CALLICRATE. — Définissez-moi donc cet instinct dont vous me donnez tant d'exemples.

ÉVHÉMÈRE. — C'est tout sentiment et tout acte qui prévient la ré-flexion.

CALLICRATE. — Mais vous me parlez là d'une qualité occulte, et vous savez qu'on se moque aujourd'hui de ces qualités, si chères à tant de philosophes de la Grèce.

ÉVHÉMÈRE. — Tant pis ; il fallait respecter les qualités occultes ; car depuis le brin d'herbe que l'ambre attire, jusqu'à la route que tant d'astres suivent dans l'espace ; depuis la formation d'une mite dans un fromage jusqu'à la galaxie [1] ; soit que vous considériez une pierre qui tombe, soit que vous suiviez le cours d'une comète traversant les cieux, tout est qualité occulte.

Ce mot est le respectable aveu de notre ignorance : le grand archi-tecte du monde nous a donné de mesurer, de calculer, de peser quel-ques-uns de ses ouvrages, mais il ne nous permet pas de découvrir les premiers ressorts. Les Chaldéens ont déjà soupçonné que ce n'est pas le soleil qui tourne autour des planètes, et qu'au contraire ce sont les planètes qui tournent autour de lui dans des orbites différentes ; mais je doute qu'on puisse découvrir jamais quelle est la force secrète qui les emporte d'occident en orient. On calculera la chute des corps ; mais trouvera-t-on la raison primitive de la force qui les fait tomber ? Les hommes s'occupent depuis assez longtemps à faire des enfants ; mais

---

1. La voie lactée. (Éd. de Kehl.)

ils ne savent pas comment leurs femmes s'y prennent : notre Hippocrate n'a débité sur cet important mystère que des raisonnements d'accoucheuse. On disputera sur le physique et sur le moral pendant l'é-
ternité; mais l'instinct gouvernera toujours toute la terre; car les
passions sont la production de l'instinct, et les passions régneront
toujours.

CALLICRATE. — Si cela est, votre Dieu n'est que le dieu du mal; il
ne nous a fait naître que pour nous abandonner à ces passions funestes :
c'est faire des hommes pour les livrer aux diables.

ÉVHÉMÈRE. — Point du tout; il y a de très-bonnes passions, et il
nous a donné la raison pour les diriger.

CALLICRATE. — Et qu'est-ce que cette chétive raison? M'allez-vous
encore dire que c'est une autre espèce d'instinct?

ÉVHÉMÈRE. — A peu près : c'est un don inexplicable de comparer le
passé au présent, et de pourvoir au futur. Voilà l'origine de toute société, de toute institution, de toute police. Ce don précieux est la suite
d'un autre présent de Dieu, qui est aussi incompréhensible : je veux
dire la mémoire, autre instinct que nous partageons avec les animaux,
mais que nous possédons dans un degré si supérieur, qu'ils devraient
nous prendre pour des dieux, s'ils ne nous mangeaient pas quelquefois.

CALLICRATE. — J'entends, j'entends : Dieu s'occupe à faire ressouvenir de jeunes renards que leur père a été pris dans un piége; et ces
renards, par instinct, évitent le piége qui a causé la mort de leur père.
Dieu est attentif à représenter à la mémoire de nos Syracusains que
nos deux Denys ont très-mal gouverné, et il inspire à notre raison le
gouvernement républicain. Il court au chien de berger pour lui dire de
faire rentrer les moutons, de peur des loups, qu'il a créés exprès pour
manger les moutons. Il fait tout : il arrange, il bouleverse, il répare,
il détruit; il déroge continuellement à toutes ses lois, et se donne fort
inutilement beaucoup de peine. C'est la *prémotion physique*, le *décret
prédéterminant*, l'*action* de Dieu sur les créatures.

ÉVHÉMÈRE. — Ou vous m'entendez fort mal, ou vous m'expliquez
très-malignement. Je ne prétends point que le maître de la nature se
mêle des détails, quoique je pense qu'aucun détail ne le fatiguerait ni
ne l'abaisserait; je pense qu'il a établi des lois générales, immuables,
éternelles, par lesquelles les hommes et les animaux se conduiront
toujours : je vous l'ai déjà dit assez clairement.

Diagoras [1], auteur du *Système de la Nature*, dit dans sa longue déclamation à peu près la même chose que vous. Voici ses paroles dans
son chapitre IV du tome II : « Votre Dieu est sans cesse occupé à produire et à détruire; par conséquent il ne peut être appelé immuable
quant à sa façon d'exister. »

Diagoras prétend que nous composons ainsi notre Dieu de qualités
contradictoires; il le traite de fantôme affreux et ridicule : mais qu'il
me permette de lui dire qu'il y a bien de la hardiesse à décider aussi

---

1. Le baron d'Holbach. (ÉD.)

légèrement sur un sujet si grave. Produire et détruire alternativement dans tous les siècles, par des lois toujours constantes, ce n'est pas changer au hasard; c'est, au contraire, être toujours semblable à soi-même. Dieu donne la vie et la mort, mais il les donne à tout le monde : il a rendu la vie et la mort nécessaires; il est immuable en exécutant toujours ce plan de la création, en gouvernant toujours d'une manière uniforme : s'il faisait vivre éternellement quelques hommes, on pourrait alors dire peut-être qu'il n'est pas immuable; mais quand tous naissent pour mourir, son immutabilité n'est que trop constatée.

CALLICRATE. — Je vous avoue que Diagoras se trompe en ce point; mais n'a-t-il pas grande raison quand il reproche à certains Grecs de représenter Dieu comme un être ridiculement vain, qui a fait le monde pour sa gloire, pour se faire applaudir; de le peindre comme un maître dur et vindicatif qui punit les plus légères désobéissances par des tortures éternelles; d'en faire un père injuste et aveugle qui favorise par caprice quelques-uns de ses enfants, et destine tous les autres à un malheur sans fin; qui fait quelques aînés vertueux pour les récompenser d'une vertu à laquelle ils étaient nécessités, et une foule de cadets scélérats pour les punir des crimes qu'ils ne pouvaient se dispenser de commettre; enfin de faire de Dieu un fantôme absurde et un tyran barbare ?

ÉVHÉMÈRE. — Ce n'est point là le dieu des sages : c'est le dieu de quelques prêtres de la déesse de Syrie, qui sont la honte et l'horreur du genre humain.

CALLICRATE. — Eh bien ! définissez-nous donc à la fin votre Dieu pour fixer nos incertitudes.

ÉVHÉMÈRE. — Je crois vous avoir prouvé qu'il en existe un par ce seul argument invincible : le monde est un ouvrage admirable; donc il y a un artisan plus admirable : la raison nous force à l'admettre, la démence entreprend de le définir.

CALLICRATE. — C'est ne rien savoir, et même ce n'est rien dire, que de nous crier sans cesse : « Il y a là quelque chose d'excellent, mais je ne sais ce que c'est. »

ÉVHÉMÈRE. — Souvenez-vous de ces voyageurs qui, en abordant dans une île, y trouvèrent des figures de géométrie tracées sur le sable du rivage. « Courage ! dirent-ils, voilà des pas d'hommes. » Nous autres stoïciens, en voyant ce monde, nous disons : « Voilà des pas de Dieu. »

CALLICRATE. — Montrez-nous ces pas, s'il vous plaît.

ÉVHÉMÈRE. — Ne les avez-vous pas vus partout? et cette raison, et cet instinct dont nous jouissons, ne sont-ils pas évidemment des présents de ce grand Être inconnu? car ils ne viennent ni de nous-mêmes, ni de la fange sur laquelle nous habitons.

CALLICRATE. — Eh bien ! réfléchissant sur tout ce que vous m'avez dit, et malgré toutes les difficultés que le mal répandu sur la terre fait naître dans mon esprit, je m'affermis pourtant dans l'idée qu'un Dieu préside à notre globe. Mais pensez-vous, comme les Grecs, que chaque planète ait le sien; que Jupiter, Saturne et Mars règnent dans les planètes qui portent leur nom, comme les rois d'Égypte, de Perse, et des Indes règnent chacun dans leur district ?

ÉVHÉMÈRE. — Je vous ai déjà insinué que je n'en crois rien; et voici ma raison. Soit que le soleil tourne autour de nos planètes et de notre terre, comme le croit le vulgaire, qui ne s'en rapporte qu'à ses yeux; soit que la terre et les planètes tournent elles-mêmes autour du soleil, comme les nouveaux Chaldéens [1] l'ont soupçonné, et comme il est infiniment plus vraisemblable, il est toujours certain que les mêmes torrents de lumière, dardés continuellement du soleil jusqu'à Saturne, parviennent à tous ces globes dans des temps proportionnels à leur éloignement. Il est certain que ces traits de lumière se réfléchissent de la surface de Saturne à nous, et de nous à lui, avec une vitesse toujours égale. Or une fabrique si immense, un mouvement si rapide et si uniforme, une communication de lumière si constante entre des globes si prodigieusement éloignés, tout cela paraît ne pouvoir être établi que par la même Providence. S'il y a plusieurs dieux également puissants, ou ils auront des vues différentes, ou ils auront la même : s'ils ne sont point d'accord, il n'y aura que le chaos: s'ils ont tous le même dessein, c'est comme s'il n'y avait qu'un seul Dieu; il ne faut pas multiplier les êtres, et surtout les dieux, sans nécessité.

CALLICRATE. — Mais si le grand Démiourgos, l'Être suprême, avait fait naître des dieux subalternes pour gouverner sous lui; s'il avait confié notre soleil à son cocher Apollon, une planète à la belle Vénus, une autre à Mars, nos mers à Neptune, notre atmosphère à Junon, cette espèce d'hiérarchie vous paraîtrait-elle si ridicule ?

ÉVHÉMÈRE. — J'avoue qu'il n'y a rien là d'incompatible. Il se peut, sans doute, que le grand Être ait peuplé les cieux et les éléments de créatures supérieures à nous; c'est un si vaste champ, c'est un si beau spectacle pour notre imagination, que toutes les nations connues ont embrassé cette idée. Mais n'admettons, croyez-moi, ces demi-dieux imaginaires que quand ils nous seront démontrés. Je ne connais dans l'univers, par ma raison, qu'un seul Dieu qu'elle m'a prouvé, et ses œuvres dont je suis témoin. Je sais qu'il est, sans savoir ce qu'il est : bornons-nous donc à examiner ses œuvres.

SIXIÈME DIALOGUE. — *Platon, Aristote, nous ont-ils instruits sur Dieu et sur la formation du monde ?*

CALLICRATE. — Eh bien ! dites-moi d'abord comment Dieu s'y prit pour former l'œuvre du monde. Quel est votre système sur cette grande opération ?

ÉVHÉMÈRE. — Mon système sur les œuvres de Dieu, c'est l'ignorance.

CALLICRATE. — Mais si vous avez la bonne foi d'avouer que vous ne savez pas le secret de Dieu, vous aurez du moins la bonne foi de nous dire ce que vous pensez de ceux qui prétendent le savoir, comme s'ils

1. Copernic et Galilée. (ÉD.)

avaient été dans son laboratoire. Aristote, Platon, vous ont-ils appris quelque chose ?

ÉVHÉMÈRE. — Ils m'ont appris à me défier de tout ce qu'ils ont écrit. Vous savez que nous avons dans Syracuse la famille des Archimèdes, qui cultive la physique pratique de père en fils : c'est là la science véritable fondée sur l'expérience et sur la géométrie : cette famille ira loin si elle continue; mais j'ai été bien étonné quand j'ai lu le divin Platon, qui a voulu aussi employer le peu qu'il savait de géométrie pour donner une apparence d'exactitude à ses imaginations.

Selon lui, Dieu se proposa d'arranger les quatre éléments suivant les dimensions d'une pyramide, d'un cube, d'un octaèdre, d'un icosaèdre, et surtout, dit-il, d'un dodécaèdre : la pyramide fut par sa pointe le séjour du feu; l'air eut pour sa part l'octaèdre; l'icosaèdre fut pour l'eau; le cube appartint de droit à la terre par sa solidité; mais le dodécaèdre est le triomphe de Platon. Car cette figure étant composée de douze faces, elle forme le zodiaque, composé de douze animaux : ces douze faces peuvent se diviser en trente parties, ce qui forme évidemment les trois cent soixante degrés du cercle que le soleil parcourt dans l'année.

Platon prit ces belles choses mot à mot chez Timée le Locrien. Timée les avait prises chez Pythagore, et Pythagore les tenait, dit-on, des brachmanes.

Il est difficile de pousser plus loin le charlatanisme; cependant Platon se surpasse encore en ajoutant de son chef que Dieu ayant consulté son verbe, c'est-à-dire son intelligence, sa parole, qu'il appelle le fils de Dieu, il fit le monde, composé de la terre, du soleil et des planètes. Il le divinisa aussi en lui donnant une âme : tout cela forma la fameuse trinité de Platon. Et pourquoi cet univers était-il Dieu ? c'est qu'il était rond, et que la rondeur est la figure la plus parfaite.

Il explique toutes les perfections ou imperfections de ce monde avec autant de facilité qu'il vient de le créer. La manière surtout dont il prouve l'immortalité de l'âme humaine, dans son *Phédon*, est d'une clarté merveilleuse :

« Ne dites-vous pas que la mort est le contraire de la vie ? — Oui. — Et qu'elles naissent l'une de l'autre ? — Oui. — Qu'est-ce qui naît du vivant? — Le mort. — Et qui naît du mort? — Le vivant. — C'est donc des morts que tous les vivants naissent ? et par conséquent les âmes des hommes sont dans les enfers après leur trépas ? — La conséquence est sûre. »

C'est ainsi que Platon fait raisonner Socrate dans ce dialogue du *Phédon*. L'histoire rapporte que Socrate, ayant lu cet écrit, s'écria : « Que de sottises notre ami Platon me fait dire ! »

Si on avait montré à Dieu tout ce que ce Grec lui impute, il aurait probablement dit : « Que de sottises ce Grec me fait faire ! »

CALLICRATE. — En vérité, Dieu aurait assez de raison de se moquer un peu de lui. Je relisais hier son dialogue intitulé *le Banquet*. Je riais beaucoup de voir que Dieu avait créé l'homme et la femme attachés ensemble par le nombril, et que cependant l'un était derrière le dos de l'autre. Ils n'avaient à eux deux qu'une cervelle, et chacun un visage. Cela s'appelait un androgyne : cet animal était si fier d'avoir quatre bras et quatre jambes, qu'il voulut faire la guerre au ciel, comme les Titans. Dieu, pour le punir, le coupa en deux ; et c'est depuis ce temps que chacun court après sa moitié, qu'il trouve rarement. Il faut avouer que cette idée de courir toujours après sa moitié est ingénieuse et plaisante ; mais cette plaisanterie est-elle digne d'un philosophe ? La fable de Pandore est bien plus belle, et rend mieux raison des erreurs et des calamités du genre humain.

Confiez-moi à présent ce que vous pensez du système d'Aristote ; car je vois bien que celui de Platon ne vous plaît pas.

ÉVHÉMÈRE. — J'ai vu Aristote ; il m'a paru doué d'un esprit plus étendu, plus solide que celui de Platon son maître, plus orné de vraies connaissances. Il est le premier qui ait réduit le raisonnement en art. On avait besoin de sa méthode nouvelle. J'avoue que pour les esprits bien faits elle est bien inutile et bien fatigante ; mais elle est très-utile pour éclaircir les équivoques des sophistes dont la Grèce fourmille. Il a défriché le champ immense de l'histoire naturelle. Son histoire des animaux est un bel ouvrage ; et, ce qui m'étonne encore plus, c'est à lui que nous devons les meilleures règles de la poétique et de la rhétorique ; il en parle mieux que Platon, qui se piquait tant de bel esprit.

Aristote admet, comme Platon, un premier moteur, un Être suprême, éternel, indivisible, immobile. Je ne sais si, en disant que le ciel est parfait, il a raison d'en apporter pour preuve que ce ciel contient des choses parfaites. Il veut dire apparemment que les planètes qui sont dans le ciel contiennent des dieux, et en cela il condescend à la superstition du vulgaire des Grecs, qui croit ces planètes habitées par des divinités, ou plutôt qui le dit sans le croire.

Il affirme que le monde est unique. Il en donne pour raison que, s'il y avait deux mondes, la terre de l'un irait nécessairement chercher la terre de l'autre, et que ces deux terres sortiraient chacune de leur lieu : cette assertion fait voir qu'il n'a pas su plus que nous si la terre tourne autour du soleil, son centre, et quelle est la force par laquelle elle est retenue dans la place qu'elle occupe. Il y a, chez les nations que nous appelons barbares, des philosophes qui ont découvert ces vérités ; et je vous dirai en passant que les Grecs, qui se vantent d'enseigner les autres nations, ne sont peut-être pas encore dignes d'écouter ces prétendus barbares.

CALLICRATE. — Vous m'étonnez ; mais continuez.

ÉVHÉMÈRE. — Aristote croit que ce monde, tel que nous le voyons, est éternel ; et il reprend Platon de l'avoir déclaré engendré et incorruptible. Vous pensez avec moi qu'ils disputaient tous deux de l'ombre de l'âne, laquelle n'appartient pas plus à l'un qu'à l'autre.

Les étoiles, dit-il, sont de même nature que le corps qui les porte, si ce n'est qu'elles sont plus épaisses et plus compactes. Elles sont la cause de la chaleur et de la lumière sur la terre, en frottant l'air avec rapidité, comme un grand mouvement enflamme le bois et liquéfie le plomb. Ce n'est pas là, comme vous voyez, une physique bien saine.

CALLICRATE. — Je vois qu'il faut que nos Grecs étudient encore long-temps sous vos barbares.

ÉVHÉMÈRE. — Je suis fâché qu'ayant assuré que le monde est éter-nel, il dise ensuite que les éléments ne le sont pas; car certainement, si mon jardin est éternel, la terre de mon jardin l'est aussi. Aristote prétend que les éléments ne peuvent durer toujours, parce qu'ils se transforment continuellement l'un en l'autre. Le feu, dit-il, devient air, l'air se change en eau et l'eau en terre; mais ces éléments, en changeant perpétuellement, n'empêchent pas que le monde qui en est composé ne subsiste toujours.

J'avoue que je ne crois pas avec lui que l'air devienne feu et que le feu devienne air : il m'est encore très-difficile d'entendre ce qu'il dit de la génération et de la corruption. « Toute corruption, dit-il, suc-cède à la génération : cette corruption est le terme auquel, et la géné-ration est le terme duquel. »

S'il veut dire par là que tout ce qui a reçu la naissance se détruit à la mort, ce n'est qu'une vérité triviale qui ne vaut pas la peine d'être dite, encore moins d'être annoncée mystérieusement.

CALLICRATE. — J'ai peur qu'il n'entende ce que le sot peuple entend, qu'il faut que toutes les semences pourrissent et meurent pour germer. Cela ne serait pas digne d'un sage observateur tel que lui. Il n'avait qu'à examiner un grain de blé confié depuis quelque temps à la terre. Il l'aurait trouvé frais, bien nourri, appuyé sur ses racines et n'ayant nul signe de corruption. Un homme qui dirait que le blé vient de cor-ruption aurait le jugement bien corrompu. Cela n'est permis qu'aux paysans grossiers des bords du Nil. Ils ont cru voir des rats moitié fange, moitié animés, qui n'étaient cependant que des rats crottés.

ÉVHÉMÈRE. — Renoncez donc à votre Épicure qui a fondé sa philo-sophie sur cette absurde méprise. Il a prétendu que les hommes ve-naient originairement de pourriture, comme les rats d'Égypte, et que la crotte leur tenait lieu d'un Dieu créateur.

CALLICRATE. — J'en suis un peu honteux pour lui; mais revenez, je vous prie, à votre Aristote : il a, ce me semble, comme tous les autres hommes, mêlé maintes erreurs avec quelques vérités.

ÉVHÉMÈRE. — Hélas! il en a tant mêlé, qu'en parlant des animaux nés par hasard, il dit expressément : « Quand la chaleur naturelle est chassée, ce qui se sépare de la corruption s'efforce de s'unir aux petites molécules qui sont prêtes à recevoir la vie par l'action du soleil; et c'est ainsi que sont engendrés les vers, les guêpes, les puces et les autres insectes. » Je lui sais bon gré du moins de n'avoir pas placé l'homme dans le rang de ces guêpes, de ces puces, nées si fortuitement.

Je souscris volontiers à tout ce qu'il dit sur les devoirs de l'homme. Sa morale me paraît aussi belle que sa rhétorique et sa poétique; mais je n'ai pu le suivre dans ce qu'il appelle sa métaphysique et quelque-fois sa théologie. L'être qui n'est qu'être, la seule substance qui n'a qu'une essence, les dix catégories, m'ont paru d'inutiles subtilités :

c'est en général l'esprit de la Grèce; j'en excepte Démosthène et Homère. Le premier ne présente jamais à ses auditeurs que des **raisons** fortes et lumineuses; le second n'offre à ses lecteurs que de grandes images : mais la plupart des philosophes grecs sont plus occupés des mots que des choses. Ils s'enveloppent dans une multitude de définitions qui ne définissent rien, de distinctions qui ne développent rien, d'explications qui n'éclaircissent rien, ou bien peu de chose.

CALLICRATE. — Faites donc ce qu'ils n'ont point fait; expliquez-moi ce qu'Aristote n'explique point sur l'âme.

ÉVHÉMÈRE. — Je vais donc vous dire ce qu'il disait, sans l'expliquer; et je vous réponds que vous ne m'entendrez pas, car je ne m'entendrai pas moi-même :

« L'âme est quelque chose de très-léger; elle ne se meut point elle-même; elle est mue par les objets. Elle n'est point, comme tant d'autres l'ont supposé, une harmonie; car elle éprouve continuellement la discordance des sentiments contraires. Elle n'est pas répandue partout, car le monde est plein de choses inanimées; elle est une entéléchie renfermant le principe et l'acte, ayant la vie en puissance. C'est ce qui sert à nous faire vivre, sentir et raisonner. »

CALLICRATE. — J'avoue que si, dans mon chemin, je rencontrais une âme toute seule, au sortir de cette conversation, je ne pourrais guère la reconnaître. Hélas! que m'apprendrait une âme grecque avec ses subtilités inintelligibles? J'aimerais bien mieux m'instruire avec ces philosophes barbares dont vous m'avez parlé. Serez-vous assez complaisant pour m'apprendre ce que c'est que la sagesse des Huns, des Goths et des Celtes?

ÉVHÉMÈRE. — Je tâcherai de vous débrouiller le peu que j'en ai appris.

SEPTIÈME DIALOGUE. — *Sur les philosophes qui ont fleuri chez les barbares.*

ÉVHÉMÈRE. — Puisque vous appelez barbares tous ceux qui n'ont pas vécu à Athènes, à Corinthe, ou à Syracuse, je vous répéterai donc qu'il y a parmi ces barbares des génies qu'aucun Grec n'est encore en état d'entendre et dont nous devrions tous nous faire les disciples.

Le premier dont je vous parlerai est une espèce de Hun ou de Sarmate, qui habitait chez les Cimmériens, au nord-ouest des monts Riphées; il s'appelait Perçonic[1] : cet homme a deviné et prouvé le vrai système du monde, dont les Chaldéens avaient confusément entrevu quelque imparfaite idée.

Ce vrai système est que, tous tant que nous sommes, quand nous disons que le soleil se lève et se couche, que notre petite terre est le centre de l'univers, que toutes les planètes, toutes les étoiles fixes, tous les cieux, tournent autour de notre chétive habitation, nous ne savons pas un mot de ce que nous disons. Quelle apparence en effet que tant d'astres, éloignés de nous de tant de millions de milliards de stades, et de tant de milliards de fois plus gros que la terre, ne fus-

1. Anagramme de Copernic. (ÉD.)

sent faits que pour réjouir notre vue pendant la nuit, dansassent autour de nous, dans l'immensité de l'espace, un branle de vingt-quatre heures chaque jour, pour nous amuser! Cette ridicule chimère est fondée sur deux défauts de la nature humaine, auxquels aucun philosophe grec n'a jamais pu remédier, la faiblesse de nos petits yeux et l'enflure de notre orgueil : nous croyons voir les étoiles et notre soleil marcher, parce que nous avons la vue mauvaise; et nous croyons que tout cela est fait pour nous, parce que nous sommes vains.

Notre Sarmate Perconic a soutenu son système avant de le publier par écrit. Il a bravé la haine des druides, qui prétendaient que cette vérité ferait grand tort au gui de chêne[1]. De vrais savants lui ont fait une objection qui aurait embarrassé un homme moins persuadé et moins ferme que lui. Il assurait que la terre et les planètes faisaient leur révolution périodique en des temps différents autour du soleil. « Nous marchons, disait-il, Vénus, Mercure, et nous, autour du soleil, chacun dans notre cercle. — Si cela était, lui disaient ces savants, Vénus et Mercure devraient vous montrer des phases semblables à celles de la lune. Aussi en ont-ils, répondait le Sarmate; et vous les verrez quand vous aurez de meilleurs yeux. »

Il est mort sans avoir pu leur donner les nouveaux yeux dont ils avaient besoin.

Un plus grand homme, nommé Leéliga[2], né chez les Étruriens nos voisins, a trouvé ces yeux qui devaient éclairer toute la terre. Ce barbare, plus poli, plus philosophe, et plus industrieux que tous les Grecs, sur le simple récit qu'on lui a fait d'un badinage d'enfants, a taillé et arrangé des cristaux avec lesquels on voit de nouveaux cieux : il a démontré à la vue ce que le Sarmate avait si bien deviné. Vénus s'est montrée avec les mêmes phases que la lune; et si Mercure n'en a pas fait autant, c'est qu'il est trop plongé dans les rayons du soleil.

Notre Étrurien a fait plus : il a découvert de nouvelles planètes. Il a vu et fait voir que ce soleil, *qui se levait*, disait-on, *comme un époux* et *comme un géant pour courir sa voie*[3], ne sort jamais de sa place, et tourne seulement sur lui-même en vingt-cinq et demi de nos jours, comme nous tournons en vingt-quatre heures. Les hommes ont été étonnés d'apprendre dans l'Occident ce secret de la création, qu'on n'avait jamais su dans l'Orient. Les druides[4] ont éclaté contre mon Étrurien encore plus violemment que contre mon Sarmate : peu s'en est fallu qu'ils ne lui aient fait avaler la ciguë assaisonnée de jusquiame, comme ces fous d'Athéniens en ont fait boire à Socrate.

CALLICRATE. — Tout ce que vous dites là me pétrifie d'admiration. Pourquoi ne m'en avez-vous pas parlé plus tôt?

ÉVHÉMÈRE. — C'est que vous ne me l'avez pas demandé : vous ne me parliez que des Grecs.

CALLICRATE. — Je ne vous en parlerai plus. Cette Étrurie, qui a de si grands philosophes, a-t-elle aussi des poëtes?

1. Josué, chap. X, versets 12, 13 et 14; et IV *Rois*, chap. XX, v. 9, 10, 11. (ÉD.)
2. Galilée. (ÉD.) — 3. *Psaume* XVIII, verset 6. (ÉD.)
4. Urbain VIII, et l'inquisition, en 1633. (ÉD.)

ÉVHÉMÈRE. — Elle en a qui me paraîtraient fort supérieurs à Homère, si Homère ne les avait pas devancés de quelques siècles; car c'est beaucoup d'être venu le premier.

CALLICRATE. — Mais ne me direz-vous point pourquoi vos vilains druides ont tant persécuté Leéliga, ce respectable sage d'Étrurie ?

ÉVHÉMÈRE. — Par la raison qu'ils avaient lu, dans je ne sais quel livre d'Hérodote, que le soleil avait deux fois changé son cours en Égypte[1] : or, s'il avait changé son cours, c'était donc lui qui courait, et non pas la terre. Mais la véritable raison est qu'ils étaient jaloux.

CALLICRATE. — Jaloux ! et de quoi ?

ÉVHÉMÈRE. — Ils prétendaient qu'il n'appartenait qu'aux druides d'enseigner les hommes; et c'était Leéliga qui les instruisait sans être druide : cela ne se pardonne point. La fureur druidale surtout a été extrême, quand les vérités annoncées par le grand Leéliga ont été démontrées aux yeux dans une république voisine[2].

CALLICRATE. — Comment ! est-ce dans la république romaine ? il me semble que jusqu'ici elle ne s'est pas trop piquée d'étudier la physique.

ÉVHÉMÈRE. — C'est dans une république toute différente de la romaine. Celle dont je vous parle est entre l'Illyrie et l'Italie. Loin de ressembler à Rome, elle lui est souvent un peu contraire, surtout dans la manière de penser. La république de Rome passe pour être envahissante, et l'illyrienne ne veut point être envahie. Rome surtout a une singulière manie : elle veut que tout le monde pense comme elle; l'illyrienne, pour penser, ne consulte que sa raison. Leéliga a eu le plaisir de faire voir aux sages de l'État tout l'artifice du ciel. Il a été l'interprète de Dieu auprès des plus respectables hommes de la terre. Cette scène s'est passée sur la plate-forme d'une tour[3] qui domine sur la mer Adriatique. C'était le plus beau spectacle qu'on donnera jamais. On y jouait la nature. Leéliga représentait la terre; le chef de la république, Sagredo, faisait le rôle du soleil. D'autres étaient Vénus, Mercure, la lune; on les faisait marcher aux flambeaux, dans le même ordre que ces astres tournent dans les cieux.

Alors qu'ont fait les druides? Ils ont fait condamner le vieux philosophe à jeûner au pain et à l'eau, et à réciter tous les jours un certain nombre de lignes qu'on apprend aux enfants, pour expier les vérités qu'il avait démontrées.

CALLICRATE. — La ciguë d'Athènes est pire. Chaque pays a ses druides. Ceux d'Étrurie se sont-ils repentis comme ceux d'Athènes ?

ÉVHÉMÈRE. — Oui; ils rougissent à présent quand on leur dit que le soleil ne court pas; et ils permettent qu'on suppose qu'il est le centre du monde planétaire, pourvu qu'on ne pose pas cette vérité en fait. Si vous assuriez que le soleil reste à la place où Dieu l'a mis, vous seriez longtemps au pain et à l'eau, après quoi on vous forcerait d'avouer à haute voix que vous êtes un impertinent.

---

1. Josué, x, 13; et IV Rois, xi, 20. (ÉD.) — 2. Venise. (ÉD.)
3. Celle de Saint-Marc, haute de trois cent seize pieds. (ÉD.)

CALLICRATE. — Ces druides-là sont d'étranges gens.

ÉVHÉMÈRE. — C'est un ancien usage : chaque pays a ses cérémonies.

CALLICRATE. — Je crois que cette cérémonie a un peu dégoûté les philosophes étruriens, goths, et celtes, de faire des systèmes.

ÉVHÉMÈRE. — Pas plus que la mort de Socrate n'a rebuté Épicure. Depuis la mort de mon Étrurien, le nord de l'Occident a fourmillé de philosophes. C'est ce que j'ai appris dans mes voyages en Gaule, en Germanie, et dans une île de l'Océan [1] : il est arrivé à la philosophie même chose qu'à la danse.

CALLICRATE. — Comment cela ?

ÉVHÉMÈRE. — Les druides, dans un des petits pays les plus sauvages de l'Europe [2], avaient proscrit la danse, et avaient sévèrement puni un magistrat et sa femme [3] pour avoir dansé un menuet. Depuis ce temps, tout le monde a appris à danser; cet art agréable s'est perfectionné partout. C'est ainsi que l'esprit humain a pris un essor nouveau : chacun a étudié la nature; on a fait des expériences; on a pesé l'air; on l'a chassé des lieux où il était enfermé; on a inventé des machines utiles à la société, ce qui est le vrai but de la philosophie : de grands philosophes ont éclairé et servi l'Europe.

CALLICRATE. — Je vous prie de m'apprendre qui sont ceux dont la réputation a été la plus grande.

ÉVHÉMÈRE. — Je m'attendais que vous me demanderiez, non pas qui a fait le plus de bruit, mais qui a rendu le plus de services.

CALLICRATE. — Je vous demande l'un et l'autre.

ÉVHÉMÈRE. — Celui qui a fait le plus de fracas après mon homme d'Étrurie a été un Gaulois, nommé Cardestes [4]; il était fort bon géomètre, mais mauvais architecte; car il a construit un édifice sans fondement, et cet édifice était l'univers. Il ne demandait à Dieu, pour bâtir cet univers, que de lui prêter de la matière : il en a fait des dés à six faces, et il les a poussés de façon que, malgré l'impossibilité de remuer, ils ont produit tout d'un coup des soleils, des étoiles, des planètes, des comètes, des terres, des océans. Il n'y avait pas un mot de physique, ni de géométrie, ni de bon sens, dans cet étrange roman; mais les Gaulois alors n'en savaient pas davantage; ils étaient fort renommés pour les grands romans. Ils ont adopté celui-là si universellement, qu'un descendant d'Ésope en droite ligne a dit [5] :

> *Cardestes*, ce mortel dont on eût fait un dieu
> *Dans les siècles passés*, et qui tient le milieu
> Entre l'homme et l'esprit, comme entre l'huître et l'homme
> Le tient tel de nos gens, franche bête de somme.

Ce discours d'un Celte de la famille d'Ésope est la voix du peuple, mais non pas la voix du sage.

1. L'Angleterre. (ÉD.) — 2. La Suisse. (ÉD.)
3. Jean Chauvin, dit Calvin, fit en effet condamner un principal magistrat, pour avoir dansé après souper avec sa femme.
4. Descartes. (ÉD.) — 5. La Fontaine, *Fables*, X, I. (ÉD.)

CALLICRATE. — Votre créateur Cardestes n'était que la moitié de Platon ; car ce Gaulois ne formait la terre qu'avec des dés de six côtés, et Platon demandait des dés de douze. Sont-ce là vos philosophes à l'école desquels tous nos Grecs devraient s'instruire? Comment une nation entière a-t-elle pu croire de telles extravagances?

ÉVHÉMÈRE. — Comme Syracuse croit aux folies absurdes d'Épicure, aux atomes déclinants, aux intermondes, aux animaux formés de boue par hasard, et à mille autres sottises qu'on débite avec tant de confiance. De plus, il y avait une forte raison secrète qui engageait la meilleure partie de la nation à donner tête baissée dans le système de Cardestes : c'est qu'il semblait contraire en plusieurs points à la doctrine des druides. Je ne sais comment il est arrivé qu'on ne les aime, ces druides, ni en Italie, ni en Gaule, ni en Germanie, ni dans le Nord. C'est peut-être parce que le peuple, qui se trompe si souvent, les croit trop puissants, trop riches, et trop orgueilleux : aussi ont-ils persécuté ce pauvre Cardestes comme ils ont persécuté Leéliga : il y a des Socrate et des Anytus en plus d'un pays. L'Europe septentrionale a longtemps retenti des disputes élevées sur trois espèces de *matières* qu'on n'a jamais vues, sur des *tourbillons* qui n'ont jamais pu exister, sur une *grâce versatile*, et sur cent autres fadaises plus chimériques que les *formes substantielles* d'Aristote, et que les *androgynes* de Platon.

CALLICRATE. — S'il est ainsi, quelle supériorité vos barbares peuvent-ils avoir sur les philosophes de la Grèce?

ÉVHÉMÈRE. — Je vais vous le dire. Au milieu des disputes sur les trois matières, et sur tant d'idées creuses qui s'ensuivaient, il y a eu des gens de bon sens qui n'ont voulu reconnaître de vérités que celles qu'ils sentaient par l'expérience, ou qui leur étaient démontrées par les mathématiques : c'est pourquoi je ne vous parlerai ni d'un homme de génie dont le système a été de s'entretenir avec le Verbe, ni d'un autre, de plus de génie encore, qui a eu d'étonnantes imaginations sur l'âme.

CALLICRATE. — Comment dites-vous? des conversations avec le verbe! Est-ce avec le verbe de Platon? cela serait curieux.

ÉVHÉMÈRE. — C'est avec un verbe, dit-on, plus respectable; mais comme on n'y entend rien, et que personne n'a jamais été en tiers dans cette conversation, je ne puis savoir ce qui s'y est dit.

CALLICRATE. — Et cet autre barbare qui a dit des choses si surprenantes sur l'âme, que nous a-t-il appris?

ÉVHÉMÈRE. — Qu'il y a une harmonie.

CALLICRATE. — Fi donc! il y a longtemps qu'on nous a rompu la tête de cette prétendue harmonie de l'âme, qu'Épicure a si bien réfutée.

ÉVHÉMÈRE. — Oh! celle-ci est tout autre chose; c'est une harmonie préétablie.

CALLICRATE. — Préétablie ou non, je n'y entends rien.

ÉVHÉMÈRE. — Ni l'auteur non plus : mais ce qu'il a dit, c'est que ni le corps ne dépend de l'âme, ni l'âme du corps; et que l'âme sent et pense de son côté, tandis que le corps agit du sien conformément. De sorte qu'un corps peut être à un bout de l'univers et son âme à l'autre bout, tous deux d'une intelligence parfaite ensemble, sans se rien communiquer : l'un joue du violon au fond de l'Afrique, l'autre danse en cadence dans l'Inde. Cette âme est toujours d'accord avec le corps, son mari, sans lui parler jamais, parce qu'elle est un miroir concentrique de l'univers. Vous comprenez bien ?

CALLICRATE. — Pas un mot, Dieu merci. Mais ces belles choses sont-elles prouvées ?

ÉVHÉMÈRE. — Non pas que je sache; mais les gazettes de l'esprit, qui sont les miroirs concentriques de tout ce qu'on appelle science, en parlent une fois l'an pour trente oboles, et cela suffit à la gloire de l'inventeur et à la satisfaction de ses zélés partisans.

Je ne vous ai parlé des gens qui causent avec le verbe, et de ceux dont l'âme est un miroir concentrique, que pour vous faire voir qu'il y a de la chaleur d'imagination dans les climats glacés. Ce soir, si vous voulez, je vous dirai des choses beaucoup plus solides et plus brillantes.

CALLICRATE. — Je suis impatient de les apprendre; vous me transportez dans un nouveau monde.

HUITIÈME DIALOGUE. — *Grandes découvertes des philosophes barbares; les Grecs ne sont auprès d'eux que des enfants.*

ÉVHÉMÈRE. — Depuis que dans différents pays quelques hommes ont commencé à cultiver leur faculté de raisonner, on a toujours recherché en vain pourquoi les corps, quels qu'ils soient, tombent de l'air sur la terre, et pourquoi ils iraient au centre du globe s'ils n'étaient pas arrêtés par la superficie, comme on l'a expérimenté aux fameux puits de Memphis et de Sienne, dans lesquels on a vu retomber les corps les plus pesants et les plus légers, lancés au plus haut des airs par les plus fortes machines. Le vulgaire ne s'est pas plus étonné de voir un corps en l'air le quitter pour aller chercher la terre, qu'il n'est surpris de voir la nuit succéder au jour, quoique ces phénomènes méritassent sa curiosité. Les philosophes ont tourné autour des causes de la pesanteur sans pouvoir la trouver. Enfin dans l'île Cassitéride[1], pays ignoré de nous, île sauvage où les hommes allaient tout nus il n'y a pas longtemps, il s'est trouvé un sage[2] qui, profitant des découvertes des autres sages, et y joignant les siennes bien supérieures, a montré à l'Europe surprise la solution et la démonstration d'un problème qui occupait vainement l'esprit de tous les savants depuis la naissance de la philosophie : il a fait voir que la loi de la pesanteur n'était qu'un corollaire du premier théorème de Dieu même, cet éternel géomètre.

Pour parvenir à cette connaissance, il a fallu connaître le diamètre de la terre, et de combien de ces diamètres la lune, son satellite, est éloignée du centre de la terre à son zénith. Ensuite il a fallu calculer la chute des corps, et prouver que ce n'est pas le fluide de l'air qui

1. L'Angleterre. (ÉD.) — 2. Isaac Newton. (ÉD.)

les fait tomber, comme on le croyait. Le philosophe de l'île Cassitéride a démontré que le pouvoir de la gravitation, qui fait la pesanteur, agit proportionnellement aux masses, à la quantité de matière, et non pas proportionnellement aux superficies, comme agissent les fluides; qu'ainsi cette gravitation agit comme cent sur un corps qui a cent de matière, et comme dix sur un corps dont la matière n'est qu'un dixième.

Il a fallu découvrir qu'un corps, quel qu'il soit, étant près de la terre, parcourt, en tombant, cinquante-quatre mille pieds en une minute, et s'il tombait du haut de soixante rayons terrestres, il ne tomberait que de quinze pieds dans le même temps. Or il a été prouvé par le calcul que la lune est précisément le corps qui, étant à soixante rayons terrestres, parcourt dans son méridien, en une minute, une petite ligne de quinze pieds dans le sens de sa direction vers la terre.

Il a été démontré que non-seulement cet astre gravite, est attiré, pèse en raison directe de sa matière, mais encore qu'il pèse sur la terre d'autant plus qu'il s'en approche, et d'autant moins qu'il s'en éloigne, et cela selon le carré de sa distance.

Cette même loi est observée par tous les astres, les uns vers les autres, toute loi de la nature étant uniforme; de sorte que chaque planète est attirée, gravite, pèse sur le soleil, et le soleil sur elle, suivant ce que chacun de ces astres contient de matière, et suivant le carré de son éloignement.

Ce n'est pas tout : ces barbares ont encore découvert que si un corps se meut vers un centre, il décrit autour de ce centre des aires proportionnelles au temps dans lequel il les parcourt, et que s'il décrit ces aires proportionnelles au temps, il gravite, il est attiré, il pèse vers ce centre. De cette loi, et de quelques autres encore, l'homme de la Cassitéride a démontré l'immobilité du soleil et le cours des planètes, et même des comètes qui circulent dans des ellipses autour de lui.

Cette création n'a été faite ni comme celle de Platon avec des triangles et des dodécaèdres, ni comme celle de Pythagore avec les sept tons de la musique, mais avec la plus sublime géométrie. Vous paraissez surpris; vous devez l'être. Vous le serez peut-être encore davantage quand vous saurez que le barbare a montré aux hommes ce que c'est que la lumière, et qu'il a su anatomiser les rayons du soleil avec plus de dextérité qu'Hippocrate n'a jamais dévoilé les ressorts du corps humain. Enfin c'est avec raison qu'un grand astronome de son pays, qui était aussi un grand poëte, a dit de lui :

C'est de tous les mortels le plus semblable aux dieux.

CALLICRATE. — Et vous, de tous les mortels vous êtes celui qui m'avez fait le plus de bien; car vous m'avez ôté tous mes préjugés : notre Épicure, qui était un très-bon homme et qui possédait toutes les vertus sociales, n'était qu'un ignorant hardi, qui a eu la vanité de faire un système. Je me doute bien que votre insulaire, qui est un si grand homme, a eu beaucoup de disciples et de rivaux chez les nations voisines de la sienne.

ÉVHÉMÈRE. — Vous avez raison, il a causé plus de disputes qu'il n'a enseigné de vérités.

CALLICRATE. — Quelqu'un des disputeurs, sans doute, aura trouvé ce que c'est que l'âme; c'est là ce qui m'inquiète : c'est ce grand mystère dont nos philosophes grecs ont tant parlé, et dont ils ne nous ont rien appris. A quoi me servira, s'il vous plaît, de savoir qu'une planète pèse sur une autre, et qu'on peut disséquer la lumière, si je ne me connais pas moi-même?

ÉVHÉMÈRE. — Vous apprendrez, du moins, à mieux connaître la nature et le grand Être qui la dirige.

CALLICRATE. — Si notre âme est si difficile à manier, du moins vos grands raisonneurs du Nord auront parfaitement connu notre corps; cela m'intéresse pour le moins autant que mon âme. Je me flatte que des gens qui ont pesé des astres savent parfaitement comment l'homme est produit sur la terre, comment cette terre a été formée, quelles révolutions elle a essuyées, et quand elle sera détruite. Je veux apprendre tout le mystère de la génération des animaux; d'où vient cette chaleur qui anime toute la nature, et qui vit jusque dans la glace. Je m'indigne d'ignorer comment j'existe, et comment existent ce globe qui me porte, ces animaux, ces végétaux qui me nourrissent, et les éléments qui composent ce grand tout.

ÉVHÉMÈRE. — Je vois que vous avez de grandes prétentions. Vous ressemblez à un marquis gaulois que j'ai connu dans mes courses. Il a fait des mémoires dans lesquels il dit : « Plus je me suis examiné, plus j'ai vu que je n'étais propre qu'à être roi[1]. » Pour vous, vous voulez tout savoir; apparemment vous vous croyez propre à être dieu.

CALLICRATE. — Ne vous moquez point de ma curiosité; on ne saurait jamais rien si on n'était pas curieux. Je ne puis aller m'instruire chez vos savants barbares; je suis retenu dans Syracuse par ma femme : dites-moi comment elle est parvenue à me donner un enfant, ne sachant pas plus que moi ce qui se passe dans ses entrailles. Vos savants, qui ont si bien vu le ressort par lequel Dieu fait aller tous les mondes, auront vu sans doute comment notre monde se perpétue.

ÉVHÉMÈRE. — Très-souvent en plus d'un genre on connaît mieux ce qui est hors de nous que ce qui est dans nous-mêmes; nous en parlerons dans notre premier entretien.

NEUVIÈME DIALOGUE. — *Sur la génération.*

CALLICRATE. — J'ai toujours été étonné qu'Hippocrate, Platon, et Aristote, qui ont eu des enfants, ne fussent pas d'accord sur la façon dont la nature opère ce miracle perpétuel. Ils disent bien que les deux sexes y coopèrent, en fournissant chacun un peu de liquide; mais Platon, mettant toujours sa théologie à la place de la nature, ne considère que l'harmonie du nombre trois, l'engendreur, l'engendré,

1. Le marquis de Lassay, dans ses *Mémoires*, t. IV, p. 322, réimpression de Lausanne, 1756.

et la femelle dans laquelle on engendre; ce qui compose une proportion harmonique, et ce qu'une accoucheuse ne comprend guère. Aristote se borne à dire que la femelle produit la matière de l'embryon,
que le mâle est chargé de la forme; et cela ne nous instruit pas davantage.

N'y a-t-il personne qui ait vu opérer la nature comme on voit un
sculpteur opérer sur l'argile, sur du bois, sur du marbre, et en tirer
une figure?

ÉVHÉMÈRE. — Le sculpteur travaille au grand jour, et la nature
dans l'obscurité. Tout ce qu'on a su jusqu'à présent de cette nature
s'est réduit à cette liqueur que répandent toujours les mâles accou-
plés, et qu'on nie à plusieurs femelles; mais la physique des deux
fluides générateurs, admise par Hippocrate, est celle qui a prévalu.
Votre Épicure fait de ce mélange une espèce de divinité, et cette divinité est le plaisir. Ce plaisir est si puissant, qu'il n'a pas permis à la
Grèce de chercher d'autres causes.

Enfin, un grand physicien, encore de l'île Cassitéride, aidé par les
découvertes de quelques physiciens d'Italie, a substitué des œufs aux
deux fluides générateurs. Ce grand disséqueur, nommé Arivhé[1], était
d'autant plus croyable, qu'il a vu dans notre corps la circulation du
sang, que notre Hippocrate n'avait jamais vue, et qu'Aristote ne soupçonnait pas. Il a disséqué mille mères de famille quadrupèdes qui
avaient reçu la liqueur du mâle : mais après avoir aussi examiné les
œufs des poules, il a décidé que tout vient d'un œuf; que la différence
entre les oiseaux et les autres espèces est que les oiseaux couvent, et
que les autres espèces ne couvent point : une femme n'est qu'une
poule blanche en Europe, et une poule noire au fond de l'Afrique. On
a répété après Arivhé : *Tout vient d'un œuf.*

CALLICRATE. — Ainsi voilà donc le mystère découvert.

ÉVHÉMÈRE. — Non; depuis peu tout a changé : nous ne venons plus
d'un œuf. Il a paru un Batave[2] qui, avec le secours d'un verre artiste-
ment taillé, a vu dans la liqueur séminale des mâles un peuple entier
de petits enfants déjà tout formés, et courant avec une agilité merveilleuse. Plusieurs curieux et curieuses ont fait la même expérience,
et on a été persuadé que le mystère de la génération était enfin développé; car on avait vu de petits hommes en vie dans la semence de
leur père. Malheureusement la vivacité avec laquelle ils nageaient les
a décrédités. Comment des hommes qui couraient avec tant de promptitude dans une goutte de liqueur, demeuraient-ils ensuite neuf mois
entiers presque immobiles dans la matrice de leur mère?

Quelques observateurs ont cru voir dans ces petits animalcules sper-
matiques, non des êtres vivants, mais des filaments de la liqueur
même, quelques particules de cette liqueur chaude agitée par son
propre mouvement et par le souffle de l'air : plusieurs curieux ont
cherché à voir, et n'ont rien vu du tout : enfin on s'est dégoûté, non
pas de fournir à ces expériences, mais d'user ses yeux à contempler

1. Harvey. (ÉD.) — 2. Leuwenhoek et Hartsocker. (ÉD.)

dans une goutte de sperme un peuple si difficile à saisir, et qui probablement n'existait pas.

Un homme, et toujours de l'île de Cassitéride, mais qui ne doit pas être compté parmi les philosophes, a pris un autre chemin : c'était un de ces demi-druides auxquels il n'est pas permis de se connaître en liqueur spermatique; il a cru qu'il suffisait d'un peu de farine de mauvais blé pour faire naître des anguilles[1]. Il a trompé par cette expérience prétendue les meilleurs naturalistes. Vos épicuriens de Syracuse s'y seraient laissé surprendre bien volontiers. Ils auraient dit : « Du blé gâté fait naître des anguilles, donc du bon blé peut faire naître des hommes; donc on n'a pas besoin d'un Dieu pour peupler le monde; cela n'appartient qu'aux atomes. »

Bientôt notre créateur d'anguilles a disparu : un autre homme à système s'est mis à sa place[2]. Comme de vrais philosophes avaient reconnu et démontré qu'il y a une gravitation, une pesanteur, une attraction réciproque entre tous les globes du monde planétaire, cet homme a imaginé qu'il règne aussi une attraction entre toutes les molécules qui doivent former un enfant dans le ventre de sa mère. L'œil droit attire l'œil gauche; et le nez, également attiré par l'un et par l'autre, vient se placer juste entre eux deux; il en est de même des deux cuisses, et de la partie qui est entre les hanches. Il est difficile d'expliquer pourquoi, dans ce système, la tête se met sur le cou, au lieu de prendre sa place plus bas entre les épaules. C'est dans ces égarements qu'on se précipite quand on veut en imposer aux hommes au lieu de les éclairer. On s'est moqué de ce système, ainsi que des anguilles nées de blé ergoté : car on est moqueur en Gaule aussi bien qu'en Grèce.

La chute de tant de systèmes n'a point découragé un nouveau philosophe[3], digne en effet de ce nom, ayant passé sa vie entre les mathématiques et les expériences, les deux seuls guides qui peuvent conduire à la vérité. Convaincu de l'insuffisance de tous ces systèmes, quoique plusieurs eussent paru plausibles, il a cru que les corpuscules observés par tant de physiciens et par lui-même dans le fluide des semences n'étaient point des animaux, mais des molécules en mouvement qui étaient pour ainsi dire aux portes de la vie.

« La nature, dit-il, en général, me paraît tendre beaucoup plus à la vie qu'à la mort; il semble qu'elle cherche à organiser les corps autant qu'il est possible. La multiplication des germes, qu'on peut augmenter presque à l'infini, en est une preuve; et l'on pourrait dire avec quelque fondement que si la matière n'est pas tout organisée, c'est que les êtres organisés se détruisent les uns les autres; car nous pouvons augmenter presque autant que nous voulons la quantité des êtres vivants et végétants; et nous ne pouvons pas augmenter la quantité des pierres ou des autres matières brutes. »

CALLICRATE. — Il a raison; ce passage que vous me citez me paraît

---

1. Needham. (ÉD.) — 2. Maupertuis, dans sa *Vénus physique*. (ÉD.)
3. Buffon. (ÉD.)

aussi vrai que nouveau : nous semons des hommes, et ils se détruisent à la guerre comme les guerriers que Cadmus fit naître des dents
d'un dragon. La terre est un vaste cimetière qui se couvre sans cesse
de mortels entassés sur leurs prédécesseurs. Il n'y a point d'animal
qui ne soit la victime et la pâture d'un autre animal. Les végétaux
sont continuellement dévorés et reproduits. Mais nous ne reproduisons
point les métaux, les minéraux, les rochers. J'aime votre Gaulois, je
voudrais le connaître. Quel moyen tire-t-il de cette observation pour
faire des enfants?

ÉVHÉMÈRE. — Il a supposé que la nature peut produire de petits
moules, comme les sculpteurs en fonte pétrissent des modèles de terre,
autour desquels ils laissent couler le métal embrasé qui se dessine
sur ces figures. Il imagine que ces modèles, ces moules organisés
par la nature, s'appliquent non-seulement à tout l'extérieur des corps,
mais encore à tout leur intérieur. Je ne puis mieux vous représenter
cette mécanique qu'en me figurant Prométhée faisant le moule de
Pandore pour le dehors et pour le dedans; de sorte qu'elle eut une
belle gorge en même temps qu'elle eut un cœur et des poumons.

L'inventeur de ce système se fonde sur ce qu'il y a dans la matière
des qualités inhérentes qui appartiennent à tout l'intérieur, comme
la gravitation, l'étendue. Il prétend que ces moules organiques intérieurs composent toute la matière vivante et végétante.

« Se nourrir, dit-il [1], se développer et se reproduire, sont les effets
d'une seule et même cause; le corps organisé se nourrit par les parties
qui lui sont analogues; il se développe par la susception intime des
parties organiques qui lui conviennent, et il se reproduit parce qu'il
contient quelques parties organiques qui lui ressemblent.... Lorsque la
matière organique nutritive est surabondante, elle est envoyée dans les
réservoirs sous la forme d'une liqueur qui contient tout ce qui est nécessaire à la reproduction d'un petit être semblable au premier. »

Il dit ailleurs [2] : « Je pense... que les molécules organiques ren-
voyées de toutes les parties du corps dans les testicules et dans les vé-
sicules séminales du mâle, et dans les testicules ou dans telle autre
partie qu'on voudra de la femelle, y forment la liqueur séminale, laquelle dans l'un et l'autre sexe est, comme l'on voit, une espèce d'extrait de toutes les parties du corps...; et lorsque dans le mélange qui
s'est fait il se trouve plus de molécules organiques du mâle que de la
femelle, il en résulte un mâle; au contraire, s'il y a plus de particules
organiques de la femelle que du mâle, il se forme une petite femelle. »

CALLICRATE. — Si cela est comme il le dit, un enfant pourra donc
naître ayant deux tiers d'homme et un tiers de femme, et rien ne sera
plus commun que des hermaphrodites, quand les femmes répandront
autant de liqueur séminale que les hommes : mais malheureusement
vous savez qu'il y a plusieurs femmes qui n'en fournissent point, qui
ont en horreur les caresses de leurs époux, et qui cependant en ont
plusieurs enfants.

1. Buffon, chap. III, p. 79. (ÉD.) — 2. Id., chap. IV, p. 85. (ÉD.)

Ce système d'ailleurs, qui m'avait tant séduit, et dans lequel je voyais beaucoup de sagacité et d'imagination, commence à m'embarrasser. Je ne puis me former une idée nette de ces moules intérieurs. Si les enfants sont dans ces moules, quel besoin de liqueur prolifique? et s'ils sont formés de cette liqueur, quel besoin de ces moules? De plus, il me semble fort extraordinaire que des moules organiques, qui n'ont point nourri notre corps, deviennent ensuite un corps humain qui a le mouvement et la pensée, de sorte qu'une molécule organique peut devenir un Alexandre ou une goutte d'urine. Dites-moi comment ce système a été reçu.

ÉVHÉMÈRE. — Ceux qui creusent les nouveautés philosophiques l'ont combattu et l'ont décrié; ceux qui ne creusent point l'ont rejeté sur les simples apparences : mais tous ont donné des éloges à l'*Histoire naturelle* de l'homme depuis son enfance jusqu'à sa mort, décrite par le même auteur. Ce petit ouvrage nous apprend physiquement à vivre et à mourir : c'est l'histoire de toute l'espèce humaine fondée sur des faits connus; au lieu que les moules organiques ne sont qu'une hypothèse. Ainsi il faut, je crois, nous résoudre à ignorer notre origine : nous sommes comme les Égyptiens qui tirent tant de secours du Nil, et qui ne connaissent pas encore sa source; peut-être la découvriront-ils un jour.

DIXIÈME DIALOGUE. — *Si la terre a été formée par une comète.*

CALLICRATE. — Si je désespère de savoir au juste comment je suis né, comment je vis, comment je pense, et comment je mourrai, je ne dois pas me flatter de connaître mieux le globe où je suis que je ne me connais moi-même; cependant vous m'avez dit que les Égyptiens pourront découvrir un jour la source de leur Nil : cela ranime ma faible espérance d'être instruit un jour de la formation de notre terre. J'ai renoncé aux atomes déclinants d'Épicure : vos sages barbares, qui ont inventé tant de belles choses, n'ont-ils rien su de la façon dont la terre était faite? On peut, en examinant un nid d'oiseau, découvrir sa construction, sans qu'on connaisse précisément ce qui donne à ces oiseaux leur vie, leur instinct, et leurs plumes : n'y a-t-il personne qui ait bien observé ce nid dans lequel nous sommes, ce petit coin de l'univers où la nature nous a renfermés?

ÉVHÉMÈRE. — Cardestes, dont je vous ai parlé, a deviné que notre nid a été d'abord un soleil encroûté.

CALLICRATE. — Un soleil encroûté! vous voulez rire.

ÉVHÉMÈRE. — C'est ce Cardestes, sans doute, qui riait quand il disait que nous avons été autrefois un soleil composé de matière subtile et de matière globuleuse; mais que, nos matières s'étant épaissies, nous avons perdu notre brillant et notre force : nous sommes tombés, d'un tourbillon dont nous étions le centre et les maîtres, dans le tourbillon du soleil d'aujourd'hui; nous sommes tout couverts de matière rameuse et cannelée; enfin, d'astres que nous étions, nous sommes devenus lune, ayant par faveur autour de nous une autre petite lune pour nous consoler dans notre disgrâce.

CALLICRATE. — Vous dérangez toutes mes idées; j'étais prêt de me rendre le disciple de vos Gaulois. Mais je trouve qu'Épicure, Aristote, Platon, étaient bien plus raisonnables que votre Cardestes. Ce n'est pas là un système de philosophie, c'est le rêve d'un homme en délire.

ÉVHÉMERE. — C'est ce qu'on appelait, il y a quelques années, la philosophie corpusculaire, la seule vraie philosophie. Ces chimères même ont eu des commentateurs : on croyait qu'un géomètre qui avait donné sur l'optique quelque chose d'assez bon pour son temps ne pouvait jamais avoir tort.

CALLICRATE. — Qu'a-t-on trouvé depuis lui sur la formation de notre globe?

ÉVHÉMÈRE. — Voici la découverte d'un philosophe germain [1] dont je vous ai dit quelques mots : c'est l'homme de l'harmonie préétablie, par laquelle l'âme prononce un discours, tandis que le corps, qui n'en sait rien, fait les gestes; ou bien ce corps sonne l'heure, quand l'âme la montre sur le cadran sans entendre sonner. Il a trouvé par les mêmes principes que l'existence de notre globe avait commencé par un embrasement. Les mers furent envoyées pour éteindre le feu; et tout ce qui était terre ayant été vitrifié, resta une masse de verre. On ne croirait pas qu'un mathématicien eût conçu un tel système : la chose est arrivée pourtant.

CALLICRATE. — Vous m'avouerez qu'on ne peut reprocher à mon Épicure de pareilles facéties. Je vous demandais des vérités, et non des extravagances.

ÉVHÉMÈRE. — Eh bien donc, je vais encore vous parler du philosophe qui a si bien écrit l'*Histoire naturelle* de l'homme. Il a fait aussi l'*Histoire naturelle* de la terre, mais il ne la donne que pour un roman, une hypothèse.

Il suppose qu'une comète passant un jour sur la surface du soleil...

CALLICRATE. — Comment! une comète qu'Aristote et mon Épicure ont déclarée exhalaison de la terre?

ÉVHÉMÈRE. — Aristote et votre Épicure se connaissaient fort mal en comètes. Ils n'avaient aucun instrument qui pût aider leurs yeux à les voir et à mesurer leurs cours. Les Gaulois, les Cassitérides, les Germains, les peuples voisins de la Grèce se sont fait des instruments de vérité; ils ont su par ces instruments que les comètes sont des planètes qui circulent autour du soleil dans des courbes immenses, approchantes de la parabole : ils conjecturent qu'il y a tel de ces astres qui n'achève sa course qu'en plus de cent cinquante années. On a prédit leur retour comme on prédit les éclipses; mais on n'a pu les prédire avec la même précision : il s'en faut de beaucoup.

CALLICRATE. — Je les prie d'excuser mon ignorance. Vous disiez qu'une comète tomba sur le soleil : qu'en arriva-t-il? ne fut-elle pas brûlée?

ÉVHÉMÈRE. — Le philosophe des Gaules suppose qu'elle ne fit qu'effleurer la superficie de ce puissant astre, et qu'elle en emporta un

_____
1. Leibnitz. (ÉD.)

morceau dont la terre se forma [1]. Il y en eut même encore assez pour fournir à d'autres planètes. On peut juger si de grosses pièces détachées ainsi du soleil étaient chaudes. On conte qu'une certaine comète, passant auprès de cet astre, devint deux mille fois plus brûlante que le fer rouge, et ne put se refroidir qu'en cinquante mille années. De là on peut conclure que notre terre, qui n'est pas trop chaude vers ses deux pôles, a mis plus de cinquante mille ans à se refroidir, puisque ces pôles sont froids comme glace. Elle arriva du soleil dans la place où elle est, toute vitrifiée, comme l'avait dit le philosophe allemand; et c'est depuis ce temps-là qu'on fait du verre avec du sable.

CALLICRATE. — Il me semble que je lis les anciens poëtes grecs qui me disent pourquoi Apollon va se coucher tous les soirs dans la mer, et pourquoi Junon s'assied quelquefois sur l'arc-en-ciel. Franchement, vous ne voudriez pas me forcer à croire que la terre est de verre, et qu'elle est venue du soleil si chaude qu'elle n'est pas encore refroidie vers l'Éthiopie, tandis qu'on gèle dans le quartier des Lapons.

ÉVHÉMÈRE. — Aussi l'auteur ne vous donne cette histoire de la terre que pour une hypothèse.

CALLICRATE. — En vérité, hypothèses pour hypothèses, n'aimez-vous pas autant les grecques que les gauloises? Pour moi, je vous avoue que Minerve, la déesse de la sagesse, sortie du cerveau de Jupiter; Vénus, née d'une semence divine, tombée sur le rivage des mers pour unir à jamais l'eau, l'air et la terre; Prométhée, qui vient ensuite apporter le feu céleste à Pandore; l'Amour, son bandeau, ses flèches et ses ailes; Cérès, enseignant aux hommes l'agriculture; Bacchus, qui soulage leurs peines par son breuvage délicieux; tant de fables charmantes, tant d'ingénieux emblèmes de la nature, valent bien l'harmonie préétablie, les entretiens avec le verbe, et la comète qui vient produire notre terre.

ÉVHÉMÈRE. — Je suis aussi touché que vous de ces allégories enchanteresses; elles feront la gloire éternelle des Grecs et le charme des nations; elles seront gravées dans tous les esprits, et seront chantées par toutes les bouches, malgré les changements de gouvernement, de religion, de mœurs, qui bouleverseront continuellement la face de la terre : mais ces belles, ces éternelles fables, tout admirables qu'elles sont, ne nous instruisent pas du fond des choses; elles nous ravissent, mais elles ne prouvent rien. L'Amour et son bandeau, Vénus et les trois Grâces, ne nous apprendront jamais à prédire une éclipse, et à connaître la différence entre l'axe de l'écliptique et l'axe de l'équateur. La beauté même de ces peintures détourne nos yeux et nos pas des sentiers pénibles de la science; c'est une volupté qui nous amollit.

CALLICRATE. — Dites-moi donc tout ce que vos philosophes bar-

---

1. Ces parties détachées du soleil n'auraient pu décrire des orbites très-peu excentriques, comme le sont celles des planètes, et il est même presque impossible qu'elles ne tombassent point sur le soleil après une révolution. Ainsi la comète n'aurait produit tout au plus que d'autres comètes; ce système, qui d'ailleurs est dénué de toute probabilité, est contraire aux lois du système du monde. (*Éd. de Kehl.*)

bares, qui ne sont point amollis comme nos Grecs, ont inventé
d'utile.

ÉVHÉMÈRE. — Je vais vous conter ce que j'ai vu dans la Gaule, à
mon dernier voyage.

ONZIÈME DIALOGUE. — *Si les montagnes ont été formées
par la mer.*

ÉVHÉMÈRE. — A huit cent quarante-quatre stades de l'Océan, près
d'une ville nommée Tours, on trouve, à dix pieds de profondeur sous
terre, une étendue d'environ cent trente millions de toises cubiques
d'une matière un peu marneuse, qui ressemble à du talc pulvérisé;
les cultivateurs s'en servent pour fumer leurs champs. On trouve dans
cette mine excavée, souvent imbibée de pluie et d'eau de source,
plusieurs dépouilles d'animaux, soit reptiles, soit crustacées, soit
testacées.

Un virtuose, potier de son métier [1], qui s'intitulait inventeur des
figulines rustiques du roi des Gaules, prétendit que cette mine de
mauvais talc mêlé d'une terre marneuse n'était qu'un amas de poissons
et de coquilles, qui étaient là du temps du déluge de Deucalion. Quelques philosophes ont adopté ce système; ils se sont seulement écartés
de la doctrine du potier, en soutenant que ces coquilles devaient avoir
été déposées dans ce souterrain plusieurs milliers de siècles avant
notre déluge grec.

On leur a répondu : « Si un déluge universel a porté dans cet endroit
cent trente millions de toises cubiques de poissons, pourquoi n'en
a-t-il pas porté la millième partie dans les autres terrains également
éloignés de l'Océan? pourquoi ces mers, toutes couvertes de marsouins, n'ont-elles pas vomi, sur ces rivages seulement, une douzaine
de marsouins? »

Il faut avouer que ces philosophes n'ont point éclairci cette difficulté;
mais ils sont demeurés fermes dans l'idée que la mer avait couvert les
terres, non-seulement jusqu'à huit cent quarante stades au delà de son
rivage, mais qu'elle s'est avancée bien plus loin. Les disputes n'ont
point de bornes. Enfin le philosophe gaulois Telliamed [1] a soutenu que
la mer avait été partout pendant cinq ou six cent mille siècles, et
qu'elle avait produit toutes les montagnes.

CALLICRATE. — Vous me dites des choses bien extraordinaires; tantôt vous me faites admirer vos barbares, tantôt vous me forcez à
en rire. Je croirais plus aisément que les montagnes ont fait naître
les mers, que je ne penserais que les mers ont les montagnes pour
filles.

ÉVHÉMÈRE. — Si, selon Telliamed, les courants de l'Océan et les
marées ont à la longue produit le Caucase et l'Immaüs en Asie, les

---

1. Bernard de Palissy. (ÉD.)

1. De Maillet, dont l'ouvrage posthume est intitulé : *Telliamed, ou Entretiens d'un philosophe indien avec un missionnaire français sur la diminution
de la mer, mis en ordre sur les mémoires de M. de Maillet*, par A. G. (ÉD.)

Alpes et l'Apennin en Europe, ils ont aussi fait naître des hommes pour peupler ces montagnes et leurs vallées.

CALLICRATE. — Rien n'est plus juste ; mais ce Telliamed me paraît un peu blessé du cerveau.

ÉVHÉMÈRE. — Cet homme, longtemps employé en Égypte par son roi pour la sûreté du commerce, a passé pour un savant très-instruit. Il n'ose pas dire qu'il a vu des hommes marins, mais il a parlé à des gens qui en ont vu : il juge que ces hommes marins, dont plusieurs nous ont donné la description, sont devenus à la fin des hommes terrestres tels que nous sommes, lorsque la mer, se retirant des côtes pour aller élever ses montagnes, a laissé ces hommes dans la nécessité d'habiter sur la terre. Il croit de même, ou il veut faire croire que nos lions, nos ours, nos loups, nos chiens, sont venus des chiens, des loups, des ours, des lions marins, et que toutes nos basses-cours ne sont peuplées que de poissons volants, qui à la longue sont devenus canards et poules.

CALLICRATE. — Et sur quoi a-t-il pu fonder ces extravagances ?

ÉVHÉMÈRE. — Sur Homère, qui a parlé des tritons et des sirènes. Ces sirènes surtout, qui avaient une voix charmante, ont enseigné la musique aux hommes quand elles ont habité la terre, au lieu de demeurer dans l'eau. De plus, tout le monde sait qu'en Chaldée il y avait autrefois dans l'Euphrate un brochet nommé Oannès, qui venait prêcher le peuple deux fois par jour ; c'est lui qui est le patron de ceux qui parlent en chaire. Le dauphin qui porta Arion est devenu le patron des postillons. Voilà sans doute assez d'autorités pour établir une nouvelle philosophie.

Mais le plus grand appui qu'elle ait eu est l'historien [1] de l'homme, du monde entier, et du cabinet d'un grand roi [2] ; il a pris du moins sous sa protection les montagnes formées par les courants et par le flux des mers ; il a fortifié cette idée de Telliamed. On l'a comparé à un grand seigneur qui élève dans ses domaines un orphelin abandonné. Quelques physiciens se sont joints à lui ; et ce système est devenu assez problématique.

CALLICRATE. — Je voudrais bien savoir ce qu'ils disent pour prouver que le mont Caucase a été créé par le Pont-Euxin.

ÉVHÉMÈRE. — Ils allèguent qu'on a trouvé un brochet pétrifié au milieu du pays des Cattes en Germanie, une ancre de vaisseau sur les grandes Alpes, et un vaisseau tout entier dans un précipice des environs. Il est vrai que l'histoire de ce vaisseau n'a été contée que par un de ces pauvres compilateurs qui veulent gagner quelque argent par leurs mensonges ; mais les gens à système n'ont pas manqué de dire que ce vaisseau, avec tous ses agrès, était dans cette fondrière plus de dix à douze cent mille siècles avant qu'on eût inventé la navigation, et que ce vaisseau fut bâti dans le temps que la mer se retirait de la cime des grandes Alpes pour aller faire le mont Caucase.

CALLICRATE. — Et c'est vous, Évhémère, qui me dites ces puérilités ?

1. Buffon. (ÉD.) — 2. Louis XVI. (ÉD.)

ÉVHÉMÈRE. — Je vous les rapporte pour vous faire voir que mes barbares se sont quelquefois livrés à leur imagination tout autant que vos
Grecs.

CALLICRATE. — Jamais aucun philosophe grec n'a rien dit qui s'approche de ce que vous venez de me conter.

ÉVHÉMÈRE. — Comment donc! oubliez-vous ce qu'a écrit depuis peu
l'astronome Bérose, que j'ai tant vu à la cour d'Alexandre?

CALLICRATE. — Quoi donc! qu'a-t-il écrit de si extraordinaire?

ÉVHÉMÈRE. — Il a prétendu, dans ses *Antiquités du genre humain*,
que Saturne apparut à Xissutre, et lui dit : « Le 15 du mois d'œsi, le
genre humain sera détruit par le déluge. Enfermez bien tous vos écrits
dans Sipara, la ville du soleil, afin que la mémoire des choses ne se
perde pas (car quand il n'y aura plus personne sur la terre, les écrits
seront très-nécessaires); bâtissez un vaisseau, entrez-y avec vos parents et vos amis; faites-y entrer des oiseaux et des quadrupèdes, mettez-y des provisions, et, quand on vous demandera où vous voulez
aller avec votre vaisseau, répondez : « Vers les dieux, pour les prier de
« favoriser le genre humain. »

Xissutre ne manqua pas de bâtir son vaisseau, qui était large de
deux stades et long de cinq; c'est-à-dire que sa largeur était de deux
cent cinquante pas géométriques, et sa longueur de six cent vingt-
cinq. Ce vaisseau, qui devait aller sur la mer Noire, était mauvais
voilier. Le déluge vint. Lorsque le déluge eut cessé, Xissutre lâcha
quelques-uns de ses oiseaux, qui, ne trouvant point à manger, revinrent au vaisseau. Quelques jours après, il lâcha encore ses oiseaux,
qui revinrent avec de la boue aux pattes; enfin ils ne revinrent plus.
Xissutre en fit autant; il sortit de son vaisseau, qui était perché
sur une montagne d'Arménie [1], et on ne le revit plus; les dieux l'en-
levèrent.

Vous voyez que de tout temps on a voulu amuser ou effrayer les
hommes, tantôt par des contes, tantôt par des raisonnements. Les
Chaldéens ne sont pas les premiers qui aient menti pour se faire écouter; les Grecs ne sont pas les derniers: la Gaule a mêlé les fictions aux
vérités, comme les Grecs, et n'a pas été aussi agréable qu'eux dans
ses fables; on a menti en Germanie et dans l'île Cassitéride.

Le premier destructeur de la philosophie grecque en Gaule, le fameux Cardestes, avouait qu'il avait menti, et qu'il n'avait voulu que
plaisanter en composant l'univers avec des dés, et en créant la matière
subtile, la globuleuse, la rameuse, la striée, la cannelée; d'autres
ont poussé la raillerie jusqu'à dire qu'incessamment l'univers pourrait
bien être détruit par la matière subtile, dont selon eux le feu est produit.

CALLICRATE. — Ce n'est pas apparemment un homme de la famille du
roi Xissutre qui nous prépare en riant cette catastrophe : il faut que
ce soit un de ces philosophes qui ont fait sortir notre monde d'une
comète embrasée; ils auront voulu lui donner la mort de la même fa-

---

1. *Genèse*, VIII, 4. (ÉD.)

çon dont ils lui ont donné la vie; mais une pareille plaisanterie me paraît trop forte. Je n'aime point qu'on rie de la destruction.

ÉVHÉMÈRE. — Vous avez raison. Ce qu'il y a de pis, c'est que cette idée de nous faire tous périr par le feu n'est qu'un réchauffé de la fable de Phaéthon. Il y a longtemps qu'on a dit que le genre humain avait été noyé une fois par une inondation, et qu'il avait une autre fois été détruit par un incendie.

On conte même que les premiers hommes érigèrent deux belles colonnes, l'une de pierres et l'autre de briques, pour en avertir leurs descendants, et afin que, en cas de malheur, la colonne de briques résistât au feu, et que celle de pierres résistât à l'eau.

Nos philosophes barbares d'aujourd'hui, qui sont plus que philosophes, puisqu'ils sont prophètes, nous annoncent que les deux colonnes seront fort inutiles : car une comète ayant formé la terre, une autre comète la brisera en mille pièces, elle et ses deux beaux monuments de pierres et de briques. On a fait sur cette prédiction des livres où il y a beaucoup de calculs et beaucoup d'esprit; on s'est même très-égayé sur cette catastrophe épouvantable[1]. Ces savants gaulois ont fait comme les dieux, qu'Homère nous a peints riant d'un rire inextinguible pour des choses qui n'étaient point du tout plaisantes.

CALLICRATE. — Il me semble qu'il n'appartient de rire qu'aux dieux d'Épicure; ils ne sont occupés que de leur bonne chère et de leurs plaisirs; mais pour les dieux d'Homère, qui sont toujours en querelle dans le ciel et sur la terre, ils n'ont pas trop sujet de rire, vos philosophes gaulois encore moins. Ne m'avez-vous pas dit qu'ils sont presque toujours gourmandés par des druides? cela doit les rendre très-sérieux.

ÉVHÉMÈRE. — Aussi plusieurs l'ont-ils été, et j'ose vous dire qu'ils se sont occupés sérieusement à rendre de très-grands services.

CALLICRATE. — C'est de quoi je voudrais être instruit. Je n'aime que la philosophie d'usage; je préfère l'architecte qui me bâtit une maison agréable et commode, au mathématicien qui carre une courbe à double courbure dont je n'ai que faire.

ÉVHÉMÈRE. — Non-seulement les barbares ont montré leur sagacité en carrant des courbes et même en se trompant quelquefois dans leurs calculs; mais ils ont inventé des arts nouveaux, dont bientôt les Grecs ne pourront plus se passer; et je vais vous en rendre compte.

---

1. M. de Lalande, de l'Académie des sciences, ayant fait un mémoire sur les comètes qui peuvent approcher de la terre, beaucoup de gens s'imaginèrent qu'il avait prédit l'arrivée d'une de ces comètes, et que la fin du monde était proche; mais cela ne produisit que des calculs et des plaisanteries, et personne ne s'avisa de donner son bien à l'Église, comme dans le bon temps. (*Éd. de Kehl.*)

DOUZIÈME DIALOGUE. — *Inventions des barbares, arts nouveaux,
idées nouvelles.*

CALLICRATE. — Dites-moi donc au plus tôt ce que ces barbares ont
imaginé de si utile au monde.

ÉVHÉMÈRE. — Quand ils n'auraient inventé que les moulins à vent,
nous leur devrions une éternelle reconnaissance; ce ne sont ni des
Cassitérides, ni des Goths, ni des Celtes, qui ont été les auteurs de
cette belle machine : ce sont des Arabes établis en Égypte; les Grecs
n'y ont nulle part.

CALLICRATE. — Comment est faite cette belle machine? J'en ai ouï
parler, mais je l'ai jamais vue.

ÉVHÉMÈRE. — C'est une maison montée sur un pivot et qui tourne à
tout vent : elle a quatre grandes ailes qui ne peuvent voler, mais qui
servent à briser entre deux pierres le grain recueilli dans la campagne.
Les Grecs et nous autres Siciliens, les Romains même, n'ont pas encore l'usage de ces maisons ailées : nous ne savons que fatiguer les
mains de nos esclaves à moudre grossièrement ce blé que nous arra-
chons à la terre avec tant de peine. J'espère que le bel art des maisons
ailées parviendra un jour jusqu'à nous.

CALLICRATE. — On dit que c'est à notre Sicile que les dieux ont fait
la grâce de donner le blé, et que c'est de chez nous qu'il s'est répandu
dans une partie du monde : nos épicuriens n'en croient rien; ils sont
persuadés que les dieux sont trop occupés de leur bonne chère pour
songer à la nôtre; et en effet, si Cérès nous avait accordé le blé, elle
aurait bien dû nous faire présent d'un moulin à vent.

ÉVHÉMÈRE. — Pour moi, je serai toujours persuadé, non pas que
Cérès ait apporté du froment à Syracuse, mais que le grand Démiourgos a donné aux hommes et aux animaux les aliments et l'industrie
nécessaire pour soutenir leur courte vie, selon les climats où il les a
fait naître.

Les peuples qui habitent les bords de la Seine et du Danube n'ont
pas les fruits délicieux qui croissent vers le Gange. La nature ne fait
pas croître chez eux ce riz si savoureux et si nourrissant, dont le goût
est relevé par les aromates ou par les cannes sucrées de l'Inde. Notre
Europe septentrionale est privée de ces beaux palmiers dont toute l'Asie
est couverte, de ces pommes d'or de tant d'espèces différentes, qui
fournissent un aliment si léger et une boisson si rafraîchissante. Des
pays immenses, dont Alexandre n'a vu que les frontières, ont en partage le coco, dont vous avez entendu parler; ce fruit fournit une
amande supérieure à notre pain et à notre miel, une liqueur plus
agréable que nos meilleurs vins, une huile pour les lampes, et une
coque très-dure dont on façonne des vases et mille petits bijoux; une
écorce filamenteuse, qui l'enveloppe, est filée en toile et taillée en
voile de navire; on bâtit avec son bois des vaisseaux et des maisons,
et ses feuilles larges et épaisses servent à couvrir ces maisons. Ainsi
une seule espèce de fruit nourrit, désaltère, habille, loge, voiture et

meuble des peuples entiers à qui la terre prodigue ces présents sans culture.

Dans l'Europe, dont la Sicile est la partie la plus fortunée, nous n'avons jusqu'à présent que des fruits sauvages ; car les pommes d'or des Hespérides, les beaux fruits de Perse[1], de Cérasonte[2] et d'Épire[3], ne sont pas encore cultivés dans notre île ; notre ressource et notre gloire sont dans ce blé dont nous nous vantons : quelle triste gloire et quelle ressource pénible ! Ceux-là n'avaient peut-être pas tant de tort qui ont dit que nous avions offensé Cérès, et que pour nous punir elle nous enseigna l'agriculture.

Il faut d'abord tirer du sein de la terre et forger par les mains de nos cyclopes le fer qui doit la déchirer. Les trois quarts des peuples de notre petite Europe sont obligés d'acheter de l'Asie et de l'Afrique des grains pour ensemencer leurs maigres champs ; et ces champs, après plusieurs labours qui excèdent les hommes et les animaux, rapportent dix pour un dans les meilleures années, d'ordinaire cinq ou six, quelquefois trois. Quand cette chétive moisson est faite, on est obligé de battre les gerbes à grands coups de levier, et d'en perdre une partie dans ce rude travail. Ces travaux n'ont encore rien avancé pour la nourriture de l'homme. Il faut porter ce grain chétif à ceux qui l'arrosent de leur sueur en l'écrasant sous la meule à force de bras. Ce n'est encore rien si dans cet état on ne l'expose au feu dans des antres voûtés, où trop de chaleur peut le pulvériser, et où trop peu n'en ferait qu'une pâte inutile.

C'est donc là ce pain dont Cérès a gratifié les hommes, ou plutôt qu'elle leur a fait acheter si chèrement ! il ne ressemble pas plus au grain dont il est formé, qu'une robe d'écarlate ne ressemble au mouton dont elle est tirée. Ce qui surtout est déplorable, c'est que le laboureur ne jouit qu'à peine du fruit de tant de travaux. Ce n'est pas pour lui que l'habitant des rives du Danube et du Borysthène a semé : c'est pour le barbare qui s'est emparé de son pays sans savoir comment le blé germe en terre ; c'est pour le druide ou pour le lama qui de la part du Ciel exige une partie de la récolte, en attendant qu'il déflore ou qu'il sacrifie sur l'autel la fille du bonhomme dont il dévore la subsistance.

Du moins vous m'avouerez que les mathématiciens qui ont inventé e moulin à vent ont soulagé le malheureux cultivateur de la plus rude de ses peines.

CALLICRATE. — Je ne doute pas que la mode des moulins à vent ne prenne bientôt faveur chez tous les peuples qui mangent du pain, et qu'ils ne bénissent la philosophie. Continuez, je vous prie, de m'instruire des nouvelles inventions de vos barbares.

ÉVHÉMÈRE. — Je vous ai déjà dit qu'ils avaient donné des yeux[4] à ceux

---

1. La pêche, en latin *malum persicum* ou *amygdalis persica*. (ÉD.)
2. La cerise, rapportée du Pont par Lucullus, vainqueur de Mithridate. (ÉD.)
3. Le *malum epiroticum* des Romains est notre pomme de calville. (ÉD.)
4. Les lunettes. (ÉD.)

qui n'en avaient point : ils ont aidé les vieillards à lire; ils ont fait voir à tous les hommes des étoiles[1] qui leur avaient toujours été cachées; et ces bienfaits, diversifiés admirablement, ne sont que la suite d'un théorème connu en Grèce, que l'angle d'incidence est égal à l'angle de réflexion.

CALLICRATE. — Vous faites des dieux de vos philosophes : ils donnent le pain à l'homme, et ils disent : « Que la lumière se fasse. » Qu'ont-ils créé encore ? dites-moi tout.

ÉVHÉMÈRE. — Ils ont créé l'art de copier en un tour de main un livre entier. La science, par ce moyen, peut devenir universelle; les livres coûteront moins que les comestibles au marché. Chacun aura un *Aristote* à moins de frais qu'une poularde. Une partie même de ce grand art s'étend jusqu'à multiplier un tableau mille et dix mille fois; de sorte que le plus pauvre des citoyens peut avoir chez lui les ouvrages de Zeuxis et d'Apelles. Cela s'appelle des gravures.

CALLICRATE. — Tout à l'heure vos inventeurs philosophes étaient des dieux, à présent ils sont des magiciens.

ÉVHÉMÈRE. — Vous dites plus vrai que vous ne croyez. Il y a des pays en Europe où cet art encore peu connu de multiplier les tableaux et les livres a été pris pour un sortilège : mais cet art deviendra beaucoup plus commun que les moulins à vent dont j'ai parlé. Chacun voudra faire un livre, chacun voudra multiplier son portrait; nous serons inondés de livres insipides; la littérature deviendra un vil métier; et l'orgueil augmentant dans la tête d'un auteur en proportion de sa sottise, il n'y aura point de barbouilleur de papier qui ne se fasse graver à la tête de son recueil.

CALLICRATE. — Je conviens bien que la grande quantité de livres pourrait avoir son danger; mais on doit être bien obligé à ceux qui ont trouvé le secret d'en rendre le débit si facile. On choisit ses amis dans la foule.

ÉVHÉMÈRE. — Il y a en effet dans cette foule un grand nombre de marchands de pensées; les uns vendent les rêveries de Platon, les autres les impudences de Diogène : on voit dans la même boutique un *Hermès Trismégiste* et un *Aristophane*. Depuis peu, plusieurs de ces marchands se sont associés pour vendre un extrait, en trente volumes immenses[2], de tout ce que les philosophes grecs et barbares ont jamais inventé, ou imité, ou critiqué dans les sciences et dans les arts. Avec cet ouvrage on peut, dit-on, se passer de tous les autres; car, depuis la manière de faire la poudre exterminante jusqu'à celle d'enfiler des aiguilles, il n'y a rien que vous n'appreniez, dit-on, en lisant cet extrait.

CALLICRATE. — Que parlez-vous de poudre exterminante? est-ce quelque poison inventé par les Anytus et les Mélitus pour délivrer la terre des philosophes?

ÉVHÉMÈRE. — Non, c'est une admirable expérience de physique,

1. Le télescope, inventé par Galilée. (ÉD.)
2. L'*Encyclopédie.* (ÉD.)

faite par un bon prêtre qui n'y entendait pas finesse : cette expérience, réduite en art, imite parfaitement les éclairs et la foudre. Elle a même de bien plus terribles effets; elle embrase et elle détruit jusqu'aux plus solides remparts. Si notre Alexandre avait connu cette invention, il n'aurait pas eu besoin de sa valeur pour conquérir le monde. Ce qui vous étonnera, c'est que cet art de tout écraser est employé dans les solennités et dans les plaisirs. Célèbre-t-on les noces d'un prince, ce n'est point avec des harpes et des lyres, comme chez les Grecs, c'est au feu des éclairs et au retentissement du tonnerre, comme lorsque Jupiter vint coucher avec Sémélé dans tout l'appareil de sa gloire.

CALLICRATE. — Ce que vous me dites m'épouvante; c'est un monde nouveau, où l'on est à tout moment près d'être foudroyé; mais ceux qui échappent jouissent d'un grand spectacle.

ÉVHÉMÈRE. — Si je rassemblais en effet tout ce que ces modernes étrangers ont inventé en divers temps, vous les prendriez pour des géants auprès de qui nos Grecs ne sont que des enfants qui promettent d'être un jour des hommes.

Ne vous étonnerais-je pas si je vous disais que ces prétendus barbares ont su faire avec du simple sable des espèces de diamants polis de plus de cinq pieds de haut et de large, qui réfléchissent tous les objets mieux que le petit miroir d'argent consacré par la belle Phryné dans le temple de Vénus, et qui laissent un libre passage à la lumière dans les maisons, en les garantissant des injures de l'air? Vous dirai-je à quel point ils perfectionnent tous les arts qui flattent les sens, et qui contribuent à la douceur de la vie? M'en croirez-vous quand je vous apprendrai que leurs villes capitales sont dix fois plus grandes, plus peuplées que celles d'Athènes et de Syracuse, et qu'elles sont remplies, dans l'espace de plus de trente stades, d'ouvrages magnifiques en tout genre, qui surpassent tous ces chefs-d'œuvre de luxe qu'on vante dans Suse et dans Babylone?

Ce qui vous surprendra encore davantage, c'est que la plupart des découvertes de tous ces arts ingénieux n'ont été faites que dans des temps d'ignorance et de grossièreté. Il semble que Dieu ait donné à certains hommes un instinct supérieur à la raison ordinaire, comme on voit des éléphants naître dans des pays peuplés de petits singes. Mais peu à peu la raison se forme; elle examine à la fin ce que l'instinct a inventé, elle fait des systèmes; elle se perd enfin en arguments, chez les barbares comme chez les Grecs.

CALLICRATE. — Vous me dites toujours le pour et le contre dans toutes les choses que vous m'apprenez.

ÉVHÉMÈRE. — C'est que toutes les choses de ce monde ont un bon et un mauvais côté. Chez nos barbares, par exemple, les uns ont la politesse et la douceur des Athéniens, les autres la cruauté superstitieuse des Scythes. Des particuliers ont eu le génie et le bon goût en partage, mais ils ont été élevés dans des écoles qui n'avaient pas le sens commun. Ils commencent à surpasser les Grecs en peinture et en musique, s'ils ne les égalent pas tout à fait en sculpture. Ils ont une phy-

sique expérimentale dont la Grèce n'a jamais connu les premiers éléments; mais en métaphysique ils sont quelquefois plus chimériques
que les Platon, les Pythagore, les Zoroastre, les Mercure Trismégiste.

CALLICRATE. — Je voudrais bien raisonner métaphysique avec un
Gaulois ou un Cassitéride.

ÉVHÉMÈRE. — Quand vous apprendriez leur langue, à quoi abouti-
rait cette controverse? On ne s'entend jamais en disputant de vive voix;
un des contendants s'explique mal, l'autre répond plus mal encore. Un
faux argument est réfuté par un argument plus faux; c'est pourquoi
les disputes dans les écoles ont longtemps perverti la raison humaine.
Sans cet heureux instinct qui a inventé et perfectionné les arts, sans
les expériences faites loin des déclamateurs scolastiques, la société
serait encore sauvage.

Ce que les honnêtes gens ont le plus reproché aux savants, et à ceux
qui prétendent l'être, soit Grecs, soit barbares, c'est d'avoir voulu
aller plus loin que la nature. Ils ont creusé des abîmes, et le terrain
est retombé sur eux.

L'un [1], qui pourtant était un vrai génie, examine ce que serait un
homme sans tête, et à qui les dieux auraient donné tout le reste. L'autre [2] emploie toute la sagacité d'un esprit supérieur à rechercher quel
personnage ferait un homme qui n'aurait de sens que celui du nez. Un
autre philosophe [3] de cette première classe a fixé le jour et l'heure où
il n'y aurait plus ni hommes ni animaux. Que voulez-vous? ce sont
des Hercules qui jouent aux osselets; ils n'en sont pas moins des Hercules. Trois illustres mathématiciens de l'île Cassitéride ont démontré,
chacun à leur manière, comment le monde était fait avant le déluge
de Deucalion et de Pyrrha; leurs résultats sont absolument différents:
ainsi il a bien fallu que leurs calculs fussent erronés; cependant ils ne
les ont point corrigés, et ils ont laissé là ce monde qu'ils avaient créé.
Il aurait mieux valu en laisser le soin à Dieu.

Que direz-vous de celui [4] qui a trouvé le secret d'exalter son âme au
point de prédire précisément l'avenir; et cela sur ce bel argument que
si on pense au passé qui n'est plus, on peut penser au futur qui n'est
pas encore?

Vous voyez que je ne suis pas un fade admirateur des étrangers que
j'ai vus, je leur rends justice comme aux Grecs: il y a partout des
erreurs et des abus; le ciel en est plein, si l'on en croit Homère. Deux
choses multiplient furieusement les livres chez nos barbares: la vanité
et l'indigence. L'art d'écrire est devenu un métier d'autant plus universel qu'il est plus facile.

Il n'y a pas longtemps que tous les auteurs étaient des druides, qui
expliquaient dans d'énormes volumes comment les propriétés mysté-
rieuses du gui de chêne se trouvaient dans Aristote et dans Platon. A
présent un grand nombre d'écrivains se consacre à réformer les empires et les républiques. Tel homme qui ne sait pas gouverner un pou-

—————————

1. Pascal. — 2. Condillac. (ÉD.) — 3. Buffon. (ÉD.) 4. Maupertuis. (ÉD.)

lailler, qui même n'en a point, prend la plume, et donne des lois à un royaume.

D'autres élèvent la jeunesse dans leurs écrits, après lui avoir donné de grands exemples par leur conduite.

Vous avez lu le roman de l'Athénien Xénophon sur l'éducation de Cyrus?

CALLICRATE. — Oui, et je vous avoue qu'il m'a donné encore meilleure opinion de Xénophon que de Cyrus même.

ÉVHÉMÈRE. — Eh bien! un petit barbare a cru depuis peu instituer une méthode d'élever les princes bien supérieure à l'éducation du vainqueur de Babylone.

D'abord l'auteur, demi-Gaulois, demi-Allemand, déclare qu'un grand prince l'a supplié de vouloir bien lui faire l'honneur d'être précepteur de son fils, qu'il l'a refusé, et qu'il ne sera jamais précepteur. Aussitôt il nous apprend qu'il l'est d'un jeune homme de qualité. Savez-vous quelles leçons il donne à son élève? Il en fait un garçon menuisier; il l'accompagne au b..... [1]. Il lui persuade qu'un prince, un souverain, doit épouser la fille du bourreau, si les convenances s'y trouvent. Enfin il lui dit qu'il est bien plus sage d'assassiner son ennemi que de le combattre noblement.

CALLICRATE. — Est-ce ainsi qu'on élève la jeune noblesse dans la Gaule? Vraiment vous ne m'avez pas trompé quand vous m'avez promis que vous me diriez ce que vos barbares ont de bon et de mauvais.

ÉVHÉMÈRE. — Comme je me suis engagé à tout dire, j'ajouterai que vous trouverez dans ce Xénophon des Gaules un épisode qu'on appelle le Druide savoyard, contre les idées scolastiques des druides, lequel épisode est plein de choses excellentes.

CALLICRATE. — Qu'est-ce qu'un Savoyard?

ÉVHÉMÈRE. — C'est le nom d'un peuple qui habite certaines montagnes des Alpes.

CALLICRATE. — Et les druides de ces Alpes n'ont pas brûlé votre Xénophon?

ÉVHÉMÈRE. — Non : ils ont imité les Athéniens, qui, ayant fait mourir Socrate, se sont mis à rire de Diogène.

CALLICRATE. — Vos Gaulois sont donc aussi une drôle de nation?

ÉVHÉMÈRE. — Très-drôle, après avoir été horriblement sauvage, sotte et cruelle.

CALLICRATE. — C'est précisément ce qui est arrivé à nos Grecs Pélasges. Et dans la capitale de vos Gaules, qui est, dites-vous, dix fois plus grande, plus peuplée, plus riche qu'Athènes, y a-t-il comme dans Athènes des tragédies, des comédies, des spectacles en musique, des danses semblables à la pyrrhique et à la cordace?

ÉVHÉMÈRE. — S'il y en a! tous les jours de l'année sont consacrés à ces beaux arts. Les Gaulois ont eu leurs Sophocles, leurs Euripides, leurs Ménandres, leurs Timothées [2]. Ils sont surtout aujourd'hui le

---

1. Émile, liv. IV, édition Lahure, t. II, p. 110 et suiv. (ÉD.)
2. Timothée était le joueur de flûte d'Alexandre (ÉD.)

peuple de la terre le plus habile dans la danse ; il y a plus de danseurs que de géomètres. Mais il est arrivé dans la métropole des Gaules ce qui arriva il y a quarante à cinquante mille ans dans la ville de Zoroastre, à ce que disent les sages Parsis, qui ne mentent jamais. Le ciel, étant irrité contre la terre, où l'on ne songeait qu'à se divertir, envoya vers le Gange une grosse couleuvre qui était enceinte de dix mille Envies. Elle accoucha, et dès lors les hommes furent malheureux. Il faut qu'il y ait eu plus de cent mille de ces Envies dans la grande ville gauloise ; car dès qu'un homme y réussit dans quelque genre que ce puisse être, toutes les filles de la couleuvre s'élèvent contre lui. Il y a des boutiques où les Envies vendent la diffamation quatre fois par mois. L'art de mettre ses pensées par écrit, art admirable, inventé d'abord pour instruire, est devenu le grand partage de l'Envie. Ce n'est pas de tous les arts le plus honorable, mais c'est le plus cultivé : on achète les injures dites au prochain avec plus d'empressement que les vins délicieux et le miel divin de Syracuse.

CALLICRATE. — N'importe. Dès que je pourrai m'échapper de ma famille, j'irai voir cette capitale de barbares aimables, où l'on passe son temps à danser et à médire. Les filles de la couleuvre n'épouvanteront pas un voyageur.

PRIX DE LA JUSTICE

ET

DE L'HUMANITÉ[1].

(1777.)

GAZETTE DE BERNE, N° XIV, 15 FÉVRIER 1777.

« Berne, 13 janvier. — Un ami de l'humanité, qui, content de faire
le bien, veut se soustraire à la reconnaissance publique en cachant
son nom, touché des inconvénients qui naissent de l'imperfection des
lois criminelles de la plupart des États de l'Europe, a fait parvenir à la
Société économique de cette ville un prix de cinquante louis en faveur
du mémoire que la Société jugera le meilleur sur l'objet qui suit :

« Composer et rédiger un plan complet et détaillé de législation sur
« les matières criminelles, sous ce triple point de vue : 1° des crimes,
« et des peines proportionnées qu'il convient de leur appliquer; 2° de
« la nature et de la force des preuves et des présomptions; 3° de la
« manière de les acquérir par la voie de la procédure criminelle, en
« sorte que la douceur de l'instruction et des peines soit conciliée avec
« la certitude d'un châtiment prompt et exemplaire, et que la société
« civile trouve la plus grande sûreté possible pour la liberté et l'hu-
« manité.

« Les pièces de concours doivent être adressées *franco* à M. le doc-
« teur Tribolet, secrétaire perpétuel de la Société, et seront reçues
« jusqu'au 1er juillet 1779. »

Un autre inconnu[2], touché du même zèle, ajoute cinquante louis
au prix proposé, et les fait déposer dans les mêmes mains, afin que
la Société puisse à son gré augmenter le prix, ou donner des *accessit*.

Nous présentons, à ceux qui travailleront, nos doutes sur un sujet
si important, afin qu'ils les résolvent s'ils les en jugent dignes.

ARTICLE 1. — *Des crimes, et des châtiments proportionnés.*

Les lois ne peuvent que se ressentir de la faiblesse des hommes qu
les ont faites. Elles sont variables comme eux.

Quelques-unes ont été dictées chez les grandes nations par les puissants pour écraser les faibles. Elles ont été si équivoques, que mille

---

1. Il ne faut pas entendre ici par humanité *humanum genus*, la nature humaine, le genre humain, *Homo sum, humani nihil a me alienum puto*; car on
ne donne pas un prix au genre humain, à la nature humaine, mais à l'âme la
plus humaine, la plus sensible, qui aura joint le plus de justice à cette vertu.
Voy. le *Dictionnaire de l'Académie française.*
2. Voltaire lui-même. (ÉD.)

interprètes se sont empressés de les commenter; et comme la plupart n'ont fait leur glose que comme on fait un métier pour gagner quelque argent, ils ont rendu le commentaire plus obscur que le texte. La loi est devenue un poignard à deux tranchants, qui égorge également l'innocent et le coupable. Ainsi ce qui devait être la sauvegarde des nations en est si souvent devenu le fléau, qu'on est parvenu à douter si la meilleure des législations ne serait pas de n'en point avoir.

En effet, si on vous fait un procès dont dépend votre vie, qu'on mette d'un côté les compilations des Barthole, des Cujas, etc.; que de l'autre on vous présente vingt juges peu savants, mais qui soient des vieillards exempts des passions qui corrompent le cœur, au-dessus du besoin qui l'avilit, et accoutumés aux affaires dont l'habitude rend presque toujours le sens droit : dites-moi par qui vous choisiriez d'être jugés, ou par cette foule de babillards orgueilleux, aussi intéressés qu'inintelligibles, ou par ces vingt ignorants respectables ?

Après avoir bien senti la difficulté presque insurmontable de composer un bon code criminel, également éloigné de la rigueur et de l'indulgence, je dis à ceux qui entreprendront cette tâche pénible : Je vous supplie, messieurs, de m'éclairer sur les délits auxquels la misérable nature humaine est le plus sujette. Un État bien policé ne doit-il pas les prévenir autant qu'il est possible, avant de penser à les punir ?

Je vous proposerais de récompenser les vertus dans le peuple, selon la loi établie dans le plus ancien empire et le mieux policé de la terre, si nous n'étions pas astreints par notre sujet à nous en tenir aux châtiments des crimes.

Commençons par le vol, qui est la plus commune des transgressions.

ARTICLE II. — *Du vol.*

Le filoutage, le larcin, le vol, étant d'ordinaire le crime des pauvres, et les lois ayant été faites par les riches, ne croyez-vous pas que tous les gouvernements qui sont entre les mains des riches doivent commencer par essayer de détruire la mendicité, au lieu de guetter les occasions de la livrer aux bourreaux?

Dans les royaumes florissants on a publié des édits, des ordonnances, des arrêts, pour rendre cette multitude effroyable de gueux qui déshonorent la nature humaine utile à elle-même et à l'État.

Mais il y a si loin d'un édit à l'exécution, que le projet le plus sage a été le plus vain. Ainsi ces grands États sont toujours une pépinière de voleurs de toute espèce.

On y pend les petits larrons, comme on sait; le vol domestique est puni et non empêché par la potence.

On a vu pendre dans une ville très-riche[1], il n'y a pas longtemps, une fille de dix-huit ans d'une rare beauté. Quel était son crime? elle avait pris dix-huit serviettes à une cabaretière, sa maîtresse, qui ne lui payait point ses gages.

---

1. A Lyon en 1772. (Éd.)

Toute la canaille qui court à ces spectacles, comme au sermon, parce qu'on y entre sans payer, fondait en larmes; et aucun n'aurait osé délivrer la victime, quoique tous eussent volontiers lapidé le barbare qui la faisait périr.

Quel est donc l'effet de cette loi inhumaine qui met ainsi dans la balance une vie précieuse contre dix-huit serviettes? c'est de multiplier les vols. Car quel est le maître de maison qui osera abjurer tout sentiment d'honneur et de pitié au point de livrer son domestique coupable d'un tort si petit pour être pendu à sa porte? On se contente de le chasser : il va voler ailleurs, et il devient souvent un brigand meurtrier. C'est la loi qui l'a rendu tel; c'est elle qui est coupable de tous ses crimes.

En Angleterre, on n'a point encore abrogé la loi qui punit de mort tout larcin au-dessus de douze sous[1]. Cela n'est pas cher. Ailleurs le larcin du moindre meuble dans une maison royale mène à la corde; et il y en a des exemples.

Est-ce pour réparer le tort fait au roi? il est certainement l'homme du royaume qu'on appauvrit le moins en le volant. Est-ce parce qu'on regarde le délinquant comme un fils qui a volé son père? un père pardonnerait. Est-ce parce que l'esclave a volé son maître? je n'ai plus qu'à me taire; j'aurais trop à dire.

La postérité croira-t-elle qu'en Angleterre, où les derniers siècles ont vu naître tant de lois favorables au peuple, on ait pu cependant porter peine de mort pour la contrebande d'une peau de mouton? Croira-t-on qu'en 1624 le roi d'Espagne, Philippe IV, ait, par un édit, condamné à la potence quiconque fait passer une livre d'or, ou d'argent, ou de cuivre, hors de son royaume? et c'est le maître des mines du Mexique et du Pérou qui fait cette loi!

Dans presque tous les pays catholiques, qu'on vole un calice, un ciboire, ce qu'on appelle un soleil, la peine ordinaire est d'être brûlé, nous disent les Instituts au droit criminel de France, page 445.

On n'examine pas si, dans un temps de famine, un père de famille aura dérobé ces ornements pour nourrir sa famille mourante, si le coupable a voulu outrager Dieu, si on peut l'outrager, si un ciboire lui est nécessaire, si le voleur a su ce que c'est qu'un ciboire, si ce ciboire d'argent doré n'était pas abandonné par négligence, ce qui diminuerait le délit. Le sacristain qui a fait cette loi a-t-il bien songé qu'un homme brûlé vif ne peut plus se repentir et réparer ses fautes[2]?

On a pendu à Londres, cette année 1777, le plus fameux prédicateur

---

1. Cette loi n'est pas exécutée. L'usage est ou d'éluder la loi, ou de s'adresser au roi, pour qu'il change la peine. Presque partout les mœurs sont plus douces que les lois, qui ont été faites dans des temps où les mœurs étaient féroces. Il est singulier que l'Angleterre, où les premiers de la nation sont si éclairés, laisse subsister une si grande quantité de lois absurdes. Elles ne sont plus exécutées, il est vrai; mais elles forcent la nation à laisser à la puissance exécutrice le droit de modifier ou d'enfreindre la loi. (Ed. de Kehl.)

2. En 1780, un malheureux fut condamné, par arrêt du parlement de Paris, à être brûlé vif, comme véhémentement soupçonné d'avoir volé un calice. Cependant il n'existe aucune loi formelle qui prononce la peine du feu contre

d'Angleterre, nommé Dodd [1]; et non-seulement grand prédicateur, mais directeur des consciences les plus timorées ; et non-seulement directeur des consciences, mais promoteur des établissements les plus charitables. Il était convaincu d'avoir volé trois mille livres sterling par un crime de faux, en contrefaisant la signature du jeune comte de Chesterfield, dont il était le chapelain et le pensionnaire. On prétend que plus de vingt mille citoyens ont en vain demandé sa grâce, et que le gouvernement s'est cru obligé de la refuser, parce que le crime de faux était trop commun chez cette nation guerrière et marchande. Toutes les dévotes du chapelain Dodd ont pleuré en le voyant pendre, et il a édifié tous les spectateurs. Il est certain que son châtiment eût été plus exemplaire et plus utile, si on l'avait vu pendant une ou deux années, une chaîne au cou, nettoyer de ses mains sacerdotales le milieu très-sale des rues de Londres, et si on l'eût envoyé ensuite préparer la morue dans l'île de Terre-Neuve, qui a besoin de manœuvres.

Il aurait prêché à son aise les dévotes de ces quartiers ; il aurait civilisé les mercenaires de l'île et les sauvages ; il s'y serait marié ; il aurait eu des enfants, qu'il aurait élevés dans la crainte de Dieu et dans l'amour du prochain.

M. l'abbé Lacoste, qui travailla longtemps à Paris à un journal nommé *l'Année littéraire*, et qui s'oublia au point de tomber dans le même crime que le prédicateur Dodd, ne fut condamné qu'aux galères. C'était un homme bien fait et robuste. Il a été utile à sa patrie tant qu'il a vécu.

En Allemagne et en France, on fait expirer sur la roue, sans distinction, ceux qui ont commis des vols sur le grand chemin, et ceux qui ont joint le meurtre à la rapine. Comment n'a-t-on pas vu que c'était avertir ces brigands d'être assassins, afin d'exterminer les objets et les témoins de leurs crimes ? En Angleterre les voleurs sont très-rarement meurtriers, parce qu'ils ne sont pas forcés au meurtre par une loi qui n'aurait pas assez distingué la rapine et l'assassinat.

Punissez, mais ne punissez pas aveuglément. Punissez, mais utilement. Si on a peint la justice avec un bandeau sur les yeux, il faut que la raison soit son guide.

ARTICLE III. — *Du meurtre.*

C'est à vous, messieurs, d'examiner dans quel cas il est équitable d'arracher la vie à votre semblable, à qui Dieu l'a donnée.

On dit que la guerre a rendu de tout temps ces meurtres non-seulement légitimes, mais glorieux. Cependant d'où vient que la guerre fut toujours en horreur chez les brachmanes, autant que le porc était en exécration chez les Arabes et chez les Égyptiens ? D'où vient que les

---

ce délit ; aussi le même tribunal n'a-t-il condamné pour ce crime qu'aux galères, toutes les fois qu'un des juges a eu le courage de réclamer les droits de la raison et ceux de l'humanité. (*Ed. de Kehl.*)

1. Guillaume Dodd, né à Bourne en 1729, fut exécuté le 27 juin 1777. (ÉD.)

pythagoriciens, les thérapeutes, les troglodytes, les esséniens, et ceux qui voulurent quelque temps les imiter, ne regardèrent les batailles tant vantées, si souvent ordonnées par les dieux de toute espèce, et honorées de leur présence, que comme d'infâmes assassinats multipliés, et comme l'assemblage de tous les crimes? Les primitifs, auxquels on a donné le nom ridicule de quakers, ont fui et détesté la guerre pendant plus d'un siècle, jusqu'au jour où ils ont été forcés par leurs frères les chrétiens de Londres de renoncer à cette prérogative, qui les distinguait de presque tout le reste de la terre. On peut donc à toute force se passer de tuer des hommes.

Mais voilà des citoyens qui vous crient : « Un brutal m'a crevé un œil; un barbare a tué mon frère; vengez-nous : donnez-nous un œil de l'agresseur qui m'a éborgné; donnez-moi tout le sang du meurtrier par qui mon frère a été égorgé; exécutez l'ancienne, l'universelle loi du talion. »

Ne pouvez-vous pas leur répondre : « Quand celui qui vous a fait borgne aura un œil de moins, en aurez-vous un de plus? quand j'aurai fait mourir dans les tourments celui qui a tué votre frère, ce frère sera-t-il ressuscité? Attendez quelques jours; alors votre juste douleur aura perdu de sa violence; vous ne serez pas fâché de voir de l'œil qui vous reste une grosse somme d'argent que je vous ferai donner par le mutileur; elle vous fera passer doucement votre vie; et de plus il sera votre esclave pendant quelques années, pourvu que vous lui laissiez ses deux yeux pour mieux vous servir pendant ce temps-là.

« A l'égard de l'assassin de votre frère, il sera votre esclave tant qu'il vivra. Je le rendrai toujours utile à vous, au public, et à lui-même. »

C'est ainsi qu'on en use en Russie depuis quarante années. On force les criminels qui ont outragé la patrie à servir toujours la patrie; leur supplice est une leçon continuelle : et c'est depuis ce temps-là que cette vaste partie du monde n'est plus barbare.

A Dieu ne plaise que je fasse l'éloge des mœurs atroces qui régnèrent en Europe dans la décadence de l'empire romain et au temps de Charlemagne! Quiconque avait quatre cents écus dont il ne savait que faire pouvait tuer à son choix un antrustion ou un évêque. Chaque assassinat avait son prix fait. En Pologne, jusqu'à nos derniers temps, tout pauvre gentillâtre, *elector regum et destructor tyrannorum*, pouvait assassiner noblement un cultivateur, un serf de glèbe, pour environ trente francs de notre monnaie. La vie de ces hommes, nos semblables, n'était pas plus chère dans l'ancien gouvernement féodal.

Je ne propose pas, sans doute, l'encouragement du meurtre, mais le moyen de le punir sans un meurtre nouveau. Le moyen de venger la famille est de pardonner. En Turquie, lorsqu'un meurtrier est condamné à perdre la vie, il est libre à l'héritier du mort de lui faire grâce; c'est l'ancienne loi que les Turcs ont apportée des bords de la mer d'Hyrcanie. C'était la loi de tous les anciens peuples de la Scythie [1].

---

1. Une société qui a composé trois volumes pleins d'une érudition utile sur l'*Esprit des Lois* a fait usage d'un passage curieux des Voyages de Chardin, que

Peuples, qui, en cultivant les hautes sciences et les arts aimables, avez conservé des lois plus qu'iroquoises, songez que des philosophes scythes firent autrefois rougir les Grecs!

Vous qui travaillez à réformer ces lois, voyez, avec le jurisconsulte M. Beccaria, s'il est bien raisonnable que, pour apprendre aux hommes à détester l'homicide, des magistrats soient homicides, et tuent un homme en grand appareil.

Voyez s'il est nécessaire de le tuer quand on peut le punir autrement, et s'il faut gager un de vos compatriotes pour massacrer habilement votre compatriote, excepté dans un seul cas : c'est celui où il n'y aurait pas d'autre moyen de sauver la vie du plus grand nombre. C'est le cas où l'on tue un chien enragé.

Dans toute autre occurrence, condamnez le criminel à vivre pour être utile; qu'il travaille continuellement pour son pays, parce qu'il a nui à son pays. Il faut réparer le dommage; la mort ne répare rien.

On vous dira peut-être : « M. Beccaria se trompe; la préférence qu'il donne à des travaux pénibles et utiles, qui dureront toute la vie, n'est fondée que sur l'opinion que cette longue et ignominieuse peine est plus terrible que la mort, qui ne se fait sentir qu'un moment. » On vous soutiendra que s'il a raison, c'est lui qui est le cruel; et que le juge qui condamne à la potence, à la roue, aux flammes, est l'homme indulgent.

Vous répondrez, sans doute, qu'il ne s'agit pas ici de discuter quelle est la punition la plus douce, mais la plus utile. Le grand objet, comme nous l'avons dit, est de servir le public; et, sans doute, un homme dévoué pour tous les jours de sa vie à préserver une contrée d'inondation par des digues, ou à creuser des canaux qui facilitent le commerce, ou à dessécher des marais empestés, rend plus de services à l'État qu'un squelette branlant à un poteau par une chaîne de fer ou plié en morceaux sur une roue de charrette [1].

je trouve au second volume de l'édition en deux colonnes in-4, 1711, page 297; le voici : « Quand j'arrivai en Perse, je pris les Persans pour des barbares, voyant qu'ils ne procédaient pas méthodiquement comme nous. J'étais surpris qu'ils n'eussent point comme nous de prisons publiques, point d'exécuteur public, point d'ordre ni de méthode. Je pensais que c'était faute d'être aussi policés que nous le sommes.... Mais après avoir passé quinze ans dans l'Orient, j'ai vu que c'était parce que les crimes n'arrivaient pas fréquemment.... On n'entend presque jamais parler d'enfoncer les maisons, d'y égorger le monde; on ne sait ce que c'est qu'assassinat, que rencontre, que poison.... Dans tout le temps que j'ai été en Perse, je n'ai vu exécuter qu'un seul homme. » Ensuite Chardin raconte comment le juge exhorte la famille d'un mort à composer avec le meurtrier; mais il raconte aussi comment ces ivrognes de sophis s'abandonnent aux plus incroyables barbaries. La Perse, depuis Chardin, n'est qu'un théâtre des plus incroyables assassinats. La guerre civile a tout saccagé pendant soixante années. C'est presque le temps de Charles IX en France, et de Charles Ier en Angleterre, si pourtant quelque chose a pu approcher de nos guerres religieuses.

1. Depuis l'avénement d'Élisabeth, on n'a puni de mort en Russie qu'un très-petit nombre de personnes, dont on a jugé que la vie pouvait être dangereuse. L'empereur vient d'abolir la peine de mort dans ses États. Dans ceux du roi de Prusse, l'assassinat est le seul crime capital, du moins parmi les délits civils. Avouons que, dans ce prétendu siècle de corruption et de délire, la

ARTICLE IV. — *Du duel.*

Ne parlerez-vous point du duel, qui chez nos nations modernes **est** honorable et pendable? Ne nous direz-vous point pourquoi les Scipion, les Métellus, les César et les Pompée, n'allaient point sur le pré pousser de tierce et de quarte, et pourquoi c'est la gloire d'un sous-lieutenant basque ou gascon, qui, pour prix de sa vaillance, et en exhaussement de chevalerie, est condamné à être pendu?

Ne remarquerez-vous pas que toute société s'empresse à chasser un coquin, de qualité ou non, qui est surpris trompant au jeu, ne s'agirait-il que de quelques pistoles, tandis que toute société se fait un devoir de protéger, de sauver, d'aider tous les coupables des deux crimes les plus funestes au genre humain, le duel et l'adultère? On se pique de protéger ces deux délits, dont l'un détruit les défenseurs de l'État, et l'autre donne à tant de pères de famille, à tant de princes, des héritiers qui ne sont pas leurs enfants! Ne trouvez-vous pas les barbares Turcs beaucoup plus sages que nos barbares polis Occidentaux? Les Turcs ne connaissent ni la vaine gloire du duel, ni la galanterie de l'adultère. Ne conviendrez-vous pas d'ailleurs qu'il est des délits qu'il faut toujours tâcher d'ignorer?

ARTICLE V. — *Du suicide.*

Après avoir parlé de ceux qui tuent leur prochain, disons un mot de ceux qui se tuent eux-mêmes. Ils s'embarrassent peu, quand ils sont bien morts, que la loi ordonne en Angleterre de les traîner dans les rues avec un bâton passé au travers du corps, ou que, dans d'autres États, les bons juges criminalistes les fassent pendre par les pieds, et confisquent leur bien; mais leurs héritiers prennent la chose à cœur. Ne vous semble-t-il pas cruel et injuste de dépouiller un enfant de l'héritage de son père, uniquement parce qu'il est orphelin? Ces anciennes coutumes aujourd'hui négligées, mais qui ne sont pas légalement abolies, étaient autrefois des lois sacrées; car l'Église partageait avec le seigneur féodal, soit roi, soit baron, l'argent comptant, la terre et les meubles de l'homme qui s'était dégoûté de la vie. On le regardait comme un esclave qui s'était enfui de son maître, et on prenait son pécule.

Cependant le droit canon, qui avait servi de code criminel à nos ignorants et barbares ancêtres, n'avait jamais pu trouver, ni dans l'*Ancien*, ni dans le *Nouveau Testament*, un seul passage qui défende le suicide.

Virgile dit, dans son sixième chant[1], que ceux qui se sont donné la

raison et l'humanité ont pourtant gagné quelque chose. Croirait-on que, dans la canaille de la littérature française, il s'est trouvé quelques hommes assez imbéciles et assez lâches pour prendre le parti des bourreaux contre les philosophes? Hé, messieurs, déchirez nos ouvrages, calomniez nos principes ou nos actions, dénoncez nos personnes; mais du moins quand nous crions d'épargner le sang des hommes, n'excitez point à le verser. (*Ed. de Kehl.*)

1. Vers 436-37. (ÉD.)

mort passent leur temps, dans le vestibule des enfers, à regretter leur vie ·

> .. . . .*Quam vellent æthere in alto*
> *Nunc et pauperiem et duros perferre labores !*

Virgile les plaint, quoiqu'il soit fort douteux s'ils sont à plaindre, mais il ne les condamne pas. L'empereur Marc-Antonin ordonne qu'on ne trouble point leurs cendres, et que leurs testaments soient très-valables. (*Loi du divin Marc-Antonin*, code, liv. IX, tit. L.)

L'abbé de Saint-Cyran, le patriarche des jansénistes, autrefois homme célèbre pour un peu de temps, écrivit, en 1608, un livre en faveur du suicide.

Tout ce qu'on a dit pour détourner de cette action, représentée tantôt comme courageuse, tantôt comme lâche, se réduit à ceci : « Vous appartenez à la république; il ne vous est pas permis de quitter votre poste sans son ordre. »

Tout ce qu'on a dit pour la justifier consiste dans ceci :

« La république se passera très-bien de moi après ma mort, comme elle s'en est passée avant ma naissance. Je suis mécontent de ma maison, j'en sors, au hasard de n'en pas trouver une meilleure. Mais vous, quelle est votre folie de me pendre par les pieds quand je ne suis plus ? et quel est votre brigandage de voler mes enfants [1] ? »

ARTICLE VI. — *Des mères infanticides.*

Si j'ai trop excusé ceux qui se tuent, je tremble d'excuser trop de mères qui exposent leurs enfants, et surtout des filles, victimes malheureuses de l'amour et de l'honneur, ou plutôt de la honte.

On a vanté et mis en vigueur le célèbre édit du roi de France Henri II, qui ordonne qu'on punisse de mort toute femme ou fille qui, ayant celé sa grossesse, accouche d'un enfant trouvé mort sans avoir été baptisé [2].

---

1. Le suicide peut être, dans certains cas, une faute contre la morale, mais il ne peut jamais devenir un délit. Il n'offense directement ni les droits d'un autre homme ni ceux de la société. La peine infligée pour le suicide ne peut ni prévenir le crime ni le réparer : elle ne tombe point sur le coupable. Des mœurs féroces, une vile superstition, ont inspiré à nos grossiers aïeux l'idée de ces farces barbares, et l'avarice y a joint la confiscation. Cette loi est presque tombée en désuétude en France. Si on l'exécute encore quelquefois pour contenter les sots et amuser la populace, c'est contre des malheureux dont la famille trop pauvre ou trop obscure ne mérite pas que son honneur soit compté pour quelque chose. (*Éd. de Kehl.*)

2. Cette loi est du cardinal Bertrand, chancelier sous Henri II. Forcer une fille à déclarer à un juge ce qu'on appelle sa honte, la punir du dernier supplice, si, n'ayant pas voulu se soumettre à cette humiliation, ou ayant trop tardé à la subir, elle accouche d'un enfant mort; présumer le crime; punir non le délit, puisqu'on n'attend pas qu'il soit prouvé, mais la désobéissance à une loi cruelle et arbitraire, c'est violer à la fois la justice, la raison, l'humanité. Et pourquoi? pour prévenir un crime qu'on ne peut commettre qu'en étouffant les sentiments de la nature, qu'en s'exposant à des accidents mortels. Cependant ce ne sont point les malheureuses qui commettent ce crime que l'on en doit accuser, c'est le préjugé barbare qui les condamne à la honte et à la misère, si leur faute devient publique; c'est la morale ridicule qui perpétue ce préjugé dans le peuple. Le moyen que propose M. de Voltaire est le seul raisonnable; mais il

le code de Charles-Quint, connu sous le titre de *la Caroline*, veut qu'on ne condamne la mère au supplice qu'en cas que l'enfant soit venu au monde en vie.

La loi d'Angleterre, encore moins sévère, veut que la mère échappe à la condamnation, si elle trouve un seul témoin qui dépose qu'elle est accouchée d'un enfant mort.

La contradiction qui règne entre ces lois ne fait-elle pas soupçonner qu'elles ne sont pas bonnes, et qu'il eût bien mieux valu doter les hôpitaux, où l'on eût secouru toute personne du sexe qui se fût présentée pour accoucher secrètement? Par là on aurait à la fois sauvé l'honneur des mères et la vie des enfants.

Trop souvent un prince ne manque point d'argent pour faire une guerre injuste, qui dévaste et qui ensanglante une moitié de l'Europe; mais il en manque pour les établissements les plus nécessaires, qui consoleraient le genre humain.

ARTICLE VII. — *D'une multitude d'autres crimes.*

Vous nous apprendrez peut-être comment une infinité de scélérats pourraient faire autant de bien à leurs pays, qu'ils leur auraient fait de mal. Un homme qui aurait brûlé la grange de son voisin ne serait point brûlé en cérémonie, parce qu'un peu de foin et de paille n'équivaut pas à la vie d'un homme qui meurt par un si cruel supplice; mais, après avoir aidé à rebâtir la grange, il veillerait toute sa vie, chargé de chaînes et de coups de fouet, à la sûreté de toutes les granges du voisinage.

Mandrin, le plus magnanime de tous les contrebandiers, aurait été envoyé au fond du Canada se battre contre les sauvages, lorsque sa patrie possédait encore le Canada.

faudrait que ces hôpitaux fussent dirigés par des médecins qui ne verraient, dans les infortunées confiées à leurs soins, que des femmes coupables d'une faute légère, déjà trop expiée par ses suites. Il faudrait qu'on y fût assuré du secret, que les soins qu'on y prendrait des accouchées ne fussent point bornés à quelques jours; qu'elles pussent, si elles n'avaient point d'autre ressource, rester dans l'hôpital comme ouvrières ou comme nourrices. On pourrait, en retenant les enfants dans ces maisons jusqu'à un âge fixé, et en leur apprenant des métiers, et surtout des métiers nécessaires à la consommation de la maison, en y attachant des jardins, des terres qu'ils cultiveraient, rendre leur éducation très-peu coûteuse, épargner de quoi donner des dots aux garçons et aux filles, si, en sortant de la maison, ils se mariaient à une fille ou à un garçon qui aurait été élevé comme eux. Ces mariages auraient l'avantage d'épargner à ces infortunés les dégoûts auxquels leur état les expose parmi le peuple. Au lieu d'empêcher les legs faits aux bâtards, il faudrait que la loi accordât à tout bâtard reconnu une portion dans les biens du père et de la mère. Il faudrait permettre les dispositions en faveur des concubines ou mères d'un enfant reconnu, ou résidentes dans la maison d'un homme libre; défendre aux juges d'admettre dans aucun cas contre une donation l'allégation qu'elle a eu pour cause une liaison de ce genre; ne point avoir d'autres lois, une autre police contre les courtisanes que contre les autres citoyens domiciliés. Telles sont les seules lois de ce genre qui pourraient empêcher la corruption des mœurs qu'entraîne l'inégalité des fortunes. Mais celles que la bigoterie, la tyrannie des pères de famille, le mépris pour la faiblesse et l'indigence, et surtout l'avidité des gens de police, ont imaginées, ne font que rendre la corruption plus générale, plus crapuleuse, et plus funeste. (*Ed. de Kehl.*)

Un faux monnayeur est un excellent artiste. On pourrait l'employer, dans une prison perpétuelle, à travailler de son métier à la vraie monnaie de l'État, au lieu de le faire mourir dans une cuve d'eau bouillante, comme l'ordonnent Charles-Quint et François Ier.

Un faussaire, enchaîné toute sa vie, pourrait transcrire de bons ouvrages, ou les registres de ses juges, et surtout sa sentence[1].

La polygamie ne serait un cas pendable que dans la comédie de *Pourceaugnac*. Et la loi trop rigoureuse de Charles-Quint et des Anglais serait entièrement abolie, pour faire place à une loi moins dure et plus convenable.

Le plagiat, c'est-à-dire la vente d'un enfant volé, serait aussi peu poursuivi qu'il est rare dans l'Europe chrétienne. A l'égard du plagiat des auteurs, il est si commun qu'on ne peut le poursuivre.

Voyons des délits qui ont été plus ordinaires, et soumis à des supplices plus effroyables.

Article VIII. — *De l'hérésie.*

On peut définir l'hérésie, « opinion différente du dogme reçu dans le pays. » Quand commença-t-on à condamner en forme juridique des docteurs, des prêtres et des séculiers, à être étranglés ou décollés, ou brûlés en place publique, pour des opinions que personne n'entendait ? Ce fut, si je ne me trompe, sous Théodose[2], qui ne savait rien de ce qui se passait dans ses États, ainsi qu'il est arrivé depuis à plus d'un monarque.

L'Église, à la vérité, avait été toujours agitée par la discorde. Déjà Rome avait vu un de ces schismes scandaleux qui ont désolé depuis et ensanglanté l'Europe en si grand nombre. Novatien avait disputé l'évêché secret de Rome à Corneille, sur la fin de l'empire de Décius. Cette guerre sourde entre des hommes obscurs, quoique riches, et maltraités par le gouvernement, ne fut signalée que par des injures. Bientôt après Constantin mit, comme on sait, la religion chrétienne sur le trône et la vit déchirer ses entrailles par des disputes sur des problèmes qu'il est impossible à l'esprit humain de résoudre. Il punit lui-même l'Église qu'il avait élevée. Il exila les combattants athanasiens et les combattants ariens. Il envenima la querelle en changeant plus d'une fois de parti. Le sang chrétien coula longtemps dans la Syrie, dans la Thrace, dans l'Asie Mineure, dans l'Égypte, dans l'Afrique, vastes pays dans lesquels il n'est aujourd'hui connu que par l'esclavage

---

1. Il ne serait ni dispendieux ni difficile d'employer les criminels d'une manière utile, pourvu qu'on ne les rassemblât point en grand nombre dans un même lieu. On pourrait les charger dans les grandes villes des travaux dégoûtants et dangereux, lorsqu'ils n'exigent ni adresse ni bonne volonté. On peut aussi les employer, dans les maisons où ils sont renfermés, à des opérations des arts qui sont très-pénibles ou malsaines. Des privations pour la paresse, des châtiments pour la mutinerie et le refus du travail, des adoucissements pour ceux qui se conduiraient bien, suffiraient pour maintenir l'ordre ; et tous ceux qui sont valides gagneraient au delà de ce qu'ils peuvent coûter, si leur travail était bien dirigé. (*Ed. de Kehl.*)

2. Théodose Ier. (Éd.)

ou par le commerce. On ne s'avisa point de juger alors la foi dans les tribunaux comme un procès criminel, et d'envoyer un homme au supplice pour un argument.

Le schisme de Donat, du temps de saint Augustin, fut cruel; les prêtres des deux partis armèrent leurs ouailles africaines de massues, attendu que l'Église abhorre le sang. On se massacra saintement dans le pays habité de nos jours par les corsaires de Tunis et d'Alger, mais on ne se massacra pas judiciairement. Ce furent des évêques espagnols qui commencèrent à tuer en règle, comme ils commencèrent depuis les assassinats de l'inquisition dans les formes du barreau.

Il serait difficile de dire bien précisément quelles étaient les thèses théologiques sur lesquelles on fit le procès aux priscillianites. Les chimères s'oublient, mais les barbaries atroces restent gravées dans la mémoire des hommes à la dernière postérité.

Des évêques espagnols, l'un nommé Itace, l'autre Idace, et quelques évêques gascons, ayant fortement ergoté contre les évêques Priscillien, Instance et Salvien, et par conséquent possédés du démon de la haine, suivirent leurs antagonistes des Pyrénées jusqu'à Trèves. Il y avait alors dans Trèves un tyran des Gaules nommé Maxime, qui s'était mis en tête de détrôner l'empereur Théodose, mais qui n'y réussit pas. Ce Maxime était un barbare, débauché, ivrogne, avare et dissipateur; un vrai soldat, ne sachant point de quoi il était question, s'en souciant encore moins; d'ailleurs dévot, et fait pour être gouverné par les prêtres, pourvu qu'il gagnât à les protéger.

Les évêques espagnols et gascons se cotisèrent pour lui donner de l'argent, tant ils étaient acharnés à la bonne cause. Maxime ne manqua pas de faire pendre les trois hérétiques par son parlement. Saint Martin, qui se trouva là par hasard, ayant intercédé pour les condamnés, on le menaça de le pendre lui-même, et il s'enfuit au plus vite.

Dès que les ergoteurs furent si loyalement en curée, ils ne discontinuèrent plus d'aller à la chasse des hérétiques et des impies. Ils crièrent *alali* d'un bout de l'Europe à l'autre. Ils changèrent quelques princes en chiens de chasse qui plongèrent leurs gueules dans le sang des bêtes relancées par eux. Dès que les princes résistèrent, ils furent immolés eux-mêmes, depuis Henri IV l'empereur jusqu'à l'autre Henri IV de France, le meilleur des rois et des hommes.

C'est pendant ces siècles d'ignorance, de superstition, de fraude et de barbarie, que l'Église, qui savait lire et écrire, dicta des lois à toute l'Europe, qui ne savait que boire, combattre et se confesser à des moines. L'Église fit jurer aux princes qu'elle oignit d'exterminer tous les hérétiques; c'est-à-dire qu'un souverain fit serment, à son sacre, de tuer presque tous les habitants de l'univers[1]; car presque tous avaient une religion différente de la sienne.

L'hérésie fut le plus grand des crimes; et aujourd'hui même encore,

---

1. Louis XIII et Louis XIV firent ce serment à leur sacre, mais ils publièrent des déclarations pour avertir que leurs sujets de la religion réformée n'étaient pas compris dans ce serment d'exterminer les hérétiques. (*Ed. de Kehl.*)

cnez une aimable nation, notre voisine, le code pénal de tous les parlements commence par l'hérésie; cela s'appelle crime de lèse-majesté
divine au premier chef. Autrefois on brûlait irrémissiblement ces ennemis de Dieu, parce qu'on ne doutait pas que Dieu ne les brûlât lui-
même dès qu'ils étaient morts, soit qu'il portât en enfer leurs corps
restés en terre, soit qu'il y portât leur âme, qu'on ne voyait point.
Tous les juges étaient bien persuadés que c'était se conformer à Dieu
que de brûler ces impies; qu'on n'anticipait leur enfer que de quelques minutes, et qu'il n'y avait point de musique céleste plus agréable
à Dieu, l'auteur de notre vie, que les cris d'une famille entière d'hérétiques au milieu des flammes.

On a porté des lois bien terribles contre les hérétiques en France.
On publia en 1699 un édit par lequel tout hérétique nouvellement converti était condamné aux galères perpétuelles, s'il était surpris sortant
du royaume; et ceux qui avaient favorisé sa sortie, livrés à la mort.
Ainsi le réputé principal criminel était bien moins puni que le complice. Cette loi barbare et absurde n'est point abolie; mais il faut
avouer qu'elle est fort mitigée par les mœurs; on s'est bien relâché
depuis qu'en 1667 l'impératrice de toutes les Russies, souveraine de
douze cent mille lieues carrées, a écrit de sa main, à la tête de ses
lois, en présence des députés de trente nations et de trente religions :
« La faute la plus nuisible serait l'intolérance. »

La raison a fait pour le moins autant de progrès à Versailles, depuis
que Jésus ne permet plus que les jésuistes ou jésuites gouvernent cet
agréable royaume.

Vous comprenez donc bien, messieurs, qu'un Picard [1], fugitif de
Noyon, réfugié dans une petite ville au pied des Alpes, et accrédité
dans cet asile, ne fit pas une action charitable en traînant à un bûcher composé de fagots verts (pour prolonger la cérémonie) un pauvre Espagnol [2] entiché d'une opinion différente de l'opinion de ce Picard. Il fit *ardre* réellement le corps et le sang de l'Espagnol, et non
en figure, tandis qu'on cuisait, dans plus d'une ville de France, le fugitif de Noyon en effigie, en attendant sa personne.

Les Guises furent plus injustes et non moins cruels quand ils firent
juger à mort par leurs commissaires le vertueux Anne Dubourg, conseiller au parlement de Paris. Il fut pendu et brûlé sous le règne de
François II. Il aurait été chancelier de France sous Henri IV.

Le monde commence un peu à se civiliser; mais quelle épaisse
rouille, quelle nuit de grossièreté, quelle barbarie domine encore dans
certaines provinces, et surtout chez ces honnêtes cultivateurs tant
vantés dans des élégies et dans des églogues, chez ces laboureurs innocents, et chez quelques curés de campagne qui traîneraient en prison leurs frères pour un écu, et qui vous lapideraient, si deux vieilles,
vous voyant passer, criaient : *A l'hérétique!* Le monde s'améliore un peu;
oui, le monde pensant, mais le monde brute sera longtemps un composé d'ours et de singes; et la canaille sera toujours cent contre un.

1. Calvin. (ÉD.) — 2. Servet. (ÉD.)

C'est pour elle que tant d'hommes qui la dédaignent composent leur maintien et se déguisent, c'est à elle qu'on veut plaire, qu'on veut arracher des cris de *vivat;* c'est pour elle qu'on étale des cérémonies pompeuses; c'est pour elle seule enfin qu'on fait du supplice d'un malheureux un grand et superbe spectacle.

ARTICLE IX. — *Des sorciers.*

Est-il bien vrai que Locke ait écrit, qu'il ait donné des lois humaines à un pays sauvage, et que Penn ait encore mieux policé la Pensylvanie? Blackstone nous a-t-il fait connaître ce que le code criminel d'Angleterre a d'excellent et de défectueux? Enfin sommes-nous dans le siècle des Montesquieu et des Beccaria, dans ce siècle que l'auteur vertueux de *la Félicité publique* [1] démontre à plus d'un égard marcher à grands pas vers la sagesse et vers le bonheur? Cependant on parle encore de magie.

Les papiers publics nous ont appris que, vers la fin de l'an 1750, on avait brûlé à Wurtzbourg une fille de qualité, religieuse et sorcière [2].

Je n'ai nulle relation avec ce pays de Wurtzbourg. Je respecte trop l'évêque souverain de ce diocèse, pour croire qu'il ait souffert une barbarie si idiote. Mais en 1730 la moitié du parlement de Provence condamna au feu, comme sorcier, l'imbécile et indiscret jésuite Girard, tandis que l'autre moitié lui donnait gain de cause avec dépens [3]. La même sottise qui fit passer ce pauvre homme pour un grand prédicateur lui donna la réputation d'un grand magicien. On soutint dans le sanctuaire des lois qu'en soufflant dans la bouche de la fille nommée Cadière, il lui avait fait entrer un démon d'impureté dans le corps, et que cette fille, possédée du diable et de frère Girard, était devenue amoureuse de l'un et de l'autre.

Les avocats qui plaidèrent contre le jésuite ne manquèrent pas de citer l'exemple du curé Gaufridi, qui non-seulement fut accusé au même parlement d'avoir soufflé le diable dans la bouche de Magdeleine La Palud à Marseille, mais qui l'avoua dans les horreurs de la torture (moyen sûr de découvrir la vérité). On cita la fameuse aventure des ursulines de Loudun, toutes ensorcelées par le curé Grandier. Ce curé Grandier avec ce curé Gaufridi avaient été brûlés vifs, à la plus grande gloire de Dieu.

Il est dit même, dans la relation la plus authentique de ce procès et de la mort affreuse de ce curé Grandier, que le bourreau qui lui administra la question ne le faisant pas assez souffrir pour le forcer à se confesser sorcier, un révérend père récollet, aussi robuste que zélé, prit la place du questionnaire, et enfonça les instruments de la vérité

---

1. M. de Chastellux. (ÉD.)

2. Ce fait est très-vrai. Cette malheureuse fille soutint opiniâtrément qu'elle était sorcière, et qu'elle avait tué, par ses sortiléges, des personnes qui n'étaient point mortes. Elle était folle, ses juges furent imbéciles et barbares. (*Ed. de Kehl.*)

3. Sur vingt-cinq juges, douze furent pour la condamnation au feu, et treize pour l'absolution. (ÉD.)

si profondément dans les jambes du patient, qu'il en fit sortir la moelle. De tout cela l'on conclut qu'il fallait donner la question à Girard, et le brûler. Il aurait subi ces deux supplices, s'il y avait eu dans le parlement deux voix contre lui; car il avait été charitablement statué, il y a longtemps, que la majorité de deux voix suffisait pour livrer loyalement un citoyen ou un moine au plus épouvantable des supplices. Je vous ferai voir bientôt, messieurs, que trois prétendus gradués ou praticiens de province ont suffi pour faire expirer des enfants dans les flammes, avec des accessoires d'une atrocité iroquoise cent fois plus aggravants. Mais continuons cet article du sortilége.

On sait assez que le procès des diables de Loudun et du curé Grandier livre à une exécration éternelle la mémoire des insensés scélérats qui l'accusèrent juridiquement d'avoir ensorcelé des ursulines, et ces misérables filles qui se dirent possédées du diable, et cet infâme juge-commissaire Laubardemont [1], qui condamna le prétendu sorcier à être brûlé vif, et le cardinal de Richelieu, qui, après avoir fait tant de livres de théologie, tant de mauvais vers et tant d'actions cruelles, délégua son Laubardemont pour faire exorciser des religieuses, chasser des diables et brûler un prêtre.

Ce qui peut encore être plus étrange, c'est que, dans notre siècle, où la raison semble avoir fait quelques progrès, on a imprimé, en 1749, un *Examen des diables de Loudun*, par M. Ménardaie, prêtre. Et dans cet examen on prouve, par plusieurs passages des *Cas* de Pontas [2], que Grandier aurait en effet mis quatorze diables dans le corps de ces quatorze nonnes, et qu'il mourut possédé du quinzième. M. de Ménardaie, prêtre, n'était pas sorcier.

Quant au procès du curé Gaufridi ou Gaufredi, dans Marseille, et à son épouvantable supplice en 1611, il avait été encore plus absurde et plus inhumain; car le parlement le condamna à être tenaillé dans toutes les parties de son corps avec des tenailles ardentes, avant d'être jeté vivant dans le bûcher, « pour réparation d'avoir fait pacte et convention avec le malin esprit, à l'effet de jouir de Magdeleine La Palud, religieuse ursuline, et d'attirer à son amour toutes autres femmes ou filles qu'il désirerait. » Voilà bien des ursulines ensorcelées.

De pareilles horreurs couvraient alors la face de toutes les contrées de la communion romaine. Il ne faut pas s'en étonner, puisque chez nos voisins, chez nos frères, dans Genève même, en 1652, on persuada une pauvre femme, nommée Michelle Chaudron, qu'elle était sorcière, qu'elle avait un pacte avec le diable, et les marques sataniques sur le corps. En conséquence on eut la féroce imbécillité de la brûler, mais au moins ce fut après l'avoir étranglée.

Rappelons dans notre continent la mémoire des singulières fureurs

---

1. Laubardemont, parent de la supérieure du couvent des ursulines, fut juge-commissaire-instructeur. La condamnation de Grandier fut prononcée le 18 août 1634, par une commission de quatorze magistrats. (Éd.)

2. Jean Pontas, né dans le diocèse d'Avranches en 1638, mort en 1718, est auteur d'un *Dictionnaire des cas de conscience*, dont la première édition est de 1715, deux volumes in-folio; et la dernière de 1741, trois volumes in-folio. *Note de M. Beuchot.*)

qu'étala, il y a un siècle, la démence de la superstition dans ces mêmes contrées septentrionales de l'Amérique, aujourd'hui ensanglantées
par une guerre civile. Cette scène infernale commença dans le petit
pays de Salem, comme celle de la capitale de France, par un prêtre
nommé Pâris, et par des convulsions. Cet énergumène s'imagina que
tous les habitants étaient possédés du diable, et le fit croire. La moitié
de la peuplade fit charger l'autre de fers, l'exorcisa, lui donna la
question, qu'on ne connaît point en Angleterre; fit périr dans les supplices vieillards, femmes et enfants, et fut ensuite-enchaînée, exor-
cisée, torturée, et mise à mort à son tour. La province devint déserte;
il fallut y envoyer de nouvelles peuplades; rien n'est plus incroyable,
et rien n'est plus vrai. Quand on songe à tous les maux qu'a produits le
fanatisme, on rougit d'être homme.

Vous n'ignorez pas quelle foule de sorciers on a brûlés dans toute
l'Europe pendant près de mille années. Le pape Grégoire, honoré du
nom de saint et de grand, ayant fait brûler tous les livres anciens
qu'il put trouver, fut le premier qui livra judiciairement les sorciers
aux flammes. Il eût été sage d'examiner d'abord s'il était possible
que ce crime existât, avant de brûler les accusés. Il y eut deux sénateurs de Rome exécutés : et dès lors chaque siècle vit des bûchers
élevés pour punir la magie, parce qu'elle fut regardée comme une
hérésie.

On a compté que, depuis ce Grégoire le Grand, on a brûlé en Europe plus de cent mille sorciers ou possédés, soit exorcisés, soit non
exorcisés. Plus les tribunaux en condamnaient, plus il s'en reprodui-
sait. Cette propagation est naturelle : les malheureux qui avaient entendu parler toute leur vie du pouvoir immense de Satanas, de ses
dévots et de ses dévotes voyageant dans les airs, et commandant à la
nature entière, devaient penser que rien n'était plus vrai, puisque des
juges qui passaient pour les esprits les plus sensés et les plus éclairés
ne doutaient pas du pouvoir de ce Satan et des grâces qu'il répandait sur ses favoris. C'était donc parmi les peuples à qui obtiendrait la
faveur du diable. Il n'en coûtait qu'un pot de graisse et un manche à
balai pour aller au sabbat. On s'endormait dans ces heureuses idées :
on croyait en effet traverser les airs pendant la nuit, à cheval sur un
bâton, en croupe derrière une sorcière; on arrivait en un clin d'œil
à l'assemblée des fidèles; vous étiez reçu en cérémonie, le bouc vous
donnait son cul à baiser, et vous aviez droit à tous les trésors et à
toutes les beautés de la terre. Il n'y avait point de gueux qui résistât
à des séductions si flatteuses. Ce que ces misérables se figuraient, les
juges se le figuraient aussi. Au lieu de discuter l'affaire à l'hôpital
des Petites-Maisons ou de Bedlam, on l'examinait dans les cachots
ou dans la chambre de la question, on la finissait au milieu des
flammes.

Il y eut des jurisconsultes démoniaques, et en grand nombre, qui
nous donnèrent le code du diable, dès que l'imprimerie fut inventée.
Bientôt après, les Bodin, les Delrio, les Boguet, procureurs généraux
de Belzébuth, spécifièrent tous les cas où le diable daignait agir par

lui-même, et ceux où il employait ses ministres. On sut comment les diables masculins couchaient avec nos filles en incubes, et comment les diables féminins couchaient en succubes avec les garçons [1]. Tous les mystères impudiques de ces procès criminels infernaux furent dévoilés. Le roi de la Grande-Bretagne Jacques Ier, fameux théologien, écrivit sa *Démonologie*. Le monde fut donc rempli de sorciers et d'ensorcelés, de possédants et de possédés.

Les savants barbares, qui gagnaient de l'argent et des honneurs à instruire les procès de ces barbares imbéciles, justifiaient leur métier et leur conduite en disant : « Le sortilége est un article de foi. Joseph, le patriarche, avait une coupe avec laquelle il faisait ses conjurations. Les prophètes du pharaon d'Égypte firent les mêmes miracles que Moïse. Balaam prédit l'avenir après avoir conversé avec son ânesse. Saül fut possédé, et David chassa son diable en jouant de la harpe. La pythonisse d'Endor évoqua des enfers l'ombre de Samuel. Le démon Asmodée, amoureux de Sara, fille de Raguël, étrangla ses sept maris l'un après l'autre : et l'ange Raphaël non seulement le chassa en grillant le foie d'un poisson, mais il l'alla enchaîner auprès du grand Caire, où il est encore. Enfin qu'est-il besoin de tant d'exemples? Jésus-Christ lui-même ne fut-il pas emporté par le diable dans un désert et sur une montagne, et sur le pinacle du temple? » Delrio, chap. xxx (*Disquisitions magiques*).

Les sages répondaient en vain que les temps étaient changés; que ce qui était bon autrefois ne l'était plus de nos jours. Le monde restait toujours partagé entre les gens croyant à la magie, et les gens faisant brûler ces croyants.

Enfin on a cessé de brûler les sorciers, et ils ont disparu de la terre [2].

ARTICLE X. — *Du sacrilége.*

En tout pays, détruire ou insulter les choses sacrées du pays, il est clair par le seul mot que c'est un sacrilége. Le Romain qui, ayant tué un chat consacré en Égypte, fut massacré par le peuple dévot en fu-

---

1. On trouve dans un livre de Pierre de Lancre, dédié à Sillery, chancelier sous Henri IV, des détails très-curieux sur les sorciers. Ce Pierre de Lancre avait eu l'imbécillité et la barbarie d'en faire brûler un grand nombre. La plupart avouaient, dès les premiers interrogatoires. Quoique interrogés à part, ils s'accordaient sur les circonstances des soupers qu'ils avaient faits avec le diable. Les ragoûts étaient noirs. Les femmes qui avaient eu ses faveurs convenaient *quod diaboli membrum esset nigrum, rigidum, quasi ferreum, squamis duris involutum ; quod diaboli sperma esset frigidum, glaciale.* Voilà de singulières propriétés pour le diable, et de tristes jouissances. Ces gens, à force de causer entre eux, étaient-ils parvenus à rêver les mêmes extravagances? allaient-ils réellement à une assemblée où quelques fripons avaient disposé cet appareil magique, et jouaient le rôle de diables? c'est ce que Pierre de Lancre aurait pu savoir s'il avait été moins imbécile. Songeons que, du temps de Henri IV, la vie, l'honneur, les biens des citoyens dépendaient de magistrats qui croyaient que le diable avait du sperme, que ce sperme était froid; et félicitons-nous de vivre dans un autre siècle. (*Éd. de Kehl.*)
2. On a dit, on imprime, et on répète qu'en France Louis XIV défendit que le parlement de Paris connût des accusations de magie et de sorcellerie : cela n'est

rour, avait commis un sacrilége envers les Égyptiens, parce qu'étant seul contre une nation entière, il avait offensé la religion dominante du pays. Mais quand le roi de Perse Cambyse, vainqueur de ces superstitieux et lâches Égyptiens, tua leur dieu Apis, et qu'il l'immola probablement à son dieu Mithra, peut-on dire qu'il commit un sacrilége? Non, sans doute, il punissait en maître un peuple méprisable, qui faisait d'une étable un sanctuaire, et qui révérait le fumier d'un bœuf.

Je suppose qu'en effet le grand lama donne à baiser et, si l'on veut, à sucer le résidu de sa garde-robe enchâssé dans une feuille d'or; qu'on présente cette relique à l'empereur de la Chine, et que l'empereur justement indigné la fasse jeter dans les réservoirs dédiés par les anciens Romains à la déesse Cloacina, seul séjour digne d'un tel joyau : certainement on n'osera pas dire, même chez les lamas, que l'empereur chinois soit un sacrilége. Mais qu'un citoyen du royaume de Boutan, sujet du grand lama, fasse le même usage de ce qui vient des entrailles de son maître, il est coupable de lèse-majesté divine et humaine, sans difficulté. Et il ne faut pas croire que cette énorme différence ne se trouve que dans des cas pareils; elle est dans toutes les lois faites par les hommes. « Vérité et justice en deçà de ce ruisseau, erreur et injustice au delà, » comme l'a dit Pascal après tant d'autres[1].

Vous avez sans doute entendu parler de la catastrophe arrivée, l'an 1766, à quelques enfants d'une petite ville d'un royaume voisin. Ce royaume possède une espèce de gens inconnus chez nous. Ils sont vêtus autrement que les autres hommes. Leurs cuisses, leurs jambes, et leurs pieds sont nus; leur barbe descend à la ceinture; une corde les ceint; ils mettent dans leurs manches ce que nous mettons dans nos poches; nous parlons par la bouche, et ils parlent par le nez. Les anciens Bretons, qui demeurent à l'occident de la mer d'Allemagne, ne croient pas que ces animaux soient des hommes. Il y a même une loi de leur courir sus, s'ils abordent dans l'île. Mais dans les petites villes du continent dont je vous parle, ils sont si révérés, certains jours de l'année, quand ils font certaines fonctions interdites dans

---

pas vrai. Son édit de 1682 renouvelle les anciennes lois contre « les devins, les devineresses..., coupables d'impiété, sortiléges, sous prétexte de magie, qui doivent être punis de mort. »

Il paraît que le rédacteur de la loi s'est mal expliqué. On n'entend point ce que c'est qu'un sortilége sous prétexte de magie : c'est comme si l'on disait sortilége sous prétexte de sortilége. Le fait est que le parlement de Paris, composé d'hommes instruits et judicieux, n'a point l'ancienne bêtise de croire aux sorciers, aux magiciens, mais il punit et punira toujours les scélérats imbéciles, qui joignent aux empoisonnements des opérations qu'on appelle magiques. Ainsi il condamna, en 1639, les fameux bergers de Brie qui avaient fait périr par leurs drogues plusieurs bestiaux de leurs voisins. Ils avaient joint de l'arsenic à de l'eau bénite et à des conjurations. Ils avaient dit des paroles, mais ces paroles et cette eau bénite n'avaient tué personne. Les uns furent pendus, les autres envoyés aux galères, non comme des magiciens qui donnaient la mort par leur science secrète, mais comme des empoisonneurs.

Le mot de magie signifie sagesse dans son origine. Quelle sagesse aujourd'hui !

1. Voy. ses *Pensées*, édition de Desprez, p. 157.

notre pays, qu'il faut se mettre à genoux quand ils passent deux à deux dans la rue.

Or, un jour qu'ils passaient, quelques enfants, qui en savaient peut-être trop pour leur âge, négligèrent de s'agenouiller. On prétend même qu'ils montrèrent peu de respect pour une figure de bois que nous ne souffrons point dans notre république, et qui en effet par elle-même (si on la distingue de l'objet adorable qu'elle représente mal) ne mérite pas beaucoup de considération. L'irrévérence de ces enfants envers ce bois ne fut même jamais constatée; les délateurs n'insistèrent que sur une vieille chanson de corps de garde chantée à table; et cette chanson, que personne ne connaît, fut qualifiée de crime de lèse-majesté divine au premier chef.

Ce crime fut jugé par trois magistrats, dont l'un était l'ennemi reconnu des familles de ces enfants, l'autre un praticien marchand de cochons. J'ignore le troisième.

On ne peut guère concevoir comment ce procès de sacrilège ne fut abandonné qu'à ces trois prétendus magistrats. Ce n'est que dans l'enfer des Grecs, imité de l'enfer égyptien, qu'autrefois, selon la fable, trois personnes formaient un tribunal assez complet pour juger l'univers.

Quoi qu'il en soit, les trois Rhadamanthes de village condamnèrent ces pauvres enfants à la torture ordinaire et extraordinaire, à l'amputation du poing, à l'amputation de la langue arrachée avec des tenailles, et enfin à être brûlés vifs.

L'usage est dans ce pays que les sentences criminelles rendues dans un village soient revues dans une grande ville. Le tribunal de la grande ville revit donc le procès, et confirma le jugement à la pluralité de quinze voix contre dix. L'arrêt fut exécuté, autant qu'il fut possible, par cinq bourreaux que le grand tribunal délégua exprès sur les lieux. L'Europe entière frémit d'horreur.

C'est sur quoi, messieurs, je pourrais vous faire deux questions. La première, comment des hommes qui n'étaient pas des bêtes carnassières ont jamais pu imaginer qu'il suffisait de quelques voix de plus pour être en droit de déchirer dans des tourments affreux des créatures humaines? ne faudrait-il pas au moins la prépondérance de trois quarts des voix? En Angleterre, tous les jurés doivent être d'accord; et cela est bien juste. Quelle horreur absurde qu'on joue la vie et la mort d'un citoyen au jeu de six contre quatre, ou de cinq contre trois, ou de quatre contre deux, ou de trois contre un! L'on nous dit que les Athéniens, à qui l'on proposa des spectacles trop sanguinaires, répondirent : « Renversez donc notre autel de la Miséricorde. » Ceux qui dévouèrent à la mort ces pauvres enfants n'avaient donc pas de semblables autels!

La seconde question est sur l'objet même de l'arrêt. Sait-on bien ce que c'est qu'un crime de lèse-majesté divine? Est-ce de vouloir assassiner Dieu, comme Lycaon se proposa d'assassiner Jupiter, qui était venu souper chez lui? Est-ce de lui faire la guerre, comme autrefois les Titans, et ensuite les géants, la lui firent, et comme précédemment il en avait essuyé une très-funeste de la part des anges, selon ce qu'ont écrit les premiers brachmanes, pères des anciennes fables et des anciennes sciences ? Est-ce enfin de nier l'existence de Dieu, comme ont fait des philosophes impies de l'antiquité ? Certes, de malheureux enfants, livrés à cinq bourreaux par trois ignorants, n'avaient rien fait de tout cela.

L'un d'eux, échappé aux cinq bourreaux, est un officier très-sage, un homme vertueux. Il sert un très-grand roi, qui, en le favorisant, apprend aux nations qu'il ne faut pas offenser Dieu jusqu'à prétendre le venger par des assassinats horribles, et qu'il ne faut pas se presser de brûler de jeunes inconsidérés qui peuvent devenir des hommes utiles et respectables.

Quand on se représente que des citoyens, d'ailleurs judicieux, ont signé le matin une abominable boucherie, et qu'ils vont le soir passer le temps chez des dames, entendre et dire des plaisanteries, et mêler des cartes de leurs mains ensanglantées, peut-on concevoir de tels contrastes, et n'est-on pas fortement tenté de renoncer à la société des hommes ?

ARTICLE XI. — *Des procès criminels pour des disputes de l'école.*

L'antiquité n'avait jamais imaginé de regarder une dispute entre Zénon et Diogène comme l'objet d'un procès criminel. Celui de Socrate fut, après tout, la plus douce des barbaries. Il n'y eut point de question ordinaire ou extraordinaire, point de roue de charrette sur laquelle on pliât les membres d'un citoyen, brisés méthodiquement à coups de barres de fer; point de bûcher enflammé dans lequel on jetât le corps disloqué encore en vie; rien qui ressemble aux inventions des cannibales lettrés du douzième siècle. Ce fut un vieillard de soixante et dix ans qui, opprimé par la cabale de deux hypocrites, mourut doucement entre les bras de ses amis, en bénissant Dieu, et en prouvant l'immortalité de l'âme. Et à peine cette belle âme fut-elle envolée vers ce Dieu qui l'avait formée, que les Athéniens, honteux de leur crime juridiquement commis, condamnèrent plus juridiquement les accusateurs de Socrate, et lui élevèrent un temple. Ainsi la mort de ce martyr fut en effet l'apothéose de la philosophie.

Mais comment, de la crasse de nos écoles, et de la crasse même du froc, s'est-il élevé des querelles qui n'étaient pas dignes du théâtre d'Arlequin, et qui ont sollicité la peine de mort dans tant de tribunaux de l'Europe ?

A peine les frères mineurs, appelés cordeliers, furent-ils au monde, qu'ils firent naître un schisme sur la forme de leur capuchon, et sur d'autres objets aussi importants. Il s'agissait de savoir si, étant au réfectoire, leur potage leur appartenait en propre, ou s'ils n'en avaient que l'usufruit. Il en coûta du sang. Leur général, Michel de Césène, fut condamné à une prison perpétuelle; et lorsque l'empereur Louis de Bavière déposa dans Rome le pape Jean XXII et le condamna à être brûlé vif, lorsque Jean déposa l'empereur dans Avignon, cette querelle des cordeliers fut alléguée de part et d'autre comme un des grands motifs de la guerre. Depuis ce temps les disputes scolastiques ont souvent occupé la magistrature dans plus d'un pays.

On sait que le prince Noir, encore plus grand que son père Édouard III, laissa en mourant la couronne d'Angleterre, dont il n'avait jamais joui, à son fils Richard II. Cet enfant fut si obsédé dans sa minorité par son confesseur et par des prêtres, si importuné de toutes leurs disputes, que le conseil privé du roi fut obligé de leur défendre à tous, et principalement au confesseur, de paraître à la cour plus de quatre fois par an [1].

En France, il fallut souvent que le parlement contînt la Sorbonne par des arrêts. Le savant Ramus, bon géomètre pour son temps, et qui avait déjà de la réputation sous François Ier, ne se doutait pas alors qu'il se préparait une mort affreuse en soutenant une thèse contre la logique d'Aristote. Il fut longtemps persécuté, traduit même devant les tribunaux séculiers par un nommé Gallandius Torticolis. On le menaça de le faire condamner aux galères : de quoi s'agissait-il ? le principal objet de la dispute était la manière dont il fallait prononcer *quisquis* et *quamquam*.

Enfin Ramus vécut assez pour être une des victimes de la Saint-Barthélemy. Ses ennemis attendirent ce grand jour pour se venger de sa réputation, et du bien qu'il avait fait à la ville de Paris en fondant une chaire de géométrie. Ils traînèrent son corps sanglant à la porte de tous les colléges, pour faire amende honorable à la philosophie d'Aristote.

Les disciples zélés du Stagirite grec furent si encouragés chez les descendants des Gaulois, que longtemps après que l'ivresse et la rage de la Saint-Barthélemy furent passées, ils obtinrent, en 1624, un arrêt qui défendait, sous peine de mort, d'être d'un avis contraire à celui d'Aristote.

Les inimitiés personnelles n'ont que trop souvent imploré le bras de la justice, et tâché d'épaissir son bandeau. On sait que les jésuites Coton et Garasse voulurent attaquer au conseil du roi le sage et savant Pasquier, qui avait plaidé contre eux devant le parlement; mais enfin ne trouvant pas jour à tenter une entreprise si hardie, Garasse se réduisit à plaider devant le public, et voici le morceau le plus éloquent de son plaidoyer :

« Pasquier est un porte-panier, un maraud de Paris, petit galant bouffon, plaisanteur, petit compagnon, vendeur de sornettes, simple regage, qui ne mérite pas d'être le valeton des laquais; belître, coquin, qui rote, pète et rend sa gorge; fort suspect d'hérésie, ou bien hérétique, ou bien pire; un sale et vilain satyre, un archimaître sot par nature, par bécarre, par bémol, sot à la plus haute gamme; sot à triple semelle, sot à double teinture, et teint en cramoisi, sot en toutes sortes de sottises. »

S'il ne put prévaloir contre un homme aussi respectable que Pas-

---

1. Voy. l'*Histoire de la maison des Plantagenéts*, par Hume, règne de Richard II.

quier, il réussit mieux à perdre le malheureux Théophile, qui, dans je ne sais quelle pièce de poésie, avait glissé ces trois vers assez peu mordants sur les jésuites :

> Cette énorme et noire machine,
>   Dont le souple et vaste corps
> Étend ses bras jusqu'à la Chine, etc.

Une si légère injure, si c'en est une, ne mérite pas l'accusation d'athéisme que Garasse lui intenta. Ce jésuite, et un de ses confrères nommé Voisin, profitant du crédit de la compagnie, furent à la fois les accusateurs et les sergents qui firent enfermer Théophile dans le cachot de Ravaillac. Ils sollicitèrent violemment son supplice pendant une année entière; mais le crédit de la maison de Montmorency, qui le protégeait, l'emporta sur le crédit de Garasse.

Si la sage loi qui ordonne que l'accusateur risque la même peine que l'accusé, et subisse la même prison, avait été reçue en France, Garasse et son confrère auraient été plus retenus.

D'autres jésuites n'eurent pas la même hardiesse avec le célèbre Fontenelle, qui avait embelli par les grâces de son esprit et de son style l'érudition profonde, mais peut-être un peu rebutante, de Van Dale, dans son *Histoire des Oracles*. Il n'était pas possible de déférer à une cour de judicature un livre si bon et si sagement écrit. Ils se contentèrent de solliciter contre son auteur une lettre de cachet qu'ils n'obtinrent pas; et par cette conduite même ils prouvèrent combien il est odieux de ne combattre des raisons que par l'autorité.

Ne vous semble-t-il pas, messieurs, qu'en fait de livres, il ne faut s'adresser aux tribunaux et aux souverains de l'État que lorsque l'État est compromis dans ces livres? La loi d'Angleterre sur cette question ne mérite-t-elle pas de servir d'exemple à tous les législateurs qui voudront faire jouir l'homme des droits de l'homme? Voulez-vous parler à tous vos compatriotes, vous ne pouvez parler que par vos livres : imprimez donc, mais répondez de votre ouvrage. S'il est mauvais, on le méprisera; s'il est dangereux, on y répondra; s'il est criminel, on vous punira; s'il est bon, on en profitera tôt ou tard.

Quand on imprima les *Pensées du duc de La Rochefoucauld*, ou plutôt la pensée qui, présentée sous cent faces différentes, prouve que l'amour-propre est le grand ressort du genre humain, chacun trouva qu'il avait raison. Ce qu'on dit de plus fort contre lui, c'est que son livre était le portrait du peintre; mais aucun de ceux qui avaient été ses ennemis du temps de la Fronde ne fut assez effronté pour s'exposer au ridicule de déférer son livre à un tribunal.

Un homme recommandable par ses mœurs et par son esprit [1], vient cent ans après; il étend la pensée du duc de La Rochefoucauld dans un livre systématique. On se déchaîne contre ce nouveau venu, on lui fait un procès criminel au parlement de Paris; c'est un vacarme terrible.

---

1. Helvétius, auteur du livre *De l'Esprit*. (ÉD.)

Au bout de deux ans on ne s'en souvient plus; c'est une preuve qu'il ne fallait pas fatiguer ce tribunal de cet inutile procès.

Un homme de lettres éloquent compose un roman moral de *Bélisaire*. Cette morale démontre qu'il faut regarder Dieu comme un père, et non comme un tyran capricieux; que nous devons notre haine au crime, et notre indulgence aux erreurs.

Il y a un chapitre xv qui est applaudi surtout par plus d'une tête couronnée. Des théologiens inconnus [1] s'élèvent contre ce chapitre xv; ils soulèvent des corps entiers; ils aigrissent des hommes en place; ils cabalent, ils essayent de faire condamner le livre et l'auteur par le premier parlement du royaume. Le parlement laisse sagement le public juge d'un livre écrit dans la vue de perfectionner les mœurs publiques.

Ce n'était pas sans doute une chose frivole, une vaine dispute, que le livre intitulé *Système de la Nature* [2]. C'est un ouvrage de ténèbres mis en lumière, une déclamation perpétuelle sur le mal physique et le mal moral, qui de tout temps assiégèrent la nature. Ce livre trop répandu l'est pourtant moins que le poëme de Lucrèce, dont les éditions sont innombrables, qui est traduit dans toutes les langues, et dont tant de vers sont dans toutes les bouches. Lucrèce même fut imprimé à l'usage du dauphin fils unique de Louis XIV, comme un livre classique, par les soins du vertueux duc de Montausier et des savants illustres qui présidèrent sous lui à l'éducation de ce prince. Les éditeurs n'eurent pour objet que la poésie de l'auteur et la latinité. Ils méprisèrent trop son ignorante et ridicule physique, et ses raisonnements peut-être plus mauvais encore, pour croire que cette lecture fût dangereuse. Si des esprits faibles peuvent en être séduits, s'ils avalent ce poison, l'antidote est tout prêt dans les démonstrations de Clarke, dans Derham, dans Nieuwentyt même, dans cent auteurs qui ont opposé la force irrésistible d'une raison supérieure à la séduction des vers de Lucrèce, lesquels après tout ne sont que des vers. C'est ainsi qu'il faut combattre. Brûlez en cérémonie un exemplaire de Lucrèce, vous n'y gagnerez rien : le bourreau ne convertira jamais personne.

Il était donc nécessaire de réfuter le *Système de la Nature*, si ce mot de réfuter peut s'appliquer à une déclamation si vague et si verbeuse.

Un jeune homme [3], élevé longtemps dans la sage congrégation de l'Oratoire, entreprit de faire oublier le livre du *Système de la Nature* par la *Philosophie de la Nature*. Il écrivit non-seulement pour prouver un Dieu, mais pour le faire aimer, pour s'encourager lui-même à remercier ce Dieu de la vie qu'il nous a donnée, et de tous les dons qui l'accompagnent, comme pour se résigner dans les malheurs innombrables qui la traversent. On découvrait évidemment dans cet écrit une âme honnête et sensible. On l'aurait bien mieux aperçue encore, si le public n'avait pas été fatigué dans ce temps-là de tant de livres sur la

---

1. Riballier et Coger. (ÉD.) — 2. Par le baron d'Holbach. (ÉD.)
3. Delisle de Sales, mort le 22 septembre 1816. (ÉD.)

nature : *Examen de la Nature, Histoire de la Nature, Tableau de la Nature, Exposition de la Nature*. On était dégoûté de cette nature qui avait fourni tant d'insipides lieux communs [1].

Quelques esprits moins sensibles, et trop endurcis peut-être par un long usage d'une magistrature sévère, virent dans la naïveté des expressions de ce jeune homme, et dans ce mot seul de *nature,* une philosophie trop douce qui offensait leur dureté. Ils l'accusèrent de combattre la cause qu'il voulait défendre; ils lui suscitèrent un procès criminel dans une justice subalterne, et le firent condamner au bannissement perpétuel. Le parlement de Paris, plus équitable, a cassé cette sentence.

Il a senti qu'il était aussi facile qu'injuste de donner un sens coupable à des discours innocents; et il s'est souvenu des paroles que prononça autrefois dans Paris même le césar Julien, protecteur et vengeur des Gaules. Un légiste délateur, s'échauffant devant lui dans son plaidoyer contre un citoyen qu'il voulait perdre, lui dit : « César, suffira-t-il donc de nier?» L'équitable Julien répondit: « Suffira-t-il d'accuser?»

Dans le moment, messieurs, que je vous propose mes faibles réflexions, je lis dans la *Gazette de la république*, du 26 juillet, que l'on va rétablir en Espagne le pouvoir d'un tribunal qui a toujours plus écouté les délateurs que les déférés; tribunal érigé autrefois par la superstition et par l'injustice; tribunal que tous les parlements de France ont toujours écarté, que l'Allemagne ne reçoit point, qui est en horreur dans de grands États d'Italie, et encore plus dans tout le Nord : c'est l'inquisition, puisqu'il faut la nommer. C'est elle qui admet la délation d'un fils contre son père, d'un père contre son fils; c'est elle qui jette dans des cachots les accusés, sans leur dire jamais de quoi on les accuse; c'est elle qui condamne sans confrontation; c'est elle enfin qui alluma tant de bûchers, du détroit de Cadix aux rivages de l'Inde. Je ne vous répéterai qu'une seule anecdote sur ce tribunal trop connu. Cromwell ayant préparé la flotte qui prit la Jamaïque au roi d'Espagne, l'ambassadeur espagnol lui demanda s'il avait à se plaindre du roi son maître, et quelle réparation il voulait. Cromwell lui répondit : « Je veux que les mers soient libres, et que l'inquisition soit abolie sur la terre [2]. » Il manquait à cette réponse d'être faite par un homme vertueux. Cromwell eût ressemblé aux anciens Romains qui défendirent aux Carthaginois d'immoler des hommes.

ARTICLE XII. — *De la bigamie et de l'adultère.*

La loi *Caroline* punit ces délits par la mort. La peine n'est-elle pas trop au-dessus de la faute?

A commencer par la bigamie, ce qui est autorisé de tout temps

---

1. On devrait penser que ce mot *nature* est une expression vague qui ne signifie rien. Il n'y a point de nature; tout est art, depuis la formation et les propriétés du soleil jusqu'à la moindre racine, jusqu'à un grain de sable; et cet art est si grand, que cent mille millions d'Archimèdes ne pourraient l'imiter.

2. *Mémoires de Ludlow*, tome II, page 63, édition d'Amsterdam.

dans la plus ancienne et la plus vaste partie du monde ne peut être dans la plus nouvelle et la plus petite que la violation d'un usage nouveau, et n'est pas un crime par soi-même. Le même Juif qui peut épouser plusieurs femmes en Perse par la loi, et en Turquie par connivence, est coupable en Italie, en Allemagne, en Espagne, en France, s'il use de cet ancien privilége. Ne pourrait-on pas distinguer entre les devoirs universels et les devoirs locaux? Respecter son père, sa mère, les nourrir dans l'indigence, payer ses dettes, n'outrager personne, secourir les souffrants autant qu'on le peut, ce sont là des devoirs à Siam comme à Rome. N'épouser qu'une femme est un devoir local [1].

L'adultère est un crime chez tous les peuples de la terre; l'adultère des femmes s'entend, attendu que les hommes ont fait les lois. Ils se sont regardés comme les propriétaires de leurs épouses, elles sont leur bien; l'adultère les leur vole; il introduit dans les familles des héritiers étrangers. Joignez à ces raisons la cruauté de la jalousie, et ne soyez pas étonné que chez tant de nations, sortant à peine de l'état sauvage, l'esprit de propriété ait décerné la peine de mort contre les séducteurs et les séduites. Aujourd'hui les mœurs adoucies ne punissent plus avec cette rigueur un crime que tout le monde est tenté de commettre, que tout le monde favorise quand il est commis, qu'il est si difficile de prouver, et dont on ne peut guère se plaindre en justice sans se couvrir de ridicule. La société a fait une convention secrète de ne point poursuivre des délits dont elle s'est accoutumée à rire [2].

Mais lorsqu'à la honte des familles de tels procès éclatent, quand la justice sépare les deux conjoints, il y a un autre inconvénient dans la moitié de l'Europe. Cette moitié se gouverne encore par ce qu'on appelle le droit canon. Cette étrange jurisprudence, qui fut longtemps l'unique loi, ne considère dans le mariage qu'*un signe visible d'une chose invisible;* de sorte que deux époux étant séparés par les lois de l'État, la chose invisible subsiste encore, quand le signe visible est détruit. Les deux époux sont réellement divorcés, et cependant ils ne

1. Dans tout pays où la polygamie n'est point permise, la bigamie est un véritable délit, puisque le bigame commet un faux dans un acte public. Il trompe la femme qu'il épouse la seconde. C'est une action très-réfléchie : cette action doit donc être punie; mais c'est la superstition, c'est l'idée d'un sacrilége, de la profanation d'un sacrement, idée étrangère à l'ordre civil, qui a fait établir la peine de mort. C'est encore là une des barbaries qui tirent leur origine de la théologie. Il n'y a pas longtemps qu'un grave magistrat proposa de faire brûler vive une hermaphrodite qui s'était mariée comme garçon, et que les médecins déclarèrent être une femme. Elle avait, disait-il, profané le sacrement de mariage. (*Éd. de Kehl.*)

2. L'adultère est un crime en morale, mais il ne peut être un délit punissable par les lois : 1° parce que si vous avez égard à la violation du serment, la punition de la femme ne peut être juste, à moins que la loi ne condamne le mari convaincu d'adultère à la même peine ; 2° si vous avez égard au crime de donner à une famille des héritiers étrangers, il faudrait donc prouver alors que le délit a été consommé; or c'est ce qui est impossible, sinon par l'aveu de la coupable. Au reste, en laissant au mari, comme à la femme, la liberté de faire divorce, toute peine contre l'adultère devient inutile. Il est d'ailleurs dangereux de laisser subsister une loi pénale contre l'adultère dans un pays où ce crime est commun, et toléré par les mœurs, parce qu'alors cette loi ne peut être que l'instrument de vengeances personnelles ou d'intérêts particuliers. (*Éd. de Kehl.*)

peuvent, par la loi, se pourvoir ailleurs. Des paroles inintelligibles empêchent un homme séparé légalement de sa femme d'en avoir légalement une autre, quoiqu'elle lui soit nécessaire. Il reste à la fois marié
et célibataire. Cette contradiction extravagante n'est pas la seule qui
subsiste dans ces pays où l'ancienne jurisprudence ecclésiastique est
mêlée avec la loi de l'État. Les princes, les rois, y sont liés eux-
mêmes par ces chaînes ridicules et funestes. Ils sont obligés de mentir
hautement devant Dieu, pour obtenir par grâce un divorce sous un
autre nom, de la part d'un prêtre étranger. Ce prêtre déclare, quand
il veut, le mariage nul, au lieu de le déclarer rompu.

Ainsi le bon et faible Louis XII, roi de France, se vit forcé de faire
un faux serment, et de jurer qu'il n'avait jamais consommé l'acte de
mariage avec la fille de Louis XI, quoiqu'ils eussent couché ensemble
pendant dix-huit ans. Ainsi Henri VIII d'Angleterre mentit inutilement
devant les légats de Clément VII, et l'on sait assez comment la nation
fut amenée à secouer un joug odieux qui forçait les hommes au parjure : tant il est vrai que les poisons les plus mortels peuvent se tourner quelquefois en nourriture bienfaisante !

Ainsi le grand Henri IV, en France, et Marguerite sa femme, furent
obligés de mentir tous deux pour mettre sur le trône l'infortunée Marie de Médicis. Ainsi Isabelle de Nemours, reine de Portugal, mentit
plus impudemment encore pour quitter son mari et pour épouser son
beau-frère.

Voilà à quoi des royaumes sont exposés, quand on n'a pas assez de
bon sens et de courage pour anéantir à jamais un code réputé sacré,
qui est en effet la honte des lois et la subversion des États. Mais les
nations judicieuses qui prononcent le divorce des conjoints adultères
doivent-elles y ajouter la peine de mort? n'y a-t-il pas là une contradiction funeste? Le mari et la femme peuvent donner chacun de leur
côté des citoyens à l'État; et il est clair qu'ils ne lui en donneront pas
si vous les faites mourir.

Si nous osions un moment élever notre faible intelligence jusqu'à la
sphère d'une lumière inaccessible, nous dirions que le Dieu des vengeances, qui punissait autrefois quatre générations pour la transgression d'un seul homme, et qui punit aujourd'hui pendant l'éternité, a
pourtant pardonné à la femme adultère.

On n'a point encore retranché expressément de nos lois consistoria-
les cette ordonnance qui prescrit le divorce entre deux personnes dont
l'une est attaquée de la lèpre ; « d'autant que par la loi divine il est
expressément dit que les lépreux doivent être séparés des personnes
saines. »

Nous ne connaissons point la lèpre. C'était une gale virulente, commune dans un climat brûlant, chez un peuple errant alors dans des
déserts, et privé de toutes les commodités de la vie qui servent à
guérir cette maladie dégoûtante. Il ne semble pas convenable de conserver une loi qui n'est pas plus faite pour nous, que cette autre loi
juive qui condamnait à mort deux époux ayant rempli les devoirs du
mariage dans le temps que la femme avait ses règles.

Article XIII.— *Des mariages entre personnes de differentes sectes.*

Plus d'une nation a proscrit sous des peines très-rigoureuses les mariages avec des personnes qui ne professeraient pas la religion du pays. La politique a pu faire cette loi ; mais la politique change, et l'intérêt du genre humain ne change point. Le bien public n'exige-t-il pas à la longue que les deux sexes de religions opposées se réunissent? Y a-t-il une manière plus douce et plus sûre d'établir enfin cette tolérance que l'Europe désire; tolérance si nécessaire, que c'est la première loi, comme nous l'avons dit, de tout l'empire de Russie, conçue par le génie de l'impératrice, écrite de sa main, et bénie de son peuple? Qu'on regarde la Prusse, l'Angleterre, la Hollande, Venise; et que les nations intolérantes rougissent.

Article XIV. — *De l'inceste.*

Pour l'inceste, il est démontré que c'est une loi de bienséance. Le grand *Dictionnaire encyclopédique*, imprimé à Paris, avoue « qu'entre parents les conjonctions ont été permises en certains cas un peu rares, comme au commencement du monde, et immédiatement après le déluge, etc. »

On peut ajouter que l'inceste était alors un devoir. Si un frère et une sœur, ou un père et sa fille, restés seuls sur la terre, négligeaient la propagation, ils trahiraient le genre humain.

Les Romains, toujours ennemis des Perses dès qu'ils furent leurs voisins, les accusèrent de légitimer l'inceste. Le bruit courut longtemps dans Rome que chez le grand roi les mères couchaient d'ordinaire avec leurs fils, et que, pour parvenir au rang des mages, il fallait être né de cet accouplement. Catulle le dit en termes exprès :

Nam magus ex matre et gnato gignatur oportet.

Carm. LXXXVIII, v. 3.

On imputait plus d'une turpitude à cette brave nation depuis qu'elle avait vaincu et tué Crassus, de même que les moines grecs chargèrent Mahomet II des accusations les plus atroces et les plus ridicules depuis qu'il eut pris Constantinople. C'était une vengeance de moines; ils criaient à l'hérétique.

On prétend aujourd'hui, parmi quelques nations de l'Europe, qu'il n'est pas permis à un homme veuf d'épouser une parente de sa femme au quatrième degré, et qu'une veuve serait coupable de la même transgression, si l'un et l'autre n'achetaient pas une dispense du pape.

Il y a chez ces mêmes nations un autre inceste qu'on appelle *spirituel*. C'est une espèce de sacrilége dans un homme d'Église de coucher avec une fille qu'il a baptisée, ou confirmée, ou confessée. Voyez les *Cas* de Pontas au mot *Inceste*.

La France n'a point de loi expresse contre ces espèces de délits; mais quelques tribunaux les ont quelquefois punis de mort de leur propre autorité : sur quoi on peut observer la supériorité de la jurisprudence anglaise. Elle punirait tout juge qui aurait infligé une peine que la loi n'aurait pas décernée.

C'est à la prudence de ceux qui gouvernent de dicter des lois, de proportionner chaque peine à chaque délit, et de contenir les accusés et les juges.

Serait-il temps de ne plus regarder les mariages entre cousins germains comme incestueux ? Nos Seigneurs pourront les permettre pour le bien des familles. Le pape les permet moyennant finance.

ARTICLE XV. — *Du viol.*

Pour les filles ou femmes qui se plaindraient d'avoir été violées, il n'y aurait, ce me semble, qu'à leur conter comment une reine éluda autrefois l'accusation d'une complaignante. Elle prit un fourreau d'épée ; et le remuant toujours, elle fit voir à la dame qu'il n'était pas possible de mettre l'épée dans le fourreau.

Il en est du viol comme de l'impuissance : il est certains cas dont les tribunaux ne doivent jamais connaître.

La France est le seul pays où l'on ait admis le congrès. Les juges en ont enfin rougi[1].

ARTICLE XVI. — *Pères et mères qui prostituent leurs enfants.*

Ce ne peut être que dans la dernière classe des misérables que cette infamie soit pratiquée. Elle est plutôt du ressort d'un juge subalterne de police que d'une compagnie supérieure de magistrats ; elle ne peut s'être introduite que dans ces villes immenses où l'on voit un si grand nombre de riches voluptueux qui achètent chèrement des plaisirs criminels, et un plus grand nombre d'indigents qui les vendent.

Je m'étonne que nos commentateurs de la loi *Caroline* parlent d'un tel commerce. Il doit être inconnu dans un pays tel que le nôtre, où de grandes fortunes n'insultent jamais à la misère publique, et où le luxe est ignoré.

ARTICLE XVII. — *Des femmes qui se prostituent à leurs domestiques.*

Comment se peut-il que Constantin, le plus débauché des empereurs, ait condamné ces domestiques à être brûlés, et leurs maî-

---

1. Le viol est un véritable crime, même indépendamment de toutes les idées d'honneur, de vertu, attachées à la chasteté. C'est une violation de la propriété que chacun doit avoir de sa personne, c'est un outrage fait à la faiblesse par la force. Il doit être puni comme les autres attentats à la sûreté personnelle, qui sont distincts du meurtre. L'expédient de cette reine est une plaisanterie : il suppose un sang-froid qu'il est difficile de conserver. Si un homme, ayant une arme, s'est laissé assommer parce que la peur l'a empêché de s'en servir, l'assassin n'est pas moins coupable. Les preuves du viol ne sont pas impossibles ; il peut y en avoir de telles qu'elles ne laissent aucun doute ; et c'est d'après celles-là seules qu'on peut condamner. D'ailleurs ce crime peut s'exécuter par le concours de plusieurs personnes, et en employant les menaces : ainsi, quoiqu'il soit très-rare qu'il ait été commis par un homme seul, on ne peut le placer au rang des crimes imaginaires, ou de ceux dont la loi ne doit point connaître. (*Éd. de Kehl.*)

tresses à être décollées? (Code, liv. IX, tit. xi.) Les plus méchants princes se sont piqués souvent de faire les lois les plus rigides. Le cardinal de Fleury appelait les femmes qui avaient cette faiblesse pour leurs valets de chambre des femmes valétudinaires [1].

Article XVIII. — *Du rapt.*

La loi *Caroline*, les ordonnances en France établissent la peine de mort contre un ravisseur. La loi anglaise n'ordonne la mort qu'en cas que la fille se plaigne d'avoir été ravie [2].

Article XIX. — *De la sodomie.*

Les empereurs Constantin II et Constance son frère sont les premiers qui aient porté peine de mort contre cette turpitude qui déshonore la nature humaine. (Code, liv. IX, tit. ix.) La novelle 141 de Justinien est le premier rescrit impérial dans lequel on ait employé le mot *sodomie.* Cette expression ne fut connue que longtemps après les traductions grecques et latines des livres juifs. La turpitude qu'elle désigne était auparavant spécifiée par le terme *pædicatio,* tiré du grec.

L'empereur Justinien, dans sa novelle, ne décerne aucune peine. Il se borne à inspirer l'horreur que mérite une telle infamie. Il ne faut pas croire que ce vice, devenu trop commun dans la ville des Fabricius, des Caton et des Scipion, n'eût pas été réprimé par les lois : il le fut par la loi Scantinia, qui chassait les coupables de Rome, et leur faisait payer une amende; mais cette loi fut bientôt oubliée, surtout quand César, vainqueur de Rome corrompue, plaça cette débauche sur la chaire du dictateur, et quand Adrien la divinisa.

Constantin II et Constance, étant consuls ensemble, furent donc les premiers qui s'armèrent contre le vice trop honoré par César. Leur loi *Si vir nubit* ne spécifie pas la peine; mais elle dit que la justice doit s'armer du glaive : *Jubemus armari jus gladio ultore;* et qu'il faut des supplices recherchés, *exquisitis pœnis.* Il paraît qu'on fut toujours plus sévère contre les corrupteurs des enfants que contre les enfants mêmes, et on devait l'être.

Lorsque ces délits, aussi secrets que l'adultère, et aussi difficiles à prouver, sont portés aux tribunaux qu'ils scandalisent; lorsque ces tribunaux sont obligés d'en connaître, ne doivent-ils pas soigneusement

---

1. Une loi de France condamne, dans ce cas, le domestique à la mort, quand la femme est mariée, ou que c'est une fille sous la puissance de parents. C'est ainsi qu'autrefois la vanité foulait aux pieds l'humanité et la justice; c'est ainsi que ceux qui avaient des aïeux ou des richesses osaient avouer leur insolent mépris pour les hommes; et ce sont les siècles qui ont produit ces lois qu'on a l'imbécillité ou la turpitude de regretter! Cette loi est du nombre de celles qu'il est à désirer, pour l'honneur de la nation, de voir effacer de notre code. (*Ed. de Kehl.*)

2. Et ce n'est pas assez. Il faudrait qu'elle prouvât de plus que l'on a employé contre elle la violence ou la menace; qu'elle prouvât qu'elle n'a point vécu volontairement avec le ravisseur. Il ne faut pas que la vie d'un homme dépende du dégoût ou de la vanité d'une fille qui s'est fait enlever. (*Ed. de Kehl.*)

distinguer entre l'homme fait et l'âge innocent qui est entre l'enfance et la jeunesse ?

Ce vice indigne de l'homme n'est pas connu dans nos rudes climats. Il n'y eut point de loi en France pour sa recherche et pour son châtiment. On s'imagina en trouver une dans les établissements de saint Louis. « Se aucuns est souspeçonneux de bulgarie, la justice laie le doit prendre, et envoyer à l'evesque; et se il en estoit prouvés, l'en e doit ardoir, et tuit li mueble, sont au baron. » Le mot *bulgarie*, qui ne signifie qu'hérésie, fut pris pour le péché contre nature; et c'est sur ce texte qu'on s'est fondé pour brûler vifs le peu de malheureux convaincus de cette ordure, plus faite pour être ensevelie dans les ténèbres de l'oubli que pour être éclairée par les flammes des bûchers aux yeux de la multitude.

Le misérable ex-jésuite [1], aussi infâme par ses feuilles contre tant d'honnêtes gens que par le crime public d'avoir débauché dans Paris jusqu'à des ramoneurs de cheminées, ne fut pourtant condamné qu'à la fustigation secrète dans la prison des gueux de Bicêtre. On a déjà remarqué que les peines sont souvent arbitraires, et qu'elles ne devraient pas l'être; que c'est la loi et non pas l'homme qui doit punir.

La peine imposée à cet homme était suffisante; mais elle ne pouvait être de l'utilité que nous désirons, parce que, n'étant pas publique, elle n'était pas exemplaire [2].

ARTICLE XX. — *Faut-il obéir à l'ordre injuste d'un pouvoir barbare ?*

Je suis descendu peut-être dans un trop grand détail sur les délits qui peuvent occuper l'attention des magistrats. Je ne parlerai pas de ces lois passagères qui ne subsistent qu'avec la puissance dont elles émanent, de ces défenses qui ne peuvent durer qu'autant que le danger dure, de ces règlements de caprice qui sont ou inutiles ou inexécutables; mais je dois vous consulter sur ces ordres souverains qui révoltent l'équité naturelle.

Vous devez obéir à ceux qui font des lois dans votre patrie tant que vous demeurez dans cette patrie, j'en conviens : mais je suppose que vous vous appeliez Banaïas [3], capitaine des gardes d'un petit roi dans un pays de quarante-cinq lieues de long sur quinze de large. Vous savez que le feu roi a laissé deux fils, dont le cadet est né d'une femme adultère, complice de l'assassinat de son premier mari; le père de ces

1. Desfontaines. (ÉD.)
2. La sodomie, lorsqu'il n'y a point de violence, ne peut être du ressort des lois criminelles. Elle ne viole le droit d'aucun autre homme. Elle n'a sur le bon ordre de la société qu'une influence indirecte, comme l'ivrognerie, l'amour du jeu. C'est un vice bas, dégoûtant, dont la véritable punition est le mépris. La peine du feu est atroce. La loi d'Angleterre qui expose les coupables à toutes les insultes de la canaille, et surtout des femmes qui les tourmentent quelquefois jusqu'à la mort, est à la fois cruelle, indécente et ridicule. Au reste il ne faut pas oublier de remarquer que c'est à la superstition que l'on doit l'usage barbare du supplice du feu. (*Éd. de Kehl.*)
3. Banaïas était capitaine des gardes de David. (ÉD.)

deux enfants, par une nouvelle injustice en faveur de cette prostituée, a déshérité son fils aîné, fils d'une princesse vertueuse. Il a institué roi ce cadet, fils de la prostitution et du meurtre. Le malheureux déshérité ne demande au possesseur de son bien d'autre grâce que la permission d'épouser une petite fille qui a servi pendant quelques mois à réchauffer son vieux père. Il implore même, pour en obtenir l'agrément, la protection de la vieille mère de son frère. Comment ce frère reçoit-il cette supplication? Il vous ordonne à vous, Banaïas, capitaine d'une vingtaine de meurtriers qu'on appelle ses gardes, d'aller tuer son frère aîné pour toute réponse. Le frère aîné crie miséricorde, invoque son Dieu, embrasse les cornes de l'autel; le cadet vous commande d'assassiner son frère, votre roi légitime, sur cet autel même. Je vous demande, Banaïas, si vous devez obéir.

Je pense qu'il faudrait que Dieu lui-même descendît de l'empyrée dans toute sa majesté, et qu'il vous commandât de sa bouche ce parricide, pour des raisons inconnues aux faibles mortels. Pour moi, je lui dirais : « Seigneur, la main me tremble, daignez charger quelque autre Juif de cette commission. »

Puisqu'on s'efforce encore de nos jours à chercher des exemples de conduite chez ce peuple, autrefois gouverné par Dieu même, et si souvent infidèle à Dieu; chez ce peuple qui prépara notre salut et qui est l'objet de notre horreur ; puisqu'on a confondu si souvent ses crimes avec la loi naturelle et divine qui les condamne, je vais choisir encore un exemple chez ce peuple parmi cent autres exemples.

Lorsque Siméon et Lévi firent un pacte avec les habitants de Sichem, aujourd'hui Naplouse; lorsqu'ils engagèrent le chef de ce village à se circoncire, lui, son fils et tous les habitants; lorsque, le troisième jour après l'opération, la fièvre de suppuration abattant les forces de ces nouveaux frères, Siméon et Lévi égorgèrent le chef, toute sa famille et toute la peuplade, Siméon et Lévi furent sans doute aidés par leurs serviteurs, par leurs esclaves s'ils en avaient. Je dis que ces esclaves étaient aussi coupables que les maîtres; je dis que, quand même les Juifs auraient eu alors un prophète, un pontife, un sanhédrin, c'était un crime exécrable d'obéir à leurs commandements.

Le rapt des Sabines par Romulus aurait-il été moins un brigandage barbare, s'il eût été commis par une délibération du sénat?

La Saint-Barthélemy perdrait-elle aujourd'hui quelque chose de son horreur, si, par impossible, le parlement de Paris avait rendu un arrêt par lequel il eût enjoint à tout fidèle catholique de sortir de son lit au son de la cloche, pour aller plonger le poignard dans le cœur de ses voisins, de ses amis, de ses parents, de ses frères, qui allaient au prêche ?

Les misérables gentilshommes nommés les Quarante-Cinq, qui assassinèrent si lâchement le duc de Guise, auraient-ils été moins coupables s'ils avait commis cette indignité en vertu d'un arrêt du conseil?

Non, sans doute : un crime est toujours un crime, soit qu'il ait été commandé par un prince dans l'aveuglement de sa colère, soit qu'il ait été revêtu de patentes scellées de sang-froid avec toutes les formalités possibles. La raison d'État n'est qu'un mot inventé pour servir d'excuse aux tyrans. La vraie raison d'État consiste à vous précautionner contre les crimes de vos ennemis, non pas à en commettre. Il y a même de l'imbécillité à leur enseigner à vous détruire en vous imitant.

L'abbé de Caveyrac a beau dire que la Saint-Barthélemy « était une affaire de politique [1] : » cette politique serait celle de Cerbère et des Furies.

On dit que les exécuteurs, les suppôts de la justice doivent obéir aveuglément; que ce n'est point à eux à examiner si le supplice dont ils ne sont que les instruments est équitable ou non. Et moi je vous dis que ces gens-là sont aussi criminels que les juges, quand ils mettent à exécution une sentence reconnue évidemment injuste et barbare au tribunal de la conscience de tous les hommes.

Je ne sais quel écrivain un peu extraordinaire, dans un roman nommé *Émile*, dont le héros est un gentilhomme menuisier, a dit « que le dauphin de France devait épouser la fille du bourreau, s'il y trouvait des convenances. » J'ose affirmer que, si le bourreau de Paris avait pu sauver la maréchale d'Ancre par son refus, le fils de cette maréchale aurait bien fait d'épouser la fille du sauveur de sa mère, malgré l'horreur de la profession du père.

Voilà une partie du code que j'aurais annoncé aux partisans de Brunehaut ou de Frédégonde, à la faction de la rose rouge et à celle de la rose blanche, aux Armagnacs et aux Bourguignons, aux fripons des deux partis dans le grand schisme de l'Occident, aux infâmes parlements du tyran Henri VIII.

Nous ne vous invitons donc point à parler de ces prétendues lois promulguées dans des temps de tyrannie et de brigandage.

Nous ne regarderons pas même comme un jugement légal l'arrêt de la chambre étoilée d'Angleterre, par lequel l'avocat Prynne eut les oreilles coupées au pilori, et paya mille livres sterling d'amende, pour avoir composé un livre contre la comédie, en 1633. C'était le temps où le cardinal de Richelieu faisait naître le théâtre en France; et la reine Henriette, fille du grand Henri IV, épouse de l'infortuné Charles Ier, protégeait le théâtre et les beaux-arts à Londres. Prynne était un fanatique imbécile, qui ne méritait pas une punition si sévère : mais dans ce temps, le parti de la cour et la faction opposée commençaient à interpréter les lois avec cruauté.

On sait trop que cette sombre rage de joindre les formalités de la loi aux horreurs de la politique fut poussée si loin chez cette nation, alors féroce, que son roi, vendu par des Écossais à des Anglais, fut enfin

---

1. M. de Voltaire s'est trompé : ce n'est point l'abbé de Caveyrac qui a dit cette sottise; c'est Gabriel Naudé, dans ses *Considérations politiques sur les coups d'État*, page 177, édition in-12 de Hollande, 1667. (*Ed. de Kehl.*) — Caveyrac, page 1 de la *Dissertation sur la journée de la Saint-Barthélemy,* imprimée à la suite de son *Apologie de Louis XIV*, etc., dit que la Saint-Barthélemy fut une *affaire de proscription*, et ces termes sont rapportés fidèlement par Voltaire. Voltaire, citant toujours de mémoire, a pu en 1777, à l'âge de quatre-vingt-trois ans, se tromper d'un mot, qui toutefois ne change pas le sens de l'auteur qu'il accuse. (*Note de M. Beuchot.*)

jugé à mort par une prétendue cour de justice, à laquelle présidait, pour grand steward, un sergent de loi, et où siégeaient un cordonnier et un charretier mêlés à trente-huit colonels. C'est le plus solennel et le plus tranquille assassinat juridique dont jamais aucune nation se soit vantée.

Si quelque crime exécuté avec la formalité d'une prétendue justice peut être comparé à ce superbe crime de Cromwell, c'est le supplice du jeune Conradin, légitime roi de Naples et de Sicile par la grâce de Dieu, jugé à mort par les valets en robe de Charles d'Anjou, roi de Sicile par la grâce du pape [1].

Je ne vous parlerai pas de tant d'autres meurtres commis ailleurs sous une ombre de justice. Nous ne vous demandons un code que pour des peuples policés qui en soient dignes.

ARTICLE XXI. — Des libelles diffamatoires.

Chez les Romains, *famosi libelli*, les libelles qui attaquaient la renommée, étaient des crimes de lèse-majesté quand l'empereur y était outragé. Tribonien fait dire à son empereur Justinien, dans le *Digeste*, liv. XLVIII, tit. iv : *Non lubricum linguæ ad pœnam facile trahendum est;* « une parole imprudemment échappée ne doit pas être facilement punie. » On avait auparavant fait parler Théodose avec plus de dignité, et le Code lui attribue des paroles plus mémorables, liv. IX, tit. vii : « Si c'est légèreté, méprisons; si c'est folie, ayons-en pitié; si c'est dessein de nuire, pardonnons : » *Si ex levitate processerit, contemnendum; si ex insania, miseratione dignissimum; si ab injuria, remittendum.*

L'empereur Julien le Philosophe avait fait mieux, il avait toujours pardonné. Je vous cite ce très-grand homme, parce que nos provinces respirèrent sous sa domination, ainsi que les Gaules; parce qu'il y diminua les impôts des deux tiers, parce qu'il y rendit la justice comme

---

1. Y a-t-il quelqu'un à qui l'on puisse apprendre que Conradin était né roi des Deux-Siciles, par son père Conrad, et par son aïeul le grand empereur Frédéric II? Qui ne sait que ce jeune prince, l'espoir de l'Allemagne, destiné à l'empire, eut le courage, à l'âge de seize ans, de venir combattre pour son héritage des Deux-Siciles, que les papes avaient donné à Charles d'Anjou? On sait assez que Conradin fut invité par ses sujets et par les Romains à remonter sur son trône. Il aborda dans sa patrie avec Frédéric, duc d'Autriche, son cousin germain, son frère d'armes, dont l'amitié fut longtemps aussi célèbre en Italie que celle de Pylade pour Oreste en Grèce. Tous deux étaient secondés par Henri, frère du roi de Castille, et par une foule de chevaliers castillans. Les musulmans vinrent se ranger sous ses drapeaux, ainsi que les chrétiens. Cette florissante armée fut détruite par un stratagème. Conradin et son brave ami furent livrés à Charles d'Anjou. Ce prince, qui s'était fait vassal du pape, consulta Clément IV, son seigneur suzerain, pour savoir comment il traiterait ses deux captifs. *La vie de Conradin est la mort de Charles*, répondit le pontife. Charles, en conséquence, fit juger le roi des Deux-Siciles et le duc d'Autriche comme des criminels de lèse-majesté divine et humaine. Le bourreau leur trancha la tête dans la place publique, et Conradin mourut en baisant la tête du duc d'Autriche. Nous n'avons point les lettres par lesquelles saint Louis, frère du duc d'Anjou, reprocha sans doute à son frère un crime si cruel et si lâche.

Caton, parce que sa vigilance et son courage nous préservèrent du joug des Sicambres et des autres peuples transrhénois qui nous subjuguèrent depuis. Rien ne peut nous dispenser de la reconnaissance que nous devons à un héros, notre bienfaiteur.

Un écrit qui vous diffame semble punissable à proportion du mal qu'il peut faire. S'il est à craindre qu'il n'inspire la sédition contre le souverain, il doit être réprimé par une grande peine : et telle a été souvent la jurisprudence romaine. Si la diffamation ne porte que sur vos goûts, sur votre faiblesse, sur vos ridicules, gardez-vous bien d'intenter un procès, de peur d'être plus ridicule encore.

Je ne mettrai point ici au rang des libelles diffamatoires, réprimables par la justice ordinaire, certaines bulles que pourtant plusieurs parlements de France ont condamnées au feu, telles, par exemple, que celle qui fut publiée à Rome en 1585, à l'instigation de la Ligue, contre Henri IV, notre auguste allié, et contre le prince de Condé, son émule en vertu et en courage. Ils sont tous les deux appelés dans ce libelle diffamatoire « proles detestabilis ac degener familiæ Borboniorum. « Pronuntiamus illos hæreticos, relapsos, hæreticorum duces, impœni- « tentes, læsæ majestatis divinæ reos. Privamus illum Henricum Na- « varræ regno ; hunc et utrumque eorumque posteros omnibus princi- « patibus, ducatibus, dominiis, et officiis regiis, etc., etc. » Et voici la traduction de ce mauvais latin : « Nous déclarons Henri ci-devant roi de Navarre, et Henri ci-devant prince de Condé, race détestable et dégénérée de la maison de Bourbon, hérétiques, relaps, chefs d'hérétiques, impénitents, criminels de lèse-majesté divine. Nous privons ce Henri de Navarre de son royaume, et chacun d'eux et leur postérité de toutes principautés, duchés, domaines, de tous honneurs et offices royaux, etc., etc. »

Un Gustave-Adolphe, un Charles XII, un Frédéric de Prusse auraient répondu dans Rome à la tête d'une armée. Henri IV, aussi vaillant qu'eux, ne répondit que par un démenti affiché aux murs du Vatican. Il n'avait point alors d'armée ; et il n'en eut jamais une complète que dans le temps où le fanatisme l'assassina par la main du dernier des hommes. Nous osons espérer que les temps de ces libelles diffamatoires absurdes ne reviendront plus.

ARTICLE XXII. — *De la nature et de la force des preuves, et des présomptions.*

§ Ier. *Du flagrant délit.* — La première preuve est le flagrant délit. Elle atteste le fait ; mais elle n'atteste pas toujours que cette flagrant action soit un crime. On voit un homme qui tue un homme ; mais s'i tue l'assassin de son père en le poursuivant dans le moment de l'assassinat, il ne mérite que des applaudissements ; s'il tue son agresseur, on n'a rien à lui reprocher ; s'il tue pour un affront sanglant, dans un premier mouvement de colère, la loi même doit lui pardonner, en dédommageant la famille du mort. En un mot, toute action peut avoir diverses faces.

§ II. *Des témoins.* — La seconde preuve est le témoignage. Faut-il que dans tous les cas deux témoins constants, invariables dans leurs dépositions uniformes, suffisent pour faire condamner un accusé? Deux hommes également prévenus se trompent si souvent, et croient avoir vu ce qu'ils n'ont point vu! surtout quand les esprits sont échauffés, quand un enthousiasme de faction ou de religion fascine les yeux.

N'y eut-il pas dans le procès criminel de Sirven, en 1762, un médecin et un chirurgien catholiques zélés qui virent de l'eau dans l'estomac de la fille de ce Sirven ouverte par eux, et qui jugèrent que Sirven avait noyé sa fille, parce qu'il était protestant, quoique l'eau dans l'estomac eût été une preuve, en bonne physique, que la fille n'était pas morte noyée?

Une cabale de la populace à Lyon ne vit-elle pas, en 1772, des jeunes gens porter en dansant et en chantant le cadavre d'une fille qu'ils venaient de violer et d'assassiner? Cela ne fut-il pas déposé en justice d'une voix unanime? Et cependant les juges reconnurent enfin solennellement dans leur sentence qu'il n'y avait eu ni fille violée, ni cadavre porté, ni chant, ni danse.

On se souviendra longtemps de l'innocent gentilhomme Langlade, condamné à la torture et aux galères, où il mourut.

Le premier indice du vol dont on osa l'accuser fut la déposition de deux domestiques. Ils crurent le voir lui et sa femme pâlir et trembler au premier aspect du comte de Montgommeri, qui ne soupçonnait point encore le vol dont il se plaignit depuis. De pareilles méprises ne sont que trop communes, et elles sont trop funestes.

Pour ne citer que des exemples connus, et au-dessus de tout reproche, rapportons encore l'incroyable mais publique aventure de La Pivardière. Mme de Chauvelin, mariée en secondes noces avec lui, est accusée de l'avoir fait assassiner dans son château. Deux servantes ont été témoins du meurtre. Sa propre fille a entendu les cris et les dernières paroles de son père : *Mon Dieu, ayez pitié de moi!* L'une des servantes, malade, en danger de mort, atteste Dieu, en recevant les sacrements de son Église, que sa maîtresse a vu tuer son maître. Plusieurs autres témoins ont vu les linges teints de son sang; plusieurs ont entendu le coup de fusil par lequel on a commencé l'assassinat. Sa mort est avérée : cependant il n'y avait eu ni coup de fusil tiré, ni sang répandu, ni personne tué. Le reste est bien plus extraordinaire. La Pivardière revient chez lui; il se présente aux juges de la province qui poursuivaient la vengeance de sa mort. Les juges ne veulent pas perdre leur procédure; ils lui soutiennent qu'il est mort, qu'il est un imposteur de se dire encore en vie, qu'il doit être puni de mentir ainsi à la justice, que leurs procédures sont plus croyables que lui. Ce procès criminel dure dix-huit mois, avant que ce pauvre gentilhomme puisse obtenir un arrêt *comme quoi il est en vie.*

Dieu de justice! que d'exemples de ces erreurs meurtrières qui se renouvellent chaque année en Europe dans presque tous ces tribunaux gouvernés par la compilation de Tribonien, ou par l'ancienne coutume féodale! Ces catastrophes n'excitent pas toutes la même rumeur que celle des Calas; elles ne sont pas toutes portées au pied du trône. Le fanatisme ne leur donne pas cette célébrité affreuse qui pénètre si profondément les esprits. Mais la mort du nommé Montbailly à Saint-Omer, et la condamnation de sa femme à être brûlée vive[1], a été plus horrible et encore moins excusable que celle du vieux père de famille Calas.

Au moment que je vous parle, il se passe en Bretagne[2] une scène non moins révoltante. J'ai été témoin de plusieurs. Le cœur se flétrit, et la main tremble, quand on se rappelle combien d'horreurs sont sorties du sein des lois mêmes. Alors on serait tenté de souhaiter que toute loi fût abolie, et qu'il n'y en eût d'autres que la conscience et le bon sens des magistrats. Mais qui nous répondra que cette conscience et ce bon sens ne s'égarent pas? Ne restera-t-il d'autres ressources que de lever les yeux au ciel, et de pleurer sur la nature humaine?

Nous avons vu, par les lettres de plusieurs jurisconsultes de France, qu'il n'y a point d'année où quelque tribunal ne fasse périr dans les supplices des malheureux dont l'innocence est ensuite reconnue et non vengée. Il faut de l'argent pour demander justice en révision; mais les pauvres familles qui la demanderaient sont réduites à l'aumône, tandis que dans la capitale trois ou quatre cent mille hommes oisifs, après s'être occupés de convulsions pendant vingt ans, disputent gaiement sur un vauxhall, sur un opéra-comique, sur des doubles croches.

§ III. *Des accusateurs qui administrent des preuves du crime.* — Heureuses les nations qui ont été assez sages pour statuer que tout ac-

---

1. En 1770, le tribunal supérieur d'Arras entreprend, sans aucune vraisemblance préalable, de juger un jeune homme nommé Montbailly, et de le condamner à la question ordinaire et extraordinaire, au supplice du poing coupé, à être rompu, à être jeté vif dans les flammes, et sa femme à être brûlée avec lui; le mari, comme assassin de sa mère, et la femme comme complice. Le tribunal rend cet arrêt de son propre mouvement, sans qu'il y ait un seul accusateur, un seul témoin. Il semble que ce soit pour lui un plaisir de faire périr deux citoyens dans les tourments. Le mari est exécuté; la femme, étant grosse de trois mois, est réservée pour être brûlée en relevant de couche. Si par hasard le chancelier de France n'avait été averti, l'iniquité aurait été consommée. Quels dédommagements a eus cette femme infortunée? aucun. A peine cette barbarie a-t-elle été connue.

2. Voici l'aventure de Bretagne : deux coupables sont condamnés par un parlement avec deux femmes réputées complices. Les deux hommes, par leur testament de mort, déclarent que les femmes sont innocentes. Le rapporteur allègue que la loi n'écoute pas cette justification tardive, et veut qu'on les pende tous quatre. Le bourreau, plus pitoyable que le conseiller, et raisonnant mieux, ayant déjà pendu les deux hommes et une femme, conseille tout bas à la dernière de crier qu'elle est grosse. On suspend l'exécution, on écrit à Versailles, et la femme est sauvée.

N'a-t-on pas vu, dans le procès si connu du comte de Morangiés, deux témoins, obstinés à soutenir invariablement le plus absurde mensonge, séduire le juge subalterne à qui on avait renvoyé cette affaire, au point que ce juge crut en tout ces deux misérables, et principalement un cocher nommé Gilbert, fameux alors parmi la canaille, et regardé dans le peuple comme le vertueux ennemi de la noblesse? C'est sur les cris de ce séditieux que le juge osa flétrir un maréchal de camp indignement accusé. Il dut bien se repentir de son erreur, lorsqu'un an après ce généreux cocher fut reconnu pour un voleur public, pour un faussaire, et puni par la justice.

cusateur se mettrait en prison, en y faisant enfermer l'accusé ! C'est de toutes les lois la plus juste. Encore les délateurs ont-ils le moyen de s'y soustraire. Calvin fit accuser Servet par son valet Lafontaine, apprenti en théologie ; et s'étant mis ainsi à couvert de la loi, il n'en poursuivit que plus vivement son accusation. La loi n'en est pas moins équitable. Elle ressemble aux règles de ces combats en champ clos, dans lesquels les champions étaient obligés de combattre avec des armes égales, et de partager le soleil et le vent. La manière de combattre était raisonnable et juste, quoiqu'il fût très-injuste et très-insensé de faire dépendre la vérité d'un combat.

Que de témoins accusateurs ont accouru à Paris de six mille lieues pour accuser le général Lally d'avoir trahi la France, lui qui avait répandu son sang pour la France, ainsi que toute sa famille ! On nous mande qu'aujourd'hui, sous un roi juste, on revoit ce funeste procès. De quelle gloire se couvrira le conseil, si son équité peut réformer, par les lois, l'arrêt impitoyable porté contre le général Lally à l'abri des lois !

§ IV. *Si tout témoin doit être entendu.* — Je pencherais à croire que tout homme, quel qu'il soit, peut être reçu à témoigner. L'imbécillité, la parenté, la domesticité, l'infamie même, n'empêchent pas qu'on ait pu bien voir et bien entendre. C'est aux juges à peser la valeur du témoignage et des reproches qu'on doit lui opposer. Les dépositions d'un parent, d'un associé, d'un domestique, d'un enfant, ne doivent décider de rien ; mais elles peuvent être entendues, parce qu'elles peuvent donner des lumières.

Vous êtes en prison pour dettes ; un prisonnier en assassine un autre ; trente prisonniers qui ont vu le meurtre assurent tous que vous n'êtes pas le coupable.

Leur déposition ne serait-elle pas admise, sous prétexte que leurs personnes seraient infâmes, ou réputées mortes civilement ? Et les témoignages de deux misérables non encore flétris seraient-ils seuls écoutés ? Faudrait-il que vous en fussiez la victime ?

§ V. *Le juge doit-il seul entendre le témoin en secret ? et ce témoin récolé peut-il se dédire ?* — Toutes ces procédures secrètes ressemblent peut-être trop à la mèche qui brûle imperceptiblement pour mettre le feu à la bombe.

Est-ce à la justice à être secrète ? Il n'appartient qu'au crime de se cacher.

C'est la jurisprudence de l'inquisition ; c'est celle par laquelle on fit périr tant de vertueux mais trop riches chevaliers du Temple, dont on voulait le supplice et la dépouille : première éruption infernale qui annonça de loin le volcan de la Saint-Barthélemy. On punit en France le témoin qui se dédit après le récolement, c'est-à-dire après son second interrogatoire secret. Punissez-le s'il s'est laissé corrompre, mais non pas sur la seule supposition qu'il a pu être corrompu.

Article XXIII. — *Doit-on permettre un conseil, un avocat à l'accusé ?*

Plonger un homme dans un cachot, l'y laisser seul en proie à son effroi et à son désespoir, l'interroger seul quand sa mémoire doit être égarée par les angoisses de la crainte et du trouble entier de la machine, n'est-ce pas attirer un voyageur dans une caverne de voleurs pour l'y assassiner ? C'est surtout la méthode de l'inquisition. Ce mot seul imprime l'horreur.

En Angleterre, île fameuse par tant d'atrocités et par tant de bonnes lois, les jurés étaient eux-mêmes les avocats de l'accusé. Depuis le temps d'Édouard VI, ils aidaient sa faiblesse, ils lui suggéraient toutes les manières de se défendre. Mais, sous le règne de Charles II, on accorda le ministère de deux avocats à tout accusé, parce qu'on considéra que les jurés ne sont juges que du fait, et que les avocats connaissent mieux les piéges et les évasions de la jurisprudence. En France, le code criminel paraît dirigé pour la perte des citoyens; en Angleterre, pour leur sauvegarde.

Et non-seulement le citoyen, mais l'étranger y trouve sa sûreté dans la loi même, puisqu'il choisit six étrangers pour remplir le nombre de douze jurés qui le jugent. C'est un privilége en faveur de l'univers entier.

Article XXIV. — *De la torture.*

Puisqu'il est encore des peuples chrétiens, que dis-je ! des prêtres chrétiens, des moines chrétiens, qui emploient les tortures pour leur principal argument, il faut commencer par leur dire que les Caligula, les Néron n'osèrent jamais exercer cette fureur sur un seul citoyen romain.

Elle est solennellement prohibée avec exécration dans le vaste empire de la Russie. Elle est abolie dans tous les États du héros du siècle, le roi de Prusse; dans ceux de l'impératrice-reine; le juste et bienfaisant landgrave de Hesse [1] l'a proscrite; elle est abhorrée dans l'Angleterre et dans d'autres gouvernements. Que reste-t-il à faire aux autres provinces de l'Europe qui n'ont pas encore adopté cette législation ?

La *Caroline*, cette loi fameuse de Charles-Quint, ne parle que de torture. C'était la première procédure dans tout procès criminel; tandis qu'en France, des commissaires nommés par François Ier, le père des lettres, appliquaient à la torture le comte Montecuculli, sujet de l'empereur Charles-Quint, ridiculement accusé d'avoir empoisonné le jeune dauphin, et qu'ensuite on tirait à quatre chevaux ce gentilhomme innocent.

On ne rencontre dans les livres qui tiennent lieu de code en France que ces mots affreux : question préparatoire, question provisoire, question ordinaire, question extraordinaire, question avec réserve de preuves, question sans réserve de preuves, question en présence de

---

1. Frédéric II, né en 1720, landgrave en 1760, mort en 1785. (Éd.)

deux conseillers, question en présence d'un médecin, d'un chirurgien; question qu'on donne aux femmes et aux filles, pourvu qu'elles ne soient pas enceintes. Il semble que tous ces livres aient été composés par le bourreau.

On est bien surpris de trouver dans ce code d'horreur une lettre du chancelier Daguesseau, du 4 janvier 1734, dans laquelle sont ces propres termes : « Ou la preuve du crime est complète, ou elle ne l'est pas. Au premier cas, il n'est pas douteux qu'on doive prononcer la peine portée par les ordonnances; mais, dans le dernier cas, il est aussi certain qu'on ne peut ordonner que la question ou un plus ample informé [1]. »

Quel est donc l'empire du préjugé, illustre chef de la magistrature! Quoi! vous n'avez point de preuves, et vous punissez pendant deux heures un malheureux par mille morts, pour vous mettre en droit de lui en donner une d'un moment! Vous savez assez que c'est un secret sûr pour faire dire tout ce qu'on voudra à un innocent qui aura des muscles délicats, et pour sauver un coupable robuste. On l'a tant dit! il en est tant d'exemples! Est-il possible qu'il vous soit égal d'ordonner ou des tourments affreux ou un plus amplement informé? Quelle épouvantable et ridicule alternative!

J'oserais croire qu'il n'a été qu'un seul cas où la torture parût nécessaire; et c'est l'assassinat de Henri IV, l'ami de notre république, l'ami de l'Europe, celui du genre humain. Le crime de sa mort perdait la France, exposait nos provinces, troublait vingt États.

L'intérêt de la terre était de connaître les complices de Ravaillac. Mais le supplice d'être tiré à quatre chevaux, après avoir reçu du plomb fondu dans ses membres sanglants, tenaillés avec des tenailles ardentes, était assez long pour lui donner le temps de révéler ses associés, s'il en avait eu. Il est probable qu'il n'avait d'autres complices que l'esprit de la Ligue et de Rome; je veux dire de la Rome de son temps, car assurément celle d'aujourd'hui ne tremperait pas dans de telles abominations.

Voyez, messieurs, si, excepté le crime de Ravaillac, commis contre l'Europe, la question dans toute autre circonstance n'est pas plus affreuse qu'utile [2]. Souvenons-nous toujours comment ce supplice fit périr, presque dans la même année, l'innocent Langlade et l'innocent Lebrun [3]; leur histoire déjà citée est assez connue par tous ceux qui ont entendu parler des méprises de la justice. Ces deux martyrs de la forme des lois chez nos voisins font voir assez que la question ne sert pas à découvrir la vérité, mais sert à causer inutilement la mort la

1. Cette lettre est rapportée dans l'Instruction criminelle, p. 701.
2. L'impératrice de Russie, Catherine II, avant d'abolir la question, fit examiner les ouvrages qu'elle avait ordonné de composer aux partisans encore nombreux de la torture, et aux amis de l'humanité, qui avaient élevé la voix contre cette absurde et inutile barbarie. L'auteur, qui soutenait qu'il fallait abolir la question, était d'avis de la conserver pour le crime de lèse-majesté seulement. L'impératrice la proscrivit sans aucune réserve. (Ed. de Kehl.)
3. On peut voir l'histoire de leur innocence et de leur mort dans les Causes célèbres.

plus longue et la plus douloureuse. L'injustice du supplice de ce Langlade et de ce Lebrun ne fut reconnue qu'après leur mort; leurs juges
pleurèrent; mais leur repentir n'abolit point la loi. Je ne connais pas
comment les infortunés juges qui les condamnèrent purent être encore
assez hardis pour ordonner la question dans d'autres procès criminels,
et comment Louis XV le souffrit. Mais un roi a-t-il le temps de songer
à ces menus détails d'horreurs, au milieu de ses fêtes, de ses conquêtes et de ses maîtresses? Daignez vous en occuper, ô Louis XVI,
vous qui n'avez aucune de ces distractions !

ARTICLE XXV. — *Des prisons, et de la saisie des prisonniers.*

Les prisons à Madrid, construites dans la grande place, sont déco-
rées d'une façade de belle architecture. Il ne faut pas qu'une prison
ressemble à un palais : il ne faut pas non plus qu'elle ressemble à un
charnier. On se plaint que la plupart des geôles en Europe soient des
cloaques d'infection, qui répandent les maladies et la mort, non-seulement dans leur enceinte, mais dans le voisinage. Le jour y manque,
l'air n'y circule point. Les détenus ne s'entre-communiquent que des
exhalaisons empestées. Ils éprouvent un supplice cruel avant d'être
jugés. La charité et la bonne police devraient remédier à cette négligence inhumaine et dangereuse.

L'emprisonnement est déjà une peine par lui-même; il doit donc
être proportionné à l'énormité du délit dont le détenu est accusé.
Faut-il plonger dans le fond du même cachot un malheureux débiteur
insolvable, et un scélérat violemment soupçonné d'un parricide? Il y
a des degrés à tout, des distinctions à faire dans chaque genre.

Nous voyons que le sage Louis XVI réforme en partie cet abus dans
un édit qui supprime des centaines de petits persécuteurs subalternes
qui plongeaient dans des cachots pestiférés des familles indigentes condamnées par eux à des amendes [1].

L'incarcération légale, quoique pénible, n'est point regardée d'a-
bord par les juges comme un châtiment. Ce n'est à leurs yeux qu'une
assurance de retrouver sous leur main le prévenu, quand ils viendront
l'interroger et le juger. Cependant, en Angleterre, un ministre d'État
qui fait incarcérer sans raison un homme seulement pour le retrouver
au besoin, et sous prétexte que prison n'est pas supplice, est obligé,
par la loi, de payer quatre guinées pour la première heure, et deux
guinées pour chaque heure suivante de la détention de cet homme
qu'il a voulu avoir sous sa main. La prison est un supplice pour peu
qu'elle dure. C'est un supplice intolérable quand on y est condamné
pour sa vie.

Dans plusieurs États, la manière dont on s'y prend pour s'assurer
d'un homme ressemble trop à une attaque de brigands.

N'approuvez-vous pas l'heureuse méthode d'une nation qui a su donner à la loi seule un si puissant empire, qu'il suffit d'un seul ministre

---

1. Édit pour la suppression des jurandes.

de la loi, revêtu des marques de son office, pour que le prévenu n'ose résister ?

Comment est-on parvenu à rendre ainsi les lois si respectables à chaque citoyen? c'est lorsque la nation les a faites.

ARTICLE XXVI. — *Des supplices recherchés.*

Comment le bénédictin Calmet s'est-il pu divertir à faire graver dans un dictionnaire des estampes de tous les tourments qui étaient en usage chez la petite nation judaïque? Être précipité du haut d'un rocher sur des cailloux, ou bien être lapidé avec ces cailloux dont le pays est couvert, et de là être pendu à une potence pour y attendre la mort; être enterré vivant dans un monceau de cendres; mourir écrasé sous des traîneaux de fer, sous des épines, sous des roues, sous les pieds des chevaux ou des éléphants (quand par hasard ce peuple pouvait en avoir, ce qui était bien rare); écorcher de la tête aux pieds; arracher les côtes et les entrailles avec des ongles de fer; brûler avec des torches ardentes ou dans des bûchers; scier un homme en deux! Quel honteux amusement les lecteurs trouvent-ils dans ces images?

On prétend que le supplice de la roue fut inventé en Allemagne, et ne fut employé en France que sous François Ier contre les voleurs publics [1].

En Angleterre, pour crime de haute trahison, la loi ordonne encore aujourd'hui que le coupable soit traîné tête nue sur le pavé jusqu'à la potence; que là, étant suspendu vivant, on lui arrache les entrailles et le cœur, qu'on en batte les joues du coupable, et que le bourreau, en montrant ce cœur sanglant, dise à haute voix : « Voilà le cœur du traître. » Mais cette exécrable exécution est épargnée. Le coupable n'est plus traîné sur le pavé, on ne lui arrache plus le cœur tandis qu'il est en vie. Aucun supplice n'est permis au delà de la simple mort. Il a fallu du temps pour que cette nation sût joindre la pitié à la justice. Elle y est enfin parvenue.

ARTICLE XXVII. — *De la confiscation.*

Après avoir fait mourir un coupable, il ne reste plus qu'à prendre ses dépouilles [2].

Je crois ne pouvoir mieux faire que de vous renvoyer à ce qui est imprimé dans un livre moral, fait en forme de dictionnaire.

---

1. La loi qui l'établit est du chancelier Poyet; il est utile que le public sache que cette loi atroce a été l'ouvrage d'un magistrat flétri, pour ses malversations, par le parlement de Paris. C'est le même qui, ne trouvant pas à son gré la sentence portée par des commissaires contre l'amiral Chabot, la falsifia. (*Éd. de Kehl.*)

2. Nous nous bornerons à observer ici que la privation des biens peut être une peine, mais que la confiscation n'en est pas une. Elle est donc injuste. La loi peut accorder des dédommagements à ceux que le crime a lésés; le reste du bien de celui qu'elle retranche de la société devient la propriété de ses héritiers. (*Éd. de Kehl.*)

ARTICLE XXVIII. — *Des lois de Louis XVI sur la désertion,
et conclusion de l'ouvrage.*

J'ai parcouru avec vous, messieurs, une triste carrière; elle n'est semée que de crimes et de châtiments; vous changerez ce spectacle d'horreur en objet de complaisance, si vous inspirez aux gouvernements de l'Europe les moyens de changer des scélérats même en serviteurs de la patrie, et de les punir exemplairement sans répandre un sang nécessaire à l'État.

Le roi de France en a déjà donné un grand exemple à son avénement à la couronne, non sur des scélérats, mais sur des hommes que l'inconstance, la légèreté, ou la débauche, ou la suggestion, avait rendus criminels, en un mot, sur les déserteurs. Il eut pitié d'eux et de la France, qui perdait en eux des défenseurs. Il leur remit la peine de mort, et leur donna des facilités de réparer leur faute, en leur accordant quelques jours pour revenir au drapeau. Et lorsqu'on les punit, c'est par une peine qui les enchaîne au service de la patrie qu'ils ont abandonnée. Ils sont forçats pendant plusieurs années. On doit cette jurisprudence militaire à un ministre militaire, aussi éclairé que brave. Un autre ministre de même caractère avait auparavant tenté de prévenir toute désertion, en rendant la profession de soldat plus honorable, en leur accordant des distinctions qui devaient leur faire aimer le service, et leur faire regarder la désertion comme une lâcheté indigne d'eux.

J'ose vous inviter, messieurs, à chercher pour les citoyens ce que Louis XVI a trouvé pour les soldats. Je vous demande si on ne pourrait pas diminuer le nombre des délits, en rendant les châtiments plus honteux et moins cruels. Ne remarquez-vous pas que les pays où la routine de la loi étale les plus affreux spectacles sont ceux où les crimes sont le plus multipliés? N'êtes-vous pas persuadés que l'amour de l'honneur et la crainte de la honte sont de meilleurs moralistes que les bourreaux? Les pays où l'on donne des prix à la vertu ne sont-ils pas mieux policés que ceux où l'on ne cherche que des prétextes de répandre le sang et d'hériter des coupables?

Pesez ces maximes, rectifiez-les, non pour un seul coin du monde, et je ne dirai pas pour le bonheur de la terre, mais pour l'adoucissement des fléaux dont elle a été tourmentée.

Voyez presque tous les souverains de l'Europe rendre hommage aujourd'hui à une philosophie qu'on ne croyait pas, il y a cinquante ans, pouvoir approcher d'eux. Il n'y a pas une province où il ne se trouve quelque sage qui travaille à rendre les hommes moins méchants et moins malheureux. Partout de nouveaux établissements pour encourager le travail, et par conséquent la vertu; partout la raison fait des progrès qui effrayent même le fanatisme. La discorde n'est plus que dans l'Amérique boréale [1]. Les souverains ne disputent qu'à qui fera le plus de bien. Profitez de ces moments; peut-être ils seront courts.

---

1. Le 4 juillet 1776 avait commencé l'insurrection des colonies anglaises dans l'Amérique du Nord. (ÉD.)

SUR LES PENSÉES DE M. PASCAL,

ET SUR QUELQUES AUTRES OBJETS

(1777.)

AVERTISSEMENT.

Il est un homme de l'ancienne chevalerie et de l'ancienne vertu, constitué dans une espèce de dignité qui ne peut guère être exercée que par un ou deux hommes de son siècle.

Cet homme, égal à Pascal en plusieurs choses, et très-supérieur en d'autres [1], fit présent, en 1776, à quelques-uns de ses amis, d'un recueil nouvellement imprimé de toutes les pensées de ce fameux Pascal.

La plupart de ses monuments de philosophie et de religion, ou avaient été négligés par les rédacteurs pour ne laisser paraître que certains morceaux choisis, ou avaient été supprimés par la crainte d'irriter la fureur des jésuites; car les jésuites persécutaient alors avec autant de pouvoir que d'acharnement la mémoire de Pascal, et Arnauld, fugitif, et les débris de Port-Royal détruit, et les cendres des morts dont on violait la sépulture.

La persécution religieuse qui souilla malheureusement, et en tant de manières, la fin du beau règne de Louis XIV, fit place au règne des plaisirs sous Philippe d'Orléans, régent du royaume, et recommença sourdement après lui, sous le ministère d'un prêtre longtemps abbé de cour.

Fleury ne fut pas un cardinal tyran, mais c'était un petit génie, entêté des prétentions de la cour de Rome, et assez faible pour croire les jansénistes dangereux.

Ces fanatiques avaient autrefois obtenu une assez grande considération par les Pascal, les Arnauld, les Nicole même, et quelques autres chefs de parti, ou éloquents, ou qui en avaient la réputation.

Mais des convulsionnaires des rues ayant succédé aux Pères de cette Église, le jansénisme tomba avec eux dans la fange. Les jésuites insultèrent à leurs ennemis vaincus. Je me souviens que le jésuite Buffier, qui venait quelquefois chez le dernier président de Maisons, mort trop jeune, y ayant rencontré un des plus rudes jansénistes, lui dit : *Et ego in interitu vestro ridebo vos, et subsannabo.* Le jeune Maisons, qui étudiait alors *Térence*, lui demanda si ce passage était des *Adelphes*

---

1. Condorcet. (ÉD.)

ou de l'*Eunuque*. « Non, dit Buffier, c'est la Sagesse elle-même qui parle ainsi dans son premier chapitre des *Proverbes* (verset 26).

—Voilà un proverbe bien vilain, dit M. de Maisons; vous vous croyez donc la sagesse, parce que vous riez à la mort d'autrui ! Prenez garde qu'on ne rie à la vôtre. »

Ce jeune homme, de la plus grande espérance, a été prophète. On a ri à la mort du janséniste et du moliniste, et de la grâce concomitante, et de la médecinale, et de la suffisante, et de l'efficace.

Quelle lumière s'est levée sur l'Europe depuis quelques années ! Elle a d'abord éclairé presque tous les princes du Nord; elle est descendue même jusque dans les universités. C'est la lumière du sens commun.

De tant de disputeurs éternels, Pascal seul est resté, parce que seul il était un homme de génie. Il est encore debout sur les ruines de son siècle.

Mais l'autre génie qui a commencé depuis peu quelques-unes de ses pensées, et qui les a données dans un meilleur ordre, est, ce me semble, autant au-dessus du géomètre Pascal que la géométrie de nos jours est au-dessus de celle des Roberval, des Fermat, et des Descartes.

Je crois rendre un grand service à l'esprit humain en faisant réimprimer cet *Éloge de Pascal*, qui est un portrait fidèle plutôt qu'un éloge.

Il n'appartenait qu'à ce peintre de dessiner de tels traits. Peu de connaisseurs démêleront d'abord l'art et la beauté du pinceau.

Je joins les pensées du peintre à celles de Pascal, telles qu'il les a imprimées lui-même. Elles ne sont pas dans le même goût; mais je crois qu'elles ont plus de vérité et de force. Pascal est commenté par un géomètre plus profond que lui, et par un philosophe, j'ose le dire, beaucoup plus sage. Ce philosophe véritable tient Pascal dans sa balance, et il est plus fort que celui qu'il pèse.

Après le second paragraphe de l'article III des *Pensées*, on trouvera une dissertation attribuée à M. de Fontenelle, sur un objet qui doit profondément intéresser tous les hommes. Je ne crois pas que Fontenelle soit l'auteur d'un ouvrage si mâle et si plein. Ce que je sais, c'est qu'il faut le lire comme un juge impartial, éclairé et équitable. lirait le procès du genre humain.

Ce livre n'est pas fait pour ceux qui n'aiment que les lectures frivoles. Et tout homme frivole, ou faible, ou ignorant, qui osera le lire ou le méditer sera peut-être étonné d'être changé en un autre homme.

---

1. « Plus un homme a laissé une réputation imposante, plus il est utile d'avertir les jeunes gens des fautes qui lui sont échappées, et c'est pour les jeunes gens qu'il faut écrire. » C.

Vous savez, monsieur, que c'est pour les hommes de tout âge. Qui sait mieux que vous qu'on ne doit cacher la vérité à personne? Il y a d'excellentes plaisanteries sans doute dans les *Provinciales* et dans

Tartuffe. Il y a d'admirables traits d'éloquence dans ces deux ouvrages. Mais tout n'est pas parfait. C'est être un sot de souffrir Livie dans *Cinna*, et l'infante dans *le Cid*. C'est à vous de chasser les infantes et les Livies partout où vous les trouverez. V.

II. « Pascal était alors à Rouen, où bientôt il se montra digne de sa réputation par une invention brillante ; et ce n'était plus l'ouvrage d'un enfant qui donne des espérances. A dix-neuf ans il conçut l'idée d'une machine arithmétique. » C.

J'ignore, monsieur, de qui sont les notes alphabétiques au bas de vos pages ; si elles sont de vous ou de l'un de vos amis. Mais je sais que dans les montagnes de la Suisse, des Vosges et du Tyrol, on a vu des jeunes gens sans éducation construire des machines arithmétiques à peu près semblables. V.

III. « En sorte que s'il n'y a jamais de preuve convaincante qu'il existe dans la nature un vide absolu, du moins est-on trop avancé maintenant pour croire que des raisonnements métaphysiques puissent en prouver l'impossibilité. » C.

Oserai-je vous demander, monsieur, pourquoi vous n'osez pas affirmer que le vide est prouvé ? V.

IV. « Dans le cours de ses expériences, Pascal eut occasion de marquer l'élasticité de l'air. » C.

Supposé qu'il y ait un élément élastique, distingué des vapeurs continuellement émanées de la terre, et que cet élément soit autre chose que l'atmosphère dans laquelle nous nageons, laquelle est tantôt sèche, tantôt humide, et agit toujours sur les corps. V.

V. « La justice nous oblige d'observer que, dans tout ce récit, l'auteur de l'*Éloge* accorde beaucoup à Descartes, tandis que les éditeurs de Pascal lui ont presque tout refusé. Mais on a rapporté dans cet *Éloge* les faits tels qu'ils résultent des lettres de Descartes et de sa *Vie*, écrite par Baillet.

« Les savants indiens trouveront sans doute qu'on est ici trop favorable aux deux philosophes français, et peut-être auront-ils raison. » C.

Que cette note soit de l'illustre et savant auteur de l'*Éloge* ou de son ami, il n'importe. Le fait est que l'académie *del Cimento* fut la première dont les membres découvrirent la plupart de ces vérités. V.

VI. « L'Église de France était alors divisée en deux partis. L'un avait pour chefs les jésuites, et l'autre les hommes de France les plus savants.... (*et en note*) dans la grammaire, dans les langues, dans l'histoire ecclésiastique, dans la théologie ; car la France avait alors des hommes bien supérieurs dans les sciences humaines. On aurait dû faire ici une distinction d'autant plus nécessaire que l'enthousiasme ignorant des jansénistes a souvent mis Nicole et Arnauld à côté de Descartes ou de Pascal ; à la vérité, dans un siècle où l'on attachait tant de prix à la scolastique, les solitaires de Port-Royal pouvaient être regardés comme de grands hommes ; mais la postérité n'a point confirmé ce jugement. L'auteur nous paraît trop favorable aux jansénistes. » C.

Il ne faut pas se dissimuler ici que l'auteur de l'*Éloge*, supérieur aux matières qu'il traite, se donne le plaisir de corriger lui-même, dans ses notes, ce qu'il a mis de trop fort dans le texte : cela est rare. Cette méthode n'appartient qu'à un homme passionné pour le vrai. V.

VII. « Arnauld avait approfondi les sciences.... (*et en note*) Approfondi, c'est trop fort. Arnauld savait très-peu de géométrie, d'astronomie, d'optique, d'anatomie; de son temps, les autres sciences naturelles étaient encore au berceau, ou étaient demeurées en secret entre les mains de leurs inventeurs.

« Ce qu'Arnauld avait approfondi, c'était la partie systématique de la philosophie de Descartes, c'est-à-dire précisément tout ce qui ne valait rien. » C.

Oui, c'est trop fort; mais votre note ne l'est pas trop. Arnauld n'était que discret. Pascal était un génie (ardent); Nicole, l'homme le plus médiocre. Descartes eût été le meilleur écolier de Galilée, s'il eût pu étudier sous lui. V.

VIII. « J'ajouterais volontiers à cette maxime (de Zoroastre, *Dans le doute abstiens-toi*) : « Si tu as quelque intérêt à agir; mais si tu n'en « as point, agis, de peur que la paresse ou l'indifférence pour le bien « ne soient la cause secrète de ton doute. » C.

Votre petit commentaire sur Zoroastre est juste et beau. Dites-moi comment on put imputer tant d'horribles extravagances à un législateur qui avait dit : *Dans le doute abstiens-toi?* Quelle sublimité dans les maximes des brachmanes, de Pythagore leur disciple, de Zaleucus, quelquefois même de Platon! mais nous avons des casuistes. V.

IX. « Ils (les casuistes) demandent quelle espèce de péché il y a à coucher avec le diable; si le sexe sous lequel le diable juge à propos de paraître change l'espèce du péché. Ils répondent que non, mais qu'il y a complication; et ils appellent cette espèce *bestialité*, quoique le diable ne soit pourtant pas si bête. Ainsi, lorsque le diable prend la forme d'une religieuse, il y a bestialité avec complication d'inceste spirituel. Ils demandent si une religieuse qui donne rendez-vous à son amant sur la brèche du monastère, et qui a la précaution de n'avoir hors du couvent que la moitié du corps, échappe par ce moyen au crime d'avoir violé la clôture; si un homme qui entretiendrait cinq filles, et qui, en reconnaissance de leurs services, aurait promis de dire un *Ave Maria* pour chacune, pécherait en accomplissant ce vœu, ou en ne l'accomplissant pas, etc.

« Tout cela est fort curieux, et surtout fort important pour le bonheur de l'humanité. Cependant c'est ce qu'on a appelé longtemps et ce que, dans les écoles, on appelle encore la *morale*. » C.

Il ne reste plus qu'à savoir combien on paya de florins par la taxe apostolique pour ces mésalliances. V.

X. « Pascal, en attaquant ces jésuites si scandaleux et si sots.... » C.

Sots paraît un peu trop hasardé au vulgaire, qui croit encore que tout jésuite était un fripon; mais *sots* est le mot propre; les habiles, les fins étaient les chefs de l'ordre, Italiens résidant à Rome, espions dans toute l'Europe, sous le nom de *pères spirituels*, confesseurs des rois et des reines depuis qu'on eut pendu le P. Guignard. La foule des

petits jésuites de collège était composée d'écoliers jeunes et vieux, ar-
gumentant à toute outrance contre calvinistes, jansénistes, rigoristes,
et philosophes; bons grammairiens en latin, ne sachant pas un mot
des secrets du père général et de son conseil. C'était parmi eux qu'étaient
les *sots*. V.

XI. « J'aurais désiré qu'en applaudissant à la destruction des jésuites, l'auteur se fût élevé contre l'horrible dureté avec laquelle on a
traité tant d'individus, la plupart innocents du fanatisme et des intrigues de leur ordre. On a trop oublié qu'ils avaient été des hommes et
des citoyens, avant d'être des jésuites; et l'opération la plus utile à la
raison et au bonheur de l'humanité a été souillée par les emportements
de la vengeance et du fanatisme. » C.

Vous êtes trop bon, monsieur; il semble qu'on ait fait une Saint-Barthélemy des jésuites; il n'y a eu pourtant que frère Malagrida de brûlé
en Portugal, et le général Ricci de mort en prison à Rome. V.

XII. « Rien ne prouve mieux l'utilité des lumières, et ne donne une
espérance mieux fondée que le temps n'est pas éloigné peut-être, où
les erreurs qui ont fait si longtemps le malheur des hommes disparaî-
tront enfin de la terre.

« (*Et en note*). Je crains que l'auteur ne se trompe ici, et que la
destruction des jésuites n'ait plus été l'ouvrage du jansénisme que de la
raison. Peut-être le genre humain est-il condamné à être toujours
esclave des préjugés, et ne fera-t-il que changer d'erreurs. Cela peut
tenir à la prodigieuse inégalité des esprits, de laquelle il résulte nécessairement qu'il y aura toujours des opinions que la multitude adoptera
sans les entendre. » C.

Qu'aurait dit à cela notre ami Helvétius, qui assura que tous les
esprits étaient égaux, pour dire quelque chose de neuf, et qui fut condamné par gens graves se mêlant peu des choses d'esprit? V.

XIII. « Esprits forts : c'est le nom que, dans le siècle dernier, on
donnait à ceux qui ne croyaient pas la religion chrétienne, comme si
c'était là une preuve de force d'esprit. Ce mot est devenu de mauvais
goût; les noms de libertins, d'incrédules, de matérialistes, de déistes,
d'athées, ont passé rapidement, et on s'est arrêté à celui de philosophes ou d'encyclopédistes, dont l'un signifie ami de la vérité, et l'autre, coopérateur de l'*Encyclopédie :* ces mots dureront longtemps,
parce que, les rendant ainsi synonymes d'incrédules, on peut espérer
de trouver le moyen de nuire aux véritables philosophes, et aux savants
célèbres qui ont travaillé à l'*Encyclopédie.* » C.

Il faut toujours en France persécuter quelqu'un; tantôt c'est Vanini à
qui on a fait accroire qu'il est sorcier et athée, parce qu'on a trouvé
chez lui un crapaud dans une bouteille; tantôt c'est un nommé Toussaint, auteur d'un très-plat livre sur les *Mœurs*, qu'on a la sottise de
trouver hardi. C'est dans un autre pays une société de francs-maçons,
gens dangereux, qui portent un tablier à table. Il n'y a pas encore
longtemps qu'on pendait en Espagne un Juif entre deux chiens; en
France, on tient Arnauld en exil pour la grâce triomphante, et Fénelon pour l'amour pur. Autrefois on voulut faire brûler à Paris, comme

ayant fait pacte avec le diable, les premiers imprimeurs qui apportèrent des livres. V.

XIV. « Ainsi le sage doit parler comme le peuple, en conservant cependant *une pensée de derrière.* » C.

Ces décisions de Pascal sont étonnantes, et la pensée de derrière
semble plus d'un jésuite que de Pascal. On en parlera ailleurs. V.

XV. « Plaignons Pascal d'avoir assez peu senti l'amitié pour croire
qu'on peut juger son ami sans prévention, et de n'avoir connu des
erreurs des hommes que celles qui les divisent, et non celles qui font
qu'ils s'aiment davantage. Les éditeurs n'ont point imprimé la pensée
que nous venons de citer; elle aurait donné une trop mauvaise dée
des amis de Pascal. » C.

On sent, en lisant ces lignes, qu'on aimerait mieux avoir pour ami
l'auteur de l'*Éloge de Pascal* que Pascal lui-même. V.

XVI. « Cela même devait être un grand avantage aux yeux d'un
philosophe qui ne voyait dans la morale humaine aucune base fixe sur
laquelle on pût appuyer la distinction du juste ou de l'injuste. » C.

> *Rigidæ virtutis amator,*
> *Quære quid est virtus, et posce exemplar honesti.*   V.

XVII. « De la manière de prouver la vérité et de l'exposer aux hommes. » C.

Ce n'est point ainsi que Pascal avait arrangé ses pensées; car il ne
les avait point arrangées du tout; il les jeta au hasard. Ses amis, après
sa mort, les mirent dans un autre ordre; l'auteur de l'*Éloge* les a mises
dans un autre; et ce nouvel ordre est plus méthodique. V.

XVIII. « Ce qui passe la géométrie nous surpasse, et néanmoins il
est nécessaire d'en dire quelque chose, quoiqu'il soit impossible de le
pratiquer. » P.

S'il est impossible de le mettre en pratique, il est donc inutile d'en
parler. V.

XIX. « On ne reconnaît en géométrie que les seules définitions que
les logiciens appellent définitions de noms, c'est-à-dire que les seules
impositions de nom aux choses qu'on a clairement désignées en termes
parfaitement connus; et je ne parle que de celles-là seulement. » P.

Ce n'est là qu'une nomenclature, ce n'est pas une définition. Je veux
désigner un gros oiseau, d'un plumage noir ou gris, pesant, marchant gravement, qu'on mène paître en troupeau, qui porte un fanon
de chair rouge au-dessous du bec, dont la patte est privée d'éperon,
qui pousse un cri perçant, et qui étale sa queue comme le paon étale
la sienne, quoique celle du paon soit beaucoup plus longue et plus
belle. Voilà cet oiseau défini. C'est un dindon; le voilà nommé. Je ne
vois pas qu'il y ait rien là de géométrique. V.

XX. « Il paraît que les définitions sont très-libres, et qu'elles ne
sont jamais sujettes à être contredites; car il n'y a rien de plus permis
que de donner à une chose qu'on a clairement désignée un nom tel
qu'on voudra. » P.

Les définitions ne sont point très-libres; il faut absolument définir *per genus proprium et per differentiam proximam.* C'est le nom qui est libre. V.

XXI. « Il paraît que les hommes sont dans une impuissance naturelle et immuable de traiter quelque science que ce soit dans un ordre absolument accompli ; mais il ne s'ensuit pas de là qu'on doive abandonner toute sorte d'ordre. » P.

Les hommes ne sont point dans une impuissance insurmontable de définir ce qu'ils connaissent des objets de leurs pensées ; et c'est assez pour raisonner conséquemment. V.

XXII. « Elle (la géométrie) ne définit aucune de ces choses, espace, temps, mouvement, nombre, égalité, ni les semblables qui sont en grand nombre, parce que ces termes-là désignent si naturellement les choses qu'ils signifient à ceux qui entendent la langue, que l'éclaircissement qu'on voudrait en faire apporterait plus d'obscurité que d'instruction. » P.

Apollonius, assurément grand géomètre, voulait qu'on définît tout cela. Un commençant a besoin qu'on lui dise : « L'espace est la distance d'une chose à une autre ; le mouvement est le transport d'un lieu à un autre ; le nombre est l'unité répétée ; le temps est la mesure de la durée. » Cet article mériterait d'être refondu par le génie de Pascal. V.

XXIII. « L'art de persuader consiste autant en celui d'agréer qu'en celui de convaincre, tant les hommes se gouvernent plus par caprice que par raison. Or, de ces deux méthodes, l'une de convaincre, l'autre d'agréer, je ne donnerai ici les règles que de la première, et encore au cas qu'on ait accordé les principes, et qu'on demeure ferme à les avouer : autrement je ne sais s'il y aurait un art pour accommoder les preuves à l'inconstance de nos caprices. La manière d'agréer est bien, sans comparaison, plus difficile, plus subtile, plus utile, et plus admirable ; aussi si je n'en traite pas, c'est parce que je n'en suis pas capable, et je m'y sens tellement disproportionné, que je crois pour moi la chose absolument impossible. » P.

Il l'a trouvée très-possible dans les *Provinciales.* V.

XXIV. « Il y a un art, et c'est celui que je donne, pour faire voir la liaison des vérités avec leurs principes, soit de vrai, soit de plaisir, pourvu que les principes qu'on a une fois avoués demeurent fermes, et sans être jamais démentis ; mais comme il y a peu de principes de cette sorte, et que hors de la géométrie, qui ne considère que des figures très simples, il n'y a presque point de vérités dont nous demeurions toujours d'accord, et encore moins d'objets de plaisirs dont nous ne changions à toute heure, je ne sais s'il y a un moyen de donner des règles fermes pour accorder les discours à l'inconstance de nos caprices. Cet art, que j'appelle l'art de persuader, et qui n'est proprement que la conduite des preuves méthodiques et parfaites, consiste en trois parties essentielles, à expliquer les termes dont on doit se servir par des définitions claires, à proposer des principes ou axiomes évidents pour prouver les choses dont il s'agit, et à substituer toujours mentalement, dans la démonstration, les définitions à la place des définis. » P.

Mais ce n'est pas là l'art de persuader, c'est l'art d'argumenter. **V.**

XXV. « Pour la première objection, qui est que ces règles sont connues dans le monde, qu'il faut tout définir et tout prouver, et que les logiciens même les ont mises entre les préceptes de leur art, je voudrais que la chose fût véritable, et qu'elle fût si connue, que je n'eusse pas eu la peine de rechercher avec tant de soin la source de tous les défauts de nos raisonnements. » P.

Locke, le Pascal des Anglais, n'avait pu lire Pascal. Il vint après ce grand homme, et ces pensées paraissent, pour la première fois, plus d'un demi-siècle après la mort de Locke. Cependant Locke, aidé de son seul grand sens, dit toujours : *Définissez les termes.* V.

XXVI. « C'est de cette sorte que la logique a peut-être emprunté les règles de la géométrie sans en comprendre la force : et ainsi en les mettant à l'aventure parmi celles qui lui sont propres, il ne s'ensuit pas de là qu'ils aient entré dans l'esprit de la géométrie ; et s'ils n'en donnent pas d'autres marques que de l'avoir dit en passant, je serai bien éloigné de les mettre en parallèle avec les géomètres, qui apprennent la véritable manière de conduire la raison.

« Je serai au contraire bien disposé à *les* en exclure, et presque sans retour ; car de l'avoir dit en passant sans avoir pris garde que tout est renfermé là dedans, et au lieu de suivre ces lumières, s'égarer à perte de vue après des recherches inutiles pour courir à ce qu'elles offrent et qu'elles ne peuvent donner, c'est véritablement montrer qu'on n'est guère clairvoyant, et bien moins que si l'on n'avait manqué de les suivre que parce qu'on ne les avait pas aperçues. » P.

Qui, *les ?* c'est sans doute les règles de la géométrie dont il veut parler. V.

XXVII. « La méthode de ne point errer est recherchée de tout le monde. Les logiciens font profession d'y conduire. Les géomètres seuls y arrivent ; et hors de leur science et de ce qui l'imite, il n'y a point de véritables démonstrations ; tout l'art en est renfermé dans les seuls préceptes que nous avons dits. Ils suffisent seuls, ils prouvent seuls ; toutes les autres règles sont inutiles ou nuisibles.

« Voilà ce que je sais par une longue expérience de toute sorte de livres et de personnes.

« Le défaut d'un raisonnement faux est une maladie qui se guérit par les deux remèdes indiqués. On en a composé un autre d'une infinité d'herbes inutiles, où les bonnes se trouvent enveloppées, et où elles demeurent sans effet par les mauvaises qualités de ce mélange.

« Pour découvrir tous les sophismes et toutes les équivoques des raisonnements captieux, ils ont inventé des noms barbares qui étonnent ceux qui les entendent ; et au lieu qu'on ne peut débrouiller tous les replis de ce nœud si embarrassé qu'en tirant les deux bouts que les géomètres assignent, *ils* en ont marqué un nombre étrange d'autres où ceux-là se trouvent compris, sans qu'ils sachent lequel est le bon. » P.

Qui, *ils ?* apparemment les rhéteurs anciens de l'école Mais que cela est obscur! **V.**

XXVIII. « Rien n'est plus commun que les bonnes choses. » P.
Pas si commun! V.

XXIX. « Les meilleurs livres sont ceux que chaque lecteur croit qu'il aurait pu faire. » P.

Cela n'est pas vrai dans les sciences : il n'y a personne qui croie qu'il eût pu faire les principes mathématiques de Newton. Cela n'est pas vrai en belles-lettres : quel est le fat qui ose croire qu'il aurait pu faire l'*Iliade* et l'*Énéide ?* V.

XXX. « Je ne fais pas de doute que ces règles, étant les véritables, ne doivent être simples, naïves, naturelles comme elles le sont. Ce n'est pas *Barbara* et *Baralipton* qui forment le raisonnement. Il ne faut pas guinder l'esprit; les manières tendues et pénibles le remplissent d'une sotte présomption par une élévation étrangère, et par une enflure vaine et ridicule, au lieu d'une nourriture solide et vigoureuse; et l'une des raisons principales qui éloignent le plus ceux qui entrent dans ces connaissances du véritable chemin qu'ils doivent suivre, est l'imagination qu'on prend d'abord, que les bonnes choses sont inaccessibles, en leur donnant le nom de grandes, élevées, sublimes. Cela perd tout. Je voudrais les nommer basses, communes, familières; ces noms-là leur conviennent mieux; je hais les mots d'enflure. » P.

C'est la chose que vous haïssez; car pour le mot, il en faut un qui exprime ce qui vous déplaît. V.

XXXI. « Les philosophes se croient bien fins d'avoir renfermé toute leur morale sous certaines divisions : mais pourquoi la diviser en quatre plutôt qu'en six? Pourquoi faire plutôt quatre espèces de vertus que dix? » P.

On a remarqué, dans un abrégé de l'Inde et de la guerre misérable que l'avarice de la compagnie française soutint contre l'avarice anglaise; on a remarqué, dis-je, que les brames peignent la vertu belle et forte avec dix bras, pour résister à dix péchés capitaux. Les missionnaires ont pris la vertu pour le diable. V.

« XXXII. Il y en a qui masquent toute la nature. Il n'y a point de roi parmi eux, mais un *auguste monarque ;* point de Paris, mais une capitale du royaume. » P.

> Cet empire absolu sur la terre et sur l'onde,
> Ce pouvoir souverain que j'ai sur tout le monde,
> Cette grandeur sans borne, et cet illustre rang[1].

Ceux qui écrivent en beau français les gazettes, pour le profit des propriétaires de ces fermes dans les pays étrangers, ne manquent jamais de dire : « Cette auguste famille entendit vêpres dimanche, et le sermon du révérend père N. Sa Majesté joua aux dés en haute personne. On fit l'opération de la fistule à Son Éminence. » V.

XXXIII. « Tant il est difficile de rien obtenir de l'homme que par le plaisir, qui est la monnaie pour laquelle nous donnons tout ce qu'on veut! » P.

---

1. *Cinna*, acte II. scène I. (ÉD.)

Le plaisir n'est pas la monnaie, mais la denrée pour laquelle on donne tant de monnaie qu'on veut. V.

XXXIV. « La dernière chose qu'on trouve en faisant un ouvrage est de savoir celle qu'il faut mettre la première. » P.

Quelquefois. Mais jamais on n'a commencé une histoire ni une tragédie par la fin, ni aucun travail. Si on ne sait souvent par où commencer, c'est dans un éloge, dans une oraison funèbre, dans un sermon, dans tous ces ouvrages de pur appareil, où il faut parler sans rien dire. V.

XXXV. « Que ceux qui combattent la religion apprennent au moins quelle elle est, avant que de la combattre. » P.

Il ne faut pas commencer d'un ton si impérieux. V.

XXXVI. « Si cette religion se vantait d'avoir une vue claire de Dieu, et de le posséder à découvert et sans voile, etc. » P.

Elle serait bien hardie. V.

XXXVII. « Mais puisqu'elle dit au contraire que les hommes sont dans les ténèbres.... » P.

Voilà une plaisante façon d'enseigner! Guidez-moi, car je marche dans les ténèbres. V.

XXXVIII. « En vérité, je ne puis m'empêcher de leur dire ce que *j'ai dit souvent*, que cette négligence n'est pas supportable. » P.

A quoi bon nous apprendre que vous l'avez dit souvent? V.

XXXIX. « L'immortalité de l'âme est une chose qui nous importe si fort et qui nous touche si profondément, qu'il faut avoir perdu tout sentiment pour être dans l'indifférence de savoir ce qui en est. Toutes nos actions et toutes nos pensées doivent prendre des routes si différentes, selon qu'il y aura des biens éternels à espérer ou non, qu'il est impossible de faire une démarche avec sens et jugement qu'en la réglant par la vue de ce point, qui doit être notre dernier objet. » P.

Il ne s'agit pas encore ici de la sublimité et de la sainteté de la religion chrétienne, mais de l'immortalité de l'âme, qui est le fondement de toutes les religions connues, excepté de la juive : je dis excepté de la juive, parce que ce dogme n'est exprimé dans aucun endroit du *Pentateuque*, qui est le livre de la loi juive; parce que nul auteur juif n'a pu y trouver aucun passage qui désignât ce dogme; parce que, pour établir l'existence reconnue de cette opinion si importante, si fondamentale, il ne suffit pas de la supposer, de l'inférer de quelques mots dont on force le sens naturel; mais il faut qu'elle soit énoncée de la façon la plus positive et la plus claire; parce que, si la petite nation juive avait eu quelque connaissance de ce grand dogme avant Antiochus Épiphane, il n'est pas à croire que la secte des saducéens, rigides observateurs de la loi, eût osé s'élever contre la croyance fondamentale de la loi juive.

Mais qu'importe en quel temps la doctrine de l'immortalité et de la spiritualité de l'âme a été introduite dans le malheureux pays de la Palestine? qu'importe que Zoroastre aux Perses, Numa aux Romains, Platon aux Grecs, aient enseigné l'existence et la permanence de l'âme? Pascal veut que tout homme, par sa propre raison, résolve ce grand problème. Mais lui-même le peut-il? Locke, le sage Locke, n'a-t-il pas confessé que l'homme ne peut savoir si Dieu ne peut accorder le don de la pensée à tel être qu'il daignera choisir? N'a-t-il pas avoué par là qu'il ne nous est pas plus donné de connaître la nature de notre entendement que de connaître la manière dont notre sang se forme dans nos veines? Jescher a parlé, il suffit.

Quand il est question de l'âme, il faut combattre Épicure, Lucrèce, Pomponace, et ne pas se laisser subjuguer par une faction de théologiens du faubourg Saint-Jacques, jusqu'à couvrir d'une capuce une tête d'Archimède. V.

XL. « Il ne faut pas avoir l'âme fort élevée pour comprendre qu'il n'y a point ici de satisfaction véritable et solide; que tous nos plaisirs ne sont que vanité; que nos maux sont infinis; et qu'enfin la mort, qui nous menace à chaque instant, doit nous mettre dans peu d'années, et peut-être en peu de jours, dans un état éternel de bonheur, ou de malheur, ou d'anéantissement. » P.

Il n'y eut ni malheur éternel ni anéantissement dans les systèmes des brachmanes, des Égyptiens, et chez plusieurs sectes grecques. Enfin ce qui parut aux Romains de plus vraisemblable, ce fut cet axiome tant répété dans le sénat et sur le théâtre :

Que devient l'homme après la mort?
Ce qu'il était avant de naître.

Pascal raisonne ici contre un mauvais chrétien, contre un chrétien indifférent, qui ne pense point à sa religion, qui s'étourdit sur elle; mais il faut parler à tous les hommes; il faut convaincre un Chinois et un Mexicain, un déiste et un athée : j'entends des déistes et des athées qui raisonnent, et qui par conséquent méritent qu'on raisonne avec eux : je n'entends pas des petits-maîtres. V.

XLI. « Comme je ne sais d'où je viens, aussi ne sais-je où je vais, et je sais seulement qu'en sortant de ce monde je tombe pour jamais ou dans le néant ou dans les mains d'un Dieu irrité, sans savoir à laquelle de ces deux conditions je dois être éternellement en partage. » P.

Si vous ne savez où vous allez, comment savez-vous que vous tombez infailliblement ou dans le néant ou dans les mains d'un Dieu irrité? Qui vous a dit que l'Être suprême peut être irrité? N'est-il pas infiniment plus probable que vous serez entre les mains d'un Dieu bon et miséricordieux? Et ne peut-on pas dire de la nature divine ce que le poëte philosophe des Romains en a dit?

Ipsa suis pollens opibus, nihil indiga nostri,
Nec bene promeritis capitur, nec tangitur ira [1]. V.

XLII. « Ce repos brutal entre la crainte de l'enfer et du néant semble si beau, que non-seulement ceux qui sont véritablement dans ce doute malheureux s'en glorifient, mais que ceux mêmes qui n'y sont pas croient qu'il leur est glorieux de feindre d'y être. Car l'expérience

1. Lucrèce, chant II, vers 649-50. (ÉD.)

nous fait voir que la plupart de ceux qui s'en mêlent sont de ce dernier genre, que ce sont des gens qui se contrefont, et qui ne sont pas tels qu'ils veulent paraître. Ce sont des personnes qui ont ouï dire que les belles manières du monde consistent à faire ainsi l'emporté. » P.

Cette capucinade n'aurait jamais été répétée par un Pascal, si le fanatisme janséniste n'avait pas ensorcelé son imagination. Comment n'a-t-il pas vu que les fanatiques de Rome en pouvaient dire autant à ceux qui se moquaient de Numa et d'Égérie; les énergumènes d'Égypte, aux esprits sensés qui riaient d'Isis, d'Osiris et d'Horus; le sacristain de tous les pays, aux honnêtes gens de tous les pays ? V.

XLIII. « S'ils y pensaient sérieusement, ils verraient que cela est si mal pris, si contraire au bon sens, si opposé à l'honnêteté, et si éloigné en toute manière de ce bon air qu'ils cherchent, que rien n'est plus capable de leur attirer le mépris et l'aversion des hommes, et de les faire passer pour des personnes sans esprit et sans jugement. Et en effet, si on leur fait rendre compte de leurs sentiments, et des raisons qu'ils ont de douter de la religion, ils diront des choses si faibles et si basses, qu'ils persuaderont plutôt du contraire. » P.

Ce n'est donc pas contre ces insensés misérables que vous devez disputer, mais contre des philosophes trompés par des arguments séduisants. V.

XLIV. « C'est une chose horrible de sentir continuellement s'écouler tout ce qu'on possède, et qu'on puisse s'y attacher sans avoir envie de chercher s'il n'y a point quelque chose de permanent. » P.

Durum, sed levius fit patientia
Quidquid corrigere est nefas [1]. V.

XLV. « De se tromper en croyant vraie la religion chrétienne, il n'y a pas grand'chose à perdre : mais quel malheur de se tromper en la croyant fausse ! » P.

Le flamen de Jupiter, les prêtres de Cybèle, ceux d'Isis, en disaient autant : le muphti, le grand lama, en disent autant. Il faut donc examiner les pièces du procès. V.

XLVI. « Entreprenez de tirer ces gens-là de cette situation en faisant valoir l'argument de M. Locke, ils vous diront sans doute qu'il y aurait de la folie à sortir de cet état d'une parfaite tranquillité dans laquelle consiste le souverain bonheur en ce monde, pour rentrer dans un autre plein de doute, de crainte, et d'incertitude. » F.

J'ai peur que ce ne soit *ex falso supponente*. V.

XLVII. « Représentez-vous.... un missionnaire qui entreprend de convertir ce philosophe (chinois) à la religion chrétienne. » F.

Songez que les autres religions, excepté la juive, menaçaient de l'enfer longtemps avant nous; songez que les bonzes de la secte de Laokium, à la Chine, menacent d'une espèce d'enfer; songez que même du temps de Lucrèce, on menaçait de l'enfer à Rome :

Æternas quoniam pœnas in morte timendum est [2].

1. **Horace**, liv. I, ode XXIV. (ÉD.) — 2. Lucrèce, chant I, vers 112. (ÉD.)

L'enfer est bien ancien : les brames disent qu'ils ont inventé leur *on-dera* il y a des millions d'années. V.

XLVIII. « Supposons maintenant, par une comparaison sensible, qu'on mette entre les mains d'un enfant les vingt-quatre caractères d'imprimerie qui forment les vingt-quatre lettres de l'alphabet, pour qu'il les arrange à sa fantaisie. » F.

Un Chinois, les vingt-quatre lettres de l'alphabet! c'est sans doute une faute d'impression; il faut dire : Votre alphabet. V.

XLIX. « Ce que je possède m'est assuré, dussé-je aller jusqu'à cent ans. » F.

Ah! mon ami, dans la révolution du dernier siècle, quel Chinois était sûr un moment de sa fortune et de sa vie ? V.

L. « Il s'ensuit que le plaisir qui naît de l'espérance probable n'a qu'un fondement très-incertain. » F.

Donc tu n'avais tout à l'heure qu'un fondement très-incertain que tout ce que tu possèdes t'était assuré, mon cher Chinois. V.

LI. « J'ai aujourd'hui, encore un coup, tout ce qu'il me faut pour mener une vie tranquille, que je regarde comme le souverain bonheur; et je suis certain d'en jouir jusqu'à la fin de ma carrière. » F.

Ah! si tu as la goutte et la pierre, mon pauvre Chinois? V.

LII. « La crainte des accidents ne l'inquiète pas, surtout lorsqu'il se trouve persuadé, comme je le suis moi-même, qu'il y a infiniment plus de probabilité pour lui que ces accidents n'arriveront pas, que de raisons de crainte qu'ils n'arrivent. » F.

Eh! comment est-il plus probable que tu n'auras pas la pierre, la goutte, la fistule, la dyssenterie, la fièvre putride, qu'il n'est probable que tu ne les auras pas, mon cher Chinois ? V.

LIII. « Je conviens encore que je ne vois point d'impossibilité ni de répugnance physique dans la supposition de votre système. » F.

Un philosophe chinois devrait voir une répugnance physique, méta-physique, morale, entre un Être bon et des supplices infinis en durée et en douleurs. V.

« LIV. En un mot, au lieu que jusqu'ici je me suis estimé un homme parfaitement heureux, je risque de devenir, par les suites, de toutes les créatures la plus misérable; et s'il se trouvait qu'enfin mon espé-rance fût vaine, n'est-il pas vrai que j'aurais sacrifié tout ce qu'on peut sacrifier de réel, non-seulement contre le néant, mais même contre la plus grande de toutes les misères? Le beau trait de sa-gesse ! » F.

Si j'avais été Chinois, j'aurais ajouté : « Mon révérend bonze de Do-minique ou d'Ignace, vous ne m'avez proposé que la moitié de la question. Non-seulement vous nous placez ici entre le néant et Dieu, mais entre le néant et votre Dieu. Or, hier un kutuctu de Tartarie, un talapoin de Siam, un brame de Coromandel, un sunnite de Turquie, un bonze du Japon, me tinrent les mêmes discours; je les envoyai tous promener; souffrez que je vous fasse le même compliment. » V.

LV. « A risquer un bonheur réel, quelque mince qu'il fût, contre la chimère la plus magnifique et la plus flatteuse que l'esprit humain puisse imaginer, il n'y a aucune proportion, aucune espérance de gagner, ni par conséquent aucune raison qui puisse porter un homme de bon sens à prendre ce parti.

« Ce raisonnement de mon ami, ou plutôt de son philosophe chinois, paraît décisif contre l'argument de M. Locke. » F.

Aussi Locke ne faisait pas grand cas de cet argument; il ne comparait même qu'un scélérat à un homme de bien. Il est clair, en effet, qu'il vaut mieux être un Trajan ou un Marc-Aurèle, dans quelque système que ce soit, que d'être un Néron ou un pape Alexandre VI Ce pape et cet empereur Néron doivent craindre d'avoir une âme immortelle. Les gens de bien n'ont rien à craindre dans aucun système. V.

LVI. « A l'égard d'un homme persuadé d'une certitude géométrique, que le système de notre religion est erroné! » F.

Il faut dire aussi que le système des anciens Siamois, des premiers Indiens, des Chaldéens, des Grecs, etc., est erroné. V.

LVII. « Il faut convenir, au surplus, qu'il y a des occasions où notre raison nous est fort incommode, soit que nous la suivions ou que nous l'abandonnions.

« Je suis de ce sentiment, et je ne donne pas le raisonnement de mon ami, ni celui de son philosophe chinois, à mes lecteurs pour jeter des scrupules dans leur esprit, fussent-ils même de toute autre religion que la nôtre, mais dans l'espérance que quelqu'un plus habile que moi voudra se donner la peine de le réfuter solidement. Pour moi, je ne l'entreprends pas, de crainte qu'après tous les efforts que j'aurais faits, il ne m'arrivât ce qui est arrivé à quelques-uns de ceux qui ont écrit sur l'immortalité de l'âme, qui, ne l'ayant pas prouvée au gré des critiques sévères, ont été soupçonnés de ne la pas croire eux-mêmes. » F.

Que cette dissertation, dans laquelle l'auteur est très-réservé, soit de Bernard de Fontenelle ou d'un autre, il n'importe. Mais voici une étrange réflexion. Pascal, l'apôtre du jansénisme, veut qu'on joue l'immortalité de l'âme à croix et pile, en mettant en jeu l'unité contre l'infini; et Saint-Cyran, fondateur du jansénisme, a fait un livre en faveur du suicide, qui suppose l'âme mortelle. Pauvres humains, argumentez maintenant tant qu'il vous plaira. V.

LVIII. « Si un artisan était sûr de rêver, toutes les nuits, douze heures durant, qu'il est roi, je crois qu'il serait presque aussi heureux qu'un roi qui rêverait toutes les nuits, douze heures durant, qu'il serait artisan. » P.

Être heureux comme un roi, dit le peuple hébété. V.

LIX. « Je vois bien qu'on applique les mêmes mots dans les mêmes occasions, et que toutes les fois que deux hommes voient, par exemple, de la neige, ils expriment tous deux la vue de ce même objet par les mêmes mots, en disant l'un et l'autre qu'elle est blanche; et de cette conformité d'application on tire une puissante conjecture d'une conformité d'idées; mais cela n'est pas absolument convaincant, quoiqu'il y ait bien à parier pour l'affirmative. » P.

Il y a toujours des différences imperceptibles entre les choses les plus semblables; il n'y a jamais eu peut-être deux œufs de poule absolument les mêmes : mais qu'importe? Leibnitz devait-il faire un principe philosophique de cette observation triviale? V.

LX. « C'est ce qui a donné lieu à ces titres si ordinaires *des principes des choses*, *des principes de la philosophie*, et autres semblables, aussi fastueux en effet, quoique non en apparence, que cet autre qui crève les yeux : *de omni scibili*. » P.

Qui crève les yeux ne veut pas dire ici qui se montre évidemment; il signifie tout le contraire. V.

LXI. « Ne cherchons donc point d'assurance et de fermeté. Notre raison est toujours déçue par l'inconstance des apparences; rien ne peut fixer le fini entre les deux infinis qui l'enferment et le fuient. Cela étant bien compris, je crois qu'on s'en tiendra au repos, chacun dans l'état où la nature l'a placé. » P.

Tout cet article, d'ailleurs obscur, semble fait pour dégoûter des sciences spéculatives. En effet, un bon artiste en haute lisse, en horlogerie, en arpentage, est plus utile que Platon. V.

LXII. « La seule comparaison que nous faisons de nous au fini nous fait peine. » P.

Il eût plutôt fallu dire *à l'infini*. Mais souvenons-nous que ces pensées jetées au hasard étaient des matériaux informes qui ne furent jamais mis en œuvre. V.

LXIII. « Qu'est-ce que nos principes naturels, sinon nos principes accoutumés? dans les enfants, ceux qu'ils ont reçus de la coutume de leurs pères, comme la chasse dans les animaux.

« Une différente coutume donnera d'autres principes naturels. Cela se voit par expérience; et s'il y en a d'ineffaçables à la coutume, il y en a aussi de la coutume ineffaçables à la nature. Cela dépend de la disposition.

« Les pères craignent que l'amour naturel des enfants ne s'efface. Quelle est donc cette nature sujette à être effacée? La coutume est une seconde nature qui détruit la première. Pourquoi la coutume n'est-elle pas naturelle? J'ai bien peur que cette nature ne soit elle-même qu'une première coutume, comme la coutume est une seconde nature. » P.

Ces idées ont été adoptées par Locke. Il soutient qu'il n'y a nul principe inné; cependant il paraît certain que les enfants ont un instinct : celui de l'émulation, celui de la pitié, celui de mettre, dès qu'ils le peuvent, les mains devant leur visage quand il est en danger, celui de reculer pour mieux sauter dès qu'ils sautent. V.

LXIV. « L'affection ou la haine change la justice. En effet, combien un avocat, bien payé par avance, trouve-t-il plus juste la cause qu'il plaide! » P.

Je compterais plus sur le zèle d'un homme espérant une grande récompense que sur celui d'un homme l'ayant reçue. V.

LXV. « Je blâme également et ceux qui prennent le parti de louer l'homme, et ceux qui le prennent de le blâmer, et ceux qui le prennent de le divertir ; et je ne puis approuver que ceux qui cherchent en gémissant. » P.

Hélas ! si vous aviez souffert le divertissement, vous auriez vécu davantage. V.

LXVI. « Les stoïques disent : « Rentrez au dedans de vous-même, « et c'est là où vous trouverez votre repos ; » et cela n'est pas vrai. Les autres disent : « Sortez dehors et cherchez le bonheur en vous diver- « tissant ; » et cela n'est pas vrai. Les maladies viennent ; le bonheur n'est ni dans nous ni hors de nous ; il est en Dieu et en nous. » P.

En vous divertissant vous aurez du plaisir ; et cela est très-vrai. Nous avons des maladies ; Dieu a mis la petite vérole et les vapeurs au monde. Hélas encore ! hélas ! Pascal, on voit bien que vous êtes malade. V.

LXVII. « Les principales raisons des pyrrhoniens sont que nous n'avons aucune certitude de la vérité des principes, hors la foi et la révélation, sinon en ce que nous les sentons naturellement en nous. » P.

Les pyrrhoniens absolus ne méritaient pas que Pascal parlât d'eux. V.

LXVIII. « Or ce sentiment naturel n'est pas une preuve convaincante de leur vérité, puisque n'y ayant point de certitude hors la foi, si l'homme est créé par un Dieu bon ou par un démon méchant, s'il a été de tout temps, ou s'il s'est fait par hasard, il est en doute si ces principes nous sont donnés, ou véritables, ou faux, ou incertains, selon notre origine. » P.

La foi est une grâce surnaturelle. C'est combattre et vaincre la raison que Dieu nous a donnée ; c'est croire fermement et aveuglément un homme qui ose parler au nom de Dieu, au lieu de recourir soi-même à Dieu. C'est croire ce qu'on ne croit pas. Un philosophe étranger, qui entendit parler de la foi, dit que c'était se mentir à soi-même. Ce n'est pas là de la certitude, c'est de l'anéantissement. C'est le triomphe de la théologie sur la faiblesse humaine. V.

LXIX. « Je sens qu'il y a trois dimensions dans l'espace, et que les nombres sont infinis ; et la raison démontre ensuite qu'il n'y a point deux nombres carrés dont l'un soit double de l'autre. » P.

Ce n'est point le raisonnement, c'est l'expérience et le tâtonnement qui démontrent cette singularité et tant d'autres. V.

LXX. « Tous les hommes désirent d'être heureux ; cela est sans exception. Quelques différents moyens qu'ils y emploient, ils tendent tous à ce but. Ce qui fait que l'un va à la guerre et que l'autre n'y va pas, c'est ce même désir qui est dans tous les deux accompagné de différentes vues. La volonté ne fait jamais la moindre démarche que vers cet objet. C'est le motif de toutes les actions de tous les hommes, jusqu'à ceux qui se tuent et qui se pendent.

« Et cependant, depuis un si grand nombre d'années, jamais personne, sans la foi, n'est arrivé à ce point où tous tendent continuellement. Tous se plaignent, princes, sujets, nobles, roturiers, vieillards, jeunes, forts, faibles, savants, ignorants, sains, malades, de tous pays, de tous temps, de tous âges et de toutes conditions. » P.

Je sais qu'il est doux de se plaindre; que de tout temps on a vanté le passé pour injurier le présent; que chaque peuple a imaginé un âge d'or, d'innocence, de bonne santé, de repos et de plaisir, qui ne subsiste plus. Cependant j'arrive de ma province à Paris; on m'introduit dans une très-belle salle où douze cents personnes écoutent une musique délicieuse : après quoi cette assemblée se divise en petites sociétés qui vont faire un très-bon souper, et après ce souper elles ne sont pas absolument mécontentes de la nuit. Je vois tous les beaux-arts en honneur dans cette ville et les métiers les plus abjects bien récompensés, les infirmités très-soulagées, les accidents prévenus; tout le monde y jouit, ou espère jouir, ou travaille pour jouir un jour, et ce dernier partage n'est pas le plus mauvais. Je dis alors à Pascal : « Mon grand homme, êtes-vous fou? »

Je ne nie pas que la terre n'ait été souvent inondée de malheurs et de crimes, et nous en avons eu notre bonne part. Mais certainement, lorsque Pascal écrivait, nous n'étions pas si à plaindre. Nous ne sommes pas non plus si misérables aujourd'hui.

> Prenons toujours ceci, puisque Dieu nous l'envoie;
> Nous n'aurons pas toujours tels passe-temps.   **V.**

LXXI. « Si donc on peut regarder comme des enthousiastes les sectateurs de cette morale, on ne peut se dispenser de reconnaître dans son inventeur un génie profond et une âme sublime. » C.

Il est vrai que c'est le sublime des petites-maisons; mais il est bien respectable. V.

LXXII. « Nous souhaitons la vérité et ne trouvons en nous qu'incertitude. Nous cherchons le bonheur et ne trouvons que misère. Nous sommes incapables de ne pas souhaiter la vérité et le bonheur, et nous sommes incapables et de certitude et de bonheur. Ce désir nous est laissé tant pour nous punir que pour nous faire sentir d'où nous sommes tombés. » P.

Comment peut-on dire que le désir du bonheur, ce grand présent de Dieu, ce premier ressort du monde moral, n'est qu'un juste supplice O éloquence fanatique ! V.

LXXIII. « Il faut avoir une pensée de derrière et juger du tout par là, en parlant cependant comme le peuple. » P.

L'auteur de l'*Éloge*[1] est bien discret, bien retenu, de garder le silence sur ces pensées de derrière. Pascal et Arnauld l'auraient-ils gardé s'ils avaient trouvé cette maxime dans les papiers d'un jésuite? V.

LXXIV. « La plupart de ceux qui entreprennent de prouver la Divinité aux impies commencent d'ordinaire par les ouvrages de la nature, et ils y réussissent rarement. Je n'attaque pas la solidité de ces preuves, consacrées par l'Écriture sainte : elles sont conformes à la raison; mais souvent elles ne sont pas assez conformes et assez proportionnées à la disposition de l'esprit de ceux pour qui elles sont destinées.

[1]. Condorcet. (ÉD.)

« Car il faut remarquer qu'on n'adresse pas ce discours à ceux qui ont la foi vive dans 'e cœur, et qui voient incontinent que tout ce qui est n'est autre chos , que l'ouvrage de Dieu qu'ils adorent; c'est à eux que toute la nature parle pour son auteur, et que les cieux annoncent la gloire de Dieu. Mais pour ceux en qui cette lumière est éteinte, et dans lesquels on a dessein de la faire revivre, ces personnes destituées de foi et de charité, qui ne trouvent que ténèbres et obscurité dan toute la nature, il semble que ce ne soit pas le moyen de les ramener que de ne leur donner pour preuve de ce grand et important sujet que le cours de la lune ou des planètes, ou des raisonnements communs, et contre lesquels ils se sont continuellement roidis. L'endurcissement de leur esprit les a rendus sourds à cette voix de la nature qui a retenti continuellement à leurs oreilles; et l'expérience fait voir que, bien loin qu'on les emporte par ce moyen, rien n'est plus capable, au contraire, de les rebuter et de leur ôter l'espérance de trouver la vérité, que de prétendre les en convaincre seulement par ces sortes de raisonnements, et de leur dire qu'ils y doivent voir la vérité à découvert. Ce n'est pas de cette sorte que l'Écriture, qui connaît mieux que nous les choses qui sont de Dieu, en parle. » P.

Et qu'est-ce donc que le *Cœli enarrant gloriam Dei* [1] P. V.

LXXV. « C'est une chose admirable que jamais auteur canonique ne s'est servi de la nature pour prouver Dieu; tous tendent à le faire croire, et jamais ils n'ont dit : « Il n'y a point de vide, donc il y a un « Dieu. » Il fallait qu'ils fussent plus habiles que les plus habiles gens qui sont venus depuis, qui s'en sont tous servis. » P.

Voilà un plaisant argument : Jamais la *Bible* n'a dit comme Descartes : « Tout est plein, donc il y a un Dieu. » V.

LXXVI. « On ne voit presque rien de juste ou d'injuste qui ne change de qualité en changeant de climat. Trois degrés d'élévation du pôle renversent toute la jurisprudence. Un méridien décide de la vérité. Les lois fondamentales changent; le droit a ses époques. Plaisante justice qu'une rivière ou une montagne borne! Vérités au deçà des Pyrénées, erreur au delà. » P.

Il n'est point ridicule que les lois de la France et de l'Espagne diffèrent; mais il est très-impertinent que ce qui est juste à Romorantin soit injuste à Corbeil; qu'il y ait quatre cents jurisprudences diverses dans le même royaume; et surtout que, dans un même parlement, on perde dans une chambre le procès qu'on gagne dans une autre chambre. V.

LXXVII. « Se peut-il rien de plus plaisant qu'un homme ait droit de me tuer, parce qu'il demeure au-delà de l'eau, et que son prince a querelle avec le mien, quoique je n'en aie aucune avec lui? » P.

Plaisant n'est pas le mot propre; il fallait *démence exécrable.* V.

LXXVIII. « La justice est ce qui est établi; et ainsi toutes nos lois établies seront nécessairement tenues pour justes sans être examinées, puisqu'elles sont établies. » P.

<hr/>

1 *Psaume* XVIII, verset 2. (ÉD.)

Un certain peuple a eu une loi par laquelle on faisait pendre un homme qui avait bu à la santé d'un certain prince; il eût été juste de ne point boire avec cet homme, mais il était un peu dur de le pendre; cela était établi, mais cela était abominable. V.

LXXIX. « Sans doute que l'égalité des biens est juste. » P.

L'égalité des biens n'est pas juste. Il n'est pas juste que, les parts étant faites, des étrangers mercenaires qui viennent m'aider à faire mes moissons en recueillent autant que moi. V.

LXXX. « Il est juste que ce qui est juste soit suivi. Il est nécessaire que ce qui est le plus fort soit suivi. » P.

Maximes de Hobbes. V.

LXXXI. « Les crimes regardés comme tels font beaucoup moins de mal à l'humanité que cette foule d'actions criminelles qu'on commet sans remords, parce que l'habitude ou une fausse conscience nous les fait regarder comme indifférentes, ou même comme vertueuses.... Il faut allumer, dans ceux que l'enthousiasme des passions peut égarer, un enthousiasme pour la vertu, capable de les défendre. Alors qu'on laisse à leur raison le soin de juger de ce qui est juste et de ce qui est injuste, et que leur conscience ne se repose pas sur un certain nombre de maximes de morale adoptées dans le pays où ils naissent, ou sur un code dont une classe d'hommes, jalouse de régner sur les esprits, se soit réservé l'interprétation. » C.

On voit bien que cette terrible note est de l'auteur de l'*Éloge*, et que le *louant* est plus véritablement philosophe que le *loué*. Cet éditeur écrit comme le secrétaire de Marc-Aurèle, et Pascal comme le secrétaire de Port-Royal. L'un semble aimer la rectitude et l'honnêteté pour elles-mêmes; l'autre, par esprit de parti. L'un est homme, et veut rendre la nature humaine honorable; l'autre est chrétien, parce qu'il est janséniste; tous deux ont de l'enthousiasme et embouchent la trompette : l'auteur des notes pour agrandir notre espèce, et Pascal pour l'anéantir. Pascal a peur, et il se sert de toute la force de son esprit pour inspirer sa peur. L'autre s'abandonne à son courage, et le communique. Que puis-je conclure? que Pascal se portait mal, et que l'autre se porte bien.

> Bonne ou mauvaise santé
> Fait notre philosophie [1]. V.

LXXXII. « Les idées de Platon sur la nature de l'homme sont bien plus philosophiques que celles de Pascal.... Ne négligeons rien. C'est l'homme tout entier qu'il faut former; et il ne faut abandonner au hasard ni aucun instant de la vie, ni l'effet d'aucun des objets qui peuvent agir sur lui. » C.

Platon n'a pas eu ces idées, monsieur; c'est vous qui les avez. Platon fit de nous des androgynes à deux corps, donna des ailes à nos âmes, et les leur ôta. Platon rêva sublimement, comme je ne sais quels autres écrivains ont rêvé bassement. V.

---

1. Vers de Chaulieu dans son ode sur sa première attaque de goutte. (ÉD.)

LXXXIII. « Quelle chimère est-ce donc que l'homme! quelle nouveauté! quel chaos! quel sujet de contradiction! Juge de toutes choses, imbécile ver de terre, dépositaire du vrai, amas d'incertitude, gloire et rebut de l'univers. S'il se vante, je l'abaisse; s'il s'abaisse, je le vante, et le contredis toujours, jusqu'à ce qu'il comprenne qu'il est un monstre incompréhensible. » P.

Vrai discours de malade. V.

LXXXIV. « Tout ce que nous voyons du monde n'est qu'un trait imperceptible dans l'ample sein de la nature. Nulle idée n'approche de l'étendue de ses espaces. Nous avons beau enfler nos conceptions, nous n'enfantons que des atomes au prix de la réalité des choses. C'est une sphère infinie, dont le centre est partout, la circonférence nulle part. » P.

Cette belle expression est de Timée de Locres; Pascal était digne de l'inventer, mais il faut rendre à chacun son bien. V.

LXXXV. « Qu'est-ce que l'homme dans la nature? Un néant à l'égard de l'infini, un tout à l'égard du néant, un milieu entre rien et tout. Il est infiniment éloigné des deux extrêmes; et son être n'est pas moins distant du néant d'où il est tiré que de l'infini où il est englouti. Son intelligence tient, dans l'ordre des choses intelligibles, le même rang que son corps dans l'étendue de la nature; et tout ce qu'elle peut faire est d'apercevoir quelque apparence du milieu des choses, dans un désespoir éternel de n'en connaître ni le principe ni la fin. Toutes choses sont sorties du néant et portées jusqu'à l'infini. Qui peut suivre ces étonnantes démarches? L'auteur de ces merveilles les comprend; nul autre ne peut le faire.

« Cet état, qui tient le milieu entre les extrêmes, se trouve en toutes nos puissances.

« Nos sens n'aperçoivent rien d'extrême. Trop de bruit nous assourdit, trop de lumière nous éblouit, trop de distance et trop de proximité empêchent la vue, trop de longueur et trop de brièveté obscurcissent un discours, trop de plaisir incommode, trop de consonnances déplaisent. Nous ne sentons ni l'extrême chaud ni l'extrême froid. Les qualités excessives nous sont ennemies, et non pas sensibles. Nous ne les sentons plus, nous en souffrons. Trop de jeunesse et trop de vieillesse empêchent l'esprit; trop et trop peu de nourriture troublent ses actions, trop et trop peu d'instruction l'abêtissent. Les choses extrêmes sont pour nous comme si elles n'étaient pas, et nous ne sommes point à leur égard; elles nous échappent, ou nous à elles.

« Voilà notre état véritable; c'est ce qui resserre nos connaissances en de certaines bornes que nous ne passons pas, incapables de savoir tout et d'ignorer tout absolument. Nous sommes sur un milieu vaste, toujours incertains, et flottants entre l'ignorance et la connaissance; et si nous pensons aller plus avant, notre objet branle, et échappe à nos prises; il se dérobe, et fuit d'une fuite éternelle : rien ne peut l'arrêter. C'est notre condition naturelle, et toutefois la plus contraire à notre inclination. Nous brûlons du désir d'approfondir tout, et d'édifier une tour qui s'élève jusqu'à l'infini; mais tout notre édifice craque, et la terre s'ouvre jusqu'aux abîmes. » P.

Cette eloquente tirade ne prouve autre chose, sinon que l'homme n'est pas Dieu. Il est à sa place comme le reste de la nature, imparfait, parce que Dieu seul peut être parfait; ou, pour mieux dire, l'homme est borné, et Dieu ne l'est pas. V.

LXXXVI. « Les différents sentiments de désir, de crainte, de ravissement, d'horreur, etc., qui naissent des passions, sont accompagnés de sensations physiques agréables ou pénibles, délicieuses ou déchirantes. On rapporte ces sensations à la région de la poitrine, et il paraît que le diaphragme en est l'organe. » C.

Il est vrai que, dans les mouvements subits des grandes passions, on sent vers la poitrine des convulsions, des défaillances, des agonies, qui ont quelquefois causé la mort; et c'est ce qui fait que presque toute l'antiquité imagina une âme dans la poitrine. Les médecins placèrent les passions dans le foie. Les romanciers ont mis l'amour dans le cœur. V.

LXXXVII. « Ceux qui écrivent contre la gloire veulent avoir la gloire d'avoir bien écrit, et ceux qui le lisent veulent avoir la gloire de l'avoir lu; et moi, qui écris ceci, j'ai peut-être cette envie, et peut-être que ceux qui le liront l'auront aussi. » P.

Oui, vous couriez après la gloire de passer un jour pour le fléau des jésuites, le défenseur de Port-Royal, l'apôtre du jansénisme, le réformateur des chrétiens. V.

LXXXVIII. « Les belles actions cachées sont les plus estimables. Quand j'en vois quelques-unes dans l'histoire, elles me plaisent fort; mais enfin elles n'ont pas été tout à fait cachées, puisqu'elles ont été sues; et ce peu par où elles ont paru en diminue le mérite; car c'est là le plus beau, d'avoir voulu les cacher. » P.

Et comment l'histoire en a-t-elle pu parler, si on ne les a pas sues? V.

LXXXIX. « Les inventions des hommes vont en avançant de siècle en siècle. La bonté et la malice du monde en général reste la même. » P.

Je voudrais qu'on examinât quel siècle a été le plus fécond en crimes, et par conséquent en malheurs. L'auteur de la *Félicité publique* a eu cet objet en vue, et a dit des choses bien vraies et bien utiles. V.

XC. « La nature nous rendant toujours malheureux en tous états, nos désirs nous figurent un état heureux, parce qu'ils joignent à l'état où nous sommes les plaisirs de l'état où nous ne sommes pas. » P.

La nature ne nous rend pas toujours malheureux. Pascal parle toujours en malade qui veut que le monde entier souffre. V.

XCI. « Je mets en fait que si tous les hommes savaient exactement ce qu'ils disent les uns des autres, il n'y aurait pas quatre amis dans le monde. » P.

Dans l'excellente comédie du *Plain dealer*, l'homme au franc procédé (excellente à la manière anglaise), le Plain dealer dit à un personnage : « Tu te prétends mon ami; voyons, comment le prouverais-tu? — Ma bourse est à toi. — Et à la première fille venue. Bagatelle. — Je me battrais pour toi. — Et pour un démenti. Ce n'est pas là un grand sacrifice. — Je dirai du bien de toi à la face de ceux qui te donneront des ridicules. — Oh ! si cela est, tu m'aimes. » V.

XCII. « L'âme est jetée dans le corps pour y faire un séjour de peu de durée. » P.

Pour dire *l'âme est jetée*, il faudrait être sûr qu'elle est substance et non qualité. C'est ce que presque personne n'a recherché, et c'est par où il faudrait commencer en métaphysique, en morale, etc. V.

XCIII. « Le plus grand des maux est les guerres civiles. Elles sont sûres si on veut récompenser le mérite; car tous diraient qu'ils méritent. » P.

Cela mérite explication. Guerre civile si le prince de Conti dit : « J'ai autant de mérite que le grand Condé; » si Retz dit : « Je vaux mieux que Mazarin; » si Beaufort dit : « Je l'emporte sur Turenne; » et s'il n'y a personne pour les mettre à leur place. Mais quand Louis XIV arrive, et dit : « Je ne récompenserai que le mérite, » alors plus de guerre civile. V.

XCIV. « Pourquoi suit-on la pluralité? Est-ce à cause qu'ils ont plus de raison? Non; mais plus de force. Pourquoi suit-on les anciennes lois et les anciennes opinions? Est-ce qu'elles sont plus saines? Non; mais elles sont uniques, et nous ôtent la racine de diversité. » P.

Cet article a besoin encore plus d'explication, et semble n'en pas mériter. V.

XCV. « La force est la reine du monde, et non pas l'opinion; mais l'opinion est celle qui use de la force. » P.

Idem. V.

XCVI. « Que l'on a bien fait de distinguer les hommes par l'extérieur plutôt que par les qualités intérieures ! Qui passera de nous deux? qui cédera la place à l'autre? Le moins habile? mais je suis aussi habile que lui. Il faudra se battre sur cela. Il a quatre laquais, et je n'en ai qu'un. Cela est visible. Il n'y a qu'à compter, c'est à moi à céder. » P.

Non. Turenne avec un laquais sera respecté par un traitant qui en aura quatre. V.

XCVII. « La puissance des rois est fondée sur la raison et sur la folie du peuple, et bien plus sur la folie. La plus grande et la plus importante chose du monde a pour fondement la faiblesse, et ce fondement-là est admirablement sûr; car il n'y a rien de plus sûr que cela, que le peuple sera faible; ce qui est fondé sur la seule raison est bien mal fondé, comme l'estime de la sagesse. » P.

Trop mal énoncé. V.

XCVIII. « Nos magistrats ont bien connu ce mystère. Leurs robes rouges, leurs hermines..., tout cet appareil auguste était nécessaire. » P.

Les sénateurs romains avaient le laticlave. V.

XCIX. « Si les médecins n'avaient des soutanes et des mules, et que les docteurs n'eussent des bonnets carrés et des robes trop amples de quatre parties, jamais ils n'auraient dupé le monde, qui ne peut résister à cette montre authentique. Les seuls gens de guerre ne se sont pas déguisés de la sorte, parce qu'en effet leur part est plus essentielle. » P.

Aujourd'hui c'est tout le contraire; on se moquerait d'un médecin qui viendrait tâter le pouls et contempler votre chaise percée en soutane. Les officiers de guerre, au contraire, vont partout avec leurs uniformes et leurs épaulettes. V.

C. « Les Suisses s'offensent d'être dits gentilshommes, et prouvent la roture de race pour être jugés dignes de grands emplois. » P.

Pascal était mal informé. Il y avait de son temps, et il y a encore dans le sénat de Berne, des gentilshommes aussi anciens que la maison d'Autriche; ils sont respectés, ils sont dans les charges; il est vrai qu'ils n'y sont pas par droit de naissance, comme les nobles y sont à Venise. Il faut même, à Bâle, renoncer à sa noblesse pour entrer dans le sénat. V.

CI. « Les effets sont comme sensibles, et les raisons sont visibles seulement à l'esprit; et quoique ce soit par l'esprit que ces effets-là se voient, cet esprit est à l'égard de l'esprit qui voit les causes comme les sens corporels sont à l'égard de l'esprit. » P.

Mal énoncé. V.

CII. « Le respect est, « Incommodez-vous » : cela est vain en apparence, mais très-juste; car c'est dire : « Je m'incommoderais bien, si « vous en aviez besoin, puisque je le fais sans que cela vous serve, outre « que le respect est pour distinguer les grands. » Or, si le respect était d'être dans un fauteuil, on respecterait tout le monde, et ainsi on ne distinguerait pas; mais étant incommodé on distingue fort bien. » P.

Mal énoncé. V.

CIII. « Être brave [1] n'est pas trop vain; c'est montrer qu'un grand nombre de gens travaillent pour soi; c'est montrer par ses cheveux qu'on a un valet de chambre, un parfumeur, etc., par son rabat, le fil, et le passement, etc.

« Or, ce n'est pas une simple superficie, ni un simple harnois d'avoir plusieurs bras à son service. » P.

Mal énoncé. V.

CIV. « Cela est admirable : on ne veut pas que j'honore un homme vêtu de brocatelle, et suivi de sept à huit laquais. Eh quoi ! il me fera donner les étrivières, si je ne le salue. Cet habit, c'est une force; il n'en est pas de même d'un cheval bien enharnaché à l'égard d'un autre. » P.

Bas, et indigne de Pascal. V.

CV. « Tout instruit l'homme de sa condition; mais il faut bien entendre; car il n'est pas vrai que Dieu se découvre en tout, et il n'est pas vrai qu'il se cache en tout; mais il est vrai tout ensemble qu'il se cache à ceux qui le tentent, et qu'il se découvre à ceux qui le cherchent, parce que les hommes sont tout ensemble indignes de Dieu et capables de Dieu : indignes par leur corruption, capables par leur première nature.

1. Bien mis. (*Note de Condorcet.*)

« S'il n'avait jamais rien paru de Dieu, cette privation éternelle serait équivoque, et pourrait aussi bien se rapporter à l'absence de toute Divinité qu'à l'indignité où seraient les hommes de le connaître; mais de ce qu'il paraît quelquefois et non toujours, cela ôte l'équivoque. S'il paraît une fois, il est toujours; et ainsi on ne peut en conclure autre chose, sinon qu'il y a un Dieu, et que les hommes en sont indignes.

« S'il n'y avait point d'obscurité, l'homme ne sentirait pas sa corruption. S'il n'y avait point de lumière, l'homme n'espérerait point de remède. Ainsi il est non-seulement juste, mais utile pour nous, que Dieu soit caché en partie et découvert en partie, puisqu'il est également dangereux à l'homme de connaître Dieu sans connaître sa misère, et de connaître sa misère sans connaître Dieu.

« Il n'y a rien sur la terre qui ne montre ou la misère de l'homme, ou la miséricorde de Dieu; ou l'impuissance de l'homme sans Dieu, ou la puissance de l'homme avec Dieu.

« Tout l'univers apprend à l'homme ou qu'il est corrompu, ou qu'il est racheté. Tout lui apprend sa grandeur ou sa misère. » P.

Ces articles me semblent de grands sophismes. Pourquoi imaginer toujours que Dieu, en faisant l'homme, s'est appliqué à exprimer grandeur et misère? Quelle pitié! *Scilicet is superis labor est*[1]! V.

CVI. « S'il ne fallait rien faire que pour le certain, on ne devrait rien faire pour la religion; car elle n'est pas certaine. Mais combien de choses fait-on pour l'incertain, les voyages sur mer, les batailles! Je dis donc qu'il ne faudrait rien faire du tout, car rien n'est certain; et il y a plus de certitude à la religion qu'à l'espérance que nous voyions le jour de demain. Car il n'est pas certain que nous voyions demain; mais il est certainement possible que nous ne le voyions pas. On n'en peut pas dire autant de la religion. Il n'est pas certain qu'elle soit; mais qui osera dire qu'il est certainement possible qu'elle ne soit pas? Or, quand on travaille pour demain et pour l'incertain, on agit avec raison. » P.

Vous avez épuisé votre esprit en arguments pour nous prouver que votre religion est certaine, et maintenant vous nous assurez qu'elle n'est pas certaine; et après vous être si étrangement contredit, vous revenez sur vos pas; vous dites qu'on ne peut avancer « qu'il soit possible que la religion chrétienne soit fausse. » Cependant c'est vous-même qui venez de nous dire qu'il est possible qu'elle soit fausse, puisque vous avez déclaré qu'elle est incertaine. V.

CVII. « Commencez par plaindre les incrédules; ils sont assez malheureux : il ne faudrait les injurier qu'au cas que cela servît; mais cela leur nuit. » P.

Et vous les avez injuriés sans cesse; vous les avez traités comme des jésuites! Et en leur disant tant d'injures, vous convenez que les vrais chrétiens ne peuvent rendre raison de leur religion; que s'ils la prouvaient, ils ne tiendraient point parole; que leur religion est une sot-

1. **Virgile**, *Æn.*, IV, 379. (ED.)

tise; que si elle est vraie, c'est parce qu'elle est une sottise. O profondeur d'absurdités! V.

CVIII. « A ceux qui ont de la répugnance pour la religion, il faut commencer par leur montrer qu'elle n'est point contraire à la raison; ensuite, qu'elle est vénérable, et en donner du respect; après, la rendre aimable, et faire souhaiter qu'elle fût vraie; et puis montrer, par des preuves incontestables, qu'elle est vraie; faire voir son antiquité et sa sainteté par sa grandeur et par son élévation; et enfin qu'elle est aimable, parce qu'elle promet le vrai bien. » P.

Ne voyez-vous pas, ô Pascal! que vous êtes un homme de parti, qui cherchez à faire des recrues? V.

CIX. « Il ne faut pas se méconnaître, nous sommes corps autant qu'esprit : et de là vient que l'instrument par lequel la persuasion se fait n'est pas la seule démonstration. Combien y a-t-il peu de choses démontrées! les preuves ne convainquent que l'esprit. La coutume fait nos preuves les plus fortes. Elle incline les sens, qui entraînent l'esprit sans qu'il y pense. Qui a démontré qu'il fera demain jour, et que nous mourrons? et qu'y a-t-il de plus universellement cru? C'est donc la coutume qui nous en persuade; c'est elle qui fait tant de Turcs et de païens; c'est elle qui fait les métiers, les soldats, etc., etc. » P.

Coutume n'est pas ici le mot propre. Ce n'est pas par coutume qu'on croit qu'il fera jour demain; c'est par une extrême probabilité. Ce n'est point par les sens, par le corps que nous nous attendons à mourir; mais notre raison, sachant que tous les hommes sont morts, nous convainc que nous mourrons aussi. L'éducation, la coutume fait sans doute des musulmans et des chrétiens, comme le dit Pascal; mais la coutume ne fait pas croire que nous mourrons, comme elle nous fait croire à Mahomet ou à Paul, selon que nous avons été élevés à Constantinople ou à Rome. Ce sont choses fort différentes. V.

CX. « La vraie religion doit avoir pour marque d'obliger à aimer Dieu. Cela est bien juste. Et cependant aucune autre que la nôtre ne l'a ordonné. Elle doit encore avoir connu la concupiscence de l'homme, et l'impuissance où il est par lui-même d'acquérir la vertu. Elle doit y avoir apporté les remèdes, dont la prière est le principal. Notre religion a fait tout cela; et nulle autre n'a jamais demandé à Dieu de l'aimer et de le suivre. » P.

Épictète esclave, et Marc-Aurèle empereur, parlent continuellement d'aimer Dieu et de le suivre. V.

CXI. « Dieu étant caché, toute religion qui ne dit pas que Dieu est caché n'est pas véritable. » P.

Pourquoi vouloir toujours que Dieu soit caché? On aimerait mieux qu'il fût manifeste. V.

CXII. « C'est en vain, ô hommes! que vous cherchez dans vous-mêmes le remède à vos misères : toutes vos lumières ne peuvent arriver qu'à connaître que ce n'est point en vous que vous trouverez ni la vérité, ni le bien. Les philosophes vous l'ont promis; ils n'ont pu le faire. Ils ne savent ni quel est votre véritable bien, ni quel est votre véritable état. Comment auraient-ils donné des remèdes à vos maux, puisqu'ils ne les ont pas seulement connus? Vos maladies principales sont l'orgueil, qui vous soustrait à Dieu, et la concupiscence, qui vous attache à la terre ; et ils n'ont fait autre chose qu'entretenir au moins une de ces maladies. S'ils vous ont donné Dieu pour objet, ce n'a été que pour exercer votre orgueil. Ils vous ont fait penser que vous lui êtes semblables par votre nature. Et ceux qui ont vu la vanité de cette prétention vous ont jetés dans l'autre précipice, en vous faisant entendre que votre nature était pareille à celle des bêtes, et vous ont portés à chercher votre bien dans les concupiscences qui sont le partage des animaux. Ce n'est pas le moyen de vous instruire de vos injustices; n'attendez donc ni vérité, ni consolation des hommes. Je (la sagesse de Dieu) suis celle qui vous ai formés, et qui puis seule vous apprendre qui vous êtes. Mais vous n'êtes plus maintenant en l'état où je vous ai formés. J'ai créé l'homme saint, innocent, parfait. Je l'ai rempli de lumières et d'intelligence. Je lui ai communiqué ma gloire et mes merveilles. L'œil de l'homme voyait alors la majesté de Dieu. Il n'était pas dans les ténèbres qui l'aveuglent, ni dans la mortalité et dans les misères qui l'affligent. Mais il n'a pu soutenir tant de gloire sans tomber dans la présomption. » P.

Ce furent les premiers brachmanes qui inventèrent le roman théologique de la chute de l'homme, ou plutôt des anges : et cette cosmogonie, aussi ingénieuse que fabuleuse, a été la source de toutes les fables sacrées qui ont inondé la terre. Les sauvages de l'Occident, policés si tard, et après tant de révolutions, et après tant de barbaries, n'ont pu en être instruits que dans nos derniers temps. Mais il faut remarquer que vingt nations de l'Orient ont copié les anciens brachmanes, avant qu'une de ces mauvaises copies, j'ose dire la plus mauvaise de toutes, soit parvenue jusqu'à nous. V.

CXIII. « Je vois des multitudes de religions en plusieurs endroits du monde, et dans tous les temps. Mais elles n'ont ni morale qui puisse me plaire, ni preuves capables de m'arrêter. » P.

La morale est partout la même, chez l'empereur Marc-Aurèle, chez l'empereur Julien, chez l'esclave Épictète que vous-même admirez, dans saint Louis, et dans Bondocdar son vainqueur, chez l'empereur de la Chine Kien-long, et chez le roi de Maroc. V.

CXIV. « Mais en considérant ainsi cette inconstante et bizarre variété de mœurs et de croyances dans les divers temps, je trouve en une petite partie du monde un peuple particulier, séparé de tous les autres peuples de la terre, et dont les histoires précèdent de plusieurs siècles les plus anciennes que nous ayons. Je trouve donc ce peuple grand et nombreux, qui adore un seul Dieu, et qui se conduit par une loi qu'ils disent tenir de sa main. Ils soutiennent qu'ils sont les seuls du monde auxquels Dieu a révélé ses mystères; que tous les hommes sont corrompus, et dans la disgrâce de Dieu; qu'ils sont tous abandonnés à leurs sens et à leur propre esprit; et que de là viennent les étranges égarements et les changements continuels qui arrivent entre eux, et de religion et de coutume, au lieu qu'eux demeurent inébranlables dans leur conduite: mais que Dieu ne laissera pas éternellement les autres peuples dans ces ténèbres; qu'il viendra un libérateur pour tous, qu'ils sont au monde pour l'annoncer, qu'ils sont formés exprès pour être les hérauts de ce grand avénement, et pour appeler tous les peuples à s'unir à eux dans l'attente de ce libérateur. » P.

Peut-on s'aveugler à ce point, et être assez fanatique pour ne faire servir son esprit qu'à vouloir aveugler le reste des hommes! Grand Dieu! un reste d'Arabes voleurs, sanguinaires, superstitieux et usuriers, serait le dépositaire de tes secrets! Cette horde barbare serait plus ancienne que les sages Chinois, que les brachmanes qui ont enseigné la terre, que les Égyptiens qui l'ont étonnée par leurs immortels monuments! Cette chétive nation serait digne de nos regards pour avoir conservé quelques fables ridicules et atroces, quelques contes absurdes infiniment au-dessous des fables indiennes et persanes! Et c'est cette horde d'usuriers fanatiques qui vous en impose, ô Pascal! et vous donnez la torture à votre esprit, vous falsifiez l'histoire, et vous faites dire à ce misérable peuple tout le contraire de ce que ses livres ont dit! vous lui imputez tout le contraire de ce qu'il a fait! et cela pour plaire à quelques jansénistes qui ont subjugué votre imagination ardente, et perverti votre raison supérieure. V.

CXV. « C'est un peuple tout composé de frères; et au lieu que tous les autres sont formés de l'assemblage d'une infinité de familles, celui-ci, quoique si étrangement abondant, est tout sorti d'un seul homme. » P.

Il n'est point étrangement abondant; on a calculé qu'il n'existe pas aujourd'hui six cent mille individus juifs. V.

CXVI. « Ce peuple est le plus ancien qui soit dans la connaissance des hommes; ce qui me semble lui devoir attirer une vénération particulière, et principalement dans la recherche que nous faisons, puisque si Dieu s'est de tout temps communiqué aux hommes, c'est à ceux-ci qu'il faut recourir pour en avoir la tradition. » P.

Certes, ils ne sont pas antérieurs aux Égyptiens, aux Chaldéens, aux Perses leurs maîtres, aux Indiens, inventeurs de la théogonie. On peut faire comme on veut sa généalogie; ces vanités impertinentes sont aussi méprisables que communes; mais un peuple ose-t-il se dire plus ancien que des peuples qui ont eu des villes et des temples plus de vingt siècles avant lui ? V.

CXVII. « La création du monde commençant à s'éloigner, Dieu a pourvu d'un historien contemporain. » P.

Contemporain : ah! V.

CXVIII. « Moïse était habile homme; cela est clair. Donc, s'il eût eu dessein de tromper, il eût fait en sorte qu'on n'eût pu le convaincre de tromperie. Il a fait tout le contraire; car s'il eût débité des fables, il n'y eût point eu de Juif qui n'en eût pu reconnaître l'imposture. » P.

Oui, s'il avait écrit en effet ses fables dans un désert pour deux ou trois millions d'hommes qui eussent eu des bibliothèques : mais si quelques lévites avaient écrit ces fables plusieurs siècles après Moïse, comme cela est vraisemblable et vrai...

De plus, y a-t-il une nation chez laquelle on n'ait pas débité des fables ? V.

CXIX. « Au temps où il écrivait ces choses, la mémoire devait encore en être toute récente dans l'esprit de tous les Juifs. » P.

Les Égyptiens, Syriens, Chaldéens, Indiens, n'ont-ils pas donné des siècles de vie à leurs héros, avant que la petite horde juive, leur imitatrice, existât sur la terre ? V.

CXX. « Il est impossible d'envisager toutes les preuves de la religion chrétienne, ramassées ensemble, sans en ressentir la force, à laquelle nul homme raisonnable ne peut résister.

« Que l'on considère son établissement : qu'une religion si contraire à la nature se soit établie par elle-même, si doucement, sans aucune force ni contrainte, et si fortement néanmoins, qu'aucuns tourments n'ont pu empêcher les martyrs de la confesser; et que tout cela se soit fait non-seulement sans l'assistance d'aucun prince, mais malgré tous les princes de la terre qui l'ont combattue. » P.

Heureusement il fut dans les décrets de la divine Providence que Dioclétien protégeât notre sainte religion pendant dix-huit années avant la persécution commencée par Galérius, et qu'ensuite Constancius le Pâle, et enfin Constantin, la missent sur le trône. V.

CXXI. « Les philosophes païens se sont quelquefois élevés au-dessus du reste des hommes par une manière de vivre plus réglée, et par des sentiments qui avaient quelque conformité avec ceux du christianisme; mais ils n'ont jamais reconnu pour vertu ce que les chrétiens appellent humilité. » P.

Cela s'appelait *tapeinôma* chez les Grecs : Platon la recommande; Épictète encore davantage. V.

CXXII. « Que l'on considère cette suite merveilleuse de prophètes qui se sont succédé les uns aux autres pendant deux mille ans, et qui ont tous prédit, en tant de manières différentes, jusqu'aux moindres circonstances de la vie de Jésus-Christ, de sa mort, de sa résurrection, etc. » P.

Mais que l'on considère aussi cette suite ridicule de prétendus prophètes qui tous annoncent le contraire de Jésus-Christ, selon ces Juifs, qui seuls entendent la langue de ces prophètes. V.

CXXIII. « Enfin que l'on considère la sainteté de cette religion, sa doctrine, qui rend raison de tout, jusqu'aux contrariétés qui se rencontrent dans l'homme, et toutes les autres choses singulières, surnaturelles et divines, qui y éclatent de toutes parts; et qu'on juge, après tout cela, s'il est possible de douter que la religion chrétienne soit la seule véritable, et si jamais aucune autre a rien eu qui en approchât. » P.

Lecteurs sages, remarquez que ce coryphée des jansénistes n'a dit dans tout ce livre sur la religion chrétienne que ce qu'ont dit les jésuites. Il l'a dit seulement avec une éloquence plus serrée et plus mâle. Port-royalistes et ignatiens, tous ont prêché les mêmes dogmes; tous ont crié : « Croyez aux livres juifs dictés par Dieu même, et détestez le judaïsme; chantez les prières juives que vous n'entendez point, et croyez que le peuple de Dieu a condamné votre Dieu à mourir à une potence; croyez que votre Dieu juif, la seconde personne de Dieu, coéternel avec Dieu le Père, est né d'une vierge juive, a été engendré par une troisième personne de Dieu, et qu'il a eu cependant des frères juifs qui n'étaient que des hommes; croyez qu'étant mort par le supplice le plus infâme, il a, par ce supplice même, ôté de dessus la terre tout péché et tout mal, quoique depuis lui et en son nom la terre ait été inondée de plus de crimes et de malheurs que jamais. »

Les fanatiques de Port-Royal et les fanatiques jésuites se sont réunis pour prêcher ces dogmes étranges avec le même enthousiasme; et en même temps ils se sont fait une guerre mortelle. Ils se sont mutuellement anathématisés avec fureur, jusqu'à ce qu'une de ces deux factions de possédés ait enfin détruit l'autre.

Souvenez-vous, sages lecteurs, des temps mille fois plus horribles de ces énergumènes, nommés *papistes* et *calvinistes*, qui prêchaient le fond des mêmes dogmes, et qui se poursuivirent par le fer, par la flamme et par le poison, pendant deux cents années, pour quelques mots différemment interprétés. Songez que ce fut en allant à la messe que l'on commit les massacres d'Irlande et de la Saint-Barthélemy; que ce fut après la messe et pour la messe qu'on égorgea tant d'innocents, tant de mères, tant d'enfants dans la croisade contre les Albigeois; que les assassins de tant de rois ne les ont assassinés que pour la messe. Ne vous y trompez pas, les convulsionnaires qui restent encore en feraient tout autant s'ils avaient pour apôtres les mêmes têtes brûlantes qui mirent le feu à la cervelle de Damiens.

O Pascal! voilà ce qu'ont produit les querelles interminables sur des dogmes, sur des mystères qui ne pouvaient produire que des querelles. Il n'y a pas un article de foi qui n'ait enfanté une guerre civile.

Pascal a été géomètre et éloquent; la réunion de ces deux grands mérites était alors bien rare; mais il n'y joignait pas la vraie philosophie. L'auteur de l'éloge indique avec adresse ce que j'avance hardiment. Il vient enfin un temps de dire la vérité. V.

CXXIV. « Il (Épictète) montre en mille manières ce que l'homme doit faire. Il veut qu'il soit humble. » P.

Si Épictète a voulu que l'homme fût humble, vous ne deviez donc pas dire que l'humilité n'a été recommandée que chez nous! V.

CXXV. « Cette expression, *honnêtes gens*, a signifié, dans l'origine, les hommes qui avaient de la probité. Du temps de Pascal, elle signifiait les gens de bonne compagnie; et maintenant ceux qui ont de la naissance ou de l'argent. » C.

Non, monsieur; les honnêtes gens sont ceux à la tête desquels vous êtes. V.

CXXVI. « L'exemple de la chasteté d'Alexandre n'a pas fait tant de continents que celui de son ivrognerie a fait d'intempérants. On n'a pas de honte de n'être pas aussi vicieux que lui. » P.

Il aurait fallu dire d'*être aussi vicieux que lui* [1]. Cet article est trop

---

1. Voltaire, travaillant sur l'édition donnée en 1776 par Condorcet, ne pouvait qu'en suivre le texte. Ici une ligne entière avait été omise à l'impression.

trivial, et indigne de Pascal. Il est clair que si un homme est plus grand que les autres, ce n'est pas parce que ses pieds sont aussi bas, mais parce que sa tête est plus élevée. V.

CXXVII. « J'ai craint que je n'eusse mal écrit, me voyant condamné; mais l'exemple de tant de pieux écrits me fait croire au contraire. Il n'est plus permis de bien écrire. Toute l'inquisition est corrompue ou ignorante. Il est meilleur d'obéir à Dieu qu'aux hommes. Je ne crains rien, je n'espère rien. Le Port-Royal craint, et c'est une mauvaise politique de les séparer; car quand ils ne se craindront plus, ils se feront plus craindre.

« L'inquisition et la société[1] sont les deux fléaux de la vérité.

« Le silence est la plus grande persécution. Jamais les saints ne se sont tus. Il est vrai qu'il faut vocation. Mais ce n'est pas des arrêts du conseil qu'il faut apprendre si l'on est appelé, c'est de la nécessité de parler. » P.

Dans ces quatre derniers articles on voit l'homme de parti un peu emporté. Si quelque chose peut justifier Louis XIV d'avoir persécuté les jansénistes, ce sont assurément ces derniers articles. V.

CXXVIII. « Si mes Lettres[2] sont condamnées à Rome, ce que j'y condamne est condamné dans le ciel. » P.

Hélas! le ciel, composé d'étoiles et de planètes, dont notre globe est une partie imperceptible, ne s'est jamais mêlé des querelles d'Arnauld avec la Sorbonne, et de Jansénius avec Molina. V.

NOTE

SUR UNE PENSÉE DE VAUVENARGUES.

(1777.)

Vauvenargues a dit dans son ouvrage : « Toutefois, avant qu'il y eût une première coutume, notre âme existait, et avait ses inclinations qui fondaient sa nature; et ceux qui réduisent tout à l'opinion et à l'habitude ne comprennent pas ce qu'ils disent : toute coutume suppose antérieurement une nature; toute erreur, une vérité. Il est vrai qu'il est difficile de distinguer les principes de cette première nature de ceux de l'éducation : ces principes sont en si grand nombre et si compliqués, que l'esprit se perd à les suivre; et il n'est pas moins malaisé de démêler ce que l'éducation a épuré ou gâté dans le naturel.

Le texte de Pascal porte : « On n'a pas de honte de n'être pas aussi vertueux que lui, et il semble excusable de n'être pas plus vicieux que lui. » La remarque de Voltaire devient donc nulle; mais il était bon de la conserver, ne fût-ce que pour avoir occasion de prévenir, par ma note, tout reproche d'infidélité. (Note de M. Beuchot.)

1. Par la société, Pascal entend la société des jésuites. (Note de M. Beuchot.)
2. Les Lettres provinciales. (ÉD.)

On peut remarquer seulement que ce qui nous reste de notre première nature est plus véhément et plus fort que ce qu'on acquiert par étude, par coutume et par réflexion, parce que l'effet de l'art est d'affaiblir, lors même qu'il polit et qu'il corrige. »

Le marquis de Vauvenargues semble, dans cette pensée, approcher lus de la vérité que Pascal. C'était un génie peut-être aussi rare que Pascal même : aimant comme lui la vérité, la cherchant avec autant de bonne foi, aussi éloquent que lui, mais d'une éloquence aussi insinuante que celle de Pascal était ardente et impérieuse. Je crois que les pensées de ce jeune militaire philosophe seraient aussi utiles à un homme du monde fait pour la société, que celles du héros de Port-Royal peuvent l'être à un solitaire, qui ne cherche que de nouvelles raisons de haïr et de mépriser le genre humain. La philosophie de Pascal est fière et rude; celle de notre jeune officier, douce et persuasive : et toutes deux également soumises à l'Être suprême.

Je ne m'étonne point que Pascal, entouré de rigoristes, aigri par des persécutions continuelles, ait laissé couler dans ses *Pensées* le fiel dont ses ennemis étaient dévorés : mais qu'un jeune capitaine au régiment du roi ait pu, dans les tumultes orageux de la guerre de 1741, ne voyant, n'entendant que ses camarades livrés aux devoirs pénibles de leur état, ou aux emportements de leur âge, se former une raison si supérieure, un goût si fin et si juste, tant de recueillement au milieu de tant de dissipations me cause une grande surprise.

Il a eu une triste ressemblance avec Pascal; affligé comme lui de maux incurables, il s'est consolé par l'étude : la différence est que l'étude a rendu ses mœurs encore plus douces, au lieu qu'elle augmenta l'humeur triste de Pascal.

TABLE.

MÉLANGES. (SUITE.)

Depuis longtemps déjà on a publié avec une religieuse exactitude, en y appliquant les procédés de la plus sévère critique, non seulement les chefs-d'œuvre des grands génies de la Grèce et de Rome, mais les ouvrages, quels qu'ils soient, de l'antiquité, qui sont parvenus jusqu'à nous. A ce mérite fondamental de la pureté du texte, constitué à l'aide de tous les documents, de toutes les ressources que le temps a épargnés, on a joint un riche appareil de secours de tout genre : variantes, commentaires, tables et lexiques, tout ce qui peut éclaircr chaque auteur en particulier et l'histoire de la langue en général. En voyant cette louable sollicitude dont les langues anciennes sont l'objet, on peut s'étonner que jusqu'ici, à part quelques mémorables exceptions, les écrits de nos grands écrivains n'aient pas été jugés dignes de ce même respect attentif et scrupuleux, et qu'on ne les ait pas entourés de tout ce qui peut en faciliter, en féconder l'étude. Réparer cette omission, tel est le but que nous nous sommes proposé.

Pour la pureté, l'intégrité parfaite, l'authenticité du texte, aucun soin ne nous paraît superflu, aucun scrupule trop minutieux. Les écrivains du dix-septième siècle, et c'est par les plus éminents d'entre eux que nous avons commencé notre publication, sont déjà pour nous des anciens. Leur langue est assez voisine de la nôtre pour que nous l'entendions presque toujours et l'admirions sans effort. Mais déjà elle diffère trop de celle qui se parle et qui s'écrit aujourd'hui ; le peuple, et plus encore peut-être la société polie, l'ont trop désapprise pour qu'on puisse encore dire que nous la sachions par l'usage. Pour la

reproduire sans altération, il ne suffit point que l'éditeur s'en rapporte à sa pratique quotidienne, à son instinct du langage : il faut, au contraire, qu'il se défie d'autant plus de lui-même que les nombreuses analogies, mêlées aux différences de la langue d'à présent et de celle d'alors, l'exposent au danger de ne point veiller assez au maintien de ces dernières. C'est peut-être là la cause principale des altérations qu'a subies le texte de nos grands écrivains. C'est contre elle surtout que nous nous tenons en garde. En ce qui touche l'œuvre même des auteurs, le fond comme la forme de leurs écrits, notre devise est : *Respect absolu et sévère fidélité.*

Quant à la seconde partie de la tâche, aux notes, aux secours, aux moyens d'étude qui accompagnent le texte des auteurs, deux mots peuvent résumer nos intentions et la nature du travail : *Utilité pratique et sobriété.* D'une part, rien n'est omis de ce qui peut aider à mieux comprendre et connaître l'auteur, rien de ce qui peut en faciliter l'étude et permettre d'en tirer parti, soit pour les recherches historiques et littéraires, soit pour dresser ce que nous pouvons appeler la statistique de notre langue, et pour en montrer les variations, en dégager la grammaire, la constitution véritable, de tout ce que les grammairiens y ont cru voir et de tout ce qu'ils y ont introduit d'arbitraire et d'artificiel. D'autre part, est rigoureusement exclu tout étalage inutile de savoir, tout ce qui ne sert qu'à faire valoir le commentateur, tout ce qui ne tend pas directement à l'une des fins que nous venons d'énumérer.

Les *Lettres de M*me *de Sévigné*, les *Œuvres de Corneille*, de *Racine*, de *Malherbe*, de *La Bruyère*, de *La Rochefoucauld*, ont déjà paru en entier ; — le *cardinal de Retz, Molière, Saint-Simon, La Fontaine*, sont en cours de publication ; — *Pascal* est sous presse. — Les noms des personnes dont nous nous sommes assuré le concours, et qui ont bien voulu se charger des diverses parties de cette grande tâche, sont une garantie de savoir, de bon goût et de consciencieuse exactitude.

Pour que la collection ait de l'unité, que toutes les parties de ce vaste ensemble soient conçues et exécutées sur un même plan, que l'esprit de l'entreprise soit partout et constamment le même, nous avons demandé à M. Adolphe Regnier, membre de l'Institut, et obtenu de lui, qu'il se chargeât de la diriger.

Nous ne nous arrêterons pas longuement ici aux détails du plan qui a été adopté, et nous ne ferons qu'indiquer en peu de mots les divers secours et avantages qu'offrent ces éditions nouvelles des grands écrivains de la France.

Leur principal mérite, nous le répétons, est la fidélité du texte, qui reproduit les meilleures éditions données par l'auteur, les manuscrits autographes, d'anciennes copies, enfin est pris toujours aux sources les plus authentiques et les plus dignes de confiance.

Au texte adopté ou ainsi constitué on joint les variantes, toutes sans exception pour les écrivains principaux ; pour les autres, un choix sera fait avec goût.

Au bas des pages sont placées des notes explicatives qui éclaircissent tout ce qui peut arrêter un lecteur d'un esprit cultivé.

Après la pureté et l'intelligence du texte, c'est l'histoire de la langue qui sera le grand intérêt de la collection. Nous marcherons dans la voie que nous a ouverte l'Académie française en proposant successivement pour sujets de prix les Lexiques de Molière, de Corneille et de Sévigné. A chaque auteur est joint un relevé, par ordre alphabétique, des mots, des tours et des locutions qui lui sont propres, soit à lui-même, soit à son époque, et en outre de tout ce qui peut servir à éclairer le vrai sens ou l'origine de nos idiotismes les plus remarquables. La réunion de ces Lexiques formera un tableau fidèle des variations de la langue littéraire et du bon usage, et chacun d'eux en particulier montrera, par la comparaison avec la langue que nous parlons et écrivons aujourd'hui, l'empreinte qu'ont laissée sur notre idiome les divers génies qui l'ont illustré.

Des Tables analytiques exactes et complètes facilitent les recherches. Des notices biographiques aident à mieux apprécier les écrits de chaque auteur, en les plaçant dans leur vrai jour et à leur vrai moment. En outre, des notices partielles font l'histoire de chaque ouvrage, et, s'il y a lieu, pour les pièces de théâtre, par exemple, le suivent jusqu'à nos jours.

Des notices bibliographiques et critiques indiquent, pour chaque auteur, les manuscrits existant dans les bibliothèques publiques ou privées, les copies dignes de mention et les éditions diverses, surtout celles qui ont été publiées ou par l'auteur, ou de son vivant, ou peu de temps après sa mort.

Enfin nous joignons au texte des portraits, des fac-similés, et, quand il y a lieu, des gravures diverses.

BIBLIOTHÈQUE NATIONALE

CHÂTEAU
de
SABLÉ

1981

www.ingramcontent.com/pod-product-compliance
Lightning Source LLC
Chambersburg PA
CBHW070544030726

47505CB00001B/158